D1751745

MADHUR JAFFREY

Das Standardwerk

VEGETARISCH

*mit Warenkunde und
600 Rezepten aus 45 Ländern*

MADHUR JAFFREY

Das Standardwerk

VEGETARISCH

mit Warenkunde und
600 Rezepten aus 45 Ländern

CHRISTIAN VERLAG

Dieses Buch widme ich

Sanford und unseren Großen –

Sakina, Meera und Zia mit Craig und Frank –

und deren Kleinen:

Jamila, Cassius und Rohan

Aus dem Englischen übersetzt von Natascha Afanassjew
(Seite 122–140, 157–584) und Susanne Vogel
(Seite 7–121 und 141–156)
Redaktion: Inken Kloppenburg Verlags-Service, München
Korrektur: Petra Tröger
Umschlaggestaltung: Caroline Daphne Georgiadis,
Daphne Design
Satz: Studio Fink, Krailling

Copyright © 2006 der deutschsprachigen Ausgabe by
Christian Verlag, München
www.christian-verlag.de

Die Originalausgabe mit dem Titel *Madhur Jaffrey's
World Vegetarian* wurde erstmals 1998 im Verlag Ebury
Press Random House, London, veröffentlicht.

Copyright © 1998 by Madhur Jaffrey

Druck und Bindung: MTK Print d.d. Ljubljana
Printed in Slovenia

Alle deutschsprachigen Rechte vorbehalten.

ISBN 3-88472-683-8

HINWEIS

Alle Informationen und Hinweise, die in diesem Buch enthalten sind, wurden von der Autorin nach bestem Wissen erarbeitet und von ihr und dem Verlag mit größtmöglicher Sorgfalt überprüft. Unter Berücksichtigung des Produkthaftungsrechts müssen wir allerdings darauf hinweisen, dass inhaltliche Fehler oder Auslassungen nicht völlig auszuschließen sind. Für etwaige fehlerhafte Angaben können Autorin, Verlag und Verlagsmitarbeiter keinerlei Verpflichtung und Haftung übernehmen.

Korrekturhinweise sind jederzeit willkommen und werden gern berücksichtigt.

»Wiegen« mit dem Messbecher: Bei zahlreichen Rezepten, in denen eine feste Zutat mit einer bestimmten Flüssigkeitsmenge korrespondiert, wurde der Messbecher auch für die Menge der festen Zutat verwendet.

INHALT

Einführung 7

Gemüse 9

Gemüse von A–Z ist die Basis der vegetarischen Küche. Frisch und knackig bringt es die Jahreszeiten in Ihre Küche und bietet unzählige Zubereitungsmöglichkeiten für aufregende und zudem gesunde Geschmackserlebnisse.

Artischocken	10
Auberginen	16
Bittergurken	32
Blattgemüse	34
Bleichsellerie	49
Blumenkohl	51
Brokkoli	57
Chicorée	61
Dicke Bohnen (frische)	63
Erbsen und Zuckerschoten	65
Grüne Bohnen	69
Kartoffeln	77
Kohlgemüse	89
Kohlrabi	93
Kürbis	96
Lauch	102
Mais (Zuckermais, Gemüsemais)	104
Möhren	109
Okra	114
Paprika- und Chilischoten	118
Pilze	122
Rettich, weißer (Daikon, Mooli)	128
Rote Bete	130
Spargel	133
Speiserüben	137
Süßkartoffeln (Bataten)	139
Tomaten	141
Topinambur	146
Zucchini	148
Gemischte Gemüsegerichte	152

Getrocknete Hülsenfrüchte und Nüsse 157

Diese vielseitigen Eiweißlieferanten werden weltweit immer wieder anders zubereitet und überraschend raffiniert gewürzt – so schmeckt man ferne Länder zu Hause auf der Zunge.

Adzukibohnen	160
Augenbohnen	163
Dicke Bohnen	173
Kichererbsen	176
Linsen	192
Mungobohnen	204
Rote Kidneybohnen	216
Schälerbsen (Splittererbsen)	221
Schwarze Bohnen	225
Sojabohnen	229
Straucherbsen	244
Urdbohnen	247
Weiße Bohnen	250
Cashewnüsse	256
Erdnüsse	260

Getreide 262

Der Aufsteiger vom Steppengras zur wichtigsten Kulturpflanze der Welt spielt die Hauptrolle in zahlreichen kreativen Rezepten.

Buchweizen	263
Gerste/Graupen	266
Hafer	268
Hirse	271
Mais	273
Quinoa (Reismelde)	290
Reis	293
Risotto	320
Wildreis	329
Weizen	332
Couscous	389

INHALT

Eier und Milchprodukte — 398

Frischkäse und Joghurt sind ganz einfach selbst herzustellen und nicht nur eine besondere Spezialität, sondern auch eine gute Ergänzung für die vegetarische Ernährung.

Eier	399
Selbst gemachter Käse	428
Joghurt	439
Joghurtkäse	450
Feta	453

Würzige Beigaben — 454

Chutneys, Pickles, Relishes und Co. sind bunte Begleiter für zahlreiche Gerichte, die den Leser in exotische Gewürzwelten entführen und für das gewisse Etwas sorgen.

Chutneys, Saucen, Pasten und Co.	455
Zitronen einsalzen und einlegen	483
Mangos einlegen	487

Suppen — 500

Ob europäisch deftig, asiatisch pikant oder fruchtig-süß, Suppen und Kaltschalen sind ein beliebter Auftakt für ein Menü oder auch eine feine kleine Mahlzeit für sich.

Brühen und pikante Suppen	501
Miso-Suppen	526
Süße Suppen	532

Salate, salatartige Gerichte und Getränke — 534

Ganz fix werden aus Gemüse und Früchten der Saison, aus Kräutern, Joghurt und manchem mehr herrlich erfrischende Salate und Drinks.

Salate und salatartige Gerichte	535
Getränke	559

Glossar — 571

Hier finden Sie Informationen über spezielle Zutaten und wichtige Hinweise zur Küchenpraxis sowie zu speziellen Kochtechniken und Geräten.

Bezugsquellen — 584

Wer besondere Zutaten in seiner Region nicht bekommt, kann hier fündig werden und bestellen.

Register — 585

Die Rezepte sind alphabetisch und zudem nach ihren Hauptzutaten erfasst. Wichtige Begriffe aus Warenkunde und Küchenpraxis sind einsortiert. Alle Länder und ihre Rezepte sind separat und mit der Seitenzahl des jeweiligen Kapitels aufgelistet.

EINFÜHRUNG

Dieses Buch ist nicht nur für Vegetarier geschrieben, sondern genauso für all jene, die zwar Fleisch und Fisch essen, aber ihr tägliches Speisenrepertoire gern mit reizvollen neuen Geschmackserlebnissen erweitern möchten.

Auf meinen Reisen meine ich zu beobachten, dass die Grenzen zwischen den verschiedenen Küchen allerorten aufgehoben werden. Im Grunde ist das nichts Neues. Es gibt wohl keine Nation, die nicht irgendwann – bereitwillig oder auch unter Zwang – fremde Zutaten und Zubereitungsmethoden übernommen hätte. Wir mischen und kombinieren neu, wir borgen und geben und bereichern so kontinuierlich unsere eigene Küche und die der anderen. Was auch schon vor 500 Jahren geschah, vollzieht sich heute jedoch viel schneller. Kaum einer, der sich nicht neben seiner eigenen, von Kindesbeinen an vertrauten Esskultur noch mit einer Hand voll weiterer Kochtraditionen auskennen würde.

Zudem gibt es immer mehr »Schmelztiegel« innerhalb von Familien. Nehmen wir nur unsere als Beispiel: Ich bin Inderin und mit einem Amerikaner verheiratet, in den Adern unserer Enkel fließt, bedingt durch die Partnerwahl unserer Kinder, italienisches, irisches, englisches und französisches Blut. Zwei unserer Töchter haben in China und Taiwan studiert und sind überzeugte Anhängerinnen der dortigen Essgepflogenheiten. Ich selbst habe seit den 1960er-Jahren auf vielen Reisen Ostasien und Nordafrika, Australien, Südamerika und die Karibik erkundet. Wenn man so viel unterwegs ist, stößt man unweigerlich auf immer neue, verlockende Rezepte und Zutaten, und beinahe wie von selbst wird man zum Sammler kulinarischer Ideen.

In diesem Buch habe ich die besten vegetarischen Rezepte der Welt – alltagstaugliche ebenso wie festliche – zusammengestellt. Dass ich mich dabei von meinem persönlichen Geschmack habe leiten lassen, blieb nicht aus. Ich habe nun einmal ein Faible für kräftig gewürzte Speisen, seien sie aus Mexiko, Indonesien oder Indien. Außerdem mag ich Rezepte, die schnell gehen und ohne Schnickschnack auskommen, etwa Pasta mit einer einfachen Tomatensauce oder schlicht mit Olivenöl und Knoblauch oder auch mit Zucchini und Zwiebeln. Eine indische Zubereitung aus halbierten gelben Mungobohnen mit Basmatireis macht mich genauso glücklich wie ein gelungenes mexikanisches Chili. Von all diesen Klassikern wollte ich Ihnen hier die besten Versionen präsentieren.

Dann gibt es da etwa das *Kallaloo,* das es mir, als ich es erstmals in Trinidad aß, gleich angetan hatte. Wer war bloß auf die fantastische Idee gekommen, *Dasheen*-Blätter, Okra, grüne Bohnen, scharfe Chilis und Kokosmilch in dieser Suppe zu kombinieren? Sie musste unbedingt in mein Buch! (Falls Sie keine *Dasheen*-Blätter finden, ist das kein Problem. Als Ersatz empfehle ich hier Mangoldblätter, so wie ich bei jedem Rezept für Zutaten, die schwer aufzutreiben sind, Alternativen nenne.)

Ein Aha-Erlebnis war auch der Spinat mit Reis *(Spanakóriso),* den ich in Griechenland serviert bekam. Stellen Sie sich vor: Junger gekochter Spinat, von Olivenöl glänzend und mit einem großzügigen Spritzer Zitronensaft, wird mit einer leichten Reissauce gebunden, für die man einfach einige Esslöffel Reis mit dem Dressing kocht; das Ganze mit etwas frischem Dill bestreut. Auch dieses herrliche Rezept durfte hier natürlich nicht fehlen.

EINFÜHRUNG

Manchmal ist es eine bestimmte Zutat, die mich begeistert. Das äußerst nahrhafte Kichererbsenmehl zum Beispiel ist in vielen Gegenden des Mittelmeerraums und auch in Indien gebräuchlich, trotzdem verdiente es noch entschieden mehr Aufmerksamkeit. Also habe ich hier einige probierenswerte Rezepte aufgenommen, etwa Pfannkuchen und »Fritten«.

Auch die in der westlichen Küche weitgehend vernachlässigten getrockneten Bohnen faszinieren mich allein schon wegen ihrer Vielseitigkeit. Vom 6 000 Jahre alten *Khichri* aus Indien, in dem sich Mungobohnen und Reis verbinden, gewürzt mit Kreuzkümmel und Ingwer, bis zu einer raffinierten, mit Koriandergrün und grüner Paprikaschote aromatisierten Schwarze-Bohnen-Suppe aus Costa Rica reicht das immense Spektrum ihrer Zubereitungsmöglichkeiten, das kennen zu lernen sich lohnt. Für diejenigen Leser, die sich mit getrockneten Hülsenfrüchten bisher nicht so gut auskennen, habe ich alle Sorten und die Art ihrer Verwendung genau beschrieben.

Sehr international ist das Gemüsekapitel mit seinen an die 175 Rezepten ausgefallen, die unter anderem aus Marokko und Trinidad, Indien und Mexiko, Italien und Zypern stammen. (Ich liebe die zypriotische Küche, in der so ganz unterschiedliche Einflüsse zusammentreffen: afrikanische Zutaten, arabische Zubereitungstechniken und asiatische Gewürze, das Ganze abgerundet mit griechischen Elementen.) Allein 16 Rezepte befassen sich mit Auberginen, die in fast jeder Landesküche vorkommen. Sind Senf- oder Fenchelsamen beteiligt, spricht alles für ein bengalisches Rezept; sind die Auberginen mit Olivenöl und Zitronensaft püriert, dürften sie aus Griechenland, der Türkei oder dem Nahen Osten stammen; ist Honig mit von der Partie, deutet dies auf ein marokkanisches Rezept hin.

Im Kapitel über Getreide habe ich viele Arten berücksichtigt, die, wie Hirse oder Quinoa, inzwischen in Bioläden mühelos zu bekommen sind. Während beispielsweise Buchweizenpfannkuchen oder -nudeln längst einen festen Platz in der Küche einnehmen, habe ich an anderer Stelle, wo mir die Auswahl dürftig erschien, eigene Rezepte entwickelt. Damit Sie selbst improvisieren können, beschreibe ich stets die Grundtechniken der Zubereitung.

Wie die Essensvorschriften und Verbote, an die sich viele Moslems und Juden streng halten, ist auch der Verzicht auf tierische Nahrungsmittel, der in China und Indien von großen Volksgruppen praktiziert wird, religiös motiviert. Seit mehreren tausend Jahren tief verankert, hat sich diese Ernährungsweise stetig entwickelt und dabei eine wachsende Zahl von Zubereitungen hervorgebracht. Keine Massenbewegung, sondern Einzelentscheidungen führten zur Ausbreitung dieser Philosophie im Westen. Heute bieten selbst Spitzenrestaurants Gaumenkitzel an, und in den Supermärkten nimmt die Auswahl an Pickles, Chutneys und Saucen als wertvolle Bereicherung vegetarischer Genüsse kontinuierlich zu.

Neben traditionellen Gerichten entdecken Sie hier auch Kreationen, die bekannte mit neuen Zutaten oder klassische Zubereitungsmethoden mit Ingredienzen eines anderen Landes verknüpfen. Damit ist das Buch dicht am Puls unserer heutigen, vom Thema der Globalisierung beherrschten Zeit.

Viele Rezepte habe ich mit Serviervorschlägen ergänzt, die Ihnen helfen, nahrhafte Menüs zusammenzustellen. Bei den Zutatenmengen war ich manchmal sehr präzise, während ich in anderen Fällen Angaben wie »1 mittelgroße Zwiebel« für ausreichend hielt. In solchen Rezepten kommt es auf einige Gramm oder Milliliter mehr oder weniger nicht an.

GEMÜSE

Ich wuchs in einem Paradies auf, denn in Indien bauten wir all unser Gemüse selbst an. Während ich durch den Garten schlenderte, über den sich ein blauer Winterhimmel spannte, zupfte ich hier etwas herunter, zog da etwas aus der Erde und knabberte die kleinen Leckerbissen oft gleich an Ort und Stelle einfach so. Gegen elf Uhr morgens brachte der Gärtner meiner Mutter immer einen ganzen Korb voller Früchte aus dem Garten, und sie entschied, was davon gekocht, was zu Saft verarbeitet und was gleich roh gegessen werden sollte.

Den Tag, an dem der Gärtner einen Korb mit Kohlrabis ins Haus brachte, werde ich nie vergessen. Er kannte dieses Gemüse nicht, also wurde der Koch herbeigeholt. Auch er schüttelte nur ratlos den Kopf. Da es mein Vater gewesen war, der die Samen oder Setzlinge – genau kann ich mich nicht erinnern, denn ich war damals erst etwa sechs Jahre alt – einige Wochen zuvor das erste Mal bestellt hatte, wurde er nun von meiner Mutter im Büro telefonisch konsultiert. Die Anweisung, die zurückkam, lautete, die Blätter wie Kohl zu verarbeiten, da es sich ja um ein kohlartiges Gemüse handele. Nachdem der Koch die Blätter abgetrennt hatte, saßen wir da mit dem knotigen Gebilde, das sie eben noch verbunden hatte. Meine Mutter ließ sich, experimentierfreudig wie sie war, ein Gemüsemesser bringen, schälte die kleine Knolle und schnitt sie entzwei. Ein Blick auf das knackige blassgrüne Innere genügte uns, um zu erkennen: Wieder einmal hatte mein Vater den richtigen Riecher gehabt.

Unseren Blumenkohl ernteten wir, solange die Köpfe ganz klein und die Stiele noch hellgrün waren. Anders als die in Folie verpackten Riesenexemplare aus dem Supermarkt dufteten unsere wundervoll frisch. Meine Mutter ließ sie auf verschiedene Arten servieren, wobei ich sie, in Röschen geteilt, leicht gebräunt und dann mit neuen Kartoffeln pfannengerührt, am allerliebsten mochte. Ein ähnliches Rezept stelle ich in diesem Kapitel vor.

Auch die Okras wurden jung geerntet, um die Schoten dann zu füllen, mit Tomaten zu garen oder, in dünne Scheiben geschnitten, knusprig zu braten. Bei meiner australischen Freundin Di Holuigue lernte ich sie in einer chinesisch-australischen Version kennen: kurz mit Knoblauch, rotem Chili, Sojasauce und Sesamöl pfannengerührt! Auch dieses köstliche Rezept verrate ich Ihnen hier.

Weiterhin werden Sie eine Art Ratatouille kennen lernen, bereitet mit den üblichen Gemüsen – Zwiebeln, Möhren, Tomaten, Auberginen und Zucchini –, aber angereichert mit frischen Früchten (Quitten oder Äpfeln) sowie getrockneten Aprikosen und Backpflaumen. Eine so delikate Mischung kann nur aus der iranischen Küche stammen.

Neben vielen Rezepten für Artischocken und Spargel, die ich schlicht liebe, gebe ich Ihnen mehrere Anleitungen für geröstete Paprikaschoten. Auf einer Reise, die mich im Frühherbst in den östlichen Mittelmeerraum führte, als die vollreifen Schoten beinahe von selbst abfielen, lernte ich, wie man die Schoten ganz einfach röstet und enthäutet. Damit gehört die Papiertüte der Vergangenheit an!

Der Übersichtlichkeit halber sind die Gemüsesorten in diesem umfangreichen Kapitel alphabetisch geordnet. Nur die einzelnen Blattgemüse habe ich gesammelt unter »B« abgehandelt. Das Ende des Kapitels bilden schließlich die gemischten Gemüsegerichte.

ARTISCHOCKEN

Vom Mittelmeerraum aus traten die Artischocken ihren Siegeszug um die Welt an. Unterschieden werden grüne, hellgrüne, violette und grünviolette Formen. Die bevorzugten runden, aber auch die länglichen Blütenköpfe mit ihren fleischigen Böden werden allgemein geschätzt und stellen in ihrer südländischen Heimat fast eine Art Alltagsessen dar. Auf den dortigen Märkten gehören sie zum erschwinglichen Standardangebot und werden gern gekauft. Viele Händler bieten auch fertig vorbereitete Artischockenherzen an, die sie in einem Gefäß mit gesäuertem Wasser frisch halten. Mir läuft bei diesem Anblick immer gleich das Wasser im Mund zusammen!

Ich habe Artischocken, kombiniert mit Kartoffeln, in Marokko gegessen, fein aufgeschnittene und ausgebackene Artischockenherzen in Italien, in Weißwein mit Koriandersamen gedünstete Artischocken auf Zypern, Artischocken in einer gesüßten Granatapfelsauce in Syrien und Artischocken mit Erbsen und Dill in Griechenland. Einige dieser Rezepte finden Sie auf den folgenden Seiten.

In der Türkei schätzt man Artischocken auch wegen ihrer medizinischen Eigenschaften und behandelt mit ihnen alle möglichen Leberleiden. Eine einmonatige Diät, die sich hauptsächlich auf Artischocken stützt, sei das beste Mittel gegen Hepatitis, verriet mir einmal eine Gastgeberin in Istanbul.

Artischocken kaufen und lagern: Suchen Sie grüne, knackige Exemplare aus, die noch einen Stiel haben und keine braunen Stellen oder trockenen Blattspitzen aufweisen. Sie werden im Kühlschrank im Gemüsefach oder in einem atmungsaktiven perforierten Plastikbeutel aufbewahrt.

Artischocken vorbereiten: Babyartischocken von etwa 60–120 Gramm, die man selten genug findet, sind fast verzehrfertig: einfach gründlich waschen und die Stiele einkürzen – sie dürfen etwa 2,5 cm lang bleiben.

Größere Artischocken, die zwischen 180 und 350 Gramm wiegen, erfordern eine andere Behandlung. Sollen sie gekocht werden, muss man lediglich die Stiele so entfernen, dass die Artischocken später auf dem Teller gerade stehen. Für eine elegantere Präsentation werden sie oft von allen harten und stacheligen Teilen befreit. Da sie an den Schnittstellen schnell dunkel anlaufen, eine große Schüssel mit Wasser bereitstellen, das mit Zitronensaft (etwa 3 Esslöffel pro Liter) gesäuert ist. Als Erstes den Stiel so weit stutzen, dass die Artischocke Standfestigkeit erhält. Einen Teil der harten Blätter rings um den Stielansatz abziehen. Die Artischocke auf die Seite legen und je nach ihrer Größe die oberen 2–2,5 cm sowie anschließend mit einer scharfen Schere von den noch vorhandenen Blättern das obere Drittel abschneiden. Die Artischocke zwischendurch immer wieder in das gesäuerte Wasser tauchen. Sie können, falls erwünscht, jetzt das »Heu« entfernen: die Blätter auseinander spreizen und mit einem Grapefruitlöffel den Flaum vom Blütenboden abschaben. Die nun fertig vorbereitete Artischocke in die Schüssel mit dem gesäuerten Wasser legen. Davon benötigen Sie natürlich umso mehr, je größer die Anzahl der Artischocken ist.

Artischocken garen: Die einfachste Methode ist das Kochen. Man lässt die Artischocken in einen großen Topf mit kochendem Salzwasser gleiten und kocht sie zugedeckt je nach Größe zwischen 10 Minuten (Babyartischocken) und

15–35 Minuten. Zur Probe an einem der unteren Blätter zupfen; wenn es sich leicht löst, ist die Artischocke gar. Die Artischocken abseihen und kopfüber abtropfen lassen. Nach Belieben heiß, raumtemperiert oder kalt servieren.

Babyartischocken können auch längs geviertelt und dann ganz kurz in Brühe gegart, geschmort oder frittiert werden. Nur wenige harte Teile wie die Spitzen der äußeren Blätter sind nicht genießbar und werden entfernt.

Große gekochte Artischocken essen (vielleicht sitzen Sie so ratlos davor wie ich beim ersten Mal!): Gekochte Artischocken werden meist mit einem Dip serviert. Zu heißen oder warmen Artischocken schmeckt zerlassene Butter, einfach nur mit einem kräftigen Spritzer Zitronensaft aromatisiert und leicht gesalzen, oder auch eine Sauce hollandaise; zu kalten Artischocken passt hingegen gut eine Vinaigrette oder Mayonnaise. Man zupft, unten beginnend, die schuppenartigen Blätter eines nach dem anderen ab, tunkt sie jeweils mit dem fleischigen Ende in den Dip und schiebt diesen Abschnitt in den Mund. Jetzt die Zähne »zusammenbeißen« und das Blattende wieder herausziehen, sodass die Schneidezähne das Fleisch abstreifen. Den harten Blattrest legen Sie beiseite und nehmen sich das nächste Blatt vor. Je weiter Sie zur Mitte der Artischocke vordringen, desto mehr können Sie von den Blättern essen. Wenn Sie das »Heu« freigelegt haben, schaben Sie es mit einem Löffel ab und genießen den Rest – das Herz – mit Messer und Gabel: in Stücke schneiden, in den Dip tunken und einfach nur genießen!

Rohe Artischockenherzen vorbereiten: Für Rezepte, die Artischockenherzen verlangen, benötigen Sie große Exemplare. Eine Schüssel mit gesäuertem Wasser vorbereiten und eine frische Zitronenhälfte bereitlegen. Soll das Artischockenherz eine Standfläche erhalten, den Stiel am Ansatz abschneiden; andernfalls kürzen Sie ihn auf höchstens 2,5 cm ein, denn er bildet die Fortsetzung des Blütenbodens und schmeckt daher genauso gut wie das Herz selbst. Nun, am Stiel beginnend, die Blätter einzeln Kranz für Kranz zurückbiegen, bis sie am Ansatz abbrechen. Die Bruchflächen gleich mit der Zitrone einreiben. Sobald die helleren Blätter zum Vorschein kommen, die Artischocke auf die Seite legen, die oberen zwei Drittel mit einem scharfen Edelstahlmesser abschneiden und wegwerfen. Die Schnittflächen mit der Zitrone einreiben. Mit einem Grapefruitlöffel das Heu sorgfältig herauslösen und den Artischockenboden mit der Zitrone einreiben oder die Artischocke ins gesäuerte Wasser tauchen. Als Nächstes mit einem scharfen Pariermesser aus Stahl den Stiel schälen und nach oben bis zum Herz alle dunkelgrünen Stellen entfernen. Das nun fertig vorbereitete blassgrüne Herz ins Zitronenwasser legen. Je nach Rezept wird es eventuell noch in 4, 6 oder 8 Stücke oder auch in Scheiben geschnitten. Erst unmittelbar vor der Zubereitung aus dem Wasser nehmen und trockentupfen.

Ganze Artischockenherzen garen: Für 3–4 vorbereitete mittelgroße Artischockenherzen 2 Esslöffel Weizenmehl in eine Schüssel füllen. Langsam 1,2 Liter Wasser dazugießen und mit einem Schneebesen einrühren. 2 Esslöffel Zitronensaft und 1 Teelöffel Salz zufügen. Die Mischung in einem weiten Topf zum Köcheln bringen, anschließend bei niedriger Temperatur 5 Minuten simmern lassen. Die Artischockenherzen nebeneinander einlegen und 15–20 Minuten sanft garen, bis sie sich mit einem spitzen Messer mühelos einstechen lassen. Falls Sie die Herzen später in einem Salat oder als Unterlage für pochierte Eier oder angemachtes Gemüse verwenden möchten, lassen Sie sie in der Flüssigkeit auskühlen.

ZYPERN

Artischockenherzen mit Wein und Koriandersamen
Tiganites aginares • Androche Markidis

Zwei sympathische Damen gaben mir in Nikosia dieses Rezept und dazu den Tipp, die Artischockenherzen mit Kartoffeln zu »strecken«. In ihrer Version werden beide Gemüse zunächst frittiert. Um aber den Ölverbrauch zu reduzieren, habe ich mir eine etwas andere Methode ausgedacht. Lassen Sie sich von der Weinmenge nicht abschrecken: Der Alkohol »verfliegt« beim Kochen.

Knuspriges Brot und Bohnengerichte wie die Augenbohnen mit Mangold (siehe Seite 169) sowie eine Joghurtspeise (auch Joghurtkäse) runden den Genuss ab.

FÜR 4 PERSONEN

Die rohen Herzen von 4 großen Artischocken, nach der Anleitung auf Seite 11 vorbereitet und in Zitronenwasser eingelegt
2 mittelgroße Kartoffeln (insgesamt etwa 350 g)
1 1/2 EL Koriandersamen
4 EL Olivenöl
175 ml trockener Weißwein
2 TL Zitronensaft
3/4 TL Salz
1 TL natives Olivenöl extra

- Die Artischockenherzen je nach Größe längs in 4, 6 oder 8 Stücke schneiden. Wieder ins Zitronenwasser legen.
- Die Kartoffeln schälen und in ähnlich große Stücke wie die Artischocken schneiden. In einem kleinen Topf großzügig mit Wasser bedecken, zum Kochen bringen und zugedeckt bei niedriger Temperatur in 5 Minuten halb gar kochen. Abseihen, kalt abspülen und trockentupfen.
- Die Koriandersamen im Mörser nur grob (in jeweils 2–3 Stückchen) zerstoßen.
- Die Artischocken aus dem Zitronenwasser nehmen, kurz abtropfen lassen und mit Küchenpapier trockentupfen.
- Das Öl in einer großen Pfanne oder einem weiten, flachen Topf bei mittlerer bis hoher Temperatur erhitzen. Die Artischocken darin zusammen mit den Kartoffeln unter ständigem Rühren etwas Farbe annehmen lassen. Koriandersamen, Wein und 250 Milliliter Wasser zufügen. Das Gemüse bei hoher Temperatur unter häufigem Rühren in 10–12 Minuten garen – zuletzt sollte die Flüssigkeit stark eingekocht sein (falls zu viel Flüssigkeit verdampft, bevor das Gemüse gar ist, noch ein- bis zweimal jeweils etwa 100 Milliliter Wasser dazugießen). Zitronensaft und Salz untermischen. Das Gemüse vor dem Servieren mit dem Olivenöl beträufeln.

GEMÜSE 13

MAROKKO

Würziger Artischockentopf mit Kartoffeln

In vielen Mittelmeerländern sind Artischocken in rauen Mengen und entsprechend preiswert erhältlich und gehören daher zur Alltagskost. In Marokko, wo ich dieses Gericht kennen lernte, werden sie gern mit Kartoffeln kombiniert. In dieser Zubereitung können sie heiß, aber genauso auch kalt als Salat oder als Vorspeise serviert werden. Besonders gut passt dazu marokkanisches Fladenbrot, doch eignet sich auch jedes andere Brot.

FÜR 2–3 PERSONEN

Die rohen Herzen von 3 Artischocken,
    nach der Anleitung auf Seite 11 vorbereitet und
    in Zitronenwasser eingelegt
1 mittelgroße, fest kochende Kartoffel (etwa 150 g),
    geschält und in 2,5 cm große Würfel geschnitten
3 EL Olivenöl
1 EL Zitronensaft
1/2 TL gemahlener Kreuzkümmel
1/2 TL Paprikapulver
1 große Prise Cayennepfeffer (nach Belieben)
3/4 TL Salz
Frisch gemahlener schwarzer Pfeffer

■ Die Artischockenherzen quer in 1 × 2,5 cm große Stücke schneiden und trockentupfen. Mit den übrigen Zutaten in einen weiten Topf füllen. 250 Milliliter Wasser dazugießen und umrühren. Zum Kochen bringen und anschließend zugedeckt bei mittlerer bis niedriger Temperatur 15–20 Minuten unter gelegentlichem Rühren garen, bis die Kartoffeln weich sind. Das Gericht heiß, warm oder raumtemperiert servieren.

ITALIEN

Artischocken mit Erbsen
Carciofi con piselli

Frische und junge, ganz zarte Erbsen sind für dieses Rezept erste Wahl, aber es funktioniert auch mit Tiefkühlerbsen hervorragend. Keine Alternative gibt es dagegen für die ofengetrockneten Tomaten (siehe Seite 145). Falls Sie also keine auf Vorrat haben, vergessen Sie diesen Posten einfach; denn die Artischocken und Erbsen bilden ein Traumduo, dessen delikates Aroma durch die üblichen sonnengetrockneten Tomaten schlicht erschlagen würde.

Ideal sind in diesem Fall Artischocken von etwa 225 Gramm Gewicht, aber auch größere Exemplare sind brauchbar.

Das Gericht eignet sich übrigens auch als Pastasauce (siehe Seite 378), und es lässt sich im Voraus zubereiten. Nur dürfen Sie, nachdem Sie die Erbsen hinzugefügt haben, beim Aufwärmen keinen Deckel mehr auflegen, sonst verlieren die Erbsen ihre Farbe.

FÜR 4 PERSONEN

Die rohen Herzen von 4 Artischocken, nach der Anleitung auf Seite 11 vorbereitet und in Zitronenwasser eingelegt

300 g frisch gepalte Erbsen (ersatzweise Tiefkühlerbsen, siehe Rezepteinleitung)

6 EL Olivenöl

3–4 Knoblauchzehen, geschält und leicht angedrückt

Salz

125 ml Gemüsebrühe oder Wasser

3 EL trockener Weißwein oder trockener weißer Vermouth

6 EL fein gehackte frische glatte Petersilie

1 EL Zitronensaft

Frisch gemahlener schwarzer Pfeffer

6 ofengetrocknete Tomatenhälften (siehe Seite 145), längs in schmale Streifen geschnitten

■ Die Artischockenherzen – im mittleren Teil samt Stiel – in 5 mm dicke Scheiben schneiden und wieder ins Zitronenwasser legen.

■ In einem Topf Wasser aufkochen. Die Erbsen einstreuen und knapp gar kochen (Tiefkühlerbsen benötigen nur etwa 1 Minute). Abseihen, kalt abspülen, gut abtropfen lassen und beiseite stellen.

■ Die Artischockenherzen abseihen, abtropfen lassen und zwischen zwei Lagen Küchenpapier trockentupfen.

■ Das Öl in einer großen Pfanne bei mittlerer bis hoher Temperatur kräftig erhitzen. Den Knoblauch, dann Artischocken zufügen und in 3–4 Minuten goldbraun braten, dabei behutsam rühren. Etwa 1/4 Teelöffel Salz, Brühe und Wein dazugeben und zum Kochen bringen. Zugedeckt bei niedriger Temperatur 5 Minuten köcheln lassen, bis die Artischocken eben gar sind. Die Erbsen mit der Petersilie und dem Zitronensaft untermischen, pfeffern und nochmals mit 1/2–3/4 Teelöffel Salz abschmecken. Bei starker Hitze zum Köcheln bringen und bei mittlerer bis niedriger Temperatur 2 Minuten simmern lassen, dabei behutsam rühren. Die Tomaten zufügen, noch 30 Sekunden rühren und das Gericht sofort servieren.

ITALIEN

Ausgebackene Artischockenherzen
Carciofi fritti

Wir hatten uns mit guten Freunden, die inzwischen rund um den Globus verstreut waren, in der Toskana verabredet und dafür eine Villa gleich vor den Toren Sienas gemietet. Abends kochten wir gemeinsam oder besuchten Restaurants, die uns empfohlen worden waren, tagsüber war dagegen jedes Paar für sich unterwegs. Einmal berichtete ein Paar von einem Mittagessen in Montereggioni, einem auf einem Hügel als Festung angelegten Städtchen. Als wir hörten, dass es unter anderem ausgebackene Artischockenherzen gegeben hatte, stand für mich fest: Da muss ich hin, und ich werde meinem Mann nicht ein Stück von meinen Artischocken abgeben, er muss sich schon selbst eine Portion bestellen! So machten wir es, und zwar schon am nächsten Tag.

In Italien werden Artischocken zum Ausbacken auf unterschiedliche Arten vorbereitet. Bei kleinen bis mittelgroßen Exemplaren stutzt man die Blattspitzen und den Stiel und entfernt erforderlichenfalls das Heu (siehe Seite 10), ansonsten werden die Artischocken ganz gelassen oder höchstens geviertelt. Von mittelgroßen bis großen Exemplaren wird mitunter nur das Herz verwendet. Vor dem Ausbacken wendet man die Scheiben oder Viertel einfach in Mehl, manchmal zieht man sie noch durch Ei.

Am besten schmecken mir die ausgebackenen Herzen, in Scheiben geschnitten, in Mehl gewendet und anschließend kurz in Wasser getaucht (so löst sich überschüssiges Mehl, das sonst auf den Topfboden sinken und anbrennen würde). Nach dem Ausbacken werden die Artischocken nur noch gesalzen und gepfeffert und dann gleich serviert. Jeder Gast träufelt ganz nach Geschmack etwas Zitronensaft darüber.

FÜR 4 PERSONEN

Pflanzenöl zum Ausbacken
Die rohen Herzen von 4 mittelgroßen bis großen Artischocken, nach der Anleitung auf Seite 11 vorbereitet und in Zitronenwasser eingelegt
150–200 g Weizenmehl
Salz
Frisch gemahlener schwarzer Pfeffer
Zitronenspalten

■ In eine mittelgroße Pfanne 2,5 cm hoch Pflanzenöl gießen und dieses auf mittlerer bis niedriger Stufe erhitzen. Es dauert eine kleine Weile, bis die richtige Temperatur erreicht ist: Ein hineingeworfenes Stückchen Brot muss gleich zischen.

■ Inzwischen die Artischockenherzen mit einem Schaumlöffel aus der Schüssel heben (das Wasser wird noch benötigt). Trockentupfen und in 3 mm dicke Scheiben schneiden. Das Mehl in einer weiten, flachen Schüssel verteilen und die Artischockenscheiben darin wenden, bis sie gleichmäßig überzogen sind.

■ Sobald das Öl heiß genug ist, mit beiden Händen eine Portion Artischockenscheiben aus dem Mehl nehmen und einen Teil des Mehles wieder abschütteln. Die Artischocken nur ganz kurz ins Zitronenwasser tauchen, wieder abschütteln und ins Öl geben. In etwa 3–4 Minuten unter Rühren goldbraun ausbacken. Herausnehmen, auf Küchenpapier abtropfen lassen und warm stellen, bis alle Artischockenherzen zubereitet sind.

■ Auf einer großen Platte anrichten, mit Salz und Pfeffer bestreuen und mit den Zitronenspalten servieren.

AUBERGINEN

Weltweit sind die ursprünglich vermutlich aus Indien stammenden Auberginen mit den verschiedensten Formen und Farben vertreten. In Europa kennt man vor allem die dicken, dunklen Früchte, aber auch lang gestreckte, schlanke sind verbreitet. Blassviolette, schlanke Auberginen von 10–15 cm Länge gehören zum Standardangebot in Japan und China. Typisch für die süd- und südostasiatische Küche sind die grünen, manchmal auch weiß gestreiften, granatapfelgroßen Auberginen. In indischen wie auch gelegentlich in chinesischen Geschäften sieht man nur eigroße Exemplare im vertrauten dunklen Violett. Darüber hinaus gibt es weiße Auberginen, die sich, ob rund und nur so dick wie ein Golfball oder größer und leicht länglich, stets durch einen cremigen Geschmack und eine feine Beschaffenheit auszeichnen und erstaunlich rasch garen. Eigentlich keine Auberginen, obwohl als *pea aubergines* bezeichnet, sind die gut erbsengroßen grünen Kugeln – beliebte Zutat in manchen thailändischen Currys.

Auberginen sind kalorienarm – theoretisch wenigstens, denn sie vertragen sich nun einmal wundervoll mit Öl, das ihnen beim Braten oder Frittieren eine verlockende goldbraune Farbe und Zartheit verleiht. Ihre Aufnahmebereitschaft für Öl lässt sich jedoch zähmen. Ein Trick besteht darin, die in Stücke geschnittenen Auberginen zunächst, mit Salz bestreut oder in Salzwasser eingelegt, mindestens 30–40 Minuten ziehen zu lassen. Dabei wird ihnen ein Teil ihres eigenen Safts entzogen, sie verlieren ihre schwammartige Struktur. Auch kann man Auberginenscheiben, anstatt sie zu frittieren, von beiden Seiten dünn mit Öl einreiben und grillen. Natürlich lassen sich Auberginen ebenso dämpfen, pochieren oder rösten.

Auberginen kaufen und lagern: Stiel und Kelchblätter sollten noch vorhanden sein; eine glatte, glänzende und makellose Haut bürgt für Frische und gute Qualität. Auberginen baldmöglichst verbrauchen und bis dahin im Gemüsefach des Kühlschranks lagern.

Auberginen rösten: Für viele Dips, Salate oder Hauptgerichte werden die Auberginen zunächst geröstet. In Südasien, dem Nahen Osten und auch in manchen mediterranen Gebieten geschieht dies oft noch nach einem uralten Verfahren: Die Auberginen werden einfach in heiße Asche gelegt, bis ihre Haut beinahe verbrannt und das Innere ganz weich ist. Dann zieht man die Haut ab und verarbeitet das Fruchtfleisch nach Rezept.

Auf Santorin wurde ich Zeugin eines anderen Verfahrens. Ich hatte einiges auf mich genommen, um den angeblich besten Bäcker dieser griechischen Insel zu treffen. Doch der Mann speiste mich mit fragwürdigen Auskünften ab, und meine Hoffnung, ihm über die Schulter sehen zu dürfen und vielleicht einige Brotrezepte von ihm zu bekommen, erfüllte sich nicht. Trotzdem war der Besuch nicht umsonst. Denn außer über einen prachtvollen Kapernstrauch vor dem Haus des Bäckers freute ich mich noch über einen anderen Anblick: ein großes Blech mit mindestens einem Dutzend dicker, braun gebrannter und mit Asche eingestaubter Auberginen, die er aus dem Ofen holte. Er nutzte die Resthitze seines Ofens, um für sich und die Nachbarn Gemüse zu rösten.

Ganz gleich, welche der nun folgenden Methoden Sie anwenden, sollten Sie die Auberginen vorher mehrmals einstechen, damit sie beim Rösten nicht aufplatzen. Sie sind gar, wenn sie sich weich und beinahe wabbelig anfühlen.

Jetzt lässt sich die Haut mit den Fingern ganz einfach abziehen, danach schneidet man noch das Stielende ab. Je nach Rezept werden die Auberginen schließlich fein gehackt, mit einer Gabel zerdrückt, in Streifen gerissen oder auch im Mixer püriert.

1. Über der Gasflamme: Dies ist meine bevorzugte Methode, wenn ich ein einzelnes größeres Exemplar rösten möchte. Die Aubergine sollte möglichst noch einen Stiel als »Griff« aufweisen. Außerdem sollten Sie den Brenner des Herdes durch Alufolie gegen den heruntertropfenden Saft schützen. Die Aubergine ringsum insgesamt etwa zwölfmal mit einer Gabel einstechen. Den Brenner auf kleinster Stufe entzünden und die Aubergine darauf stellen – eventuell müssen Sie sie an dem nach oben weisenden Stiel oder mit einer Zange halten. Wenn das untere Ende angekohlt ist, die Aubergine hinlegen und immer wieder ein Stück weiterschieben, bis eine Seite komplett angekohlt ist. Nun ein wenig drehen und den nächsten Abschnitt über die ganze Länge rösten. Auf diese Weise fortfahren, bis die Haut ringsum gleichmäßig angekohlt ist und die Aubergine sich ganz weich anfühlt. In diesem Stadium müssen Sie sie am Stielende stützen, damit sie nicht auseinander bricht. Die Dauer des gesamten Röstvorgangs hängt von der Größe der Aubergine ab (ein Exemplar von etwa 650 Gramm braucht 35–40 Minuten). Die Haut abziehen und letzte verkohlte Stückchen kurz unter fließendem Wasser abwaschen. Mit Küchenpapier trockentupfen.

2. Im Ofen: Eine ideale Methode für eine größere Anzahl von Auberginen und für Besitzer eines Elektroherds. Den Backofen auf 230 °C vorheizen. Die Auberginen ringsum mit einer Gabel einstechen und auf einem mit Alufolie ausgelegten Blech im Ofen rösten, dabei alle 15 Minuten drehen. Exemplare von 450 Gramm sind nach etwa 1 Stunde etwas zusammengefallen und innen ganz weich. Enthäuten und nach Rezept verarbeiten.

3. Über dem offenen Feuer: So röste ich mittelgroße bis große Exemplare, wenn wir in unserem Landhaus sind und den Kamin – und Sie im Sommer vielleicht den Holzkohlegrill – angeheizt haben. Die Auberginen nahe dem Feuer platzieren und mit einer Zange immer wieder etwas drehen, bis sie gleichmäßig angekohlt sind. Das Fruchtfleisch, das zuletzt fast weich wie Brei sein soll, gewinnt dabei eine rauchige Note. Die Auberginen enthäuten.

4. Unter dem Gas- oder Elektrogrill: Eine geeignete Methode für Auberginen jeder Größe und Form. Gleichmäßig einstechen und auf einem mit Alufolie ausgelegten Blech auf kleinster Stufe grillen. Nachdem eine Seite angekohlt ist, die Auberginen regelmäßig ein Stück weiterdrehen und dabei, sobald sie weicher werden, am Stiel stützen. Zuletzt enthäuten und nach Rezept verarbeiten.

Auberginen rollschneiden: Vor allem bei manchen chinesischen Rezepten kommt diese Technik zum Einsatz. Sie ergibt Stücke, die dank großer Schnittflächen Aromen besonders gut aufnehmen und außerdem schnell garen. Die Aubergine so auf die Arbeitsfläche legen, dass das Stielende nach links zeigt. 4 cm vor dem anderen Ende der nach rechts gerichteten Messerklinge sehr schräg ansetzen und das Endstück abschneiden. Die Aubergine rollen, bis die Schnittfläche nach oben zeigt (Vierteldrehung), und den nächsten Schnitt im gleichen Winkel, aber diesmal nach links so ausführen, dass die Schnittflächen ein V bilden. Die Aubergine weiterdrehen, bis die letzte Schnittfläche nach oben weist, und den nächsten Schnitt wieder nach rechts ausführen. Fortfahren, bis das Stielende erreicht ist. Auf diese Weise lässt sich jedes längliche Gemüse schneiden.

HONGKONG

Kalte Auberginen mit würzigem chinesischem Erdnuss-Dressing

FÜR 4 PERSONEN

4 schlanke violette Auberginen (je 300 g schwer und 15 cm lang)

FÜR DAS DRESSING
4 TL Erdnussbutter (aus dem Bioladen)
4 TL Sojasauce
4 TL weißer Essig
2 TL *Shao-Hsing*-Wein (siehe Glossar) oder trockener Sherry
1 EL Öl aus gerösteten Sesamsamen
2 TL extrafeiner Zucker
1/2 TL Salz
1/4–1/2 TL Chilipaste mit Sojabohnen oder Chilipaste mit Knoblauch (siehe Glossar)
1/2 TL geschälter und sehr fein gehackter frischer Ingwer
4 EL fein gehacktes frisches Koriandergrün

AUSSERDEM
4 TL in Stückchen geschnittene Korianderstängel

■ Die Auberginen längs vierteln und quer in 7,5 cm lange Stücke schneiden. Bei hoher Temperatur in 10–15 Minuten gar dämpfen (allgemeine Hinweise zum Dämpfen siehe Glossar).

■ Inzwischen alle Zutaten für das Dressing außer dem Koriandergrün in einer Schüssel vermischen.

■ Die fertig gegarten Auberginen vorsichtig aus dem Dämpfeinsatz nehmen und dicht nebeneinander auf einer großen Platte anrichten. Das Koriandergrün zum Dressing geben und nochmals gründlich umrühren. Die Auberginen gleichmäßig mit dem Dressing übergießen und mit den Korianderstängeln bestreuen. Raumtemperiert oder gekühlt servieren.

HONGKONG

Kalte Auberginen mit einem Sojasaucen-Dressing

Auch Zucchini lassen sich so zubereiten, werden aber nur 3–5 Minuten gedämpft. Servieren Sie das Gemüse zu einem chinesischen Essen oder als leichte Sommermahlzeit.

FÜR 2–4 PERSONEN

4 schlanke violette Auberginen
  (je 300 g schwer und 15 cm lang)

FÜR DAS DRESSING

1 große Knoblauchzehe, geschält und zerdrückt
1 Frühlingszwiebel, in sehr feine
  Scheiben geschnitten
1 cm frischer Ingwer, geschält und sehr fein gehackt
1/2 Stange Bleichsellerie, sehr fein gewürfelt
1 EL fein gehacktes frisches Koriandergrün

1 EL helle chinesische Sojasauce
1 EL Öl aus gerösteten Sesamsamen
1 TL weißer Essig
2 TL Tomatenketchup
1 große Prise extrafeiner Zucker
2 EL Gemüsebrühe (auch Pilzbrühe) oder Wasser

AUSSERDEM

2 TL in Stückchen geschnittene Korianderstängel

■ Die Auberginen längs vierteln und quer in 7,5 cm lange Stücke schneiden. Bei hoher Temperatur in 10–15 Minuten gar dämpfen (allgemeine Hinweise zum Dämpfen siehe Glossar).

■ Inzwischen für das Dressing Knoblauch, Frühlingszwiebel, Ingwer, Sellerie und Koriandergrün in einer kleinen Schüssel vermengen. Zugedeckt beiseite stellen. In einer zweiten Schüssel Sojasauce, Sesamöl, Essig, Ketchup, Zucker und Gemüsebrühe verrühren. Ebenfalls beiseite stellen.

■ Die Auberginen vorsichtig aus dem Dämpfeinsatz nehmen und dicht nebeneinander auf einer großen Platte anrichten. Die vorbereitete Knoblauchmischung in die Sojasaucenmischung einrühren. Die Auberginen gleichmäßig mit dem Dressing überziehen und mit den Korianderstängeln bestreuen. Raumtemperiert oder gekühlt servieren.

VARIANTE

Frittierte Auberginen mit einem Sojasaucen-Dressing

Oft frittiere ich die Auberginen, anstatt sie zu dämpfen, und serviere sie warm. Das Dressing muss fertig vorbereitet sein, bevor Sie mit dem Frittieren beginnen.

Die Auberginen wie oben zerteilen, leicht salzen und für 30–40 Minuten beiseite stellen. Inzwischen einen Wok oder geeigneten Topf 5–7,5 cm hoch mit Pflanzenöl füllen und dieses bei mittlerer bis hoher Temperatur erhitzen. Die Auberginen portionsweise goldgelb frittieren, dabei zwischendurch nach Bedarf wenden (geben Sie immer nur so viele Stücke ins Öl, dass sie noch etwas Platz haben). Mit einem Schaumlöffel herausnehmen und auf Küchenpapier abtropfen lassen. Wenn alle Auberginen verarbeitet sind, die Stücke auf einer Platte anrichten, noch heiß mit dem raumtemperierten Dressing überziehen und sofort servieren.

KOREA

Pochierte Auberginen mit feuriger Sauce
Khaji namul

Anstatt die Auberginen zu pochieren, können Sie sie ebenso 10–15 Minuten dämpfen (allgemeine Hinweise zum Dämpfen siehe Glossar). Ideal ist für diese Zubereitung die blassviolette japanische Sorte. Alternativ nehmen Sie die gängigen dunklen oder weißen Auberginen, in jedem Fall aber schlanke Exemplare.

Kochu chang (siehe Glossar) ist ein nützliches koreanisches Würzmittel, das man immer im Kühlschrank vorrätig haben sollte. Die Paste wird ganz ähnlich wie Miso aus fermentierten Sojabohnen hergestellt. Ihre charakteristische rote Farbe und feurige Schärfe erhält sie durch die koreanischen roten Chilischoten, an denen nicht gespart wird. Reis und eine Tofuzubereitung passen gut zu den Auberginen, wenn sie heiß serviert werden. Raumtemperiert oder gekühlt ergeben sie einen pikanten Salat.

FÜR 4 PERSONEN

- 450 g schlanke, lange Auberginen
- 2 TL *Kochu chang* (siehe Glossar), ersatzweise 2 TL feines braunes *Miso*, gemischt mit 1/2 TL Cayennepfeffer
- 125 ml Gemüsebrühe
- 2 TL japanischer, koreanischer oder chinesischer Reiswein (*Sake* oder *Shao-Hsing*-Wein, siehe Glossar) oder trockener Sherry
- 1 1/2 TL Sojasauce
- 2 TL Öl aus gerösteten Sesamsamen
- 1 EL Pflanzenöl
- 1 große Knoblauchzehe, geschält und fein gehackt
- 2 Frühlingszwiebeln, in feine Scheiben geschnitten
- 1 cm frischer Ingwer, geschält und sehr fein gehackt
- Salz
- 1 EL geröstete Sesamsamen (siehe Glossar)

■ Die Auberginen längs vierteln, quer in 7,5 cm lange Stücke schneiden und in eine große Pfanne füllen. So viel Wasser dazugießen, dass der Boden etwa 1 cm hoch bedeckt ist, und zum Kochen bringen. Einen Deckel auflegen und die Auberginen bei mittlerer bis niedriger Temperatur 10–15 Minuten pochieren, bis sie eben gar sind – dabei die Stücke ein- bis zweimal vorsichtig wenden. Behutsam abseihen und nebeneinander in einer flachen, weiten Servierschüssel arrangieren.

■ *Kochu chang* in einer Schale gründlich mit der Brühe verrühren, die Sie langsam dazugießen. Reiswein, Sojasauce und 1 Teelöffel Sesamöl untermischen.

■ Das Pflanzenöl in einer Pfanne bei mittlerer bis hoher Temperatur erhitzen und den Knoblauch mit den Frühlingszwiebeln und dem Ingwer 30 Sekunden unter Rühren darin braten. Die Saucenmischung aus der Schale dazugießen, einmal umrühren und die Mischung nach Bedarf salzen. Zum Kochen bringen, die Sesamsamen zufügen und die Sauce sogleich über die Auberginen gießen. Mit dem restlichen Sesamöl beträufeln und heiß, raumtemperiert oder gekühlt servieren.

TÜRKEI

Cremiges Auberginenpüree
Baba ghanoush

Hunderte von Rezepten dürften in der Türkei, aber auch in Griechenland und im Nahen Osten für diese Zubereitung kursieren. Mit ihrer besonders leichten, cremigen Art bietet sich diese Version als Beigabe zu einem Essen, als Vorspeise oder als Dip an.

FÜR 4 PERSONEN

1 große Aubergine von etwa 600 g, geröstet (siehe Seite 16/17), enthäutet und grob gehackt
3 EL Olivenöl
1 EL Zitronensaft
3/4–1 TL Salz

■ Die Aubergine mit dem Olivenöl, Zitronensaft und Salz im Mixer pürieren – betätigen Sie nur den Momentschalter, denn schon nach 5–6 Sekunden ist die Mischung cremig genug. Raumtemperiert oder gekühlt servieren. Pitabrot dazu reichen.

INDIEN

Rauchiges Auberginenpüree
Bharta

In dem im Nordwesten Indiens gelegenen Staat Punjab leben zahlreiche Menschen streng vegetarisch. Für dieses populäre Gericht werden die Auberginen dort im Ganzen in die heiße Asche der Öfen gelegt, bis sie angekohlt sind. Das nun weiche und rauchige Fruchtfleisch wird ausgelöst, zerdrückt und mit Zwiebeln, Ingwer und Tomaten gegart. Begleitet von etwas Blattsenf, indischem Fladenbrot (Roti) und einem großen Glas Buttermilch oder Lassi (siehe Seite 568/569) ergibt Bharta eine sättigende Mahlzeit.

FÜR 4 PERSONEN

4–5 EL Pflanzen- oder Olivenöl
250 g Zwiebeln, fein gehackt
Ein 5 × 2,5 cm großes Stück frischer Ingwer, geschält und fein gerieben
250 g vollreife Tomaten, enthäutet und gehackt
1 1/2 TL gemahlener Kreuzkümmel
1/8–1/4 TL Cayennepfeffer
3/4 TL Salz
1 oder 2 große violette Auberginen, insgesamt 700 g, geröstet (möglichst über dem offenen Feuer, siehe Seite 17), enthäutet und grob gehackt
2–3 EL grob gehacktes frisches Koriandergrün

■ Das Öl in einer großen Antihaft-Pfanne bei mittlerer bis hoher Temperatur erhitzen. Die Zwiebeln darin rühren, bis sie an den Rändern braun anlaufen. Den Ingwer untermischen. Nach 1 Minute die Tomaten zufügen und in 3–5 Minuten unter ständigem Rühren leicht einkochen lassen. Gewürze und Salz zufügen. Das Auberginenfruchtfleisch einrühren und bei mittlerer Temperatur 10–15 Minuten garen.
■ Das Koriandergrün gründlich untermischen. Das Püree heiß als Bestandteil des Hauptgerichts, raumtemperiert als Dip oder gekühlt als Aufstrich servieren.

TRINIDAD

Auberginen-Tomaten-Choka
Birdie

Bisher gibt es nur Vermutungen darüber, was es mit den Chokas der auf Trinidad lebenden Inder wirklich auf sich hat. Ihr Name deutet jedoch darauf hin, dass sie mit den Arbeitern ins Land kamen, die ab 1846 in den nordindischen Staaten Uttar Pradesh und Bihar verdingt wurden. Choka ist offensichtlich eine Verballhornung des Hindi-Wortes chhownk. Dieser Begriff, der gleichbedeutend ist mit Tarka (siehe Seite 159), bezeichnet eine verbreitete indische Methode, um Gerichte aufzupeppen: Gewürze werden in sehr heißes Öl gegeben, woraufhin sich ihr Aroma schlagartig entfaltet; dann gießt man das aromatisierte Öl mitsamt den Gewürzen über die Speise. Aus einem indischen Chhownka baigan timatar (Aubergine mit Tomaten und chhownk) wurde so vielleicht für eine Volksgruppe, der Hindi irgendwann fremd geworden war und die, wie alle anderen Einwanderergruppen auch, nur noch karibisches Englisch sprach und verstand, ein Auberginen-Tomaten-Choka. Die Zubereitungen und auch die Gewürze selbst sind schlichter Natur – ein weiterer Beleg dafür, dass die Dörfer, aus denen jene Menschen im 19. Jahrhundert in eine ungewisse Zukunft aufbrachen, arm waren, aber dass man dort, genau wie heute noch im dörflichen Indien, schon damals köstlich zu kochen verstand.

Dieses Choka, das irgendwo zwischen einem Gemüsegericht, einem Salat und einer Salsa anzusiedeln ist, passt, begleitet von Bohnen- oder Getreidezubereitungen, zu ziemlich jedem Essen. Sie können es auch mit Pitabrot oder Tortilla-Chips als Vorspeise reichen. Es schmeckt heiß, aber auch raumtemperiert oder gekühlt.

FÜR 6 PERSONEN

1 mittelgroße Aubergine (etwa 450 g)
3 mittelgroße Tomaten (insgesamt etwa 350 g)
4 Knoblauchzehen, geschält und zerdrückt
1 kleine Zwiebel (etwa 60 g), sehr fein gehackt
1 TL Salz
Frisch gemahlener schwarzer Pfeffer

1/2–1 scharfer roter oder grüner Chili, fein gehackt (nach Belieben)

AUSSERDEM
2 EL Oliven- oder ein anderes Pflanzenöl
1/2 TL Kreuzkümmel

■ Den Backofen auf 230 °C vorheizen.
■ Ein Backblech mit Alufolie auslegen. Die Aubergine und die Tomaten darauf legen und in den Ofen schieben. Nach 25 Minuten die Tomaten herausnehmen und in eine Schüssel geben. Die Aubergine weitere 35 Minuten rösten und dabei alle 6–7 Minuten etwas drehen, bis sie weich und leicht zusammengefallen ist.
■ Die Tomaten enthäuten, von den Samen befreien und grob hacken. Die Aubergine enthäuten, dabei die Haut in Streifen abziehen, vom Stielansatz befreien und ebenfalls grob hacken. Beide in einer Schüssel mit 3 der zerdrückten Knoblauchzehen, der Zwiebel, dem Salz, reichlich Pfeffer und dem Chili (falls verwendet) gründlich vermischen.
■ Das Öl in einer kleinen Pfanne bei mittlerer bis hoher Temperatur kräftig erhitzen. Den Kreuzkümmel einrühren, nach 10 Sekunden den restlichen Knoblauch untermischen und rühren, bis er nach wenigen Sekunden goldgelb anläuft. Den Pfanneninhalt über die Auberginen-Tomaten-Mischung träufeln.
Das *Choka* heiß, raumtemperiert oder gekühlt servieren.

Pfannengerührte Auberginen mit Tomate und Parmesan

Das Rezept ist meine Kreation, zu der ich jedoch durch ein Gericht inspiriert wurde, das eine Freundin einmal in der Toskana zubereitet hatte. Pasta und ein grüner Salat oder auch einfach Brot und grünes Blattgemüse bilden eine gelungene Ergänzung.

FÜR 4 PERSONEN

- 1–2 Auberginen (insgesamt 500 g)
- Salz
- 4 EL Pflanzenöl (ich verwende Olivenöl)
- 3 Knoblauchzehen, geschält und angedrückt
- 1/2 TL getrockneter Oregano
- 2 TL Zitronensaft
- 1/8 TL Cayennepfeffer
- 1 größere Tomate, enthäutet, Samen entfernt, gehackt
- Frisch gemahlener schwarzer Pfeffer
- 3 EL frisch geriebener Parmesan
- 2 EL fein gehackte frische glatte Petersilie

■ Die Auberginen längs vierteln und quer in 1 cm große Stücke schneiden. Eine weite Schüssel mit 1,2 Liter Wasser füllen und 1 Esslöffel Salz einrühren. Die Auberginenstücke einfüllen und mit einem kleinen, umgedrehten Teller beschweren, sodass sie stets unter Wasser sind. Nach 40 Minuten abseihen und mit einem sauberen Küchentuch oder Küchenpapier gründlich trockentupfen.

■ In einer großen Antihaft-Pfanne das Öl bei hoher Temperatur erhitzen. Den Knoblauch und gleich danach die Auberginenstücke hineingeben und bei mittlerer bis hoher Temperatur etwa 4 Minuten rühren, bis sie von beiden Seiten leicht gebräunt sind. 1/2 Teelöffel Salz, Oregano, Zitronensaft und Cayennepfeffer untermischen, dann 120 Milliliter Wasser dazugießen. Die Aubergine zugedeckt bei schwacher Hitze in etwa 10 Minuten weich schmoren.

■ Die Tomate zufügen, das Gemüse mit Pfeffer würzen und bei mittlerer bis starker Hitze noch 1–2 Minuten unter häufigem Rühren garen. Vom Herd nehmen. Parmesan und Petersilie untermischen, bei Bedarf nachsalzen und sofort servieren.

GEMÜSE

INDIEN

Butterweiche frittierte Auberginenscheiben
Baigan kachri • Promila Kapoor

In Indien genießt man diese Zubereitung aus dem Punjab auch zwischendrin als Imbiss zum Tee. Für eine Hauptmahlzeit können Sie sie mit anderen indischen, nahöstlichen oder nordafrikanischen Gemüsegerichten und Hülsenfrüchten kombinieren.

FÜR 4 PERSONEN

1 große dunkle Aubergine (etwa 550 g), quer in 1 cm dicke Scheiben geschnitten
Salz
Frisch gemahlener schwarzer Pfeffer
1/4 TL Cayennepfeffer
1 TL gemahlener Koriander
1 TL gemahlener Kreuzkümmel
150 g *Chapati*-Mehl (siehe Glossar)
Pflanzenöl zum Frittieren

■ Die Auberginenscheiben nebeneinander auf die Arbeitsfläche legen und mit Küchenpapier trockentupfen. Großzügig salzen und pfeffern, mit der Hälfte der übrigen Gewürze bestreuen und leicht einklopfen. Wenden und von der zweiten Seite genauso behandeln. Auf eine Platte legen und 30 Minuten die Aromen einwirken lassen.

■ Die Scheiben in dem Mehl wenden, bis sie von beiden Seiten gleichmäßig überzogen sind, überschüssiges Mehl abschütteln.

■ Einen Wok oder eine Fritteuse 5 cm hoch mit Öl füllen und dieses bei mittlerer Temperatur erhitzen. Vorsichtig so viele Auberginenscheiben einlegen, wie locker nebeneinander Platz haben, und in etwa 2–3 Minuten goldbraun frittieren. Wenden und, wenn sie nach etwa 2–3 Minuten auch auf der zweiten Seite goldbraun sind, mit einem Schaumlöffel herausnehmen. Auf Küchenpapier gut abtropfen lassen. Die restlichen Scheiben genauso frittieren. Heiß servieren.

❖

JAPAN

Auberginen und Shiitake in japanischer Sauce

Zu dieser schlichten Zubereitung passen einfach gekochter Langkornreis und vielleicht ein Tofugericht. Anstelle blassvioletter japanischer können Sie auch dunkle Auberginen verwenden, solange sie nur schön schlank sind.

FÜR 3–4 PERSONEN

9 getrocknete *Shiitake* (siehe Glossar, Pilze)
350 g schlanke blassviolette Auberginen (je etwa 20 cm lang)
Pflanzenöl zum Frittieren
2 EL japanische Sojasauce
1 1/2 EL *Mirin* (siehe Glossar)
1 TL Öl aus gerösteten Sesamsamen
1 TL extrafeiner Zucker

- Die Pilze in 125 Milliliter heißes Wasser einlegen und 30 Minuten einweichen lassen.
- Von den Auberginen auf einander gegenüberliegenden Seiten jeweils einen 1 cm breiten Hautstreifen der Länge nach abschälen. Die Auberginen quer in etwa 5 cm breite Stücke schneiden.
- Einen Wok, eine Pfanne mit hohem Rand oder eine Fritteuse etwa 5 cm hoch mit Öl füllen und dieses bei mittlerer Temperatur erhitzen. Die Auberginenstücke darin in 6–7 Minuten goldbraun frittieren, mit einem Schaumlöffel herausnehmen und auf Küchenpapier abtropfen lassen.
- Die Pilze aus dem Wasser nehmen und dieses durch ein mit Küchenpapier oder einem sauberen Küchentuch ausgelegtes Sieb gießen. Grobe Pilzstiele abschneiden und wegwerfen.
- In einer mittelgroßen Pfanne Pilzwasser, Sojasauce, *Mirin*, Sesamöl und Zucker verrühren und bei mittlerer Temperatur zum Köcheln bringen. Die Auberginen und Pilze zufügen und 3–4 Minuten ständig mit der Sauce beschöpfen. Heiß, warm oder raumtemperiert in der Sauce servieren.

CHINA

Scharfwürzige Auberginen nach Sichuan-Art

Reis und knackiges, auf chinesische Art zubereitetes Gemüse sind quasi ein Muss zu diesem Gericht, das ich, um ein leichteres Ergebnis zu erzielen, in einem Punkt abgewandelt habe: Ich dämpfe die Auberginen, anstatt sie zu frittieren.

Ideal sind die blassvioletten (japanischen) Auberginen, aber ebenso eignen sich lange, schlanke Exemplare der gängigen dunklen Sorte. Falls Sie nur dicke Exemplare bekommen, vierteln Sie diese längs und schneiden sie dann quer in 2,5 cm große Stücke.

FÜR 4 PERSONEN

450 g Auberginen
2 EL Pflanzenöl
2 Frühlingszwiebeln, in dünne Scheiben geschnitten
3 dünne Scheiben frischer Ingwer, geschält und fein gewürfelt
3 Knoblauchzehen, geschält und fein gehackt
5 TL Sojasauce
2–3 TL Chilipaste mit Sojabohnen (siehe Glossar)
2 TL extrafeiner Zucker
2 TL Rotweinessig
Salz
1 TL Öl aus gerösteten Sesamsamen
3 EL gehacktes frisches Koriandergrün

- Die Auberginen rollschneiden, wie auf Seite 17 beschrieben. (Alternativ einfach quer oder schräg in 4 cm dicke Stücke schneiden.)
- In einem Metallsieb oder einem Dämpfeinsatz in 15–17 Minuten weich dämpfen (allgemeine Hinweise zum Dämpfen siehe Glossar).
- Das Pflanzenöl in einer großen Antihaft-Pfanne oder einem Wok bei hoher Temperatur erhitzen. Die Frühlingszwiebeln, den Ingwer und Knoblauch 1 Minute pfannenrühren. Die Auberginen 1 Minute mitrühren. Sojasauce, Chilipaste, Zucker und Essig untermischen und unter Rühren 3 Minuten köcheln lassen. Mit Salz abschmecken. Das Sesamöl kurz einrühren und vom Herd nehmen. Vor dem Servieren mit dem Koriandergrün bestreuen.

SRI LANKA

Auberginencurry
Vambotu curry

Hier verwende ich dicke dunkelviolette Auberginen, die ich entgegen der Rezeptvorlage nicht brate, sondern, um Fett einzusparen, grille.

Die Fenchel- und Senfsamen lassen sich bequem in einer sauberen Kaffeemühle mahlen, was in diesem Fall aber separat geschehen muss. Sollten Sie keine Curryblätter bekommen, bietet sich frisches Basilikum als interessante Alternative an. Hinsichtlich der Schärfe sind nach oben keine Grenzen gesetzt – das Originalrezept verlangt 2 Teelöffel Cayennepfeffer! Gekochter Reis ist die klassische Beilage.

FÜR 3–4 PERSONEN

- 1 Aubergine (etwa 450 g)
- 2 EL Pflanzenöl
- Salz
- Frisch gemahlener schwarzer Pfeffer
- 1 TL gemahlener Kreuzkümmel
- 1 TL gemahlener Koriander
- 1/4 TL gemahlene Kurkuma
- 1/2 TL gemahlene Fenchelsamen
- 1/2 TL Cayennepfeffer (nach Geschmack auch mehr)
- 4 TL Limetten- oder Zitronensaft
- 1 kleine Zimtstange
- 15 frische Curryblätter (siehe Glossar)
- 1 kleine Zwiebel (etwa 60 g), in feine Halbringe geschnitten
- 2 TL gemahlene braune Senfsamen
- 175 ml Kokosmilch, in der Dose gut verrührt

■ Den Grill vorheizen.
■ Die Aubergine quer in 1 cm dicke Scheiben schneiden. Mit insgesamt 1 Esslöffel Öl auf beiden Seiten einreiben, ebenfalls auf beiden Seiten leicht salzen und pfeffern. Auf ein Blech legen und etwa 4 Minuten grillen, danach wenden und nochmals für etwa 3 Minuten unter den Grill schieben – die Scheiben sollen zuletzt auf beiden Seiten eine rötlich braune Farbe aufweisen. Die Scheiben vierteln, in einer Schüssel mit 1/2 Teelöffel Salz, den gemahlenen Gewürzen und Cayennepfeffer bestreuen, mit dem Limettensaft beträufeln und behutsam durchmischen.
■ Den restlichen Esslöffel Öl in einer großen Antihaft-Pfanne bei mittlerer bis hoher Temperatur erhitzen. Die Zimtstange und gleich danach die Curryblätter hineingeben und einmal umrühren. Die Zwiebel zufügen und etwa 2 Minuten rühren, bis sie etwas Farbe angenommen hat. Die Auberginen dazugeben und alles noch etwa 4 Minuten rühren.
■ Die Senfsamen in die Kokosmilch einrühren und die Mischung über die Auberginen gießen. Sobald sie aufkocht, die Auberginen bei mittlerer bis niedriger Temperatur ohne Deckel noch 3 Minuten ziehen lassen und dabei gelegentlich behutsam durchmischen. Bei Bedarf mit Salz, Cayennepfeffer und Limettensaft nachwürzen und heiß servieren.

INDONESIEN

Auberginen mit würziger Schalotten-Tomaten-Sauce
Sambal terong

In Indonesien kommen anstelle der Paprikaschoten frische rote Chilis zum Einsatz – eine echte Herausforderung für den westlichen Gaumen! Meine Version ist mittelscharf. Reis und jedes Bohnen- oder Tofugericht bilden eine gute Ergänzung.
Falls Sie nur dicke Auberginen finden, schneiden Sie sie in 2,5 cm große Würfel.

FÜR 4–6 PERSONEN

550 g schlanke blassviolette (japanische) oder dunkle Auberginen (etwa 20 cm lang), quer in 2 cm große Stücke geschnitten
1 TL Salz

FÜR DIE SAUCE
100 g rote Paprikaschoten, Samen entfernt, grob gewürfelt
4 mittelgroße Schalotten, grob gehackt
3 Knoblauchzehen, geschält
1/4 TL gemahlene Kurkuma
1/2 TL Cayennepfeffer
3 EL Pflanzenöl
2 mittelgroße Tomaten (insgesamt etwa 300 g), fein gehackt
1/2 TL Salz

AUSSERDEM
Pflanzenöl zum Frittieren

■ Die Auberginen in einer Schüssel gleichmäßig mit dem Salz bestreuen, durchmischen und 30–60 Minuten ziehen lassen.
■ Inzwischen für die Sauce Paprika, Schalotten und Knoblauch mit Kurkuma, Cayennepfeffer und 4 Esslöffeln Wasser im Mixer zu einer Paste verarbeiten. In einer großen Antihaft-Pfanne das Öl bei mittlerer bis hoher Temperatur erhitzen. Die würzige Paste zufügen und in 7 Minuten weitgehend trockenrühren. Die Tomaten untermischen und weitere 4 Minuten rühren. Das Salz und 125 Milliliter Wasser einrühren und die Sauce bei schwacher Hitze zugedeckt 3–4 Minuten köcheln lassen. Vom Herd nehmen.
■ Die Auberginen abseihen. Die Stücke nebeneinander auf Küchenpapier legen und auf der Oberseite mit weiterem Küchenpapier trockentupfen.
■ Einen Wok, eine Pfanne mit hohem Rand oder eine Fritteuse 5 cm hoch mit Öl füllen und dieses bei mittlerer Temperatur erhitzen. So viele Auberginenstücke einlegen, wie locker nebeneinander Platz haben, und in etwa 7 Minuten von beiden Seiten goldbraun frittieren. Mit einem Schaumlöffel herausnehmen und auf frischem Küchenpapier abtropfen lassen. Die restlichen Auberginen genauso frittieren. (Das Öl kann, durch ein feines Sieb gegossen, nochmals verwendet werden).
■ Die Sauce bei mittlerer bis niedriger Temperatur erhitzen. Die Auberginen zufügen und behutsam durchmischen. Heiß, warm oder raumtemperiert servieren.

GEMÜSE

AFGHANISTAN

Frittierte Auberginenscheiben mit Tomatensauce, Joghurt und Minze
Badenjan boorani

Die frisch frittierten, noch heißen Auberginenscheiben, gekrönt mit etwas Tomatensauce und einem Klecks Joghurt, ergeben ein attraktives Partygericht. Reichen Sie dazu etwas Blattgemüse und Brot oder Reis. Ebenso könnten Sie die Scheiben, einzeln angerichtet, als Vorspeise servieren.

FÜR 3–4 PERSONEN
1 große Aubergine (etwa 550 g)
1 1/4 TL Salz

FÜR DIE TOMATENSAUCE
4 EL Pflanzenöl
1 mittelgroße Zwiebel, geschält und sehr fein gehackt
3 Knoblauchzehen, geschält und sehr fein gehackt
8 Eiertomaten aus der Dose, fein gehackt, plus 125 ml Saft aus der Dose
1 1/4 TL Salz

3 EL fein gehackte frische Minze (alternativ Koriandergrün oder glatte Petersilie)
1 TL gemahlener Kreuzkümmel
1/2 TL gemahlener Koriander
1/4 TL Cayennepfeffer
Frisch gemahlener schwarzer Pfeffer

AUSSERDEM
125 ml Naturjoghurt
Pflanzenöl zum Frittieren
Frische Minzezweige oder -blätter zum Garnieren

■ Die Aubergine von beiden Enden befreien und quer in 2,5 cm dicke Scheiben schneiden Von beiden Seiten mit dem Salz bestreuen und gut einmassieren. Nebeneinander auf eine große Platte oder ein Backblech legen und 1 Stunde ziehen lassen.

■ Inzwischen für die Tomatensauce das Öl in einer großen Antihaft-Pfanne bei mittlerer bis hoher Temperatur erhitzen. Die Zwiebel hineingeben und 2–3 Minuten pfannenrühren, bis die Ränder braun anlaufen. Den Knoblauch einige Sekunden mitrühren. Die Tomaten mit dem Saft sowie die übrigen Saucenzutaten zufügen und umrühren. Zugedeckt bei schwacher Hitze 10 Minuten köcheln lassen. Die Sauce warm stellen.

■ Den Joghurt in einer kleinen Schüssel mit einer Gabel glatt rühren.

■ Kurz vor Beginn des Essens einen Wok oder eine Fritteuse 5–7,5 cm hoch mit Öl füllen und dieses bei mittlerer Temperatur erhitzen. Die Auberginenscheiben mit Küchenpapier gründlich trockentupfen und so viele ins heiße Öl gleiten lassen, wie locker nebeneinander Platz haben. In 6–7 Minuten unter gelegentlichem Wenden mittelbraun frittieren. Auf Küchenpapier abtropfen lassen.

■ Die Auberginenscheiben nebeneinander auf einer großen Platte anrichten. Auf jede einen Klecks Tomatensauce und darauf einen Löffel Joghurt geben. Mit Minze garnieren und sofort servieren.

INDIEN

Süßsaure Auberginen
Khatte meethe baigan

Öl bewirkt bei Auberginen ein kleines Wunder: Es macht ihr Fruchtfleisch herrlich zart. Hier lasse ich die frittierten Auberginen auf Küchenpapier gründlich abtropfen, bevor ich sie mit indischen Gewürzen fertig gare. Reichen Sie dazu Reis oder Brot, grünes Gemüse und Salate.

FÜR 4 PERSONEN

500 g schlanke blassviolette (japanische) oder kleine dunkle Auberginen
Pflanzenöl zum Frittieren
3/4 TL Salz
1/4 TL gemahlene Kurkuma
1 TL gemahlener Koriander
1 TL gemahlener Kreuzkümmel
1/4 TL *Garam masala* (siehe Glossar)
1 TL *Amchoor* (grünes Mangopulver, siehe Glossar) oder 1/2 TL Zitronensaft
2 TL Zitronensaft
2 TL weicher brauner Zucker

■ Die Auberginen längs vierteln, ohne sie jedoch am Stielansatz komplett auseinander zu schneiden (Kelchblätter und Stiel nicht entfernen).

■ Einen Wok, eine Pfanne mit hohem Rand oder eine Fritteuse 5 cm hoch mit Öl füllen und dieses bei mittlerer Temperatur erhitzen. Die Auberginen einlegen und in etwa 5 Minuten goldgelb frittieren. Mit einem Schaumlöffel herausnehmen und zum Aufsaugen von überschüssigem Fett auf Küchenpapier legen. Abkühlen lassen. (Das Öl kann, durch ein feines Sieb gegossen, nochmals verwendet werden).

■ Das Salz und die gemahlenen Gewürze in einer Schüssel vermengen. Die Auberginen außen und auf den Innenseiten mit der Mischung bestreuen und einmassieren.

■ Die Auberginen nebeneinander in eine saubere Pfanne legen. Den Zitronensaft mit dem Zucker und 4 Esslöffeln warmem Wasser verrühren und gleichmäßig über die Auberginen träufeln. Erhitzen, bis die Flüssigkeit köchelt, und zugedeckt auf kleinster Stufe 5 Minuten durchziehen lassen; dabei die Auberginen ein- oder zweimal mit einer Zange am Stielende aufnehmen und behutsam wenden. Heiß servieren.

PAKISTAN

Saure Auberginen mit Joghurt
Khatte baigan

Neben südostasiatischem oder auch Pitabrot empfehle ich zu diesem pakistanischen Gericht ganz besonders Kichererbsen und Chana dal in Minzesauce (siehe Seite 185) sowie einfache Relishes aus rohen Tomaten und Zwiebeln.

Panchphoran besteht aus Fenchelsamen, Kreuzkümmel, Senfsamen, Bockshornkleesamen und Schwarzkümmel (Kalonji); manchmal sind alle Elemente gleich stark vertreten, es können aber auch die ersten drei überwiegen. Die bengalische Gewürzmischung gibt es fertig in den meisten Asialäden zu kaufen.

FÜR 4 PERSONEN

- 1 dicke dunkle Aubergine (etwa 450 g)
- Salz
- 4 EL Pflanzenöl (ich verwende Olivenöl)
- 1 1/4 TL *Panchphoran* (siehe Glossar)
- 1 TL *Amchoor* (grünes Mangopulver, siehe Glossar) oder 1 EL Zitronensaft
- 1/8–1/3 TL Cayennepfeffer
- 3 EL Naturjoghurt

■ Die Aubergine längs vierteln und quer in 1 cm dicke Stücke schneiden. Eine weite Schüssel mit 1,2 Liter Wasser füllen und 1 Esslöffel Salz einrühren. Die Auberginenstücke einlegen und mit einem kleinen, umgedrehten Teller beschweren, sodass sie stets unter Wasser sind. Nach 40 Minuten die Auberginenstücke abseihen und mit einem sauberen Küchentuch oder Küchenpapier gründlich trockentupfen.

■ Das Öl in einer großen Antihaft-Pfanne bei hoher Temperatur erhitzen. *Panchphoran* und gleich danach die Auberginenstücke hineingeben und bei mittlerer bis hoher Temperatur etwa 4 Minuten rühren, bis sie leicht gebräunt sind. 1/2 Teelöffel Salz, das Mangopulver und den Cayennepfeffer untermischen, danach 125 Milliliter Wasser dazugießen. Die Aubergine zugedeckt bei schwacher Hitze etwa 10 Minuten sanft schmoren, bis die Stücke richtig weich sind.

■ Wieder auf mittlere bis hohe Temperatur schalten, den Joghurt hinzufügen und 1–2 Minuten gleichmäßig einrühren. Heiß servieren.

INDIEN

Würziger Aubergineneintopf mit Kartoffeln, Champignons und Kichererbsen

Shorvedar baigan aur aloo

Zu diesem herzhaften Eintopf, den man mit Gabel und Löffel isst, passen Brot, Salate und Joghurtspeisen. Ich serviere ihn oft auch in Suppentellern und reiche knuspriges französisches oder italienisches Brot und einen grünen Salat dazu. Als Nachspeise empfehle ich schlicht Obst und Käse.

Nach Belieben können Sie den Eintopf mit Okras ergänzen. Dafür 12–16 ganze kleine Schoten in etwas Öl bei mittlerer bis hoher Temperatur 3–4 Minuten pfannenrühren, bis sie leicht gebräunt sind, und anschließend salzen. Sie kommen 15 Minuten vor Ende der Garzeit in den Topf mit dem übrigen Gemüse.

Falls Sie die Kichererbsen nicht selbst garen (siehe Seite 176/177), sondern eine Konserve verwenden, müssen Sie beim Einkauf die Einwaage prüfen.

FÜR 4–6 PERSONEN

4 EL Pflanzenöl
1 große Prise *Asafoetida* (siehe Glossar)
1 1/2 TL Kreuzkümmel
3 getrocknete rote Chilis
2 Knoblauchzehen, geschält und angedrückt
350 g Kartoffeln, geschält und in 2,5–4 cm große Stücke geschnitten
350 g lange, schlanke blassviolette oder dunkle Auberginen, quer in 2,5–4 cm große Stücke geschnitten
350 g große weiße Champignons, passend zur Größe der anderen Gemüsestücke halbiert oder geviertelt
1/4 TL gemahlene Kurkuma
1 TL gemahlener Koriander
250 ml pürierte Tomaten aus der Packung
2 1/4 TL Salz
85 g frisches Koriandergrün (Stängel, Blätter und Wurzeln), sehr fein gehackt
400 g abgetropfte gegarte Kichererbsen

■ Das Öl in einem großen, weiten Topf bei hoher Temperatur erhitzen. *Asafoetida* und Kreuzkümmel zufügen, nach 10 Sekunden gefolgt von den ganzen Chilis. Sobald sie sich nach wenigen Sekunden aufblähen und dunkel färben, den Knoblauch und die Kartoffeln dazugeben und 1 Minute rühren. Die Auberginen zufügen, 2 Minuten mitrühren und anschließend die Pilze ebenfalls 2 Minuten mitrühren. Kurkuma und Koriander einstreuen und einmal umrühren. Das Tomatenpüree mit 1 Liter Wasser, das Salz, den frischen Koriander und die Kichererbsen untermischen, zum Kochen bringen und zugedeckt bei schwacher Hitze 35–40 Minuten köcheln lassen, bis das Gemüse gar ist. Heiß servieren.

BITTERGURKEN

Dieses Gemüse, das auch als Balsambirne oder Karella bekannt ist und auf Englisch *bitter gourd* oder *bitter melon* heißt, trägt seinen Namen nicht von ungefähr. Sein aparter Geschmack wird von dermaßen bitteren Eindrücken beherrscht, dass es die meisten westlichen Genießer wohl zunächst abschreckt. Dennoch hat es außer in Indien auch in China, Malaysia, Indonesien, auf Sri Lanka, in der Karibik und Südamerika viele Liebhaber, zumal ihm zahlreiche positive medizinische Eigenschaften nachgesagt werden. Unter anderem sollen Bittergurken die Entstehung von Krebs verhüten. Und dem Bitterstoff wird eine heilende Wirkung bei Dickdarmentzündung zugeschrieben. Bittergurken zeichnen sich zudem durch einen hohen Eisengehalt aus. Die grünen Früchte – genau genommen sind es Beeren – erinnern in ihrer Form an spitz zulaufende Zucchini oder Gurken, während die stachelwarzige grüne Schale ein wenig an eine Echse denken lässt. In der Mitte bergen sie einen watteartigen weichen Strang, in den die Samen eingebettet sind und der manchmal herausgeschabt wird. Manche mögen die Samen jedoch ausgesprochen gern. Bittergurken schmecken gut, in Scheiben geschnitten und mit Zwiebeln gedünstet, sie lassen sich aber ebenso füllen oder zusammen mit anderem Gemüse zubereiten.

Bittergurken kaufen und lagern: Nur in Asialäden und bei Obst- und Gemüsehändlern, die auf Exoten spezialisiert sind, findet man die Früchte hauptsächlich in zwei Formen. Eine, die aus Indien stammt, ist meist nicht länger als 10–13 cm und besitzt eine dunkelgrüne Schale mit kleineren Erhebungen. Die andere Form ist entschieden größer (manche Exemplare erreichen eine Länge von beinahe 25 cm), die Schale ist von blasserem Grün und weist in Längsreihen angeordnete, ausgeprägte Höcker auf. Halten Sie Ausschau nach knackigen, sauberen Früchten ohne braune Stellen. Am besten werden sie im Gemüsefach des Kühlschranks aufgehoben.

Bittergurken vorbereiten: Nach dem Waschen werden die Früchte aufgeschnitten und innen gesalzen, um sie dann auf einem geneigten Brett oder, nebeneinander in einer Schüssel aufgestellt, Saft ziehen zu lassen und so ein wenig zu entbittern. (In China ist diese Maßnahme unüblich.) Anschließend werden die Gurken innen und außen gründlich abgespült und nach Rezept verarbeitet. Dass meine Mutter sehr häufig die Höcker und Buckel mit einem scharfen Messer abschabte und viele es genauso machen, hat vielleicht seinen Grund darin, dass sich die Gurken dann gleichmäßiger braun braten lassen.

INDIEN

Bittergurken mit einer Füllung aus Zwiebeln und Granatapfelkernen
Bhara hua karela

Für den westlichen Gaumen sind Bittergurken fraglos gewöhnungsbedürftig. In ganz Asien sind sie hingegen schon für jedes Kind eine Selbstverständlichkeit. Schließlich schätzt man dort nicht nur ihren Geschmack, sondern man weiß auch um die medizinischen Vorzüge von Bitterstoffen. In dieser gefüllten Version harmonieren sie mit jedem indischen Essen, das ansonsten noch ein Gericht mit Hülsenfrüchten, Fladenbrot und Joghurtspeisen einschließt.

FÜR 4 PERSONEN

4 kleine Bittergurken (je 300 g und 13–15 cm lang)
1 1/4 TL Salz
3/4 TL getrocknete Granatapfelkerne (*Anardana*, siehe Glossar)
1 TL Fenchelsamen
120 g Zwiebeln, fein gehackt
1/8–1/4 TL Cayennepfeffer
1/2 TL gemahlener Kreuzkümmel
1/2 TL gemahlener Koriander
2 EL Pflanzenöl

■ Als Erstes von den Bittergurken mit einem Pariermesser die warzenartigen Erhebungen sorgfältig abschaben, bis die Schale nahezu glatt ist. Die Früchte der Länge nach einschneiden, aber auf keinen Fall durchschneiden. Außen und innen mit jeweils 1/4 Teelöffel Salz einreiben, nebeneinander aufrecht in eine Schüssel stellen und 5–6 Stunden Saft ziehen lassen. Unter fließendem kaltem Wasser gründlich abspülen und trockentupfen.

■ Granatapfelkerne und Fenchelsamen in einer sauberen Gewürz- oder Kaffeemühle zu grobem Pulver mahlen. In einer Schüssel mit den Zwiebeln, dem Cayennepfeffer, Kreuzkümmel und Koriander gründlich vermengen. Die Bittergurken mit der würzigen Mischung füllen.

■ Das Öl in einer Pfanne bei mittlerer bis niedriger Temperatur erhitzen. Die Bittergurken mit dem Einschnitt nach unten hineinlegen und Farbe annehmen lassen. Insgesamt etwa 20–25 Minuten braten und dabei immer wieder drehen, bis sie gar und von allen Seiten gleichmäßig gebräunt sind.

BLATTGEMÜSE

Als unsere Kinder klein waren, verabscheuten sie sämtliches »Grünzeug«. Verderben lassen wollten wir uns diesen Genuss dadurch aber nicht, und so kamen bei uns weiterhin die vielfältigsten Gerichte mit Blattgemüse auf den Tisch. Die Kinder mussten keine großen Portionen davon essen, aber sie sollten sich auch nicht völlig dagegen sperren und wenigstens etwas kosten. Dann jedoch – bei allen war es im Alter von 13 Jahren – tat sich etwas Bemerkenswertes: Ganz überraschend legten sie nicht nur ihre Abneigung gegen Blattgemüse ab, sondern das Gegenteil trat ein: Sie wünschten es sich sogar immer häufiger. Heute, längst selbst Eltern, essen sie es mit derselben Leidenschaft wie wir. Vielleicht ist diese Vorliebe ja Teil unserer Erbmasse.

Die vitamin- und mineralstoffreichen Blattgemüse fördern entscheidend das Wohlbefinden. Während das enthaltene Betacarotin krebsvorbeugend wirken soll, stärkt das reichlich in ihnen vorhandene Kalzium die Knochen. Viele dieser Gemüsearten können in den nachfolgenden Rezepten kombiniert oder gegeneinander ausgetauscht werden.

Blattgemüse kaufen und lagern: Akzeptieren Sie nur knackig frische Ware ohne feuchte, welke oder dunkle Stellen. Jedes Blattgemüse verliert bei der Zubereitung deutlich an Volumen. Da die benötigte Menge je nach Art und Alter des Gemüses variiert, sollten Sie sich an die jeweiligen Rezeptangaben halten. Falls Sie es nicht gleich verwenden, lagern Sie Blattgemüse ungewaschen und eingeschlagen in braunes Papier oder ein leicht feuchtes Küchentuch im Gemüsefach des Kühlschranks. Alternativ eignet sich eine Plastiktüte, die Sie jedoch offen lassen.

Blattgemüse waschen: Vor dem Waschen werden die Blätter von den Büscheln oder Köpfen abgelöst. Dickere Stiele schon jetzt abschneiden und, wenn sie innen zart sind, schälen oder aber wegwerfen. Das Spülbecken mit reichlich lauwarmem Wasser füllen, die Blätter hineingeben und mehrmals unter die Wasseroberfläche drücken. Falls Sie eine Doppelspüle besitzen, füllen Sie das zweite Becken mit kaltem Wasser (ab jetzt ist lauwarmes Wasser tabu) und verfrachten das Gemüse hinein. Andernfalls heben Sie es heraus – so verhindern Sie, dass es durch die nach unten gesunkenen Erdreste erneut verschmutzt wird – und geben es in einen Durchschlag. Das Becken sauber ausspülen und mit frischem Wasser füllen. Das Gemüse wie zuvor mehrmals unter die Wasseroberfläche drücken, noch kurz schwimmen lassen und wieder herausheben. Auch nach dem dritten und letzten Durchgang heben Sie es wieder aus dem Wasser, anstatt gleich den Stöpsel zu ziehen. Das Gemüse in einem Sieb abtropfen lassen.

Bei Blattgemüse ist es meist kein Problem, sondern sogar von Vorteil, wenn bei der Zubereitung noch etwas Wasser an ihm haftet. Wenn ich allerdings feine Spinatblätter pfannenrühren möchte, trockne ich sie vorher in der Salatschleuder.

Pak-Choi vorbereiten: Die glatten weißen bis blassgrünen Stiele des auch als Chinesischer Senfkohl bekannten Gemüses von den großen dunkelgrünen Blättern trennen. Die Stiele leicht schräg in 1 cm breite Stücke schneiden. Eine Zubereitungsart von *Pak-Choi:* Stiele und Blätter zusammen 1 Minute in kochendem Wasser blanchieren, anschließend mit Knoblauch und Ingwer pfannenrühren und mit einem Dressing auf der Grundlage von Sojasauce anmachen.

Manche Asialäden und auf Exoten spezialisierte Gemüsehändler bieten auch Baby-*Pak-Choi*. Die kleinen, jungen Köpfe muss man lediglich längs halbieren oder vierteln, waschen (dabei die Blätter auseinander spreizen) und kurz blanchieren, bevor man sie wie ausgewachsenen *Pak-Choi* kurz pfannenrührt.

Stängelkohl vorbereiten: Dieses leicht bittere Gemüse, das zierliche, dem Brokkoli ähnliche Blüten bildet, ist in Italien unter den Namen *Broccoli di rape, Cime di rape* oder *Broccoletti di rape* recht verbreitet. Es ist schnell gar und bildet, wie ich finde, den perfekten Kontrast zur sämigen Art von Zubereitungen aus getrockneten Bohnen und Getreiden. Bei der Vorbereitung von Stängelkohl löst man zunächst die einzelnen Stängel voneinander und schneidet die harten Enden ab. Dann werden die dicken Stängelabschnitte geschält. Die Blätter können an den Stängeln bleiben oder separat verarbeitet werden. Ich blanchiere sie gern 2 Minuten in kochendem Salzwasser, schrecke sie kalt ab (so behalten sie ihre schöne grüne Farbe) und dünste sie kurz in etwas Öl mit Knoblauch oder verschiedenen anderen Würzzutaten.

Chinesischen Brokkoli vorbereiten: Er ähnelt sehr dem Stängelkohl (wie auch dem Brokkoli), besitzt aber nicht dessen bittere Note und bildet deutlich glattere Stiele und Blätter. In allen Rezepten für Stängelkohl bietet er sich als idealer Ersatz an. Sie bekommen Chinesischen Brokkoli als *Kailan* oder *Gailan* in Asialäden. Geschält garen die Stiele gleichmäßiger und sehen ansprechender aus.

Glatte Endivie vorbereiten: Auf den ersten Blick fühlt man sich an Kopfsalat erinnert, doch sind die Blätter deutlich derber, und in den süßlichen Geschmack mischt sich der für Endivien typische Bitterton. Für die Verwendung in warmen Gerichten empfiehlt es sich, die Blätter einige Minuten in kochendem Salzwasser zu blanchieren, bis sie schlaff werden, und anschließend kalt abzuschrecken. Unmittelbar vor dem Essen dünstet man sie wie Stängelkohl kurz in Öl.

Grün- und Schwarzkohl vorbereiten: Während Grünkohl, der übrigens reichlich Kalzium enthält, in unseren Breiten als typisches Wintergemüse gilt, das nach den ersten Frösten besonders schmackhaft ist, taucht er in anderen Gegenden der Welt bereits ab Frühsommer auf den Märkten auf. Vor der Zubereitung den dicken Strunk abschneiden und die einzelnen Blätter mit einem Messer abtrennen. Gründlich waschen und nach Belieben die dicke Mittelrippe herausschneiden. Die Blätter quer in feine oder breitere Streifen schneiden und diese dämpfen oder dünsten. Je nach dem Alter und der Art der Zubereitung beträgt die Garzeit bis zu 1 Stunde und mehr.

Eine Varietät des Grünkohls ist der toskanische Schwarzkohl oder *Cavolo nero*. Noch findet man ihn außerhalb seines Heimatlandes eher selten und zu einem stattlichen Preis. Trotzdem sollten Sie, falls Sie ihn entdecken, die Gelegenheit beim Schopf ergreifen, denn er bietet einen herrlichen, leicht nussigen Geschmack. Zur Vorbereitung die fast schwarzgrünen Blätter entstielen, mehrere aufeinander legen und in sehr feine Streifen schneiden. Sie werden wie Grünkohl gedämpft oder gedünstet.

Kohlrabiblätter vorbereiten: Was viele Käufer von Kohlrabis, die das Grün gleich vom Händler abreißen lassen, nicht wissen, ist, dass die Blätter gedünstet oder geschmort ein vorzügliches Gemüse ergeben. Vorher entfernt man die groben Stielenden und schneidet derbe Blätter quer in Streifen (zarte Blätter können ganz bleiben).

Blattsenf (Senfkohl) vorbereiten: Ein beißender, leicht herber Geschmack kennzeichnet dieses vornehmlich in Südostasien angebaute Gemüse. Von harten Stielen befreit und in feine Streifen geschnitten, können die Blätter wie Frühlingskohl (siehe unten) zubereitet werden. Für ein traditionelles Wintergericht aus dem Punjab im Nordwesten Indiens werden Blattsenf und Spinat zusammen gedünstet und dann zu Püree verarbeitet, das mit etwas Maismehl gebunden wird. Erhältlich ist Blattsenf in Asialäden als *Sarson ka saag*.

Sauerampfer vorbereiten: Im Aussehen ähneln die Blätter jungem Spinat. Meist dienen sie zum Aromatisieren von Saucen, aber sie verleihen auch Gerichten aus anderen Blattgemüsearten eine aparte, säuerliche Note. Vor der Zubereitung werden die Stiele entfernt.

Spinat vorbereiten: Grundsätzlich ist zu unterscheiden zwischen dem krausblättrigen, derberen Winterspinat und dem eher glatten Sommerspinat (noch feiner ist der Frühlingsspinat). Der Geschmack ist jedoch stets gleich, und Unterschiede in der Konsistenz verschwinden beim Kochen. Gelegentlich bekommt man auch Wurzelspinat. Die unten an den Büscheln sitzenden Wurzeln können geschält und bei vielen Gerichten mitverwendet werden – genau wie dickere Blattstiele, die, gehackt, beim Kochen ebenso weich werden wie die Blätter. Spinat eignet sich hervorragend zum Pfannenrühren (nach dem Waschen trockenschleudern) oder zum Dünsten.

Frühlingskohl vorbereiten: Dieses Blattgemüse ist im indischen Staat Kaschmir sehr populär. Es handelt sich dabei um die ersten zarten Blätter zahlreicher Kohlsorten, die erst viel später Köpfe oder andere Formen ausbilden. Vor der Zubereitung werden die manchmal schon harten Stielenden abgetrennt. Viele, darunter auch ich, entfernen oft die kompletten Stiele einschließlich der Mittelrippe der Blätter, bevor sie diese in feine Streifen schneiden. Mein Mann, der auf einem Bauernhof aufgewachsen ist, schneidet die gesamten Blätter in breite Streifen und verwendet einen Großteil der Stiele, die er grob hackt. So bekommt das Gemüse den »Biss«, den er mag.

Ich gare dieses Gemüse gern langsam in einer Mischung aus Öl, Knoblauch und Gemüsebrühe. Wie viel Zeit und wie viel Flüssigkeit ich dafür brauche, richtet sich nach der Sorte und dem Alter des jungen Kohls sowie nach der Größe der Blätter. Probieren Sie zwischendurch!

Mangold vorbereiten: Zunehmend sieht man neben der althergebrachten grünen auch die rotstielige Variante. Beide haben die gleichen Kocheigenschaften. In der Regel empfiehlt es sich, die fleischigen weißen oder roten Stiele samt der anschließenden dicken Mittelrippe von den Blättern zu trennen. Stiele und Rippen werden nach Rezept zerkleinert und dann entweder separat zubereitet oder vor den Blättern in den Topf gegeben, da sie fester sind und mithin etwas länger garen.

Stielmus (Rübstiel) vorbereiten: Das Gemüse wird wie Blattsenf behandelt.

Wasserkresse vorbereiten: Diese asiatische Verwandte der europäischen Brunnenkresse wächst an oder in Gewässern. Während man die Brunnenkresse in der westlichen Welt zu Salaten und in Suppen verarbeitet, wird die Wasserkresse in der chinesischen Küche als Gemüse verwendet und wenigstens kurz gegart. Da sich die sehr langen, dünnen Stängel beim Pfannenrühren verheddern, wird Wasserkresse, bevor sie in den Wok wandert, in kürzere Stücke gerissen oder fein gehackt.

GEMÜSE 37

CHINESISCH-AMERIKANISCH

Baby-Pak-Choi mit chinesischen Pilzen

Auch mit normal großem Pak-Choi und mit Chinesischem Brokkoli lässt sich dieses Gericht zubereiten. Den Pak-Choi vorbereiten, wie auf Seite 34 beschrieben. Beim Chinesischen Brokkoli schälen Sie lediglich die Stängel, nachdem Sie die harten Enden abgeschnitten haben. Ansonsten lassen Sie sie ganz, mitsamt Blättern und Blüten.

Als Brühe verwende ich bei diesem Rezept das durch ein Sieb gegossene Einweichwasser der Pilze, mit Wasser ergänzt auf die erforderliche Menge. Hinzu kommt ein Gemüsebrühwürfel. Um ihn aufzulösen, erhitze ich die Brühe und lasse sie anschließend, bevor ich alle Saucenzutaten vermische, wieder abkühlen.

Gut schmeckt dieses Gemüse mit einfachem Reis und einem Tofugericht.

FÜR 4 PERSONEN

- 12 getrocknete chinesische Pilze (siehe Glossar, Pilze)
- 2 TL Maisstärke
- 250 ml Gemüsebrühe (siehe Rezepteinleitung)
- 1 EL *Tamari* (Sojasauce, siehe Glossar)
- 1 EL *Shao-Hsing*-Wein (siehe Glossar) oder trockener Sherry
- 1 1/2 TL extrafeiner Zucker
- 2 TL Öl aus gerösteten Sesamsamen
- 450 g Baby-*Pak-Choi,* je nach Größe längs halbiert oder geviertelt
- 2 EL Pflanzenöl (möglichst Erdnussöl)
- 3 Knoblauchzehen, geschält und nur leicht angedrückt
- 4 dünne Scheiben frischer Ingwer, geschält
- 1/4 TL Salz

■ Die Pilze in 250 Milliliter heißem Wasser 30 Minuten einweichen. Abseihen, das Wasser durch ein Sieb gießen und für die Brühe verwenden. Die harten Pilzstiele abtrennen, die Hüte einmal durchschneiden.

■ In einer Schüssel die Maisstärke nach und nach mit der Brühe verrühren. Sojasauce, Wein, Zucker und Sesamöl einrühren. Die Sauce beiseite stellen.

■ In einem Topf 4 Liter Wasser sprudelnd aufkochen. Den Kohl einlegen und, sobald das Wasser wieder sprudelt, ohne Deckel 1–2 Minuten kochen lassen, bis er gar, aber noch knackig ist. Abseihen und, falls er nicht gleich verwendet wird, kalt abbrausen.

■ Das Pflanzenöl in einer großen Pfanne oder einem weiten, flachen Schmortopf bei mittlerer bis hoher Temperatur erhitzen. Knoblauch und Ingwer darin etwa 15 Sekunden rühren, dabei leicht auf die Zutaten drücken, sodass sie ihre Aromen intensiver freigeben. Die Pilze 10 Sekunden mitrühren. Den Kohl zufügen, salzen und weitere 30 Sekunden rühren. Bei niedriger Temperatur die nochmals kurz umgerührte Sauce zum Gemüse gießen und behutsam untermischen. Bei mittlerer Temperatur eindicken lassen, dabei gelegentlich sanft rühren. Sofort servieren.

GEMÜSE

ITALIEN

Stängelkohl mit Knoblauch

Eine der einfachsten und meiner Meinung nach auch besten Zubereitungsarten für den leicht bitteren Stängelkohl besteht darin, ihn erst zu blanchieren und dann mit Knoblauch zu dünsten. Übrigens schmeckt er so auch ausgezeichnet als Pastasauce zu Fettuccine oder Linguine – die hier verwendete Menge ist für 450 Gramm Pasta genau richtig, nur brauchen Sie mehr Olivenöl, damit die Nudeln gut rutschen. Das Rezept eignet sich ebenso für Chinesischen Brokkoli sowie für Glatte Endivie. Letztere in einzelne Blätter teilen, gründlich waschen und nach Anleitung verarbeiten.

FÜR 4 PERSONEN

550 g Stängelkohl *(Broccoli di rape)*, grobe Stielenden abgeschnitten
Salz
4 EL Olivenöl
3 Knoblauchzehen, geschält und fein gehackt

■ In einem großen Topf reichlich Wasser erhitzen. Sobald es sprudelt, 1 Esslöffel Salz und gleich anschließend den Stängelkohl hineingeben. Einen Deckel auflegen, das Wasser wieder aufwallen lassen und das Gemüse in 2 Minuten knapp gar kochen. Abseihen, sofort unter fließendem kaltem Wasser abschrecken, abtropfen lassen und beiseite stellen.
■ Das Öl mit dem Knoblauch in einer großen Pfanne bei mittlerer Temperatur erhitzen, bis es leise zischt und der Knoblauch hellgelb anläuft. Das Gemüse zufügen, mit etwa 1/2 Teelöffel Salz bestreuen und behutsam durchmischen. Bei niedriger Temperatur vorsichtig immer wieder wenden, bis es durchgewärmt ist.

VARIANTE

Stängelkohl mit Knoblauch und Chiliflocken

Das Rezept ändert sich nur in einem Punkt: Zusammen mit dem Salz streuen Sie 1/4–1/2 Teelöffel zerstoßene Chiliflocken über das Gemüse.

❖

Sautierter Stängelkohl mit Senfsamen

Senfsamen verleihen dem delikaten italienischen Gemüse hier eine indische Note.

FÜR 3–4 PERSONEN

675 g Stängelkohl *(Broccoli di rape)*, grobe Stielenden abgeschnitten und die verbliebenen dicken Stielabschnitte geschält
4 EL Pflanzenöl (ich nehme gern Olivenöl)
1 TL braune oder gelbe Senfsamen
1–2 frische grüne Chilis, in der Mitte längs aufgeschlitzt
2 Knoblauchzehen, geschält und nur leicht angedrückt
1 Schalotte, geschält und in lange, dünne Streifen geschnitten
3/4 TL Salz

■ In einem großen Topf Wasser erhitzen. Sobald es sprudelt, das Gemüse zufügen und zugedeckt in etwa 3 Minuten knapp gar kochen. Abseihen. Falls es nicht gleich verwendet wird, kalt abschrecken, abtropfen lassen und bis zu 3 Stunden beiseite stellen.
■ Das Öl in einer großen Pfanne bei mittlerer bis hoher Temperatur erhitzen. Die Senfsamen einstreuen und, sobald sie nach wenigen Sekunden in der Pfanne hüpfen, Chilis, Knoblauch und Schalotte kurz untermischen. Bei mittlerer Temperatur weiterrühren, bis die Schalottenstreifen goldgelb sind. Den Stängelkohl dazugeben, salzen und einmal durchmischen. Bei mittlerer bis niedriger Temperatur noch 1 Minute rühren, dann vom Herd nehmen. Sofort servieren (Chilis und Knoblauch nach Belieben vorher entfernen).

❖

INDIEN

Frühlingskohl mit gebratenen Zwiebeln
Karam ka saag

Diese Gemüsezubereitung ist bei den in Kaschmir lebenden Moslems beliebt. Die jungen, zarten Blätter müssen nicht klein geschnitten werden.

FÜR 4–5 PERSONEN

675 g Frühlingskohl (siehe Seite 36)
4 EL Senföl oder natives Olivenöl extra
2 mittelgroße Zwiebeln (insgesamt etwa 250 g), geschält und in dünne Halbringe geschnitten
3 Knoblauchzehen, geschält und fein gehackt
2,5 cm frischer Ingwer, geschält und fein gewürfelt
1 Tomate (etwa 60 g), enthäutet und fein gehackt (ersatzweise 1 Dosentomate, gehackt)
1 1/4 TL Salz
1/4–1/2 TL Cayennepfeffer

■ Die Blätter des Frühlingskohls von groben Stielen und der Mittelrippe befreien, danach quer in sehr feine Streifen schneiden (zarte Blätter können im Ganzen verwendet werden). Das fertig vorbereitete Gemüse sollte noch etwa 500 Gramm wiegen.
■ Das Öl in einem großen, weiten Topf bei mittlerer bis hoher Temperatur erhitzen. Die Zwiebeln unter ständigem Rühren in etwa 8 Minuten darin goldbraun braten. Knoblauch und Ingwer 1 Minute unter Rühren mitbraten. Die Tomate zufügen und 1 weitere Minute rühren. Das Blattgemüse mit 475 Milliliter Wasser, dem Salz und Cayennepfeffer untermischen. Aufkochen und zugedeckt bei schwacher Hitze in etwa 1 Stunde gar köcheln lassen. Falls sich noch zu viel Flüssigkeit im Topf befindet, diese ohne Deckel unter ständigem Rühren auf einen kleinen Rest einkochen lassen. Sofort servieren.

Sommergrünkohl mit Lauch

Wer keinen Gemüsegarten hat und nur den im Winter marktüblichen Grünkohl bekommt, muss eine längere Garzeit und etwas mehr Brühe berücksichtigen. Servieren Sie dazu ein Süßkartoffel- oder Kürbisgericht.

FÜR 4 PERSONEN

900 g Sommergrünkohl (siehe Rezepteinleitung)
1 große Lauchstange
3 EL Olivenöl
3 Knoblauchzehen, geschält und in dünne Scheiben geschnitten
475 ml Gemüsebrühe
Salz nach Bedarf

- Den Kohl vorbereiten (siehe Seite 35), die Blätter in 5–7 mm breite Streifen schneiden.
- Den dunkelsten Teil der Lauchstange abschneiden, das Reststück längs halbieren und quer in 5–7 mm dicke Scheiben schneiden. In reichlich Wasser im Spülbecken gründlich waschen, herausheben und in einem Durchschlag abtropfen lassen.
- Das Öl mit dem Knoblauch in einem weiten Topf bei mittlerer bis hoher Temperatur erhitzen. Sobald der Knoblauch knistert, den Lauch zufügen und rühren, bis beide Zutaten goldgelb sind. Den Kohl kurz untermischen, die Brühe dazugießen und zum Kochen bringen. Zugedeckt bei niedriger Temperatur 20–25 Minuten garen, bis der Kohl weich ist. Mit Salz abschmecken. Falls sich noch zu viel Flüssigkeit im Topf befindet, diese ohne Deckel bei stärkerer Hitze unter ständigem Rühren verkochen lassen.

Schwarzkohl mit Rosinen

Falls Ihr Gemüsehändler den toskanischen Schwarzkohl – Cavolo nero – nicht führt, nehmen Sie gewöhnlichen Grünkohl. Sie könnten das fertige Gemüse auch auf Kartoffelbrei oder Ofenkartoffeln anrichten. Mit zerkrümeltem Ricotta angereichert, macht es sich gut als Füllung für Teigtaschen.

FÜR 4–6 PERSONEN

3 EL Olivenöl
1 getrockneter roter Chili
3 Knoblauchzehen, geschält, leicht angedrückt
3–4 EL Rosinen
450 g Schwarzkohl, grobe Stiele entfernt und die Blätter quer in sehr feine Streifen geschnitten
475 ml Gemüsebrühe
Salz nach Bedarf

- Das Öl mit dem ganzen Chili und dem Knoblauch in einem weiten Topf bei mittlerer bis hoher Temperatur erhitzen und rühren, bis der Knoblauch von beiden Seiten goldgelb angelaufen ist. Die Rosinen kurz einrühren. Den Kohl zufügen und einige Male durchmischen. Die Brühe dazugießen und zum Kochen bringen. Zugedeckt bei niedriger Temperatur 20–30 Minuten garen, bis der Kohl weich ist. Falls sich noch Flüssigkeit im Topf befindet, diese bei starker Hitze ohne Deckel verkochen lassen. Mit Salz abschmecken, nochmals gut durchmischen – dabei den Chili entfernen – und servieren.

GEMÜSE 41

Kohlrabiblätter mit Knoblauch gekocht

Aus Spanien stammt die Methode, Gemüse einfach mit etwas Olivenöl, Knoblauch und einer Chilischote zu kochen. Möglichst junge Kohlrabiblätter sind dafür hervorragend geeignet (Zubereitung der Knollen siehe Seite 93–95). Die Garzeit variiert je nach der Festigkeit der Blätter. Köstlich ist auch die Garflüssigkeit, über gekochten Reis gegossen. Ein Eintopf aus Hülsenfrüchten wie Kichererbsen, Augenbohnen oder Linsen macht das Essen komplett.

FÜR 4 PERSONEN

- 1,25 kg Kohlrabiblätter von etwa 6 Knollen (ohne die groben Stiele gewogen)
- 3 EL Olivenöl
- 1–2 getrocknete rote Chilis
- 4–5 Knoblauchzehen, geschält und fein gehackt
- 3/4 TL Salz

■ Mehrere Kohlrabiblätter aufeinander legen und quer in feine Streifen schneiden.

■ Das Öl in einem großen Topf bei mittlerer bis hoher Temperatur erhitzen. Die Chilis dazugeben und einmal rühren. Sobald sie sich nach wenigen Sekunden aufblähen und dunkel färben, den Knoblauch kurz einrühren, gefolgt von den Kohlrabiblättern. Das Salz und 1 Liter Wasser zufügen und zum Kochen bringen. Zugedeckt bei schwacher Hitze köcheln lassen und dabei gelegentlich durchmischen – die Garzeit beträgt je nach Festigkeit der Blätter zwischen 45 Minuten und 1 1/2 Stunden. Das Gemüse heiß servieren.

TRINIDAD/INDIEN

Spinat-Bhaji
Aus dem Restaurant Tiffin in Port of Spain

Diese Zubereitung passt zu jedem Essen, das sich an die Küche Indiens oder die der auf Trinidad lebenden Inder anlehnt. Gelbe Schälerbsen mit Thymian und Kreuzkümmel (siehe Seite 224) und ein Mango-Chutney (siehe Seite 488) sind auf Trinidad gängige Beilagen dazu.

FÜR 6 PERSONEN

- 4 EL Pflanzenöl
- 2 mittelgroße Zwiebeln, geschält und sehr fein gehackt
- 1–2 frische rote oder grüne Chilis, sehr fein gehackt
- 3 Knoblauchzehen, geschält und sehr fein gehackt
- 1,3 kg frischer Spinat, grobe Stiele entfernt, in sehr feine Streifen geschnitten
- 1 TL Salz

■ Das Öl in einem großen, weiten Topf bei mittlerer bis hoher Temperatur erhitzen. Die Zwiebeln, Chilis und Knoblauch darin unter ständigem Rühren goldbraun braten. Den Spinat zufügen, salzen und zugedeckt garen, bis er zusammenfällt. Durchmischen und bei mittlerer Hitze zugedeckt weitere 25 Minuten garen. Wieder durchmischen und zuletzt die Flüssigkeit im offenen Topf in 5–6 Minuten fast völlig verkochen lassen.

TÜRKEI

Spinat mit Dill und Zwiebeln
Zeytin yagli ispanak

Die einfache, aber erfrischende und leichte Spinatzubereitung harmoniert mit fast jedem anderen Gericht. Besonders zu empfehlen ist sie in Kombination mit einer Ofenkartoffel, aufgeschnittenen sonnengereiften Tomaten und knusprigem Brot.

FÜR 4 PERSONEN

675 g frischer Spinat, grobe Stiele entfernt
2 EL Olivenöl
15 g Butter
180 g fein gehackte Zwiebeln
2 Knoblauchzehen, geschält und fein gehackt
2 EL fein gehackter frischer Dill
125 ml Gemüsebrühe oder Wasser
3/4–1 TL Salz

FÜR DIE JOGHURTSAUCE

225 g Naturjoghurt
1/4 TL Salz
1 Knoblauchzehe, geschält und zerdrückt
1/4 TL Paprikapulver

■ In einem großen Topf 3 Liter Wasser bei hoher Temperatur sprudelnd aufkochen. Den Spinat hineingeben, das Wasser wieder aufwallen lassen. Nach 2–3 Minuten, wenn der Spinat zusammengefallen ist, abseihen, kalt abschrecken und in kleinen Portionen mit den Händen möglichst viel Wasser ausdrücken. Den Spinat fein hacken.

■ Das Öl mit der Butter in einer mittelgroßen Pfanne bei mittlerer Temperatur erhitzen. Die Zwiebeln mit dem Knoblauch in 6–7 Minuten darin glasig schwitzen und, falls sie vorzeitig Farbe annehmen, die Hitzezufuhr drosseln. Spinat, Dill, Gemüsebrühe und Salz zufügen und alles 10–12 Minuten köcheln lassen.

■ Inzwischen den Joghurt in einer kleinen Schüssel mit einer Gabel cremig rühren. Das Salz und den Knoblauch untermischen.

■ Den Spinat in eine Servierschüssel füllen. Die Joghurtsauce mit einem Schöpflöffel in die Mitte geben und mit dem Paprikapulver bestreuen. Das Gemüse gleich servieren.

GRIECHENLAND

Spinat mit Reis und Dill
Spanakóriso ◆ *Elena Averoff*

Schon bei meiner ersten Begegnung mit diesem Gericht in Metsovo, einem idyllischen Ort im Epirus-Gebiet im Nordwesten Griechenlands, war ich begeistert. Spanakóriso ist überall in Griechenland und auf Zypern in vielen Varianten populär, und hier stelle ich Ihnen die Version vor, die Frau Averoff mit dem Spinat und den Frühlingszwiebeln aus ihrem eigenen Garten zubereitet. Interessant fand ich, dass sie erstens den Spinat nicht, wie fast allgemein üblich, hackt, und dass sie zweitens den frischen Dill mit einer Schere schneidet.

Wohlgemerkt, der Spinat steht hier im Vordergrund, während der Reis lediglich die Aufgabe übernimmt, in einer Art Sauce das Gemüse zu binden. Am liebsten mag ich Spanakóriso *heiß, aber ich habe es auch schon warm oder raumtemperiert mit Genuss gegessen, ob mit einem Klecks dickem griechischem Joghurt gekrönt oder einfach mit einem großzügigen Spritzer Zitronensaft aromatisiert.*

Für ein schlichtes griechisches Essen reichen Sie dazu eine kleine Schale Kalamata-Oliven, etwas Ziegen- oder Schafkäse, eventuell mit Olivenöl beträufelt und mit frischem Oregano oder Thymian bestreut, ein Bohnengericht und knuspriges Brot.

FÜR 4 PERSONEN

- 675 g frischer Spinat, grobe Stiele entfernt
- 3 EL Risottoreis oder ein beliebiger Mittelkornreis
- 6 Frühlingszwiebeln, in dünne Scheiben geschnitten
- 5 EL Olivenöl
- Salz
- 2 EL fein gehackter frischer Dill
- 1 EL Zitronensaft (nach Geschmack auch mehr)

■ In einem großen Topf 3 Liter Wasser bei hoher Temperatur sprudelnd aufkochen. Den Spinat hineingeben und 1–2 Minuten blanchieren, bis er gerade eben zusammenfällt. Abseihen, unter fließendem kaltem Wasser abschrecken und in einem Durchschlag abtropfen lassen.

■ In einem weiten Topf 475 Milliliter Wasser zum Kochen bringen. Den Reis mit den Frühlingszwiebeln, dem Öl und 1/2 Teelöffel Salz dazugeben und bei mittlerer bis hoher Temperatur unter gelegentlichem Rühren in 10–12 Minuten knapp gar kochen – die Flüssigkeit im Topf sollte jetzt zu einer kleinen Menge dicker Sauce reduziert sein. Den Spinat mit 1/2 Teelöffel Salz unterrühren und noch 2–3 Minuten garen. Dill und Zitronensaft untermischen und heiß servieren.

SPANIEN

Spinat mit Kichererbsen

Espinacas con garbanzos ◆ *Aus der Casa Ruiz in Triana, Sevilla*

In den Tapas-Bars von Sevilla ist diese Zubereitung, begleitet von geröstetem Brot und natürlich einem Glas trockenem Sherry oder Wein, ein Klassiker. Mit seinem unverkennbar arabischen Einschlag ergibt dieses Gericht jedoch, zu Reis oder Couscous und einigen marokkanischen Salaten serviert, auch eine ausreichende Hauptmahlzeit. Als Abschluss des Essens empfiehlt sich Joghurtkäse.

Ich koche Kichererbsen gern selbst, denn so erhalte ich zugleich eine schmackhafte Brühe mit süßlicher Note. Wenn die Zeit drängt, kann man dabei zum Schnellkochtopf greifen (siehe Seite 177). Sollten Sie allerdings fertig vorgekochte Kichererbsen verwenden, benötigen Sie hier 1 1/2 Dosen. Die Kichererbsen abseihen, gut abspülen, um ihnen den Dosengeschmack zu nehmen, und mit 175 Milliliter Brühe oder Wasser in den Topf füllen. Da Dosenware meist schon gesalzen ist, sparen Sie lieber beim Salz.

FÜR 4–6 PERSONEN

150 g getrocknete Kichererbsen, verlesen
4 EL Olivenöl
5 Knoblauchzehen, geschält und fein gehackt
900 g frischer Spinat, grobe Stiele entfernt, in breite Streifen geschnitten
2 TL gemahlener Kreuzkümmel
1 TL gemahlener Koriander
1 1/2 TL Paprikapulver
1/8–1/4 TL Cayennepfeffer oder Chiliflocken
1 1/4 TL Salz

■ Die Kichererbsen etwa 7,5 cm hoch mit kaltem Wasser bedecken und über Nacht einweichen. Danach abseihen.

■ Die Kichererbsen in einem mittelgroßen Topf mit 600 Milliliter Wasser zum Kochen bringen und zugedeckt bei verminderter Temperatur in 2 1/2–3 Stunden gar köcheln.

■ Das Olivenöl in einem weiten Topf bei mittlerer bis hoher Temperatur erhitzen. Den Knoblauch kurz einrühren, dann den Spinat zufügen und rühren, bis er zusammenfällt. Die Kichererbsen mit ihrer Kochflüssigkeit, die Gewürze, das Salz und 250 Milliliter Wasser gründlich untermischen. Im offenen Topf bei mittlerer Temperatur 20–30 Minuten garen, dabei gelegentlich rühren – zuletzt sollte sich im Topf nur noch ganz wenig Flüssigkeit befinden, die zu einer dicken Sauce eingekocht ist. Das Gemüse heiß oder raumtemperiert servieren.

GEMÜSE 45

INDIEN

Spinat mit Tomate
Saag

Fast identisch mit dem Spinat-Bhaji (siehe Seite 41) ist dieses nordindische Gericht, das allerdings mit fein gehackter Tomate und etwas Garam masala angereichert ist.

FÜR 6 PERSONEN

- 4 EL Pflanzenöl
- 2 mittelgroße Zwiebeln, geschält und sehr fein gehackt
- 1–2 frische grüne Chilis, sehr fein gehackt
- 3 Knoblauchzehen, geschält und sehr fein gehackt
- 1 reife Tomate (etwa 120 g), geschält und fein gehackt
- 1,3 kg frischer Spinat, grobe Stiele entfernt, in sehr feine Streifen geschnitten
- 1 TL Salz
- 1 TL *Garam masala* (siehe Glossar)

■ Das Öl in einem großen, weiten Topf erhitzen. Die Zwiebeln mit den Chilis und dem Knoblauch darin goldbraun rühren. Die Tomate 2 Minuten mitrühren. Den Spinat dazugeben, salzen und zugedeckt garen, bis er zusammenfällt. Durchmischen und bei mittlerer Hitze zugedeckt weitere 25 Minuten garen. *Garam masala* untermischen und zuletzt die Flüssigkeit im Topf in 5–6 Minuten fast völlig verkochen lassen.

INDIEN

Spinat mit gebratenen Zwiebeln
Saag

Bei der muslimischen Bevölkerung im Norden des Subkontinents ist dieses einfache Spinatgericht sehr beliebt. In Nordindien wird statt Ghee Erdnussöl verwendet.

FÜR 6 PERSONEN

- 3 EL Olivenöl
- 3 EL *Ghee* (geklärte Butter, siehe Glossar) oder weiteres Olivenöl
- 2–3 getrocknete rote Chilis
- 3 Zwiebeln (insgesamt etwa 280 g), geschält und in sehr feine Halbringe geschnitten
- 1,3 kg frischer Spinat, grobe Stiele entfernt, in sehr feine Streifen geschnitten
- 1 TL Salz

■ Das Öl, eventuell gemischt mit *Ghee*, in einem großen, weiten Topf erhitzen. Die Chilis einrühren. Sobald sie dunkel anlaufen, die Zwiebeln untermischen und unter Rühren dunkelbraun braten. Den Spinat dazugeben, salzen und zugedeckt garen, bis er zusammenfällt. Durchmischen und bei mittlerer Hitze zugedeckt weitere 25 Minuten garen. Wieder durchmischen und zuletzt die Flüssigkeit im Topf in 5–6 Minuten verkochen lassen.

GEMÜSE

JAPAN/KOREA

Junger Mangold mit Sesamsamen

Mangold ist eine gesunde Sache, und die Sesamsamen machen das Gericht noch nahrhafter. Servieren Sie es mit Reis und einer Tofuzubereitung oder solo als Vorspeise.

Wer keinen jungen Mangold bekommt, dessen Blätter samt Stielen nicht länger als 25 cm sind, kann auch ausgewachsenen Mangold nehmen. Dessen Stiele schräg in feine Streifen, die Blätter quer in 5 mm breite Streifen schneiden. Zuerst die Stiele ins kochende Wasser geben, nach 1 Minute folgen die Blätter; 3–4 Minuten garen, abseihen.

FÜR 4 PERSONEN

675 g junger Mangold, unzerteilt
2 EL Sojasauce
2 TL extrafeiner Zucker
2 EL Öl aus gerösteten Sesamsamen
2 EL geröstete Sesamsamen (siehe Glossar), grob gemahlen
1 1/2 EL *Shao-Hsing*-Wein (siehe Glossar) oder trockener Sherry

■ In einem großen Topf reichlich Wasser sprudelnd aufkochen. Den Mangold einlegen, das Wasser wieder aufwallen lassen. Halb zugedeckt 3–4 Minuten kochen, bis die Stiele eben gar sind. Abseihen, kalt abschrecken und möglichst kräftig ausdrücken. Den Mangold entwirren und in eine Schüssel füllen.

■ Die übrigen Zutaten in einer kleinen Schüssel verrühren, über den Mangold gießen und durchmischen. Raumtemperiert servieren.

INDIEN

Mangold mit Ingwer und grünem Chili

Mangold ist zwar nicht typisch für Indien, aber ich habe ihn hier auf indische Art zubereitet. Verwenden Sie nach Belieben normalen oder rotstieligen Mangold.

FÜR 6 PERSONEN

1 kg Mangold
1–2 frische grüne Chilis, gehackt
5 cm frischer Ingwer, geschält und fein gehackt
2–3 Knoblauchzehen, geschält und gehackt
3 EL Pflanzenöl
1/2 TL braune Senfsamen
1 TL Salz

■ Mangold putzen: Stiele abtrennen, die dicken Blattrippen herausschneiden und beide in gut 5 mm breite Stücke schneiden. (Damit sie nicht dunkel anlaufen, können sie blanchiert werden.) Die Blätter quer in 2,5 cm breite Streifen schneiden.

■ Chilis, Ingwer und Knoblauch mit 3 Esslöffeln Wasser im Mixer glatt pürieren.

■ Das Öl in einem großen Topf bei hoher Temperatur erhitzen und die Senfsamen einstreuen. Sobald sie nach wenigen Sekunden in der Pfanne hüpfen, die Mangoldstiele zufügen. Falls sie zuvor blanchiert wurden, 2 Minuten, ansonsten 4 Minuten pfannenrühren. Die Würzpaste 1–2 Minuten untermischen. Die Mangoldblätter mit dem Salz und 5 Esslöffeln Wasser einrühren, zum Köcheln bringen und zugedeckt 3–4 Minuten garen. Die Flüssigkeit im offenen Topf bei hoher Temperatur weitgehend verkochen lassen, dabei rühren.

ITALIEN

Mangold mit Tomaten und Kichererbsen

Interessant finde ich die Parallelen zum Spinat mit Kichererbsen (siehe Seite 44), der allerdings durch die Gewürze unverkennbar arabische Einflüsse verrät.

Dieses Rezept können Sie ebenso mit feinerem Blattgemüse wie Spinat oder Stängelkohl nachkochen. Nach dem Waschen werden diese jeweils etwas anders vorbereitet: Spinat entstielen und die Blätter in 2,5 cm breite Streifen schneiden, ganz junge Blätter ganz lassen; bei Stängelkohl die harten Enden abtrennen und die Blätter in 2,5 cm lange Stücke schneiden.

Ich bevorzuge getrocknete Kichererbsen. Falls Sie sich jedoch für eine Konserve entscheiden, benötigen Sie hier 1 1/2 Dosen. Die Kichererbsen absehen, gut abspülen, um ihnen den Dosengeschmack zu nehmen, und mit 175 Milliliter Wasser oder Brühe in den Topf füllen. Da Dosenware meist schon gesalzen ist, sparen Sie lieber beim Salz.

Als Beigaben empfehle ich zu diesem Mangoldgericht knuspriges Brot, etwas Käse und vielleicht noch geröstete rote Paprika mit Balsamessig (siehe Seite 121).

FÜR 4–6 PERSONEN

- 150 g getrocknete Kichererbsen, verlesen und eingeweicht
- 900 g frischer Mangold (rot- oder weißstielig)
- 4 EL Olivenöl
- 5 Knoblauchzehen, geschält und fein gehackt
- 4–5 frische Salbeiblätter, fein gehackt
- 6 Dosentomaten, abgetropft und fein gewürfelt
- 1 1/4 TL Salz
- 1 TL bestes natives Olivenöl extra

■ Die Kichererbsen absehen. In einem mittelgroßen Topf mit 600 Milliliter Wasser zum Kochen bringen. Zugedeckt bei verminderter Hitze 2 1/2–3 Stunden leise köchelnd garen.

■ Inzwischen den Mangold putzen und die Stiele von den Blättern trennen. Die Stiele quer in 5 mm breite Streifen, die Blätter in 2,5 cm breite Streifen schneiden.

■ Das Olivenöl in einem weiten Topf bei mittlerer bis hoher Temperatur erhitzen. Knoblauch und Salbei etwa 20 Sekunden darin rühren. Die Tomaten 1 Minute mitrühren. Die Mangoldstiele untermischen und 2 Minuten rühren. Die Mangoldblätter in den Topf geben und rühren, bis sie zusammenfallen.

■ Die Kichererbsen mit ihrer Kochflüssigkeit, dem Salz und 175 Milliliter Wasser gründlich untermischen. Das Gemüse bei mittlerer Temperatur ohne Deckel 20 Minuten garen und dabei gelegentlich rühren (zuletzt sollte sich nur noch ein wenig dicke Sauce im Topf befinden). Heiß oder raumtemperiert genießen und vor dem Servieren mit dem extranativen Olivenöl beträufeln.

GRIECHENLAND

Gemischtes Blattgemüse
Horta

Aglaia Kremezi hatte mich in ein Terrassenrestaurant mit einem herrlichen Blick über Athen eingeladen. Unter anderem empfahl sie mir beim Bestellen das gemischte herbe Blattgemüse, von dem ich schon so viel gehört und gelesen, aber auch angenommen hatte, dass es nur in Familien aufgetischt würde. Da kam es nun, einfach gekocht und mit gutem Olivenöl und etwas Zitronensaft angemacht! Es schmeckte leicht bitter und unglaublich gut. Später begegnete es mir noch oft in Griechenland, manchmal auch als Füllung kleiner Pasteten oder kombiniert mit Linsen und getrockneten Bohnen.

Auf griechischen Märkten findet man eine Reihe von teils bitteren Blattgemüsen, die meist in Mischungen zubereitet werden. Ich kombiniere für die Horta *Mangold mit einem kleineren Anteil Rettichgrün und Löwenzahn. Für meinen Geschmack sollte das gekochte Gemüse nur ganz kurz in der Pfanne geschwenkt werden.*

FÜR 4 PERSONEN

Salz
675 g geputztes gemischtes Blattgemüse (siehe Rezepteinleitung), grob gehackt
4 EL Olivenöl
5 Frühlingszwiebeln, in dünne Scheiben geschnitten
2 Knoblauchzehen, geschält und angedrückt
4 TL Zitronensaft
1 EL natives Olivenöl extra

■ In einem großen Topf reichlich Wasser sprudelnd aufkochen. Etwa 1 Esslöffel Salz einrühren (das Wasser soll leicht salzig schmecken) und das Gemüse hineingeben. 10 Minuten kochen lassen, danach abseihen.

■ In einer großen Pfanne oder einem weiten, flachen Schmortopf 4 Esslöffel Olivenöl bei mittlerer bis hoher Temperatur erhitzen. Die Frühlingszwiebeln und den Knoblauch darin 1 Minute pfannenrühren. Das Blattgemüse mit etwa 1/2 Teelöffel Salz zufügen (probieren Sie sicherheitshalber) und gut durchmischen.

■ Mit Zitronensaft und nativem Olivenöl extra beträufeln und sofort servieren.

BLEICHSELLERIE

Das auch als Stauden-, Stangen- oder Stielsellerie bekannte Gemüse ist eine Varietät des Knollenselleries, der schon in der römischen Antike angebaut wurde, aber erst im Mittelalter aus Italien nach Deutschland gelangte. Bleichsellerie bildet keine allzu ausgeprägte Knolle, aber dafür kräftige, lange Blattstiele. Sie enthalten neben wertvollen Vitaminen und Mineralstoffen ätherische Öle, die ihnen ihr unverwechselbares, leicht pikantes Aroma verleihen. Die Zeiten, in denen das Gemüse durch Anhäufeln oder Abdecken mit Folien gebleicht wurde, sind passé, denn inzwischen gibt es selbstbleichende Sorten. Auch sieht man heute auf den Märkten häufig Selleriestauden, die statt vornehmer Blässe ein frisches Grün zur Schau stellen.

Bei meinen amerikanischen Schwiegereltern kamen sowohl am Thanksgiving-Tag, dem Erntedankfest, als auch zu Weihnachten vor dem eigentlichen Essen regelmäßig ovale Platten mit Selleriestangen in die Tischmitte. Man bediente sich selbst und knabberte die knackigen Stiele, einfach großzügig mit Salz bestreut. Ein anderer Appetithappen, der mir noch lebhaft in Erinnerung ist und immer gut ankam, waren Selleriestangen, gefüllt mit sahnigem Frischkäse. Seither haben wir, was die Verwendung dieses Gemüses betrifft, doch deutliche Fortschritte gemacht. Unter anderem mischen die saftigen, aromatischen Stiele, in Scheiben oder kürzere Stücke geschnitten, in vielen Salaten mit.

Gekocht erscheint Bleichsellerie beinahe wie ein ganz anderes Gemüse. Suppen, Eintöpfen und Hülsenfrüchten verleiht er, genau wie anderes Suppengemüse, eine herzhafte Grundwürze. Aber er schmeckt auch für sich zubereitet, zum Beispiel pfannengerührt, geschmort oder überbacken, wundervoll.

Bleichsellerie kaufen und lagern: In der Regel werden die ganzen Stauden mit mehr oder weniger viel Grün, das sich übrigens gut mitverwenden lässt, zum Verkauf angeboten. Gelegentlich bieten Gemüsehändler auch die einzelnen Stangen oder aber die Herzen, also das Innere der Stauden, an. Dass das Gemüse sauber, knackig und frei von braunen Stellen sein sollte, versteht sich von selbst. Am besten bewahren Sie es in einer Plastiktüte auf, die Sie nicht ganz verschließen. Etwas schlappen Bleichsellerie können Sie zu neuem Leben erwecken, indem Sie ihn einige Stunden in eine Schüssel mit Eiswasser legen.

Bleichsellerie vorbereiten: Die dickeren äußeren Stiele müssen vor der Verwendung entfasert werden. Dafür setzt man knapp vor dem unteren Ende das Messer auf der hohlen Seite an und schneidet den Stiel quer fast komplett durch – aber eben nur fast! Nun das beinahe abgeschnittene Stück umklappen und auf der gewölbten Seite in Richtung des oberen Stielendes ziehen, sodass sich die harten Fasern aus dem äußeren Fruchtfleisch lösen. Eventuell müssen Sie diesen Vorgang an mehreren Stellen wiederholen, bis alle Fasern entfernt sind.

Pfannengerührter Bleichsellerie

Verwenden Sie keine dicken Selleriestangen; 1 1/2–2 Sellerieherzen wären ideal.

FÜR 3–4 PERSONEN

1 EL Pflanzenöl
1 Frühlingszwiebel, in 5 mm dicke Scheiben geschnitten
3 Scheiben frischer Ingwer, geschält
250 g Bleichsellerie, leicht schräg in 5 mm dicke Scheiben geschnitten
125 g Zuckerschoten, geputzt und leicht schräg in 5 mm breite Streifen geschnitten
1/2 TL Salz
Frisch gemahlener schwarzer Pfeffer

- Das Öl in einer großen Pfanne bei hoher Temperatur erhitzen, Frühlingszwiebel und Ingwer 30 Sekunden pfannenrühren. Sellerie und Zuckerschoten etwa 3 Minuten unterrühren. Salzen und pfeffern, noch 30 Sekunden rühren und vom Herd nehmen. Heiß servieren und zuvor den Ingwer entfernen.

Gratinierter Bleichsellerie

FÜR 4 PERSONEN

2 Stauden Bleichsellerie (insgesamt etwa 800 g)
Salz
2 EL Olivenöl
30 g Butter
1 kleine Zwiebel, geviertelt
1 mittelgroße Möhre, geschält und in 1 cm dicke Scheiben geschnitten
500 ml kräftige Gemüsebrühe (ich verwende hier Brühwürfel)
4 EL trockener Vermouth
4 EL frisch geriebener Parmesan
1 TL Fenchelsamen, im Mörser leicht zerstoßen
1/2 TL grob gemahlener schwarzer Pfeffer

- Von den Selleriestauden die derberen äußeren Stiele entfernen (sie werden anderweitig verwertet). Am unteren Ende eine so dünne Scheibe abschneiden, dass die Stauden nicht auseinander fallen; die Stauden am oberen Ende auf eine Gesamtlänge von knapp 20 cm einkürzen. Gründlich waschen und anschließend längs halbieren.
- In einem Topf etwa 4 Liter Wasser sprudelnd aufkochen und 2 Esslöffel Salz einrühren. Den Sellerie einlegen und 10 Minuten garen, bis er ganz biegsam ist. Vorsichtig abgießen.
- Das Öl mit der Butter in einem weiten Topf erhitzen. Zwiebel und Möhre darin 3 Minuten hellbraun braten. Den Sellerie nebeneinander in den Topf legen, mit Brühe und Vermouth übergießen und zum Kochen bringen. Nicht ganz zugedeckt in 45 Minuten knapp gar köcheln.
- Vorsichtig aus dem Topf nehmen und mit der Schnittfläche nach unten nebeneinander in eine Gratinform legen. Die Kochflüssigkeit durch ein Sieb gießen, auf etwa 5–6 Esslöffel einkochen und über den Sellerie träufeln. Parmesan, Fenchelsamen und Pfeffer vermischen und den Sellerie damit bestreuen.
- Den Grill einschalten und den Sellerie goldbraun überkrusten. Das Gemüse in der Form sofort servieren.

BLUMENKOHL

In meiner Kindheit erlebte ich in Indien Hochzeitsfeste, die sich über Tage hinzogen. Unternehmen, die angeheuert worden waren, um für das leibliche Wohl der Gäste zu sorgen, bauten beispielsweise in einem Hof, der nicht für die Trauung selbst oder anderweitig benötigt wurde, ihre Zelte auf, in denen sie von morgens bis abends die Speisen für Hunderte von Besuchern zubereiteten. Oft wurde wegen des kühleren Wetters im Winter geheiratet, und Blumenkohl, ungekrönter König unter den Wintergemüsen, fehlte bei keinem Hochzeitsmahl. Unmengen der jungen, knackigen und festen Köpfe wurden von den Köchen für ein bestimmtes Essen in Röschen geteilt. Zurück blieben Berge von Strünken, die natürlich nicht einfach weggeworfen werden sollten. Geschickt verwandelten die Köche sie in Leckerbissen mit würziger Kruste. Sie wurden ähnlich wie Artischocken gegessen, das heißt, man zog mit den Zähnen das weiche Fleisch heraus und legte dann die faserige Schale beiseite. Leider habe ich bisher nie genügend Strünke zusammenbekommen, um mich selbst einmal an diesen famosen »Hochzeitshappen« zu versuchen.

Blumenkohl kaufen und lagern: Je frischer und jünger der Blumenkohl, desto besser. Wählen Sie makellos weiße, knackige Köpfe mit saftig grünen Hüllblättern. Ein großer Blumenkohlkopf, der einschließlich seiner Blätter etwa 700–900 Gramm wiegt, ergibt ungefähr 400–500 Gramm Röschen. Anstelle eines solchen Riesen können Sie auch zwei kleinere Köpfe nehmen. Im Idealfall wird Blumenkohl frisch gekauft verarbeitet. Müssen Sie ihn aufbewahren, schlagen Sie ihn in ein Küchentuch ein und packen ihn in eine große Plastiktüte, die Sie jedoch nicht verschließen.

Blumenkohl vorbereiten: Alle meine Rezepte gehen von Blumenkohlröschen aus, die Sie folgendermaßen gewinnen: Zunächst die großen Hüllblätter entfernen und den dicken Strunk so nah an den ersten Röschen wie möglich herausschneiden. Nun, unten am Kopf beginnend, die Röschen mit einem möglichst langen Stiel abbrechen (ohne Stielansatz wirken sie etwas plump). Diese unteren Röschen sind meist ziemlich dick, was Sie aber vorerst nicht kümmern soll. Je näher Sie dem »Scheitel« des Kopfes kommen, desto zierlicher werden die Röschen und ihre Stiele. Mit einem kleinen Gemüsemesser teilen Sie das mittlere Stück längs in Einzelstücke von höchstens 2,5 cm Breite und mit 4–5 cm langem Stiel. Wo kein Stiel vorhanden ist, schneiden Sie ihn aus dem fleischigen Inneren des Kopfes selbst zu. Die dicken Röschen vom Anfang werden nun längs in 2–4 Einzelröschen von der Größe der mittleren Stücke geschnitten; damit jedes Röschen ein Stück Stiel erhält, die Schnitte vom Stielende nach oben ausführen.

Blumenkohl blanchieren: Für etwa 450 Gramm Blumenkohlröschen 4 Liter Wasser in einem großen Topf sprudelnd aufkochen und 2 Esslöffel Salz einrühren. Die Röschen einlegen und nach dem erneuten Aufwallen des Wassers in 3–4 Minuten knapp gar kochen, anschließend abseihen. Einfach in Butter geschwenkt oder mit etwas nativem Olivenöl extra und Zitronensaft angemacht und mit schwarzem Pfeffer bestreut, schmecken sie vorzüglich. Wenn ich sie mit einer kalten Sauce mische, gebe ich diese über die noch sehr heißen Röschen, die sie rasch aufnehmen. Falls die Röschen nicht gleich verwendet werden, unter fließendem kaltem Wasser abkühlen.

INDIEN

Blumenkohl und Kartoffeln mit Ingwer
Aloo gobi • Promila Kapoor

Fladenbrot (Roti oder Paratha), eine Joghurtsauce und Pickles bilden die typischen Beigaben zu diesem Alltagsgericht aus dem Punjab.

FÜR 4 PERSONEN

- Pflanzenöl zum Ausbacken
- 500 g Kartoffeln, geschält und in dicke Scheiben von 5 × 2,5 cm Größe geschnitten
- 1 großer Blumenkohl (etwa 800 g), in kleine Röschen geteilt
- 1 EL geschälter, fein gehackter frischer Ingwer
- 3/4–1 TL Salz
- 1/4 TL gemahlene Kurkuma
- 1/4 TL Cayennepfeffer
- 1 TL gemahlener Kreuzkümmel
- 1 TL gemahlener Koriander
- 2–3 EL grob gehacktes frisches Koriandergrün

■ Eine große Pfanne etwa 1 cm hoch mit Öl füllen und dieses auf mittlerer Stufe erhitzen. Die Kartoffeln darin in etwa 10 Minuten goldgelb ausbacken und auf Küchenpapier abtropfen lassen.

■ Den Blumenkohl in demselben Öl in 3–4 Minuten ebenfalls goldbraun ausbacken und auf Küchenpapier abtropfen lassen.

■ Das Öl bis auf 2 Esslöffel abgießen. Die Pfanne bei mittlerer bis hoher Temperatur erneut aufsetzen und den Ingwer 10 Sekunden einrühren. Kartoffeln und Blumenkohl dazugeben, salzen, mit den gemahlenen Gewürzen bestreuen und behutsam durchmischen, bis alle Stücke gleichmäßig überzogen sind. 3 Esslöffel Wasser zufügen, einmal umrühren und einen Deckel auflegen. Bei schwacher Hitze 4 Minuten köcheln lassen. Mit dem frischen Koriander bestreuen, behutsam untermischen und heiß servieren.

INDISCH-AMERIKANISCH

Blumenkohl mit Ingwer und Sahne
Benita Kern

Als ich dieses Gericht durch eine in den USA lebende indische Freundin kennen lernte, war es für mich völlig neu. Es kann zu beinahe jedem Essen serviert werden.

FÜR 4 PERSONEN

- 1–2 Köpfe Blumenkohl (insgesamt 1 kg), in kleine Röschen geteilt
- 2,5 cm frischer Ingwer, geschält und in winzige Würfel geschnitten
- 1–2 frische grüne Chilis, sehr fein gehackt
- 4 EL sehr fein gehacktes frisches Koriandergrün
- 250 ml Sahne, 125 ml Milch
- 1 TL Salz

■ Alle Zutaten in einem großen Schmortopf zum Kochen bringen, die Hitze reduzieren und zugedeckt 10 Minuten köcheln lassen, dabei gelegentlich durchmischen. Den Blumenkohl anschließend im offenen Topf unter gelegentlichem Rühren weitere 2–3 Minuten kochen lassen, bis er so ist, wie Sie ihn mögen – noch bissfest oder ganz weich.

GEMÜSE 53

INDIEN

Blumenkohlkrapfen
Gobi bhajjia

Diese knusprigen Happen schmecken ganz frisch am besten. Reichen Sie dazu scharfe Chilisauce (siehe Seite 468), Erdnusssauce (siehe Seite 464), Sauerkirschen-Chutney (siehe Seite 455) – oder auch einfach nur Tomatenketchup.

FÜR 3–4 PERSONEN

FÜR DEN BACKTEIG
225 g Kichererbsenmehl
1 TL Salz
Frisch gemahlener schwarzer Pfeffer
1/2 TL getrockneter Thymian
1 TL gemahlener Kreuzkümmel
1 TL gemahlener Koriander

1/2 TL Cayennepfeffer
2 Eiweiße

AUSSERDEM
Pflanzenöl zum Frittieren
1 großer Blumenkohl (etwa 700 g),
   in kleine Röschen geteilt

■ Das Mehl für den Teig in eine Schüssel sieben. Langsam etwa 475 Milliliter Wasser mit einem Holzlöffel unterrühren, bis ein glatter Teig entsteht. Salz, Pfeffer, Thymian und die übrigen Gewürze einrühren. Die Eiweiße schlagen, bis beim Herausziehen des Schneebesens weiche Spitzen stehen bleiben.
■ Einen großen Wok 7,5 cm hoch oder einen großen Schmortopf 4 cm hoch mit Öl füllen und dieses bei mittlerer Temperatur erhitzen.

Inzwischen den Eischnee unter den Teig heben. Die Blumenkohlröschen einzeln, aber in rascher Folge durch den Teig ziehen und ins heiße Öl gleiten lassen. Jeweils nur so viele hineingeben, dass sie noch frei schwimmen. In 5–6 Minuten knusprig und goldbraun frittieren, dabei gelegentlich wenden. Mit einem Schaumlöffel herausheben, auf Küchenpapier abtropfen lassen und jede Portion sofort servieren.

Blumenkohl mit Ingwer und Koriander

Ob heiß oder kalt, dieses einfache Gericht mundet immer.

FÜR 4–6 PERSONEN

4 EL Olivenöl
4 dünne Scheiben frischer Ingwer, geschält
1 großer Blumenkohl (etwa 800 g),
   in kleine Röschen geteilt

3/4 TL Salz
Frisch gemahlener schwarzer Pfeffer
4 EL sehr fein gehacktes frisches Koriandergrün
Einige kräftige Spritzer Zitronensaft

■ Das Öl in einem großen Wok oder Schmortopf bei mittlerer bis hoher Temperatur erhitzen. Den Ingwer 10 Sekunden einrühren und dabei ausdrücken. Den Blumenkohl zufügen, salzen und 2–3 Minuten mitrühren. 4 Esslöffel Wasser dazugeben, zugedeckt bei redu-

zierter Hitze in 2–3 Minuten bissfest garen. Zuletzt die verbliebene Flüssigkeit ohne Deckel verkochen lassen. Pfeffer, Koriander und Zitronensaft untermischen und den Blumenkohl servieren. (Den Ingwer nach Belieben zuvor entfernen.)

GEMÜSE

CHINA

Blumenkohl in Milchsauce
Nai yo chow tsai hwa • Shiu-Min Block

Milchprodukte sind in China eher unüblich, trotzdem werden sie vor allem in der vegetarischen Küche hin und wieder verwendet. In einem buddhistischen Restaurant in Hongkong aß ich einmal mit Eiweiß und Milch zubereitete frische Erbsen, und bei dem nachfolgenden Rezept wird Blumenkohl in Milch gegart. Gut passen zu diesem leichten, delikaten Gericht die dreierlei Pilze von Seite 125, vielleicht noch Spargelbohnen mit eingesalzenen schwarzen Bohnen (siehe Seite 74) und Reis. Aber es schmeckt auch zu jedem westlichen Essen.

FÜR 3–4 PERSONEN

350 ml leichte, gesalzene Gemüsebrühe
1 großer Blumenkohl (etwa 700 g), in kleine Röschen geteilt
2 EL Pflanzenöl
2 Frühlingszwiebeln, nur das Weiße in sehr feine Scheiben geschnitten

125 ml Milch
1/2 TL Salz
Frisch gemahlener weißer Pfeffer
2 TL Maisstärke, in 1 EL Milch verrührt
1 TL Öl aus gerösteten Sesamsamen

■ Die Brühe in einer großen Pfanne zum Kochen bringen. Den Blumenkohl darin 3–4 Minuten unter Rühren beinahe weich garen. Mit einem Schaumlöffel herausnehmen. (Die Brühe können Sie anderweitig verwerten.)
■ Die Pfanne säubern und abtrocknen. Das Pflanzenöl hineingießen und bei mittlerer bis hoher Temperatur erhitzen. Die Frühlingszwiebeln kurz einrühren, dann den Blumenkohl 30 Sekunden mitrühren. Die Milch mit dem Salz und Pfeffer zufügen und zum Kochen bringen. Den Blumenkohl 1 Minute kochen lassen, dabei gelegentlich rühren. Die Pfanne vom Herd ziehen. Die aufgelöste Maisstärke mit dem Sesamöl vermischen und in die Pfanne gießen. Umrühren, das Gemüse bei niedriger Temperatur wieder aufsetzen und noch 1 Minute sanft köcheln lassen, bis die Milch gebunden ist, dabei ab und zu vorsichtig rühren. Sofort servieren.

INDONESIEN

Blumenkohl und Spargelbohnen mit süßsaurem Chili-Dressing

Gudangan

Bei meinen Besuchen in Yogyakarta habe ich dieses Gericht in immer wieder anderen Varianten gegessen. Die hier beschriebene Version bekam ich bei einem Essensstand auf dem Markt: eine Kombination aus nur kurz gekochtem Blumenkohl mit Spargelbohnen, Mungobohnensprossen und einem pikanten Dressing mit frischer Kokosnuss.

Ersetzen Sie nach Belieben die Spargelbohnen durch 16 grüne Bohnen und die Chilis durch 1/2 mittelgroße rote Paprikaschote, von den Samen befreit und gehackt, plus 1/2 TL Cayennepfeffer. Statt frischer Kokosnuss können Sie 30 Gramm ungesüßte getrocknete Kokosraspel verwenden, die Sie etwa 1 Stunde in 4 Esslöffel heißem Wasser einweichen.

FÜR 4 PERSONEN

FÜR DAS DRESSING

1–2 frische lange rote Chilis, Samen entfernt, gehackt
1 Knoblauchzehe, geschält und gehackt
4 TL Limettensaft
1/3 TL Salz
Frisch gemahlener schwarzer Pfeffer
60 g frisch geriebene Kokosnuss
1 1/2 TL dunkelbrauner weicher Zucker
    (nach Bedarf auch mehr)

AUSSERDEM

Salz
1 großer Blumenkohl (etwa 900 g), in kleine Röschen geteilt
5 Spargelbohnen, in 4 cm lange Stücke geschnitten
120 g frische Mungobohnensprossen

■ Alle Zutaten für das Dressing in einer Schüssel vermischen. Abschmecken und beiseite stellen (nach Belieben auch in den Kühlschrank stellen).

■ In einem großen Topf 4 Liter Wasser sprudelnd aufkochen und 2 Esslöffel Salz einrühren. Den Blumenkohl und die Bohnen zufügen und nach dem erneuten Aufwallen des Wassers 3–4 Minuten kochen lassen, bis die Röschen knapp gar sind. Die Bohnensprossen einstreuen, einmal umrühren und das gesamte Gemüse sogleich abseihen. Gut abtropfen lassen.

■ Noch heiß in einer Schüssel mit dem Dressing vermischen und sofort auftischen. Oder kalt stellen und eiskalt servieren.

INDIEN

Blumenkohl und Auberginen auf bengalische Art

Begleitet von Reis, einer Joghurtspeise und einer Zubereitung mit Bohnenkernen, ist dieses wärmende, würzige Gericht perfekt für einen kühlen Herbstabend.

FÜR 4–6 PERSONEN

- 2 EL braune Senfsamen
- Pflanzenöl zum Frittieren
- 4 kleine, schlanke blassviolette (japanische) oder dunkle Auberginen (je etwa 250 g), längs halbiert und in 4–5 cm große Stücke geschnitten
- 1 großer Blumenkohl (etwa 800 g), in kleine Röschen geteilt
- 1/2 TL gemahlene Kurkuma
- 1/2 TL Cayennepfeffer
- 3 EL Senföl oder ein anderes Pflanzenöl
- 1 TL *Panchphoran* (siehe Glossar)
- 6 frische grüne Chilis
- 1 1/4 TL Salz

■ Die Senfsamen in einer sauberen Gewürz- oder Kaffeemühle fein mahlen. In einer kleinen Schüssel mit 175 Milliliter Wasser übergießen und 20–30 Minuten ziehen lassen, ohne zu rühren.

■ Einen Wok, eine Pfanne mit hohem Rand oder eine Fritteuse etwa 5 cm hoch mit Pflanzenöl füllen und dieses bei mittlerer Temperatur erhitzen. Die Auberginen in 8–10 Minuten goldbraun frittieren, mit einem Schaumlöffel herausnehmen und auf mehreren Lagen Küchenpapier abtropfen lassen.

■ Das Öl bei mittlerer bis hoher Temperatur wieder richtig heiß werden lassen. Die Blumenkohlröschen in mehreren Portionen frittieren und jeweils so viele hineingeben, wie nebeneinander Platz haben. In 2–3 Minuten ebenfalls goldbraun frittieren, mit dem Schaumlöffel herausnehmen und auf Küchenpapier abtropfen lassen. (Das Öl kann, durch ein feines Haarsieb gegossen, nochmals verwendet werden.)

■ In einer kleinen Tasse Kurkuma und Cayennepfeffer mit 2 Esslöffeln Wasser verrühren und beiseite stellen.

■ Das Senföl in einer Pfanne bei mittlerer Temperatur kräftig erhitzen. *Panchphoran* zufügen und, sobald die darin enthaltenen Senfsamen nach wenigen Sekunden in der Pfanne hüpfen, die Kurkuma-Cayennepfeffer-Mischung kurz einrühren. Aus der Schüssel mit den gemahlenen Senfsamen so vorsichtig das Wasser in die Pfanne gießen, dass die dicke Paste zurückbleibt (sie wird nicht benötigt). Das frittierte Gemüse, die grünen Chilis und das Salz dazugeben, gründlich durchmischen und zum Kochen bringen. Zugedeckt bei schwacher Hitze 3–4 Minuten köcheln lassen, bis nur noch wenig Flüssigkeit in der Pfanne ist. Heiß servieren.

BROKKOLI

Von Italien aus startete der Brokkoli seinen Siegeszug, der ihn nicht nur in Deutschland, Frankreich und England, sondern auch in den Vereinigten Staaten zum Allerweltsgemüse machte. Längst ist der grüne Brokkoli mit seinen stattlichen Köpfen in jedem Supermarkt erhältlich. Daneben sieht man gelegentlich violetten Brokkoli, teils auch stärker verzweigt und mit kleineren Blütenköpfen.

Die enge Verwandtschaft zum Blumenkohl ist unübersehbar. Trotzdem besitzt Brokkoli einen eigenen Geschmack – insbesondere die Stängel erinnern in ihrem Aroma an Kohlrabi, aber auch ein wenig an Spargel, was dem Gemüse den Zweitnamen Spargelkohl einbrachte.

Brokkoli versorgt den Organismus mit viel Vitamin C und Betacarotin – in dieser Hinsicht ist er dem Blumenkohl deutlich überlegen –, und er steht in dem Ruf, Krebs entgegenzuwirken. Er schmeckt gut als Beilage, einfach nur blanchiert und mit einer Sauce angerichtet, lässt sich wunderbar pfannenrühren und eignet sich als Zutat in Risottos, Pastasaucen und Salaten.

Brokkoli kaufen: Wenn das Gemüse feste »Blumen« mit noch geschlossenen grünen oder violetten Blüten und frische Blätter aufweist, greifen Sie zu. Bereits gelb gefärbte Röschen sind hingegen ein Indiz für überalterte Ware. Von Brokkoli mit biegsamen Stielen, weichen Stellen oder gespaltenem, sehr holzigem Strunk sollten Sie ebenfalls Abstand nehmen.

Brokkoli vorbereiten: Wenn es in unserer Familie den gewöhnlichen grünen Brokkoli gibt, wird kaum etwas davon verschwendet. Selbst das Strunkende, das man immer als Erstes abschneidet, wandert nicht in den Mülleimer, sondern oft knabbern wir es roh, nachdem es geschält wurde, während wir das eigentliche Brokkoligericht zubereiten. Man kann den geschälten Strunk auch leicht schräg in Scheiben schneiden und in pfannengerührten Gerichten oder Salaten verwenden. Die Blütenköpfe teilen Sie in einzelne Röschen, die je nach Rezept unterschiedlich groß ausfallen können. Sie sollten aber stets einen mindestens 2,5 cm langen Stiel aufweisen, der auch dafür sorgt, dass die Röschen nicht auseinander fallen. Meist schäle ich die Stiele (mit einem kleinen Messer) – so gart das Gemüse gleichmäßiger und garantiert einen ungetrübten Genuss, ohne dass man zwischendrin auf faserigen Teilen herumkauen müsste. Die fertig vorbereiteten Röschen im Spülbecken in lauwarmem Wasser waschen; durch die Zugabe von etwas Salz locken Sie eventuell versteckte Tierchen hervor. Aus dem Wasser heben und abtropfen lassen. Röschen, die schon etwas schlapp wirken, 30 Minuten in kaltes Wasser legen, so werden sie wieder knackig.

Brokkoli blanchieren: Diese Garmethode ist eine der schnellsten. In einem großen Topf reichlich Wasser bei hoher Temperatur sprudelnd aufkochen und 2 Esslöffel Salz einrühren. Die Brokkoliröschen einlegen und nach dem erneuten Aufwallen des Wassers ohne Deckel 2–3 Minuten bissfest garen. Abseihen und im Idealfall gleich zubereiten; oder kalt abschrecken, um die Farbe zu erhalten, und abgetropft bis zur Verwendung beiseite stellen.

GEMÜSE

CHINA

Pfannengerührter Brokkoli mit Ingwer und Knoblauch
Chow chia lan • Shiu-Min Block

Für dieses Rezept, das Sie mit gewöhnlichem grünem Brokkoli zubereiten, können Sie auch violetten und sogar Chinesischen Brokkoli (Kailan) verwenden.

FÜR 4–6 PERSONEN

1–2 Köpfe grüner Brokkoli (675 g)
2 1/2 EL Pflanzenöl
2 dünne Scheiben frischer Ingwer, geschält
1 1/2 TL Salz
3 Knoblauchzehen, geschält und angedrückt
3 EL Gemüsebrühe, Pilzeinweichwasser oder einfaches Wasser
1 TL Öl aus gerösteten Sesamsamen

■ Die Brokkoliköpfe in kleine Röschen teilen; die Stiele schälen und in Scheiben schneiden. Bei anderem Brokkoli die schlanken Stiele in 4 cm lange Stücke schneiden; dickere Stiele ebenfalls schälen und quer in 3 mm dicke Scheiben schneiden.
■ Das Öl in einem Wok oder einer großen Pfanne bei hoher Temperatur erhitzen. Den Ingwer kurz einrühren, dann den Brokkoli mit dem Salz und dem Knoblauch dazugeben und energisch rühren, bis sich der Brokkoli nach etwa 1 Minute leuchtend grün färbt. Die Brühe zufügen und das Gemüse zugedeckt bei starker Hitze etwa 1 1/2 Minuten garen. Vom Herd nehmen, das Sesamöl einrühren und sofort servieren.

❖

Brokkoli mit Walnusssauce

In Kombination mit der kaukasischen Walnusssauce ist Brokkoli nicht nur ein besonderer Genuss, sondern, da Walnüsse beinahe so viel Eiweiß wie Fleisch enthalten, auch ein äußerst nahrhaftes Essen. Für den Fall, dass Sie die Sauce weiter verdünnen müssen, fangen Sie vorsichtshalber beim Abseihen des Brokkolis 1–2 Esslöffel von dem Kochwasser auf.

FÜR 4 PERSONEN

350 g Brokkoliröschen, frisch blanchiert
   (siehe Seite 57)
1 Rezept Walnusssauce
(siehe Seite 464)

■ Die abgetropften heißen Brokkoliröschen in einer Servierschüssel anrichten, mit der Walnusssauce übergießen und behutsam durchmischen. Sofort servieren.

INDISCH-AMERIKANISCH

Brokkoli mit Spinat
Broccoli ka saag

In Indien gehört Brokkoli nicht gerade zum gängigen Marktangebot. Erst in den USA lernten Inder, die dorthin ausgewandert waren, dieses Gemüse kennen. Es erinnerte sie im Aussehen an Blumenkohl, schmeckte aber anders. Die Stiele konnte man wie Blumenkohl oder Kohlrabi hacken, doch was geschah dann mit den Röschen?

Das nachfolgende Rezept erteilt hier grundsätzlichen Rat und lässt die geniale Fantasie der indischen Küche aufblitzen. Es verleiht diesem Gemüse eine ganz neue, ungewöhnliche Qualität und macht es zu einer Bereicherung für jedes indische wie auch westliche Essen.

Ich habe hier 2 größere grüne Brokkoliköpfe in Röschen mit 2,5 cm langen Stielen geteilt. Sollten Sie keine roten Chilis bekommen, weichen Sie auf grüne aus.

FÜR 4–6 PERSONEN

Salz
350 g frischer Spinat, grobe Stiele entfernt (netto 225 g)
350 g Brokkoliröschen mit etwa 2,5 cm langem Stiel (siehe Rezepteinleitung)
4 EL Olivenöl
30 g sehr fein gehackte Zwiebel
1 Knoblauchzehe, geschält und sehr fein gehackt
2 dünne Scheiben frischer Ingwer, geschält und sehr fein gehackt
1/2–1 frischer roter Chili, nach Belieben Samen entfernt, sehr fein gehackt
1 TL gemahlener Kreuzkümmel

■ In einem großen Topf etwa 4 Liter Wasser sprudelnd aufkochen und 2 Esslöffel Salz einrühren. Den Spinat und die Brokkoliröschen hineingeben und nach dem erneuten Aufwallen des Wassers in 3–4 Minuten gar kochen. Abseihen, unter fließendem kaltem Wasser abbrausen und gründlich abtropfen lassen, nicht ausdrücken. Sehr fein hacken.

■ Das Öl in einer großen, möglichst beschichteten Pfanne bei mittlerer bis hoher Temperatur erhitzen. Die Zwiebel mit dem Knoblauch, dem Ingwer und dem Chili einrühren, bis die Zwiebelstückchen an den Rändern braun anlaufen. Den Kreuzkümmel einstreuen, einmal umrühren, rasch das gehackte Gemüse untermischen und die Temperatur auf die mittlere Stufe herunterschalten. 1 Teelöffel Salz einrühren und das Gemüse köcheln lassen, bis es gerade eben durchgewärmt ist. Sofort servieren.

Brokkoli mit Kartoffeln

Würzzutaten aus Indien und Trinidad bereichern dieses im Grunde einfache Gericht. Sie benötigen 1–2 Brokkoliköpfe von insgesamt knapp 700 Gramm, um 350 Gramm Röschen zu erhalten. Amchar masala *können Sie selbst herstellen (siehe Seite 498) oder im Asialaden fertig kaufen. Eine interessante Alternative zu den Curryblättern ist frisches Basilikum.*

FÜR 4 PERSONEN

Salz
250 g fest kochende Kartoffeln, gekocht und abgegossen
3 EL Pflanzenöl (möglichst Erdnussöl)
1 große Prise *Asafoetida* (siehe Glossar)
1/2 TL braune oder gelbe Senfsamen
1 frischer grüner Chili, die Spitze abgeschnitten
10 frische Curryblätter (siehe Glossar)
350 g Brokkoliröschen, blanchiert (siehe Seite 57)
1 TL *Amchar masala* (siehe Seite 498)

■ Die Kartoffeln abkühlen lassen, pellen und in Würfel von der Größe der Brokkoliröschen schneiden.
■ Das Öl in einer großen, möglichst beschichteten Pfanne bei mittlerer bis hoher Temperatur erhitzen. *Asafoetida* einstreuen, sofort danach die Senfsamen. Sobald sie nach wenigen Sekunden in der Pfanne hüpfen, Chili und Curryblätter kurz untermischen. Die Kartoffeln zufügen und unter ständigem Rühren in etwa 4 Minuten hellbraun werden lassen. Mit 1/3 Teelöffel Salz bestreuen und vermischen. Den Brokkoli und *Amchar masala* dazugeben und bei reduzierter Hitze behutsam wenden, bis der Brokkoli nach 1–2 Minuten durchgewärmt ist. Sofort servieren.

CHICORÉE

Die zierlichen Köpfe – in der Form den Maiskolben ähnliche Sprosse – wirken mit ihrer länglich schlanken, torpedoförmigen Silhouette fast elegant. Während weißer Spargel durch Anhäufeln mit Erde davon abgehalten wird zu ergrünen, zieht man Chicorée gleich in komplett abgedunkelten Räumen in kühler Erde. Selbst beim Gemüsehändler bleibt er unter dunklem Papier verborgen, denn schon wenig Licht würde bewirken, dass sich die Blätter grün oder gelb verfärben und zudem einen unangenehm bitteren Geschmack entwickeln. Leicht bitter darf und soll Chicorée allerdings sogar schmecken, diese Note schätzt man an ihm ebenso wie seine knackige Textur und die weiße Ästhetik.

Seine kulinarische Karriere begann im 19. Jahrhundert rein zufällig. Damals wurde die Zichorie einerseits wegen ihrer ziemlich bitteren grünen Blätter angebaut, die als Viehfutter dienten, und andererseits wegen der bis zu 25 cm langen, fleischigen Wurzeln, die, geröstet und gemahlen, bis heute als Kaffeezusatzmittel verwendet und auch zu Zichorienkaffee, einem koffeinfreien Alternativprodukt, verarbeitet werden. Nach einer überaus reichen Ernte hatten Bauern einen Teil der Wurzeln an einem dunklen Ort gelagert, wo bald die gelblich weißen Blätter aus ihnen heraussprossen. Das Ganze geschah in Belgien, weshalb der Chicorée auch als Brüsseler Endivie oder Brüsseler Salat bekannt ist.

Seit einigen Jahren ist Roter Chicorée auf dem Markt, der aus einer Kreuzung von Chicorée und dem ebenfalls angenehm bitteren roten Radicchio hervorging.

Hauptsächlich wird Chicorée als Salat zubereitet, aber er ergibt auch delikate Gemüsegerichte. Freilich ist er nicht gerade preiswert, aber für meinen Geschmack lohnt sich die Ausgabe unbedingt. Meine bevorzugte Art der Zubereitung ist zugleich die einfachste: Ich brate die Köpfe zunächst braun an und gare sie dann im Ofen – zugedeckt in ihrem eigenen Saft (und davon gibt es reichlich).

Chicorée kaufen und lagern: Beim Händler sollte Chicorée in lichtdichten Kartons lagern und nach Möglichkeit abgedeckt sein, damit er sich nicht färbt und bitter wird. Für den Nachhauseweg sollte er in dunkles Papier (Tüte) eingeschlagen sein. Zu Hause ist er im Gemüsefach des Kühlschranks am besten gegen Lichteinfall geschützt und kann so bedenkenlos einige Tage ohne Qualitätsverlust gelagert werden.

Chicorée vorbereiten: Um die Blätter zu vereinzeln, schneidet man das untere Ende ab. Zum Schmoren werden die Köpfe je nach Größe längs halbiert oder geviertelt. Zügig unter fließendem kaltem Wasser waschen und trockentupfen (durch längeres Liegen in Wasser werden die Blätter unangenehm bitter). Bei manchen Sorten ist das untere Sprossende extrem bitter, der innere Keil wird daher herausgeschnitten.

Gebräunter Chicorée, im eigenen Saft im Ofen gegart

Dieses Gericht ist überaus köstlich, und seine Zubereitung ist ein Kinderspiel. Ich serviere es oft als eigenständigen Gang. Das Rezept lässt sich problemlos verdoppeln, wobei Sie den Chicorée in zwei Durchgängen anbraten müssen. Anschließend können Sie die Stücke alle zusammen in eine Form schichten; dabei müssen Sie auch nicht mehr Butter oder Öl verwenden als unten angegeben.

Chicoréeköpfe sind unterschiedlich groß. Achten Sie daher beim Einkauf darauf, dass die Exemplare für ein Gericht wie das hier beschriebene alle von ähnlichem Kaliber sind, damit sie gleichmäßig garen. Unlängst bekam ich ausgesprochen dicke Köpfe, die jeweils gut 200 Gramm wogen. Ich habe sie der Länge nach geviertelt. Schlanke Exemplare werden dagegen nur einmal durchgeschnitten, also halbiert.

FÜR 2–3 PERSONEN

3 EL Olivenöl

450 g Chicorée, unten glatt geschnitten und längs halbiert oder geviertelt

1/3 TL Salz

Frisch gemahlener schwarzer Pfeffer

15 g Butter

- Den Backofen auf 180 °C vorheizen.
- Das Öl in einer weiten, ofenfesten Form, die auch zum Kochen auf dem Herd geeignet ist, bei mittlerer bis hoher Temperatur erhitzen. Die Chicoréestücke nebeneinander hineinlegen und auf dem Herd 6–7 Minuten anbraten; dabei mehrmals wenden, bis sie ringsum gleichmäßig und kräftig gebräunt sind. Mit dem Salz und frisch gemahlenem Pfeffer bestreuen und die Butter in Flöckchen darüber verteilen. Die Form dicht verschließen – gut geeignet ist für diesen Zweck Alufolie – und in den Ofen schieben. In 20 Minuten garen, bis das Gemüse weich ist.

VARIANTE
Chicorée mit knuspriger Parmesankruste

Den Chicorée braun anbraten und anschließend im Ofen garen, wie oben beschrieben. Die Folie abnehmen und das Gemüse mit einer Mischung aus je 3 Esslöffeln frisch geriebenem Weißbrot (ersatzweise Semmelbrösel) und frisch gemahlenem Parmesan bestreuen. Mit etwas zerlassener Butter oder Olivenöl beträufeln und unter den Grill schieben, bis der Chicorée goldgelb überkrustet ist. Sofort servieren.

DICKE BOHNEN (FRISCHE)

Wie die Erbsen und Linsen gehören auch die Dicken Bohnen, die zu den ältesten Kulturpflanzen der Menschheit überhaupt zählen, zu den wickenartigen Hülsenfrüchten. Obwohl sie vermutlich aus den Mittelmeerländern, vor allem Nordafrika, stammen, sind sie heute im Nahen Osten und in vielen Gegenden Chinas ein ebenso verbreitetes wie preiswertes Nahrungsmittel. Erstaunlicherweise haben jedoch die Amerikaner den erdigen Geschmack und die cremige Textur der Puff-, Sau- oder Ackerbohnen, wie die Samen auch heißen, noch nicht für sich entdeckt.

Dicke Bohnen kaufen und lagern: Wer beim Gemüsehändler frische Dicke Bohnen verlangt, bekommt dicke Hülsen von 15 cm Länge und mehr. In ihnen liegen, gebettet auf einen weichen, fast flanellartigen Untergrund, einige platte, nierenförmige Samen. Ihre Größe hängt von der Jahreszeit ab: Im Frühsommer noch eher klein, schwellen sie bis Sommerende beträchtlich an, und ihr blasses Grün gewinnt dann einen gelblichen Ton.

Für eine Hand voll der Samen muss man schon größere Mengen der Hülsen kaufen: Aus 900 Gramm von ihnen gewann ich im Frühjahr 225 Gramm enthäutete Bohnen, und im Sommer holte ich aus 1,25 Kilogramm Hülsen 350 g Bohnen heraus – das reichte gerade einmal für 4 Personen.

In ihren Hülsen halten sich Dicke Bohnen im Gemüsefach des Kühlschranks mühelos mehrere Tage. Übrigens sind getrocknete kein Ersatz für frische Dicke Bohnen.

Dicke Bohnen vorbereiten und kochen:
Man palt die Samen genauso, wie man es bei Erbsen macht: also einfach die Hülsen mit den Fingern öffnen und die Samen herausstreifen. Anschließend müssen sie kurz gekocht und von der ledrigen Haut befreit werden, die recht bitter sein kann. (Nur bei ganz jungen, feinen Bohnen entfällt dieser Schritt.) Die Chinesen servieren Dicke Bohnen häufig nicht enthäutet, um sie dann beim Essen selbst Stück für Stück aus der Umhüllung zu drücken. Ich finde diese Vorstellung eher unerfreulich und nehme lieber vorher die Arbeit auf mich, um später ganz entspannt die Bohnen genießen zu können.

Für 350 Gramm gepalte Dicke Bohnen bringt man in einem großen Topf etwa 2 Liter Wasser zum Kochen und rührt 4 Teelöffel Salz hinein. Inzwischen die Bohnen enthülsen, ins sprudelnde Wasser geben und 2–5 Minuten garen, bis sie eben weich sind. Rasch abseihen und mit kaltem Wasser abspülen. Um sie von ihrer Haut zu befreien, fasst man sie einzeln an einem Ende zwischen zwei Fingern und drückt vorsichtig, bis die Bohne herausflutscht.

So vorbereitete Dicke Bohnen sind beinahe schon genussfertig. Man kann sie einfach mit einem Stück Butter oder beträufelt mit etwas gutem Olivenöl servieren. Lecker schmecken sie auch, mit würzigen Zutaten kurz in der Pfanne geschwenkt oder pfannengerührt, und genauso gut machen sie sich in Pilaws, Risottos und Salaten. Eines meiner Lieblingsrezepte in diesem Buch ist der Salat aus Artischockenherzen und frischen Dicken Bohnen (siehe Seite 537).

CHINA

Frische Dicke Bohnen mit Knoblauch und Ingwer

Sung jiang chow tsan do

FÜR 4 PERSONEN

2 EL Pflanzenöl (möglichst Erdnussöl)
2 Knoblauchzehen, geschält und nur leicht angedrückt
3 dünne Scheiben frischer Ingwer, geschält
1,25 kg frische Dicke Bohnen, enthülst, gekocht und enthäutet (ergibt 350 g Bohnenkerne, siehe Seite 63)
1/3–1/2 TL Salz
Frisch gemahlener schwarzer Pfeffer
1 TL extrafeiner Zucker
1 EL *Shao-Hsing*-Wein (siehe Glossar) oder trockener Sherry
1 EL Gemüsebrühe oder Wasser
2 Frühlingszwiebeln, quer in feine Scheiben geschnitten
1 EL Öl aus gerösteten Sesamsamen

■ Das Pflanzenöl in einem Wok oder einer großen Pfanne erhitzen. Knoblauch und Ingwer kurz einrühren und dabei leicht auf die Zutaten drücken, sodass sie ihre Aromen freigeben. Die Bohnen untermischen. Salz, Pfeffer, Zucker, Wein und Brühe dazugeben und 30 Sekunden rühren, bis die Bohnen die Flüssigkeit aufgenommen haben. Die Frühlingszwiebeln zufügen und weitere 10–20 Sekunden rühren. Mit dem Sesamöl beträufeln, durchmischen – dabei den Knoblauch und Ingwer entfernen – und servieren.

❖

MITTELMEERRAUM

Frische Dicke Bohnen mit Knoblauch und Salbei

FÜR 4 PERSONEN

2 EL Olivenöl
2 Knoblauchzehen, nur leicht angedrückt und dann geschält
1 TL fein gehackter frischer Salbei (ersatzweise frischer Thymian oder Oregano)
1,25 kg frische Dicke Bohnen, enthülst, gekocht und enthäutet (ergibt 350 g Bohnenkerne, siehe Seite 63)
1/4 TL Salz
Frisch gemahlener schwarzer Pfeffer
1–2 TL Zitronensaft

■ Das Öl mit dem Knoblauch in einer großen Pfanne bei mittlerer bis hoher Temperatur erhitzen. Sobald der Knoblauch leise brutzelt, einige Sekunden rühren. Den Salbei einige Sekunden mitrühren. Die Bohnen mit dem Salz, Pfeffer und Zitronensaft zufügen und rühren, bis sie durchgewärmt sind. Das Gemüse heiß servieren.

ERBSEN UND ZUCKERSCHOTEN

Erbsen werden weltweit angebaut und sind vornehmlich in drei Formen auf dem Markt vertreten: als Markerbsen, Zuckererbsen und Zuckerschoten. Ein Verkaufsschlager sind auch Tiefkühlerbsen, die entschieden preisgünstiger und, da sich die Samen hervorragend einfrieren lassen, von untadeliger Qualität sind. Ich verwende sie gern in Gerichten, bei denen Erbsen zusammen mit anderen Zutaten gegart werden.

Frische Erbsen kaufen: Ein wesentlicher Anhaltspunkt für gute Qualität sind knackige Hülsen, deren frisches Grün möglichst keine dunklen Flecken aufweisen sollte. Für 4 Portionen, also ungefähr 400 Gramm gepalte Erbsen, muss man etwa 1,3 Kilogramm Schoten kaufen.

Markerbsen vorbereiten und garen: Die Hülsen mit den Fingern an der Spitze aufdrücken, öffnen und die Erbsen herausstreifen. Um die Erbsen zu kochen, gibt man sie in einen Topf mit kochendem Salzwasser; sie sind nach 3–5 Minuten gar. Abseihen und gleich mit etwas Butter oder Olivenöl anrichten oder aber, wenn sie erst später zubereitet werden, unter fließendem kaltem Wasser abspülen und beiseite stellen.

Eigentlich gare ich Erbsen jedoch lieber im Dampf: Ich schwenke sie kurz in Fett, füge einige Esslöffel Wasser sowie etwas Salz und Zucker hinzu, lege einen Deckel auf und dünste die Erbsen, bis sie eben gar sind. Sie schmecken einfach so, können während des Garens aber auch mit Estragon, Minze oder beinahe jedem anderen Kraut aromatisiert werden. Etwas Öl aus gerösteten Sesamsamen, einige Sekunden vor Ende des Garvorgangs darüber geträufelt, bringt ihren Geschmack hervorragend zur Geltung. Denken Sie daran, dass Sie die leeren Hülsen für die Herstellung einer Gemüsebrühe verwenden können.

Zuckererbsen vorbereiten und garen: Diese kleinen, sehr süßen Erbsen haben essbare Schoten und müssen nicht gepalt werden. Doch besitzen die Schoten Fäden, die vor dem Garen entfernt werden müssen. Dafür das Stielende umknicken und den gelösten Faden über den »Rücken« der Schote abziehen; anschließend die Spitze umknicken und den Faden über den »Bauch« der Schote abziehen. Dabei oder beim späteren Garen werden einige Schoten aufplatzen, aber das macht gar nichts.

Diese Erbsen werden im Ganzen wie die Markerbsen gekocht oder gedämpft. Ich gare sie gern in ganz wenig Wasser mit ein paar Tropfen Öl, Salz und Zucker.

Zuckerschoten vorbereiten und garen: Die unreif geernteten Hülsen enthalten winzig kleine, mitunter sogar nur im Ansatz erkennbare Samen. Man genießt die betörend süßen Schoten im Ganzen (daher auch die Bezeichnung *Mangetout*) und muss sie vor der Zubereitung lediglich wie Zuckererbsen abfädeln – glücklicherweise aber nur über den »Rücken«. Besonders gern pfannenrühre ich Zuckerschoten auch mit weiterem Gemüse kombiniert, gebe dann etwas Wasser dazu und dünste sie gar.

Tiefkühlerbsen auftauen: Viele Rezepte in diesem Buch empfehlen als Alternative zu frischen Erbsen ein Tiefkühlprodukt. Um tiefgefrorene Erbsen aufzutauen, bedeckt man die erforderliche Menge in einer Schüssel mit heißem Wasser. Sobald sie sich voneinander gelöst haben, gießt man sie ab.

Erbsen mit Ingwer und Sesamöl

Um die 400 Gramm Erbsen für dieses schlichte sommerliche Gericht zu erhalten, habe ich 1,3 Kilogramm frische, makellose Schoten gekauft.

FÜR 4 PERSONEN

1 EL Pflanzenöl
4 Scheiben frischer Ingwer
400 g gepalte frische Erbsen
1 TL Salz
1 1/2 TL extrafeiner Zucker
1 EL Öl aus gerösteten Sesamsamen
2 TL geröstete Sesamsamen
    (siehe Glossar, nach Belieben)

■ Das Pflanzenöl in einer großen Pfanne bei mittlerer Temperatur erhitzen. Den Ingwer darin 10 Sekunden pfannenrühren und dabei ausdrücken. Die Erbsen mit dem Salz und dem Zucker zufügen und rühren, bis sie sich sattgrün färben. 4 Esslöffel Wasser dazugeben und, sobald es köchelt, einen Deckel auflegen. Die Erbsen bei reduzierter Hitze in etwa 5 Minuten gar dünsten. Das Sesamöl einrühren und die Restflüssigkeit ohne Deckel verkochen lassen. Mit den Sesamsamen (falls verwendet) bestreuen und sofort servieren.

❖

INDIEN

Würzige Erbsen mit Kokosraspeln und Koriander
Vatana bhaji

Aus dem indischen Staat Maharashtra stammt dieses köstliche Gericht. Falls Sie es mit frischen Erbsen zubereiten, kaufen Sie etwa 900 Gramm Erbsenschoten.

Ein anderes, aber ebenfalls interessantes Aroma erhält das Gemüse durch Thai- oder gewöhnliches Basilikum anstelle der frischen Curryblätter. Statt frischer Kokosnuss können Sie 8 Esslöffel ungesüßte getrocknete Kokosraspel nehmen, die Sie in 175 Milliliter heißem Wasser 1 Stunde einweichen.

FÜR 3–4 PERSONEN

3 EL Pflanzenöl
1 große Prise *Asafoetida*
    (siehe Glossar, nach Belieben)
1 TL braune Senfsamen
1/2 TL Kreuzkümmel
15 frische Curryblätter (siehe Glossar)
300 g gepalte frische Erbsen oder
    aufgetaute Tiefkühlerbsen
1–2 frische grüne Chilis, fein gehackt
1 TL Salz
1 TL extrafeiner Zucker
1/4 TL gemahlene Kurkuma
1/2 TL gemahlener Kreuzkümmel
1/2 TL gemahlener Koriander
85 g frisch geriebene Kokosnuss
3 EL sehr fein gehacktes frisches Koriandergrün

GEMÜSE 67

- Das Öl in einer großen Pfanne bei mittlerer bis hoher Temperatur erhitzen. *Asafoetida* einrühren, gleich danach die Senfsamen und den Kreuzkümmel. Sobald die Senfsamen nach wenigen Sekunden in der Pfanne hüpfen, die Curryblätter kurz untermischen. Sogleich die Erbsen mit den Chilis, dem Salz, Zucker und den gemahlenen Gewürzen zufügen und 1 Minute rühren, bis sie sich sattgrün färben.

4 Esslöffel Wasser dazugeben und, sobald es kocht, einen Deckel auflegen. Bei schwacher Hitze 5 Minuten dünsten, bis die Erbsen gar sind. Den Deckel wieder abnehmen und bei mittlerer bis hoher Temperatur die Kokosraspel mit dem frischen Koriander untermischen. Zuletzt die überschüssige Flüssigkeit bei hoher Temperatur verkochen lassen und das Gericht servieren.

❖

Erbsen und Pilze in grüner Currysauce

Servieren Sie dieses schlichte Curry mit Reis oder Pitabrot oder einem anderen indischen oder nordafrikanischen Fladenbrot. Falls Sie keine Tiefkühlerbsen verwenden, kaufen Sie ungefähr 1,25 Kilogramm frische Hülsen. Da die Zahl der Samen pro Hülse und ihre Größe variiert, kann ich in meinen Rezepten nur ungefähre Mengen angeben.

FÜR 4–6 PERSONEN

1 frischer grüner Chili, grob gehackt
30 g frisches Koriandergrün
2 Knoblauchzehen, geschält
2,5 cm frischer Ingwer, geschält und grob gehackt
1/4 TL gemahlene Kurkuma
450 g gepalte frische Erbsen (ersatzweise aufgetaute Tiefkühlerbsen)

2 EL Pflanzenöl
1 TL Kreuzkümmel
10 mittelgroße Champignons, in Scheiben geschnitten
1–1 1/4 TL Salz
4 EL Sahne

- Chili, Koriander, Knoblauch, Ingwer und Kurkuma mit 4 Esslöffeln Wasser im Mixer zu einer glatten Paste verarbeiten, dabei den Becherinhalt zwischendrin mit einem Spatel nach unten schieben. Die Gewürzpaste in einer Schüssel beiseite stellen.
- Nun ein Drittel der Erbsen mit 4 Esslöffeln Wasser in den Mixer füllen und pürieren. Ebenfalls in einer Schüssel beiseite stellen.
- Das Öl in einer großen Antihaft-Pfanne bei mittlerer bis hoher Temperatur erhitzen. Den

Kreuzkümmel 10 Sekunden darin brutzeln lassen, dabei die Pfanne gelegentlich rütteln. Die Pilze 1 Minute in dem aromatisierten Öl anbraten, danach mit einem Schaumlöffel wieder herausnehmen. Die Gewürzpaste in die Pfanne geben und 2–3 Minuten rühren. Die restlichen Erbsen, das Erbsenpüree, die Pilze, das Salz, die Sahne und 4 Esslöffel Wasser zufügen. Alles behutsam vermischen und bei mittlerer Temperatur zugedeckt 3–4 Minuten köcheln lassen. Das Gericht heiß servieren.

Zuckererbsen mit getrockneter Minze

In vielen Gegenden des Nahen Ostens und Südostasiens verwendet man frische und auch getrocknete Minze. Beide unterscheiden sich im Geschmack und sind daher eigentlich nicht austauschbar. Es ist wichtig, die Minze zu zerkrümeln, bevor man sie zugibt. Man kann sie einfach zwischen den Handflächen zerreiben.

FÜR 4 PERSONEN

1 EL Olivenöl
15 g Butter
350 g Zuckererbsen, abgefädelt (siehe Seite 65)

3/4 TL Salz
1/2 TL extrafeiner Zucker
1 TL getrocknete Minze, zerkrümelt

■ Öl und Butter in einer großen Pfanne oder einem großen Wok bei mittlerer Temperatur erhitzen. Die Zuckererbsen darin rasch einige Male wenden. Salz, Zucker und Minze zufügen, einmal umrühren. 3 Esslöffel Wasser dazugeben und bei hoher Temperatur erhitzen, bis es lebhaft sprudelt. Einen Deckel auflegen und die Erbsen bei schwacher Hitze in 3 Minuten beinahe gar dünsten. Zuletzt bei hoher Temperatur ohne Deckel die verbliebene Flüssigkeit verkochen lassen, dabei vorsichtig rühren. Sofort servieren.

❖

CHINA

Zuckerschoten mit Frühlingszwiebeln
Ching chao shway do

Diese denkbar schlichten, knackigen Schoten mit feinem Ingwerhauch schmecken gut zu Reis und Tofugerichten.

FÜR 4 PERSONEN

2 EL Pflanzenöl
3 dünne Scheiben frischer Ingwer
2 Knoblauchzehen, geschält und angedrückt
350 g Zuckerschoten, abgefädelt (siehe Seite 65) und diagonal halbiert
1 mittelgroße Möhre, geschält und in feine Streifen von 6 cm Länge geschnitten

1 TL Salz
1/2 TL extrafeiner Zucker
3 Frühlingszwiebeln, in 6 cm lange Stücke und diese längs in feine Streifen geschnitten
2 TL Öl aus gerösteten Sesamsamen

■ Das Öl in einem Wok oder einer großen Pfanne bei mittlerer bis hoher Temperatur erhitzen. Ingwer und Knoblauch 10 Sekunden darin pfannenrühren, dabei den Knoblauch leicht drücken. Die Zuckerschoten und die Möhre dazugeben und weitere 10 Sekunden pfannenrühren. Salz und Zucker einstreuen und einmal umrühren. 2 Esslöffel Wasser zufügen und zugedeckt bei niedriger Temperatur in 2 Minuten knapp gar dünsten. Bei mittlerer bis hoher Temperatur die Frühlingszwiebeln und das Sesamöl zufügen und noch 20 Sekunden rühren – zuletzt sollte die gesamte Flüssigkeit verkocht sein. Sofort servieren.

GRÜNE BOHNEN

Schon neun Jahrtausende waren grüne Bohnen (Gartenbohnen) in den tropischen und subtropischen Regionen Südamerikas in Kultur – vor allem in Mexiko –, bevor sie im Zuge der Entdeckung der Neuen Welt ihren Weg nach Europa fanden. Inzwischen sind sie rund um den Globus verbreitet. Gourmets, die in der französischen Küche zu Hause sind, kennen die jungen, feinen grünen Bohnen auch unter dem Namen *Haricots verts.* Nicht bekannt ist den meisten indes, dass das Wort *haricot* auf eine Verballhornung des Aztekenwortes *ayacotl* zurückgeht. Bei den Chinesen heißen die grünen Hülsenfrüchte »Vier-Jahreszeiten-Bohnen« *(si ji do)*, da sie das ganze Jahr über erhältlich sind. Vom Reich der Mitte aus eroberte das Gemüse auch Japan, wo es in Anspielung auf den Ernterhythmus als »Drei-Zeiten-Bohnen« *(sandomame)* bekannt ist.

Von den verschiedenen Arten und Varietäten, mit denen Bohnen der Gattung *Phaseolus* auf dem Markt vertreten sind, verwende ich in den nachfolgenden Rezepten meist die üblichen grünen Bohnen, deren rundliche, etwa 5 mm dicke Hülsen dank züchterischer Bemühungen heute in der Regel nicht mehr abgefädelt werden müssen. Bei einigen Zubereitungen empfehle ich auch die dünnen, zarten Prinzess- oder sogar Keniabohnen.

Manche Rezepte verlangen Spargelbohnen, die eine eher dunkle, erdige Geschmacksnote besitzen. Obwohl sie aussehen wie grüne Bohnen im Langformat (die Hülsen messen 30 cm und mehr), gehören sie tatsächlich einer anderen Gattung an. Vermutlich ursprünglich in Indien beheimatet, sind sie heute fast überall im süd- und ostasiatischen Raum verbreitet. Ob ihre Hülsen von hellerem oder dunklerem Grün sind, wirkt sich geschmacklich nicht aus, allerdings kommen mir Letztere etwas fester vor. Im westlichen Ausland findet man die Spargel- oder Strumpfbandbohnen in Asialäden.

Als ich vor langen Jahren in Hongkong Gelegenheit hatte, bei der Zubereitung eines Gerichts mit Spargelbohnen zuzusehen, nahm ich mir eine und begann, an ihr herumzuknabbern. Sämtliche Chinesen in der kleinen Küche sahen mich entsetzt an, und plötzlich wurde mir klar, dass sie grundsätzlich kein rohes Gemüse essen. Selbst Eisbergsalat wird kurz im Wok in heißem Öl gegart. In Thailand und Malaysia werden diese Bohnen häufig roh, quasi als Salatbeilage, zu feurig scharfen Gerichten serviert. Gern schneidet man sie ebenfalls roh in feine Scheiben, um sie als knackiges Extra über gebratenen Reis zu streuen.

Die in Europa verbreiteten grünen oder Gartenbohnen müssen allerdings immer kurz gekocht werden, um den in ihnen enthaltenen Giftstoff Phasin abzubauen, der erhebliche Magen-Darm-Beschwerden hervorrufen kann.

Grüne Bohnen kaufen und vorbereiten: Die Hülsen sollten prall, knackig und von fleckenlosem, frischem Grün sein. Nach dem Waschen die beiden Enden abschneiden und die Bohnen nach Rezept weiter zerteilen.

Grüne Bohnen blanchieren und abschrecken: Für 450 Gramm grüne Bohnen in einem großen Topf 4 Liter Wasser sprudelnd aufkochen und 2 Esslöffel Salz einrühren. Die Bohnen zufügen und nach dem erneuten Aufwallen des Wassers 4 Minuten kochen, bis sie eben gar sind (*Haricots verts* brauchen nur 2 Minuten). Abseihen und, falls sie nicht gleich zubereitet werden, unter fließendem kaltem Wasser völlig abkühlen lassen.

TÜRKEI

Grüne-Bohnen-Salat

Taze fassoulia salata ◆ *Aus dem Hotel Çiragan in Istanbul*

Die Bohnen in Tomatensauce sind an sich schon ein Genuss. Durch die Tscherkessen-Sauce, die reichlich Walnüsse enthält, wird der Salat entschieden nahrhafter und geschmacklich noch reizvoller. Servieren Sie dazu Brot und möglichst weitere Salate.

FÜR 4 PERSONEN

4 EL Olivenöl
1 mittelgroße Zwiebel, geschält und in feine Halbringe geschnitten
4 Knoblauchzehen, geschält und fein gehackt
450 g frische Tomaten, enthäutet und fein gehackt (ersatzweise Dosentomaten)
450 g frische grüne Bohnen, geputzt
1 TL Salz
250 ml Tscherkessen-Sauce (siehe Seite 465, nach Belieben)

■ Das Öl in einer großen Pfanne bei mittlerer bis hoher Temperatur erhitzen. Zwiebel und Knoblauch darin unter häufigem Rühren 2–3 Minuten anschwitzen, bis die Zwiebel weich wird. Die Tomaten mit ihrem Saft untermischen und bei mittlerer Temperatur 7–8 Minuten garen, dabei häufig rühren und die Tomaten weiter zerkleinern. Die Bohnen mit dem Salz untermischen. 250 Milliliter Wasser zufügen, aufkochen und zugedeckt bei schwacher Hitze 20 Minuten köcheln lassen, bis die Bohnen gar sind. Zuletzt die Sauce ohne Deckel bei stärkerer Hitze einkochen lassen. Die Pfanne vom Herd nehmen und die Bohnen abkühlen lassen.

■ Nach Belieben die Tscherkessen-Sauce behutsam untermischen. Den Salat raumtemperiert oder gekühlt servieren.

Grüne Bohnen mit Knoblauch und Salzzitrone

Da eingesalzene Zitronen einen ganz besonderen Geschmack besitzen, steht in meinem Kühlschrank immer ein Glas davon. Hier können Sie marokkanische Salzzitronen (siehe Seite 483) verwenden oder auch die einfachen indischen Salzzitronen (siehe Seite 484). Ansonsten braucht man nicht viel für dieses erfrischende Bohnengericht.

FÜR 3–4 PERSONEN

450 g grüne Bohnen, geputzt und in 2,5 cm lange Stücke geschnitten
3 EL Olivenöl
1 getrockneter roter Chili
3–4 Knoblauchzehen, geschält und nur leicht angedrückt
1/4 Salzzitrone (siehe Rezepteinleitung), abgespült, trockengetupft und sehr fein gehackt
Salz
Frisch gemahlener schwarzer Pfeffer
Etwas Zitronensaft

GEMÜSE 71

- Die Bohnen blanchieren (siehe Seite 69).
- Das Öl in einer großen Pfanne oder einem Schmortopf bei mittlerer bis hoher Temperatur erhitzen. Den Chili zufügen und kurz rühren, bis er dunkelrot anläuft, dann rasch den Knoblauch einige Sekunden mitrühren. Die abgetropften Bohnen mit der Salzzitrone dazugeben und alles bei mittlerer bis niedriger Temperatur vermischen (die Bohnen sollen zum Schluss gut durchgewärmt sein). Mit wenig Salz und etwas Pfeffer bestreuen, mit Zitronensaft beträufeln und gründlich durchmischen. Nochmals mit Salz abschmecken und sofort servieren.

VARIANTE
Grüne Bohnen mit gerösteter roter Paprikaschote und Salzzitrone
Manchmal gebe ich gleichzeitig mit den Bohnen 1 rote Paprikaschote in die Pfanne oder den Topf, die ich zuvor röste (siehe Seite 118) und in Streifen von der Größe der Bohnen schneide. Auf diese Art »gestreckt«, reicht das Gericht für 4 Personen.

❖

CHINA

Grüne Bohnen aus dem Wok mit eingelegtem Tien-jing-Gemüse
Gun chow si ji do • Shiu-Min Block

Das eingelegte Gemüse namens Tien jing *(siehe Glossar) bekommt man, meist fest in Keramiktöpfe gepackt und, da bereits zerteilt, gleich verwendbar, im Asialaden.*

FÜR 3–4 PERSONEN
175 ml Erdnuss- oder Maiskeimöl
450 g grüne Bohnen, geputzt
2 TL geschälter und fein gehackter frischer Ingwer
1 getrockneter roter Chili
2 Frühlingszwiebeln, in sehr dünne Scheiben geschnitten
3 EL *Tien jing* (eingelegtes Gemüse, siehe Glossar) oder *Tamari* (Sojasauce, siehe Glossar)
1/4 TL Salz
2 Knoblauchzehen, geschält und zerdrückt
1 TL Öl aus gerösteten Sesamsamen

- Einen großen Wok bei hoher Temperatur erhitzen und das Erdnussöl hineingießen. (Bei Verwendung einer Pfanne kommt erst das Öl hinein, und dann setzt man sie auf.) Sobald das Öl sehr heiß ist, alle Bohnen auf einmal zufügen und etwa 5 Minuten rühren, bis sie Blasen werfen und leicht gebräunt sind. Mit einem Schaumlöffel herausnehmen und in einer Schale beiseite stellen.

- Das Öl bis auf 1 Esslöffel aus dem Wok abgießen. Bei hoher Temperatur Ingwer und Chili kurz einrühren, gefolgt von den Frühlingszwiebeln und dem eingelegten Gemüse. Einige Male durchmischen, dann die Bohnen zurück in den Wok geben. Das Salz mit dem Knoblauch und zum Schluss das Sesamöl vorsichtig untermischen. Die Bohnen sofort heiß servieren.

Grüne Bohnen mit angebratenen Schalotten

Durch die Schalotten erhalten die Bohnen einen sehr herzhaften Geschmack. Meist brate ich sie an, während die Bohnen garen – diese brauchen etwa 4 Minuten, und in der Zeit nehmen die Schalotten eine schöne Farbe an. Falls Sie nicht zwei Töpfe gleichzeitig im Auge behalten möchten, können Sie auch eines nach dem anderen erledigen.

FÜR 4 PERSONEN

3 EL Olivenöl
2 Schalotten (insgesamt etwa 60 g), geschält und in dünne Scheiben geschnitten
450 g gewöhnliche grüne Bohnen, Prinzess- oder Keniabohnen, geputzt und blanchiert (siehe Seite 73)
Salz, frisch gemahlener schwarzer Pfeffer

■ Das Öl in einer großen Pfanne oder einem Schmortopf bei mittlerer bis hoher Temperatur erhitzen. Die Schalotten darin unter häufigem Rühren in 2–3 Minuten braun anbraten. Die abgetropften Bohnen zufügen, bei mittlerer bis niedriger Temperatur untermischen und, falls sie nicht mehr heiß sind, gut durchwärmen. Mit Salz nach Geschmack und reichlich Pfeffer würzen, nochmals durchmischen und sofort servieren.

❖

SRI LANKA

Grüne-Bohnen-Kartoffel-Curry
Bonchi curry ◆ Cheryl Rathkopf

Reis, Pickles und Chutneys bilden die perfekte Ergänzung zu diesem einfachen Curry. Auf Sri Lanka werden die grünen Bohnen sehr schräg in 5 mm breite Stücke geschnitten. Ungeduldige können sie jedoch auch einfach quer in 2,5 cm lange Stücke teilen. Ein anderes, aber ebenso reizvolles Aroma erhält das Gericht durch Tulsi *(siehe Glossar) oder normale Basilikumblätter anstelle der Curryblätter.*

FÜR 4–6 PERSONEN

250 g mittelgroße Kartoffeln, geschält und in 2 cm große Würfel geschnitten
1/2 TL gemahlene Kurkuma
3 EL Pflanzenöl
15 frische Curryblätter (siehe Glossar)
250 g Schalotten oder rote Zwiebeln, geschält und sehr fein gehackt
3 Knoblauchzehen, geschält und sehr fein gehackt
1/2 TL geschälter, fein gehackter frischer Ingwer
3 kleine frische grüne Chilis, in feine Ringe geschnitten
350 g grüne Bohnen, geputzt und in Stücke geschnitten (siehe Rezepteinleitung)
4 TL Currypulver aus Sri Lanka (siehe Seite 499)
250 ml Kokosmilch aus der Dose, gut umgerührt
7,5 cm Zimtstange, 1 1/4–1 1/2 TL Salz
2 EL frisch gepresster Limettensaft

■ Die Kartoffeln in einem mittelgroßen Topf großzügig mit Wasser bedecken und 1/4 Teelöffel Kurkuma zufügen. Aufkochen und im halb geschlossenen Topf bei etwas verminderter Temperatur kochen, bis sie nahezu gar, aber noch recht fest sind. Abgießen.

■ Das Öl in einem großen Schmortopf oder einer Pfanne bei mittlerer bis hoher Temperatur erhitzen. Die Curryblätter einlegen, etwa 10 Sekunden später gefolgt von den Schalotten, Knoblauch, Ingwer und Chilis. 2–3 Minuten braten. Die Bohnen hinzufügen und 1 Minute mitbraten. Das Currypulver einstreuen und einmal umrühren. Nun die Kokosmilch und 250 Milliliter Wasser dazugießen und den restlichen 1/4 Teelöffel Kurkuma, die Zimtstange, das Salz und die Kartoffeln untermischen. Alles einmal aufkochen und zugedeckt bei niedriger Temperatur etwa 15 Minuten köcheln lassen, bis die Bohnen eben gar sind. Den Limettensaft einrühren, die Zimtstange entfernen und das Curry servieren.

❖

INDIEN

Grüne Bohnen mit Champignons
Sem aur khumbi

In dieser einfachen indischen Zubereitung schmecken die grünen Bohnen gut, mit einem Chutney oder einer Joghurtsauce in ein Pitabrot gefüllt. Auch in Kombination mit anderen Gerichten aus frischem Gemüse oder Hülsenfrüchten sind sie nicht zu verachten, wobei niemals eine Joghurtspeise fehlen sollte.

FÜR 4 PERSONEN

6 EL Pflanzenöl
1 TL Kreuzkümmel
1 mittelgroße Zwiebel, geschält und in
    sehr feine Halbringe geschnitten
5–6 Knoblauchzehen, geschält und sehr fein gehackt
4 cm frischer Ingwer, geschält, in sehr feine Scheiben
    und diese in sehr feine Streifen geschnitten
300 g Champignons, in dicke Scheiben geschnitten

700 g grüne Bohnen, geputzt und in
    2,5 cm lange Stücke geschnitten
1 EL gemahlener Koriander
2 TL gemahlener Kreuzkümmel
1/2 TL gemahlene Kurkuma
1 TL *Garam masala* (siehe Glossar)
1 TL Cayennepfeffer
1 1/2 TL Salz

■ Das Öl in einem Wok, einer großen Pfanne oder einem Schmortopf bei mittlerer bis hoher Temperatur erhitzen. Die Kreuzkümmelsamen 10 Sekunden darin brutzeln lassen, dann die Zwiebel dazugeben und unter Rühren mittelbraun braten. Den Knoblauch mit dem Ingwer zufügen und in einigen Sekunden goldgelb rühren. Die Pilze untermischen und unter Rühren braten, bis sie ihr rohes Aussehen verlieren und glänzen. Die Bohnen mit den gemahlenen Gewürzen und dem Salz dazugeben, 125 Milliliter Wasser hinzugießen, durchmischen und zum Kochen bringen. Einen Deckel auflegen und bei schwacher Hitze 15 Minuten sanft köcheln lassen, bis die Bohnen gar sind, dabei nach 7–8 Minuten einmal durchmischen. Zuletzt die überschüssige Flüssigkeit ohne Deckel weitgehend verkochen lassen. (Dieses Gericht lässt sich übrigens gut vorkochen und wieder aufwärmen.)

TRINIDAD

Spargelbohnencurry
Curry bodi • Aus dem Restaurant Tiffin in Port of Spain

In Port of Spain wurde dieses Curry oft mittags mit Roti gegessen, einem Fladenbrot (siehe Seite 350), das auch mit Schälerbsen gefüllt sein konnte. Sollten Sie keine Spargelbohnen bekommen, nehmen Sie andere grüne Bohnen mit rundlichem Querschnitt.

Da frische grüne Chilis in ihrer Schärfe sehr variieren, ist die von mir angegebene Menge lediglich ein Anhaltspunkt. Wählen Sie die Dosis nach Ihrem Geschmack. Falls Sie aber die für Trinidad typischen Scotch-Bonnet-Chilis verwenden, sollten Sie sich im Interesse Ihres Gaumens auf eine viertel oder höchstens eine halbe Schote beschränken.

FÜR 3–4 PERSONEN

3 EL Pflanzenöl
1 Zwiebel (etwa 85 g), geschält und sehr fein gehackt
2 Knoblauchzehen, geschält und sehr fein gehackt
1–2 frische grüne Chilis, sehr fein gehackt
4 TL Currypulver
550 g Spargelbohnen, geputzt und in 4 cm lange Stücke geschnitten
1 1/2 TL Salz
1/2 TL *Amchar masala* (siehe Seite 498)
1 TL gerösteter und gemahlener Kreuzkümmel (siehe Glossar)

■ Das Öl in einer Pfanne mit hohem Rand oder einem weiten Topf bei mittlerer bis hoher Temperatur erhitzen. Die Zwiebel mit Knoblauch und Chilis darin unter ständigem Rühren mittelbraun werden lassen. Das Currypulver einstreuen, kurz untermischen und 250 Milliliter Wasser dazugießen. Die Bohnen zufügen, salzen und durchmischen. Ohne Deckel und unter gelegentlichem Rühren zunächst 5–6 Minuten bei mittlerer Temperatur und dann weitere 4–5 Minuten auf kleiner Stufe köcheln lassen, bis sie gar sind und das Wasser weitgehend verkocht ist. *Amchar masala* und Kreuzkümmel untermischen und die Bohnen nach 1 Minute vom Herd nehmen. Heiß servieren.

CHINA

Spargelbohnen mit eingesalzenen schwarzen Bohnen
Don sher chaw gan do • Shiu-Min Block

Für eine leicht feurige Version dieses Gerichts verringern Sie die Menge der eingesalzenen schwarzen Bohnen auf 3 Teelöffel und geben zusammen mit dem Wasser 1 Teelöffel Chilipaste mit Sojabohnen (siehe Glossar) in den Wok.

Falls Sie keine Spargelbohnen finden, nehmen Sie gewöhnliche grüne Bohnen oder auch Keniabohnen. Reis sollte als Beilage zu diesem Gemüse nicht fehlen.

GEMÜSE 75

FÜR 4 PERSONEN

4 TL eingesalzene schwarze Bohnen
  (siehe Glossar)
2 EL Pflanzenöl
2 Scheiben frischer Ingwer, geschält und
  in feine Streifen geschnitten

250 g Spargelbohnen, geputzt und in
  2,5 cm lange Stücke geschnitten
1 Knoblauchzehe, geschält und angedrückt
1 TL Salz
1/2 TL Öl aus gerösteten Sesamsamen

■ Die eingesalzenen schwarzen Bohnen abspülen und fein hacken.
■ Das Pflanzenöl in einem Wok oder einer Pfanne bei hoher Temperatur erhitzen. Die schwarzen Bohnen kurz einrühren, den Ingwer 10 Sekunden mitrühren. Die Spargelbohnen untermischen. Nach einigen Sekunden den Knoblauch, das Salz und 2 Teelöffel Wasser zufügen und bei hoher Temperatur weitere 2 Minuten rühren. Vom Herd nehmen, das Sesamöl unter die Bohnen mischen und diese sofort heiß servieren.

INDIEN

Grüne Bohnen auf bengalische Art

Servieren Sie diese leicht pikanten grünen Bohnen mit Reis oder Couscous sowie, als Beigaben, mit Zubereitungen aus Hülsenfrüchten und einer Joghurtspeise.

FÜR 4–6 PERSONEN

2 EL braune oder gelbe Senfsamen
  (nach Belieben auch gemischt)
3 EL Senföl oder ein anderes Pflanzenöl
  (Olivenöl ist ein guter Ersatz)
1 mittelgroße Zwiebel (etwa 150 g), längs geviertelt
  und quer in dünne Scheiben geschnitten

350 g grüne Bohnen, geputzt und in
  2,5 cm lange Stücke geschnitten
1 1/4 TL Salz
30 g frisches Koriandergrün, grob gehackt
1 frischer grüner Chili, in lange Streifen geschnitten
  (Samen nicht entfernt)

■ Die Senfsamen in einer sauberen Gewürz- oder Kaffeemühle fein mahlen. In einer kleinen Schüssel mit 175 Milliliter Wasser übergießen und 20–30 Minuten ziehen lassen, ohne zu rühren.
■ Das Öl in einer Pfanne bei mittlerer Temperatur erhitzen und die Zwiebel unter Rühren darin anschwitzen, bis sie weich wird und etwas Farbe annimmt. Die Bohnen mit dem Salz, Koriander und Chili hinzufügen und 1 Minute rühren. Das Wasser von den gemahlenen Senfsamen so in die Pfanne gießen, dass die dicke Paste zurückbleibt (sie wird nicht benötigt). Alles gründlich vermischen, aufkochen und zugedeckt bei niedriger Temperatur 25 Minuten sehr sanft köcheln lassen, bis die Bohnen die Gewürze gut aufgenommen haben und kaum noch Flüssigkeit in der Pfanne ist.

GEMÜSE

INDIEN

Grüne Bohnen mit Kreuzkümmel und Fenchel

Diese würzigen grünen Bohnen harmonieren besonders mit Hülsenfruchtgerichten aus Schälerbsen und getrockneten Bohnenkernen, mit Kartoffeln und Süßkartoffeln sowie mit Auberginen. Dazu servieren Sie Brot oder Reis, Joghurtgetränke oder -saucen und vielleicht eine Zubereitung mit indischem Käse (Paneer).

FÜR 4–6 PERSONEN

3 EL Pflanzenöl
1 TL Kreuzkümmel
1 TL Fenchelsamen
2 größere Schalotten oder 1 kleine Zwiebel (etwa 40 g), geschält und in dünne Scheiben geschnitten
1 Knoblauchzehe, geschält und in dünne Scheiben geschnitten
2,5 cm frischer Ingwer, geschält und in sehr feine Streifen geschnitten

450 g grüne Bohnen, geputzt und in 2,5 cm lange Stücke geschnitten
1/4 TL Cayennepfeffer
1 TL gemahlener Koriander
1 TL gemahlener Kreuzkümmel
1/4 TL gemahlene Kurkuma
1 1/4 TL Salz
1 kleine Tomate (etwa 60 g), gehackt
3 EL fein gehacktes frisches Koriandergrün

■ Das Öl in einer großen Pfanne bei mittlerer bis hoher Temperatur kräftig erhitzen. Kreuzkümmel- und Fenchelsamen einige Sekunden lang einrühren, gefolgt von den Schalotten, dem Knoblauch und dem Ingwer. Etwa 1 Minute rühren, bis die Zutaten leicht gebräunt sind. Die Bohnen zufügen und weitere 2 Minuten rühren. Die gemahlenen Gewürze zufügen und mehrmals durchmischen, dann 125 Milliliter Wasser mit dem Salz dazugeben. Zum Köcheln bringen, erneut umrühren und bei schwacher Hitze zugedeckt sanft köcheln lassen. Nach 5 Minuten die Tomate und das Koriandergrün untermischen, den Deckel wieder auflegen und die Bohnen in weiteren 4–5 Minuten fertig garen. Heiß servieren.

KARTOFFELN

Die Heimat der Kartoffel sind die südamerikanischen Anden. Angeblich kultivierten die Inkas in den peruanischen Hochebenen bereits über zweihundert verschiedene Sorten. Von Peru über Bolivien und Mexiko brachten die Spanier dieses »Gold der Inkas« um 1540 nach Europa, wo die Kartoffel wegen ihrer schönen Blüten zunächst allerdings als Zierpflanze geschätzt wurde. In Deutschland setzte erst Friedrich der Große mit preußischem Zwang ihren Anbau durch und konnte damit Soldaten und Gefangene während des Siebenjährigen Krieges (1756–1763) vor dem Hungertod retten. Heute zählt die stärkereiche Knolle neben Brot in allen gemäßigten Zonen Europas zu den Grundnahrungsmitteln.

Die europäischen Kolonialherren brachten die Kartoffel auch nach Indien – über tausend Rezepte für den »Erdapfel« dürfte das heutige Repertoire auf dem gesamten Subkontinent umfassen. Die Vielseitigkeit der Kartoffel kommt mir sehr entgegen, wenn ich in meinen Kochkursen den Gebrauch von Kräutern und Gewürzen demonstriere: Aus dieser einen Gemüsesorte entstehen bei solchen Gelegenheiten dreißig bis vierzig Gerichte.

Kurioserweise stehen Kartoffeln bei fast allen indischen Hindus mehrmals in der Woche, oft auch in gemischten Gemüsegerichten, auf dem Speiseplan, sind an heiligen Fest- und Fasttagen hingegen tabu. Wahrscheinlich besinnen sich alte Kulturen bei solchen Anlässen schlicht auf ihre alten Wurzeln – im buchstäblichen und übertragenen Sinn. Natürlich dürfen Kartoffelzubereitungen aus verschiedenen Gegenden Indiens auf den folgenden Seiten nicht fehlen. Ergänzt werden sie durch Rezepte aus Peru, der Heimat dieser Knolle, sowie aus anderen Regionen rund um den Globus, einschließlich zahlreicher Varianten für Püree.

Neben komplexen Kohlenhydraten, die dem Organismus über längere Zeit wertvolle Energie liefern, enthalten Kartoffeln reichlich Vitamine, Mineralstoffe und Proteine. Am besten bürstet man sie vor dem Kochen nur ab und pellt sie, falls überhaupt erforderlich, erst danach; denn ihre Nährstoffe sitzen vor allem direkt unter der Schale.

Der Handel bietet heute manche anscheinend neue Kartoffelsorte, die aber tatsächlich nur wieder entdeckt wurde. Immer häufiger findet man etwa außer den üblichen, mehr oder weniger hellgelben Knollen ebenso solche mit violettem oder dunkelgelbem Fruchtfleisch. Vielfältig sind auch die Formen: Neben aprikosengroßen Exemplaren sieht man wie Ingwer in unregelmäßige Finger geteilte Gebilde oder auch eiförmige Schwergewichte von bis zu 350 Gramm.

Grundsätzlich unterscheiden wir Frühkartoffeln, die im zeitigen Frühjahr in den Handel gelangen, und die späteren, lagerfähigen Sorten. Außerdem hat man die Wahl zwischen mehlig kochenden, stärkereichen Kartoffeln – sie lassen sich hervorragend im Ganzen im Ofen garen, ergeben aber auch ein feines Püree oder knusprige Chips – sowie (vorwiegend) fest kochenden Sorten, die sich für Kartoffelsalat in Scheiben schneiden oder in Eintöpfen mitgaren lassen, ohne zu zerfallen.

Kartoffeln kaufen und lagern: **Wählen Sie Exemplare aus, die weder schrumpelige noch faule Stellen oder übermäßig viele Augen aufweisen und noch nicht keimen. Ein kühler Keller ist bekanntlich der beste Aufbewahrungsort, aber für viele heutzutage purer Luxus. Ich kaufe in der Regel nur den Wochenbedarf an Kartoffeln, lagere sie in einem luftigen Korb an einem dunklen, kühlen Platz und verbrauche sie möglichst rasch. Falls sie keimen, koche ich schnell einen großen Topf Suppe.

Kartoffeln vorbereiten: Die Knollen gründlich abbürsten und etwaige Augen herausschneiden. Falls erforderlich, mit einem Sparschäler oder Gemüsemesser schälen, nach Bedarf zerkleinern und, da sie unter Lufteinwirkung dunkel anlaufen, sogleich in eine Schüssel mit Wasser legen. Dass dabei ein Teil der Stärke ausgeschwemmt wird, macht gar nichts – es sei denn, Sie brauchen Kartoffelscheiben, die gut ihre Form halten, wie etwa für den knusprigen Kartoffelkuchen mit Kräutern (siehe Seite 83). Weniger Stärke geht verloren, wenn Sie die geschälten Kartoffeln im Ganzen in Wasser einlegen und erst unmittelbar vor der Verwendung klein schneiden.

Kartoffeln kochen: Die geschälten oder nur abgebürsteten ganzen oder zerteilten Kartoffeln mit kaltem Wasser bedecken und zum Kochen bringen. Bei schräg aufgelegtem Deckel und verminderter Temperatur im köchelnden Wasser garen, bis sie sich mit einer Messerspitze mühelos einstechen lassen. Sofort abgießen. Noch ungeschälte Kartoffeln, falls erforderlich, pellen (dieser Schritt erübrigt sich bei Frühkartoffeln; dagegen ist die Schale älterer Exemplare nicht eben ein Genuss und sollte stets entfernt werden). Verlangt ein Rezept gleichmäßige Würfel, die aber erst später benötigt werden, lassen Sie die Kartoffeln in der Schale abkühlen und legen sie dann in den Kühlschrank. Anschließend ist das Schneiden ein Kinderspiel.

Sie können Kartoffeln ebenso in Salzwasser kochen – man rechnet etwa 1 1/2 TL Salz pro Liter Wasser –, aber auch in Gemüsebrühe oder zusammen mit Knoblauch, Zwiebeln oder ganzen Gewürzen wie Zimt, Lorbeerblättern und Gewürznelken. Die Kochflüssigkeit lässt sich später sehr gut als Grundlage für eine Brühe verwenden.

Kartoffeln dämpfen: Diese Methode eignet sich für kleine Frühkartoffeln in nicht zu großer Menge. Die abgebürsteten Knollen in einen Dämpfeinsatz legen und dämpfen, bis sie sich mit einer Messerspitze mühelos einstechen lassen – die Garzeit beträgt je nach Kaliber und Zahl der Kartoffeln 13–20 Minuten. Allgemeine Hinweise zum Dämpfen finden Sie im Glossar.

Kartoffeln im Ofen backen: Große mehlig kochende Kartoffeln abbürsten, mehrmals mit einer Gabel einstechen und in den auf 200 °C vorgeheizten Backofen legen, bis sie sich nach etwa 45–60 Minuten mit einer Messerspitze mühelos einstechen lassen. Wickeln Sie die Kartoffeln nicht in Alufolie, denn so gewinnen sie ein unangenehmes Aroma und ihre Schale wird oft etwas feucht.

Die Kartoffeln der Länge nach aufdrücken, leicht salzen und pfeffern. Nach Belieben mit einem Klecks Sauce krönen – gut passt etwa die einfache Romesco-Sauce (siehe Seite 467) – oder mit einem Gemüsegericht, zum Beispiel Blumenkohl mit Ingwer und Sahne (siehe Seite 52), servieren. Siehe auch Ofenkartoffeln mit Knoblauch-Kräuter-Öl, Seite 83.

PERU

Kartoffeln mit Käsesauce nach Art von Huancayo

Papas a la huancaina • Gisella Ordjeda

Aus Huancayo, etwa sechs Autostunden östlich der peruanischen Hauptstadt Lima, stammt dieses Gericht. In seiner Andenheimat wird es mit dunkelgelben Kartoffeln zubereitet, doch schmeckt es auch mit jeder anderen Sorte – Hauptsache, die Knollen sind frisch gekocht. Die Sauce erhält ihre Farbe durch gelbe Chilis, die aber in unseren Breiten kaum zu finden sind. Ich kombiniere daher oft einige grüne Chilis für die Schärfe mit einer halben gelben Paprikaschote. Falls Sie auch diese nicht bekommen, nehmen Sie nur grüne Chilis und verwenden Kurkuma als Färbemittel.

Griechischer Feta ist der beste Ersatz für den original peruanischen Käse. Da er meist ziemlich salzig ist, schmecken Sie die Sauce erst zum Schluss mit Salz ab.

Traditionsgemäß wird diese Spezialität mit Salatblättern, hart gekochten Eiern und Oliven angerichtet und ergibt so eine komplette Mahlzeit. Die Zutatenmengen lassen sich nach Belieben verdoppeln.

FÜR 2–4 PERSONEN

550 g (vorwiegend) fest kochende Kartoffeln etwa gleicher Größe, abgebürstet
225 g Feta, zerkrümelt
1 Eigelb
250 ml Milch (nach Bedarf mehr)
120 ml Pflanzenöl
1/2 gelbe Paprikaschote (etwa 85 g), Samen entfernt, fein gehackt
1–1 1/2 frische grüne Chilis, Samen entfernt, fein gehackt
1 Knoblauchzehe, geschält und fein gehackt
1/4 TL gemahlene Kurkuma
1 1/4 TL Mehl
Salz

ZUM GARNIEREN

Einige knackige Blätter Romana-Salat
2 hart gekochte Eier, gepellt und längs geviertelt
8 Oliven nach Wahl

■ Die Kartoffeln gar kochen. Inzwischen für die Sauce den Käse mit dem Eigelb und der Milch im Mixer zu einer glatten Paste verarbeiten.

■ Das Öl in einer mittelgroßen Pfanne bei mittlerer Temperatur erhitzen. Die Paprika, die Chilis und den Knoblauch mit der Kurkuma darin in 1–2 Minuten weich dünsten. Das Mehl rasch, aber gründlich untermischen. Die Käsepaste dazugeben und bei niedriger Temperatur etwa 2 Minuten rühren, bis sich eine dicke Sauce ergibt. Mit Salz behutsam abschmecken und in den Mixer füllen. Kurz durchmixen und dabei nach Bedarf weitere Milch zufügen, sodass die Sauce eine dickflüssige Konsistenz erhält.

■ Die Kartoffeln abgießen, noch heiß pellen und in einer Servierschüssel mit der Sauce übergießen – zuvor größere Knollen halbieren oder vierteln. Die Salatblätter seitlich in die Schüssel schieben. Das Gericht mit den Eiern und Oliven garnieren und sofort servieren.

INDIEN

Kartoffelstücke mit Erbsen
Aloo matar ◆ *Mitthan Bhabi*

Indisches Brot, speziell Paratha *oder* Poori, *bildet die perfekte Beigabe zu diesem herzhaften Kartoffelgericht, das in unserer Familie an religiösen Feiertagen auf den Tisch kommt. Dazu gibt es grünes Gemüse, Pickles und Relishes mit Joghurt.*

FÜR 4 PERSONEN

500 g mehlig kochende Kartoffeln
3 EL Pflanzenöl
3/4 TL Kreuzkümmel
1 große Prise Bockshornkleesamen
200 g vollreife Tomaten, enthäutet und gehackt
2 TL gemahlener Koriander
1 TL gemahlener Kreuzkümmel
1/4 TL gemahlene Kurkuma
1 TL *Garam masala* (siehe Glossar)
150 g frisch gepalte oder tiefgefrorene Erbsen
1 1/4 TL Salz
1/4–1 TL Cayennepfeffer

■ Die Kartoffeln gar kochen, abgießen, pellen und nach kurzem Abkühlen mit den Fingern in etwa 2 cm große Stücke teilen.
■ Das Öl in einem mittelgroßen Topf bei mittlerer bis hoher Temperatur erhitzen. Die Gewürzsamen darin etwa 10 Sekunden braten. Die Tomaten mit den gemahlenen Gewürzen zufügen und rühren, bis ihr Saft fast völlig verkocht ist und das Öl sich abscheidet. Die Kartoffeln und die Erbsen mit dem Salz und dem Cayennepfeffer vorsichtig untermischen. 400 Milliliter Wasser gründlich einrühren, einmal aufkochen und zugedeckt bei niedriger Temperatur 20 Minuten köcheln lassen, dabei gelegentlich rühren. Falls die Sauce nicht sämig genug ist, zuletzt ein oder zwei Kartoffelstücke im Topf zerdrücken und untermischen. Heiß servieren.

❖

INDIEN

Scharf-süßsaure Kartoffeln nach Art von Gujarat
Khatta-mittha batata ◆ *Niru Row Kavi*

In meiner Familie kommen diese Kartoffeln, die typisch sind für den westindischen Bundesstaat Gujarat, gut an. Meist serviere ich sie in einzelnen Schalen, und dazu gibt es Paratha, Chapati *oder auch anderes knuspriges Brot. Wegen der eher trockenen Konsistenz empfehle ich als Beilage Zubereitungen aus frischem Gemüse oder Hülsenfrüchten sowie Joghurtspeisen.*

Eine interessante Geschmacksvariante ergibt sich, wenn Sie die Curryblätter durch europäisches oder südostasiatisches Basilikum ersetzen.

GEMÜSE 81

FÜR 4 PERSONEN

500 g (vorwiegend) fest kochende Kartoffeln, geschält, in 1 cm große Würfel geschnitten und bis zur Verwendung in kaltes Wasser eingelegt
3/4–1 TL Salz
1/2 TL Cayennepfeffer
1/4 TL gemahlene Kurkuma
1/2 TL gemahlener Koriander
1/2 TL gemahlener Kreuzkümmel
4 EL Pflanzenöl
10–15 frische Curryblätter
1 1/2–2 EL Tamarindenpaste (siehe Seite 473)
115 g vollreife Tomaten, enthäutet und gehackt
1 EL weicher brauner Zucker

■ Die Kartoffeln abgießen und trockentupfen. In einer Schüssel mit dem Salz, dem Cayennepfeffer und den übrigen gemahlenen Gewürzen gründlich vermischen.

■ Das Öl in einer großen Pfanne bei mittlerer bis hoher Temperatur erhitzen. Die Kartoffeln darin unter häufigem Wenden ringsum hellbraun braten. 250 Milliliter Wasser sowie die Curryblätter, die Tamarindenpaste, die Tomaten und den Zucker zufügen. Einmal aufkochen und dann bei niedriger Temperatur etwa 10 Minuten köcheln lassen, bis die Kartoffeln gar sind, dabei gelegentlich rühren. Falls die Sauce nicht sämig genug ist, zuletzt zwei, drei Kartoffelwürfel in der Pfanne zerdrücken und untermischen. Heiß servieren.

INDIEN

Bauernkartoffeln aus dem Punjab
Punjabi aloo

In den ländlichen Regionen des Punjab, im Nordwesten Indiens, ist dieses Gericht sehr populär. Servieren Sie dazu ein frisches Joghurtgetränk und grünes Gemüse.

FÜR 4 PERSONEN

3 EL Pflanzenöl
180 g Zwiebeln, fein gehackt
1 EL geschälter, fein geriebener frischer Ingwer
3 Knoblauchzehen, geschält und zerdrückt
115 g vollreife Tomaten, fein gehackt
1 frischer grüner Chili, fein gehackt
1/4 TL gemahlene Kurkuma
1/4 TL Cayennepfeffer
1 TL Salz
450 g (rotschalige) fest kochende Kartoffeln, geschält, in 2,5 cm große Stücke geschnitten und bis zur Verwendung in kaltes Wasser eingelegt
1 TL *Garam masala* (siehe Glossar)

■ Das Öl in einer großen Pfanne oder einem weiten Topf erhitzen. Die Zwiebeln darin unter häufigem Rühren hellbraun anschwitzen, den Ingwer und den Knoblauch 1 Minute mitschwitzen. Die Tomaten, den Chili, die Kurkuma, den Cayennepfeffer und das Salz untermischen und bei mittlerer Temperatur weitere 2 Minuten rühren. Die Kartoffeln abgießen und mit 350 Milliliter Wasser dazugeben. Durchmischen, einmal aufkochen und bei niedriger Temperatur zugedeckt etwa 20 Minuten köcheln lassen, bis die Kartoffeln gar sind. Dabei gelegentlich rühren.

■ Den Deckel abnehmen und die Sauce bei mittlerer Temperatur 10 Minuten leicht eindicken lassen. Das Gericht mit dem *Garam masala* bestreuen, behutsam durchmischen und heiß servieren.

GEMÜSE

MAROKKO

Würziger Kartoffeleintopf mit Kurkuma

Augenbohnen mit Kräutern (siehe Seite 164), Tomatensalat mit Harissa (siehe Seite 555) und türkisches oder arabisches Fladenbrot bilden die optimale Ergänzung zu diesem Eintopf. Vorher oder im Anschluss noch ein grüner Salat und etwas Käse, und die Sache ist für meinen Geschmack perfekt.

FÜR 4 PERSONEN

- 2 EL Olivenöl
- 85 g Zwiebeln, fein gehackt
- 60 g Tomate, enthäutet, Samen entfernt, fein gewürfelt
- 500 g (rotschalige) fest kochende Kartoffeln, geschält und in 2,5 cm große Stücke geschnitten
- 1/4 TL gemahlene Kurkuma
- 1/2 TL gemahlener Kreuzkümmel
- 1 TL Paprikapulver
- 1 große Prise Cayennepfeffer (nach Belieben)
- 2 EL fein gehacktes Koriandergrün
- 1 1/4 TL Salz (nach Geschmack)

■ Das Öl in einem mittelgroßen Topf bei mittlerer bis hoher Temperatur erhitzen. Die Zwiebel bei mittlerer Temperatur in etwa 5 Minuten glasig schwitzen. Die restlichen Zutaten untermischen. 475 Milliliter Wasser gründlich einrühren. Alles bei hoher Temperatur zum Kochen bringen und zugedeckt bei niedriger Temperatur 20–30 Minuten köcheln lassen, bis die Kartoffeln gar sind. Falls die Sauce nicht sämig genug ist, zuletzt ein oder zwei Kartoffelstücke im Topf zerdrücken und untermischen. Heiß servieren.

❖

INDIEN

Kartoffeln mit Fenchelsamen
Aloo ki lonji

Am besten schmeckt dieses herzhafte Kartoffelgericht mit indischem Brot, vor allem mit Paratha und Poori. Dazu empfehle ich grünes Gemüse sowie eine Auswahl an Pickles und Relishes mit Joghurt.

FÜR 3–4 PERSONEN

- 500 g (vorwiegend) fest kochende Kartoffeln, abgebürstet
- 2 EL Pflanzenöl
- 1–2 getrocknete rote Chilis
- 1/4 TL Fenchelsamen
- 1 große Prise Bockshornkleesamen
- 1/4 TL Schwarzkümmel (*Kalonji*)
- 1/2 TL braune Senfsamen
- 1/2 TL Kreuzkümmel
- 175 g vollreife Tomaten, enthäutet und gehackt
- 1 1/4 TL Salz
- 1/4 TL gemahlene Kurkuma
- 1/8–1/4 TL Cayennepfeffer

- Die Kartoffeln knapp gar kochen, abgießen und pellen. Nach kurzem Abkühlen mit den Fingern in etwa 2,5 cm große Stücke teilen.
- Das Öl in einem mittelgroßen Topf bei mittlerer bis hoher Temperatur erhitzen. Die ganzen roten Chilis kurz darin rühren – sie sollten gleich dunkel anlaufen und sich leicht aufplustern. Alle Gewürzsamen einstreuen. Sobald die Senfsamen nach einigen Sekunden zu hüpfen beginnen, die Tomaten mit dem Salz, der Kurkuma und dem Cayennepfeffer untermischen, gefolgt von den Kartoffeln. 400 Milliliter Wasser gründlich einrühren. Einmal aufkochen und zugedeckt bei niedriger Temperatur 20 Minuten köcheln lassen, dabei gelegentlich rühren. Falls die Sauce nicht sämig genug ist, zuletzt ein oder zwei Kartoffelstücke im Topf zerdrücken und untermischen. Heiß servieren.

VARIANTE
Kartoffeln mit Ingwer und Fenchelsamen
(Aloo ki lonji)

Ein 2,5 cm großes Stück frischen Ingwer schälen und hacken, bis es breiig wird, oder aber grob zerkleinern und mit einigen Esslöffeln Wasser im Mixer pürieren. Sobald im Hauptrezept die Senfsamen im Topf zu hüpfen beginnen, den Ingwer zufügen und einige Sekunden rühren. Anschließend weiter das Hauptrezept befolgen.

❖

GRIECHENLAND

Ofenkartoffeln mit Knoblauch-Kräuter-Öl

Patata psiti • Elena Averoff

In der hügeligen Region Epirus im Nordwesten Griechenlands lernte ich diese Kartoffeln mit ihrem würzigen Olivenöl-Dressing kennen. Besonders köstlich schmecken sie mit ganz jungem Knoblauch (etwa 1 Esslöffel gehackte grüne und weiße Abschnitte gemischt), den man allerdings nur einige Wochen lang auf Bauernmärkten findet. Schnittlauch, kombiniert mit normalem Knoblauch, bietet einen akzeptablen Ersatz.

FÜR 4 PERSONEN

120 ml natives Olivenöl extra
1 Knoblauchzehe, geschält und nur leicht angedrückt
1 1/2 EL sehr feine Schnittlauchröllchen
2 TL sehr fein gehackter frischer oder
　1/2 TL getrockneter Oregano
4 große, mehlig kochende Kartoffeln, frisch im Ofen gebacken (siehe Seite 78)
Salz
Frisch gemahlener schwarzer Pfeffer

- Das Öl in eine Schüssel gießen. Den Knoblauch darin ausdrücken, danach entfernen. Die Schnittlauchröllchen und den Oregano in das Öl einrühren.
- Die heißen Kartoffeln der Länge nach aufdrücken. Innen leicht salzen und pfeffern und mit dem würzigen Öl beträufeln. Anrichten und sofort servieren.

Braun gebratener Kartoffelfladen

Eier oder auch einige gegrillte Tomaten und Pilze schmecken mir am besten dazu.

FÜR 4 PERSONEN

450 g mehlig kochende Kartoffeln, gekocht und gepellt
3 EL Pflanzenöl
1/4 TL Kreuzkümmel
1/4 TL schwarze (oder auch gelbe) Senfsamen
1/4 TL Sesamsamen
1/2 mittelgroße Zwiebel, geschält und in 5 mm große Würfel geschnitten
3/4–1 TL Salz
Frisch gemahlener schwarzer Pfeffer
1/8–1/4 TL Cayennepfeffer

- Die Kartoffeln zu einem sehr groben Püree zerdrücken.
- Das Öl in einer großen, beschichteten Pfanne erhitzen. Die Gewürzsamen und, sobald sie nach einigen Sekunden in der Pfanne springen, die Zwiebel einrühren. Nach 30 Sekunden die Kartoffeln mit dem Salz, Pfeffer und Cayennepfeffer zufügen. Alles 1 Minute gründlich vermischen, gleichmäßig in der Pfanne verteilen und locker zu einem Fladen zusammendrücken. Bei mittlerer Temperatur braten, bis der Fladen auf der Unterseite goldbraun ist. Wenden und von der anderen Seite ebenfalls bräunen. Sofort servieren.

CHINESISCH-AMERIKANISCH

Pfannengerührte Kartoffelstifte süßsauer
Tien suong tu do • Shiu-Min Block

Bei dieser neuen Kreation bleiben die Kartoffeln beinahe roh und daher köstlich knackig. Dafür müssen sie allerdings fein gestiftelt werden. Meine chinesische Freundin Shiu-Min schneidet sie erst längs in etwa 1,5 mm dicke Scheiben und diese dann, jeweils zu mehreren aufeinander gelegt, wieder der Länge nach in feine Stifte. Profis stellen solche so genannten Julienne mit einer »Mandoline« her, einem raffinierten Gemüsehobel, den man in Fachgeschäften bekommt.

Sie können die Kartoffelstifte heiß servieren, aber auch raumtemperiert oder gekühlt. Aufgewärmt schmecken sie jedoch nicht. Manchmal kombiniere ich sie mit anderen, salatähnlichen Gemüsezubereitungen für ein Mittagessen.

FÜR 4 PERSONEN

500 g große, (vorwiegend) fest kochende Kartoffeln
2 EL Pflanzenöl
2 Frühlingszwiebeln, in 5 cm lange Stücke und diese längs in feine Streifen geschnitten
2 Scheiben frischer Ingwer, geschält und in feine Streifen geschnitten
4 TL Sojasauce
4 TL Rotweinessig
1/2 TL Salz
1 EL extrafeiner Zucker
2 Knoblauchzehen, geschält und leicht angedrückt
1 TL Öl aus gerösteten Sesamsamen

- Die Kartoffeln schälen, in feine Stifte schneiden (siehe Rezepteinleitung) und in einer Schüssel mit kaltem Wasser gründlich schwenken, bis es sich durch die austretende Stärke trübt. Das Wasser abgießen und den Vorgang mehrmals wiederholen. Die Kartoffeln zuletzt gründlich abtropfen lassen und mit Küchenpapier trockentupfen.
- Das Pflanzenöl in einem Wok oder einer großen, beschichteten Pfanne bei hoher Temperatur erhitzen. Die Frühlingszwiebeln und den Ingwer 30 Sekunden pfannenrühren, dann die Kartoffeln 30 Sekunden mitrühren. Die Sojasauce, den Essig, das Salz, den Zucker und den Knoblauch untermischen und alles unter ständigem Rühren noch 2 Minuten braten. Vom Herd nehmen und das Sesamöl unterziehen. Den Knoblauch entfernen und die Kartoffeln in einer Schüssel nach Belieben heiß servieren oder erst abkühlen lassen.

Knuspriger Kartoffelkuchen mit Kräutern

Permanent suche ich nach Wegen, meine wuchsfreudigen Kräuter zu verwerten. Dieses Gericht habe ich mir für meinen Freund und Kochkollegen Michael James einfallen lassen.

FÜR 6 PERSONEN

1 kg mehlig kochende Kartoffeln
Etwa 6 EL Olivenöl
Salz
Frisch gemahlener schwarzer Pfeffer
2 TL gehackter frischer oder 1 TL getrockneter Thymian
2 TL gehackter frischer oder 1 TL zerkrümelter getrockneter Rosmarin
2 TL gehackter frischer oder 1/2 TL getrockneter Oregano

- Die Kartoffeln schälen und in kaltes Wasser legen. Den Backofen auf 200 °C vorheizen.
- Eine große, beschichtete, ofenfeste Pfanne mit 4 Esslöffeln Öl bei mittlerer bis niedriger Temperatur aufsetzen. Rasch die erste Kartoffel abtrocknen, in 3 mm dicke Scheiben schneiden und diese leicht überlappend in einem Kreis in die Pfanne legen. Es folgen die nächsten Kartoffeln, bis der Pfannenboden von außen nach innen komplett bedeckt ist. Die Kartoffelscheiben leicht salzen und pfeffern, mit Kräutern bestreuen und mit etwas Öl beträufeln. Nun folgt die nächste Kartoffellage, die Sie wie zuvor einschichten. Wenn alle Kartoffeln verarbeitet sind, den Pfanneninhalt mit einem breiten Spatel zusammendrücken. Sobald die Kartoffeln auf der Unterseite etwas braun sind, was Sie am Rand erkennen können, die Pfanne mit Alufolie gut verschließen und für 35–40 Minuten in den Ofen schieben, bis die Kartoffeln gar sind. Die Folie abnehmen und die Kartoffeln unter dem Grill noch kurz bräunen lassen.
- Den Kartoffelkuchen mit einem Spatel vorsichtig vom Pfannenrand und Pfannenboden lösen und auf eine runde Platte gleiten lassen. Wie eine Torte in Stücke schneiden und sofort servieren.

GEMÜSE

Kartoffelpüree

Dass frisch gekochte Kartoffeln auch als Püree gut schmecken, ist fast überall bekannt. Doch es gibt ganz unterschiedlich gewürzte Varianten.

Nur mit einem Schneebesen, einer Gabel oder einem elektrischen Handrührgerät erhält man ein lockeres Püree. In der Küchenmaschine oder mit dem Stabmixer wird es hingegen schmierig.

FÜR 4 PERSONEN

1 kg mehlig kochende Kartoffeln, geschält und in große Stücke geschnitten

1 1/4 TL Salz
Frisch gemahlener schwarzer Pfeffer

■ Die Kartoffeln in kochendem Wasser garen. Abgießen – das Wasser auffangen, um das Püree damit später nach Bedarf geschmeidig zu rühren – und die Kartoffeln durch eine Presse drücken oder zerstampfen. Das Püree mit dem Salz und Pfeffer abschmecken und, falls erforderlich, zugedeckt im Wasserbad warm halten.

VARIANTE 1

Kartoffelpüree auf klassische Art, wie mein Mann es mag

Das Püree nach dem Grundrezept zubereiten. Rasch 175 Milliliter heiße Milch, 60–85 Gramm Butter in kleinen Stücken, Salz und Pfeffer untermischen. Das Püree mit einem Schneebesen, einer Gabel oder einem Handrührgerät locker durchschlagen.

VARIANTE 2

Kartoffelpüree nach Art von Maharashtra
(Westindien)

Das Püree nach dem Grundrezept zubereiten. Mit dem Salz und Pfeffer 1 Teelöffel extrafeinen Zucker untermischen und das Püree warm stellen. In einer mittelgroßen Pfanne 4 Esslöffel Erdnussöl bei mittlerer bis hoher Temperatur erhitzen. 1 Teelöffel braune oder gelbe Senfsamen sowie, sobald sie nach wenigen Sekunden in der Pfanne hüpfen, 1–2 ganze getrocknete rote Chilis kurz einrühren. 10 frische Curry- oder Basilikumblätter dazugeben und einmal rühren. Zuletzt 2 Esslöffel grob zerstoßene frische Erdnüsse zufügen und rühren, bis sie goldgelb sind. Den Pfanneninhalt über das Püree verteilen und gleichmäßig untermischen.

VARIANTE 3

Kartoffelpüree auf moderne Art mit Knoblauch

Die Kartoffeln mit 5–6 geschälten Knoblauchzehen in kochendem Wasser garen, abgießen und mit dem Knoblauch pürieren. Rasch 4 Esslöffel natives Olivenöl extra, Salz und Pfeffer zufügen und das Püree mit einem Schneebesen, einer Gabel oder einem Handrührgerät locker durchschlagen.

VARIANTE 4

Kartoffelpüree mit Senföl nach Art von Orissa
(Ostindien)

In einer Gewürz- oder sauberen Kaffeemühle 2 Teelöffel gelbe oder braune Senfsamen mahlen. In einer flachen Schüssel mit 4 Esslöffeln Senföl oder nativem Olivenöl extra gründlich verrühren. 1 frischen grünen Chili fein hacken. Das Kartoffelpüree nach dem Grundrezept zubereiten. Rasch das Senföl, den Chili, Salz und Pfeffer untermischen.

VARIANTE 5

Kartoffelpüree auf südindische Art

Das Püree nach dem Grundrezept zubereiten und warm stellen. In einer kleinen Pfanne 4 Esslöffel Erdnussöl erhitzen und 1 Teelöffel *Chana dal* (siehe Seite 177) darin unter Rühren braten, bis sie rötlich anlaufen. 1 Prise gemahlene *Asafoetida*, 1 Teelöffel braune oder gelbe Senfsamen und 1–2 ganze getrocknete rote Chilis kurz einrühren. Sobald die Senfsamen nach wenigen Sekunden in der Pfanne hüpfen, das Öl samt den würzenden Zutaten über das Püree träufeln und gründlich untermischen.

VARIANTE 6
Kartoffelpüree auf nordindische Art
Die Kartoffeln gar kochen und grob zerstampfen. Mit dem Salz und Pfeffer 1/4 Teelöffel Cayennepfeffer, 1 Teelöffel gerösteten und gemahlenen Kreuzkümmel, 3 Esslöffel fein gehacktes Koriandergrün und 1 1/2 Esslöffel Limettensaft untermischen.

INDIEN

Kartoffelküchlein
Aloo tikki ◆ Durupadiji

Begleitet von Chutneys oder einfachem Tomatenketchup, sind diese Küchlein zum Nachmittagstee äußerst beliebt. In unserem New Yorker Restaurant Dawat servieren wir sie mit einem delikaten Chutney aus roten Paprikaschoten als Vorspeise. Ergänzt durch einen Salat, ergeben sie eine köstliche Mahlzeit. Pro Person rechnet man dann drei Kartoffelküchlein.

FÜR 6–8 PERSONEN

4 große, mehlig kochende Kartoffeln (insgesamt etwa 1 kg)
3 dicke Scheiben krustiges italienisches Brot (insgesamt 125 g), in kleine Stücke geteilt und etwa 15 Minuten in Wasser eingeweicht
2 1/2 TL Salz
40 g Semmelbrösel
1/2 TL Cayennepfeffer
3/4 TL Kreuzkümmel
1/2 TL schwarzer Pfeffer
1 1/2 TL fein gehackte frische grüne Chilis
2 EL fein gehacktes Koriandergrün
Pflanzenöl für die Hände und zum Frittieren

■ Die Kartoffeln in etwa 35 Minuten gar kochen, abgießen, sofort pellen und durch die Kartoffelpresse drücken oder zerstampfen.
■ Das Brot mit den Händen möglichst kräftig ausdrücken und nochmals in Küchenpapier ausdrücken. Zerpflücken – dabei harte Bröckchen entfernen – und ebenfalls durch die Kartoffelpresse drücken oder zerstampfen. Mit dem Salz, den Semmelbröseln, den Gewürzen, Chilis und dem Koriandergrün gründlich unter das Kartoffelpüree mischen.
■ Die Hände leicht mit Öl einfetten. Aus der Kartoffelmasse mandarinengroße Kugeln formen. Zu etwa 7,5 cm großen Küchlein von 1–2 cm Höhe flach drücken.

■ In einen Wok etwa 5 cm hoch Öl füllen und bei hoher Temperatur bis kurz vor dem Rauchpunkt erhitzen. Inzwischen eine große Platte mit Küchenpapier auslegen. Die Kartoffelküchlein einzeln vorsichtig in das heiße Öl gleiten lassen und nach 10 Sekunden behutsam wenden. Nach weiteren 10 Sekunden wieder umdrehen und von beiden Seiten nochmals jeweils 5 Sekunden frittieren. Mit einem Schaumlöffel herausnehmen und auf der vorbereiteten Platte abtropfen lassen. Warm stellen, bis alle Küchlein fertig sind. Heiß servieren.

MEXIKO

Kartoffelpüree-Gemüse-Auflauf
Pay de papa • Anna Elena Martinez

Mit einem großen grünen Salat vertreibt dieser Auflauf selbst den großen Hunger, zumal das Kartoffelpüree mit Milch und Eiern angereichert ist.

Häufig bereite ich das Gericht auch in einer Gusseisenpfanne bei hoher Temperatur auf dem Herd zu – so gewinnt es die Bräune, wie ich sie mag. Falls Sie keine Chile Poblano *bekommen, mischen Sie Streifen von 1/2 grünen Paprikaschote mit 1 frischen grünen Chili, fein gehackt.*

FÜR 6 PERSONEN

FÜR DAS GEMÜSE
3 EL Pflanzenöl
1 mittelgroße Zwiebel, geschält und gehackt
8 mittelgroße Champignons, in 5 mm dicke Scheiben geschnitten
2 mittelgroße Zucchini, längs halbiert und quer in 5 mm dicke Scheiben geschnitten
1 großer *Chile Poblano* (etwa 100 g), längs halbiert, Samen entfernt, quer in 5 mm breite Streifen geschnitten
2 mittelgroße Tomaten, enthäutet und gehackt
1 TL Salz
Frisch gemahlener Pfeffer

FÜR DAS KARTOFFELPÜREE
900 g mehlig kochende Kartoffeln, abgebürstet
30 g Butter in Flöckchen
250 ml warme Milch
2 Eier, verquirlt
1 3/4–2 TL Salz
Frisch gemahlener Pfeffer
Frisch geriebene Muskatnuss

AUSSERDEM
Butter für die Form
3 EL Semmelbrösel

■ Für das Gemüse das Öl in einer großen, schweren Pfanne oder einem Gusseisen-Wok bei hoher Temperatur erhitzen. Die Zwiebel in 1 Minute darin glasig rühren, anschließend die Pilze 1 Minute mitrühren. Die Zucchini mit dem Chili zufügen und 4–5 Minuten pfannenrühren. Die Tomaten untermischen und weitere 2–3 Minuten rühren. Die Temperatur reduzieren und unter Rühren das gesamte Gemüse in 5–6 Minuten garen. Salzen, pfeffern, durchmischen, vom Herd nehmen.
■ Die Kartoffeln gar kochen. Inzwischen den Backofen auf 180 °C vorheizen.
■ Die Kartoffeln abgießen, sofort pellen und mit der Butter grob zerstampfen. Mit einem Schneebesen oder elektrischen Handrührgerät langsam die Milch einrühren, anschließend die Eier, Salz, Pfeffer und Muskatnuss untermischen – das fertige Püree sollte schön geschmeidig und luftig sein.
■ Eine 1-Liter-Souffléform mit Butter ausstreichen und gleichmäßig mit 2 Esslöffeln Semmelbröseln ausstreuen. Ein Drittel des Kartoffelpürees einfüllen und gleichmäßig verstreichen. Darauf die Hälfte der Gemüsemischung verteilen. Nun folgt wieder ein Drittel des Kartoffelpürees, darauf das übrige Gemüse und zuletzt das restliche Püree, das Sie mit 1 Esslöffel Semmelbröseln bestreuen. Im oberen Drittel des Backofens 40 Minuten backen.

KOHLGEMÜSE

Vielleicht wussten die alten Griechen und Römer, die wohl mit großer Begeisterung Kohl aßen, genau, was sie taten. Und möglicherweise hatten ja auch die Koreaner intuitiv erfasst, welche gesundheitlichen Vorzüge diesem Gemüse innewohnen, als sie *kimchee* zu eine Art Nationalspeise erkoren: Der pikant eingelegte Kohl kommt in Korea als Beigabe zu jedem Essen auf den Tisch.

Kohl ist reich an Vitamin C, und er vermag angeblich sogar Krebs vorzubeugen. Man kann ihn pfannenrühren, dämpfen, schmoren und sauer einlegen, er eignet sich als Füllung für herzhafte Teigtaschen und Klöße, und die Blätter bieten sich als ideale Umhüllung für Farcen an. Daher enthält dieses Buch neben den nachfolgenden noch weitere Rezepte, an denen Kohl beteiligt ist.

Es gibt eine ganze Reihe verschiedener Kopfkohlarten und -formen. An erster Stelle ist dabei zweifellos der Weißkohl zu nennen, bei dem zu unterscheiden ist zwischen der Sommer- und der Wintervariante. Kräftig grüne, glatte Blätter, die zur Kopfmitte hin hell werden, und ein sich öffnender Kopf kennzeichnen den Sommerweißkohl. Dagegen bildet der Winterweißkohl einen festen, geschlossenen Kopf aus blassgrünen, beinahe weißlichen Blättern. Grün und jung geerntet, wenn die Kopfbildung eben erst einsetzt, wird Sommerweißkohl bevorzugt gedämpft oder auch roh gegessen. Die grünen Kohlblätter sind entschieden kräftiger im Geschmack als Winterweißkohl, der sich wiederum besonders gut zum Einlegen eignet. Ein anderer sehr geschätzter grüner Kopfkohl ist der Wirsing mit seinen typischen gekräuselten Blättern. Er kann für alle gängigen Kohlgerichte verwendet werden.

Wie das zum Großteil aus Weißkohl hergestellte Sauerkraut gilt auch der Rotkohl international als typisch deutsche Hausmannskost. Sehr häufig kommt er, geschmort und süßsauer abgeschmeckt, in der kalten Jahreszeit auf den Tisch. Allerdings lässt er sich auf viele andere und nicht minder reizvolle Arten zubereiten, zum Beispiel mit Curry als festliches Gericht. Da die Blätter sehr fest sind, schmeckt Rotkohl am besten, wenn er langsam und ausgiebig geschmort wird. Als Rohkostsalat zubereitet, wird er sehr fein gehobelt.

Von den zahlreichen chinesischen Kohlarten habe ich den *Pak-Choi*, da er dem Mangold ähnliche Stauden bildet, unter den Blattgemüsen behandelt (siehe Seite 34). Mit seinem lang gestreckten, aus schlanken Blättern zusammengesetzten Kopf gehört dagegen der *Pe-Tsai*, eine Chinakohlsorte, unbedingt hierher. Er besitzt eine helle Farbe und ist angenehm fest im Biss. Ähnlich, aber insgesamt kompakter, ist der Nappa-Kohl *(Tien-Tsin)*.

Kohl kaufen: Ganz gleich, welche Kohlart auf Ihrem Einkaufszettel steht, das Gemüse sollte stets knackige, fleckenlose Blätter aufweisen. Sind sie bereits welk oder gar vergilbt, stellen Sie Ihren Speiseplan lieber um und entscheiden sich für ein anderes Gemüse.

Kohl verliert beim Kochen beträchtlich an Volumen. Wundern Sie sich daher nicht, dass Sie für ein Rezept eine anscheinend große Menge einkaufen müssen.

INDONESIEN

Sommerweißkohl oder Wirsing mit Knoblauch und Schalotten
Tumis kol

Je jünger und grüner der Kohl, desto besser schmeckt dieses Gericht.

FÜR 4 PERSONEN

3 EL Pflanzenöl

4–5 mittelgroße Schalotten, in lange, schmale Streifen geschnitten

2 Knoblauchzehen, geschält und in lange, schmale Streifen geschnitten

1 frischer grüner Chili, in lange, schmale Streifen geschnitten

350 g Sommerweißkohl oder Wirsing (ohne Strunk gewogen), die Blätter längs in sehr feine Streifen geschnitten

4 Frühlingszwiebeln, in 5 cm lange Stücke und diese in schmale Streifen geschnitten

3–4 EL gehackte Bleichsellerieblätter

4 EL Gemüsebrühe, 1 TL Salz

■ Das Öl in einer großen Pfanne oder im Wok erhitzen. Die Schalotten und den Knoblauch 1 Minute darin anschwitzen. Den Chili zufügen und 30 Sekunden rühren. Kohl, Frühlingszwiebeln und Sellerieblätter untermischen und weitere 3 Minuten pfannenrühren. Die Brühe mit dem Salz dazugeben, einmal umrühren und, sobald sie köchelt, einen Deckel auflegen. Den Kohl bei mittlerer Temperatur in 5–7 Minuten weich garen. Zuletzt bei etwas stärkerer Hitze noch 1–2 Minuten rühren. Mit Salz abschmecken und servieren.

SUMATRA

Sommerweißkohl mit roter Würzpaste
Sambal kol ◆ *Mrs Sanuar*

Auch mit Kohlrabiblättern oder Frühlingskohl gelingt dieses Rezept vorzüglich.

FÜR 4 PERSONEN

3 Knoblauchzehen, geschält und gehackt

6 Schalotten, geschält und grob gehackt

1 kleinere rote Paprikaschote, Samen entfernt, grob gehackt

1/4–1/2 TL Cayennepfeffer

5 EL Pflanzenöl

450 g dunkelgrüne Außenblätter und einige helle Innenblätter von Sommerweißkohl, in sehr schmale, lange Streifen geschnitten

3/4–1 TL Salz

■ Knoblauch, Schalotten, Paprikastücke und Cayennepfeffer mit 3–4 Esslöffeln Wasser im Mixer zu einer groben Paste verarbeiten.
■ Das Öl im Wok oder in einer großen Pfanne bei hoher Temperatur erhitzen. Die Würzpaste darin 5–6 Minuten rühren, bis sie dunkel anläuft. Den Kohl dazugeben, salzen und durchmischen. Einen fest schließenden Deckel auflegen und den Kohl bei schwacher Hitze 10 Minuten garen, dabei nach Bedarf ab und zu ein wenig Wasser zufügen, damit er nicht ansetzt. Heiß servieren.

GEMÜSE 91

TÜRKEI

»Schichtkohl« mit Reis und Korinthen
Tembel dolma ◆ *Vali Manuelides*

In der Türkei habe ich Köchinnen zugesehen, wie sie für ihre Herrschaften stundenlang Mangold-, Kohl- und Weinblätter füllten oder Desserts mit vielen Schichten zauberten. Derweil fragte ich mich, ob ich, wieder in New York, je dergleichen selbst zubereiten würde. Dann traf ich in Griechenland Payanis Manuelides, einen aus der Türkei stammenden Griechen. Er erzählte mir von Tembel dolma, *dem »gefüllten Kohl für Faulpelze«, und seine Mutter Vali erklärte mir, wie man ihn macht. Das Rezept ist ganz nach meinem Geschmack: köstlich und auch schnell!*

FÜR 4 PERSONEN

Salz
450 g Sommerweißkohl oder Wirsing (ohne Strunk gewogen), die Blätter in Streifen geschnitten
3 EL Pflanzenöl
1 mittelgroße Zwiebel, geschält und in feine Halbringe geschnitten
2 EL Pinienkerne
350 ml Langkornreis (ich verwende gern thailändischen Jasminreis)
2 EL Korinthen
40 g frischer Dill, fein gehackt
1/4 TL gemahlener Zimt
Frisch gemahlener schwarzer Pfeffer
1 EL extrafeiner Zucker

■ Bei starker Hitze gut 2 Liter Wasser sprudelnd erhitzen und 1 Esslöffel Salz einrühren. Den Kohl zufügen und nach dem erneuten Aufwallen des Wassers 1 Minute kochen, bis er eben weich wird. Sogleich abseihen, kalt abbrausen und abtropfen lassen.

■ Das Öl in einer großen Pfanne bei mittlerer bis hoher Temperatur erhitzen und die Zwiebel in etwa 4 Minuten unter häufigem Rühren hellbraun werden lassen. Die Pinienkerne untermischen. Nach 30 Sekunden bei mittlerer bis schwacher Hitze den Reis mit den Korinthen, dem Dill, Zimt, Pfeffer und 1 1/2 Teelöffeln Salz zufügen und 2 Minuten rühren. Die Pfanne vom Herd nehmen.

■ Den Kohl in 3 und die würzige Reismischung in 2 Portionen teilen. In einem schweren, mittelgroßen Topf ein Drittel des Kohls gleichmäßig verteilen. Darauf eine Portion Reis glatt streichen, gefolgt von der nächsten Schicht Kohl, anschließend wieder eine Schicht Reis und zuletzt noch einmal Kohl. Mit 750 Milliliter Wasser übergießen und mit dem Zucker bestreuen. Einen Teller, der fast exakt in den Topf passt, umgedreht auf den Kohl legen. Den Topf bei mittlerer bis hoher Temperatur aufsetzen und, sobald das Wasser kocht, mit einem Deckel fest verschließen. Bei schwacher Hitze 30 Minuten garen.

■ Vom Herd nehmen und verschlossen an einem warmen Platz 30 Minuten oder sogar etwas länger ruhen lassen. Unmittelbar vor dem Servieren den Deckel und den Teller entfernen. Mit einem Messer am Topfrand entlangfahren und das Gericht auf eine Servierplatte stürzen. Dafür die Platte umgedreht auf den Topf legen, gut festhalten und den Topf mit Schwung umdrehen. Heiß servieren.

Rotkohl mit Curry und Cranberrysaft

Sowohl Rotkohl als auch Cranberries (enge Verwandte unserer wild wachsenden Preiselbeeren) sind für Indien völlig untypisch, und so lernte ich beide erst in den USA kennen. Kombiniert habe ich sie erstmals bei einem Weihnachtsessen, für das ich Rotkohl mit indischen Gewürzen schmoren wollte. Der herbe Geschmack von Rotwein, den man oft verwendet, damit das Gemüse beim Garen nicht verblasst, passte mir aber nicht ins Konzept, und so kam ich auf die Idee, Cranberrysaft (gibt es im Reformhaus) zu nehmen. Mit dem Ergebnis war ich sehr zufrieden, und auch kalt als eine Art Salat schmeckt dieses Rotkohlgericht hervorragend. Die Fenchelsamen verleihen ihm eine aparte, süßliche Note. Vor allem mit Zubereitungen aus Pilzen, Auberginen oder Bohnen harmoniert es vorzüglich.

Ich bevorzuge in diesem Fall ungesüßten Cranberrysaft, der extrem sauer ist. Falls Sie nur ein gesüßtes Produkt finden, nehmen Sie zunächst weniger oder gar keinen Zucker. Am besten probieren Sie den Kohl nach der Hälfte der Garzeit und zuckern ihn dann nach Geschmack. Die süßen und säuerlichen Noten sollten sich schön die Waage halten.

Anstatt den Kohl von Hand in feine Streifen zu schneiden, können Sie ihn auch in der Küchenmaschine zerkleinern.

FÜR 6–8 PERSONEN

- 3 EL Pflanzenöl (ich verwende Oliven- oder Erdnussöl)
- 1 TL Kreuzkümmel
- 1/2 TL Fenchelsamen
- 2 mittelgroße Zwiebeln (insgesamt gut 200 g), geschält und in feine Halbringe geschnitten
- 3 Knoblauchzehen, geschält und fein gehackt
- 1 TL geschälter und fein geriebener frischer Ingwer
- 2 EL Currypulver
- Gut 1 kg Rotkohl, Strunk entfernt, in feine Streifen geschnitten
- 250 ml ungesüßter Cranberrysaft (Reformhaus, ersatzweise Preiselbeer- oder roter Johannisbeersaft)
- 250 ml Gemüsebrühe
- 2 EL extrafeiner Zucker
- 1 1/4 TL Salz (bei ungesalzener Brühe auch mehr)

■ Den Backofen auf 180 °C vorheizen.

■ Das Öl in einem großen, ofenfesten Schmortopf erhitzen. Kreuzkümmel und Fenchelsamen einrühren. Nach 5 Sekunden die Zwiebeln dazugeben und etwa 5 Minuten unter häufigem Rühren braten, bis sie an den Rändern Farbe annehmen. Den Knoblauch und den Ingwer 1 Minute, anschließend das Currypulver 20 Sekunden mitrühren. Den Kohl mit dem Saft, der Brühe, Zucker und Salz dazugeben und aufkochen lassen. Den Topf mit einem Deckel verschließen und den Kohl im Ofen 1 1/4 Stunden schmoren, dabei ab und zu durchmischen.

KOHLRABI

Obwohl Kohlrabi der großen Kohlfamilie angehört, wird er doch als ganz eigenständiges Gemüse angesehen. Es sind nicht, wie beispielsweise beim Weißkohl, die Blätter oder, wie beim Brokkoli, die Blüten, auf die sich das Hauptinteresse der Köche richtet. Im Blickpunkt stehen hier vielmehr die oberirdischen Sprosse, die sich im unteren Teil knollenförmig verdicken und dabei den Umfang eines Apfels erreichen können. Kohlrabi sind sehr nährstoffreich und darüber hinaus dank der enthaltenen Senföle auch ausgesprochen delikat.

Während die plattrunden, je nach Sorte weißlich grünen oder violetten Knollen beispielsweise in England eher ein Schattendasein führen, gehören sie in Deutschland ganzjährig zum Standardangebot, wobei ungefähr ab Juni die Freilandsorten auf den Markt kommen. Bereits im späten 16. Jahrhundert findet sich hier das Gemüse, dessen Herkunft nicht eindeutig geklärt ist, erstmals erwähnt und hat sich seither einen festen Platz in der deutschen Küche erworben. Auch in anderen Ländern weiß man seine kulinarischen Eigenschaften zu schätzen. So ist in Vietnam ein Kohlrabisalat mit Erdnüssen ein klassisches Hochzeitsgericht. In Indien bereitet man Kohlrabi in Kombination mit Tomaten oder Mais als Eintopf zu, und in China wird er gern »rot gekocht« mit Sojasauce, Zucker und verschiedenen Wurzelgemüsen oder aber einfach pfannengerührt. Auch gedünstet oder gefüllt und im Ofen gebacken schmecken die Knollen vorzüglich, und vor allem junge, kleine Exemplare eignen sich bestens als Rohkost.

Neben den Knollen haben Kohlrabi jedoch noch etwas anderes zu bieten, nämlich die Blätter, die seitlich und oben aus ihnen sprießen. Auch sie enthalten wertvolle Nährstoffe, weshalb man sie auf keinen Fall wegwerfen sollte. Die kleinen Herzblättchen kann man, klein geschnitten, zuletzt über das Gericht streuen. Und wenn Sie Kohlrabi mit besonders viel Grün gekauft haben, können Sie aus diesem ein schmackhaftes Blattgemüsegericht zubereiten (siehe Seite 41).

Kohlrabi kaufen und lagern: Besonders fein schmecken natürlich die jungen Kohlrabiknollen mit 5–6 cm Durchmesser. Aber auch größere Exemplare sind durchaus akzeptabel, sofern sie schön knackig sind und keine unansehnlichen Stellen aufweisen. Zu Hause brechen Sie die Blattstiele gleich am Ansatz ab und füllen sie in einen perforierten Plastikbeutel. Die Knollen kommen ebenfalls bis zur Verwendung in einen solchen atmungsaktiven Beutel, werden aber separat vom Grün aufbewahrt.

Kohlrabi vorbereiten: Vor dem Verzehr – ob roh oder gekocht – müssen Kohlrabi geschält werden. Vor allem am unteren Ende sind sie häufig etwas holzig und sollten dort besonders großzügig geschält werden. Eventuell schneiden Sie unten gleich ein dickeres Stück ab. Dagegen werden die Knollen im oberen Bereich, wo die Schale dünn und das Fruchtfleisch sehr zart ist, nur sparsam geschält.

Wenn ich Kohlrabi als Rohkost serviere, schneide ich sie längs in Spalten, sodass die zarteren und die härteren Bereiche der Knollen gleichmäßig auf die Stücke verteilt sind.

USA

Sautierte Kohlrabistifte

Dieses Rezept habe ich von dem namhaften amerikanischen Koch James Beard übernommen. Er bat mich eines Tages, als wir zu mehreren in lockerer Atmosphäre in seiner Küche kochten, es zuzubereiten, und riet mir damals, nur Butter dafür zu nehmen. Inzwischen haben sich die Zeiten geändert, und so verwende ich hier eine Mischung aus Butter und Olivenöl. Das delikate Gericht, das übrigens mit Brokkolistängeln ganz ähnlich schmeckt, ist in Minutenschnelle fertig. Es passt vorzüglich zu einer Zubereitung mit Augenbohnen oder auch zu zweimal gebratenen Bohnen (siehe Seite 226) und Ofenkartoffeln.

FÜR 4 PERSONEN

2 große Kohlrabi (ohne Grün insgesamt etwa 550 g)
30 g Butter
2 EL Olivenöl
1/2 TL Salz
Frisch gemahlener schwarzer Pfeffer

■ Von den Kohlrabi bei Bedarf das untere holzige Ende abschneiden. Die Knollen schälen, in 3 mm dicke Scheiben und diese – jeweils zu mehreren aufeinander gelegt – in feine Stifte schneiden.

■ Die Butter mit dem Öl in einer großen Pfanne bei mittlerer Temperatur erhitzen, bis sie geschmolzen ist. Die Kohlrabistifte einrühren und bei mittlerer bis niedriger Temperatur in 6–7 Minuten unter häufigem Rühren sautieren. Salzen, pfeffern und sofort servieren.

❖

INDIEN

Würziger Kohlrabi mit Mais

Wenn sowohl Kohlrabi als auch Mais Saison haben, bereite ich häufiger dieses Gericht zu. Dazu serviere ich neben Salaten und Relishes noch Reis oder Brot.

FÜR 4–6 PERSONEN

2,5 cm frischer Ingwer, geschält und grob gehackt
2 Knoblauchzehen, geschält und grob gehackt
1 frischer grüner Chili, grob gehackt
1 TL weißer Essig
3 EL Pflanzenöl
1 TL braune Senfsamen
1 mittelgroße Tomate, fein gehackt
550 g frische Maiskörner
2 mittelgroße Kohlrabi (etwa 6 cm Durchmesser), geschält und in 5 mm große Würfel geschnitten
1 TL Salz
Frisch gemahlener schwarzer Pfeffer
1 EL Zitronensaft
1/2 TL *Garam masala* (siehe Glossar)
2–3 EL fein gehacktes frisches Koriandergrün

- Ingwer, Knoblauch und Chili mit dem Essig und 4 Esslöffeln Wasser im Mixer zu einer Paste verarbeiten.
- Das Öl in einer mittelgroßen Pfanne bei mittlerer bis hoher Temperatur erhitzen und die Senfsamen einstreuen. Sobald sie nach wenigen Sekunden in der Pfanne hüpfen, die Würzpaste zufügen und rühren, bis sich nach etwa 1 Minute das Öl abscheidet. Bei mittlerer Temperatur die Tomate untermischen und etwa 1 Minute rühren. Die Maiskörner und Kohlrabiwürfel untermischen. 250 Milliliter Wasser sowie Salz und Pfeffer nach Geschmack dazugeben. Umrühren, zum Köcheln bringen und zugedeckt bei niedriger Temperatur 10–12 Minuten köcheln lassen. Zitronensaft, *Garam masala* und Koriandergrün einrühren, mit Salz und Pfeffer abschmecken. Ohne Deckel noch 2–3 Minuten unter gelegentlichem Rühren köcheln lassen.

❖

INDIEN

Scharfer Kohlrabi-Tomaten-Topf

Die beste Ergänzung zu diesem Gericht bilden Reis oder Fladenbrot und eine indische, mexikanische oder mediterrane Zubereitung aus getrockneten Bohnen oder Schälerbsen.

Nach Belieben können Sie Asafoetida *durch 1–2 fein gehackte Knoblauchzehen ersetzen, die Sie zusammen mit den Kohlrabi in den Topf geben.*

FÜR 4–6 PERSONEN

- 6 Kohlrabi (ohne Grün insgesamt etwa 900 g)
- 2 EL Pflanzenöl
- 1/2 TL Kreuzkümmel
- 1 große Prise *Asafoetida* (siehe Glossar)
- 1–4 getrocknete rote Chilis (je nach persönlicher Schärfetoleranz)
- 5 mittelgroße Tomaten, enthäutet und fein gehackt
- 1/4 TL gemahlene Kurkuma
- 3/4 TL Salz
- 1/4 TL extrafeiner Zucker (falls die Tomaten sauer sind)

- Von den Kohlrabi bei Bedarf das untere holzige Ende abschneiden. Die Knollen schälen und (wie einen Apfel) längs vierteln oder achteln.
- Das Öl in einem mittelgroßen Topf bei mittlerer bis hoher Temperatur erhitzen. Den Kreuzkümmel einrühren, gleich darauf gefolgt von *Asafoetida* und Chilis. Sobald die Schoten nach wenigen Sekunden dunkel anlaufen, die Kohlrabistücke zufügen. Ein-, zweimal rühren, dann rasch die Tomaten untermischen. Kurkuma, Salz, Zucker und 175 Milliliter Wasser dazugeben, umrühren und aufkochen. Zugedeckt bei niedriger Temperatur 30–35 Minuten sanft köcheln lassen, bis sich die Kohlrabistücke mit einem spitzen Messer mühelos einstechen lassen.

HINWEIS
Die ganzen Chilis sind nicht jedermanns Sache. Warnen Sie also Ihre Gäste oder entfernen Sie die Schoten vor dem Servieren!

KÜRBIS

Dieses Kapitel befasst sich mit jenen Mitgliedern der bunt gemischten Gesellschaft von Kürbissen, deren orangefarbenes oder gelbes, süß-aromatisches Fruchtfleisch von einer harten Schale umschlossen ist. Sie zeichnen sich durch einen hohen Gehalt an Vitamin A, Betacarotin, Kalium und Ballaststoffen aus und unterstützen den Körper im Kampf gegen die Entstehung von Krebs, Erkrankungen des Immunsystems, Nachtblindheit oder auch gewöhnliche Erkältungen. Die so genannten Winterkürbisse setzen ab Herbst auf den Märkten und in Gemüsegeschäften erfrischend farbige Akzente. Ihnen stehen die Sommer- oder Gartenkürbisse gegenüber, die nicht nur kleiner sind, sondern auch eine dünnere Schale und weiche Kerne besitzen und daher komplett gegessen werden. Unter den Winterkürbissen genießt der Riesen- oder Speisekürbis wohl die größte Popularität. Außer in seiner südamerikanischen Heimat wird er beispielsweise intensiv auch in Asien, aber ebenso in Europa kommerziell angebaut – im Schlepptau der Konquistadoren gelangte die altindianische Kulturpflanze einst in die Alte Welt –, und ein prächtiger »Gelber Zentner«, der den Komposthaufen mit seinen stattlichen Blättern beschattet, ist der Stolz manches Kleingärtners. Derselben botanischen Gattung wird der große, längliche, melonenförmige Hubbard zugerechnet, dessen Schale so hart sein kann wie die einer Nuss. Zu den Moschuskürbissen, deren Schale ebenfalls ausgesprochen fest, aber genießbar ist, gehört der Hokkaido-Kürbis, der 15 cm Durchmesser bis Kohlkopfgröße erreicht und im Ganzen verkauft wird. Andere Arten, die zunehmend ins Genießerbewusstsein rücken, sind der birnenförmige Butternusskürbis mit sandfarbener Schale, der Eichelkürbis mit dunkelgrüner oder orangefarbener, gerippter Schale und blass orangegelbem Fruchtfleisch, der dunkelschalige Muskatkürbis mit feinem, tatsächlich muskatähnlichem Aroma, der Türkenturban und der Patisson, der auch als Bischofsmütze bekannt ist.

Die kulinarische Vielseitigkeit all dieser Kürbisse ist wirklich beachtlich. Ihr Fruchtfleisch eignet sich zum Dämpfen, Braten und Backen, als Zutat in Risottos und Pilaws, für Küchlein und pfannengerührte Gerichte, es lässt sich zu cremigen Suppen und reizvollen Chutneys verarbeiten und bietet sich als Füllung für süße Teigtaschen an.

In Korea sind Kürbisse ein traditionelles Hausmittel, um gleich nach einer Geburt die Rückbildung der Bauchschwellung anzuregen. Man schneidet vom Kürbis einen Deckel ab, füllt Honig hinein und dämpft den ganzen Kürbis, bis sein Fruchtfleisch ganz weich ist. Dieses wird anschließend durch ein Sieb passiert und der »frisch gebackenen Mutter« serviert. Eine beliebte volkstümliche Zubereitung ist auch *Conjee,* eine Art Brei, für den das Kürbisfruchtfleisch mit Adzukibohnen und Reis langsam gegart wird.

Vor allem bei größeren Kürbissen ist das Zerteilen und Schälen nicht immer leicht. »Wirf ihn vom Dach« wurde mir einmal geraten, als es mir nicht gelingen wollte, einen Hubbard aufzubrechen – und das war keineswegs als Scherz gemeint. Kleinere Moschus- und Gartenkürbisse kann man, einfach nur halbiert, gut im Ofen backen, ohne sie zu schälen. Dagegen sind Rezepte, die Stücke von rohem, aber geschältem Kürbis verlangen (beispielsweise für Eintöpfe oder Risottos), schon eine gewisse Herausforderung, aber auch die lässt sich meistern.

Kürbis kaufen und lagern: Während kleine und mittelgroße Kürbisse meist im Ganzen verkauft werden, bekommt man von größeren Sorten auch beliebig große Segmente. Ein entscheidendes Qualitätskriterium ist eine feste Schale ohne weiche Stellen.

Man kann ungefähr davon ausgehen, dass Schale und Kerne ein Drittel bis zur Hälfte des Gewichts ausmachen. Wenn Sie also ein Stück Kürbis von etwa 450 Gramm kaufen, bleiben Ihnen nach dem Schälen und Entfernen des faserigen, von Kernen durchsetzten Inneren höchstens 225 Gramm Fruchtfleisch.

Kürbis lagern: Ganze, feste Kürbisse (mit noch vorhandenem Stielansatz) lassen sich an einem kühlen, luftigen Ort 1–4 Monate aufbewahren. Dabei dürfen sie weder Frost noch starker Wärme ausgesetzt sein; ideal ist eine Lagertemperatur von etwa 10–12 °C. Ein bereits aufgeschnittener Kürbis beziehungsweise ein Segment eines größeren Exemplars hält sich, mit einem Tuch oder Klarsichtfolie locker abgedeckt, im Kühlschrank mindestens 1 Woche.

Kürbis schälen und zerteilen: Ich wünschte, Gemüsehändler und Supermärkte würden uns diese Arbeit abnehmen, dann würden wir bestimmt mehr von diesem gesunden Gemüse essen. Einstweilen müssen wir aber selbst Hand anlegen, und das geht am besten wie folgt: Den Kürbis mit einem schweren, scharfen Messer vom Stielansatz nach unten in der Mitte durchschneiden. Nun die Hälften längs in Spalten schneiden, die an der breitesten Stelle 2,5–4 cm messen, und mit einem Löffel das faserige Innere herausschaben. (Die Kerne sollten Sie herauslösen und auf einem mit Küchenpapier ausgelegten Teller 24 Stunden an einem luftigen, sonnigen Platz trocknen lassen, um sie dann zu schälen und einfach so zu knabbern. Lecker!) Die Kürbisspalten flach auf die Arbeitsfläche legen und die Schale mit dem schweren, scharfen Messer stückweise abschneiden. Zuletzt das Fruchtfleisch nach Bedarf zerkleinern.

Insbesondere Hubbards, aber auch manchen anderen großen Kürbis müssen Sie eventuell mit einem Keil und einem Hammer zu Leibe rücken, so als wollten Sie ein Stück Holz spalten. Oder Sie brechen den Kürbis mit einem sorgsam gezielten Schlag mit der Axt auf. Damit er dabei nicht wegrollt, betten Sie ihn zuvor unbedingt sicher in eine Mulde. Für Ihren körperlichen Einsatz werden Sie mit einem delikaten Genuss belohnt.

Kleinere Kürbisse werden je nach Rezept halbiert oder geviertelt, anschließend schabt man das faserige Innere mitsamt den Kernen heraus. Um eventuell die äußere Schale zu entfernen, nehmen Sie einen Kartoffelschäler oder auch ein Messer. Anschließend noch die Stücke zerkleinern, wie im Rezept verlangt.

Kürbis kochen: Das Fruchtfleisch von Kürbissen, die mehrere Monate gelagert wurden, verliert beim Kochen deutlich weniger an Volumen als das von Kürbissen, die im Frühherbst geerntet und gleich verwendet werden. Ihr Fruchtfleisch ist sehr fest und besonders aromatisch. Je nach Festigkeit kocht es um ein Drittel oder auf die Hälfte seines ursprünglichen Volumens ein.

Zu Mus gekochtes Fruchtfleisch lässt sich einfrieren und so bis zu 6 Monate aufbewahren.

INDIEN

Kürbisküchlein
Kaddu ki bajjia

Genießen Sie diese Küchlein, begleitet von einem würzigen Chutney, als kleinen Imbiss zum Tee oder als Teil einer Hauptmahlzeit. Am besten schmecken sie frisch aus der Pfanne. Jeder orangefleischige Kürbis ist für das Rezept geeignet. Ich nehme meist ein Segment Riesenkürbis und kaufe, um 450 Gramm Fruchtfleisch zu erhalten, knapp 700 Gramm.

FÜR 6 PERSONEN

FÜR DEN TEIG
60 g Kichererbsenmehl
70 g Reismehl
1/4 TL Natron
1/4 TL gemahlene Kurkuma
1/4–1/2 TL Cayennepfeffer
3/4 TL Salz

AUSSERDEM
Pflanzenöl zum Ausbacken
450 g Kürbisfruchtfleisch, grob gerieben
1/2 mittelgroße Zwiebel (etwa 45 g), geschält und in sehr feine Halbringe geschnitten
1 1/2 EL Sesamsamen

■ Die Zutaten für den Teig in eine Schüssel füllen. Langsam etwa 200 Milliliter Wasser zugießen und dabei ständig rühren, bis schließlich ein glatter, nicht zu flüssiger und nicht zu fester Teig entsteht.

■ Kurz vor Beginn des Essens eine große Pfanne etwa 1 cm hoch mit Pflanzenöl füllen und dieses bei mittlerer bis niedriger Temperatur erhitzen – es kann einige Minuten dauern, bis es wirklich heiß ist. Den Teig umrühren und behutsam den Kürbis, die Zwiebel und die Sesamsamen untermischen. Aus einer Hand voll dieses Teigs ein Küchlein von etwa 6 cm Durchmesser und etwa 1 cm Höhe auf der Handfläche formen und ins Öl gleiten lassen. So viele weitere Küchlein herstellen, wie nebeneinander in die Pfanne passen, und in etwa 7 Minuten goldbraun und knusprig ausbacken, dabei nach der Hälfte der Zeit wenden. Mit einem Schaumlöffel herausnehmen und auf Küchenpapier abtropfen lassen. Den restlichen Teig genauso verarbeiten und die Küchlein möglichst rasch und heiß servieren (eventuell auch portionsweise).

INDIEN

Kürbis nach Delhi-Art
Parhezi kashiphal • Mitthan Bhabi

Dieses Gericht kam in unserer Familie meist an Festtagen auf den Tisch. In Indien verwendet man dafür einen grünen Kürbis, der dort als kashiphal *(»Frucht aus der heiligen Stadt Benares«) bekannt ist. Ich finde allerdings, dass es mit einem hartschaligen Winterkürbis oder Hubbard genauso gelingt. Um die 900 Gramm Fruchtfleisch zu erhalten, kaufe ich ein etwa 1,3 Kilogramm schweres Segment mit Schale.*

FÜR 4–6 PERSONEN

- 4 EL Pflanzenöl oder *Ghee* (geklärte Butter, siehe Glossar)
- 1/2 TL Kreuzkümmel
- 1/4 TL Schwarzkümmel (*Kalonji*, siehe Glossar)
- 1/4 TL Fenchelsamen
- 1 große Prise Bockshornkleesamen
- 1/2 TL schwarze Pfefferkörner
- 2–3 getrocknete, sehr scharfe rote Chilis
- Etwa 900 g Kürbisfruchtfleisch (siehe Rezepteinleitung), in 2,5–4 cm große Würfel geschnitten
- 3/4–1 TL Salz
- 1 1/2 EL weicher hellbrauner Zucker
- 2 TL *Amchoor*-Pulver (siehe Glossar) oder Zitronensaft

■ In einer großen, weiten und möglichst beschichteten Pfanne bei mittlerer bis hoher Temperatur das Öl kräftig erhitzen. Den Kreuzkümmel einrühren, 10 Sekunden später die übrigen Samen, Pfefferkörner und Chilis. Ein-, zweimal rasch durchmischen, dann den Kürbis 1 Minute mitrühren. In der verschlossenen Pfanne bei niedriger Temperatur in 40–45 Minuten eben weich garen, dabei ab und zu rühren.

■ Salz, Zucker und *Amchoor* behutsam untermischen und dabei den Kürbis leicht zerdrücken – die Stücke sollen noch erkennbar sein. Heiß servieren. (Warnen Sie Ihre Gäste vor den Chilis und Pfefferkörnern, die man nicht mitessen sollte.)

TRINIDAD

Kürbis auf karibische Art
Lola

Auf Trinidad würden die lampionförmigen Scotch-Bonnet-Chilis für ein solches Gericht verwendet. Da sie aber höllisch scharf sind, nehmen Sie, falls Sie sie überhaupt bekommen, nur etwa eine viertel Schote ohne die Samen. Außerdem habe ich hier den eigentlich stilechten Culantro durch Koriandergrün ersetzt. Die Zubereitung passt zu jedem indischen, karibischen oder nordafrikanischen Essen.

FÜR 4–6 PERSONEN

- 3 EL Pflanzenöl (ich verwende Olivenöl)
- 1 mittelgroße Zwiebel, geschält und fein gehackt
- 3 Knoblauchzehen, geschält und fein zerdrückt
- 1 frischer grüner Chili (siehe Rezepteinleitung), in sehr feine Ringe geschnitten
- 1 TL frischer oder 1/2 TL getrockneter Thymian
- 2 EL fein gehacktes frisches Koriandergrün
- Etwa 900 g Kürbisfruchtfleisch, in 2,5–4 cm große Würfel geschnitten
- 3/4–1 TL Salz
- 1 1/2 EL weicher hellbrauner Zucker

■ Das Öl in einem großen, weiten und möglichst beschichteten Topf bei mittlerer bis hoher Temperatur kräftig erhitzen und die Zwiebel darin hellbraun werden lassen. Knoblauch, Chili, Thymian und Koriander einige Sekunden mitrühren, bis der Knoblauch goldgelb anläuft. Den Kürbis untermischen, nach 1 Minute 3 Esslöffel Wasser dazugeben. Im verschlossenen Topf bei niedriger Temperatur in 40–45 Minuten eben gar dünsten, dabei ab und zu rühren.

■ Salz und Zucker untermischen, dabei den Kürbis leicht zerdrücken – die Stücke sollen noch erkennbar sein. Heiß servieren.

GRIECHENLAND

Kürbis-Pita
Kolokithopita • Kassiani

In Metsovo, einem malerischen Städtchen in den Bergen der Epirus-Region, schmeckt die Pita ganz besonders gut. Dort füllt man sie mit Zucchini, Auberginen, Lauch oder auch nur Käse – oder eben mit Kürbis.

An kühlen Abenden machen es sich die Familien in ihren traditionellen Holzhäusern auf den Sofas, die unter schweren Decken fast verschwinden, vor dem Kamin gemütlich. Auf Tabletts werden die Pitas hereingebracht. Falls es sich bei diesen Tabletts um alte, kostbare, mit Schnitzereien verzierte Familienstücke handelt, bricht man die Pitas mit den Händen in Stücke oder schneidet sie anstatt mit einem Messer mit einer Schere in Rauten.

Der Teig wird in Metsovo traditionsgemäß mit einem langen Nudelholz einfachster Art ausgerollt und ist daher nicht so dünn wie der industriell hergestellte Filoteig. Für eine Pita brauchen Sie 10 oder 11 solcher Blätter und dazu eine Portion Geduld und Übung, um den Teig erst auszuwalzen und dann in die Form zu verfrachten. Sollten Sie in einem griechischen Lebensmittelgeschäft die etwas dickeren Pita-Teigblätter fertig bekommen, greifen Sie zu. Ansonsten nehmen Sie, wie ich in diesem Rezept, einen Filoteig aus dem Supermarkt. Allerdings trocknen die hauchdünnen Blätter sehr schnell aus und müssen entsprechend vorsichtig behandelt werden. Die noch nicht verwendeten Blätter deckt man, solange sie noch gefaltet sind, mit dicker Plastikfolie oder Pergamentpapier und darüber einem feuchten Küchentuch ab.

Für die hier erforderliche Menge Fruchtfleisch habe ich ein 1,3 Kilogramm schweres Kürbissegment gekauft. Um es zu zerkleinern, können Sie eine Rohkostreibe, aber auch die Küchenmaschine verwenden. Im Frühherbst enthalten Kürbisse mehr Saft als nach mehrmonatiger Lagerung. Falls das Fruchtfleisch zu wässrig ist, mischen Sie 1–2 Esslöffel Bulgur unter. So macht man es auch in Metsovo. Nur sind die Pasteten dort rund und mit knapp 40 cm Durchmesser deutlich größer als meine.

FÜR 6 PERSONEN

16 Blatt Filoteig (für eventuelle Missgeschicke auch mehr)
250 ml Olivenöl
1 große Zwiebel (etwa 140 g), geschält und in feine Halbringe geschnitten
Gut 1 kg Kürbisfruchtfleisch, grob gerieben
2 TL Salz
2–3 EL extrafeiner Zucker
Frisch gemahlener schwarzer Pfeffer
1 Ei, verquirlt
180 g Feta, zerbröckelt

■ Tiefgefrorenen Teig nach Packungsanweisung auftauen, anschließend die Packung in den Kühlschrank legen.

■ In einer großen, möglichst beschichteten Pfanne 4 Esslöffel Öl bei mittlerer bis hoher Temperatur erhitzen. Die Zwiebel unter ständigem Rühren weich schwitzen (damit sie keine Farbe annimmt, bei Bedarf die Hitze verringern). Den Kürbis zufügen und rühren, bis er nach 8–10 Minuten weich ist. Salz, Zucker und Pfeffer untermischen und abkühlen lassen. Ei und Käse untermengen.

■ Den Backofen auf 200 °C vorheizen. Eine quadratische, ofenfeste Form aus Metall mit etwa 23 cm Kantenlänge und 4 cm Höhe großzügig mit Butter ausstreichen.

Jetzt gilt es, rasch zu arbeiten. Ein Teigblatt auf einer sauberen, trockenen Arbeitsfläche ausbreiten, großzügig mit Olivenöl bestreichen und die Form damit auskleiden – die Ränder sollten auf allen Seiten etwa 4–5 cm überhängen (ein größerer Überschuss wird entweder abgeschnitten oder umgefaltet). Noch 4 weitere Teigblätter mit Olivenöl bestreichen und wie zuvor in die Form legen. Ein angefeuchtetes Küchentuch der Länge nach falten und vorsichtig über die überhängenden Ränder legen, damit sie nicht austrocknen. Ein Viertel der Kürbismischung einfüllen und gleichmäßig verteilen. Nun folgen 2 mit Öl bestrichene Teigblätter, deren Ränder Sie wieder so abschneiden oder umfalten, dass sie noch etwas über den Rand der Form hängen, und wieder mit dem feuchten Tuch abdecken. Darauf das zweite Viertel der Kürbismischung verstreichen und erneut mit 2 mit Olivenöl bestrichenen Teigblättern abdecken. Auf diese Weise fortfahren, bis die Zutaten aufgebraucht sind, wobei die letzte Abdeckung wieder aus 5 Teigblättern besteht. Nachdem Sie das oberste Teigblatt mit Öl bestrichen haben, alle Ränder so nach innen einrollen, dass sie einen sauberen Abschluss bilden, den Sie ebenfalls mit Öl einpinseln. Mit einem Messer die Pastete in Abständen von etwa 6 cm gleichmäßig rautenförmig einschneiden.

■ Im vorgeheizten Ofen 45 Minuten goldbraun backen und heiß oder warm servieren.

MAROKKO

Kürbis mit Sultaninen

In Marokko genießt man Kürbis auf ganz unterschiedliche Weise: mit Couscous gegart, in geschmorten Gerichten oder, wie hier, »trocken« zubereitet. So passt er zu »nassen« Bohnentöpfen, dazu wird Reis oder einfacher Couscous gereicht.
Gewöhnlicher Speisekürbis, aber auch Butternuss- oder Hubbard-Kürbis sind hier ideal.

FÜR 4 PERSONEN

3 EL Olivenöl
1 große Schalotte (etwa 60 g), geschält und in dünne Scheiben geschnitten
550 g Kürbisfruchtfleisch (siehe Rezepteinleitung), in 2–2,5 cm große Würfel geschnitten
1/2 TL Salz

1/2 TL gemahlener Kreuzkümmel
1/4 TL Ingwerpulver
1 große Prise Cayennepfeffer
2 EL Sultaninen
1 EL extrafeiner Zucker

■ In einem weiten Topf oder einer Pfanne mit hohem Rand das Öl bei mittlerer bis hoher Temperatur erhitzen und die Schalotte darin goldgelb werden lassen. Die Kürbiswürfel dazugeben und rühren, bis sie an den Rändern braun anlaufen und die Schalottenscheiben eine rotbraune Farbe annehmen. Das Salz, die Gewürze, Sultaninen und den Zucker zufügen. Einige Male kurz durchmischen und, sobald der Zucker und die Sultaninen leicht karamellisiert sind, 125 Milliliter Wasser dazugießen. Aufkochen und zugedeckt bei niedriger Temperatur 15–20 Minuten köcheln lassen, bis der Kürbis eben gar ist.

LAUCH

Porree lautet ein weiterer gängiger Name dieses mildesten aller Zwiebelgemüse, das in ganz Europa kultiviert und verwendet wird. Als klassischer Bestandteil des Suppengrüns verleiht Lauch Eintöpfen und Suppen eine milde Würze. Er eignet sich aber ebenso für die kulinarische Hauptrolle in vielfältigen Inszenierungen. So wird er im Ganzen zubereitet, mit Öl und Zitronensaft beträufelt und als kaltes Hauptgericht serviert; oder er wird als Füllung für Teigtaschen und Belag für herzhafte Tartes verwendet.

Ich war im gebirgigen Norden Griechenlands, als die letzten Paprikaschoten, Auberginen und Tomaten, die in der Septembersonne noch zur Reife gelangt waren, gepflückt wurden. Der Lauch jedoch blieb in der Erde, die zum Schutz der weißen Schäfte gegen das kommende widrige Wetter rings um die Pflanzen angehäufelt wurde. So steht im Winter jederzeit erntefrischer Lauch zur Verfügung; die ganzen Pflanzen werden je nach Bedarf einfach aus der Erde gezogen. Zu meinem Erstaunen erfuhr ich, dass Lauch, um zu überleben, die aus der Erde ragenden grünen Blattspitzen nicht braucht. Daher werden sie abgeschnitten und zu Füllungen verarbeitet.

Wie man mir erzählte, waren rustikale pikante »Kuchen« eine gängige Speise während des Krieges, als Weizenmehl und andere Gemüse ein seltener Luxus waren. Die oberen Lauchblätter wurden mit einer Schere in Streifen geschnitten, gesalzen und dann mit Feta (Schafkäse) und Öl sowie etwas *Trahana*, einem Bulgur-ähnlichen, in Schafmilch eingeweichten Weizenprodukt, vermengt. Man schichtete diese Mischung abwechselnd mit einfachem Maismehl in eine Form und träufelte zuletzt Olivenöl darüber. Wenn das Maismehl richtig durchgeweicht war, wurde der »Kuchen« namens *prassopita* im Ofen gebacken. Ein schlichtes, aber köstliches Essen!

Nachfolgend stelle ich mein Lieblingsrezept für Lauch vor, das ebenfalls aus Griechenland stammt. Weitere Rezepte mit Lauch finden Sie an anderen Stellen in diesem Buch.

Lauch kaufen und lagern: Halten Sie Ausschau nach knackigen Stangen mit möglichst makellosem weißem Schaft und saftig grünen Blättern. Für bestimmte Gerichte sollten die Stangen außerdem annähernd die gleiche Stärke haben. Es gibt sehr schlanke Exemplare, wie sie die japanische Küche favorisiert, und im anderen Extrem können sie bis zu 4 cm Durchmesser erreichen. Sofern mehrere Lauchstangen gebündelt sind, hat man natürlich keine Wahl. Lagern Sie den Lauch ungewaschen in einem perforierten Plastikbeutel im Gemüsefach des Kühlschranks.

Lauch vorbereiten: Als Erstes schneidet man die dunkelgrünen Blattabschnitte ab (sie können bei der Zubereitung einer Gemüsebrühe verwertet werden). Da zwischen den Lauchblättern fast immer Sand und Erdreste sitzen, ist sorgsames Waschen unerlässlich. Falls das Rezept ganze Stangen verlangt, diese der Länge nach zur Hälfte einritzen (dabei das Schaftende intakt lassen) und unter fließendem Wasser gründlich abspülen; damit alle Schmutzpartikel zwischen den einzelnen Lagen herausgewaschen werden, die Blätter auffächern. Erfordert das Rezept gehackten Lauch, können Sie die Stangen komplett halbieren und die Hälften einzeln abbrausen. Alternativ den Lauch zunächst klein schneiden, dann im Spülbecken in kaltem Wasser waschen, herausheben und in einem Durchschlag abtropfen lassen.

GRIECHENLAND

Lauch mit Reis
Prassoriso • Marina Liveriadou

Ein köstlicher Zitronenhauch begleitet diese Zubereitung, in der sich Lauch und Reis zu einem harmonischen Ganzen verbinden. Irgendwo zwischen einem Risotto und einem Gemüsegericht angesiedelt, schmeckt sie, solo vor dem Hauptgericht serviert, ebenso wie als Teil eines mediterranen Essens. Den Lauch können Sie mit Möhren- und Bleichselleriescheiben ergänzen.

Von den insgesamt etwa 900 g Lauch blieben, nachdem ich ihn geputzt und die dunkelgrünen Enden abgeschnitten hatte, ungefähr 450 Gramm.

FÜR 4 PERSONEN

- 6 Lauchstangen (insgesamt etwa 900 g)
- 8 EL (etwa 100 g) italienischer Risottoreis oder ein anderer Mittelkornreis
- 125 ml Olivenöl
- 1–1 1/4 TL Salz
- Frisch gemahlener schwarzer Pfeffer
- 2 EL Zitronensaft

■ Vom Lauch die dunkelgrünen Enden abschneiden, anschließend die Stangen längs halbieren und quer in 5–7 mm dicke Scheiben schneiden. Gründlich im Spülbecken waschen, aus dem Wasser heben (so bleiben Sand und Erdpartikel zurück) und abtropfen lassen.

■ Den Lauch mit 750 Milliliter Wasser in einen Topf füllen. Bei hoher Temperatur einmal aufwallen lassen und dann bei mittlerer bis hoher Temperatur in etwa 15 Minuten weich köcheln. Reis, Öl, Salz, Pfeffer, Zitronensaft und 125 Milliliter kochendes Wasser zufügen. Bei mittlerer bis hoher Temperatur etwa 15 Minuten unter gelegentlichem Rühren weiterköcheln, bis der Reis gar ist, aber noch Biss hat. Heiß servieren.

MAIS
(ZUCKERMAIS, GEMÜSEMAIS)

In diesem Abschnitt behandle ich den frischen Zucker- oder Gemüsemais; die getrockneten Maiskörner und den Maisgrieß finden Sie im Getreidekapitel (Seite 273). Die frischen Zuckermaiskolben, die heute im Handel angeboten werden, sind spezielle Hybridformen mit einer Garzeit von nur wenigen Minuten. Wer auf dem Land wohnt, bekommt im August vielleicht sogar direkt vom Bauern frisch geerntete Maiskolben. Zu Hause werden diese sofort von den Hüllblättern und Narbenfäden (der »Seide«) befreit und zugedeckt in kochendem Wasser gegart, noch ehe sich der enthaltene Zucker in Stärke verwandeln kann. Nach etwa 5 Minuten Garzeit nimmt man die Maiskolben mit einer Zange heraus, bestreicht sie mit Butter – bestreut sie nach Belieben mit Salz und Pfeffer – und knabbert sie ab.

In meiner Kindheit in Indien aßen wir Zuckermais, bei dem es sich eigentlich um jungen Futtermais handelte. Dieser festere Mais mit größeren Kolben eignete sich hervorragend zum Grillen, und so standen während der Regenzeit an allen Straßenecken kleine Holzkohleöfen. Die Straßenhändler grillten die Maiskolben über glühender Holzkohle goldbraun, an manchen Stellen waren sie sogar schwarz. Einige Körner waren aufgeplatzt und hatten sich in Popcorn verwandelt. Meist wurden die Maiskolben rundum mit Salz, Pfeffer, Chilipulver und Limettensaft eingerieben. Ich bevorzugte meine stets pur.

Leider ist dieser Futtermais heute kaum noch erhältlich – höchstens getrocknet zu Dekorationszwecken. Doch auch unser moderner Zuckermais eignet sich zum Grillen, allerdings unterscheiden sich Zubereitungsart und Ergebnis deutlich von dem Mais aus meiner Kindheit. Unser heutiger Mais wird im Ganzen – also mit den Hüllblättern – eingeweicht und mit den Blättern gegrillt. Ein Rezept dafür finden Sie auf Seite 105.

Außerhalb der Saison verwende ich häufig Tiefkühlmais. Er schmeckt zwar nicht so gut wie frischer Zuckermais, eignet sich jedoch gut für Eintöpfe und Suppen. Auch Zuckermais aus der Dose kann als Ersatz dienen, doch sollten Sie beim Kauf auf hochwertige Ware achten.

Frischen Zuckermais kaufen und lagern: Kaufen Sie ganz frische Maiskolben, am besten noch mit den hellgrünen Hüllblättern und dem Stängelansatz, zum baldigen Verzehr. Wird der Mais nicht gleich gegessen, legen Sie ihn sofort ins Gemüsefach des Kühlschranks.

Frische Maiskörner ablösen: Hüllblätter und Narbenfäden entfernen und den Maiskolben aufrecht, aber leicht schräg auf ein Brett stellen. Mit einem scharfen Messer die Körner von oben nach unten abschaben, dabei jedoch nicht in den harten Kolben schneiden.

USA

Gegrillte Maiskolben

Hierbei handelt es sich um eine traditionelle Zubereitungsart der Ureinwohner Amerikas. Gegrillter Mais ist ein perfektes Sommergericht. Wichtig ist dabei nur, die Hüllblätter erst nach dem Grillen von den Kolben zu entfernen.

FÜR 4–8 PERSONEN

8 frische Maiskolben mit den Hüllblättern

Butter, Salz, Pfeffer und Cayennepfeffer (nach Belieben)

- Die Maiskolben mit den Blättern für 2–3 Stunden in Wasser legen.
- Inzwischen Holzkohleglut in einem Grill vorbereiten oder den Backofengrill vorheizen. Die Maiskolben 15–20 Minuten grillen und dabei häufig wenden, bis die Blätter dunkle Stellen aufweisen und die Körner gar sind. Blätter und Narbenfäden entfernen. Die Maiskolben nach Belieben mit Butter bestreichen und mit den Gewürzen bestreuen.

❖

Maiskörner mit Ingwer und Tomaten

Dieses Rezept eignet sich genauso für Tiefkühlmais oder hochwertige Dosenware. Heiß schmeckt das Gericht besonders gut über dampfender Polenta oder als Füllung für Pitabrot. Gerichte mit Hülsenfrüchten oder grünem Gemüse passen ebenfalls dazu, und kalt eignet sich der Mais als Salat. Reichen Sie knuspriges Brot dazu.

FÜR 4–6 PERSONEN

2 EL Pflanzenöl
1 TL Kreuzkümmel
1 TL geschälter, fein gehackter frischer Ingwer
350 g enthäutete, gehackte sehr reife Tomaten oder Dosentomaten mit etwas Saft aus der Dose

450 g frische Zuckermaiskörner
1 TL Salz
1/2 TL Zucker
1 frischer grüner Chili, fein gehackt (nach Belieben)
3 EL grob gehacktes frisches Koriandergrün

- Das Öl in einer mittelgroßen Pfanne bei mittlerer bis hoher Temperatur erhitzen. Den Kreuzkümmel einstreuen, nach wenigen Sekunden den Ingwer dazugeben und 30 Sekunden rühren. Die Tomaten hinzufügen und 5 Minuten mitrühren, bis sie leicht eingekocht sind. Maiskörner, Salz, Zucker und Chili (falls verwendet) untermischen. Bei schwacher Hitze 5 Minuten garen, dabei ab und zu rühren, bis der Mais gerade weich ist. Zuletzt das Koriandergrün untermischen. Heiß, raumtemperiert oder gekühlt servieren.

INDIEN

Zuckermais, in Joghurt gegart
Dahi valu makai nu shaak • Panna Thakrar

Dieses Gericht wird meist mit indischem Brot verzehrt, etwa mit süßem Poori *(siehe Seite 353). Da sich die Maiskolbenstücke nur schwer mit Messer und Gabel essen lassen, empfehle ich die indische Methode – mit den Händen. Legen Sie einfach ein paar Papierservietten bereit.*

FÜR 4 PERSONEN

4 Zuckermaiskolben, Hüllblätter und Narbenfäden entfernt
1 Knoblauchzehe, geschält und grob gehackt
1–2 frische grüne Chilis, grob gehackt
4 cm frischer Ingwer, geschält und fein gehackt
500 ml Joghurt
1 TL Salz
1/4 TL gemahlene Kurkuma
4 EL ausgelöste rohe Erdnüsse, enthäutet
3 EL Pflanzenöl
1/2 TL braune oder gelbe Senfsamen
1 kräftige Prise *Asafoetida* (siehe Glossar)
10 frische Curryblätter (siehe Glossar)
3–4 EL gehacktes frisches Koriandergrün

■ Einen großen Topf etwa 5 cm hoch mit Wasser füllen, bei starker Hitze aufkochen. Die Maiskolben einlegen und nach erneutem Aufwallen des Wassers in etwa 3 Minuten gerade weich kochen. Abgießen. Die Maiskörner von 2 Maiskolben abschaben (siehe Seite 104). Die übrigen 2 Kolben in 2,5 cm dicke Scheiben schneiden.

■ Knoblauch, Chilis, Ingwer und 3 Esslöffel Joghurt im Mixer zu einer glatten Paste pürieren. Falls nötig, die Mischung dabei mit dem Gummispatel nach unten drücken. Salz und Kurkuma untermischen.

■ Den restlichen Joghurt in einer großen Schüssel mit einer Gabel cremig schlagen. Die Paste aus dem Mixer sowie die Maiskörner und Maiskolbenscheiben gut untermischen. 4–8 Stunden marinieren lassen.

■ Inzwischen die Erdnüsse im Mörser oder via Momentschalter im Mixer so zerkleinern, dass sie großen Senfkörnern ähneln. In einer Schale beiseite stellen.

■ Das Öl in einer großen Antihaft-Pfanne oder im Wok bei mittlerer Temperatur erhitzen. Die Senfsamen darin in wenigen Sekunden aufplatzen lassen. *Asafoetida* und Curryblätter kurz einrühren, auf schwache Hitze schalten. Die Erdnüsse dazugeben und in 1 Minute goldgelb rühren. Mais und Marinade hinzufügen. Bei mittlerer Hitze unter vorsichtigem Rühren zum Köcheln bringen. Zugedeckt 10 Minuten garen. Koriandergrün unterrühren, heiß servieren.

INDIEN

Mais mit Blumenkohl

Phulawar makai nu shaak ◆ *Panna Thakrar*

Zu diesem wunderbaren Gericht passen indisches Brot, Blattgemüse und Joghurtsaucen. Sie können es aber auch mit grünem Salat und knusprigem Brot servieren.

Panna, eine Inderin aus Gujarat, die in London lebt, bereitet diese Spezialität das ganze Jahr über mit gut abgetropftem Mais aus der Dose. Ebenso eignen sich frisch gegarte, abgelöste Maiskörner oder Tiefkühlmais.

FÜR 6 PERSONEN

- 1 cm frischer Ingwer, geschält und fein gehackt
- 2 frische grüne Chilis, fein gehackt
- 3 EL Pflanzenöl oder *Ghee* (geklärte Butter, siehe Glossar)
- 1 TL Kreuzkümmel
- 1–2 Blumenkohlköpfe (insgesamt 900 g), in kleine Röschen zerteilt
- 2 kleine Zwiebeln (je 60 g), geschält, geviertelt, die Schichten getrennt
- 425 g Maiskörner aus der Dose, abgetropft
- 1 kräftige Prise gemahlene Kurkuma
- 1 1/4–1 1/2 TL Salz
- 3–4 EL gehacktes frisches Koriandergrün

■ Ingwer, Chilis und 2 Esslöffel Wasser im Mixer zu einer Paste pürieren. Falls nötig, mit einem Gummispatel nach unten drücken. Beiseite stellen.

■ Das Öl in einem großen Wok oder einer großen Pfanne erhitzen. Den Kreuzkümmel kurz einrühren. Den Blumenkohl hinzufügen, 2 Minuten mitrühren. Zugedeckt bei mittlerer bis schwacher Hitze noch 2–3 Minuten garen, ab und zu umrühren. Die Zwiebeln dazugeben und 2 Minuten offen, anschließend 2 Minuten zugedeckt mitgaren, zwischendurch umrühren. Mais, Kurkuma und Salz untermischen, 1 Minute garen. Die Ingwer-Chili-Paste einrühren, 1 weitere Minute garen. Das Koriandergrün untermischen, heiß servieren.

INDIEN

Maiskörner mit Sesam und Tomaten

Tamatar varu makai nu shaak ◆ *Panna Thakrar*

Besonders gut schmeckt das würzige Maisgericht mit Brot. Sie können damit eine Tortilla oder indische Chapati füllen oder den Mais mit etwas Chutney in ein Pitabrot geben. Dazu passen Blattgemüse, Bohnen und Tortillas. Kleinere übrige Portionen esse ich gern auf Toast mit grünem Salat.

Statt Dosenmais eignen sich auch frisch gegarte, abgelöste Maiskörner oder Tiefkühlmais.

FÜR 4 PERSONEN

2 EL Pflanzenöl
1/2 TL braune oder gelbe Senfsamen
1/4 TL Kreuzkümmel
1 kräftige Prise *Asafoetida* (siehe Glossar)
1 Knoblauchzehe, geschält und fein gehackt
1 frischer grüner Chili, fein gehackt
1 1/2 EL Sesamsamen
1 Zwiebel (etwa 85 g), geschält und fein gehackt
85 g grüne Paprikaschote, in 1 cm große Würfel geschnitten
425 g Zuckermais aus der Dose, abgetropft

1 TL Salz
1/2 TL *Garam masala* (siehe Glossar)
1 kräftige Prise gemahlene Kurkuma
1/2 TL gemahlener Kreuzkümmel
1/2 TL gemahlener Koriander
1 TL Paprikapulver
4–5 Eiertomaten aus der Dose, mit etwas Saft im Mixer püriert (insgesamt 250 ml) oder 250 ml passierte Tomaten
3–4 EL gehacktes frisches Koriandergrün

■ Das Öl in einer großen Antihaft-Pfanne erhitzen. Senfsamen und Kreuzkümmel einrühren, bis nach wenigen Sekunden der Senf in der Pfanne hüpft. *Asafoetida*, kurz danach Knoblauch und Chili einrühren. Rasch den Sesam hinzufügen und in wenigen Sekunden aufplatzen lassen. Zwiebel und Paprika untermischen, 5 Minuten pfannenrühren. Mais, Salz und *Garam masala* dazugeben und 1 Minute rühren. Kurkuma, Kreuzkümmel, Koriander und Paprikapulver einstreuen und 1 weitere Minute rühren. Die pürierten Tomaten hinzufügen und zum Köcheln bringen. Zugedeckt bei schwacher Hitze 10 Minuten köcheln lassen. Das Koriandergrün untermischen. Heiß servieren.

MÖHREN

Die zahlreichen Wildformen der Möhre in Asien und Südeuropa lassen auf ein ausgedehntes Ursprungsgebiet schließen. Als Heimat gilt das Gebiet des heutigen Afghanistan. Im Mittelmeerraum ist die Kulturform aus Kreuzungen verschiedener Wildformen hervorgegangen. Die überwiegend angebotenen orangefarbenen Möhren, deren Wurzel unterschiedlich lang, kegelförmig oder rund und deren Ende abgestumpft oder spitz zulaufend sein kann, enthalten reichlich Carotin, die Vorstufe zu Vitamin A. Allerdings sind die jungen, kleinen Möhren, die viele Küchenchefs bevorzugen, längst nicht so nahrhaft wie die großen, etwas älteren, die auch durch besonders viel Süße und Geschmack überzeugen.

In Indien kannte ich schon als Kind viele unterschiedliche Möhrensorten. Neben den verbreiteten rotorangefarbenen Sorten gab es auch violette Möhren zum Einkochen oder dunkelrote für Pickles, die ähnlich wie Rote Bete den Gerichten eine intensive Farbe verleihen. Die lagerfähigen rotorange gefärbten Möhren zogen wir in unserem Küchengarten. Meist aßen wir sie roh – als Snack oder in Salaten. Aber sie wurden auch für gekochte Gerichte verwendet. Aus den geraspelten Möhren bereitete man etwa eine Art *Halva*, die wir mit viel *clotted cream* (butterähnlicher fetter süßer Sahne) verzehrten, und für ein sehr schmackhaftes pikantes Gericht wurden die gewürfelten Möhren mit grünen Chilis und dem Grün von Bockshornklee gegart. Dazu wurde Brot gereicht.

Möhren kaufen: Wählen Sie nur intensiv gefärbte Möhren mit glatter Schale aus. Die Möhren sollten keine haarähnlichen Seitenwurzeln oder verdorbene Stellen aufweisen.

Möhren vorbereiten: Möhren lassen sich am besten mit dem Sparschäler schälen. Anschließend die Enden kappen und die Möhren raspeln oder in Stücke schneiden.

1. Möhren raspeln: Falls im Rezept keine anderen Vorgaben erfolgen, sollten Sie die Möhren auf der gröbsten Seite einer Rohkostreibe raffeln. Ein spezieller Aufsatz für die Küchenmaschine eignet sich ebenfalls.

2. Möhren in ovale Stücke (»Oliven«) schneiden: Die dünne Spitze der geschälten Möhre wegschneiden und für Suppe verwenden. Die übrige Möhre in 2,5 cm große Stücke schneiden und mit einem kleinen, scharfen Messer alle Kanten der Stücke abrunden.

3. Möhren in Julienne schneiden: Julienne bedeutet, die Möhren in sehr feine Streifen oder Stifte schneiden. Die Länge kann variieren. Dafür die geschälte Möhre in 3–4 Stücke schneiden. Die Stücke aufrecht auf das Brett stellen und längs in 3–4 Scheiben schneiden. Je ein paar Scheiben aufeinander legen und längs in dünne Streifen schneiden.

4. Möhren würfeln: Für große, klobige Würfel die schlankeren Teile der Möhre längs halbieren, die dickeren Teile längs vierteln und die Stücke quer in Würfel von gewünschter Größe schneiden. Für sehr kleine Würfel einige Julienne-Streifen quer fein würfeln.

5. Möhren in ovale Scheiben schneiden: Das Messer je nach gewünschter Größe der Scheiben leicht schräg oder sehr schräg ansetzen und Scheiben abschneiden. Die Dicke der Scheiben nach Wunsch variieren.

GEMÜSE

MITTELMEERRAUM

Möhren mit Pilzen und Zwiebeln à la grecque

Dieses Mischgemüse sollten Sie wie einen Salat raumtemperiert oder gekühlt servieren. Im Sommer reiche ich dazu aufgeschnittene Tomaten, etwas Käse und knuspriges Brot.

FÜR 4 PERSONEN

7 EL Olivenöl
4 EL frisch gepresster Zitronensaft
2 TL Koriander
1 TL schwarze Pfefferkörner
1 TL Fenchelsamen
2 Lorbeerblätter
4 Knoblauchzehen, geschält, leicht angedrückt
1 TL Salz
Frisch gemahlener schwarzer Pfeffer
1/2 TL Zucker
450 g Möhren, geschält und in 1 cm dicke Scheiben geschnitten (große Scheiben, falls nötig, halbieren)
125 g Perlzwiebeln oder sehr kleine Zwiebeln, geschält und am Ende jeweils kreuzförmig eingeritzt
8 mittelgroße Champignons, geviertelt

■ In einem Edelstahltopf Olivenöl, Zitronensaft, Koriander, Pfefferkörner, Fenchelsamen, Lorbeerblätter, Knoblauch, Salz, Pfeffer, Zucker und 500 Milliliter Wasser aufkochen. Zugedeckt bei schwacher Hitze 30 Minuten köcheln lassen. Die Flüssigkeit abseihen, zurück in den Topf füllen.

■ Möhren, Zwiebeln und Pilze einlegen und aufkochen. Zugedeckt bei mittlerer bis schwacher Hitze 10–15 Minuten köcheln lassen, bis das Gemüse weich ist. Vom Herd nehmen. Ohne Deckel in der Flüssigkeit abkühlen lassen.

■ Das Gemüse in der Flüssigkeit kalt stellen (bis zu 1 Woche) und nach Bedarf verwenden. Zum Servieren mit einem Schaumlöffel herausnehmen.

Süße Möhren-Julienne mit Kräutern

Ich esse diese Möhren gern zu leicht bitterem Blattgemüse und Kartoffeln oder Brot.

FÜR 4 PERSONEN

2 EL Olivenöl
15 g Butter
450 g Möhren, geschält und in Julienne (5 × 5 mm, siehe Seite 109) geschnitten
1 EL fein gehackte frische Kräuter (Thymian, Estragon und Salbei) oder 1 TL getrocknete gemischte Kräuter
1/2 TL Salz
1 TL Zucker

■ Olivenöl und Butter in einer Pfanne bei mittlerer Hitze bis hoher Temperatur erhitzen. Möhren, Kräuter und Salz darin 3–4 Minuten pfannenrühren, bis die Möhren fast weich, aber noch bissfest sind. Den Zucker unterrühren. Servieren.

Möhren mit getrockneten Aprikosen nach persischer Art

Ich liebe die persische Küche mit ihren pikanten süßsauren Speisen und den Getreide- und Gemüsegerichten mit Trockenobst. Dieses Gericht habe ich als Weihnachtsessen kreiert und dazu rote Paprikaschoten mit Reis-Kräuter-Füllung nach persischer Art (siehe Seite 119) serviert. Die Möhren eignen sich aber nicht nur als Festtagsessen, sondern auch als Alltagsgericht.

Je nach Süße der Aprikosen – die türkischen Trockenfrüchte sind besonders süß und aromatisch – sollten Sie die Zuckermenge leicht variieren.

FÜR 4 PERSONEN

2 EL Olivenöl oder 1 EL Olivenöl und 15 g Butter
1 kleine Zwiebel (etwa 85 g), geschält und in 3 mm dicke Halbringe geschnitten
4 mittelgroße Möhren (insgesamt etwa 300 g), geschält und leicht schräg in 5 mm dicke, ovale Scheiben geschnitten
6 ganze getrocknete türkische Aprikosen, halbiert und entsteint, oder 12 getrocknete kalifornische Aprikosenhälften oder andere getrocknete halbierte Aprikosen
1 EL Zucker
1/4 TL Salz
150 ml Gemüsebrühe

■ Das Öl (oder Öl und Butter) in einer großen Antihaft-Pfanne bei mittlerer bis hoher Temperatur erhitzen. Die Zwiebel mit den Möhren und Aprikosenhälften darin etwa 5 Minuten unter Rühren anbraten, bis alle drei zu bräunen beginnen. Zucker und Salz einstreuen und 10 Sekunden rühren, anschließend die Brühe hinzugießen und zum Köcheln bringen. Zugedeckt bei mittlerer bis starker Hitze etwa 4 Minuten köcheln lassen, bis die Flüssigkeit absorbiert ist und die Möhren gar sind. Heiß servieren.

Glasierte Möhren mit Ingwer

Bei dieser schnellen Methode bleiben die Möhren schön bissfest. Verwenden Sie für den Ingwer eine japanische Ingwerreibe oder eine sehr feine Rohkostreibe. Dazu passen Blattgemüse, Hülsenfrüchte sowie etwas Brot.

FÜR 4 PERSONEN

450 g Möhren, geschält und in »Oliven« geschnitten (siehe Seite 109)
250 ml Gemüsebrühe
1 kräftige Prise Salz
1 TL geschälter, sehr fein geriebener frischer Ingwer
30 g Butter
2 EL hellbrauner Zucker

- Sämtliche Zutaten in einem mittelgroßen Topf aufkochen. Unter leichtem Rühren 5–6 Minuten garen, bis die Möhren weich sind. Kocht die Flüssigkeit zu schnell ein, die Hitze leicht reduzieren. Es sollte nur etwas sirupartige Flüssigkeit übrig bleiben.

❖

INDIEN

Pfannengerührte Möhren mit Ingwer und Senfsamen
Gajar no sambharo

Diese herrlich leichten, erfrischenden Möhren sind eine wunderbare Füllung für Pitabrot, etwa mit Bohnen, gegrillter Paprika und anderen schmackhaften Zutaten, die Sie vielleicht sogar im Tiefkühlfach vorrätig haben.

FÜR 4 PERSONEN

3 EL Pflanzenöl
1/2 TL gelbe oder braune Senfsamen
450 g Möhren, geschält und grob geraspelt
5 cm frischer Ingwer, geschält und grob gerieben
1/2 TL Salz
1/4 TL Cayennepfeffer
1 TL frisch gepresster Limettensaft

- Das Öl in einer großen Pfanne oder einem Wok bei mittlerer bis hoher Temperatur erhitzen. Die Senfsamen darin in wenigen Sekunden aufplatzen lassen. Die übrigen Zutaten einrühren und 2–3 Minuten pfannenrühren, bis die Mischung schön heiß ist.

INDIEN

Möhren mit Kartoffeln und Erbsen aus der bäuerlichen Küche

Gajar aloo matar • Chanchal Kapoor

Dieses Möhrengericht aus dem ländlichen Punjab in Nordwestindien wird am Morgen im Freien gekocht und mittags mit Brot, Pickles und Joghurt oder frischer Buttermilch zu den Bauern aufs Feld gebracht. In Indien sind frische Erbsen sehr viel härter als im Westen, darum kocht man sie ebenso lange wie die Möhren und Kartoffeln. Ich verwende hier Tiefkühlerbsen. Wer frische Erbsen bevorzugt, sollte besonders zarte Exemplare erst hinzugeben, wenn die Möhren und Kartoffeln bereits 10 Minuten gegart wurden.

Im Punjab werden Tomaten für ein frisches Tomatenpüree einfach nur gerieben. Die Haut bleibt beim Reiben zurück, aber die Samen gelangen ebenfalls ins grobe Püree. In diesem Gericht stören sie jedoch nicht.

Falls Sie fertiges Garam masala *verwenden, die Menge einfach auf 2 Teelöffel erhöhen.*

FÜR 6 PERSONEN

3 EL Pflanzenöl
1 Zwiebel (etwa 140 g), geschält und fein gehackt
2,5 cm frischer Ingwer, geschält und ganz klein gewürfelt
2 mittelgroße Tomaten (insgesamt etwa 300 g), gerieben (siehe Einleitung)
1 3/4–2 TL Salz
1/2–1 TL Cayennepfeffer
1 TL *Garam masala* (siehe Glossar)
1/4 TL gemahlene Kurkuma
500 g Möhren, geschält und in 1 cm große Würfel geschnitten
500 g Kartoffeln, geschält und in 1 cm große Würfel geschnitten
175 g Tiefkühlerbsen, aufgetaut

■ Das Öl in einem weiten Topf oder einer Pfanne mit hohem Rand bei mittlerer bis hoher Temperatur erhitzen. Die Zwiebel darin 4–5 Minuten rühren, bis sie zu bräunen beginnt. Den Ingwer hinzufügen und 1 Minute mitrühren. Tomaten, Salz, Cayennepfeffer, *Garam masala* und Kurkuma untermischen und bei mittlerer bis starker Hitze 3–4 Minuten rühren, bis die Mischung leicht eindickt.

Die Möhren und Kartoffeln dazugeben und wiederum 1 Minute rühren. 125 Milliliter Wasser dazugießen, durchrühren und zum Köcheln bringen. Zugedeckt bei schwacher Hitze 15–20 Minuten garen, bis die Kartoffeln weich sind. Die Erbsen behutsam einrühren und zugedeckt weitere 4–5 Minuten garen, bis auch sie weich sind. Das Gericht heiß servieren.

OKRA

Okras sind etwa fingerdicke, schmale, spitz zulaufende Schoten mit mehreren Längskanten. Die Heimat der Okra ist Ostafrika, genauer: Äthiopien. Seitdem Griechen und Türken in Deutschland leben, sind die Schoten auch auf unseren Märkten zu finden. In Afrika blieben sie bis heute ein beliebtes Gemüse, doch die besten vegetarischen Rezepte stammen für meinen Geschmack aus Indien, Pakistan, dem Nahen Osten, der Türkei, Griechenland und der Karibik. Einige wunderbar einfallsreiche Okrazubereitungen kennt man zudem in Australien, wo chinesische und vietnamesische Bauern hervorragendes Gemüse anbauen. Eines dieser Rezepte finden Sie auf Seite 117.

Schon als Kind habe ich Okraschoten geliebt. Zusammen mit *Urad dal* (geschälten, halbierten Urdbohnen, siehe Seite 247), die wie Okras eine leicht klebrige Konsistenz besitzen, gehörten sie zu meinen bevorzugten Speisen. Auch heute noch schätze ich die kantigen grünen Schoten in jeder erdenklichen Form, etwa in Suppen (siehe *Kallaloo*, Seite 508, und Tomatensuppe mit Okraschoten, Seite 514) wie auch gebraten oder ausgebacken.

Okras kaufen: Wählen Sie möglichst kleine, feste grüne Schoten. Die kleineren Okraschoten (7,5–10 cm) sind in der Regel zarter und haben feinere Samen. Wer im Handel noch kleinere Schoten entdeckt, sollte sie unbedingt kaufen und im Ganzen oder in Scheiben garen. Lange Schoten enthalten meist große, harte Samen (vergleichbar mit großen Samen in Salatgurken), die den Genuss der Okras deutlich schmälern. Außerdem gilt: Je grüner die Okras, desto frischer sind sie. Einige wenige braune Stellen, die mit der Zeit entstehen, stören jedoch nicht.

Okras vorbereiten: Am besten wischt man die ganzen Schoten mit einem feuchten Tuch ab und lässt sie vollständig trocknen, ehe man sie in Scheiben schneidet. So kann die enthaltene schleimige Flüssigkeit nicht austreten. Sind die Okras jedoch sehr schmutzig, die Schoten zügig waschen, trockentupfen und an einem gut belüfteten Ort trocknen lassen, bevor sie aufgeschnitten werden. Im östlichen Mittelmeerraum werden die Okras mit Essig abgespült und vor dem Garen vollständig in der Sonne getrocknet.

Vor dem Garen sollte man die dünne Spitze und den Stielansatz der Okras entfernen. Die kleine Spitze lässt sich einfach mit den Fingern abknipsen. Für den leicht konischen Stielansatz gibt es dagegen verschiedene Methoden. Man kann ihn schälen und dabei seine Form bewahren, den kompletten Stielansatz abschneiden oder nur so viel entfernen (wie einen Bleistift anspitzen), dass die Frucht nicht verletzt wird und keine Flüssigkeit ausläuft.

Okras braten/ausbacken: Die Okras werden dabei angenehm knusprig und verlieren ihre schleimige Konsistenz. Sie können nur in Öl gebraten und anschließend mit Salz und Pfeffer bestreut werden. Die Schoten können aber auch mit würzenden Zutaten, etwa Curryblättern, oder im Teigmantel ausgebacken werden. Okrascheiben sollte man so lange ausbacken oder braten, bis sie gar und knusprig sind, aber nicht zu stark bräunen. Ich beginne gern mit einer mittleren Temperatur und reduziere dann die Hitze. Vor dem Servieren müssen die Okras gut abtropfen. Ausgebackene Okras passen zu vielen Gerichten, so auch zu einem Omelett als Frühstück oder Mittagessen. Man kann sie auf Suppen streuen oder als Snack genießen.

PAKISTAN

Okras in Ausbackteig
Tali hui besan wali bhindi • *Nasreen Rehman*

Die knusprigen Okras können als Bestandteil einer Mahlzeit serviert werden, aber auch als eigenständiger erster Gang, zum Beispiel mit einer Dipsauce oder frischen Chutneys.

Für dieses Rezept schneidet man die Okras nicht quer, sondern längs in dünne Scheiben und entfernt alle Samen, ehe die Scheiben in einen leichten Kichererbsenteig getaucht werden. Die eleganten Fritters sollten sofort verzehrt werden.

FÜR 3–4 PERSONEN

225 g Okraschoten, Enden entfernt (siehe Seite 114)
115 g Kichererbsenmehl
1 1/4 TL Salz
1/4–1/2 TL Cayennepfeffer (je nach gewünschter Schärfe)
1 kräftige Prise gemahlene Kurkuma
Pflanzenöl zum Ausbacken

- Die Okras längs in 3 mm dicke Scheiben schneiden und alle Samen mit der Messerspitze entfernen.
- Das Kichererbsenmehl in einer Schüssel nach und nach mit 200 Milliliter Wasser zu einem glatten, dünnflüssigen Teig (ähnlich wie Pfannkuchenteig) verrühren. Salz, Cayennepfeffer und Kurkuma untermischen.
- Das Öl 4 cm hoch in einen großen Frittiertopf füllen. Bei mittlerer bis niedriger Temperatur heiß werden lassen. Inzwischen sämtliche Okrascheiben unter den Teig mischen. Sobald das Öl heiß ist (ein Tropfen Teig sollte zischen), die Okrascheiben einzeln aus dem Teig nehmen, kurz abtropfen lassen und in das heiße Öl geben. Die Scheiben sollten sich möglichst wenig berühren. Etwa 7 Minuten ausbacken, bis die Scheiben auf der Unterseite goldgelb und recht knusprig sind. Wenden, weitere 5–6 Minuten ausbacken. Noch mehrmals wenden, bis nach insgesamt 17–18 Minuten knusprige Fritters entstanden sind. Mit einem Schaumlöffel auf Küchenpapier heben und 2 Minuten abtropfen lassen. Auf frischem Küchenpapier nochmals 1 Minute abtropfen lassen. Heiß servieren.

GEMÜSE

INDIEN

Okras mit Kartoffeln

Diese Spezialität aus Gujarat passt zu jedem indischen Essen.

FÜR 4–6 PERSONEN

4 mittelgroße Knoblauchzehen, geschält
2,5 cm frischer Ingwer, geschält und grob gehackt
1/4–1/2 TL Cayennepfeffer
2 TL gemahlener Kreuzkümmel
1 TL gemahlener Koriander
1/2 TL gemahlene Kurkuma
3 EL Pflanzenöl
Je 1/2 TL Kreuzkümmel und braune Senfsamen

400 g Okraschoten, Enden entfernt (siehe Seite 114), in 2 cm große Stücke geschnitten
250–275 g fest kochende Kartoffeln, gekocht, gepellt und in 2,5 cm große Würfel geschnitten
225 g Tomaten, in 2,5 cm große Würfel geschnitten
1 TL Zucker, 1 TL Salz
1 1/2 EL frisch gepresster Zitronensaft
1 EL fein gehacktes frisches Koriandergrün

■ Knoblauch, Ingwer und 4 Esslöffel Wasser im Mixer zu einer Paste pürieren und in eine kleine Schale füllen. Cayennepfeffer und die gemahlenen Gewürze gut untermischen.
■ Das Öl in einer Pfanne (23 cm Durchmesser) bei mittlerer Temperatur erhitzen. Kreuzkümmel und Senfsamen einrühren, bis der Senf nach wenigen Sekunden aufplatzt.

Auf mittlere bis schwache Hitze schalten, die Paste dazugeben und 30 Sekunden rühren. Okras, Kartoffeln und Tomaten sowie Zucker, Zitronensaft, Salz und 125 Milliliter Wasser untermischen und zum Köcheln bringen. Bei schwacher Hitze zugedeckt 10–12 Minuten köcheln lassen. Mit Koriandergrün garnieren und heiß servieren.

INDISCH-UGANDISCH

Okras mit Tomaten
Mayai wara bhinda

Die Okras können ohne weitere Beigaben serviert werden, aber auch mit Rührei oder einem Omelett, wie man sie bei den muslimischen Indern in Uganda schätzt.

FÜR 3–4 PERSONEN

4 EL Pflanzenöl
450 g Okraschoten, Enden entfernt (siehe Seite 114), in 5 mm dicke Scheiben geschnitten
2 EL frisch gepresster Limettensaft
350 g Tomaten, enthäutet und gehackt

2 Knoblauchzehen, geschält und zerdrückt
Je 1/2 TL gemahlener Koriander und Kreuzkümmel
1 kräftige Prise gemahlene Kurkuma
1/8–1/4 TL Cayennepfeffer
3/4 TL Salz, frisch gemahlener schwarzer Pfeffer

■ Das Öl in einer großen Antihaft-Pfanne bei mittlerer bis hoher Temperatur erhitzen. Die Okras darin 7–10 Minuten pfannenrühren, bis sie zu bräunen beginnen. Bei mittlerer Hitze weitere 3–4 Minuten, anschließend bei schwacher Hitze noch 2–3 Minuten rühren,

bis sie fast gar sind. Die übrigen Zutaten vorsichtig unterrühren und bei schwacher Hitze 4–5 Minuten garen, bis sich die Aromen verbunden haben und die Flüssigkeit leicht eingekocht ist. Falls nötig, mit etwas Salz nachwürzen.

GEMÜSE | 117

AUSTRALIEN

Würzige gebratene Okras
Diane Holuigue

In Diane Holuigues Kochschule im australischen Melbourne entstand dieses Okragericht als schnelles Familienessen. Es zeigt den Einfluss fernöstlicher Zutaten, die in Australien immer beliebter werden.

FÜR 4–6 PERSONEN

2 EL Pflanzenöl
2 getrocknete rote Chilis
2 Knoblauchzehen, geschält und in lange Scheiben geschnitten
450 g junge, zarte Okraschoten, Enden entfernt (siehe Seite 114)
1 1/2–2 EL Sojasauce, 1 Prise Zucker
1 TL Öl aus gerösteten Sesamsamen

■ Das Öl in einer Pfanne bei mittlerer bis hoher Temperatur erhitzen. Die Chilis einlegen, sie blähen sich nach wenigen Sekunden auf. Den Knoblauch kurz einrühren. Die Okras 1–2 Minuten mitrühren, bis sie leuchtend grün sind. Bei schwacher Hitze in weiteren 10–15 Minuten weich garen. Ab und zu durchrühren. Zuletzt Sojasauce, Zucker und Sesamöl hinzufügen, noch 2–3 Minuten garen und dabei rühren. Heiß servieren.

INDIEN

Ausgebackene Okras mit frischen Curryblättern
Tali bhindi

In Kerala in Südindien werden Gewürze mit Wasser verrührt und beim Ausbacken über unterschiedlichste Speisen geträufelt. So ziehen die Gewürze wunderbar ein. Diese Methode setze ich auch bei diesen Okras ein, die zu vielen Gerichten passen.

FÜR 3–4 PERSONEN

Pflanzenöl zum Ausbacken
225 g junge, zarte Okraschoten, Enden entfernt (siehe Seite 114), in 3 mm dicke Scheiben geschnitten
10 frische Curryblätter (siehe Glossar)
Je 1/4 TL gemahlene Kurkuma und Salz, mit 1 1/2 TL Wasser verrührt
Zusätzlich Salz (nach Bedarf)
Frisch gemahlener schwarzer Pfeffer
1 Prise Cayennepfeffer (nach Belieben)

■ Das Öl 2 cm hoch in eine Pfanne (18–20 cm Durchmesser) füllen und bei mittlerer Temperatur erhitzen. Die Okras und Curryblätter einlegen, die Kurkumamischung gleichmäßig darüber träufeln und 5 Minuten rühren. Die Hitze leicht reduzieren und die Okras knusprig ausbacken. Werden sie zu dunkel, die Hitze noch weiter reduzieren. Insgesamt brauchen sie etwa 12 Minuten. Die Okras und Curryblätter mit einem Schaumlöffel herausnehmen, auf Küchenpapier abtropfen lassen. Falls nötig, zusätzlich mit Salz sowie etwas Pfeffer und Cayenne bestreuen. Durchmischen und servieren.

PAPRIKA- UND CHILISCHOTEN

Dieser kulinarische Schatz aus der Neuen Welt hat längst die Länderküchen rund um den Erdball erobert. Die Vielfalt der Sorten ist so beeindruckend wie ihre Färbung – rot, grün, gelb, orange und sogar violett. Rohe Schoten wandern in unterschiedlichste Salate, gegart bereichern sie Suppen sowie Gerichte mit Reis und Hülsenfrüchten. Besonders schmackhaft sind sie zudem gefüllt und in Saucen. In diesem Abschnitt finden Sie Rezepte für Gemüsepaprika und große mexikanische Chilis. Die kleineren Chilis tauchen dagegen in zahlreichen anderen Rezepten im Buch auf.

Paprika und Chilis kaufen und lagern:
Wählen Sie Schoten mit dicker Haut, vor allem zum Rösten. Sie sollten knackig und makellos aussehen. Bewahren Sie die Schoten im Gemüsefach des Kühlschranks auf.

Paprika und Chilis rösten und enthäuten:
Die meisten Paprikaschoten und großen Chilis schmecken geröstet und enthäutet besonders gut. Dabei karamellisieren sie leicht, bekommen einen intensiveren Geschmack und werden wunderbar weich. Viele, vor allem rote Gemüsepaprika, entwickeln ein süßes Aroma.

Zum Rösten von Paprikaschoten hier die beiden gebräuchlichsten Methoden:

Methode 1: Den Backofen auf 220 °C vorheizen. Die ganzen Paprikaschoten auf einem Backblech verteilen und auf der oberen Schiene in den Backofen schieben. (Sollen viele Paprika gegrillt werden, können im Umluftherd mehrere Backbleche gleichzeitig in den Ofen geschoben und in regelmäßigen Abständen von oben nach unten ausgetauscht werden.) Die Schoten insgesamt etwa 25 Minuten rösten. Nach 10 Minuten wenden, dann alle 5 Minuten ein wenig drehen, bis sie Blasen werfen und rundum gleichmäßig angekohlt sind. Das Blech (oder die Bleche) herausnehmen, mit einem Küchentuch bedecken und 10 Minuten abkühlen lassen. Die Schoten von Stielansatz und Samen befreien und die Haut mit einem Messer vom Stielansatz zur Spitze hin abziehen. Nach Belieben ganz belassen oder aufschneiden.

Methode 2: Für Paprikastücke den Backofengrill vorheizen. Die Schoten vierteln, Samen und Stielansatz entfernen. Mit der Haut nach oben nebeneinander auf ein Blech legen und so lange grillen, bis sie gleichmäßig angekohlt sind. (Für ein gleichmäßiges Ergebnis die Viertel ab und zu leicht drehen.) Das dauert 10–13 Minuten. Das Blech herausnehmen, mit einem Küchentuch bedecken und 10 Minuten stehen lassen. Die abgekühlten Paprikaviertel enthäuten.

Die enthäuteten Paprika halten sich in einem Schraubglas oder Plastikbehälter, mit Olivenöl bedeckt, 3–4 Tage im Kühlschrank. Zum Servieren aus dem Öl nehmen.

IRAN

Rote Paprikaschoten mit Reis-Kräuter-Füllung nach persischer Art
Dolmeh ye felfel germer ◆ *Shamsi Davis*

Wählen Sie mittelgroße rote Schoten aus, die Sie nebeneinander auf das Blech setzen können, ohne dass sie umfallen. Je zwei gefüllte Paprika ergeben mit grünem Salat eine vollständige Mahlzeit.

ERGIBT 8 GEFÜLLTE PAPRIKASCHOTEN

- 250 ml Basmatireis
- 85 g rote Linsen, verlesen
- 8 mittelgroße rote Paprikaschoten (insgesamt etwa 1,8 kg)
- 3 EL Olivenöl
- 1 mittelgroße Zwiebel, geschält und fein gehackt
- 2 Knoblauchzehen, geschält und fein gehackt
- 1 große Schalotte, geschält und fein gehackt
- Salz
- 45 g frische Petersilie, sehr fein gehackt
- 30 g frischer Schnittlauch, sehr klein geschnitten
- Je 2 EL sehr fein gehackter frischer Estragon und Basilikum
- 4 1/2 EL Tomatenmark
- 1 EL Zucker

■ Reis und Linsen zusammen in einer Schüssel mehrmals in frischem Wasser waschen. Mit reichlich frischem Wasser bedecken und 30 Minuten einweichen lassen.

■ Inzwischen die Paprika vorbereiten. Dafür jeweils am Stielende einen Deckel abschneiden. Samen und Scheidewände entfernen.

■ Reis und Linsen abgießen und abtropfen lassen. Das Öl in einer großen Antihaft-Pfanne erhitzen. Zwiebel, Knoblauch und Schalotte darin in etwa 5 Minuten goldgelb anschwitzen. Reis und Linsen hinzufügen, 1 Minute vorsichtig rühren. 125 Milliliter Wasser und 1/2 Teelöffel Salz unterrühren und bei mittlerer bis starker Hitze etwa 2 Minuten kochen lassen, bis das Wasser absorbiert wurde. Weitere 125 Milliliter Wasser und 1/2 Teelöffel Salz unterrühren und absorbieren lassen. Den Vorgang nochmals wiederholen, jedoch nur 1/3 Teelöffel Salz hinzufügen. Zuletzt sämtliche Kräuter untermischen und den Topf vom Herd nehmen. Falls nötig, nachsalzen.

■ Tomatenmark, Zucker und 1 1/2 Teelöffel Salz in einer Schüssel nach und nach mit 750 Milliliter Wasser zu einer Sauce verrühren.

■ Den Backofen auf 180 °C vorheizen.

■ Die Paprika nebeneinander auf ein Backblech mit hohem Rand oder in eine Auflaufform stellen und zu drei Vierteln mit der Reismischung füllen. Die Tomatensauce durchrühren und je 4 Esslöffel in die Schoten träufeln. Die Deckel auf die entsprechenden Schoten setzen. Einige Esslöffel Sauce auf dem Blech oder in der Form verteilen. Die Paprika 1 1/4–1 1/2 Stunden im Ofen backen, bis sie weich sind. Dabei ab und zu mit Sauce beträufeln. Heiß oder raumtemperiert servieren.

GRIECHENLAND

Geröstete rote Paprika mit Feta-Füllung

Piperia florina ◆ *Von George Nikolaides aus Porto Carras*

Diese gefüllten Paprikaschoten eignen sich als Vorspeise oder Hauptgang. Als Hauptspeise werden sie mit einem Bulgurgericht und grünem Salat serviert.

Für dieses Rezept werden traditionell rote Florina-Paprika verwendet, die länglich geformt sind und sehr süß schmecken. Andere Sorten sind aber ebenfalls geeignet. Statt Feta (Schafkäse) können Sie auch Ziegenkäse nehmen.

FÜR 6 PERSONEN

350 g Feta, in 5 mm dicke Scheiben geschnitten
6 EL natives Olivenöl extra
2 EL frischer oder 2 TL getrockneter Thymian
6 große rote Paprikaschoten (insgesamt etwa 1,1 kg), geröstet (siehe Methode 1, Seite 118), enthäutet, Stielansatz und Samen entfernt
1–2 EL fein gehackte frische Petersilie
Einige Zweige frischer Thymian

■ Die Feta-Scheiben nebeneinander auf einem Teller verteilen, das Öl darüber gießen. Mit der Hälfte des Thymians bestreuen und wenden. Von der anderen Seite mit dem übrigen Thymian bestreuen. 30 Minuten marinieren lassen.

■ Jeweils einige Feta-Scheiben in die ganzen enthäuteten Paprikaschoten stecken (bei Bedarf passend zurechtschneiden, behutsam vorgehen). Die gefüllten Schoten auf ein Blech oder in eine Grillpfanne legen. Mit etwas Öl vom Feta beträufeln.

■ Erst kurz vor dem Essen den Backofengrill vorheizen. Die Paprika 3–4 Minuten grillen, bis der Feta leicht geschmolzen ist und die Schoten einige braune Stellen zeigen. Mit Petersilie bestreuen und mit frischem Thymian garnieren. Sofort servieren.

Geröstete rote Paprika mit Balsamessig

Sie können die Paprikaschoten kalt, besser jedoch raumtemperiert servieren.

FÜR 4–6 PERSONEN

3 rote Paprikaschoten, geviertelt, geröstet, enthäutet und in Olivenöl eingelegt (siehe Methode 2, Seite 118)

Etwa 2 EL Balsamessig
Salz (nach Belieben)

■ Die Paprikaschoten aus dem Behälter oder Glas nehmen und möglichst viel Öl abtropfen lassen. Leicht überlappend auf einer großen Platte anrichten. Mit dem Essig beträufeln und nach Belieben mit etwas Salz bestreuen.

VARIANTE
Geröstete rote Paprika mit Knoblauch-Petersilien-Öl
Die angerichteten gerösteten Paprikaviertel mit Salz und Pfeffer bestreuen und darüber 4–6 Esslöffel Olivenöl mit Knoblauch und Petersilie (siehe Seite 461) träufeln.

❖

CHINA

Pfannengerührte Chilis mit Ingwer und Knoblauch
Chow ching la jiao ◆ Shiu-Min Block

Bei dieser Zubereitung handelt es sich um eine Mischung aus würziger Beigabe und Beilagengemüse. Sie benötigen lange Chilis von mittlerer Schärfe. Frische Peperoni eignen sich ebenso wie die milderen Anaheim-Chilis.

FÜR 4 PERSONEN

300 g lange, große frische Chilis von mittlerer Schärfe
3 EL Pflanzenöl
2 dünne Scheiben frischer Ingwer, geschält und fein gehackt

2 Frühlingszwiebeln, in dünne Ringe geschnitten
2 Knoblauchzehen, geschält und leicht zerdrückt
2 EL helle chinesische Sojasauce
1 TL Salz
1 EL Öl aus gerösteten Sesamsamen

■ Die Chilis der Länge nach halbieren, Stielansatz und Samen entfernen und die Schoten in dünne Halbringe schneiden.
■ Das Öl in einer großen Pfanne stark erhitzen. Ingwer und Frühlingszwiebeln darin 10 Sekunden pfannenrühren. Den Knoblauch kurz mitrühren. Die Chilis hinzufügen und 1 Minute pfannenrühren. Sojasauce und Salz dazugeben, 1 weitere Minute rühren. Vom Herd nehmen, das Sesamöl untermischen.

PILZE

Ich verstehe wenig vom Pilzesammeln. Zwar habe ich auf dem Land schon Pilze gesucht, doch stets in sachkundiger Begleitung. Mir selbst traue ich das Bestimmen von Wildpilzen nicht zu, darum suche ich mir meine frischen Pilze lieber beim Gemüsehändler oder in Bauernläden aus.

Neben den allseits bekannten Zuchtchampignons scheint das Angebot frischer Pilze täglich zuzunehmen – in Europa ebenso wie in Asien. Weiße Champignons sind in aller Herren Länder zu Hause; und die braunen Egerlinge, Kulturchampignons mit hellbraunem bis samtbraunem Hut, sind heute fast ebenso verbreitet. Weitere beliebte Kultur- und beliebte Speisepilze sind die japanischen *Shiitake* (in China heißen sie *Tongu*), die frisch und getrocknet verkauft werden, sowie die saftigen Austernpilze (in Asialäden auch in Dosen erhältlich). Die in Büscheln wachsenden *Enoki* mit den winzigen Kappen werden in Japan gern für Suppen verwendet. Zu den vielen Wildpilzen, die im Spätsommer und Frühherbst auf den Markt kommen, zählen die aromatischen Pfifferlinge, Morcheln und natürlich die ausgezeichneten Steinpilze. Getrocknete Wildpilze, insbesondere Steinpilze, verleihen Gerichten ein besonders kräftiges Aroma.

Die Vielfalt schmackhafter Speisepilze ist beeindruckend, doch mancher Genuss bleibt auf bestimmte Regionen beschränkt. In Indonesien habe ich einmal ganz ausgezeichnete Strohpilze (auf Reisstroh kultivierte Speisepilze) gegessen, mit Schalotten und Chilis in Bananenblättern gedämpft. Im Westen werden Strohpilze leider meist nur in Dosen angeboten. Ebenso köstlich waren die festen kleinen schwarzen »Kugeln« – *monsoon mushrooms* –, den Trüffeln ähnliche Pilze, die ich in Nordthailand gekostet habe; sie wachsen nur im Frühsommer und werden oft frittiert. Auch die köstlichen chinesischen Abalonepilze sind im Westen nur in Asialäden als Dosenware erhältlich.

Frische Pilze kaufen und lagern: Kaufen Sie nur feste Pilze ohne feuchte oder dunkle Stellen. Die Pilze sollten weder weich noch ausgetrocknet sein und keinesfalls streng riechen. Frische Pilze ungewaschen im Papierbeutel im Gemüsefach des Kühlschranks aufbewahren und möglichst bald verwenden.

Pilze vorbereiten: Frische Pilze werden nicht gewaschen, sondern nur mit einer Bürste vom Schmutz befreit und mit feuchtem Küchenpapier abgewischt. Die holzigen Enden der Stiele abschneiden und die Pilze nach Rezeptangabe klein schneiden.

Getrocknete Pilze 15–30 Minuten oder noch länger in heißem Wasser einweichen. Vorsichtig herausnehmen (Sand und Schmutz bleiben zurück) und nach Rezeptangabe verarbeiten. Die harten Stiele mancher getrockneter Pilze abschneiden. Die Einweichflüssigkeit abseihen und für Brühe verwenden.

Pilze klein schneiden: Werden Pilze halbiert, geviertelt oder in Scheiben geschnitten, stets längs durch den Stiel schneiden.

GEMÜSE 123

INDIEN

Pfannengerührte Champignons
Lalit Jaggi

Diese schmackhaften Pilze gehören zu den Lieblingsgerichten meiner Schwester.

FÜR 3–4 PERSONEN

- 4 EL Olivenöl
- 1 TL Kreuzkümmel
- 12 Frühlingszwiebeln, nur die weißen Teile in sehr dünne Ringe geschnitten
- 450 g mittelgroße Champignons, in dünne Scheiben geschnitten
- 1 1/4 TL Salz
- 2 TL frisch gepresster Zitronensaft
- 1 kräftige Prise Cayennepfeffer (nach Belieben)

■ Das Olivenöl in einer großen Pfanne oder einem Wok stark erhitzen. Den Kreuzkümmel einrühren, nach 10 Sekunden die Frühlingszwiebeln dazugeben und 1–2 Minuten rühren. Die Pilze mit dem Salz untermischen und pfannenrühren, bis sie weich sind. Mit Zitronensaft beträufeln und mit Cayennepfeffer (falls verwendet) würzen.

ZYPERN

Champignons mit Weißwein und Koriander
Maniteria efelia • Marios Mourtezis

Ich habe dieses Gericht in Nikosia entdeckt und war sofort davon begeistert. Große, feste weiße Champignons sind perfekt geeignet. Im Originalrezept werden nur die Hüte verwendet, doch mir fällt es schwer, den guten Teil der Stiele wegzuwerfen, darum belasse ich ihn an den Hüten. Wählen Sie einen trockenen Weißwein aus. Beim Kochen verdampft zwar der Alkohol, doch der Geschmack bleibt.

Als Garnitur können Sie fein gehackte Petersilie über die Pilze streuen und als weitere Variante vor den Pilzen etwas fein gehackten Knoblauch im Öl sautieren. Die Pilze eignen sich als Beilage oder Salat.

FÜR 4 PERSONEN

- 5 EL Olivenöl
- 450 g große weiße Champignons, längs geviertelt (mittelgroße Champignons nur halbieren)
- 1 EL Koriander, im Mörser in je 2–3 Stücke zerstoßen
- 125 ml trockener Weißwein
- 1/2 TL Salz
- Frisch gemahlener schwarzer Pfeffer
- 1 EL frisch gepresster Zitronensaft

■ Das Öl in einer großen Pfanne stark erhitzen. Die Pilze darin 3 Minuten unter Rühren braten, bis sie glänzen. Koriander und Wein hinzufügen. Rühren und dabei in etwa 5 Minuten fast die gesamte Flüssigkeit einkochen lassen. Mit Salz, Pfeffer und Zitronensaft würzen. Durchrühren, vom Herd nehmen. Heiß, raumtemperiert oder gekühlt servieren.

Pilz-Kartoffel-Topf

Manchmal reichere ich dieses wunderbare Gericht mit angebratenen Tofuwürfeln oder gegarten Hülsenfrüchten an. Servieren Sie dazu knuspriges Brot oder Reis und einen grünen Salat. Die Krönung wären hier natürlich frische Steinpilze.

FÜR 4 PERSONEN

4 EL Olivenöl
1 mittelgroße Zwiebel, geschält und fein gehackt
3 Knoblauchzehen, geschält und fein gehackt
2 Stangen Bleichsellerie, Enden abgeschnitten, fein gehackt
1 mittelgroße Möhre, geschält und fein geraspelt
350 g mittelgroße frische Champignons, halbiert
2 mittelgroße Kartoffeln (insgesamt etwa 350 g), geschält und in 2 cm große Würfel geschnitten
2 große Tomaten, enthäutet und fein gehackt
1 TL fein gehackter frischer oder 1/2 TL fein zerkrümelter getrockneter Rosmarin
1 TL gehackter frischer oder 1/2 TL getrockneter Thymian
250 ml trockener Weißwein oder trockener Vermouth
1–1 1/4 TL Salz
Frisch gemahlener schwarzer Pfeffer

■ Das Öl in einem weiten Topf bei mittlerer bis hoher Temperatur erhitzen. Die Zwiebel mit dem Knoblauch, Sellerie und der Möhre darin unter Rühren weich braten. Beginnen sie zu bräunen, die Hitze reduzieren. Die Pilze untermischen und 1 Minute mitrühren, bis sie glänzen. Die übrigen Zutaten hinzufügen und aufkochen. Zugedeckt bei schwacher Hitze 30 Minuten köcheln lassen, bis die Kartoffeln gar sind.

SPANIEN

Gegrillte Portobellos
Aus dem Restaurant Pinocho in Barcelona

Diese schmackhafte Spezialität aus Barcelona wird üblicherweise mit Steinpilzen zubereitet. Wer aber außerhalb der Steinpilzsaison nicht darauf verzichten möchte, kann als Ersatz Portobellos (Riesenchampignons) verwenden.

FÜR 2 PERSONEN

1 großer oder 2 mittelgroße *Portobellos* (insgesamt etwa 150 g)
2 EL Olivenöl
Salz
Etwa 1 EL Olivenöl mit Knoblauch-Petersilien-Aroma (siehe Seite 461)
1 EL fein gehackte frische Petersilie

■ Den Stiel der Portobellos wegschneiden und die Hüte diagonal in 5 mm dicke Scheiben schneiden.
■ Eine gusseiserne Grillpfanne bei mittlerer Temperatur heiß werden lassen. 1 Esslöffel Öl darin erhitzen. Eine Portion Pilzscheiben nebeneinander in die Pfanne legen, 2 Minuten von einer Seite grillen. Die Scheiben wenden, noch 1 Esslöffel Öl hinzufügen. Weitere 2 Minuten grillen. Herausnehmen und auf einer großen Platte nebeneinander anrichten.
■ Sobald alle Scheiben fertig sind, diese salzen, gleichmäßig mit dem aromatisierten Öl beträufeln und mit Petersilie bestreuen.

CHINA

Dreierlei Pilze
Shin young gu • Shiu-Min Block

Diese Pilze richte ich sehr gern auf den gebratenen Nudeln von Seite 379 an. Dazu passen aber auch Reis und ein Tofugericht.
Die verwendete Gemüsebrühe sollte eher leicht sein.

FÜR 4 PERSONEN

- 15 mittelgroße getrocknete *Shiitake* (siehe Glossar, Pilze)
- 350 ml heiße Gemüsebrühe
- 1 1/2 EL Pflanzenöl
- 3 Knoblauchzehen, geschält und leicht zerdrückt
- 6 dünne Scheiben frischer Ingwer, geschält
- 4 Frühlingszwiebeln, in 4 cm lange Stücke geschnitten
- 425 g chinesische Abalonepilze aus der Dose, abgetropft
- 425 g chinesische Austernpilze aus der Dose, abgetropft
- 2 EL Sojasauce
- 2 EL *Shao-Hsing*-Wein (siehe Glossar) oder trockener Sherry
- 2 TL Zucker
- 10 Zuckerschoten
- 2 TL Maisstärke, in 2 TL Wasser verrührt
- 1 TL Öl aus gerösteten Sesamsamen

■ Die *Shiitake* 30 Minuten in der heißen Gemüsebrühe einweichen lassen. Aus der Flüssigkeit heben, die harten Stiele wegschneiden, größere Hüte halbieren. Ein Sieb mit Musselin oder Küchenpapier auslegen und die Einweichflüssigkeit abseihen. Beiseite stellen.

■ Das Pflanzenöl in einer großen Pfanne bei mittlerer bis hoher Temperatur erhitzen. 2 Knoblauchzehen darin goldgelb rühren. Ingwer und Frühlingszwiebeln kurz mitrühren, gefolgt von sämtlichen Pilzen; ein-, zweimal durchrühren. Den restlichen Knoblauch, die Einweichflüssigkeit, Sojasauce, Wein (oder Sherry) und Zucker untermischen und zum Köcheln bringen. Zugedeckt 8–10 Minuten sanft köcheln lassen.

■ Die Zuckerschoten dazugeben. Die Maisstärkemischung durchrühren, das Sesamöl hinzufügen und in die Pfanne gießen. Unter Rühren noch 1 Minute köcheln lassen.

Portobellos mit Tofufüllung

Die Pilze eignen sich als elegantes Hauptgericht für zwei Personen, als Vorspeise reichen sie für 4 Personen. Ich verwende hier Portobellos (Riesenchampignons), aber Sie können auch andere große Pilze wählen, sogar Steinpilze. Die Hüte der Pilze sollten einen Durchmesser von 10 cm haben, bei kleineren Exemplaren benötigen Sie mehr.

Ein großes Stück Tofu am besten horizontal halbieren, so lässt sich die überschüssige Flüssigkeit leichter auspressen. Wird die Sauce im Voraus zubereitet, den Sesam erst kurz vor der Zugabe rösten.

FÜR 2–4 PERSONEN

225 g fester Tofu
1 Ei, verquirlt
2 Frühlingszwiebeln, in sehr dünne Ringe geschnitten
1 TL fein geriebener geschälter frischer Ingwer
4 Portobellos
5–6 EL Olivenöl
6 EL *Tamari* (siehe Glossar, Sojasauce)
2 EL Rotweinessig
1 EL frisch geröstete Sesamsamen (siehe Glossar)
Einige Zweige frisches Koriandergrün zum Garnieren (nach Belieben)

■ Den Tofu auf einen flachen Teller, ausgekleidet mit 2 Lagen Küchenpapier, legen. Mit weiteren 2 Lagen Küchenpapier bedecken, ein Brettchen darauf legen und mit Gewichten beschweren (etwa einigen Konservendosen). 30 Minuten stehen lassen.

■ Die Gewichte entfernen, den Tofu mit frischem Küchenpapier trockentupfen. Mit einer Gabel und danach mit den Fingern zerkrümeln oder durch ein grobmaschiges Sieb pressen.

■ In einer Schüssel Tofu, Ei, Frühlingszwiebeln und Ingwer vermischen.

■ Die Stiele der Pilze direkt unter den Hüten vorsichtig abbrechen. Die Tofufüllung in 4 Portionen teilen, auf der Innenseite jedes Pilzhuts verstreichen und festdrücken.

■ Etwa 4 Esslöffel Öl in einer sehr großen Pfanne (oder je 2 Esslöffel in 2 mittelgroßen Pfannen) bei mittlerer bis hoher Temperatur erhitzen. Die Pilze mit der Füllung nach oben einlegen und 1 Minute anbraten. Bei mittlerer Hitze 3–4 Minuten weiterbraten, bis die Pilze gebräunt sind. Noch 1 Esslöffel Öl zugeben und zugedeckt bei schwacher Hitze weitere 3–4 Minuten braten.

■ Inzwischen *Tamari*, Essig und Sesamsamen in einer Schüssel vermischen.

■ Die fertigen Pilze sofort auf 2 großen Tellern anrichten. Mit etwa 1 1/2 Esslöffeln Sauce pro Pilz beträufeln. Mit Koriandergrün garnieren und sofort servieren. Die übrige Sauce bei Tisch reichen.

GEMÜSE 127

Pfannengerührte Shiitake

Diese Shiitake *sind ein exquisiter erster Gang und eine ebenso feine Beilage. Sehr gut schmecken sie auf geröstetem Brot mit Butter.*

FÜR 2–3 PERSONEN

4 EL Olivenöl
1 TL braune Senfsamen
15 frische Curryblätter (siehe Glossar)
1–2 Knoblauchzehen, geschält und leicht angedrückt
12 frische *Shiitake* (siehe Glossar, Pilze), Stiele entfernt

Etwa 1/4 TL Salz
Frisch gemahlener schwarzer Pfeffer
1 kräftige Prise Cayennepfeffer
1–2 TL frisch gepresster Zitronensaft

■ Das Öl in einer großen Pfanne bei mittlerer bis hoher Temperatur stark erhitzen. Die Senfsamen und nach wenigen Sekunden die Curryblätter einrühren. Den Knoblauch hinzufügen und goldgelb werden lassen. Die Pilze untermischen und 1–2 Minuten pfannenrühren, bis sie weich und gerade eben gar sind. Mit Salz, Pfeffer, Cayenne und Zitronensaft würzen, durchmischen. Den Knoblauch vor dem Servieren entfernen.

INDIEN

Champignons mit Koriander und Kreuzkümmel
Khumbi

FÜR 4 PERSONEN

3 EL Pflanzenöl
1/2 TL Kreuzkümmel
350 g mittelgroße Champignons, halbiert
3 Knoblauchzehen, geschält und fein gehackt
2,5 cm frischer Ingwer, geschält und fein gerieben
1 TL gemahlener Kreuzkümmel
1 TL gemahlener Koriander

1/4 TL gemahlene Kurkuma
1/8 –1/4 TL Cayennepfeffer
1 miFLGroße Tomate, zu frischem Püree gerieben (siehe Seite 141)
3/4 TL Salz
Frisch gemahlener schwarzer Pfeffer
3 EL fein gehacktes frisches Koriandergrün, ersatzweise Petersilie

■ Das Öl in einem großen Wok oder einer großen Pfanne bei mittlerer bis hoher Temperatur erhitzen. Den Kreuzkümmel einrühren. Nach etwa 10 Sekunden die Pilze dazugeben und pfannenrühren, bis sie glänzen. Knoblauch, Ingwer und die gemahlenen Gewürze hinzufügen, weitere 2–3 Minuten pfannenrühren. Die Tomate untermischen, salzen, pfeffern und 125 Milliliter Wasser dazugießen. Aufkochen. Zugedeckt bei schwacher Hitze 10 Minuten köcheln lassen. Mit Koriandergrün bestreuen und servieren.

RETTICH, WEISSER (DAIKON, MOOLI)

In Japan heißt dieser große weiße Rettich *Daikon*, die Inder nennen ihn *Mooli*. Man kennt ihn auch als Chinesischen oder Japanischen Rettich. Er kann über 30 cm lang werden und etwa so dick wie ein Unterarm. Der auf unseren Märkten angebotene *Daikon*-Rettich ist lang, schlank, spitz auslaufend und zeichnet sich durch einen besonders milden Geschmack aus. In Asien stellt man daraus vielerlei Pickles her und gibt ihn auch gern an Suppen, in denen er eine interessante durchscheinende Textur bekommt. In China wird er langsam mit Sojasauce und Zucker geköchelt (man nennt dies »rotgekocht«), bis er wunderbar saftig ist. Weißer Rettich enthält sehr viel Wasser und wird darum vor dem Einlegen kräftig gesalzen.

Weißen Rettich kaufen und lagern: Wenn das Rezept keine besonders dicken Rettiche verlangt, wählen Sie Exemplare von etwa 5 cm Durchmesser, die knackig und weiß aussehen. Meiden Sie ausgetrocknete, holzige Rettiche. Es empfiehlt sich sogar, den Rettich noch im Geschäft in zwei Hälften zu brechen, um das Innere zu prüfen. Ebenso wie bei Radieschen sind trübe weiße Stellen im Innern ein Indiz für ausgetrocknete Ware. Vermutlich müssen Sie den auseinander gebrochenen Rettich kaufen, doch dann kaufen Sie eben nur diesen einen. Zu Hause stecken Sie den Rettich in einen perforierten Plastikbeutel und legen ihn in den Kühlschrank.

Weißen Rettich vorbereiten: Den Rettich waschen und mit einem Sparschäler gründlich schälen. Die Schale ist sehr dick und muss vollständig entfernt werden.

Weißen Rettich klein schneiden: Soll der Rettich in Julienne geschnitten werden, können Sie den Gemüsehobel verwenden, der dafür spezielle Messer besitzt. Als Alternative gehen Sie nach der ostasiatischen Methode vor: Zuerst den Rettich in Scheiben von gewünschter Dicke schneiden. Nun die Scheiben überlappend in eine Reihe legen, ähnlich wie Spielkarten. Mit einem großen Messer die Scheiben von einer Seite zur anderen in dünne Streifen schneiden.

Geschälter weißer Rettich lässt sich zudem fein oder grob raspeln, rollschneiden (siehe Seite 17) oder auch würfeln.

CHINA

»Rotgekochter« weißer Rettich
Hung shao lo bo • Shiu-Min Block

Diese Zubereitung von weißem Rettich schätze ich ganz besonders. Servieren Sie dazu Reis und Blattgemüse.

FÜR 4 PERSONEN

450 g weißer Rettich (etwa 5 cm Durchmesser)
2 EL Pflanzenöl
2 Frühlingszwiebeln, in 4 cm lange Stücke geschnitten, die weißen Stücke längs halbiert
2 Scheiben frischer Ingwer, geschält
2 EL Sojasauce
1 TL Zucker
2 Knoblauchzehen, geschält und leicht zerdrückt
1 TL Öl aus gerösteten Sesamsamen
3 EL fein gehacktes frisches Koriandergrün

■ Den Rettich schälen und rollschneiden (siehe Seite 17) oder in 2,5 cm große Stücke schneiden. Die nach oben hin dickeren Stücke eventuell halbieren.

■ Das Öl in einem weiten Topf bei mittlerer bis hoher Temperatur erhitzen. Die Frühlingszwiebeln und den Ingwer darin 30 Sekunden rühren. Die Rettichstücke kurz untermischen. Sojasauce, Zucker, Knoblauch und 175 Milliliter Wasser hinzufügen. Aufkochen und zugedeckt bei schwacher Hitze 15 Minuten garen, bis der Rettich weich ist. Dabei ab und zu rühren.

■ Die Flüssigkeit bei starker Hitze ohne Deckel bis auf etwa 4 Esslöffel einkochen lassen, dabei gelegentlich rühren. Heiß oder raumtemperiert reichen. Zum Servieren das Sesamöl darüber träufeln und mit dem Koriandergrün bestreuen. (Der Rettich lässt sich in der Flüssigkeit wieder aufwärmen.)

ROTE BETE

Frische Rote Beten werden ganzjährig angeboten. Wenn im späten Frühjahr die neue Ernte auf den Markt gelangt, sind die Knollen bis etwa August mit ihren nährstoffreichen Blättern zu haben, die wie Spinat zubereitet werden können. Die wunderbar roten Knollen sind reich an Eisen, Kalium und Kalzium und enthalten beachtliche Mengen an Vitaminen der B-Gruppe sowie Vitamin C. Leider werden sie heutzutage trotz abwechslungsreicher Zubereitungsarten eher wenig verwendet. Man kann Rote Bete kochen oder in Folie garen und zu Salaten verarbeiten, doch ebenso eignet sie sich für süße Chutneys, Suppen, kalte Gerichte oder Currys. Wer eigene Rote Bete ziehen möchte, sollte sich für die kleine, sehr süße *Chioggia* entscheiden, eine leuchtend rote italienische Sorte mit dünner Schale, im Inneren mit roten und weißen Ringen, die den Speisen eine weniger dominante rote Färbung beschert. Sie ist aber auch im Handel zu haben.

Rote Bete kaufen und lagern: Leider nur während bis kurz nach der Ernte wird Rote Bete mit den Blättern angeboten, die man mitkochen kann, wie im ersten Rezept auf Seite 131 beschrieben. Wählen Sie nur saftige, feste Rote Beten mit leuchtend grünen Blättern aus. Während des restlichen Jahres muss man mit den »nackten« Knollen vorlieb nehmen. Aufbewahrt werden sie im Gemüsefach des Kühlschranks. Zunehmend werden vakuumverpackte gekochte Rote Beten angeboten.

Rote Bete vorbereiten: Zum Kochen oder Foliengaren werden bei Knollen mit Laub die Stängel bis auf 1–2,5 cm abgeschnitten. (Der Rest hält die junge Schale fest zusammen, sodass die Knollen nicht ausbluten können.)

Rote Bete kochen: Die Roten Beten in einem Topf großzügig mit Wasser bedecken. Aufkochen und zugedeckt bei schwacher Hitze 20–60 Minuten (je nach Größe) köcheln lassen, bis man sie mit der Messerspitze leicht einstechen kann. Die Stängelreste (falls vorhanden) abschneiden, die Roten Beten schälen und nach Rezeptangabe verarbeiten.

Rote Bete in Alufolie garen: In Alufolie gebackene Kartoffeln schmecken mir überhaupt nicht; denn bei dieser Methode wird das Innere der Kartoffeln seltsam zäh und die Schale ledrig und dennoch weich. Für Rote Bete, deren Schale ohnehin nicht gegessen wird, ist diese Zubereitung jedoch ideal geeignet. Ihr Geschmack wird noch intensiver, da nichts im Wasser verloren gehen kann, und die Rote Bete bekommt eine wunderbar weiche Textur. Den Backofen auf 190 °C vorheizen. Die Roten Beten gründlich waschen, einzeln in Alufolie wickeln und nebeneinander auf ein Backblech legen. Im Ofen 40–60 Minuten (je nach Größe) backen, bis sie sich mit einem spitzen Messer leicht einstechen lassen. Herausnehmen, die Folie entfernen. Die restlichen Stängel (falls vorhanden) abschneiden, die Knollen schälen und nach Rezeptangabe verarbeiten.

GRIECHENLAND

Gekochte Rote Bete mit Meerrettich-Dressing
Pantzarosalata 1 ◆ Elena Averoff

Ein Gericht mit Roten Beten und ihren Blättern ist recht ungewöhnlich, doch hier werden beide auf delikate Weise kombiniert. Der Meerrettich sorgt für zusätzlichen Pfiff. Pantzarosalata *passt zu fast allen Speisen.*

FÜR 4 PERSONEN

3 mittelgroße Rote Beten (insgesamt etwa 350 g), gekocht (siehe Seite 130) und geschält
225 g Blätter der Roten Beten, die groben Stängel abgeschnitten, große Blätter diagonal in Streifen geschnitten

FÜR DAS DRESSING

4 EL Olivenöl
2 TL Rotweinessig
2 TL küchenfertiger geriebener Meerrettich
1/4 TL Salz
1 sehr kleine Knoblauchzehe, geschält und fein zerdrückt

■ Die Roten Beten längs halbieren und quer in 5 mm dicke Scheiben schneiden.
■ In einem großen Topf Wasser sprudelnd aufkochen. Die Blätter einlegen und etwa 12 Minuten kochen, bis sie gerade weich sind. Abgießen und abtropfen lassen.

■ Die Zutaten für das Dressing verrühren und abschmecken. Die Roten Beten samt Blättern in eine flache Schüssel füllen und vermischen, mit dem Dressing begießen und vorsichtig durchheben. Warm, raumtemperiert oder gekühlt servieren.

GRIECHENLAND

Rote-Bete-Püree
Pantzarosalata 2 ◆ Aus dem Ormylia-Kloster in Mazedonien

Dieses eher unbekannte Püree aus Roter Bete wird als Bestandteil der griechischen Vorspeisenplatte Meze *mit Brot gegessen. Es schmeckt auch als Sauce zu Fritters und passt gut zu gekochten oder gebackenen Kartoffeln. Das Rezept erhielt ich von einer charmanten jungen Nonne namens Protokliki.*

FÜR 6 PERSONEN

1 große Rote Bete (etwa 175 g), oder 2 kleinere Exemplare, gekocht (siehe Seite 130), geschält
4 EL gehackte Walnüsse
30 g Weißbrot vom Vortag, zerkrümelt, ersatzweise 1 kleine gekochte Kartoffel

1 Knoblauchzehe, geschält und grob gehackt
6 EL Olivenöl
2 EL Rotweinessig
1/2 TL Salz

■ Die Rote Bete grob hacken. In den Mixer oder in die Küchenmaschine füllen und mit den übrigen Zutaten zu einem glatten, weichen Püree verarbeiten.

Geriebene Rote Bete mit Schalotten

Bei diesem schnellen Gericht können Sie die Rote Bete auch in der Küchenmaschine zerkleinern. Wer es nicht so scharf mag, lässt den grünen Chili einfach weg.

FÜR 4 PERSONEN

3 EL Olivenöl
1/2 TL braune oder gelbe Senfsamen
2 große Schalotten, geschält und in feine Streifen geschnitten
1 frischer grüner Chili, diagonal in dünne Ringe geschnitten
450 g rohe Rote Bete, geschält und grob gerieben
1 TL Salz
1 EL frisch gepresster Zitronensaft

■ Das Öl in einem weiten Topf oder einer großen Pfanne bei mittlerer bis hoher Temperatur erhitzen. Die Senfsamen einrühren. Sobald sie in der Pfanne hüpfen, die Schalotten mit dem Chili dazugeben und 30 Sekunden rühren, bis sie leicht gebräunt sind. Die Rote Bete 1 Minute mitrühren. Das Salz und 125 Milliliter Wasser hinzufügen und aufkochen. Zugedeckt bei schwacher Hitze 10 Minuten garen.

■ Den Deckel abnehmen, auf mittlere Hitze schalten. Den Zitronensaft unterrühren, vom Herd nehmen.

INDIEN

Curry mit Roter Bete und Champignons
Shorvedar chukandar aur khumbi

Zu diesem unkomplizierten Curry aus Roter Bete und Champignons reichen Sie Reis und ein Gericht mit geschälten, halbierten Hülsenfrüchten. Joghurtsaucen und Chutneys oder Salate sind eine gute Ergänzung.

FÜR 4 PERSONEN

3 EL Pflanzenöl
1/2 TL Kreuzkümmel
1/2 TL gelbe oder braune Senfsamen
175 g mittelgroße Champignons, halbiert
400 g rohe Rote Bete, geschält und in 2 cm große Würfel geschnitten
2 TL geschälter, fein geriebener frischer Ingwer
2 große Knoblauchzehen, geschält und fein zerdrückt
1 frischer grüner Chili, sehr fein gehackt
250 ml passierte Tomaten
1 TL Salz

■ Das Öl in einem mittelgroßen Topf bei mittlerer bis hoher Temperatur erhitzen. Kreuzkümmel und Senfsamen einstreuen. Nach wenigen Sekunden die Pilze dazugeben und einmal umrühren. Die Rote Bete untermischen und 2 Minuten pfannenrühren. Ingwer, Knoblauch und Chili hinzufügen und weitere 2 Minuten pfannenrühren. Die passierten Tomaten und 250 Milliliter Wasser dazugießen, salzen, durchmischen und aufkochen. Zugedeckt bei schwacher Hitze etwa 40 Minuten köcheln lassen, bis die Rote Bete weich ist.

SPARGEL

Wenn die grünen Spargelstangen im Gemüsehandel erscheinen und der weiße Spargel sich auf den Marktständen häuft, ist das Frühjahr gekommen und beschert eines der kostbarsten Gemüse. Nirgendwo sonst ist der weiße Spargel so absolut der »king« wie in Deutschland, wo er von Anfang Mai bis genau zum 24. Juni (St. Johanni) geerntet wird. In allen anderen Ländern und Kontinenten dominiert grüner Spargel. Dabei hat die Farbe nichts mit der Qualität oder Sorte zu tun. Der Farbunterschied entsteht allein aus der Art des Anbaus: Weißer Spargel wird in aufgeworfenen Hügelbeeten ohne Sonnenlichteinwirkung kultiviert, grüner Spargel dagegen auf flachen Beeten unter voller Lichteinwirkung. Frischer Spargel, egal ob weiß oder grün, ist ein echter Hochgenuss und kann sich weltweit einer kaum nachzählbaren Fülle von Rezepten erfreuen.

Spargel kaufen und lagern: Achten Sie auf gerade, gleichmäßig gewachsene Stangen mit geschlossenen Köpfen. Die Schnittenden sollen weder vertrocknet noch verfärbt sein. Je knackiger der Spargel ist, desto besser schmeckt er. Im Idealfall sollte er gleich nach dem Kauf zubereitet werden. Muss er jedoch aufbewahrt werden, wickeln Sie ihn – geschält oder ungeschält – in ein nasses Handtuch und legen ihn in den Kühlschrank. Oder: Stellen Sie ihn aufrecht in eine hohe Schüssel mit etwas Wasser, die Enden sollen im Wasser stehen.

Spargel vorbereiten: Zuerst die holzigen Enden der Spargelstangen abschneiden. Die Stangen sind nun etwa 15 cm lang. Bei weißem Spargel die ganzen Stangen von oben nach unten schälen; bei grünem Spargel nur die unteren 5–7,5 cm der Stangen schälen. Je nach Rezept die Stangen ganz belassen oder in je 3 (oder mehr) Stücke schneiden. Damit der Spargel schön knackig bleibt, am besten für 15–30 Minuten in kaltes Wasser legen. Vor dem Garen gut abtropfen lassen.

Spargel kochen: Für die klassische französische Methode die Spargelstangen zu kleinen Bündeln zusammenbinden. Aufrecht in einen hohen Topf mit sprudelnd kochendem Salzwasser stellen und bissfest kochen. Den Spargel herausnehmen und sofort mit Butter oder einer Sauce, etwa Sauce hollandaise, servieren. Oder kurz abkühlen lassen und mit Mayonnaise oder in einer Vinaigrette reichen.

Ich verwende diese bewährte Methode noch regelmäßig, bevorzuge inzwischen aber eine andere Technik. Dafür die Spargelstangen in einen Topf legen und in einigen Esslöffeln Wasser garen. Das Wasser wird beim Garen ganz absorbiert und der Spargel behält seinen vollen Geschmack.

GEMÜSE

Spargel nach meiner Methode

Diese Zubereitungsart eignet sich für jede Art von Spargel, dicken, dünnen, weißen oder grünen. Allerdings variiert die Garzeit: dickerer Spargel ist in etwa 4 Minuten gar, dünnerer in etwa 2 Minuten.

FÜR 2–3 PERSONEN

1 EL Olivenöl
450 g frischer Spargel, geschält und ganz belassen oder in je 3 Stücke geschnitten (siehe Seite 133)
1/4 TL Salz
2 TL Öl aus gerösteten Sesamsamen (nach Belieben)

■ Das Olivenöl in einer großen Pfanne bei mittlerer bis hoher Temperatur erhitzen. Den Spargel einlegen und darin wenden, bis er gleichmäßig mit dem Öl überzogen ist. Ganze Stangen mit der Küchenzange wenden. 3 Esslöffel Wasser und das Salz hinzufügen. Zugedeckt bei schwacher Hitze 2–4 Minuten garen, bis der Spargel gerade weich ist. Mit dem Sesamöl (falls verwendet) beträufeln. Ohne Deckel bei starker Hitze die meiste Flüssigkeit verkochen lassen.
■ Soll der Spargel kalt serviert werden, auf einem Teller abkühlen lassen. In einem Behälter mit Deckel kalt stellen.

❖

KOREA

Kalter Spargel mit Sesam-Dressing

Das würzige, erfrischende Dressing passt wunderbar zu Spargel. Die Sesamsamen sind besonders aromatisch, wenn man sie frisch röstet und direkt aus der Pfanne in das Dressing gibt.

FÜR 6 PERSONEN

675 g frischer Spargel, geschält und schräg in je 3 Stücke geschnitten (siehe Seite 133)

FÜR DAS DRESSING
3 EL Sojasauce
1 EL extrafeiner Zucker
1 kräftige Prise Cayennepfeffer
1 EL Rotweinessig
1 EL Öl aus gerösteten Sesamsamen
1 Knoblauchzehe, geschält und leicht angedrückt
1 EL Sesamsamen, frisch geröstet (siehe Glossar) und noch heiß

■ In einem großen Topf Wasser sprudelnd aufkochen. Den Spargel einlegen und 2–3 Minuten kochen, bis er gerade weich ist. Abgießen und im Sieb unter fließendem kaltem Wasser abschrecken, um den Garprozess zu stoppen. Abtropfen lassen.
■ Die Zutaten für das Dressing in einer Schüssel verrühren. Beiseite stellen.
■ Den Spargel erst kurz vor dem Servieren in einer Schüssel anrichten. Den Knoblauch aus dem Dressing fischen. Das Dressing durchrühren und über den Spargel gießen.

GEMÜSE 135

SPANIEN

Grüner Spargel mit Romesco-Sauce

Romesco-Sauce harmoniert bestens mit grünem Spargel. Ihre leuchtend orangerote Farbe bildet einen schönen Kontrast zu dem zarten Grün, und ihr Geschmack ist eine wunderbare Ergänzung zu dem feinen Spargelaroma.

FÜR 4 PERSONEN

1 EL natives Olivenöl extra
900 g frischer grüner Spargel, geschält
   (siehe Seite 133)

1/3 TL Salz
Romesco-Sauce (siehe Seite 466 oder 467),
   pro Person 3–4 EL

■ Das Olivenöl in einer großen Pfanne bei mittlerer bis hoher Temperatur erhitzen. Den Spargel einlegen und mit der Küchenzange im Öl wenden. 3 Esslöffel Wasser und das Salz hinzufügen. Zugedeckt bei schwacher Hitze 2–4 Minuten garen, bis der Spargel gerade weich ist. Ohne Deckel bei starker Hitze die meiste Flüssigkeit verkochen lassen.

■ Den heißen Spargel sofort auf Teller verteilen und die Romesco-Sauce quer über die Mitte oder daneben anrichten. Auf gleiche Weise kann das Gericht raumtemperiert oder gekühlt serviert werden.

HONGKONG

Spargel mit Ingwer und rotem Chili

In den führenden Restaurants in Hongkong wird Spargel mittlerweile sehr geschätzt. Servieren Sie ihn mit Reis und einem Tofugericht.

FÜR 4–6 PERSONEN

2 EL Pflanzenöl, vorzugsweise Erdnussöl
2 dünne Scheiben frischer Ingwer, geschält und
   leicht zerdrückt
5 Knoblauchzehen, geschält und leicht zerdrückt
1 getrockneter roter Chili, grob zerkrümelt
900 g frischer grüner Spargel, geschält und in
   je 3 Stücke geschnitten (siehe Seite 133)

4 EL Gemüsebrühe
1 EL Sojasauce
1/4 TL Salz
1/4 TL extrafeiner Zucker
1 TL Öl aus gerösteten Sesamsamen

■ Das Öl in einem großen Wok oder in einer großen Pfanne stark erhitzen. Zuerst Ingwer und Knoblauch, dann den Chili und schließlich den Spargel einrühren. So lange pfannenrühren, bis der Spargel gleichmäßig mit Öl überzogen ist. Brühe, Sojasauce, Salz und Zucker untermischen und aufkochen. Zugedeckt bei schwacher Hitze 3–4 Minuten garen, bis der Spargel gerade weich ist.

■ Ohne Deckel die meiste Flüssigkeit verkochen lassen. Mit dem Sesamöl beträufeln und unterrühren. Servieren.

SPANIEN

Spargel mit maurischer Sauce
Aus der Bar Oporto bei Sevilla

In einer Tapas-Bar in der Nähe von Sevilla wurde mir dieses Gericht serviert. Es war mit dünnem grünem Wildspargel zubereitet. Sie können jedoch jeden anderen Spargel verwenden.

FÜR 4 PERSONEN

1 Knoblauchzehe, geschält und fein gehackt
3 EL Olivenöl
1 EL Öl aus gerösteten Sesamsamen
1/2 TL gemahlener Kreuzkümmel
1/2 TL Paprikapulver
1/4 TL getrockneter Oregano
Salz
450 g frischer Spargel, geschält (siehe Seite 133)

■ Den Knoblauch mit dem Olivenöl in einem kleinen Topf erhitzen und in 1 Minute goldgelb werden lassen. 250 Milliliter Wasser, Sesamöl, Kreuzkümmel, Paprikapulver, Oregano und 1/4 Teelöffel Salz hinzufügen. Zum Köcheln bringen und unbedeckt bei schwacher Hitze 15–20 Minuten auf etwa 175 Milliliter einkochen lassen.
■ Die Flüssigkeit in eine große Pfanne abseihen. Die Spargelstangen nebeneinander einlegen, mit etwas Salz bestreuen und aufkochen. Zugedeckt bei mittlerer bis schwacher Hitze etwa 3 Minuten garen, bis der Spargel fast weich ist. Ohne Deckel die Flüssigkeit bei starker Hitze in 1 Minute zu einer dickeren Sauce einkochen lassen. Dabei den Spargel vorsichtig in der Sauce wenden.
■ Den Spargel auf eine Servierplatte heben. Die Sauce entweder sofort darüber gießen und den Spargel heiß servieren. Oder die Sauce abkühlen lassen und über dem kalten Spargel verteilen.

ITALIEN

Spargel mit Zitrone und Parmesan
Asparagi al limone

Für dieses unkomplizierte Gericht brauchen Sie einen guten Parmigiano-Reggiano.

FÜR 2–3 PERSONEN

3 EL Olivenöl
450 g frischer Spargel, geschält (siehe Seite 133)
1/4 TL Salz
1 EL frisch gepresster Zitronensaft
3 EL frisch geriebener Parmesan

■ Das Öl in einer großen Pfanne bei mittlerer bis hoher Temperatur erhitzen. Den Spargel einlegen und mit der Küchenzange in dem Öl wenden, bis er gleichmäßig überzogen ist. 3 Esslöffel Wasser und das Salz hinzugeben. Zugedeckt bei schwacher Hitze 2–4 Minuten garen, bis der Spargel gerade weich ist. Ohne Deckel die gesamte Flüssigkeit verkochen lassen.
■ Den Spargel auf einer Platte anrichten, das restliche Öl aus der Pfanne darüber gießen. Mit Zitronensaft beträufeln, mit Parmesan bestreuen und sofort servieren.

SPEISERÜBEN

Noch vor Einführung der Kartoffel waren Speiserüben ein wichtiges Nahrungsmittel, doch haben sie bis heute erheblich an kulinarischer Bedeutung eingebüßt. Die Sortenvielfalt ist groß. Am feinsten sind die Teltower Rübchen. In diesem Abschnitt verwende ich allerdings nur die weißfleischigen Speiserüben mit rotköpfiger Schale, auch als Herbstrüben oder »Stoppelrüben« bekannt. In Supermärkten, aber auch bei Gemüsehändlern werden sie leider selten mit Blättern angeboten. Ich schätze ihre zarten Blätter sehr, die ich in meiner Kindheit in Indien zusammen mit den gewürfelten Rüben in vielen Gerichten genießen konnte. Allerdings sind die Rüben ohne Blätter viel länger haltbar und deswegen kaum mit ihrem Grün erhältlich.

Speiserüben schmecken besonders gut, wenn sie nach westlicher Methode mit Butter und Brühe oder auf asiatische Art mit Sojasauce, Brühe und Zucker zubereitet werden. Sie eignen sich außerdem hervorragend zum Einlegen als Sauergemüse. In Indien werden sie mit Senfsamen in Wasser (das Wasser schmeckt dann ebenfalls köstlich) oder in Senföl eingelegt und ergeben würzige Pickles für die kalten Wintermonate.

Speiserüben kaufen und lagern: Kleine Rüben schmecken besser, haben eine angenehmere Textur und mehr Nährstoffe; sie werden insbesondere roh in Salaten oder für Pickles verwendet. Ältere Speiserüben sollten gekocht werden. Wählen Sie Rüben mit fester, glatter, leuchtender Schale. Aufbewahrt werden sie im Gemüsefach im Kühlschrank.

Speiserüben vorbereiten: Speiserüben müssen gründlich geschält werden, denn sie haben eine sehr dicke Schale. Verwenden Sie dafür den Sparschäler oder ein scharfes Küchenmesser. Geschälte Stücke mit Salz bestreuen oder in gesalzenes Wasser legen, um ihnen das reichlich enthaltene Wasser zu entziehen. In Indien schält man kleine ganze Speiserüben, sticht mehrere Löcher hinein und legt sie in gesalzenes Wasser. Wenn man ihnen das Wasser entzieht, bekommen sie eine festere Textur. Anschließend werden sie angebraten und in würziger Sauce gegart. Wer keine kleinen Speiserüben bekommt, kann größere Exemplare grob würfeln.

GEMÜSE

Speiserüben mit Sojasauce

Hier habe ich die chinesische mit der japanischen Zubereitungsmethode für Speiserüben kombiniert. Besonders gut passen dazu Blattgemüse, Hülsenfrüchte und Reis.

FÜR 4–6 PERSONEN

2 EL Erdnussöl oder ein anderes Pflanzenöl
4 Speiserüben (je 225 g), geschält und in 4 cm große Würfel geschnitten
250 ml Gemüsebrühe
2 EL *Tamari* (siehe Glossar, Sojasauce)
1 EL Zucker
1/2 TL Öl aus gerösteten Sesamsamen

■ Das Öl in einer großen Pfanne bei mittlerer bis hoher Temperatur erhitzen. Die Speiserüben darin anbraten. Nach etwa 5 Minuten Brühe, *Tamari* und Zucker hinzufügen und bei schwacher Hitze 15 Minuten köcheln lassen, bis die Rüben weich sind. Dabei ab und zu wenden. Mit dem Sesamöl beträufeln, durchmischen und servieren.

INDIEN

Speiserüben mit Joghurt und Tomaten
Shaljam lajavaab

Diese Speiserüben bleiben fester, weil der Joghurt ihnen Wasser entzieht. Reichen Sie dazu Hülsenfrüchte und grünes Gemüse sowie Reis oder Brot als Beilage.

FÜR 4–6 PERSONEN

250 ml Joghurt
1 TL Salz
900 g Speiserüben, geschält und in 4 cm große Würfel geschnitten
3 EL Pflanzenöl, vorzugsweise Erdnussöl
1/2 TL Kreuzkümmel
2 große Schalotten (insgesamt etwa 40 g), geschält und längs in dünne Streifen geschnitten
225 g Tomaten, enthäutet und gehackt
1/8–1/4 TL Cayennepfeffer

■ Joghurt und Salz in einer großen Schüssel leicht cremig rühren.
■ Die gewürfelten Speiserüben rundum mit einer Gabel einstechen und unter den Joghurt mischen. Mindestens 3 Stunden stehen lassen. (Oder die Rüben bis zu 8 Stunden im Joghurt belassen, jedoch nach 3 Stunden kalt stellen.) Durch ein Sieb abgießen, den Joghurt auffangen.
■ Das Öl in einer großen Antihaft-Pfanne stark erhitzen. Die Rüben darin pfannenrühren, bis sie nach etwa 5 Minuten leicht gebräunt sind. Mit einem Schaumlöffel herausnehmen und beiseite stellen. Bei mittlerer bis starker Hitze den Kreuzkümmel ins heiße Öl rühren. Die Schalotten hinzufügen und in 1–2 Minuten unter Rühren leicht bräunen. Tomaten und Cayennepfeffer dazugeben, 1 Minute pfannenrühren. Die Speiserüben und den Joghurt untermischen, aufkochen und zugedeckt 10 Minuten bei mittlerer Hitze, dann 10 Minuten bei schwacher Hitze garen, dabei gelegentlich rühren. Die Rüben dürfen nicht anhängen. Falls nötig, etwas Wasser darüber träufeln.

SÜSSKARTOFFELN (BATATEN)

Süßkartoffeln sind mit Kartoffeln botanisch nicht verwandt. Es handelt sich dabei nicht einmal um Knollen, sondern um knollenartig verdickte Wurzelstöcke. Allerdings sind Süßkartoffeln ebenso wie Kartoffeln ein unterirdisch wachsendes Gemüse, das in Mittel- und Südamerika beheimatet ist. Vor etwa 2000 Jahren gab es in Peru sowohl Süßkartoffeln als auch Kartoffeln. Im Gegensatz zur Kartoffel brauchen Süßkartoffeln jedoch die wärmeren Regionen der Tropen, Subtropen und gemäßigten Breiten. Die rund-länglichen, spitz zulaufenden Knollen können eine purpurrote, bräunliche oder eher gelbliche Schale aufweisen. Das süßliche Fruchtfleisch ist fest und orangegelb oder weiß. Von größter Bedeutung ist ihr hoher Vitamin-A-Gehalt und der köstliche Geschmack.

Die Bezeichnung »Batate« ist von dem Wort der Arawak-Indios für Süßkartoffel, *batata*, abgeleitet (im Spanischen *patata*), auf das im Übrigen auch der englische Name für die Kartoffel zurückgeht: *potato*.

Süßkartoffeln kaufen und lagern: Wählen Sie Exemplare mit glatter, makelloser Schale und möglichst gleicher Größe. Aufbewahrt werden sie nicht im Kühlschrank, sondern in einem luftigen Korb.

Süßkartoffeln vorbereiten: Sollen sie in der Schale gegart werden, die Süßkartoffeln mit einer Bürste gründlich waschen. Ansonsten schälen und nach Rezeptangabe klein schneiden.

Süßkartoffeln kochen: Süßkartoffeln werden am besten in der Schale gekocht. In einem Topf mit Wasser bedecken und aufkochen. Halb zugedeckt bei schwacher Hitze etwa 30 Minuten (mittelgroße Exemplare) kochen, bis sie sich mit der Spitze eines Messers leicht einstechen lassen. Die Süßkartoffeln pellen und nach Rezeptangabe klein schneiden. Werden sie in einer anschließenden Zubereitung noch weitergegart (etwa gebacken), sollten Sie die Kochzeit etwas verkürzen.

Süßkartoffeln backen: Diese Zubereitung ist wunderbar unkompliziert und das Ergebnis äußerst schmackhaft. Nach dem Waschen die Süßkartoffeln mit einer Gabel mehrfach einstechen. Auf ein Backblech mit Alufolie legen und bei 200 °C im vorgeheizten Ofen 45–60 Minuten backen, bis sie sich mit der Messerspitze leicht einstechen lassen.

GEMÜSE

MAROKKO

Süßkartoffeln mit Sultaninen und Zimt
Patates douces ◆ *Sakina El Alaoui*

Das Gericht harmoniert mit Blattgemüse, Reis und Hülsenfrüchten.

FÜR 3–4 PERSONEN

500 g Süßkartoffeln
5 EL Olivenöl
1 Zwiebel (etwa 175 g), geschält und in sehr dünne Halbringe geschnitten
5 cm Zimtstange
Je 1/2 TL Salz und gemahlener Ingwer
3 EL Sultaninen
1/4 TL Cayennepfeffer, 1–2 TL Zucker

■ Die Süßkartoffeln schälen und in 2,5 × 4 cm große Stücke schneiden.
■ Das Öl in einer großen Pfanne erhitzen. Die Zwiebel mit der Zimtstange darin etwa 3 Minuten anschwitzen. Die Süßkartoffeln einrühren und in 6–7 Minuten unter Rühren leicht bräunen. 175 Milliliter Wasser, Salz, Ingwer, Sultaninen, Cayenne und Zucker hinzufügen und aufkochen. Bei schwacher Hitze zugedeckt in 7–9 Minuten weich garen. Die restliche Flüssigkeit ohne Deckel verkochen lassen. Heiß servieren.

Süßkartoffeln mit Kardamom und Chilis
Bathala theldala ◆ *Cheryl Rathkopf*

Servieren Sie zu diesem würzigen Süßkartoffelgericht Blattgemüse, Tomaten-Sambal (siehe Seite 142) sowie jede Art von Reis und Hülsenfrüchten.

FÜR 6 PERSONEN

1,1 kg Süßkartoffeln
1/4 TL gemahlene Kurkuma
5 EL Erdnuss- oder Olivenöl
3 getrocknete rote Chilis, halbiert
2 grüne Kardamomkapseln
7,5 cm Zimtstange
20 frische Curryblätter (siehe Glossar)
3 große Zwiebeln (insgesamt 550 g), geschält und in sehr dünne Halbringe geschnitten
1–3 TL zerkrümelte getrocknete rote Chilis
1 1/4–1 1/2 TL Salz
1 1/2 EL frisch gepresster Limettensaft

■ Die Süßkartoffeln schälen, längs vierteln und quer in 2 cm breite Stücke schneiden. In einem großen Topf mit Wasser bedecken. Kurkuma hinzufügen, aufkochen, unbedeckt in 5–6 Minuten bissfest garen. Abgießen.
■ Das Öl in einer großen Pfanne erhitzen. Die halbierten Chilis, kurz darauf Kardamom und Zimtstange einrühren. Zuerst die Curryblätter, dann die Zwiebeln untermischen. 5–6 Minuten rühren, bis die Zwiebeln leicht gebräunt sind. Die Süßkartoffeln 5 Minuten mitrühren. Die zerkrümelten Chilis, Salz und Limettensaft einrühren. (Vor dem Servieren Zimtstange und Kardamom entfernen.)

TOMATEN

Von ihren Beutezügen in Mexiko und Peru brachten die Konquistadoren im 16. Jahrhundert unter anderem die von den Inkas als Fruchtgemüse kultivierte *tomatl* nach Europa. Dort diente das Nachtschattengewächs jedoch, da man seine Früchte für giftig hielt, zunächst gut 200 Jahre lang als reine Gartenzierde. Irgendwann besiegte die kulinarische Neugier die Skepsis, und damit begann der unaufhaltsame Siegeszug der Tomate, die im frühen 20. Jahrhundert schließlich auch die deutschen Küchen eroberte.

Heute sehen die Verbraucher sommers wie winters Rot: Neben den altbekannten runden Tomaten führen die Gemüsehändler das ganze Jahr über die auch teils kolossalen Fleischtomaten aus Holland sowie die zierlichen Cocktailtomaten, die nicht selten aus Israel stammen. Hinzu kommen Strauchtomaten in dekorativen Trauben, Eiertomaten, die sich so vorzüglich für Saucen und Suppen eignen, und gelegentlich sogar gelbe Tomaten. Meine Begeisterung über dieses umfangreiche Angebot hält sich allerdings in Grenzen, da das Aroma und die Konsistenz, auf die es mir bei Tomaten vor allem ankommt, oft zu wünschen übrig lassen. Am besten schmecken mir die Erzeugnisse aus regionalem Anbau, die also keine langen Transportwege absolvieren mussten und dafür im noch grünen Stadium geerntet wurden, sondern voll ausgereift und erntefrisch auf den Markt gelangen. Freilich haben sie in nördlicheren Breiten nur kurz Saison, aber gerade das macht sie vielleicht noch kostbarer.

Auf der kargen Insel Santorin sah ich eine einzelne Tomatenpflanze, die auf Sand zu wachsen schien. Ihr gesamtes Laub war in der sengenden Sonne vergilbt, und dazwischen leuchteten hier und da leicht runzlige, nur kirschgroße Tomaten auf. Man ermunterte mich, eine davon zu kosten. Und als ich die saftige Frucht zerbiss, erlebte ich förmlich eine Explosion süßsaurer Aromen. Genau so muss es sein!

Tomaten kaufen und lagern: Sattrote Tomaten, die sich fest anfühlen, sind die beste Wahl. Bei überreifen oder gar schon etwas matschigen Früchten sollten Sie indes ebenso verzichten wie bei noch harten Exemplaren mit fahler Farbe. Im Kühlschrank haben Tomaten nichts zu suchen. Legen Sie sie in der Küche nebeneinander an einen luftigen Platz. Falls sie noch etwas nachreifen müssen, kann reifes Obst, das Sie dazwischen platzieren, diesen Vorgang beschleunigen.

Tomaten enthäuten und von den Samen befreien: Man kann Tomaten mit einem Sparschäler oder kleinen Messer schälen. Quasi wie von selbst klappt das Enthäuten jedoch, wenn man die Tomaten kreuzweise einritzt und 15 Sekunden in kochendes Wasser legt. Um die Samen zu entfernen, die Früchte quer halbieren und die Hälften mit der Schnittfläche nach unten über einer Schüssel behutsam ausdrücken. Anschließend die Hälften nach Rezept klein schneiden.

Tomaten reiben: Um ein grobes Tomatenpüree herzustellen, kann man reife Tomaten einfach auf einer groben Raspel über einer Schüssel reiben, wobei die Haut wie von selbst zurückbleibt. Sollte eine Tomate über die Raspel gleiten, ohne dass die scharfkantigen Löcher greifen, schneiden Sie kurzerhand zunächst eine dünne Scheibe von der Frucht ab.

GEMÜSE

PALÄSTINA

Tomatenscheiben in Tomatensauce

Bandora m'li • Aus Victor Matiyas Restaurant Jerusalem in Toronto

Im Jerusalem wird diese arabische Spezialität als »Gebratene Tomaten« angeboten, aber tatsächlich ist sie viel mehr als das. Zum Auftunken der köstlichen Sauce empfehle ich Reis oder Brot. Das Rezept bekam ich von Bonnie Stern, die eine Kochschule in der Nähe des Restaurants unterhält.

FÜR 2 PERSONEN

2 mittelgroße Tomaten
Salz, frisch gemahlener schwarzer Pfeffer
5 TL Olivenöl
1 Knoblauchzehe, geschält und kräftig zerdrückt

1/2–1 TL sehr fein gehackten frischen grünen Chili (das Restaurant verwendet *Jalapeño*)
175 ml Tomatensaft
1 EL fein gehackte frische glatte Petersilie

■ Von den Tomaten oben und unten eine dünne Scheibe abschneiden und wegwerfen. Die Früchte quer in 3 Scheiben schneiden und diese auf beiden Seiten salzen und pfeffern.
■ Das Öl mit dem Knoblauch und dem Chili in einer mittelgroßen Antihaft-Pfanne erhitzen. Sobald der Knoblauch brutzelt, die Tomatenscheiben nebeneinander einlegen und von beiden Seiten je 1 Minute anbraten. Den Tomatensaft mit der Petersilie zufügen. Sobald er aufkocht, die Pfanne vom Herd nehmen. Heiß servieren.

SRI LANKA

Tomaten-Sambal

Takkali sambola • Gwen Silva

Die auf einem Familienrezept basierende Zubereitung ist irgendwo zwischen einer Tischwürze und einem Gemüsegericht angesiedelt. Sie schmeckt zu beinahe jedem indischen, nahöstlichen, nordafrikanischen oder mexikanischen Essen.

Auf Sri Lanka stellen viele Familien ihr eigenes Chilipulver her. Es besitzt eine intensiv rote Farbe und eine angenehme Schärfe, die jedoch kein Loch in den Gaumen ätzt. Pikantes Paprikapulver oder Cayennepfeffer sind geeignete Alternativen.

FÜR 6 PERSONEN

450 g reife, aromatische Tomaten, quer in dünne Scheiben geschnitten
2 TL Salz
1 1/2 EL gutes Chilipulver (siehe Rezepteinleitung)
6 EL Pflanzenöl
8 Knoblauchzehen, 4 ungeschält und nur leicht angedrückt, 4 geschält und längs in dünne Scheiben geschnitten

15 frische Curryblätter (siehe Glossar)
7,5 cm Zimtstange
2 mittelgroße Zwiebeln, geschält und in sehr dünne Scheiben geschnitten
2 EL Limettensaft
1 1/2–2 TL extrafeiner Zucker

- Die Tomatenscheiben auf eine große Platte schichten und jede Lage mit Salz und Chilipulver bestreuen.
- In einer großen Pfanne das Öl bei mittlerer bis hoher Temperatur kräftig erhitzen und die angedrückten Knoblauchzehen dunkel anbraten. Curryblätter und Zimtstange rasch einrühren, gefolgt von den Zwiebeln. Sobald sie goldbraun sind, die Tomaten mit den Knoblauchscheiben zufügen und 2 Minuten rühren, bis die Tomaten weich werden und zu köcheln beginnen. Bei verminderter Temperatur 15–20 Minuten sanft garen, bis eine Art dicke Sauce entsteht. Den Limettensaft mit dem Zucker untermischen und noch einmal abschmecken.
- Vor dem Servieren die Zimtstange und die ganzen Knoblauchzehen entfernen.

TRINIDAD

Tomaten-Choka
Von Kay aus dem Restaurant Tiffin in Port of Spain

Anstatt die Tomaten im Ofen zu rösten, werden sie auf Trinidad gelegentlich einfach am Stielansatz auf eine Gabel gespießt und über einer kleinen Flamme gedreht, bis sich ihre verbrannte Haut in Stücken löst und das Fruchtfleisch weich wird.

Man kann Tomaten-Choka auf Brot essen mit einer ordentlichen Portion scharfer karibischer Chilisauce (siehe Seite 468). Gelegentlich werden auch hart gekochte Eier darin angerichtet. (Näheres zu den Chokas *lesen Sie in der Rezepteinleitung zu Auberginen-Tomaten-Choka auf Seite 22).*

Ich zerdrücke den Knoblauch mit dem Chili und Salz häufig zunächst im Mörser.

FÜR 4–6 PERSONEN

4 reife Tomaten (insgesamt 550–600 g)
2 kleine Knoblauchzehen, geschält und
 sehr fein zerdrückt
1/2–1 frischer roter Chili, Samen entfernt,
 sehr fein gewürfelt und dann zerdrückt
1 TL Salz

AUSSERDEM

2 EL Pflanzenöl (ich verwende gern Olivenöl)
2 kleine Knoblauchzehen, geschält und
 sehr fein zerdrückt

- Den Backofen auf 230 °C vorheizen.
- Ein Backblech mit Alufolie auslegen, die Tomaten darauf setzen und 25 Minuten im Ofen rösten. In einer Schüssel abkühlen lassen, bis man sich an ihnen nicht mehr die Finger verbrennt. Ausgetretenen Saft abgießen. Die Tomaten enthäuten, quer halbieren, die Samen entfernen und das Fruchtfleisch grob hacken. Zurück in die Schüssel geben, den Knoblauch, Chili und das Salz untermischen, abschmecken.
- Das Öl mit dem Knoblauch in einer kleinen Pfanne erhitzen und rühren, bis der Knoblauch goldgelb anläuft. Über die Tomatenmischung gießen. Warm, raumtemperiert oder gekühlt servieren.

Tomaten mit Linsen-Reis-Füllung

Tomaten geben ideale Hüllen für eine Füllung ab. Hier werden sie mit einer köstlichen Linsen-Reis-Mischung gefüllt, die Sie nach dem Rezept auf Seite 197 zubereiten. Die dort angegebenen Zutatenmengen werden halbiert, die Garzeiten bleiben gleich; die als Garnitur reservierten Zwiebelstreifen streuen Sie vor dem Servieren auf die Tomaten. Vor dem Einfüllen könnten Sie die Linsen-Reis-Mischung mit frisch geriebenem Parmesan ergänzen. Reichen Sie dazu ein beliebiges Blattgemüse und Kürbis mit Sultaninen (siehe Seite 101).

Nur 8 der Tomaten werden gefüllt, die übrigen beiden liefern die Deckel.

FÜR 4 PERSONEN

10 flachrunde, feste Tomaten mit guter Standfläche (sie stehen auf dem Kopf)
Salz
Frisch gemahlener schwarzer Pfeffer
1 TL extrafeiner Zucker

1/2 Rezept Linsen mit Reis (siehe Seite 197)
8 EL fein gehackte frische glatte Petersilie
2 EL fein gehackte frische Minze
8 große frische Minzeblätter
1 EL natives Olivenöl extra

- Den Backofen auf 200 °C vorheizen.
- Mit einem spitzen, scharfen Messer am Stielansatz von 8 Tomaten einen Kegel herausschneiden. Die Tomaten mit einem Teelöffel – ich verwende meist einen Grapefruitlöffel – komplett aushöhlen, ohne die Außenwand zu verletzen. Mit Salz ausstreuen, mit dem Finger einmassieren, 10 Minuten Wasser ziehen und anschließend 10 Minuten kopfüber abtropfen lassen. Wieder umdrehen und innen nochmals leicht salzen, danach mit etwas Pfeffer und dem Zucker ausstreuen.

- Die Linsen-Reis-Mischung behutsam mit den gehackten Kräutern vermischen und in die ausgehöhlten Tomaten füllen (nicht hineinpressen, da sie sonst platzen). Mit der Öffnung nach oben in eine ofenfeste Form setzen. Die restlichen 2 Tomaten quer in 5 mm dicke Scheiben schneiden. Als Deckel auf die gefüllten Tomaten legen, leicht salzen und pfeffern, jeweils ein Minzeblatt darauf geben und mit etwas Olivenöl beträufeln. Die Tomaten im Ofen 12–15 Minuten garen, bis sie weich sind. Auf eine Servierplatte heben, jeweils mit einigen gebratenen Zwiebelstreifen garnieren und sofort servieren.

Ofengetrocknete Tomaten

Sonnengetrocknete Tomaten sind schon lange keine Rarität mehr, sondern finden sich in jedem besseren Supermarkt. Meist stammen sie aus Italien. Mit ihnen haben die hier vorgestellten Tomaten, die ich in Australien kennen lernte, wenig zu tun.

Ich war nach Melbourne gereist, um in Diane Holuiges Kochschule, die in ihrem Privathaus untergebracht ist, einige Seminare zu halten. Vor jedem Unterrichtsblock aß die ganze Gruppe gemeinsam, um später ohne Unterbrechung arbeiten zu können. Bei einer dieser Mahlzeiten wurde eine Schüssel mit Tomaten aufgetragen, die unglaublich intensiv dufteten. Genauso konzentriert war ihr Geschmack. Di erklärte mir, dass sie die Tomaten über Nacht bei sanfter Hitze im Ofen getrocknet hatte, und zwar so, dass sie dabei nicht völlig ausgedörrt, sondern noch leicht saftig geblieben waren. Dadurch besaßen sie nicht die mitunter herbe Note der üblichen sonnengetrockneten Tomaten. Natürlich erbat ich von Di das genaue Rezept.

Sowohl Cocktail- als auch Eiertomaten lassen sich im Ofen trocknen. Sie schmecken in Salaten und Pastasaucen, aber auch solo, einfach mit etwas Brot. Im Sommer stelle ich sie bei jedem Essen auf den Tisch.

Ich empfehle, die Tomaten über Nacht zu trocknen. Man schiebt sie in den Ofen, bevor man zu Bett geht, und wenn man wieder aufsteht, sind sie fertig.

ERGIBT ETWA 1 KLEINE SCHALE OFENGETROCKNETE COCKTAIL-TOMATEN

Etwas Öl für die Form oder das Blech
450 g runde Cocktailtomaten
1/4 TL Salz
1/3 TL extrafeiner Zucker
1–2 TL Olivenöl (nach Belieben das spanische mit Knoblauch und Petersilie, siehe Seite 461)

■ Den Backofen auf kleinster Stufe vorheizen.
■ Eine große, ofenfeste Form (oder ein Backblech, möglichst beschichtet) leicht mit Öl einfetten. Die Tomaten quer halbieren und mit der Schnittfläche nach oben dicht nebeneinander in die Form setzen. Salz, Zucker und Olivenöl darüber verteilen. Für etwa 8 Stunden in den Ofen schieben und nach etwa 7 Stunden den Zustand der Tomaten prüfen, da die zum Trocknen benötigte Zeit je nach ihrer Beschaffenheit und der Ofentemperatur leicht variieren kann: Sie sollten nicht völlig ausgedörrt und noch etwas saftig sein. Exemplare, die dieses Stadium schon vor Ablauf der kompletten Zeit erreichen, nehmen Sie vorzeitig heraus.

■ In einer kleinen Schale halten sich die Tomaten im Kühlschrank 4–5 Tage. Mit Öl bedeckt, lassen sie sich dort sogar etwa 2 Wochen aufbewahren.

VARIANTE
Ofengetrocknete Eiertomaten
900 Gramm Eiertomaten längs halbieren und mit der Schnittfläche nach oben dicht nebeneinander in die eingeölte Form (oder auf das Blech) setzen. 1 Teelöffel Salz, 3/4 Teelöffel Zucker, 1/2 Teelöffel getrockneten Thymian und 1 Esslöffel Olivenöl darüber verteilen. Für etwa 12 Stunden in den Ofen schieben (nach etwa 11 Stunden den Zustand überprüfen).

TOPINAMBUR

Topinambur, auch Erdartischocke, Indianerknolle oder Erdsonnenblume genannt, ist in Nordamerika heimisch. Die buckeligen, spindel- oder birnenförmigen Knollen erinnern an Ingwer, manche sehen aus wie etwas knorrig gewachsene Kartoffeln. Nach dem Kochen erinnert ihr süßlich-nussiger Geschmack entfernt an Artischocken, und die Konsistenz ähnelt der von Speiserüben. Tatsächlich handelt es sich um die Knollen einer Verwandten der Sonnenblume, die schon bei den amerikanischen Ureinwohnern als *sunroots* (»Sonnenwurzeln«) geschätzt waren. Seefahrer brachten die Pflanze Anfang des 17. Jahrhunderts nach Frankreich, wo sie nach dem Indianerstamm der Topinambus ihren Namen erhielt. Als Gemüsepflanze fand sie rasch Verbreitung. In Deutschland wurde sie allerdings schon um die Mitte des 18. Jahrhunderts durch die Kartoffel weitgehend verdrängt.

Je nach Sorte ist die dünne Schale hellbraun bis rötlich violett, das Fleisch schimmert stets mehr oder weniger cremeweiß hindurch. Für Diabetiker stellen die Knollen mit ihrem hohen Inulingehalt (einem stärkehaltigen Kohlenhydrat) eine gut verträgliche Alternative zu Kartoffeln dar, was ihnen den Namen »Diabetikerkartoffel« eintrug. Aber auch unter Feinschmeckern spricht es sich allmählich herum, wie delikat sie munden – im Ganzen gekocht und serviert, als Püree, in Form von Suppen, gebacken, gedünstet, pfannengerührt oder auch roh als Salat. Allerdings sollte, wer das Gemüse noch nie gegessen hat, mit einer kleineren Portion beginnen, denn die Knollen können unter Umständen Blähungen hervorrufen.

Topinambur kaufen und lagern: Topinamburknollen aus regionalem Anbau kommen ab Herbst, wenn ihr Wachstumszyklus abgeschlossen ist, auf den Markt und schmecken bis in den Winter hinein am besten. Da sie bei der Lagerung schnell austrocknen, bleibt ein Teil der winterharten Knollen in der Erde und wird bis ins Frühjahr hinein nach Bedarf entnommen. Kaufen Sie nur Knollen, die sich fest anfühlen, und suchen Sie, um das Schälen zu erleichtern, solche mit möglichst wenigen Verwachsungen heraus. Auch sollten alle Exemplare, wenn sie im Ganzen – beispielsweise im Ofen – gegart werden, annähernd die gleiche Größe aufweisen. Bis zur Verwendung werden sie im Gemüsefach des Kühlschranks gelagert.

Topinambur vorbereiten: Falls sie ungeschält zubereitet werden sollen (die dünne Haut kann mitgegessen werden), die Knollen unter fließendem Wasser gründlich abbürsten, um sämtliche Erd- und Sandreste zu entfernen. Beim Schälen müssen Sie großzügiger arbeiten als bei Kartoffeln, bis die Knollen eine glatte Oberfläche und rundliche Form bekommen – am besten eignet sich dafür ein Gemüsemesser. Legen Sie geschälte oder zerteilte Topinambur, damit das Fruchtfleisch nicht dunkel anläuft, gleich in eine Schüssel mit Wasser, das Sie zuvor mit etwas Zitronensaft oder Essig gesäuert haben.

Topinambur kochen: Verglichen mit Kartoffeln, sind Topinamburknollen beim Kochen innen schneller weich. Daher sollten Sie sie während des Garvorgangs probehalber regelmäßig mit einem spitzen Messer oder einem kleinen Spieß einstechen.

GEMÜSE 147

Im Ofen gegarte Topinambur

Dies ist mein absolutes Lieblingsrezept für Topinambur! Man hat keine Arbeit mit der Vorbereitung, und die Schale wird herrlich knusprig, während das Fruchtfleisch ganz nach persönlichem Geschmack weich gegart wird. Für mich sind die Knollen einfach so der pure Genuss, andere essen sie lieber mit etwas Butter, Salz und Pfeffer.

FÜR 4 PERSONEN

8 Topinamburknollen (je etwa 75 g), nur abgebürstet
Etwas Pflanzenöl

Butter, Salz und Pfeffer (nach Belieben)

- Den Backofen auf 200 °C vorheizen.
- Die Knollen mit Öl einreiben und nebeneinander auf ein Backblech legen. In etwa 40–45 Minuten im Ofen garen – sie sind fertig, wenn sie sich mit der Spitze eines kleinen Messers einstechen lassen (zwischendrin mehrmals eine Garprobe machen). Die Knollen heiß servieren. Man schneidet sie in der Mitte durch, gibt ganz nach Belieben etwas Butter darauf und bestreut sie mit Salz und Pfeffer.

❖

Topinambur mit Kreuzkümmel und Schalotte

Langsam gebraten, garen die Topinamburstücke perfekt, ohne jedoch ihre Form zu verlieren. Sie schmecken vorzüglich zu Blattgemüse, Bohnengerichten und Reis.

FÜR 3–4 PERSONEN

8 Topinamburknollen (je etwa 75 g)
3 EL Pflanzenöl (ich verwende Olivenöl)
1/4 TL Kreuzkümmel
1 mittelgroße Schalotte, geschält und längs in lange, dünne Streifen geschnitten

1/2 TL Salz
Frisch gemahlener schwarzer Pfeffer
1 große Prise Cayennepfeffer (nach Belieben)

- Die Knollen schälen, vierteln und sofort in gesäuertes Wasser legen. Unmittelbar vor der Zubereitung abgießen und trockentupfen.
- In einer großen Pfanne das Öl bei mittlerer Temperatur kräftig erhitzen. Den Kreuzkümmel kurz einrühren. Topinambur zufügen, in 10 Minuten von allen Seiten hellbraun braten, anschließend bei schwacher Hitze weitere 5 Minuten garen. Die Schalottenstreifen zwischen die Topinamburstücke in die Pfanne streuen und noch 5 Minuten rühren, bis sie braun angelaufen sind. Mit Salz, Pfeffer und Cayennepfeffer (falls verwendet) würzen. 1–2 Minuten durchmischen und servieren.

ZUCCHINI

»Zucchini« ist sprachlich die Verkleinerungsform des italienischen »zucca«, Kürbis. Tatsächlich stammen die unreif geernteten Früchte vom Riesenkürbis ab und werden den Sommerkürbissen zugeordnet. Sie sind heutzutage zu jeder Jahreszeit erhältlich. Mit ihrer langen, schlanken Gestalt und der meist hell- bis dunkelgrünen Schale sehen sie den ihnen eng verwandten Gurken auf den ersten Blick ziemlich ähnlich. Seltener findet man auch gelbe oder sogar weiße Sorten und neben den unterschiedlich langen auch runde Zucchini. Eine weitere Besonderheit und auf den deutschen Märkten noch immer eher eine Rarität sind Zucchiniblüten. An den nur fingerlangen Früchten sitzen die großen weiblichen Blüten, die sich zum Füllen eignen, oder die kleineren männlichen Blüten, die frittiert ein begehrter Leckerbissen sind.

In mediterranen Regionen seit langem kultiviert, werden Zucchini inzwischen auch – beispielsweise in den Niederlanden, der Türkei und den USA – intensiv angebaut. Eine französische Ratatouille wäre ohne sie nur eine halbe Sache, und ebenso ist eine italienische Antipasti-Vitrine ohne gegrillte Zucchinischeiben fast undenkbar. Auch in Deutschland weiß man mit diesem Gemüse, obwohl es hier erst vor einigen Jahrzehnten Einzug hielt, viel anzufangen. Denn nicht zuletzt dank seines dezenten Eigengeschmacks lässt es sich gut kombinieren und ausgesprochen abwechslungsreich servieren: gedünstet, geschmort oder gebraten, gefüllt und überbacken, geraspelt in Form von Küchlein, als Suppe, Pastasauce oder Auflauf und ebenso roh in einem Salat.

Dass man mit dem Putzen so gut wie keine Arbeit hat und Zucchini kein Vermögen kosten, mehrt ihre Attraktivität. So unkompliziert sie in der Zubereitung jedoch sein mögen, so schnell sind sie verkocht. Wenn man sie also beispielsweise als Zutat in einer Gemüsesuppe vorgesehen hat, darf man sie erst einige Minuten vor Ende der Garzeit in den Topf geben.

Zucchini kaufen und lagern: Akzeptieren Sie nur pralle, feste Exemplare ohne unschöne Verfärbungen oder schadhafte Stellen und bewahren Sie sie bis zur Verwendung im Gemüsefach Ihres Kühlschranks auf.

Zucchini vorbereiten: Die Zucchini waschen und von den Enden befreien. Bei älteren, also weiter ausgereiften Exemplaren müssen Sie nun noch das weiche, von Kernen durchsetzte Innere entfernen. Am besten schaben Sie es mit einem Grapefruit- oder anderen scharfkantigen Löffel heraus, nachdem Sie die Früchte der Länge nach halbiert haben. Da Zucchini sehr viel Wasser enthalten und die Scheiben beim Braten oder Pfannenrühren gern aneinander kleben, verlangen viele Rezepte, sie zunächst zu salzen, Saft ziehen zu lassen und dann gut auszudrücken.

GEMÜSE 149

SPANIEN

Gegrillte Zucchinischeiben
Aus dem Restaurant Pinocho in Barcelona

Kennen gelernt habe ich diese Zucchini a la plancha (übersetzt »von der heißen Backplatte«) auf dem Markt La Boqueria in Barcelona. Dort war mir das Pinocho aufgefallen, eine Art Restaurant oder vielmehr ein denkbar schlichtes Lokal, in dem Dutzende von Gästen auf Hockern an einer langen Theke saßen. Dass noch mehr Leute auf einen Platz zu warten schienen, reizte mein Interesse zusätzlich. Und ich wurde nicht enttäuscht. Das meiste, was ich dort aß, wurde auf einer großen Backplatte frisch gegrillt und vor dem Servieren noch mit Knoblauchöl beträufelt und mit reichlich fein gehackter Petersilie bestreut. Dazu gab es geröstetes Brot, ebenfalls mit Knoblauchöl und zusätzlich mit einer halbierten Tomate eingerieben. Eine hinreißende Kombination!

FÜR 4 PERSONEN

2 EL Olivenöl
2 mittelgroße Zucchini (insgesamt etwa 350 g), schräg in 5 mm dicke Scheiben geschnitten
Salz
Frisch gemahlener schwarzer Pfeffer
Etwa 2 EL Olivenöl mit Knoblauch und Petersilie (siehe Seite 461)
1 EL fein gehackte frische glatte Petersilie

■ Eine Back-/Grillplatte vorheizen. Ersatzweise eine gusseiserne Grillpfanne bei hoher Temperatur kräftig erhitzen und gerade so viel Öl hineinträufeln, dass der Boden mit einem dünnen Film überzogen ist (etwa 1 Esslöffel genügt). Nebeneinander so viele Zucchinischeiben auf die Grillplatte oder in die Pfanne legen, dass sie noch etwas Platz haben, und etwa 2 Minuten grillen, bis sie auf der Unterseite goldbraun sind – die Scheiben möglichst zwischendurch verschieben, damit sie gleichmäßig garen. Wenden und von der zweiten Seite ebenfalls in 2 Minuten goldbraun grillen. Von der Platte oder aus der Pfanne nehmen, nebeneinander auf einem großen Teller anrichten, salzen und pfeffern. Die restlichen Zucchini genauso zubereiten und vor jedem Durchgang noch ein wenig frisches Öl in die Pfanne träufeln und verlaufen lassen.
■ Die Zucchini zuletzt mit dem aromatisierten Öl beträufeln, mit der Petersilie bestreuen und sofort servieren.

MITTELMEERRAUM
Gebratene Zucchinischeiben

Mit leichten Abwandlungen werden diese Zucchini im gesamten Mittelmeerraum zubereitet, und gerade deshalb wollte ich Ihnen das bestechend einfache Rezept, das dem vorhergehenden aus Spanien sehr ähnlich ist, nicht vorenthalten. Im Sommer können Sie die Zucchini auch gut über Holzkohle im Freien grillen.

Sie schmecken am besten ganz frisch. Man kann sie auch kalt als eine Art Salat servieren: leicht überlappend auf eine große Platte schichten, abkühlen lassen und mit 4 Esslöffeln Vinaigrette, gemischt aus Öl und Essig oder Zitronensaft, beträufeln.

FÜR 4 PERSONEN
- Etwa 2 EL Olivenöl
- 2 mittelgroße Zucchini (insgesamt etwa 350 g), schräg in 7 mm dicke Scheiben geschnitten
- Salz
- Frisch gemahlener schwarzer Pfeffer
- 2 EL fein gehackte frische glatte Petersilie

■ Eine gusseiserne Bratpfanne bei hoher Temperatur kräftig erhitzen. Nur so viel Öl hineinträufeln, dass der Boden mit einem dünnen Film überzogen ist. Sobald es nach wenigen Sekunden sehr heiß ist, nebeneinander so viele Zucchinischeiben einlegen, dass sie noch etwas Platz haben, und in etwa 2 Minuten goldbraun braten. Die Scheiben wenden und von der zweiten Seite ebenfalls in 2 Minuten goldbraun braten. Nebeneinander auf eine große Platte legen, salzen und pfeffern. Die restlichen Zucchini genauso zubereiten und vor jedem Durchgang noch ein wenig frisches Öl in die Pfanne träufeln.

■ Die Zucchini zuletzt mit der Petersilie bestreuen und servieren.

❖

IRAN
Zucchinipüree
Qalye kadu ◆ Niloofar Haeri

Genießen Sie diese mild-würzige und dabei erfreulich frische Zucchinizubereitung mit Brot, Gerichten aus Bohnen oder Schälerbsen und Joghurt.

FÜR 4–6 PERSONEN
- 3 EL Olivenöl
- 225 g fein gehackte Zwiebeln
- 3 Knoblauchzehen, geschält und fein gehackt
- 1/4 TL gemahlene Kurkuma
- 4 große Zucchini (insgesamt etwa 1,25 kg), geschält und in 5 mm große Würfel geschnitten
- 1 TL Salz
- 1 TL gemahlener Kreuzkümmel
- 1 große Prise Cayennepfeffer
- Frisch gemahlener schwarzer Pfeffer
- 1 1/2 TL Tomatenmark

GEMÜSE 151

- Das Öl in einer mittelgroßen Pfanne oder einem weiten Schmortopf bei mittlerer bis hoher Temperatur kräftig erhitzen. Die Zwiebeln mit dem Knoblauch in 10–12 Minuten darin unter häufigem Rühren weich schwitzen (damit sie keine Farbe annehmen, bei Bedarf die Hitze verringern). Kurkuma kurz untermischen, dann ein Drittel der Zwiebeln aus der Pfanne nehmen und beiseite stellen. Die Zucchini zu den restlichen Zwiebeln in die Pfanne geben, salzen und bei mittlerer bis hoher Temperatur 1–2 Minuten rühren, bis sie etwas Saft abgeben. Einen Deckel auflegen und die Zucchini bei schwacher Hitze in 10 Minuten weich dünsten.
- Kreuzkümmel, Cayennepfeffer, schwarzen Pfeffer und Tomatenmark untermischen. Die Zucchini in der Pfanne – sie bleibt auf dem Herd – mit einem Kartoffelstampfer zu einem groben Püree zerdrücken, sie sollen dabei noch 1–2 Minuten weitergaren. Zuletzt die reservierten Zwiebeln gründlich untermischen. Das Püree heiß, warm, raumtemperiert oder gekühlt servieren.

GRIECHENLAND

Knusprige Zucchini-Chips
Kolokithi tiganito • Aus dem Restaurant Ta Nissia in Saloniki

In ihrer Heimat sind diese Zucchini-Chips, begleitet von Tsatsiki oder Joghurtkäse mit Feta (siehe Seite 451), vielleicht auch einem Rote-Bete-Püree (siehe Seite 131), eine beliebte Vorspeise. Auch als Snack, einfach mit Tomatenketchup serviert, kann ich sie sehr empfehlen. Ihre wundervoll knusprige Art verdanken sie einem kleinen Trick, den ich in Saloniki lernte: Nach dem Wenden im Mehl werden die Zucchinischeiben kurz in Wasser getaucht, bevor sie ins heiße Öl kommen.

FÜR 3–4 PERSONEN

2 mittelgroße Zucchini (insgesamt etwa 300 g)
1/2 TL Salz

Pflanzenöl zum Ausbacken
100–120 g Weizenmehl

- Von den Zucchini die Enden abschneiden, die Früchte quer oder schräg in 7 mm dicke Scheiben schneiden. In einer Schüssel mit dem Salz bestreuen, durchmischen. Nach 1 Stunde abtropfen lassen, zwischen zwei Lagen Küchenpapier die Restflüssigkeit ausdrücken.
- Eine große Pfanne 4 cm hoch mit Öl füllen und dieses bei hoher Temperatur richtig heiß werden lassen. Inzwischen das Mehl auf einem großen Teller verteilen und eine Schüssel mit kaltem Wasser bereitstellen. Die Zucchinischeiben im Mehl wenden und nebeneinander auf einen großen Teller legen.
- Nun rasch eine Zucchinischeibe nach der anderen ins Wasser tauchen und sofort ins heiße Öl geben. Jeweils nur so viele Scheiben gleichzeitig ausbacken, wie nebeneinander bequem in der Pfanne Platz haben. Damit die Scheiben gleichmäßig garen, zwischendurch wenden. Wenn sie nach 3–4 Minuten goldbraun und knusprig sind, mit einem Schaumlöffel herausnehmen und auf Küchenpapier abtropfen lassen. Die restlichen Zucchini genauso verarbeiten und die Chips nach dem letzten Durchgang sofort servieren (besser noch portionsweise).

GEMISCHTE GEMÜSEGERICHTE

INDIEN

Püree aus Mischgemüse
Sai bhaji • Durupadiji

Zu diesem köstlichen Püree servieren Sie ein Baguette, von dem Sie einfach immer wieder ein Stück abbrechen, um das Püree auf die Gabel oder den Löffel zu schieben. Als Beilage gibt es einen in Indien sehr populären Salat aus gehackten Tomaten und Zwiebeln, angemacht mit Salz, Pfeffer und Zitronensaft.

FÜR 4–6 PERSONEN

4 EL Erdnuss- oder Olivenöl
4 Knoblauchzehen, geschält und gehackt
1 frischer grüner Chili, gehackt (je nach Geschmack auch mehr oder weniger Schoten)
1 mittelgroße Zwiebel, geschält und fein gehackt
300 g frischer Spinat, grobe Stiele entfernt, gehackt
10 grüne Bohnen, quer in feine Scheiben geschnitten
1 mittelgroße Möhre, geschält, längs halbiert und quer in dünne Scheiben geschnitten
250 g Kartoffeln, geschält und klein gewürfelt
350–400 g Tomaten, enthäutet und gehackt
1 mittelgroße Zucchini, fein gewürfelt
85 g frischer Dill, gehackt
85 g *Chana dal* (siehe Glossar, Hülsenfrüchte) oder gelbe Schälerbsen
2 TL Salz

■ Das Öl mit dem Knoblauch und Chili in einem weiten, mittelhohen Topf bei mittlerer bis hoher Temperatur erhitzen und rühren, bis der Knoblauch goldgelb anläuft. Die übrigen Zutaten außer dem Salz zufügen. 750 Milliliter Wasser dazugießen, umrühren und zum Köcheln bringen.

■ Zugedeckt bei niedriger Temperatur 30 Minuten simmern lassen. Den Deckel schräg auflegen und bei etwas erhöhter Temperatur weitere 30 Minuten köcheln lassen. Das Salz einrühren und das Gemüse mit einem Kartoffelstampfer zu einem groben Püree zerdrücken. Abschmecken, bei Bedarf nachsalzen.

IRAN

Persische süßsaure »Ratatouille«
Taskabab bedunay gosht • Shamsi Davis

Saure Früchte, süßes Trockenobst und frisches Gemüse bilden eine reizvolle Mélange in diesem persischen Gericht. Ich reiche dazu meist eine Zubereitung mit Kichererbsen, Fladenbrot (oder Reis) und eine größere Portion Feta-Aufstrich mit Jalapeño *(siehe Seite 453). Sie können das Rezept ohne weiteres halbieren.*

GEMÜSE 153

FÜR 6–8 PERSONEN

4 EL Olivenöl
2 sehr große Zwiebeln (insgesamt etwa 550 g), geschält und in 3 mm dicke Scheiben geschnitten
Etwa 2 TL Salz
Frisch gemahlener schwarzer Pfeffer
3 Knoblauchzehen, geschält und sehr fein gehackt
1 Aubergine (etwa 450 g), geschält und quer in 5 mm dicke Scheiben geschnitten
2 große Quitten oder saure grüne Äpfel (insgesamt gut 550 g), geschält, geviertelt, Kerngehäuse entfernt, in 3 mm dicke Scheiben geschnitten
2 mittelgroße Zucchini (insgesamt etwa 400 g), schräg in 3 mm dicke Scheiben geschnitten
3 mittelgroße Möhren, geschält und leicht schräg in 3 mm dicke Scheiben geschnitten
2 große Tomaten (insgesamt gut 550 g), quer in 3 mm dicke Scheiben geschnitten
2 große Kartoffeln (insgesamt etwa 400 g), geschält und in 3 mm dicke Scheiben geschnitten
16 getrocknete Aprikosenhälften, sehr grob gehackt
12 entsteinte Backpflaumen, sehr grob gehackt
1 1/4 TL Persische Gewürzmischung (siehe Seite 497)
1/4 TL gemahlene Kurkuma
1 EL Limetten- oder Zitronensaft
250 ml Tomatensaft
2 EL sehr fein gehackte frische glatte Petersilie

■ Das Öl in eine ofenfeste Antihaft-Kasserolle gießen. Nun die Zutaten wie folgt einfüllen, wobei die Gemüsesorten – ausgenommen die Möhren – und die Quitten oder Äpfel jeweils dachziegelartig in einer Lage eingeschichtet werden. Den Boden mit einer Lage Zwiebelscheiben bedecken (einige bleiben dabei übrig) und mit Salz, Pfeffer und Knoblauch bestreuen (= würzen). Nun folgen eine Lage Auberginenscheiben (einige bleiben dabei übrig), würzen; die Quitten, würzen; die Zucchini, würzen; die Möhren, die Sie nicht überlappend einfüllen und wie zuvor würzen. Für die nächste Schicht wechseln Sie die übrig gebliebenen Zwiebel- und Auberginenscheiben ab und würzen sie wie zuvor. Nun folgen die Tomaten, würzen, zuletzt die Kartoffeln, die Sie mit Salz, Pfeffer und dem restlichen Knoblauch bestreuen. Die Aprikosen und Backpflaumen gleichmäßig darüber verteilen und nur leicht salzen und pfeffern.
■ Den Backofen auf 180 °C vorheizen.
■ In einer kleinen Schüssel die Gewürzmischung mit Kurkuma und Limettensaft vermischen. Den Tomatensaft gründlich einrühren.
■ Die Kasserolle bei mittlerer Temperatur aufsetzen und etwa 10 Minuten kräftig erwärmen, wobei die Zwiebeln etwas Farbe annehmen. Die Tomatensaftmischung gleichmäßig hineingießen. Einen Deckel auflegen und die Kasserolle für 1 3/4 Stunden in den Ofen schieben.
■ Herausnehmen und das Gemüse ohne Deckel 10 Minuten ruhen lassen. Anschließend einen Teller, der möglichst genau in die Kasserolle passt, umgedreht auf die »Ratatouille« legen, etwas andrücken und die Kasserolle über einem kleinen Topf schräg halten, sodass der gesamte Saft herausläuft. Diesen für eine Sauce auf 250 Milliliter einkochen lassen und zuletzt mit Salz abschmecken.
■ Wenn Sie die »Ratatouille« im Topf servieren möchten, bestreuen Sie sie jetzt nur noch mit der Petersilie. Sie können das Gericht aber auch wie eine Torte servieren. Dafür einen großen Teller umgedreht auf den Topf legen, gut festhalten, den Topf mit Schwung umdrehen und vorsichtig abheben. Nun eine große Servierplatte umgedreht auf das Gemüse legen, wieder gut festhalten und das Ganze erneut mit Schwung umdrehen (jetzt befindet sich die Pflaumen-Aprikosen-Schicht wieder oben). Die »Torte« mit der Petersilie bestreuen und servieren. Die Sauce separat dazu reichen.

MAROKKO

Gemüseeintopf
Tajine • Melle Derko Samira

Typisch für die marokkanische Küche ist die tajine, *ein runder Tontopf, der auch manchem in ihm zubereiteten Gericht seinen Namen gibt. Da sich der beim Garen entstehende Dampf als Kondenswasser an dem kegelförmigen Deckel niederschlägt und wieder in den Topf zurückfließt, braucht man nur ganz wenig Flüssigkeit. Anstatt auf dem Herd bereite ich diesen Eintopf allerdings lieber in einer Kasserolle im Ofen zu. Gut schmecken dazu Couscous, Reis oder Brot.*

FÜR 6 PERSONEN

- 375 g Zucchini, quer in 3 mm dicke Scheiben geschnitten
- 225 g Möhren, geschält und quer in 3 mm dicke Scheiben geschnitten
- 1 1/2 TL sehr fein gehackter Knoblauch
- 1 1/2 TL gemahlener Kreuzkümmel
- 1 1/2 TL Paprikapulver
- 2 EL fein gehacktes frisches Koriandergrün
- 4 EL fein gehackte frische Petersilie
- 1 1/2 TL Salz
- Frisch gemahlener schwarzer Pfeffer
- 2 (rotschalige) fest kochende Kartoffeln (insgesamt 300 g), geschält und quer in 3 mm dicke Scheiben geschnitten
- Knapp 300 g Sommerweißkohl oder Wirsing, in feine Streifen geschnitten
- 1 große Zwiebel (etwa 180 g), geschält und quer in 3 mm dicke Scheiben geschnitten
- 2 große Tomaten (insgesamt gut 400 g), in 5 mm dicke Scheiben geschnitten
- 1 mittelgroße grüne Paprikaschote (insgesamt knapp 200 g), Samen entfernt, in 5 mm breite Ringe geschnitten
- 4 EL Olivenöl

■ Den Backofen auf 180 °C vorheizen.
■ Die Zutaten wie folgt in die Kasserolle füllen, wobei die Gemüsesorten – ausgenommen die Kohlstreifen – jeweils dachziegelartig in einer Lage eingeschichtet werden: Als Erstes die Zucchini und darauf die Möhren einschichten, mit je 1/4 Teelöffel Knoblauch, Kreuzkümmel und Paprika, 1 Teelöffel Koriander, 2 Teelöffeln Petersilie, 1/4 Teelöffel Salz und Pfeffer nach Geschmack bestreuen (= würzen). Es folgen die Kartoffeln, würzen. Den Kohl darüber verteilen und wie zuvor würzen. Nun die Zwiebelscheiben so vorsichtig einfüllen, dass möglichst wenige in einzelne Ringe zerfallen, und würzen. Die letzten beiden Schichten sind die Tomaten und Paprikaringe, jeweils wie zuvor gewürzt. 2 Esslöffel Öl darüber träufeln und das Gemüse gleichmäßig mit 125 Milliliter Wasser übergießen.
■ Zugedeckt in der Ofenmitte 50–60 Minuten garen, dabei während der letzten 20 Minuten drei- bis viermal mit dem Saft, der sich im Topf gesammelt hat, begießen (falls Sie keine Bratensaftspritze besitzen, halten Sie einfach den Topf schräg und nehmen den Saft mit einem Löffel auf) und mit dem restlichen Olivenöl beträufeln. Den Deckel jedes Mal wieder auflegen.

SPANIEN

Salat aus gegrilltem Gemüse
Escalivada

Für mich gibt es kaum etwas Schöneres als eine große Platte mit gegrilltem Gemüse auf spanische Art. Als Beigabe reicht eigentlich Baguette, das Sie natürlich auch rösten können. Ebenso würde eine der beiden Romesco-Saucen von Seite 466 und 467 gut dazu passen. Rühren Sie nach Belieben etwas Essig ins Olivenöl.

FÜR 4–6 PERSONEN

3 große rote Paprikaschoten (insgesamt gut 600 g)
5 kleine dunkle oder blassviolette (japanische) Auberginen von knapp 20 cm Länge (insgesamt etwa 350 g)
3 große Zwiebeln (insgesamt etwa 500 g)
Salz
Frisch gemahlener schwarzer Pfeffer
5 EL natives Olivenöl extra
2 EL fein gehackte frische glatte Petersilie

■ Den Grill einschalten und den Backofen auf 180 °C vorheizen. (Ideal sind getrennte Geräte oder ein Umluftofen.)

■ Die Paprikaschoten längs vierteln, Stielansatz und Samen entfernen. Die Viertel mit der Haut nach oben auf ein Backblech legen, daneben die Auberginen arrangieren. Für etwa 7–10 Minuten unter den Grill schieben – die Haut beider Gemüsesorten soll zuletzt gleichmäßig und ziemlich stark angekohlt sein. Zwischendurch, nach etwa 4–5 Minuten, die Auberginen umdrehen, um auch die andere Seite zu rösten. Die Paprikaschoten gelegentlich verschieben (aber nicht wenden) und auch das Blech drehen, damit die Haut gleichmäßig verkohlt. Die Auberginen vom Blech nehmen; die Paprikaviertel auf dem Blech mit einem Küchenhandtuch bedecken. Beide beiseite stellen und abkühlen lassen.

■ Inzwischen die Zwiebeln unter häufigem Wenden 10 Minuten grillen, bis die Schale gleichmäßig verkohlt ist. Anschließend 30–45 Minuten im Ofen garen – sie sollen zuletzt durch und durch weich sein.

■ Von den Paprikavierteln die Haut abziehen. Die Auberginen, sobald sie sich anfassen lassen, ebenfalls enthäuten, aber nicht zerteilen. Die fertig gegarten Zwiebeln schälen und mit einem Messer vierteln oder mit den Fingern in Schichten zerteilen.

■ Das Gemüse nebeneinander auf einer großen Platte anrichten. Salzen und pfeffern, mit dem Öl beträufeln und mit der Petersilie bestreuen. Raumtemperiert servieren.

GEMÜSE

INDISCH-AMERIKANISCH

Gemischtes Grillgemüse auf indische Art

Dieses Gericht gehört zu meinen Sommerfavoriten. Die Marinade habe ich vor einigen Jahren erfunden, als ich ein Gartenfest vorbereitete. Bei der Zusammenstellung der Gemüsesorten habe ich darauf geachtet, dass sie in Farbe und Konsistenz kontrastieren. Statt des indischen Käses können Sie auch Ziegenkäse oder Feta, die von Haus aus schon salzig oder würzig schmecken, auf den Grill legen.

FÜR 4 PERSONEN

FÜR DIE MARINADE
2 EL Rotweinessig
1 EL Dijon-Senf
1 1/2 EL extrafeiner Zucker
1 1/2 TL Salz
2 EL Tabasco
2 EL geschälter und fein gehackter Ingwer
1 EL gerösteter, gemahlener Kreuzkümmel (siehe Glossar)
1 EL fein gehackter Knoblauch
4 EL Tomatensaft
4 EL gehacktes frisches Koriandergrün

AUSSERDEM
4 Stücke geschälter Kürbis, je etwa 4 × 4 cm
4 dicke Blumenkohlröschen
4 dicke Brokkolikohlröschen
4 Zuckerschoten
1 große Kartoffel, frisch gekocht, gepellt und längs geviertelt
4 große *Shiitake* (siehe Glossar, Pilze), Stiele entfernt
1/4 sehr große Zwiebel, geschält und die einzelnen Schichten voneinander getrennt
1 mittelgroße rote Paprikaschote, längs geviertelt, Samen entfernt
1 mittelgroße grüne Paprikaschote, längs geviertelt, Samen entfernt
1 mittelgroße Zucchini, leicht schräg in 1 cm dicke Scheiben geschnitten
4 Cocktailtomaten
4 Stücke selbst gemachter indischer Käse mit schwarzem Pfeffer, geröstetem Kreuzkümmel und geröstetem *Ajowan* (siehe Seite 429), je etwa 4 × 4 cm

■ Alle Zutaten für die Marinade in den Mixer füllen und glatt pürieren. Durch ein Sieb streichen und beiseite stellen.
■ In einem großen Topf leicht gesalzenes Wasser aufkochen. Die Kürbisstücke einlegen, etwa 20 Sekunden später den Blumenkohl und Brokkoli und wiederum 20 Sekunden darauf die Zuckerschoten. Das Gemüse noch 10 Sekunden im lebhaft kochenden Wasser blanchieren, abseihen und gut abtropfen lassen.
■ Sämtliche Gemüse- und die Käsestücke nebeneinander in eine große, rechteckige Form aus Edelstahl oder Keramik legen. Die Marinade darüber verteilen und mit einem Pinsel gleichmäßig verstreichen oder behutsam durchheben. Mit Klarsichtfolie abdecken, 3–4 Stunden (oder über Nacht) kalt stellen.
■ 1 Stunde vor dem Servieren die Glut im Holzkohlegrill vorbereiten. Den Rost etwa 13–15 cm über der Glut einhängen. Die Kartoffel- und Kürbisstücke auf den Rost legen, als Nächstes die Blumenkohl- und Brokkoliröschen, die Pilze (mit der Stielseite nach oben), die Zucchinischeiben, die größeren Zwiebelstücke (die kleineren werfen Sie weg) und die Paprikaviertel (mit der Haut nach unten). Die Gemüsestücke regelmäßig drehen und verschieben, sodass sie gleichmäßig garen. Sobald sie weich sind, nach und nach vom Grill nehmen. Zuletzt den Käse, die Tomaten und die Zuckerschoten auf den Rost legen – sie sind fertig, sobald sie einige braune Sprenkel zeigen. Gemüse und Käse auf einer Platte anrichten und sofort servieren.

GETROCKNETE HÜLSENFRÜCHTE UND NÜSSE

Hülsenfrüchte sind die für die menschliche Ernährung verwendeten reifen oder halb reifen Samen der Leguminosen. Sie gehören zu den ältesten Kulturpflanzen. Zu ihnen zählen Bohnen (einschließlich Sojabohnen), Erbsen und Linsen. Die Samen, die in größeren oder kleineren Hülsen sitzen, enthalten viel Eiweiß, Vitamine, Mineralstoffe, Ballaststoffe und komplexe Kohlenhydrate. Schon das alte Indien, der Nahe Osten zu biblischer Zeit, die Pharaonen Ägyptens und die Babylonier ernährten sich von diesen wertvollen Samenkörnern.

In jedem Teil der Welt schätzt man ganz andere Hülsenfrüchte. Manche sind in einer bestimmten Gegend heimisch, andere haben Reisende oder Entdecker mitgebracht. Es gibt Zubereitungen, die unverändert 2000 Jahre überdauert haben, doch die meisten führten durch äußere Einflüsse zu neuen Rezepten und Traditionen. Ein Großteil meiner Rezepte ist traditionell, denn ich schätze besonders, was aus Erfahrung und Brauchtum entstanden ist.

Für dieses Kapitel habe ich zuerst einmal nach ähnlichen Gerichten aus der ganzen Welt geforscht. Im Mittelmeerraum fand ich italienische und französische Pfannkuchen, sogar gebackene Küchlein aus Kichererbsenmehl. In Mali gibt es die besten Klößchen aus Augenbohnen und auf Trinidad einige der schmackhaftesten Suppen. Zypern kann mit Köstlichkeiten wie Augenbohnen mit Mangold oder Kichererbsen mit Spinat aufwarten. Die Nonnen in Mazedonien haben die köstlichsten weißen Bohnen im Ofen gebacken. In Indonesien wird aus Hülsenfrüchten ein süßer Brei mit Kokosaroma bereitet, in Korea und Japan eine Suppe aus fermentierter Bohnenpaste. Einige der Rezepte finden Sie in diesem Kapitel, andere habe ich über das gesamte Buch verteilt.

Hülsenfrüchte gelten als schwer verdaulich. Es heißt aber, dass der menschliche Körper mit dem gesteigerten Verzehr von Hülsenfrüchten diese auch leichter verdauen kann. Wer also die tägliche Portion Hülsenfrüchte langsam steigert, hilft dem Körper, sich daran zu gewöhnen. Bei dem hohen Gehalt an Eiweiß und B-Vitaminen (Thiamin, Pyridoxin, Niacin und Folsäure), wertvollen Ballaststoffen und komplexen Kohlenhydraten, die über einen langen Zeitraum Energie liefern, ist diese Methode doch einen Versuch wert. 8 Esslöffel gegarte Linsen haben nur 115 Kalorien, versorgen den Körper aber mit 20 Prozent des täglichen Proteinbedarfs. Zur Steigerung der biologischen Wertigkeit sollten Hülsenfrüchte allerdings durch andere eiweißreiche Nahrungsmittel ergänzt werden, etwa Getreide (Mais, Reis oder Weizen), Samen (Erdnüsse, Sesam) oder Milchprodukte (Milch, Joghurt, Käse) und Eier.

Ist der Nährwert der verschiedenen Hülsenfrüchte auch relativ ähnlich, so unterscheiden sie sich vor allem in Textur und Geschmack. Einige sind »mehlig«, andere eher klebrig und wieder andere können beim Garen sogar richtig cremig werden. Es gibt Bohnen mit bitterem oder aber erdigem Geschmack, andere schmecken fein und edel. Durch die Zubereitung lassen sich Textur und Geschmack allerdings beeinflussen. Sie können Hülsenfrüchte zum Beispiel zu einer Suppe verkochen oder nur so lange garen, dass sie Form und Biss behalten. Manchmal werden auch verschiedene Hülsenfrüchte kombiniert, um einen neuen Geschmack oder eine bestimmte Konsistenz zu erzielen.

Das indische Wort *Dal,* das in diesem Kapitel häufig genannt wird, bezeichnet halbierte Hülsenfrüchte (das Verb *dalna* bedeutet »zerteilen«). In Indien wird diese Bezeichnung mitunter sogar als Synonym für alle Hülsenfrüchte verwendet. Ich habe in dieses Kapitel auch Erdnüsse und Cashewnüsse aufgenommen. Bei der Erdnuss handelt es sich ebenfalls um eine Hülsenfrucht, die Cashewnuss, der Samen der Frucht des Cashewbaums, wird dagegen allgemein zu den Nüssen gezählt. In Indien und Sri Lanka, wo der Cashewbaum in großer Fülle in Küstennähe wächst, bereitet man Cashewnüsse jedoch genauso wie Hülsenfrüchte zu.

Hülsenfrüchte einkaufen: Das Angebot an getrockneten Hülsenfrüchten ist groß und umschließt ganze Bohnenkerne, ganze Linsen, ganze Erbsen und Kichererbsen. Die meisten Hülsenfrüchte sind außerdem geschält erhältlich – in dieser Form garen sie schneller. Zudem bekommt man halbierte Erbsen und Bohnen, mit und ohne Schale. In einem gut sortierten Geschäft mit internationalem Lebensmittelangebot finden Sie geschälte und ungeschälte halbierte Bohnenkerne und Erbsen, geschälte Linsen, große helle und kleine gelbe sowie halbierte geschälte Kichererbsen. Oft werden auch zahlreiche Mehlsorten aus Hülsenfrüchten angeboten. Denken Sie beim Kauf aber immer daran: je frischer die Hülsenfrüchte, desto schneller garen sie. Achten Sie auf intakte, makellose Ware.

Hülsenfrüchte vorbereiten: Die meisten Hülsenfrüchte, die wir heute im Supermarkt bekommen, sind kaum verunreinigt. Dennoch sollte man sie vor der Zubereitung verlesen, um etwaige Steinchen zu entfernen. Dafür die Hülsenfrüchte auf eine Seite eines großen weißen Tellers häufen. In kleinen Mengen auf die andere Seite schieben und dabei Steinchen und wurmstichige Samen entfernen. Die verlesenen Hülsenfrüchte in einer Schüssel mit Wasser bedecken, zügig durchmischen und das Wasser weggießen. (Arbeiten Sie möglichst schnell, damit die Hülsenfrüchte nicht das schmutzige Wasser aufsaugen.) Beim Waschen werden noch Schalenreste und kleine Stiele entfernt. Den Vorgang vier- bis fünfmal wiederholen, bis das Wasser klar bleibt. Abgießen.

Getrocknete Hülsenfrüchte einweichen: Ganze getrocknete Hülsenfrüchte müssen oft über Nacht eingeweicht werden, damit sie gleichmäßig und relativ schnell garen. (Bei Schälerbsen und Linsen ist dies nicht nötig.) Zudem soll beim Einweichen ein Teil der Oligosaccharide entfernt werden, die Blähungen verursachen. Darum wird auch das Einweichwasser weggeschüttet. Zum Einweichen die verlesenen und gewaschenen Hülsenfrüchte in einer großen Schüssel 10–15 cm hoch mit Wasser bedecken und über Nacht stehen lassen. Dabei gehen sie meist auf das dreifache Volumen auf. Am nächsten Morgen abgießen, gut abtropfen lassen, nach Rezeptangabe zubereiten.

Schnelle Einweichmethode: Diese Methode ist bestens geeignet, wenn Sie einmal nicht lange im Voraus planen können. Dafür die Bohnen verlesen, waschen und in einem Topf 10–15 cm hoch mit Wasser bedecken. Aufkochen und 2 Minuten sprudelnd kochen. Den Topf zugedeckt vom Herd nehmen und die Bohnen für 1 Stunde (wenn es Ihre Zeit erlaubt, auch länger) im heißen Wasser weichen lassen. Gut abtropfen lassen, zubereiten.

Hülsenfrüchte garen: In der Regel werden Hülsenfrüchte in Wasser gegart (in der drei- bis vierfachen Menge) und erst gewürzt, wenn sie weich sind (Salz und säuerliche Zutaten verhindern, dass Hülsenfrüchte weich werden). Bei hartem Wasser sollten Sie pro 450 Gramm Hülsenfrüchte 1 kräftige Prise Natron hinzugeben oder Mineralwasser aus der Flasche verwenden.

Im Schnellkochtopf verkürzt sich die Garzeit. Da Hülsenfrüchte beim Garen jedoch leicht schäumen, geben Sie am besten 1 1/2 Teelöffel Öl ins Wasser, damit das Ventil des Schnellkochtopfs nicht verstopft. Für die verschiedenen Hülsenfrüchte zudem die Herstellerangaben für den jeweiligen Topf beachten.

Gegarte Hülsenfrüchte isst man mit Reis oder Brot oder füllt damit Tortillas und andere Fladenbrote.

Hülsenfrüchte würzen: Getrocknete Hülsenfrüchte werden erst nach dem Garen gesalzen. Doch zur Verfeinerung sind noch weitere Zugaben nötig, die je nach Kochtradition variieren. Fast überall gibt man jedoch bestes Öl, Butter oder Kokosmilch hinzu, um den Hülsenfrüchten ihre »trockene« Konsistenz zu nehmen. Im Folgenden beschreibe ich drei unterschiedliche Methoden zur geschmacklichen Abrundung von Hülsenfrüchten (und vieler anderer Speisen) mit Gewürzen.

1. *Tarka*-Methode: Diese indische Methode (auch *chhownk* und *bhagaar* genannt) wird ebenso für Gemüse-, Reisgerichte und Snacks verwendet. Dafür die gegarten Hülsenfrüchte salzen und an einen warmen Ort stellen. Inzwischen Öl oder *Ghee* (geklärte Butter, siehe Glossar) in einem kleinen Topf sehr heiß werden lassen und ein oder mehrere Gewürze hineingeben. Sobald sie zu zischen beginnen, das aromatisierte Öl mit den Gewürzen über die Hülsenfrüchte gießen und zudecken, damit die Aromen nicht ausströmen.

In Indien kennt man Hunderte von Gewürzkombinationen. Zu den ältesten Gewürzen zählt Kreuzkümmel, mit dem im vedischen Indien häufig Bohnen und Schälerbsen verfeinert wurden. In Bengalen sind Schwarzkümmel, Senf- und Fenchelsamen in Senföl oder Lorbeerblätter, Gewürznelken und Kardamom in *Ghee* typisch. Im tamilischen Nadu verwendet man häufig frische Curryblätter, Senfsamen, rote Chilis und *Chana dal* (kleine, geschälte halbierte Kichererbsen, die oft als Gewürz dienen) in Sesamöl. Und im Punjab schätzt man Ingwer, Knoblauch und Tomaten in Butter.

2. *Tiganissi*-Methode: Ähnlich wie bei *Tarka* erhitzt man bei dieser zypriotischen Methode Erdnuss- oder Olivenöl in einem kleinen Topf und gibt dann Gewürze wie getrocknete rote Chili und Knoblauch hinzu. Sobald sich der Knoblauch verfärbt, gießt man das Öl mit den Gewürzen über die gegarten Hülsenfrüchte und träufelt viel Zitronensaft darüber. Dazu gibt es knuspriges Brot der Region. Mitunter wird der Zitronensaft durch Tomaten ersetzt, die man kurz nach dem Knoblauch in den Topf gibt und kurz mitgart.

3. *Sofrito*-Methode: Zuerst werden die Hülsenfrüchte (meist Bohnen) gegart und gesalzen. Dann erhitzt man in einem Topf Olivenöl und fügt gehackten Knoblauch, Zwiebel, Tomate, frische grüne Chilis und frische Kräuter (etwa *Epazote* und *Culantro*, siehe Glossar) hinzu. Die Mischung schwach sautieren, bis alles weich ist, und kurz unter die Bohnen mischen.

Hülsenfrüchte aufwärmen: Gegarte Hülsenfrüchte, vor allem eintopfartige Gerichte, werden sehr dick, wenn man sie stehen lässt. Zum Aufwärmen darum erst vorsichtig durchrühren und dabei etwas Wasser hinzugießen. Nun im Topf leicht erhitzen und ab und zu rühren oder in die Mikrowelle stellen.

Hülsenfrüchte aus der Dose: Hülsenfrüchte werden in allen Supermärkten auch in Dosen angeboten. Sie eignen sich als Ersatz für getrocknete Hülsenfrüchte, schmecken jedoch nie so rein wie selbst eingeweicht und gegart. Die Flüssigkeit aus der Dose nicht verwenden, da sie meist nach dem Dosenmaterial schmeckt. Dagegen eignet sich die leicht süße eigene Garflüssigkeit ideal für Suppen und Eintöpfe.

ADZUKIBOHNEN

Diese kleinen roten Bohnen sind in ganz Ostasien beliebt. Als ich jedoch nach traditionellen Rezepten für pikante Hauptgerichte aus China, Korea und Japan suchte, wurde ich kaum fündig. Dagegen sind die gegarten, pürierten und mit Zucker vermischten Adzukibohnen die »Schokolade Ostasiens« und werden unter anderem als Füllung für viele Teigtaschen verwendet. Aus China, Korea, Japan, den Philippinen, Thailand, Malaysia und Indonesien kenne ich zudem süße Suppen und Desserts mit Adzukibohnen.

Für einige festliche Gerichte aus Korea und Japan werden die Bohnen mit Klebreis und Reismehl pikant zubereitet (siehe Seite 318). Doch mir schwebten pikante Gerichte vor, für die die Bohnen separat gegart werden. In Yünnan in Südchina fand ich schließlich die beiden Rezepte in diesem Abschnitt.

Getrocknete Adzukibohnen vorbereiten und garen: Die Bohnen verlesen, waschen und in einer Schüssel 10–15 cm hoch mit Wasser bedecken. Über Nacht einweichen oder die schnelle Einweichmethode (siehe Seite 158) anwenden.

Die Bohnen abgießen und in einen Topf füllen. Pro 200 Gramm Adzukibohnen 750 Milliliter Wasser (1 Teil Bohnen, 3 Teile Wasser) hinzugießen. Aufkochen und in 1 1/2 – 1 3/4 Stunden weich garen. Etwa 10 Minuten vor Ende der Garzeit 1 Teelöffel Salz und die meisten anderen Gewürze untermischen.

Getrocknete Adzukibohnen im Schnellkochtopf garen: Die verlesenen, eingeweichten und abgetropften Bohnen im Schnellkochtopf mit Wasser bedecken (pro 200 Gramm Bohnen etwa 400 Milliliter Wasser). 1 1/2 Teelöffel Öl hinzufügen, damit das Ventil des Topfes nicht mit Schaum verstopft. Zugedeckt auf einen Druck von 6,75 Kilogramm bringen. Die Hitze reduzieren, den Druck aufrecht erhalten und die Bohnen 10–12 Minuten garen. Den Druck von selbst absinken lassen. Junge Bohnen garen etwas schneller, ältere brauchen 1–2 Minuten länger.

Im Schnellkochtopf bleibt nur wenig Flüssigkeit übrig. Eventuell etwas Wasser oder Brühe hinzugießen. Etwa 1 Teelöffel Salz untermischen, bei schwacher Hitze noch 2–3 Minuten ohne Druck garen.

CHINA

Pfannengerührte Adzukibohnen aus Yünnan

Hungdo chow ching jiao ◆ *Kwei-Min Lei*

Für dieses Gericht benötigen Sie unbedingt getrocknete chinesische Pilze, auch als Shiitake bekannt. Sie können natürlich 6 frische Shiitake (nur die Hüte) verwenden, die nicht eingeweicht werden müssen.

Zu den Bohnen passen einfacher Reis und Gemüse. Man kann sie auch über Nudeln anrichten und grünen Salat dazu reichen. Zum Aufwärmen etwas Wasser (oder die Einweichflüssigkeit der Pilze) untermischen.

FÜR 3–4 PERSONEN

200 g getrocknete Adzukibohnen, verlesen und eingeweicht
6 getrocknete chinesische Pilze (siehe Glossar, Pilze)
2 EL Pflanzenöl
3 Frühlingszwiebeln, die weißen und die Hälfte der grünen Teile in sehr dünne Ringe geschnitten
3 Knoblauchzehen, geschält und fein gehackt
1/2 große grüne Paprikaschote, Samen entfernt, in 3 mm große Würfel geschnitten
1 frischer grüner Chili, fein gehackt
2 1/2 EL Sojasauce
1/4 TL Salz (bei Bedarf)
1 TL Zucker
2 TL Öl aus gerösteten Sesamsamen

■ Die Bohnen abgießen und abtropfen lassen. In einem Topf mit schwerem Boden mit 750 Milliliter frischem Wasser bedecken und aufkochen. Halb zugedeckt bei schwacher Hitze in 1 1/2–1 3/4 Stunden weich köcheln. (Zubereitung im Schnellkochtopf siehe Seite 160.) Einige Bohnen an der Topfwand leicht zerdrücken.

■ Während die Bohnen garen, die Pilze für 30 Minuten in 250 Milliliter heißem Wasser einweichen. Herausnehmen, die Stiele wegschneiden. (Die Einweichflüssigkeit abseihen und für eine Brühe oder zum Verdünnen der Bohnen verwenden.) Die Hüte in 3 mm große Würfel schneiden.

■ Das Pflanzenöl in einem Wok oder einer großen Pfanne stark erhitzen. Die Frühlingszwiebeln darin 30 Sekunden pfannenrühren. Knoblauch, Paprika, Chili und Pilze 1 Minute mitrühren. Die Bohnen untermischen. Bei schwacher Hitze mit der Sojasauce, Salz und Zucker verrühren. 2 Minuten unter Rühren sanft köcheln lassen. Das Sesamöl unterrühren, servieren.

CHINA

Zerdrückte Adzukibohnen und ganze Mungobohnen aus dem Wok
Chow ar ni • Kwei-Min Lei

Für dieses ungewöhnliche Gericht aus Yünnan in Südchina werden rote und grüne Bohnen zusammen serviert – mitunter sogar im Yin-Yang-Muster angerichtet. Man kann sie auf chinesische Art mit einfachem Reis und pfannengerührtem Gemüse verzehren, aber auch mit Fladenbrot oder mit dicken Scheiben knusprigen europäischen Brots. Die Bohnen werden zu grobem Püree verarbeitet und lassen sich leicht auf Brot streichen. Mit etwas Käse oder Pickles ergeben sie eine wunderbare Vorspeise oder einen kleinen Imbiss. Mit gehackten, gewürzten Tomaten und grünem Salat sind sie zudem eine gute Füllung für Pitabrot.

Die beiden Bohnensorten gleichzeitig, aber separat einweichen.

FÜR 6–8 PERSONEN

Je 200 g getrocknete Adzukibohnen und getrocknete ganze Mungobohnen (ungeschält), verlesen und eingeweicht

FÜR DIE ADZUKIBOHNEN
2 EL Erdnussöl
3 Knoblauchzehen, geschält und fein gehackt
3 Frühlingszwiebeln, die weißen und die Hälfte der grünen Teile in sehr dünne Ringe geschnitten
1 TL Chilipaste mit Knoblauch (siehe Glossar) oder etwa 1/2 TL Cayennepfeffer
Salz
Frisch gemahlener schwarzer Pfeffer
2 TL Öl aus gerösteten Sesamsamen

FÜR DIE MUNGOBOHNEN
2 EL Erdnussöl
3 Knoblauchzehen, geschält und fein gehackt
3/4 TL Salz
Frisch gemahlener weißer oder schwarzer Pfeffer
2 TL Öl aus gerösteten Sesamsamen

FÜR DIE GARNITUR
1 EL Öl aus gerösteten Sesamsamen
3 EL fein gehacktes frisches Koriandergrün

■ Die Bohnen abgießen und abtropfen lassen. Jeweils in einem Topf mit schwerem Boden mit 750 Milliliter frischem Wasser bedecken und aufkochen. Halb zugedeckt bei schwacher Hitze in 1 1/2 – 1 3/4 Stunden weich köcheln. (Zubereitung im Schnellkochtopf siehe Seite 160.)
■ Zum Würzen der Adzukibohnen das Öl in einem Wok oder einer großen Pfanne stark erhitzen. Knoblauch und Frühlingszwiebeln darin 30 Sekunden pfannenrühren. Die Adzukibohnen 30 Sekunden mitrühren und dabei am Pfannenrand zerdrücken. Bei schwacher Hitze die Chilipaste untermischen, mit 1/2 Teelöffel Salz und etwas Pfeffer würzen. Das Sesamöl unterrühren, vom Herd nehmen.
■ Für die Mungobohnen das Öl mit dem Knoblauch in einem zweiten Wok oder einer Pfanne stark erhitzen. Sobald der Knoblauch zischt und goldgelb wird, die Mungobohnen hinzufügen und 30 Sekunden mitrühren. Auf schwache Hitze schalten, salzen und pfeffern. Sesamöl unterrühren, vom Herd nehmen.
■ Kurz vor dem Servieren die Bohnen (falls nötig) wieder erhitzen. Nebeneinander auf eine große, ovale Platte schöpfen. Mit Sesamöl beträufeln, das Koriandergrün jeweils in die Mitte streuen.

AUGENBOHNEN

Die Augenbohne, die von dem schwarzen Nabelring um den Bohnenkern ihren Namen hat, stammt aus West- und Zentralafrika, gelangte aber schon sehr früh nach Indien und in den Mittelmeerraum. Die afrikanischen Sklaven brachten die Augenbohne in die Karibik sowie nach Südamerika und in die USA.

In Westindien habe ich sie mit geröstetem Kokosfleisch gegessen, auf Zypern mit Mangold. In Westafrika backt man daraus gern Fritters und in Indien Pfannkuchen. In den amerikanischen Südstaaten häuft man die Bohnen mit Vorliebe auf gegarten Reis und streut fein gehackte oder geriebene rohe Zwiebeln darüber. Athens, im US-Staat Texas, nennt sich selbst die »amerikanische Hauptstadt der Augenbohne« und feiert die als »Texas-Kaviar« bekannte Bohne alljährlich im Juli mit einem großen Fest und Kochwettbewerb.

Getrocknete Augenbohnen vorbereiten und einweichen: **Die Bohnen verlesen und waschen, 10–15 cm hoch mit Wasser bedecken und über Nacht einweichen. Oder die schnelle Einweichmethode (siehe Seite 158) anwenden.**

Getrocknete Augenbohnen garen: **Die eingeweichten Bohnen in einem Topf mit Wasser oder Brühe bedecken (1 Teil Bohnen, 3 Teile Flüssigkeit). Aufkochen und etwa 40 Minuten garen, sodass die Bohnen noch relativ fest sind und nicht zusammenkleben. Nach weiteren 20 Minuten Garzeit werden sie deutlich weicher.**

Getrocknete Augenbohnen im Schnellkochtopf garen: **Pro 180 Gramm getrocknete Bohnen 1 Liter Wasser oder Brühe hinzugießen. Damit der entstehende Schaum nicht das Topfventil verstopft, 1 1/2 Teelöffel Öl unterrühren. Den Topf verschließen, den Druck erhöhen und die Bohnen 8–10 Minuten garen. Den Druck** von selbst absinken lassen. Die Bohnen sind nun weich und kleben nicht zusammen. Im Schnellkochtopf werden die Bohnen etwas weicher als nach dem Einweichen und normalen Garen. Darum müssen sämtliche folgenden Garzeiten leicht reduziert werden. Da die Bohnen beim Abkühlen im Schnellkochtopf das meiste Wasser absorbieren, zum weiteren Garen eventuell weiteres Wasser hinzufügen.

Augenbohnen keimen lassen: **Getrocknete Augenbohnen großzügig mit Wasser bedecken und 12 Stunden einweichen lassen. Das Wasser nach etwa 8 Stunden erneuern. Abgießen. Ein Tablett mit mehreren Schichten feuchtem Küchenpapier auslegen. Die abgetropften Bohnen darauf verteilen und mit zwei weiteren Schichten feuchtem Küchenpapier bedecken. An einem dunklen Ort ohne Luftzug (etwa dem ausgeschalteten Backofen) 36 Stunden keimen lassen. Alle 8 Stunden mit Wasser beträufeln. Die Sprossen sollten nun 2,5 cm lang sein. Falls nicht, etwas länger stehen lassen. Die Sprossen in einer Schüssel mit kaltem Wasser vorsichtig abspülen, lose Schalen entfernen. Abgießen. 100 Gramm getrocknete Bohnen ergeben etwa 700 Milliliter Sprossen.**

Die Sprossen in einem Plastikbeutel oder verschlossen in einem Behälter bis zu 1 Woche aufbewahren. Falls sie trocken werden, mit etwas Wasser beträufeln. Im Kühlschrank in einer Schüssel mit Wasser bleiben sie 24 Stunden frisch. Das Wasser alle 8 Stunden erneuern.

Augenbohnensprossen garen: **Sie sind in weniger als 10 Minuten gar. Meist werden sie in wenig Öl pfannengerührt und dann mit etwas Salz und Wasser (etwa 4 Esslöffel auf 700 Milliliter Sprossen) in 7–8 Minuten bissfest gegart. Dazu passen fast alle Gewürze.**

MAROKKO/SYRIEN

Augenbohnen mit Kräutern

Dieses köstliche Gericht ist in vielen Varianten fast im ganzen Mittelmeerraum bekannt. Wir essen es gern mit Blattgemüse und Reis, Sie können die Bohnen aber auch wie einen Eintopf mit reichlich gehackter Petersilie servieren. Knuspriges Brot und Tomaten mit Mozzarella passen ideal dazu.

Für eine nahrhafte und sehr schmackhafte Ergänzung die fertigen Bohnen mit Walnusssauce (siehe Seite 464) beträufeln.

FÜR 4–6 PERSONEN

- 225 g getrocknete Augenbohnen, verlesen und eingeweicht
- 2 EL Olivenöl
- 1 getrockneter roter Chili
- 3 Knoblauchzehen, geschält und fein gehackt
- 2–3 Lorbeerblätter
- 1 TL getrockneter oder 1 EL fein gehackter frischer Oregano
- 1/2 TL getrockneter oder 1 1/2 TL fein gehackter frischer Thymian
- 1 TL Paprikapulver
- 1 1/2 TL Salz

■ Die Bohnen abgießen. In einem großen Topf mit schwerem Boden mit 1 Liter Wasser aufkochen. Zugedeckt bei schwacher Hitze 40 Minuten köcheln lassen, bis die Bohnen weich sind. Beiseite stellen.

■ Das Öl in einer Pfanne bei mittlerer bis hoher Temperatur erhitzen. Die ganze Chilischote darin kurz rühren, sie sollte sofort bräunen und sich aufblähen. Den Knoblauch zügig einrühren. Die Bohnen mit der Flüssigkeit und die übrigen Zutaten untermischen. Ohne Deckel bei schwacher Hitze 20 Minuten köcheln lassen. Heiß servieren.

ZYPERN

Augenbohnen mit Mangold
Louvi • Mario Mourtezis

Auf Zypern werden Augenbohnen auf vielerlei Art zubereitet. So gart man zum Beispiel die noch frischen grünen Bohnen in den Schoten und serviert sie mit einem Dressing aus Öl und Zitronensaft. Die getrockneten Bohnen bereitet man je nach Saison mit unterschiedlichem Blattgemüse. Auch wild wachsende, oft recht bittere Gemüse werden geschätzt, ebenso auch Mangold.

Sind Bohnen und Mangold weich, gibt es zwei verschiedeneMethoden, das Gericht zu servieren. Griechische Zyprioten beträufeln die Mischung mit gutem Olivenöl und Zitronensaft. Sie können aber auch Tiganissi *(siehe Seite 159) darüber geben, was wörtlich »braten« bedeutet.*

Nach Zypern-Art reicht man zu den Bohnen knuspriges Brot, schwarze Oliven, Tomaten, Gurken und etwas Schafkäse, etwa Haloumi. Gute Beilagen sind außerdem Reis oder auch frischer Joghurtkäse mit Feta (siehe Seite 451), ofengetrocknete Tomaten (siehe Seite 145) und knusprige Zucchini-Chips (siehe Seite 151).

FÜR 4–6 PERSONEN

200 g getrocknete Augenbohnen, verlesen und eingeweicht
450 g Mangold
1 TL Salz
2 EL natives Olivenöl extra
1 EL frisch gepresster Zitronensaft

FÜR DAS *TIGANISSI* (NACH BELIEBEN)

3 EL Olivenöl
1 getrockneter roter Chili
75 g fein gehackte Zwiebel
3 Knoblauchzehen, geschält und fein gehackt

■ Die Bohnen abgießen und in einem Topf mit schwerem Boden mit 750 Milliliter Wasser aufkochen. Halb zugedeckt bei schwacher Hitze 40 Minuten köcheln lassen, bis sie weich sind.

■ Inzwischen den Mangold waschen und die dunkelgrünen Blätter von den weißlichen Stielen und Blattrippen befreien. Die Blätter quer in 5 mm breite Streifen, die Stiele und Blattrippen in 5 mm große Würfel schneiden.

■ Mangold und Salz unter die gegarten Bohnen mischen, wieder aufkochen. Bei schwacher Hitze zugedeckt weitere 30 Minuten garen. Olivenöl und Zitronensaft unterrühren. Die Bohnen so servieren oder noch den nächsten Arbeitsschritt ausführen.

■ Das Olivenöl für das *Tiganissi* in einem kleinen Topf bei mittlerer bis hoher Temperatur erhitzen. Die Chilischote einlegen und 5 Sekunden unter Rühren braten. Sobald sie braun wird, die Zwiebel und den Knoblauch einrühren und leicht bräunen. Unter die Bohnen mischen. Heiß, mit Raumtemperatur oder kalt servieren.

❖

TRINIDAD

Pikante Augenbohnen

Die Bohnen auf Reis anrichten. Dazu gebratene Kochbananen oder grünes Gemüse auf den Tisch stellen.

FÜR 4–6 PERSONEN

225 g getrocknete Augenbohnen, verlesen und eingeweicht
3 EL Olivenöl
2 Frühlingszwiebeln, in dünne Ringe geschnitten
1 Stange Bleichsellerie, klein gewürfelt
1 mittelgroße Möhre, geschält und klein gewürfelt
1/2 grüne Paprikaschote, Samen entfernt, klein gewürfelt
1/2 TL getrockneter oder 1 1/2 TL fein gehackter frischer Thymian
1 TL Paprikapulver
1/4–1/2 TL zerstoßener getrockneter roter Chili oder Cayennepfeffer
1/2 TL gemahlener Piment
1/2 TL Senfpulver
1 1/2 TL Salz

■ Die Bohnen abgießen.

■ Das Öl in einem großen Topf bei mittlerer bis hoher Temperatur erhitzen. Frühlingszwiebeln, Sellerie, Möhre und Paprika darin unter Rühren in 5 Minuten leicht anbräunen. Die Bohnen, 1 Liter Wasser und die übrigen Zutaten bis auf das Salz hinzufügen. Aufkochen und zugedeckt bei schwacher Hitze 40 Minuten köcheln lassen, bis die Bohnen weich sind.

■ Salzen, durchrühren und zugedeckt weitere 20 Minuten garen.

INDIEN

Augenbohnen mit Brunnenkresse

In Indien kombiniert man Augenbohnen je nach Saison mit verschiedenen Blattgemüsen und Kräutern. Die Auswahl reicht von Senfgemüse, den Blättern von Rüben und Retticharten, Bockshornklee, Koriandergrün, Minze und Spinat bis zu Brunnenkresse im Norden des Landes. Dadurch steigt nicht nur der Nährwert, die Bohnen bekommen auch ein besonders pikantes oder frisches Aroma.

Je nach Gemüse kann die Garzeit leicht variieren. Ich habe hier Brunnenkresse verwendet, die wie Spinat recht schnell gart. Bei Senfgemüse oder dem Grün verschiedener Rüben müssen die Bohnen dagegen mit etwas zusätzlichem Wasser mindestens 1 Stunde zugedeckt schwach gegart werden. Die verwendete Menge kann man selbst bestimmen: Mit Ausnahme von Brunnenkresse empfehle ich mindestens 450 Gramm Blattgemüse.

Reichen sie dazu Reis oder knuspriges Brot, eine Joghurtsauce oder Käse. Kombiniert mit grünem Salat, erhält man eine einfache Mahlzeit, für ein größeres Essen können Sie dazu Blumenkohl oder Möhren servieren sowie Salate aus dem Mittelmeerraum, Indien oder dem Fernen Osten.

FÜR 4–6 PERSONEN

- 300 g getrocknete Augenbohnen, verlesen und eingeweicht
- 3 EL Pflanzenöl
- 1 Lorbeerblatt
- 100 g fein gehackte Zwiebeln
- 2,5 cm frischer Ingwer, geschält und sehr fein gewürfelt
- 100 g Tomaten, fein gehackt, oder gehackte Tomaten aus der Dose
- 1 großes Bund Brunnenkresse (etwa 180 g), von harten Stängeln befreit, fein gehackt
- 3 EL sehr fein gehacktes frisches Koriandergrün
- 1/2–2 frische grüne Chilis, fein gehackt (für eine weniger scharfe Würze die Samen entfernen)
- 1 1/2 TL Salz
- 1/4 TL Cayennepfeffer (nach Belieben)

■ Die Bohnen abgießen und in einem Topf mit schwerem Boden mit 1 Liter Wasser aufkochen. Halb zugedeckt bei schwacher Hitze 40 Minuten köcheln lassen, bis sie weich sind.

■ Inzwischen das Öl in einer mittelgroßen Pfanne bei mittlerer bis hoher Temperatur erhitzen. Das Lorbeerblatt hineingeben. Sobald es dunkler wird, Zwiebeln und Ingwer einrühren und etwa 5 Minuten braten, bis die Zwiebeln leicht gebräunt sind. Tomaten, Brunnenkresse, Koriandergrün und Chilis unterrühren. Bei mittlerer Hitze 3–4 Minuten garen, bis die Tomaten weich sind.

■ Die gegarten Bohnen salzen. Tomaten-Kresse-Mischung unter die Bohnen rühren. Bei mittlerer bis hoher Temperatur 5 Minuten garen und gelegentlich durchrühren, bis sich die Aromen verbunden haben und die Mischung dick ist. Nach Belieben mit Cayennepfeffer abschmecken.

INDIEN

Augenbohnen nach Goa-Art

Während sich die Traditionen des katholischen Goa in Fisch- und Reisgerichten widerspiegeln, essen die vegetarischen Hindus des Territoriums vielerlei Hülsenfrüchte. Dieses Gericht wird aus kleinen getrockneten grünen Erbsen bereitet oder kleinen getrockneten Bohnen, die viel Ähnlichkeit mit Augenbohnen haben. Für das ungewöhnliche Aroma sorgt gerösteter Sternanis – ein Gewürz, das man hier dem früheren Handel mit China verdankt.

Dazu passen Reis oder jede Art von Brot sowie Gemüsegerichte und Salate.

FÜR 4–6 PERSONEN

225 g getrocknete Augenbohnen, verlesen und eingeweicht
2 EL Koriander
3/4 TL schwarze Pfefferkörner
3/4 TL Bockshornklee
2,5 cm Zimtstange, in Stücke gebrochen
2 ganze Sternanis

1–2 getrocknete rote Chilis, zerkrümelt
6 EL ungesüßte Kokosraspel
3 EL Pflanzenöl
225 g fein gehackte Zwiebeln
5 cm frischer Ingwer, geschält, fein gerieben
4 Knoblauchzehen, geschält, fein gehackt
2 TL Salz

■ Die Bohnen abgießen. In einem großen Topf mit 1 Liter Wasser aufkochen. Zugedeckt bei schwacher Hitze 40 Minuten köcheln lassen, bis sie weich sind. Beiseite stellen.

■ Die getrockneten Gewürze mit den Kokosraspeln in einer kleinen, gusseisernen Pfanne bei mittlerer Hitze unter Rühren leicht rösten, bis sie etwas dunkler werden und schwach duften. Dabei ab und zu rühren. In einer sauberen Gewürzmühle zu feinem Pulver zermahlen. Beiseite stellen.

■ Das Öl in einer mittelgroßen Pfanne bei mittlerer bis hoher Temperatur erhitzen. Die Zwiebeln darin unter Rühren leicht anbräunen. Ingwer und Knoblauch 30 Sekunden mitrühren. Die Mischung sowie das Gewürzpulver und Salz unter die Bohnen rühren. Aufkochen und bei schwacher Hitze zugedeckt 20 Minuten köcheln lassen. Heiß servieren.

GETROCKNETE HÜLSENFRÜCHTE UND NÜSSE

INDIEN

Augenbohnen mit Mais und Dill

In Westafrika wie in Nordindien kombiniert man Augenbohnen gern mit Mais. Dieses Gericht servieren wir in unserem New Yorker Restaurant Dawat, wo es sich großer Beliebtheit erfreut. Dazu passt jede Art von Brot oder Reis. Einige gute Pickles und Chutneys sowie ein Gericht mit indischem Frischkäse (Paneer) und eine Joghurtsauce runden das Ganze ab.

Sie können die Bohnen 24 Stunden im Voraus zubereiten und bis zum Aufwärmen in den Kühlschrank stellen.

FÜR 6 PERSONEN

225 g getrocknete Augenbohnen, verlesen und eingeweicht
3 EL Pflanzenöl
1/2 TL Kreuzkümmel
1/2 TL braune Senfsamen
1–2 getrocknete rote Chilis
15–20 frische Curryblätter (siehe Glossar)
150 g fein gehackte Zwiebeln

3–4 Knoblauchzehen, geschält und fein gehackt
4 mittelgroße Tomaten, fein gehackt
   (auch aus der Dose)
4–5 EL gehackter frischer Dill
300–350 g frischer Mais, vom Kolben geschabt, oder
   Tiefkühlmais, aufgetaut, oder Dosenware
1 1/2 TL Salz

■ Die Bohnen abgießen.
■ Das Öl in einer großen Antihaft-Pfanne bei mittlerer bis hoher Temperatur sehr heiß werden lassen. Kreuzkümmel und Senfsamen darin in wenigen Sekunden aufplatzen lassen. Sofort die Chilis, danach die Curryblätter einrühren. Zwiebeln und Knoblauch untermischen und leicht anbräunen. Die Tomaten hinzufügen, unter Rühren 1 Minute erhitzen. Augenbohnen, Dill und 1 Liter Wasser einrühren und aufkochen. Zugedeckt bei schwacher Hitze etwa 40 Minuten garen, bis die Bohnen weich sind.
■ Den Deckel entfernen. Bei starker Hitze 5 Minuten kochen lassen. Den Mais und das Salz unterrühren. Weitere 10 Minuten stark kochen lassen, bis die Mischung dick ist und die Aromen sich verbunden haben.

NIGERIA/MALI

Frittierte Augenbohnenplätzchen
Akara ◆ *Anita Harrell*

Fast überall in West- und Zentralafrika kennt man unterschiedliche Varianten von Akara. Mit den afrikanischen Sklaven gelangten sie zudem in die Neue Welt und sind heute in der Karibik und Südamerika ebenso beliebt.

Die delikaten Plätzchen haben viel Ähnlichkeit mit Falafel aus Nordafrika und dem Nahen Osten. Allerdings werden sie statt aus Kichererbsen aus Augenbohnen bereitet. Sie können sie als Snack oder zu einem größeren Essen servieren und dazu pikante Dips reichen, etwa die Chili-Knoblauch-Paste aus Marokko (siehe Seite 469), die scharfe Chilisauce aus Trinidad (siehe Seite 468), das Koriander-Minze-Chutney nach Delhi-Art (siehe Seite 459), das Sauerkirsch-Walnuss-Chutney aus Kaschmir (siehe Seite 456) oder auch gekauften Tomatenketchup oder Salsa. Die Plätzchen schmecken aber auch in Pitabrot mit Salat, Tomaten und Chutney.

Wer keine geeignete Küchenmaschine hat, dreht die eingeweichten Bohnen durch den Fleischwolf und schlägt sie dann im heißen Wasser zu einer luftigen Mischung auf.

ERGIBT ETWA 40 FRITTERS, FÜR 6 PERSONEN

225 g getrocknete Augenbohnen, verlesen
50 g Zwiebel, grob gehackt
1 1/4 TL Salz
Frisch gemahlener schwarzer Pfeffer
1/4 – 1/2 TL Cayennepfeffer
Pflanzenöl zum Ausbacken

■ Die Bohnen 10–15 cm hoch mit Wasser bedecken und 16 Stunden einweichen lassen. An einem sehr heißen Tag das Wasser nach 8 Stunden erneuern. (Die schnelle Einweichmethode ist ungeeignet, da man rohe Bohnen benötigt.)
■ Die Bohnen abgießen und in einer großen Schüssel mit viel frischem Wasser bedecken. Im Wasser zwischen den Händen reiben, sodass sich ein Großteil der Schalen löst. Auf dem Wasser schwimmende Schalen entfernen.
■ Die Bohnen abgießen, gut abtropfen lassen. Mit der Zwiebel, Salz, Pfeffer und Cayennepfeffer in der Küchenmaschine (bei mittlerer Geschwindigkeit, falls möglich) zu einer grobkörnigen Masse verarbeiten, dabei wiederholt mit dem Gummispatel nach unten drücken. Nach und nach etwa 5 Esslöffel heißes Wasser hinzufügen, bis die Masse dickflüssig wird. Sie sollte luftig, aber noch leicht körnig sein.

■ Das Öl etwa 2,5 cm hoch in eine Pfanne füllen und bei mittlerer Temperatur sehr heiß werden lassen. Die Bohnenmasse leicht durchrühren. Einen gehäuften Teelöffel abnehmen und mithilfe eines zweiten Teelöffels ins Öl geben (die Plätzchen haben etwa 4 cm Durchmesser). Den Vorgang zügig wiederholen, bis die Pfanne voll ist. Die Plätzchen in etwa 1 Minute bei mittlerer Hitze ausbacken und dabei wenden, sobald sie dunkler werden. Bei schwacher Hitze weitere 6 Minuten backen, ab und zu wenden. Die fertigen Plätzchen sollten gleichmäßig gebräunt und gar sein. Mit einem Schaumlöffel auf Küchenpapier setzen. Alle Plätzchen auf diese Weise herstellen. Dabei das Öl jedes Mal bei mittlerer Hitze sehr heiß werden lassen und den Teig vorsichtig durchrühren. Am besten sofort servieren.
■ Übrige Plätzchen in einem geschlossenen Behälter in den Kühlschrank stellen.

INDIEN

Augenbohnenpfannkuchen
Lobhia ka cheela

Die Pfannkuchen können Sie wie Fladenbrot zu einem scharfen Dip verzehren oder wie Crêpes mit würzigen Tomaten oder Blumenkohl füllen.

Der Teig lässt sich bis zu 1 Tag im Kühlschrank aufbewahren und wird vor dem Gebrauch durchgerührt. Damit Sie wissen, wie viel Teig Sie für die einzelnen Pfannkuchen benötigen, sollten Sie 70 Milliliter Wasser in einer Schöpfkelle abmessen und diese Sköpfkelle entsprechend verwenden. Außerdem brauchen Sie einen Suppenlöffel zum Verstreichen des Teigs und einen Gummispatel zum Verteilen des Öls.

ERGIBT 12–14 PFANNKUCHEN

225 g getrocknete Augenbohnen, verlesen
2,5 cm frischer Ingwer, geschält, sehr fein gewürfelt
1/4 TL Cayennepfeffer
1/4 TL gemahlene Kurkuma
1 1/4 TL Salz

2 EL fein gehacktes frisches Koriandergrün
60 g fein gehackte Zwiebel
1/2 TL Kreuzkümmel
Etwa 6 EL Pflanzenöl

■ Die Bohnen 10–15 cm hoch mit Wasser bedecken und 16 Stunden einweichen lassen. An einem sehr heißen Tag das Wasser nach 8 Stunden erneuern. (Die schnelle Einweichmethode ist ungeeignet, da man rohe Bohnen benötigt.)

■ Die Bohnen abgießen und in einer großen Schüssel mit viel frischem Wasser bedecken. Im Wasser zwischen den Händen reiben, sodass sich ein Großteil der Schalen löst. Auf dem Wasser schwimmende Schalen entfernen.

■ Die Bohnen abgießen, gut abtropfen lassen. Mit dem Ingwer, Cayennepfeffer, Kurkuma und Salz in der Küchenmaschine (bei mittlerer Geschwindigkeit, falls möglich) zu einer grobkörnigen Masse verarbeiten, dabei mit dem Gummispatel nach unten drücken. Nach und nach 325 Milliliter Wasser hinzufügen und noch 1 Minute rühren. Koriandergrün, Zwiebel und Kreuzkümmel dazugeben, noch 5 Sekunden rühren. Der Teig sollte relativ dickflüssig sein, mit gleichmäßig darin verteilten Gewürzen und Kräutern.

■ In einer Antihaft-Pfanne (20 cm Durchmesser) 1 Teelöffel Öl verlaufen und bei mittlerer bis niedriger Temperatur heiß werden lassen. Den Teig mit der Schöpfkelle durchrühren und 70 Milliliter davon mit der Kelle in die Mitte der Pfanne geben. Mit dem Rücken eines Löffels in einer spiralförmigen Bewegung zu einem Pfannkuchen von etwa 18 cm Durchmesser verstreichen. Je 1/2 Teelöffel Öl über die Mitte und rund um den Rand träufeln, mit einem Gummispatel gleichmäßig auf dem Pfannkuchen verstreichen. Von einer Seite in 2 Minuten rötlich braun backen. Wenden, von der anderen Seite weitere 2 Minuten backen. Auf einen Teller legen und bedecken. Die übrigen Pfannkuchen ebenso herstellen, dabei stets den Teig vorher durchrühren.

INDIEN

Augenbohnensprossen mit Knoblauch und Thymian
Chhoonki lobhia

Gekeimte Augenbohnen kann man mit beinahe jeder Gewürzkombination zubereiten und heiß, von Raumtemperatur oder kalt servieren. Für dieses Gericht gibt es drei Serviermöglichkeiten: Sie können die Sprossen erstens mit Reis und Blattgemüse reichen, zweitens mit einer einfachen Tomatensauce (siehe Seite 476), grünem Salat und knusprigem Brot oder drittens – Sie mischen die Sprossen unter einen Salat aus 3 Esslöffeln fein gehackten Zwiebeln, 4 Esslöffeln enthäuteten, gewürfelten Tomaten (ohne Samen), 2 Esslöffeln frisch gepresstem Zitronensaft sowie Salz und Pfeffer; bei Raumtemperatur mit Fladenbrot oder knusprigem Brot servieren. Dazu passen Joghurtgerichte, auch Joghurtkäse.

In Indien nimmt man normalerweise keinen Thymian, doch ich verwende ihn hier statt Ajowansamen (siehe Glossar), die ähnlich schmecken.

Die Bohnen müssen Sie mindestens 48 Stunden keimen lassen.

FÜR 3–4 PERSONEN

2 EL Pflanzenöl
1 Knoblauchzehe, geschält und fein gehackt
750 ml Augenbohnensprossen (siehe Anleitung auf Seite 163)
1/2 TL getrockneter Thymian
1/2 TL Salz
Frisch gemahlener schwarzer Pfeffer
1/4 TL Cayennepfeffer (nach Belieben)

■ Das Öl und den Knoblauch in einer großen Pfanne bei mittlerer bis hoher Temperatur erhitzen. Der Knoblauch beginnt bald zu zischen. Sobald er goldgelb ist, zuerst die Sprossen, dann den Thymian, Salz, Pfeffer und Cayennepfeffer einrühren.

■ 4 Esslöffel Wasser hinzufügen und aufkochen. Zugedeckt bei schwacher Hitze etwa 6 Minuten garen. Ohne Deckel bei mittlerer bis starker Hitze die Flüssigkeit in 3–4 Minuten einkochen lassen. Dabei rühren. Falls nötig, nachwürzen.

Augenbohnensprossen nach koreanischer Art

Hier habe ich Augenbohnensprossen ähnlich zubereitet wie Sojabohnensprossen in Korea. Servieren Sie die Sprossen mit Raumtemperatur und reichen Sie dazu Reis, pfannengerührtes Gemüse und Kimchee, *selbst hergestellt (siehe Schnelle Kohl-Pickles, Seite 479) oder gekauft.*

Die Bohnen müssen Sie mindestens 48 Stunden keimen lassen.

FÜR 3–4 PERSONEN
1 EL Pflanzenöl
1 Knoblauchzehe, geschält und sehr fein gehackt
750 ml Augenbohnensprossen (siehe Anleitung auf Seite 163)
3 Frühlingszwiebeln, in sehr dünne Ringe geschnitten
1/2 frischer grüner Chili, in sehr dünne Ringe geschnitten
1/8–1/4 TL Cayennepfeffer
1/2 TL Salz
1 EL geröstete Sesamsamen (siehe Glossar)
2 EL Öl aus gerösteten Sesamsamen

■ Das Öl und den Knoblauch in einer großen Pfanne bei mittlerer bis hoher Temperatur erhitzen. Der Knoblauch beginnt bald zu zischen. Sobald er goldgelb wird, die Sprossen hinzugeben und 1 Minute pfannenrühren. 4 Esslöffel Wasser hinzufügen und aufkochen. Zugedeckt bei schwacher Hitze etwa 6 Minuten garen. Ohne Deckel bei mittlerer bis starker Hitze die Flüssigkeit in 3–4 Minuten einkochen lassen. Dabei rühren. Die übrigen Zutaten untermischen und erhitzen. Falls nötig, nachwürzen.

DICKE BOHNEN

Dicke Bohnen kannte man bereits im alten Persien, in der prähistorischen Schweiz und entlang den frühen Seerouten rund um das gesamte Mittelmeer. Man hat sie sogar in den Gräbern der Pharaonen in Ägypten gefunden. In der Neuen Welt dagegen gab es schon so viele milde Bohnen, dass die großen, leicht bitteren Dicken Bohnen sich hier nicht durchsetzen konnten. Allerdings gelangten sie bereits im Altertum nach China und fanden im Osten des Landes Verbreitung. Heute sind hier pfannengerührte frische Dicke Bohnen sehr beliebt, und die meisten Bohnenpasten in Sichuan werden aus getrockneten, fermentierten Dicken Bohnen hergestellt – anstatt, wie vielleicht erwartet, aus getrockneten Sojabohnen.

Gegarte getrocknete Dicke Bohnen haben eine wunderbar maroniartige Textur und einen feinen, erdigen Geschmack. Auch ihre Sprossen sind köstlich.

Dicke Bohnen einkaufen: Im Handel werden sowohl die ganzen Bohnen in ihrer ledrigen, ungenießbaren Schale angeboten als auch die geschälten, halbierten Exemplare. Für die im Nahen Osten und Nordafrika so beliebten Pürees sind die geschälten, halbierten Dicken Bohnen besser geeignet. Möchte man sie jedoch im Ganzen garen oder keimen lassen, werden die Bohnen mit der Schale benötigt.

Ungeschälte ganze getrocknete Dicke Bohnen einweichen und garen: Die Bohnen verlesen, waschen, mindestens 15 cm hoch mit Wasser bedecken und über Nacht einweichen lassen. Alternativ die Schnelle Einweichmethode (siehe Seite 158) anwenden. Abgießen. Die Bohnen mit Wasser (1 Teil Bohnen, 4 Teile Wasser) in einem Topf aufkochen. Halb zugedeckt bei schwacher Hitze 30–50 Minuten köcheln lassen, bis die Bohnen gerade weich sind. Abgießen und etwas abkühlen lassen, die Schale lässt sich jetzt mühelos abziehen.

Geschälte, halbierte getrocknete Dicke Bohnen zubereiten: Die Bohnen verlesen und waschen. Abgießen und in einen Topf füllen. Pro 225 Gramm halbierte getrocknete Bohnen 1 Liter Wasser hinzugießen (etwa 1 Teil Bohnen auf 2 Teile Wasser). Aufkochen, 40–60 Minuten köcheln lassen. Die Bohnen können nun zu einem dicken Püree zerstampft und nach Belieben gewürzt werden. Das Püree ergibt ein köstliches »Bett« für sautiertes grünes Gemüse wie Stängelkohl oder pfannengerührten Brokkoli.

Getrocknete Dicke Bohnen keimen lassen: Die ungeschälten ganzen Bohnen verlesen und waschen. Nebeneinander auf einer großen Platte oder einem Metalltablett mit Rand verteilen und 2,5 cm hoch mit Wasser bedecken. 24 Stunden einweichen lassen, abgießen, abspülen und erneut mit Wasser bedecken. Für weitere 24 Stunden einweichen. Am 3. Tag sollten sich kleine Keimlinge zeigen. Etwas Wasser am Boden belassen und die Bohnen mit zwei Schichten feuchtem Küchenpapier bedecken. Die Platte oder das Tablett an einen dunklen Ort ohne Luftzug stellen, das kann der ausgeschaltete Backofen sein. Das Küchenpapier leicht feucht halten. Am 4. Tag sind die Sprossen etwa 1 cm lang. Vorsichtig abspülen und abtropfen lassen. In einem Plastikbeutel halten sich die Sprossen 1 Woche im Kühlschrank. Ab und zu mit etwas Wasser beträufeln. 450 Gramm getrocknete Bohnenkerne ergeben etwa 1,5 Liter Sprossen. Die Sprossen müssen vor dem Verzehr gegart werden, und die Schalen sind ungenießbar. Man muss das Bohnenmark geradezu aus den Schalen saugen.

MAROKKO

Dicke-Bohnen-Püree
Bissara • Melle Derko Samira

In Marokko bereitet man Bissara aus verschiedenen Hülsenfrüchten zu, etwa aus Dicken Bohnen, Kichererbsen oder Schälerbsen (siehe Gelbes Schälerbsenpüree auf Seite 223). Serviert werden die Pürees in flachen Suppentellern oder Schalen, bestreut mit reichlich gemahlenem Kreuzkümmel und Paprikapulver und bedeckt mit einer dünnen Schicht gutem Olivenöl. Das Öl bewahrt das Aroma und die cremige Konsistenz und verhindert, dass sich eine Haut bildet. Zum Essen taucht man große Stücke marokkanischen Brotes (siehe Seite 360) in das Püree. Nach Belieben träufelt man zudem etwas Zitronensaft darüber.

Dazu passen geröstete rote Paprika mit Feta-Füllung (siehe Seite 120) und eine Auswahl marokkanischer Salate.

FÜR 4 PERSONEN

225 g geschälte, halbierte getrocknete Dicke Bohnen
4 Knoblauchzehen, geschält
9 EL natives Olivenöl extra
3/4–1 TL Salz

1 1/4 TL gemahlener Kreuzkümmel
1 1/4 TL Paprikapulver
Etwa 3/4 TL Cayennepfeffer (nach Belieben)
Zitronenspalten (nach Belieben)

■ Die Dicken Bohnen mit dem Knoblauch, 1 Esslöffel Olivenöl und 1 Liter Wasser in einem mittelgroßen Topf bei mittlerer Temperatur aufkochen. Zugedeckt bei schwacher Hitze 50 Minuten köcheln lassen, bis die Bohnen weich sind.

■ Das Salz untermischen und die Bohnen zu einem groben Püree zerstampfen. Je 1/4 Teelöffel Kreuzkümmel und Paprikapulver sowie 1/8 Teelöffel Cayennepfeffer (falls verwendet) unterrühren. Das Püree sollte so dick sein, dass man es mit einem Stück Brot aufnehmen kann, also nicht zu fest. Falls nötig, mit einigen Esslöffeln Wasser verdünnen.

■ Zum Servieren das Püree erhitzen und dabei rühren. In Suppenteller verteilen. Pro Portion mit je 1/4 Teelöffel Kreuzkümmel und Paprikapulver sowie 1/8 Teelöffel Cayennepfeffer gleichmäßig bestreuen. Mit ausreichend Olivenöl bedecken und mit Zitronenspalten garnieren. Heiß oder warm servieren.

■ Im Kühlschrank wird das Püree relativ fest. In diesem Fall beim vorsichtigen Aufwärmen nach und nach etwas Wasser unterrühren.

CHINA

Pfannengerührte Dicke-Bohnen-Sprossen
Ching chow tsan do meow

Servieren Sie die Sprossen als Imbiss oder Snack zu Bier oder auch als Vorspeise. Zum Verzehr einfach das Bohnenmark aus der Schale saugen.

FÜR 2 PERSONEN

- 2 EL Erdnussöl
- 2 dünne Scheiben frischer Ingwer
- 1 Knoblauchzehe, geschält und leicht zerdrückt
- 475 ml Dicke-Bohnen-Sprossen (siehe Anleitung auf Seite 173)
- 3/4 TL Salz
- 1 TL Zucker
- 2 EL *Shao-Hsing*-Wein (siehe Glossar) oder trockener Sherry
- 2 EL Öl aus gerösteten Sesamsamen

■ Das Öl in einem Wok oder einer großen Pfanne bei mittlerer bis hoher Temperatur erhitzen. Ingwer und Knoblauch darin 20 Sekunden pfannenrühren und dabei nach unten drücken. Die Sprossen hinzugeben, 10 Sekunden pfannenrühren. Salz, Zucker, den Wein und 300 Milliliter Wasser einrühren und aufkochen. Zugedeckt bei mittlerer bis schwacher Hitze 30 Minuten köcheln lassen.

■ Das Sesamöl darüber träufeln. Sämtliche Flüssigkeit ohne Deckel einkochen lassen, dabei leicht rühren. Ingwer und Knoblauch entfernen und wegwerfen. Die Sprossen heiß oder kalt servieren.

KICHERERBSEN

Ein Sprichwort in Indien besagt, dass, wer täglich 10 Kichererbsen isst, niemals einen Herzinfarkt bekommt. Nur zu gern würde ich das glauben, denn ich esse diese traditionsreichen Hülsenfrüchte das ganze Jahr hindurch. Manchmal bereite ich sie auf indische Art zu und kann dabei aus einigen hundert Rezepten wählen; manchmal bevorzuge ich eine Zubereitung aus dem Mittelmeerraum oder dem Nahen Osten, wo Kichererbsen ebenso beliebt sind.

Die Heimat der Kichererbse ist vermutlich das Gebiet um den südlichen Kaukasus – schon früh war sie ein wichtiges Nahrungsmittel in der Türkei, Syrien, Iran und Armenien. Ihre früheste Erwähnung im Nahen Osten geht zurück auf die Zeit um 5400 v. Chr. Sehr bald gelangte sie nach Afghanistan und von dort bis nach Indien, wo sie um 2500 v. Chr. das erste Mal erwähnt wurde. Im Mittelmeerraum fand sie ebenfalls große Verbreitung und ist bis heute vor allem in Spanien, Sizilien, der Türkei und Zypern ein wichtiges Volksnahrungsmittel (in Spanien sind die Kichererbsen als *garbanzos*, in Italien als *ceci* bekannt). In Südostasien verwendet man Kichererbsen auch für sehr beliebte süße Snacks.

Die Samen, die allein, zu zweit oder zu dritt in einer blasenförmigen, dünnschaligen Hülse heranreifen, haben eine unregelmäßige Form. Sie sind rundlich, kantig-eingedellt und größer als gewöhnliche Erbsen. Wie alle Hülsenfrüchte bringen sie einen hohen Eiweißgehalt mit und sind reich an Kohlenhydraten und Mineralstoffen, vor allem Kalzium und Eisen.

Man geht davon aus, dass die einstigen Kichererbsen klein und dunkel waren (diese Varietät kennt man heute noch in Indien) und die großen, hellen Exemplare erst langsam gezüchtet wurden. In jenen Ländern, die Kichererbsen schon seit Tausenden von Jahren anbauen, sind die jungen grünen Kichererbsen alljährlich eine große Delikatesse. Sie schmecken ebenso köstlich wie frische Erbsen. Zudem sind ihre feinen Sprossen eine wunderbare Salatzutat und können wie die Sprossen von Zuckerschoten gegart werden.

Die verbreiteten großen, hellen Kichererbsen werden vor allem getrocknet und in Dosen angeboten. Dosenware ist natürlich besonders praktisch, denn die Kichererbsen sind fertig gegart, man erspart sich das zeitaufwendige Einweichen und Garen. Oft schmecken sie leider nach dem Dosenmaterial, sodass die Flüssigkeit aus der Dose nicht verwendet werden kann. Die Zubereitung getrockneter Kichererbsen ist dagegen langwierig (wenn auch unproblematisch), doch haben sie einen besseren Geschmack, und die leicht süße Garflüssigkeit ergibt eine perfekte Brühe für Suppen und Eintöpfe.

Getrocknete Kichererbsen vorbereiten und einweichen: Die Kichererbsen verlesen und mehrmals in frischem Wasser waschen. Abgießen, in einer Schüssel etwa 7,5 cm hoch mit frischem Wasser bedecken, über Nacht einweichen lassen. Abgießen. Alternativ die Schnelle Einweichmethode (siehe Seite 158) anwenden.

Getrocknete Kichererbsen garen: Pro 250 Gramm getrocknete Kichererbsen 1,5 Liter Wasser verwenden. In einem Topf die eingeweichten Kichererbsen mit dem Wasser aufkochen. Zugedeckt bei schwacher Hitze in 1–3 Stunden weich garen. Etwa 1 1/2 Teelöffel Salz in der letzten halben Stunde hinzufügen (oder nach Rezeptangaben salzen).

Getrocknete Kichererbsen im Schnellkochtopf garen: Pro 250 Gramm Kichererbsen 1 Liter Wasser verwenden. Kichererbsen, Wasser und 1 1/2 Teelöffel Öl in den Schnellkochtopf füllen, verschließen und den Druck erhöhen. 20 Minuten garen, den Druck von selbst absinken lassen. Den Deckel lockern, die Kichererbsen in der Flüssigkeit abkühlen lassen. Nach Belieben 1 1/2 Teelöffel Salz unterrühren und die Kichererbsen ohne Deckel 5 Minuten köcheln lassen. In der Flüssigkeit abkühlen lassen. Werden die Kichererbsen weitergegart, eventuell später salzen.

Einige Mengenangaben: 180 Gramm getrocknete Kichererbsen ergeben gegart und abgetropft 500 Gramm; 250 Gramm getrocknete Kichererbsen ergeben gegart und abgetropft 1,5 Kilo.

Kichererbsen schälen: In Indien werden Kichererbsen meist ungeschält verwendet, da die Schalen wertvolle Ballaststoffe liefern. Doch viele Gerichte sehen ohne Schalen appetitlicher aus. Zum Schälen die gegarten Kichererbsen abgießen, die Flüssigkeit auffangen und für Suppen und Eintöpfe verwenden. Die Kichererbsen in einer Schüssel mit kaltem Wasser bedecken und zwischen den Händen reiben, um die Schalen zu lösen. Die Schalen entfernen, die Kichererbsen abgießen und nach Rezeptangabe verwenden.

Kichererbsen aus der Dose: Eine Dose mit 425 Gramm enthält etwa 300 Gramm abgetropfte Kichererbsen, die vor der Verwendung gut abgespült werden müssen. Wird im Rezept die Garflüssigkeit der Kichererbsen verlangt, nehmen Sie in diesem Fall Gemüsebrühe.

Chana dal

Chana dal erhält man in indischen Lebensmittelläden. Es handelt sich dabei um halbierte kleine Kichererbsen, die von ihrer braunen Schale befreit wurden und im Innern intensiv gelb aussehen. Sie ähneln gelben Schälerbsen, haben jedoch einen milderen und süßeren, nussartigen Geschmack und eine feinere Textur. *Chana dal* garen in etwa 1 1/2 Stunden und passen wunderbar zu Gemüse. In Südindien werden *Chana dal* rötlich braun geröstet und zum Würzen verwendet.

Kichererbsenmehl (siehe unten) stellt man in Indien aus *Chana dal* her. Die Inder behaupten, dass ihr Kichererbsenmehl sehr viel leichter verdaulich sei als jenes aus dem Mittelmeerraum, für das man die größeren Kichererbsen verwendet.

Kichererbsenmehl

Dieses nährstoffreiche Mehl wird in ganz Indien vielfältig verwendet und auch in Teilen des Mittelmeerraums. In indischen Geschäften bekommt man es auch als *Besan-* oder *Gram-* Mehl oder unter der französischen Bezeichnung *Farine de pois chiches*. Man bereitet daraus Pfannkuchen, Pizzateig, Nudeln und Klöße, gibt es in Suppen, eintopfartige Gerichte und süße *Halva*. In Südfrankreich werden daraus *Panisses* hergestellt, kleine Kichererbsenkuchen.

In Westindien gibt man mitunter einige Esslöffel geröstetes Kichererbsenmehl an pfannengerührte Gemüse (etwa grüne Bohnen, Paprikaschoten oder Okra), um deren Nährwert zu steigern und ihnen ein nussartiges Aroma sowie eine dickere Konsistenz zu verleihen. Das Mehl verbindet sich mit dem Öl, absorbiert die Flüssigkeit in der Pfanne, bleibt am Gemüse haften und schmeckt einfach gut. Nach der Zugabe des Mehls wird das Gemüse noch eine weitere Minute pfannengerührt.

Kichererbsenmehl dient in Indien außerdem zum Binden flüssiger Eintöpfe, die Gemüse, Klöße oder manchmal nur eine Gewürzmischung enthalten. Man gibt es einfach so dazu oder röstet es zuvor in Öl (ähnlich wie eine Mehlschwitze), wobei es ein wunderbares Nussaroma entwickelt. Sobald das Mehl leicht angebräunt ist, kann man kochend heißes Wasser kräftig unterschlagen und verhindert so das Entstehen von Klümpchen.

Kichererbsenmehl mit Flüssigkeit vermischen: Mitunter wird das Mehl vor dem Garen mit etwas Flüssigkeit angerührt. In Indien verwendet man dafür oft verdünnten Joghurt. (Mit Milchprodukten kann man das natürliche Eiweiß in Hülsenfrüchten wunderbar ergänzen.) Doch Wasser eignet sich ebenso. Da Mehl im Allgemeinen leicht klumpt, verfährt man am besten nach einer speziellen Methode: Das Kichererbsenmehl in eine Schüssel sieben. Unter kräftigem Rühren mit einem Holzlöffel langsam die Flüssigkeit hinzugießen. Hat die Mischung eine dicke, pastenartige Konsistenz, keine Flüssigkeit mehr dazugießen und nur noch kräftig rühren. Dabei möglichst alle Klümpchen zerdrücken. Nun die übrige Flüssigkeit etwas zügiger hinzufügen und dabei rühren. 30 Minuten stehen lassen, bis die restlichen Klümpchen verschwunden sind, oder die Mischung durch ein Sieb gießen. Vor der Verwendung die Mischung stets durchrühren, da sich das Mehl gern wieder am Boden absetzt. Bei Pfannkuchenteig sogar vor der Zubereitung jedes einzelnen Pfannkuchens durchrühren, da die Konsistenz sonst stark variieren kann.

Kichererbsenmehl ohne Fett rösten: Das Mehl in einer gusseisernen Pfanne bei mittlerer Hitze unter Rühren einige Minuten goldbraun rösten, bis es aromatisch schmeckt.

Kichererbsenmehl aufbewahren: Geöffnete Packungen am besten im Kühlschrank (geschützt vor Insekten) aufbewahren.

GETROCKNETE HÜLSENFRÜCHTE UND NÜSSE 179

SYRIEN

Hummus aus ganzen Kichererbsen
Hummus • Sara Abufares

Bei Hummus *denken wir meist an ein Kichererbsenpüree, das mit Zitronensaft und Olivenöl verfeinert und zu Pitabrot verzehrt wird. Doch* Hummus *gibt es in vielen Varianten, und der Name bedeutet einfach »Kichererbsen«. Für diesen* Hummus *werden die Kichererbsen im Ganzen verwendet und ergeben eine Art Salat, den man als Imbiss zu Joghurt-, Ziegen- oder Schafkäse, Pitabrot, Oliven und vielleicht einem grünen Salat servieren kann.*

FÜR 4 PERSONEN

8 Knoblauchzehen, geschält
1 3/4 TL Salz
425 g gegarte, abgetropfte Kichererbsen (siehe Seite 176)
6 EL frisch gepresster Zitronensaft
2 mittelgroße Tomaten, gehackt
5–6 EL gehackte frische Petersilie
1/4 TL Cayennepfeffer
5 EL natives Olivenöl extra

■ Den Knoblauch mit dem Salz in einem Mörser zerreiben. In eine Schüssel umfüllen und mit allen Zutaten bis auf das Öl gut vermischen. Falls nötig, nachwürzen.

■ Den Salat in einer Schüssel anrichten und mit dem Olivenöl beträufeln. Mit Raumtemperatur oder kalt servieren. Den Salat bei Tisch noch einmal durchmischen.

Kichererbsen mit Tomaten

Als ich einmal kaum Lebensmittel im Haus und auch keine Zeit zum Einkaufen hatte, entstand dieses einfache, aber dennoch köstliche Gericht. Zu den Kichererbsen servierte ich Reis und einen grünen Salat. Sie passen jedoch auch zu Nudeln, nur lässt man die Sauce dann weniger einkochen. Wer keine reifen Tomaten zur Hand hat, verwendet Dosentomaten und statt des Wassers je 1 Teil Tomatensaft aus der Dose und Wasser.

FÜR 2 PERSONEN

3 EL Olivenöl
1 mittelgroße Zwiebel, geschält und gehackt
4 Knoblauchzehen, geschält und fein gehackt
400 g sehr reife mittelgroße Tomaten, fein gehackt
1 Dose Kichererbsen (Einwaage 425 g), abgetropft und abgespült
1/4 TL getrockneter Thymian
1/4 TL Salz
Frisch gemahlener schwarzer Pfeffer

■ Das Öl in einem mittelgroßen Topf bei mittlerer bis hoher Temperatur erhitzen. Zwiebel und Knoblauch darin unter Rühren anschwitzen, bis die Zwiebel leicht gebräunt ist. Die Tomaten hinzufügen, 1 Minute rühren. Alle übrigen Zutaten und 475 Milliliter Wasser unterrühren. Unter gelegentlichem Rühren bei mittlerer Temperatur 10–15 Minuten köcheln lassen, bis die Tomaten weich sind und die Flüssigkeit zu einer dicken Sauce eingekocht ist. Eventuell nachsalzen und sofort servieren.

NAHER OSTEN
Kichererbseneintopf mit Kartoffeln

Ich serviere diesen herzhaften Eintopf in großen Suppentellern, mit Petersilie bestreut, zu Brot sowie orientalischen Salaten und Käsen. Mit zerkleinertem grünem Salat können Sie ihn aber auch als Füllung für Pitabrot verwenden.

FÜR 4–6 PERSONEN

- 150 g getrocknete Kichererbsen, verlesen und eingeweicht
- 2–3 EL Olivenöl
- 3 EL fein gehackte Zwiebeln
- 2 Knoblauchzehen, geschält und fein gehackt
- 350 g Kartoffeln, geschält, in 2,5 × 1 cm große Stücke geschnitten
- 1 mittelgroße Möhre, geschält, in 5 mm dicke Scheiben geschnitten
- 4 Eiertomaten aus der Dose, abgetropft, plus 250 ml Tomatensaft aus der Dose
- 1 1/2 TL Salz
- 1/2 TL getrockneter Thymian
- 1/4–1/2 TL Zucker (falls die Tomaten säuerlich sind)
- 3 EL fein gehackte frische Petersilie

■ Die Kichererbsen abtropfen lassen. Mit 600 Milliliter Wasser in einem mittelgroßen Topf aufkochen. Zugedeckt bei schwacher Hitze in 1–3 Stunden weich köcheln. Alternativ die Kichererbsen mit 475 Milliliter Wasser im Schnellkochtopf garen (siehe Seite 176). Abgießen, die Garflüssigkeit auffangen. Nach Belieben die Kichererbsen von der Schale befreien (siehe Seite 177) und wieder in die Garflüssigkeit geben.

■ Das Öl in einem mittelgroßen Topf bei mittlerer bis hoher Temperatur erhitzen. Die Zwiebeln darin unter Rühren leicht anbräunen. Den Knoblauch 30 Sekunden mitbraten, dabei ständig rühren. Alle übrigen Zutaten mit Ausnahme der Petersilie hinzufügen und aufkochen. Bei schwacher Hitze zugedeckt 45 Minuten köcheln lassen. Vor dem Servieren mit Petersilie bestreuen. Heiß auf den Tisch bringen.

ZYPERN
Kichererbseneintopf mit Spinat
Revithia yakhani • Marios Mourtezis

Dieses unkomplizierte Gericht bekommt durch ein Tiganissi *(siehe Seite 159) aus roten Chilis, Knoblauch, Zwiebel und Tomate einen besonderen Pfiff. Reichen Sie dazu knuspriges Brot, Feta oder eine Joghurtspeise und Salat.*

FÜR 6 PERSONEN

- 250 g getrocknete Kichererbsen, verlesen, eingeweicht und gegart (siehe Seite 176)
- 2 Stangen Bleichsellerie, in 5 mm große Würfel geschnitten
- 450 g Spinat, harte Stängel entfernt, quer in sehr schmale Streifen geschnitten
- 1 1/2–2 TL Salz
- 4 EL Olivenöl
- 1–3 getrocknete rote Chilis
- 1 mittelgroße Zwiebel, geschält und fein gehackt
- 4–5 Knoblauchzehen, geschält und sehr fein gehackt
- 3 mittelgroße Tomaten, enthäutet, sehr fein gehackt

GETROCKNETE HÜLSENFRÜCHTE UND NÜSSE 181

- Die Kichererbsen abgießen, die Garflüssigkeit auffangen. Die Kichererbsen von der Schale befreien (siehe Seite 177) und wieder in die Garflüssigkeit geben.
- In einem großen Topf die Kichererbsen samt Garflüssigkeit mit dem Sellerie, Spinat und 1 1/2 Teelöffeln Salz aufkochen. Zugedeckt bei schwacher Hitze 20 Minuten köcheln lassen, bis das Gemüse weich ist.
- Inzwischen das Öl in einer großen Pfanne erhitzen. Die Chilis darin kurz anbräunen. Zwiebel und Knoblauch hinzufügen und bei mittlerer Hitze rühren, bis die Zwiebel ganz schwach Farbe annimmt. Die Tomaten unterrühren, in 3–4 Minuten weich garen.
- Unter die Kichererbsen rühren. Weitere 5–10 Minuten schwach garen, dabei ab und zu rühren. Falls nötig, nachsalzen.

MAROKKO

Kichererbseneintopf mit sechserlei Gemüse

Dieser kräftige Eintopf passt am besten zu einer großen Platte Couscous. Sie können dazu aber auch marokkanisches Brot oder ein französisches Weißbrot sowie marokkanische Salate und jeglichen grünen Salat reichen. Eine sehr scharfe Sauce aus 125 Milliliter Flüssigkeit vom Eintopf, 5 Esslöffeln marokkanischer Chili-Knoblauch-Paste (siehe Seite 469) sowie 1/2 Teelöffel Salz ist zudem eine unverzichtbare Beigabe.

Im Sommer die Dosentomaten durch enthäutete frische Tomaten ersetzen.

FÜR 6–8 PERSONEN

250 g getrocknete Kichererbsen, verlesen, eingeweicht und gegart (siehe Seite 176)
5 EL Pflanzenöl
225 g Zwiebeln, fein gehackt
4 Knoblauchzehen, geschält und fein gehackt
800 g Eiertomaten aus der Dose, fein gehackt, plus 600 ml Tomatensaft aus der Dose oder Wasser oder eine Mischung aus beidem
300 g fest kochende Kartoffeln, geschält, in 2,5 cm große Stücke geschnitten
5–6 EL fein gehackte frische Petersilie
5–6 EL fein gehacktes frisches Koriandergrün
2 1/2–3 TL Salz
2 TL gemahlener Kreuzkümmel
1/2 TL gemahlene Kurkuma
1 TL Ingwerpulver
Einige Safranfäden oder 1 Prise gemahlener Safran (nach Belieben)
1/4 TL Cayennepfeffer (nach Belieben)
150 g Süßkartoffeln, geschält, längs halbiert, dann quer in 2,5 cm breite Stücke geschnitten
3 kleine Möhren (insgesamt 180 g), geschält, in 2,5 cm große Stücke geschnitten
180 g Zucchini, längs halbiert, dann quer in 2,5 cm breite Stücke geschnitten

- Die Kichererbsen abgießen, die Garflüssigkeit auffangen. Nach Belieben die Kichererbsen von der Schale befreien (siehe Seite 177). Beiseite stellen.
- In einem großen Topf (etwa 30 cm Durchmesser) das Öl bei mittlerer bis hoher Temperatur erhitzen. Die Zwiebeln darin unter Rühren in 5 Minuten leicht anbräunen. Den Knoblauch hinzufügen und in etwa 1 Minute goldgelb werden lassen.
- Die Kichererbsen, je 300 Milliliter Garflüssigkeit und Wasser sowie die übrigen Zutaten bis einschließlich Cayennepfeffer dazugeben. Aufkochen, zugedeckt 20 Minuten garen.
- Die Süßkartoffeln und Möhren unterrühren. Erneut aufkochen und zugedeckt weitere 10 Minuten garen. Zuletzt die Zucchinistücke hinzugeben, wieder aufkochen und weitere 7–8 Minuten zugedeckt garen, bis sie weich sind. Heiß servieren.

PAKISTAN

Kichererbsen nach Rawalpindi-Art
Pindi chana

Dieses klassische Gericht mit reichlich frischem Ingwer hat einen wunderbar aromatischen Geschmack, der durch Zimt, Gewürznelken und andere geröstete Gewürze entsteht. Meist wird dazu Brot gegessen. Reichen Sie außerdem Salate oder Blattgemüse sowie ein Gericht aus Joghurt oder selbst gemachtem indischem Käse (Paneer, siehe Seite 428) oder einen anderen Käse dazu.

FÜR 6 PERSONEN

- 250 g getrocknete Kichererbsen, verlesen, eingeweicht und gegart (siehe Seite 176)
- 2 TL Kreuzkümmel
- 2 TL Koriander
- 1–2 getrocknete rote Chilis
- 4 EL Pflanzenöl
- 450 g Zwiebeln, geschält und fein gehackt
- 50 g frischer Ingwer, geschält und in feine Streifen geschnitten
- 1/4 TL gemahlener Zimt
- 1/4 TL gemahlene Gewürznelken
- 2 TL Salz
- 1 1/2 EL *Amchoor* (grünes Mangopulver, siehe Glossar)

■ Die Kichererbsen abgießen, die Garflüssigkeit auffangen. Nach Belieben die Kichererbsen von der Schale befreien (siehe Seite 176). Beiseite stellen.

■ Kreuzkümmel, Koriander und Chilis in einer kleinen, gusseisernen Pfanne bei mittlerer Hitze leicht rösten, bis sie dunkler werden und stark duften. Dabei häufig rühren. In der Kaffee- oder Gewürzmühle zu feinem Pulver vermahlen. Beiseite stellen.

■ Das Öl in einem weiten, mittelgroßen Topf bei mittlerer bis hoher Temperatur erhitzen. Die Zwiebeln darin unter Rühren leicht anbräunen. Den Ingwer 2 Minuten mitrühren. Die Kichererbsen (ohne Garflüssigkeit), die Gewürzmischung sowie Zimt, Nelken und Salz hinzufügen. Bei mittlerer Hitze unter Rühren 5 Minuten garen. 475 Milliliter Garflüssigkeit und *Amchoor* unterrühren und zugedeckt 30 Minuten köcheln lassen. Heiß servieren.

TRINIDAD

Karibisches Kichererbsen-Kartoffel-Curry
Potato chana curry
Von Khadija Ali im Tiffin-Restaurant in Port of Spain

In der Küche Trinidads verschmelzen nicht nur zahlreiche Traditionen und Produkte der Afrikaner, Indianer, Inder, Syrer, Chinesen, Spanier, Portugiesen und Franzosen, sondern auch verschiedene Perioden all dieser Kochtraditionen. Die Inder, zum Beispiel, kamen zu Beginn des 19. Jahrhunderts nach Trinidad, um hier auf den Zuckerrohrplantagen zu arbeiten. Trotz harter Arbeit und schlechter Lebensbedingungen bewahrten sie sich ihre eigenen Kochtraditionen. Mit der Zeit gerieten die Namen von Gewürzen und Gerichten jedoch in Vergessenheit. An ihre Stelle traten Zubereitungen, die neue indische Immigranten aus anderen Regionen mitbrachten, und so entstand die indische Küche Trinidads. Originalzutaten wurden durch neue Gewürze ersetzt, die hier entweder heimisch oder von Europäern eingeführt worden waren.

Dieses Kichererbsengericht ist ein köstliches Beispiel für diese neue Küche. Es enthält frischen Schnittlauch, Thymian und Petersilie, die auf Europa verweisen, sowie Culantro (siehe Glossar) und Scotch-Bonnet-Chilis aus der Neuen Welt und ist mit einem Currypulver aus Curryblättern (ganz untypisch für ein nordindisches Gericht) und einer regionalen Gewürzmischung namens Amchar masala (siehe auch Seite 498) verfeinert. Wer keinen Culantro bekommt, nimmt stattdessen frisches Koriandergrün.

Die Kichererbsen passen zu frittiertem Brot (siehe Seite 357) oder einem anderen Fladenbrot. Für eine größere Mahlzeit reichen Sie dazu grünes Gemüse und eine Joghurtsauce und vielleicht noch die Tomaten-Choka von Seite 143.

FÜR 4–6 PERSONEN

- 250 g getrocknete Kichererbsen, verlesen, eingeweicht und gegart (siehe Seite 176)
- 1 1/2 EL klein geschnittener frischer Schnittlauch
- 2 EL fein gehackter *Culantro* oder frisches Koriandergrün
- 2 Frühlingszwiebeln, in sehr dünne Ringe geschnitten
- 2 TL frische Thymianblättchen oder 1/2 TL getrockneter Thymian
- 1/4 *Scotch-Bonnet*-Chili oder anderen grünen Chili
- 2 TL Salz
- 4 EL Pflanzenöl
- 180 g fein gehackte Zwiebeln
- 1–2 Knoblauchzehen, geschält und fein zerdrückt
- 4 TL scharfes Currypulver
- 350 g Kartoffeln, geschält, in 2,5 × 2 cm große Stücke geschnitten
- 2 TL *Amchar masala* (siehe Seite 498)

■ Die Kichererbsen abgießen, die Garflüssigkeit auffangen. Nach Belieben die Kichererbsen von der Schale befreien (siehe Seite 176) und in eine Schüssel füllen. Schnittlauch, Culantro, Frühlingszwiebeln, Thymian, gehackte Chili und 1 Teelöffel Salz vorsichtig untermischen. Beiseite stellen.

■ Das Öl in einer großen, weiten Pfanne erhitzen. Die Zwiebeln darin unter Rühren in etwa 4 Minuten anbräunen. Den Knoblauch 1 Minute mitrühren. Das Currypulver untermischen, die Kartoffeln, die Kichererbsenmischung, die Garflüssigkeit und das übrige Salz hinzufügen. Etwa 300 Milliliter Wasser dazugießen, aufkochen und zugedeckt bei schwacher Hitze etwa 30 Minuten köcheln lassen. *Amchar masala* einrühren und weitere 5 Minuten garen.

INDIEN

Kichererbsen nach Moghlai-Art
Moghlai chanay

Diese Kichererbsen sind ein ideales Partygericht, das Sie einen Tag im Voraus zubereiten können. Man serviert sie mit Pitabrot oder indischen Naans (siehe Seite 342) sowie zusätzlichem Gemüse und Salaten.

Wer Kichererbsen aus der Dose verwenden möchte, benötigt 1,25 Kilo abgetropfte Kichererbsen und verwendet statt der Garflüssigkeit Gemüsebrühe.

FÜR 8 PERSONEN

- 425 g getrocknete Kichererbsen, verlesen und eingeweicht
- 5 EL Pflanzenöl
- 2 Lorbeerblätter
- 2 kleine Zimtstangen
- 6 grüne Kardamomkapseln
- 2 mittelgroße Zwiebeln, geschält und fein gehackt
- 5 cm frischer Ingwer, geschält und fein gerieben
- 3–4 Knoblauchzehen, geschält und fein zerdrückt
- 1 EL gemahlener Kreuzkümmel
- 1 EL gemahlener Koriander
- 8 EL Joghurt
- 5 EL passierte Tomaten
- 2 1/2 TL Salz
- 2 TL *Garam masala* (siehe Glossar)
- 1 1/2 TL gemahlenes *Amchoor* (siehe Glossar)
- 1 EL gerösteter, gemahlener Kreuzkümmel (siehe Glossar)
- 1/4 TL Cayennepfeffer
- 60 g frisches Koriandergrün, fein gehackt

■ Die Kichererbsen abgießen. In einem mittelgroßen Topf mit 1,8 Liter Wasser aufkochen. Bei schwacher Hitze zugedeckt 1–3 Stunden garen, bis sie sehr weich sind. Alternativ die Kichererbsen mit 1,2 Liter Wasser im Schnellkochtopf garen (siehe Seite 176).

■ Inzwischen das Öl in einem großen Topf (30 cm Durchmesser) bei mittlerer bis hoher Temperatur erhitzen. Die Lorbeerblätter, Zimtstangen und Kardamomkapseln darin kurz rühren. Die Zwiebeln einrühren und in 8–9 Minuten leicht anbräunen. Ingwer und Knoblauch 1 Minute mitrühren. Kreuzkümmel und Koriander untermischen, dann 1 Esslöffel Joghurt hinzufügen und so lange rühren, bis er sich mit der Sauce verbindet. Esslöffelweise den restlichen Joghurt unterrühren, dann die Tomaten dazugeben. 2 Minuten garen und dabei rühren.

■ Die Kichererbsen mit der Garflüssigkeit sowie 475 Milliliter Wasser, Salz, *Garam masala*, *Amchoor*, gemahlenem geröstetem Kreuzkümmel und Cayennepfeffer unterrühren. Aufkochen und bei schwacher Hitze ohne Deckel 15 Minuten köcheln lassen. Kurz vor dem Servieren das meiste Koriandergrün untermischen, das restliche Grün als Garnitur verwenden.

GETROCKNETE HÜLSENFRÜCHTE UND NÜSSE

INDIEN

Kichererbsen und Chana dal in Minzesauce
Paraati chana

Diese Spezialität aus dem Punjab wird in den Straßen Nordindiens verkauft, wo sie sich etwa ebensolcher Beliebtheit erfreut wie der Hotdog in den USA.

Rundum wird das Gericht mit ganzen grünen Chilis sowie Zitronen- und Limettenspalten garniert. Die Chana dal sorgen für eine wunderbar würzige Sauce, die man am besten mit indischem Brot oder auch Pitabrot aufnimmt. Wer die aromatischen indischen Chana dal nicht bekommt, kann sie durch gelbe Schälerbsen ersetzen.

Auch wenn dieses Kichererbsengericht meist als Snack verzehrt wird, eignet es sich ideal für ein großes Familienessen. Dazu passen Brot, Gemüse und eine Joghurtspeise.

FÜR 6–8 PERSONEN

- 250 g getrocknete Kichererbsen, verlesen und eingeweicht
- 125 g *Chana dal* (siehe Seite 177), verlesen
- 1 EL fein gehackter Knoblauch
- 1 EL fein gehackter frischer Ingwer
- 3 frische grüne Chilis, fein gehackt
- 70 g frische Minzeblätter, grob gehackt
- 4 EL Pflanzenöl
- 2 mittelgroße Zwiebeln, geschält und fein gehackt
- 225 g sehr reife Tomaten, enthäutet und gehackt
- 2 1/2 TL Salz
- Je 1 1/2 TL gemahlener Koriander und Kreuzkümmel
- 1/2 TL *Garam masala* (siehe Glossar)
- 3 EL Tamarindenpaste (siehe Seite 473) oder Zitronensaft

■ Die Kichererbsen abgießen, mit 1,5 Liter Wasser in einem Topf aufkochen. Zugedeckt bei schwacher Hitze 1 Stunde köcheln lassen. Schalen, die an der Oberfläche schwimmen, entfernen. *Chana dal* hinzufügen. Bei schwacher Hitze weitere 1 1/2–2 Stunden zugedeckt köcheln, bis Kichererbsen und *Chana dal* weich sind. Beiseite stellen.

■ Inzwischen Knoblauch, Ingwer, Chilis und Minze in einem Mixer mit 6 Esslöffeln Wasser zu einer Paste verarbeiten. Falls nötig, die Mischung dabei mit einem Gummispatel nach unten drücken. Ist sie zu dick, noch 1–2 Esslöffel Wasser hinzufügen. Beiseite stellen.

■ Das Öl in einem weiten, mittelgroßen Topf bei mittlerer bis hoher Temperatur erhitzen. Die Zwiebeln darin intensiv anbräunen. Die Tomaten unterrühren und einkochen lassen, bis sie dunkler werden und sich am Topfrand das Öl absetzt. Die Minzepaste dazugeben, unter Rühren 5 Minuten erhitzen. Diese Mischung mit den restlichen Zutaten unter die Kichererbsen rühren und zugedeckt bei schwacher Hitze weitere 30 Minuten köcheln lassen. Heiß servieren.

INDIEN

Pfannkuchen aus Kichererbsenmehl
Poora/Pudla

Im westindischen Staat Gujarat werden diese Pfannkuchen ähnlich wie Omeletts serviert – einfach so oder mit aromatischen Beigaben. Die Würzzutaten müssen dabei nicht unbedingt indisch sein. Sie können frische Kräuter, eine Mischung aus gehackten Paprikaschoten oder geriebenen Blumenkohl oder auch leicht zerdrückte gegarte Erbsen verwenden.

Frisch gebacken schmecken die Pfannkuchen am besten, man kann sie aber auch in Alufolie wickeln und bei mittlerer Hitze 15 Minuten im Backofen oder einzeln für je 1 Minute in der Mikrowelle aufwärmen.

Servieren Sie die Pfannkuchen zum Frühstück oder als Snack mit Joghurtsaucen, Chutneys und Pickles oder als Brotbeilage. Sie lassen sich zudem ganz unterschiedlich füllen, mit Kartoffeln oder Blumenkohl, Bohnen oder geriebenem Käse und Salsas.

ERGIBT ETWA 10 PFANNKUCHEN

225 g Kichererbsenmehl
1 TL gemahlener Kreuzkümmel
1/4 TL gemahlene Kurkuma
1/4–1/2 TL Cayennepfeffer
1 TL Salz
6–7 EL Pflanzenöl

■ Kichererbsenmehl, Kreuzkümmel, Kurkuma, Cayennepfeffer und Salz in eine Schüssel sieben. Unter ständigem Rühren nach und nach 475 Milliliter Wasser hinzugießen. Sobald der Teig eine pastenartige Konsistenz annimmt, zunächst die Klümpchen zerdrücken, dann das restliche Wasser unterrühren (siehe auch Seite 177). Den Teig 30 Minuten ruhen lassen. Falls er noch nicht ganz glatt ist, durch ein Sieb streichen.

■ In einer Antihaft-Pfanne (14–15 cm Durchmesser) 1 Teelöffel Öl bei mittlerer bis hoher Temperatur erhitzen. Den Teig nochmals gut durchrühren und etwa 4 Esslöffel in die Pfanne gießen. Die Pfanne schwenken, um den Teig gleichmäßig zu verteilen. Mit 1 weiterem Teelöffel Öl beträufeln. Von einer Seite etwa 2 Minuten backen, bis sich goldbraune Stellen zeigen. Wenden und von der anderen Seite 1 weitere Minute backen. Auf einen Teller geben, mit einem umgedrehten Teller bedecken. Die übrigen Pfannkuchen ebenso herstellen.

VARIANTE 1

Pfannkuchen aus Kichererbsenmehl mit Sesam

Den Teig wie im Hauptrezept herstellen, 4 Esslöffel in die Pfanne geben und mit etwa 1/2 Teelöffel hellen oder dunklen Sesamsamen bestreuen. Nach dem Wenden wird der Sesam leicht geröstet. Mit den übrigen Pfannkuchen ebenso verfahren.

VARIANTE 2

Pfannkuchen aus Kichererbsenmehl mit grünen Erbsen

Den Teig wie im Hauptrezept herstellen. Mit je 1 Teelöffel geschältem, sehr fein geriebenem frischem Ingwer und sehr fein gehacktem grünem Chili sowie 1 Esslöffel fein gehacktem frischem Koriandergrün und 115 Gramm gegarten, leicht zerdrückten grünen Erbsen (frisch oder Tiefkühlware) vermischen. Den Teig nicht durch das Sieb streichen, aber vor dem Backen der einzelnen Pfannkuchen stets gut durchrühren.

VARIANTE 3
Pfannkuchen aus Kichererbsenmehl mit frischen Kräutern

Den Teig wie im Rezept auf der linken Seite herstellen, jedoch Kreuzkümmel, Kurkuma und Cayennepfeffer weglassen. Kurz vor dem Backen je 1 Esslöffel frische Schnittlauchröllchen und gehackte frische Petersilie sowie je 1 Teelöffel fein gehackten frischen Thymian und Estragon gut untermischen. Den Teig vor dem Backen der einzelnen Pfannkuchen stets gut durchrühren.

INDIEN

Pfannkuchen aus Kichererbsenmehl mit Tomate und Zwiebel

Tameta kandana poora • Pallavi Shah

Mit grünem Salat ergeben diese pikanten Pfannkuchen ein wunderbares leichtes Essen, vor allem im Sommer, wenn es aromatische reife Tomaten gibt.

Da Tomate und Zwiebel bereits Flüssigkeit enthalten, wird in diesem Rezept etwas weniger Wasser verwendet.

ERGIBT 9–10 PFANNKUCHEN

225 g Kichererbsenmehl
1 TL Salz
1/4–1/2 TL Cayennepfeffer
1 TL Kreuzkümmel
4 EL enthäutete, fein gewürfelte Tomaten ohne Samen (etwa 1 mittelgroße Tomate)
4 EL fein gehackte Zwiebeln oder dünne Frühlingszwiebelringe
Etwa 7–8 EL Pflanzenöl

■ Das Kichererbsenmehl mit dem Salz und Cayennepfeffer in eine Schüssel sieben. Unter Rühren nach und nach 300 Milliliter Wasser hinzugießen. Sobald der Teig eine pastenartige Konsistenz annimmt, zunächst die Klümpchen zerdrücken, dann das restliche Wasser unterrühren (siehe auch Seite 177). Kreuzkümmel, Tomaten und Zwiebeln untermischen. Den Teig 30 Minuten ruhen lassen.
■ In einer Antihaft-Pfanne (14–15 cm Durchmesser) 1 Teelöffel Öl bei mittlerer bis hoher Temperatur erhitzen. Den Teig gut durchrühren und etwa 4 Esslöffel in die Pfanne gießen. Die Pfanne schwenken, um den Teig zu verteilen. Mit 1 weiteren Teelöffel Öl beträufeln. Von einer Seite etwa 2 Minuten backen, bis sich goldbraune Stellen zeigen. Wenden und von der anderen Seite 1 weitere Minute backen. Auf einen Teller geben, mit einem umgedrehten Teller bedecken. Die übrigen Pfannkuchen ebenso herstellen. (Aufwärmen siehe Einleitung linke Seite.)

FRANKREICH

»Fritten« aus Kichererbsenmehl
Les panisses • *Victoria Salvy*

Für diese köstliche südfranzösische Spezialität wird – ähnlich wie bei Polenta – aus Kichererbsenmehl zuerst eine dicke Masse gekocht, die man auf flachen Tellern fest werden lässt. Dann wird sie in Streifen geschnitten, die man in Mehl wendet und ausbackt. Die knusprigen Panisses *verzehrt man einfach so, mit Salz und Pfeffer bestreut oder zu einem Tomatengemüse, etwa pfannengerührten Auberginen mit Tomate und Parmesan (siehe Seite 23). Dazu passen aber auch eine einfache Tomatensauce (siehe Seite 476) und ein grüner Salat, oder man serviert die* Panisses *süß, nur mit feinstem Zucker oder Puderzucker bestreut.*

Um die Masse fest werden zu lassen, benötigen Sie traditionelle Essteller mit breitem Rand. Ich verwende 2 Teller von 16–18 cm Durchmesser. Sind die Teller kleiner (etwa 11 cm Durchmesser), benötigen sie 3 Stück. Der gekochte Teig wird sehr schnell fest und muss so schnell wie möglich auf die Teller gegossen werden. Mit einem umgedrehten Teller bedeckt, kann man die Fladen einige Stunden stehen lassen.

FÜR 2–4 PERSONEN

1 TL Olivenöl, plus mehr für die Teller
150 g Kichererbsenmehl
Salz
75 g Mehl
Erdnuss- und/oder Olivenöl zum Ausbacken
Frisch gemahlener schwarzer Pfeffer

- Die Teller für den Teig (siehe Einleitung) mit Öl bestreichen. Eine Schüssel mit kaltem Wasser bereitstellen.
- Das Kichererbsenmehl sieben.
- In einem Topf mit schwerem Boden 475 Milliliter Wasser aufkochen. 1/2 Teelöffel Salz und 1 Teelöffel Olivenöl hineingeben, auf mittlere Hitze schalten. Das Kichererbsenmehl in einem gleichmäßigen Strahl einrieseln lassen, dabei ständig mit einem Holzlöffel rühren. Etwa 10 Minuten kräftig rühren, bis ein dicker Teig entstanden ist, der sich von der Topfwand löst. Zügig auf die Teller verteilen. Die Hände ins kalte Wasser tauchen und den Teig jeweils bis zum Tellerrand glatt streichen, sodass 3 mm dicke Fladen entstehen. Der Teig ist nach wenigen Minuten richtig fest.
- Erst kurz vor dem Essen das Mehl auf einem Backbrett verteilen. Die Fladen darauf in 2 cm breite Streifen schneiden und diese quer halbieren. Gleichmäßig im Mehl wenden.
- Das Öl zum Ausbacken etwa 3 mm hoch in einer großen Pfanne bei mittlerer bis hoher Temperatur erhitzen. Die *Panisses* darin von beiden Seiten in je etwa 5 Minuten goldbraun ausbacken. Auf mit Küchenpapier ausgelegten Tellern abtropfen lassen. Mit Salz und Pfeffer bestreuen und servieren.

INDIEN

»Fritten« aus Kichererbsenmehl nach indischer Art
Saank

Meine Mutter bereitete früher ganz ähnliche Kuchen wie die Panisses *aus Südfrankreich. Allerdings verwendete sie für den Teig kaltes Wasser sowie Ingwer, grüne Chilis und frisches Koriandergrün. Die Kuchen wurden meist als Snack oder zum Sonntagsfrühstück mit Chutneys gegessen.*

FÜR 2–4 PERSONEN

2 TL Pflanzenöl, plus mehr für die Teller (siehe Rezept links) und zum Ausbacken
150 g Kichererbsenmehl
Salz
1/4 TL gemahlene Kurkuma
1/2 TL gemahlener Kreuzkümmel
1 TL geschälter, sehr fein geriebener frischer Ingwer
1–2 TL fein gehackte frische grüne Chili
2 EL gehacktes frisches Koriandergrün
1/2 TL Kreuzkümmel
75 g Mehl
Frisch gemahlener schwarzer Pfeffer

■ Die Teller für den Teig (siehe Rezepteinleitung auf der linken Seite) mit Öl bestreichen. Eine Schüssel mit kaltem Wasser bereitstellen.

■ Das Kichererbsenmehl, 1/2 Teelöffel Salz, Kurkuma und Kreuzkümmel in eine Schüssel sieben. Unter ständigem Rühren nach und nach 475 Milliliter Wasser hinzugießen. Sobald der Teig eine pastenartige Konsistenz annimmt, zunächst die Klümpchen zerdrücken, dann das restliche Wasser unterrühren (siehe auch Seite 177). Falls er noch nicht ganz glatt ist, durch ein Sieb streichen. Ingwer, Chili und Koriandergrün untermischen, 10 Minuten ruhen lassen.

■ In einem mittelgroßen Topf 2 Teelöffel Öl bei mittlerer bis hoher Temperatur erhitzen. Den Kreuzkümmel hineingeben, nach 10 Sekunden den Teig gleichmäßig hineingießen und dabei ständig mit einem Holzlöffel rühren. Unter Rühren zum Kochen bringen und weitere 10 Minuten kräftig rühren, bis ein dicker Teig entstanden ist, der sich von der Topfwand löst. Den Teig zügig auf die Teller verteilen. Die Hände ins kalte Wasser tauchen und den Teig jeweils bis zum Tellerrand glatt streichen, sodass 3 mm dicke Fladen entstehen. Der Teig ist schon nach wenigen Minuten richtig fest.

■ Erst kurz vor dem Essen das Mehl auf einem Backbrett verteilen. Die Fladen darauf in 2 cm breite Streifen schneiden und diese quer halbieren. Gleichmäßig im Mehl wenden.

■ Das Öl zum Ausbacken etwa 3 mm hoch in einer großen Pfanne bei mittlerer bis hoher Temperatur erhitzen. Die Streifen darin von beiden Seiten in je etwa 5 Minuten goldbraun backen. Auf mit Küchenpapier ausgelegten Tellern abtropfen lassen. Mit Salz und Pfeffer bestreuen und sofort servieren.

FRANKREICH/ITALIEN
Pizza aus Kichererbsenmehl
La socca/farinata

In Nizza wie in Genua ist diese Pizza ein traditioneller Morgenimbiss, der auf großen runden Blechen im Steinofen gebacken wird. Wer sie unterwegs kauft, reißt sie einfach gleich in Stücke und genießt sie aus der Hand.

Ich empfehle zum Backen eine stabile Antihaft-Pfanne (30 cm Durchmesser oder kleiner) mit Metallgriffen, die man unbesorgt auf dem Herd und im Ofen verwenden kann. Sie können die Pizza ganz ohne Beigaben oder mit Kräutern und Oliven bereiten. Sehr gut schmeckt sie zudem mit Kräutern und geriebenem Parmesan.

ERGIBT 1 PIZZA FÜR 2–4 PERSONEN

75 g Kichererbsenmehl
1/3 TL Salz
Frisch gemahlener schwarzer Pfeffer
3 EL Olivenöl

■ Kichererbsenmehl und Salz in eine Schüssel sieben. Unter ständigem Rühren nach und nach 250 Milliliter Wasser hinzugießen. Sobald der Teig eine pastenartige Konsistenz annimmt, zunächst die Klümpchen zerdrücken, dann das restliche Wasser unterrühren (siehe auch Seite 178). Den Teig 30 Minuten ruhen lassen. Falls er noch nicht ganz glatt ist, durch ein Sieb streichen. Mit Pfeffer bestreuen.
■ Den Backofengrill vorheizen.
■ In einer Antihaft-Pfanne (30 cm Durchmesser) mit Metallgriffen 1 Esslöffel Öl bei mittlerer bis hoher Temperatur erhitzen. Den Teig nochmals durchrühren und in die Pfanne gießen. Das übrige Öl über den Teig träufeln. Die Pizza etwa 4 Minuten auf dem Herd backen, entstehende Blasen mit einem spitzen Messer aufstechen. Sobald der Teig fest ist, die Pfanne unter den Grill schieben und in 4–5 Minuten goldbraun backen. Die Pfanne zwischendurch drehen, damit die Pizza gleichmäßig bräunt. Heiß servieren.

VARIANTE 1
Pizza aus Kichererbsenmehl mit Thymian und Salbei
Den Teig wie im Hauptrezept herstellen und 30 Minuten ruhen lassen. 1 Teelöffel gehackten frischen oder 1/2 Teelöffel getrockneten Thymian unterrühren. Den Teig in die Pfanne gießen, 5–6 frische Salbeiblätter darauf verteilen. Wie links beschrieben backen.

VARIANTE 2
Pizza aus Kichererbsenmehl mit Rosmarin, Tomate und Parmesan
Den Teig wie im Hauptrezept herstellen und 30 Minuten ruhen lassen. 1/2 Teelöffel gehackten frischen oder 1/4 Teelöffel zerkrümelten getrockneten Rosmarin unterrühren und den Teig in die Pfanne gießen. Wie beschrieben backen, jedoch nach 2–3 Minuten, wenn der Teig gerade fest ist, 2 Esslöffel enthäutete gehackte Tomaten (ohne Samen), 1 Esslöffel fein gehackte Zwiebel, 3 Esslöffel grob geriebenen Parmesan und viel schwarzen Pfeffer darauf verteilen. Wie links beschrieben unter dem Grill fertig backen.

INDIEN

Gemüseeintopf mit Kichererbsenmehlsauce
Karhi ◆ Durupadiji

Ein Karhi *ist ein suppenartiger Eintopf mit Kichererbsenmehl und stammt aus der westindischen Region Sindh. Man serviert ihn fast immer mit Basmatireis und reicht dazu manchmal noch Pickles und Chutneys. Die angegebenen Gemüsesorten können entweder ersetzt oder ergänzt werden, etwa durch gewürfelte Kartoffeln und kleine Okras, die zuvor gebraten wurden. Wer keine Curryblätter bekommt, verwendet stattdessen frisches Basilikum.*

FÜR 4 PERSONEN

4 EL Pflanzenöl
1/4 TL Bockshornkleesamen
20 frische Curryblätter (siehe Glossar)
85 g Kichererbsenmehl
225 g fein gehackte Tomaten
4 cm frischer Ingwer, geschält und sehr fein gerieben
1/2–1 frischer grüner Chili, fein gehackt
1/2 TL gemahlene Kurkuma
1/4–1/2 TL Cayennepfeffer
1 3/4 TL Salz
1 1/2–2 EL dicke Tamarindenpaste (siehe Seite 473) oder 2 EL frisch gepresster Zitronensaft
1 mittelgroße Möhre (etwa 85 g), geschält, in 4 cm lange Stifte geschnitten
125 g grüne Bohnen, in 2,5 cm lange Stücke geschnitten
175 g mittelgroße Blumenkohlröschen

■ Etwa 1,5 Liter Wasser aufkochen. Benötigt werden 1,2 Liter.

■ Das Öl in einem großen Topf bei mittlerer bis hoher Temperatur erhitzen. Zuerst den Bockshornklee, dann die Curryblätter kurz einrühren. Zügig das Kichererbsenmehl einstreuen und bei schwacher Hitze unter Rühren 2–3 Minuten rösten, bis es etwas dunkler wird. Nach und nach das kochend heiße Wasser dazugießen und dabei kräftig mit einem Schneebesen schlagen, bis eine glatte Sauce entstanden ist. Die Tomaten, Ingwer, Chili, Kurkuma, Cayennepfeffer, Salz und die Tamarindenpaste einrühren. Aufkochen und zugedeckt bei schwacher Hitze 15 Minuten köcheln lassen.

■ Das vorbereitete Gemüse untermischen, wieder aufkochen. Bei schwacher Hitze zugedeckt weitere 12–15 Minuten köcheln lassen, bis das Gemüse gar ist.

LINSEN

Archäologen gehen davon aus, dass die Linse die älteste Kulturpflanze überhaupt und im Zweistromland, der Wiege der Zivilisation, beheimatet ist. Die ältesten Linsen, die je gefunden wurden, zählen fast 9000 Jahre und stammen aus Qalat Jarmo im Irak. Antike Behälter mit Linsen hat man auch in der Türkei ausgegraben, und noch in der Bronzezeit gelangten die Samen sogar auf eine Insel in einem Schweizer See. Ein Linsenpüree, das man in einem Pharaonengrab in Theben entdeckte, belegt zudem, dass die ägyptischen Herrscher vor 4000 Jahren bereits Linsen aßen und man diese sogar als ideale Grabbeigabe für die Reise ins Jenseits betrachtete.

Linsen zählen zu den nahrhaftesten Hülsenfrüchten. Neben dem bekanntermaßen hohen Eiweißgehalt und den wichtigen Kohlenhydraten bringen sie beachtliche Anteile an Kalzium, Phosphor, Eisen und Niacin mit.

Linsen sind heute auf der ganzen Welt beliebt. In vielen Regionen des Nahen Ostens sowie in Südasien und im Mittelmeerraum kombiniert man sie mit Nudeln, Reis, Kräutern und beinahe jeder Gemüsesorte.

Im Handel werden heute drei verschiedene Linsensorten angeboten.

Braune oder bräunlich grüne Linsen

Diese Linsen bekommt man in Supermärkten und Bioläden. Trotz der unterschiedlichen Farbe haben sie alle die gleichen Kocheigenschaften. Es handelt sich um ganze Linsen in der Schale, und nur diese eignen sich auch zum Keimen.

Braune oder bräunlich grüne Linsen vorbereiten und garen: Die Linsen verlesen, waschen und abtropfen lassen. Auf 200 Gramm Linsen 600 Milliliter Wasser hinzugießen und in einem Topf aufkochen. Halb zugedeckt bei schwacher Hitze etwa 20 Minuten für Salate, 30–35 Minuten für Hauptgerichte und 40 Minuten für Suppen und Pürees köcheln lassen. Gegen Ende der Garzeit nach Belieben etwa 1 Teelöffel Salz unterrühren. Abgießen.

Braune oder bräunlich grüne Linsen keimen lassen: Linsensprossen schmecken wunderbar, garen schnell und sind leicht verdaulich. Dafür große Linsen für 12 Stunden in lauwarmem Wasser einweichen, nach etwa 8 Stunden das Wasser erneuern. Abgießen. Auf einem Tablett oder Backblech mit mehreren Schichten feuchtem Küchenpapier verteilen. Mit zwei weiteren Schichten feuchtem Küchenpapier bedecken und an einem dunklen Ort ohne Luftzug (etwa dem ausgeschalteten Backofen) 36 Stunden keimen lassen. Alle 8 Stunden mit Wasser besprenkeln. Die Sprossen sollten nun etwa 1 cm lang sein. Vorsichtig waschen, lose Schalen entfernen. Die Sprossen lassen sich in einem Plastikbeutel oder verschlossen in einem Behälter bis zu 1 Woche aufbewahren. Falls sie trocken werden, mit etwas Wasser beträufeln. Im Kühlschrank in einer Schüssel mit Wasser bleiben sie 24 Stunden frisch. Das Wasser alle 8 Stunden erneuern. 85 Gramm Linsen ergeben etwa 225 Gramm Sprossen.

Linsensprossen garen: Die Sprossen sind schnell gar. Zum Pfannenrühren etwas Öl in einem Wok oder einer Pfanne bei mittlerer bis hoher Temperatur erhitzen. Die Linsensprossen darin 3–4 Minuten pfannenrühren, nach Belieben 1/2 Teelöffel Salz hinzugeben. Dazu passen unterschiedlichste Würzmittel, sogar Salat-Dressing. Statt mit Öl können Sie die Sprossen auch 3–4 Minuten in 4–5 Esslöffel Wasser garen oder 6–8 Minuten dämpfen und dann würzen.

Französische Linsen (Puy-Linsen)

Diese dunkelgrünen Linsen werden als *Lentilles Le Puy* oder *Lentilles vertes du Puy* angeboten. Obwohl sie kleiner sind als die großen bräunlich grünen Linsen, haben sie eine etwas längere Garzeit und bewahren ihre Form noch besser. Eine ähnliche Linse stammt aus Castelluccio in Umbrien, doch ist sie eher schwer erhältlich.

Lentilles Le Puy garen: Die Linsen 40–60 Minuten in Wasser weich garen (3 Teile Wasser auf 1 Teil Linsen).

Rote Linsen

In indischen Lebensmittelgeschäften werden diese Linsen ganz und ungeschält *(Sabut masoor),* halbiert und ungeschält *(Chhilke wali masoor dal)* sowie geschält und halbiert *(Masoor dal)* angeboten. Ich verwende in diesem Buch nur die geschälten, halbierten Linsen, die man in Bioläden und Spezialgeschäften meist als rote oder ägyptische Linsen bekommt. In Südasien, dem Nahen Osten und Nordafrika werden sie gern und oft gegessen. Ungegart haben die Linsen einen wunderschönen Lachsfarbton, der sich beim Garen jedoch in ein stumpfes Gelb verliert. Die Linsen besitzen einen angenehm erdigen Geschmack und eine leicht körnige Konsistenz.

Rote Linsen eignen sich hervorragend für Suppen und Eintöpfe und können gut mit Getreide, anderen Linsen und Gemüse kombiniert werden. Sie sind eine hervorragende Zutat für türkische Eintöpfe oder für die indische Spezialität Gemischte Hülsenfrüchte und Gemüse nach Parsi-Art (siehe Seite 202). Sehr gut schmecken sie außerdem mit einer Gewürzmischung, nach der *Tarka*-Methode (siehe Seite 159) zubereitet.

Rote Linsen (Masoor dal) *vorbereiten und garen:* Diese Linsen werden fast ebenso zubereitet wie geschälte und halbierte Mungobohnen *(Moong dal).* Zuerst die Linsen mehrfach in frischem Wasser waschen und abgießen. In einem Topf mit schwerem Boden 180 Gramm rote Linsen mit 1 Liter Wasser aufkochen. Darauf achten, dass nichts überkocht. Aufsteigenden Schaum abschöpfen. Für ein indisches Gericht 1/4 Teelöffel gemahlene Kurkuma kurz unterrühren. Halb zugedeckt bei schwacher Hitze in 40–50 Minuten weich garen. Mit 1–1 1/4 Teelöffel Salz abschmecken.

Die Linsen können nun mit einer *Tarka*-Mischung oder anderen Zutaten fertig zubereitet werden. Falls nötig, die Linsen erkalten lassen und später unter häufigem Rühren wieder erhitzen. Dafür einige Esslöffel Wasser einrühren, damit die Linsen nicht anhängen.

GETROCKNETE HÜLSENFRÜCHTE UND NÜSSE

NAHER OSTEN

Linsen mit Zwiebel und Knoblauch

Zu diesem unkomplizierten Gericht passen marokkanisches Brot, Pitabrot oder ein anderes knuspriges Brot aus Europa sowie Tomatenscheiben in Tomatensauce (siehe Seite 142). Gute Beilagen sind Salate und Joghurtsaucen.

FÜR 4 PERSONEN

3 EL Olivenöl
1 mittelgroße Zwiebel (etwa 140 g), in dünne Halbringe geschnitten
1 getrockneter roter Chili
3 Knoblauchzehen, geschält und gehackt
200 g braune oder bräunlich grüne Linsen
1 TL Salz
Frisch gemahlener schwarzer Pfeffer
Zitronenspalten

■ Das Öl in einem mittelgroßen Topf bei mittlerer bis hoher Temperatur erhitzen. Die Zwiebel darin unter Rühren goldbraun und knusprig braten. Falls nötig, die Hitze reduzieren. Mit einem Schaumlöffel auf Küchenpapier verteilen. Chili und Knoblauch in das verbliebene Fett in der Pfanne geben, 10 Sekunden rühren und die Linsen hinzufügen.

600 Milliliter Wasser dazugießen, aufkochen und bei schwacher Hitze halb zugedeckt 30–35 Minuten köcheln lassen, bis die Linsen gar sind.
■ Den Chili nach Belieben entfernen. Salz und Pfeffer unterrühren. Zum Servieren mit der gebratenen Zwiebel bestreuen. Dazu Zitronenspalten reichen.

Linsen mit Spinat und Joghurt

Dieses Gericht ergibt eine vollständige Mahlzeit. Sie brauchen dafür die angegebenen Mengen des Rezepts Linsen mit Zwiebel und Knoblauch. Statt Spinat können Sie ebenso gut Mangold oder ein anderes Blattgemüse verwenden. Der Joghurt lässt sich durch saure Sahne oder ein großes Stück gegrillten Schafkäse ersetzen.

FÜR 4 PERSONEN

1 Rezept Linsen mit Zwiebel und Knoblauch (siehe oben)
3 EL Olivenöl
2 cm frischer Ingwer, geschält und in sehr dünne Stifte geschnitten
500 g frischer Spinat, geputzt
1/2 TL Salz
1 Prise Cayennepfeffer (nach Belieben)
4 große Klecks griechischer Joghurt

■ Die fertig zubereiteten Linsen in ihrem Topf warm halten. Die gebratenen Zwiebeln bereitstellen. (Zitronenspalten werden nicht benötigt.)
■ Das Öl in einem großen Wok oder einer großen Pfanne stark erhitzen. Den Ingwer darin 20–30 Sekunden pfannenrühren, bis er leicht braun wird. Den Spinat, Salz und Cayennepfeffer hinzufügen. So lange unter Rühren garen, bis der Spinat ganz zusammengefallen ist. Vom Herd nehmen. Die Linsen in vier Suppenteller verteilen. Den Spinat darüber geben, in der Mitte leicht aufhäufen. Je 1 großen Klecks Joghurt darauf setzen, mit den gebräunten Zwiebeln bestreuen. Heiß servieren.

GETROCKNETE HÜLSENFRÜCHTE UND NÜSSE   195

Linsen mit Champignons und Joghurt

Für dieses Gericht benötigen Sie die fertig gegarten Linsen mit Zwiebel und Knoblauch von Seite 194. Reichen Sie dazu frisches knuspriges Brot.

FÜR 4 PERSONEN

1 Rezept Linsen mit Zwiebel und Knoblauch (siehe Rezept auf Seite 194)
4 EL Olivenöl
3 Knoblauchzehen, geschält und sehr fein gehackt
450 g mittelgroße Champignons, geputzt, mit Stiel in dünne Scheiben geschnitten

1–1 1/4 TL Salz
Frisch gemahlener schwarzer Pfeffer
1 kräftige Prise Cayennepfeffer (nach Belieben)
5 EL fein gehackte frische Petersilie
4 große Kleckse griechischer Joghurt

■ Die Linsen in ihrem Topf warm halten, die gebratenen Zwiebeln bereitstellen.
■ Das Öl in einer großen Pfanne oder einem Wok stark erhitzen. Zuerst den Knoblauch, dann die Champignons darin pfannenrühren, bis die Pilze zusammenfallen. Mit Salz, Pfeffer und Cayennepfeffer (falls verwendet) würzen, 4 Esslöffel Petersilie unterrühren. Die Pilze vom Herd nehmen.
■ Die Linsen in Suppenteller schöpfen, darüber die Pilze häufen. Je 1 Klecks Joghurt darauf setzen, mit den gebratenen Zwiebeln und der übrigen Petersilie bestreuen. Heiß servieren, dazu Zitronenspalten reichen.

MAROKKO

Linsen in Sauce
Lentilles en sauce

Für dieses Rezept empfehle ich französische Linsen, denn sie bleiben beim Kochen wunderbar fest. Doch auch braune oder bräunlich grüne Linsen eignen sich, allerdings verkürzt sich ihre Garzeit um 15–20 Minuten. Dazu passen Brot, am besten marokkanisches, und etwas Gemüse – vielleicht in Form eines marokkanischen, griechischen oder türkischen Salats. Geriebene Tomaten ergeben ein schnelles grobes Püree, die Häute bleiben zurück!

FÜR 6 PERSONEN

200 g *Puy*-Linsen (siehe Seite 193), verlesen
100 g Zwiebeln, fein gehackt oder gerieben
1 mittelgroße sehr reife Tomate (etwa 180 g), auf der Rohkostreibe zu Püree gerieben
2 Knoblauchzehen, geschält, fein gehackt
4 EL fein gehackte frische Petersilie

2 EL fein gehacktes frisches Koriandergrün
1 1/2 TL Paprikapulver
1 TL gemahlener Kreuzkümmel
Frisch gemahlener schwarzer Pfeffer
1 1/4–1 1/2 TL Salz
1 EL Olivenöl

■ Die Linsen mit sämtlichen Zutaten bis auf Salz und Olivenöl in einen mittelgroßen Topf mit 750 Milliliter Wasser vermischen und aufkochen. Bei schwacher Hitze halb zugedeckt 30 Minuten köcheln lassen.
■ Das Salz unterrühren. Halb zugedeckt in weiteren 30–40 Minuten weich köcheln. Das Öl einrühren. Heiß servieren.

USA

Tex-Mex-Chili vegetarisch

Ich liebe ein Chili, und diese Variante schmeckt mir ganz besonders. Da fertige Chilipulver meist zu viel Salz enthalten, kombiniere ich die benötigten Gewürze lieber selbst. Lassen Sie sich von der langen Zutatenliste jedoch nicht abschrecken, denn die Zubereitung ist wirklich einfach.

Ich serviere das Chili am liebsten in Suppenschalen und reiche dazu frische heiße Tortillas und etwas Guacamole (siehe Seite 538). Für eine unkomplizierte Variante geben Sie nur einen Klecks saure Sahne auf das Chili und reichen Tortilla-Chips und einen grünen Salat dazu. Sie können das heiße Chili aber auch in eine Auflaufform füllen, geriebenen Käse darüber streuen und alles kurz unter den heißen Grill schieben. Dazu passen Pitabrot und Tortillas sowie ein grüner Salat.

Das Chili ist auch ein wunderbares Partygericht, die Menge lässt sich problemlos verdoppeln oder verdreifachen. Sie können es im Voraus zubereiten und bis zu 24 Stunden kalt stellen. Falls nötig, beim Aufwärmen etwas Wasser unterrühren.

FÜR 4 PERSONEN

3 EL Pflanzenöl
100 g Zwiebeln, fein gehackt
3 Knoblauchzehen, geschält und fein gehackt
100 g grüne Paprikaschote, fein gehackt
1/4–1 *Jalapeño*-Chili, fein gehackt (Menge nach gewünschter Schärfe variieren)
1 1/2 TL gemahlener Kreuzkümmel
2 TL Paprikapulver
1/2 TL getrockneter Thymian
1/2 TL zerkrümelter getrockneter Salbei
1 TL getrockneter Oregano
1/4 TL Cayennepfeffer
200 g braune oder bräunlich grüne Linsen, verlesen
150 g gegarte rote Kidneybohnen (siehe Seite 216) oder Kidneybohnen aus der Dose, jeweils gut abgetropft
2–3 Eiertomaten aus der Dose, abgetropft, fein gehackt
3 EL gehacktes frisches Koriandergrün
1 1/2 TL Salz
1 EL Maisstärke

■ Das Öl in einem mittelgroßen Topf bei mittlerer bis hoher Temperatur erhitzen. Zwiebeln, Knoblauch, Paprika und *Jalapeño* darin etwa 3 Minuten braten, bis die Mischung leicht Farbe annimmt. Bei mittlerer bis schwacher Hitze weitere 3 Minuten rühren. Die getrockneten Gewürze und Kräuter kurz untermischen, dann die Linsen und Kidneybohnen dazugeben. 1 Liter Wasser, die Tomaten, Koriandergrün und Salz hinzufügen und aufkochen. Zugedeckt bei schwacher Hitze 50 Minuten garen.

■ Die Maisstärke mit 3 Esslöffeln Wasser verrühren und unter das Chili rühren. Aufkochen und zugedeckt 10 Minuten schwach köcheln lassen, ab und zu durchrühren.

GETROCKNETE HÜLSENFRÜCHTE UND NÜSSE 197

ZYPERN

Linsen mit Reis
Moudjendra • Androche Markidis

Dieses herzhafte risottoähnliche Gericht hat eine typisch zypriotische Note – halb griechisch, halb arabisch. Es eignet sich wunderbar für Partys, und Reste ergeben eine ideale Füllung für Tomaten (siehe Seite 144) und Paprikaschoten oder lassen sich zu Küchlein formen und in etwas Öl in der Antihaft-Pfanne braten.

Für eine ebenfalls sehr schmackhafte Variante werden die Linsen durch gelbe Schälerbsen ersetzt. Statt Wasser können Sie auch Gemüsebrühe verwenden, und statt Zitronensaft unterzumischen, reicht man zu einer syrischen Variante Zitronenspalten. Vor dem Servieren rühre ich manchmal auch geriebenen Parmesan darunter. Dazu passen Tomatenscheiben in Tomatensauce (siehe Seite 142), Joghurtkäse mit Feta (siehe Seite 451) und ein knackiger grüner Salat.

FÜR 6–8 PERSONEN

375 g braune oder bräunlich grüne Linsen
200 g Langkornreis
1 1/2 Teelöffel Salz
4 EL frisch gepresster Zitronensaft

FÜR DAS *TIGANISSI*
(SIEHE AUCH SEITE 159)

7 EL Olivenöl
1 mittelgroße Zwiebel (etwa 140 g), geschält und in feine Halbringe geschnitten
3 Knoblauchzehen, geschält und in dünne Scheiben geschnitten

■ Die Linsen mit 1,5 Liter Wasser in einem weiten Antihaft-Topf aufkochen. Bei schwacher Hitze zugedeckt 25 Minuten garen. Reis und Salz einrühren und erneut aufkochen. Zugedeckt bei schwächster Hitze weitere 25 Minuten garen. Linsen und Reis sollten etwa die Konsistenz von Risotto haben. Vom Herd nehmen, den Zitronensaft vorsichtig untermischen. Zugedeckt warm halten.

■ Das Öl in einer mittelgroßen Pfanne bei mittlerer bis hoher Temperatur erhitzen. Zwiebel und Knoblauch darin unter Rühren goldbraun und knusprig braten. Mit einem Schaumlöffel einen Teil der Mischung auf Küchenpapier verteilen. Den Rest mit dem Öl über die Linsen gießen. Vorsichtig untermischen, mit der übrigen Zwiebelmischung garnieren und servieren.

ITALIEN

Linsen mit Pasta
Paste e lenticchie

Das Gericht ist in der Gegend von Neapel sehr beliebt und wird meist aus verschiedenen Resten getrockneter Pasta zubereitet. Ich verwende mit Vorliebe die sehr dünnen Capellini, die in der Linsenmischung schnell garen.

Diese Linsen-Pasta-Spezialität sollte so dick sein, dass sie mit der Gabel gegessen werden kann. Eine gute Beilage ist grünes Gemüse, mit Knoblauch in Olivenöl sautiert, gefolgt von einem knackigen Salat. Für eine der vielen Varianten können Sie eine Stange Bleichsellerie und etwas Möhre mit den Linsen garen oder statt Wasser Gemüsebrühe verwenden (in diesem Fall nur sparsam salzen). Auch das Verhältnis von Linsen und Pasta kann abgewandelt werden.

FÜR 4 PERSONEN

2 EL Olivenöl
3 Knoblauchzehen, geschält und fein gehackt
200 g braune oder bräunlich grüne Linsen, verlesen
3–4 Eiertomaten aus der Dose, fein gehackt, plus 125 ml Tomatensaft aus der Dose
1 1/2 TL Salz
150 g Capellini, in 4 cm lange Stücke gebrochen
Frisch gemahlener schwarzer Pfeffer
4 EL fein gehackte frische glatte Petersilie
4 EL bestes natives Olivenöl extra
Chiliflocken (nach Belieben)

■ Das Öl mit dem Knoblauch in einem größeren Topf bei mittlerer bis hoher Temperatur erhitzen. Sobald der Knoblauch zischt und goldgelb wird, die Linsen, die Tomaten mit dem Saft, Salz und 1,2 Liter Wasser einrühren und aufkochen. Zugedeckt bei schwacher Hitze 35 Minuten köcheln lassen, bis die Linsen weich sind. Vom Herd nehmen.
■ Erst 5 Minuten vor dem Essen die Linsen wieder zum Köcheln bringen und die Capellini einstreuen. Unter gelegentlichem Rühren 3 Minuten garen. Etwas Pfeffer und 3 Esslöffel Petersilie unterrühren. Zugedeckt vom Herd nehmen, 2 Minuten ruhen lassen. Die Capellini sollten nun gar sein.
■ In flache Schalen oder Suppenteller schöpfen, mit je 1 Esslöffel extranativem Olivenöl beträufeln und mit Chiliflocken (nach Belieben) und der restlichen Petersilie bestreuen. Sofort servieren.

GETROCKNETE HÜLSENFRÜCHTE UND NÜSSE | 199

Pfannengerührte Linsensprossen mit Ingwer

Aus diesem leichten, unkomplizierten Gericht wird mit einem knackigen grünen Salat das ideale Sommeressen.

FÜR 3–4 PERSONEN

2 EL Erdnussöl
1 Knoblauchzehe, geschält und leicht zerdrückt
2 Scheiben frischer Ingwer
225 g Linsensprossen (siehe Anleitung auf Seite 192)
1/2 TL Salz
1 TL Öl aus gerösteten Sesamsamen

■ Das Erdnussöl in einem großen Wok oder einer Pfanne erhitzen. Knoblauch und Ingwer darin 15 Sekunden pfannenrühren und dabei nach unten drücken. Die Linsensprossen und das Salz hinzufügen, 3–4 Minuten pfannenrühren, bis die Sprossen gerade gar sind. Das Sesamöl untermischen. Heiß, mit Raumtemperatur oder kalt servieren.

❖

INDIEN

Pfannengerührte Linsensprossen mit Senfsamen und Chili
Phuti sabut masoor

Wer es besonders scharf mag, verwendet einfach mehr Pfeffer oder Cayennepfeffer oder sogar die ganze grüne Chilischote.

FÜR 3–4 PERSONEN

2 EL Erdnussöl
1 TL schwarze Senfsamen
1 Frühlingszwiebel, in sehr dünne Ringe geschnitten
225 g Linsensprossen (siehe Anleitung auf Seite 192)
1/2–1 frischer grüner Chili, fein gehackt
1/2 TL Salz
1 EL frisch gepresster Zitronensaft
Frisch gemahlener schwarzer Pfeffer

■ Das Öl in einem großen Wok oder einer Pfanne bei mittlerer bis hoher Temperatur erhitzen. Die Senfsamen darin in wenigen Sekunden aufplatzen lassen. Die Frühlingszwiebel hinzufügen, 15 Sekunden pfannenrühren. Die Linsensprossen, Chili und Salz dazugeben, 3–4 Minuten pfannenrühren, bis die Sprossen gerade gar sind. Zitronensaft und Pfeffer untermischen, eventuell nachwürzen. Heiß, mit Raumtemperatur oder kalt servieren.

INDIEN

Rote Linsen bengalische Art
Masoor dal

Für dieses Gericht benötigen Sie Panchphoran (Fünf-Gewürze-Mischung, siehe Glossar), eine Mischung der jeweils gleichen Menge brauner Senfsamen, Kreuzkümmel, Schwarzkümmel (Kalonji, siehe Glossar), Fenchel- und Bockshornkleesamen. Reichen Sie dazu Reis und verschiedenes Gemüse oder Salat oder ein Joghurtgericht.

FÜR 4–6 PERSONEN

- 2 frische grüne Chilis
- 180 g rote Linsen *(Masoor dal)*, gegart (siehe Seite 193)
- 2 EL Pflanzenöl oder *Ghee* (geklärte Butter, siehe Glossar)
- 2 getrocknete rote Chilis
- 1/2 TL *Panchphoran* (Fünf-Gewürze-Mischung, siehe Glossar)

■ Die frischen Chilis in der Mitte mehrfach längs einschneiden, Spitze und Ende jedoch intakt lassen.

■ Die roten Linsen zum Köcheln bringen und die Chilis hinzufügen. Zugedeckt 5 Minuten ganz schwach köcheln lassen.

■ Das Öl in einer kleinen Pfanne bei mittlerer bis hoher Temperatur sehr heiß werden lassen. Die getrockneten Chilis darin in wenigen Sekunden anbräunen. *Panchphoran* hinzufügen und das Öl mit den Gewürzen unter die Linsen mischen. Servieren.

SRI LANKA

Rote Linsen mit Kokosmilch
Paripoo • Cheryl Rathkopf

Zu diesen Linsen servieren Sie am besten Reis und Gemüse Ihrer Wahl. Da die Linsen sehr cremig sind, reiche ich zur Ergänzung gern ein Relish aus Tomaten (etwa Tomaten-Sambal, siehe Seite 142).

Zu den verwendeten säuerlichen Zutaten gehört auch Goraka *(siehe Glossar), ein orangefarbenes Trockenobst. Wer es nicht bekommt, verwendet stattdessen* Kokum, *die ungeräucherte Variante (siehe Glossar), 1 EL Tamarindenpaste (siehe Seite 473) oder 2 weitere Esslöffel Limettensaft. Statt frischer Curryblätter eignen sich auch* Tulsi *(siehe Glossar) oder Basilikum, die allerdings den Geschmack verändern.*

FÜR 4–6 PERSONEN

FÜR DIE LINSEN
180 g rote Linsen *(Masoor dal),* verlesen
300 ml Kokosmilch aus der Dose, gut durchgerührt
1/2 TL gemahlene Kurkuma
7,5 cm Zimtstange
15 frische Curryblätter (siehe Glossar)
1 Stück *Goraka* (siehe Glossar), kurz abgespült
4 EL sehr fein gehackte Zwiebel
2 getrocknete rote Chilis
2 frische grüne Chilis, leicht schräg halbiert
1 1/2 TL Salz

FÜR DIE WÜRZMISCHUNG
2 EL Pflanzenöl
7,5 cm Zimtstange
2 getrocknete rote Chilis
1 frischer grüner Chili
15 frische Curryblätter (siehe Glossar)
1 kleine Zwiebel, geschält und fein gehackt
175 ml Kokosmilch aus der Dose, gut durchgerührt
1 EL frisch gepresster Limettensaft

■ In einem Topf mit schwerem Boden sämtliche Zutaten für die Linsen mit 475 Milliliter Wasser verrühren und aufkochen (nicht überkochen lassen). Fast ganz zugedeckt bei schwacher Hitze in 50–60 Minuten weich köcheln. Falls nötig, nachsalzen. Zimtstange, *Goraka* und die Curryblätter (nach Belieben) entfernen.

■ Für die Würzmischung das Öl in einer kleinen Pfanne bei mittlerer bis hoher Temperatur erhitzen. Zimtstange, rote und grüne Chilis darin 10 Sekunden rühren. Zuerst die Curryblätter, dann die Zwiebel hinzufügen und rühren, bis die Zwiebel bräunt. Die Kokosmilch untermischen und weitere 2 Minuten rühren. Diese Mischung zu den Linsen gießen und mit dem Limettensaft unterrühren, vom Herd nehmen.

INDIEN

Rote Linsen mit Zucchini
Vegetarische Dalcha

Gewöhnlich wird dieses Gericht mit hellgrünem Flaschenkürbis zubereitet, doch ich verwende für meine Variante einen Zucchino, der schneller gart. Diese Spezialität stammt aus der südindischen Stadt Hyderabad. Dazu passen Reis und eine Joghurtsauce, etwa Möhren-Raita (siehe Seite 442).

FÜR 4 PERSONEN

180 g rote Linsen *(Masoor dal)*, verlesen
1/4 TL gemahlene Kurkuma, Salz
4 EL Pflanzenöl
4 grüne Kardamomkapseln
4 cm Zimtstange, 2 Lorbeerblätter
1/2 TL Kreuzkümmel
1 mittelgroße Zwiebel, geschält, sehr fein gehackt
2 TL geschälter, fein geriebener frischer Ingwer
3 Knoblauchzehen, geschält und zerdrückt
1 mittelgroßer Zucchino, in 2,5 cm dicke Halbringe geschnitten
Frisch gemahlener schwarzer Pfeffer
1/4–1/2 TL Cayennepfeffer
Einige Spritzer frischer Limettensaft

■ Die Linsen mit 1 Liter Wasser in einem Topf mit schwerem Boden aufkochen (nicht überkochen lassen). Aufsteigenden Schaum abschöpfen, Kurkuma unterrühren. Fast ganz zugedeckt bei schwacher Hitze in 40–50 Minuten weich köcheln. 1–1 1/4 Teelöffel Salz unterrühren.

■ Während die Linsen garen, das Öl in einer Antihaft-Pfanne bei mittlerer bis hoher Temperatur sehr heiß werden lassen. Kardamom, Zimt, Lorbeerblätter und Kreuzkümmel kurz einrühren, dann die Zwiebel hinzufügen und unter Rühren anbräunen. Den Ingwer und Knoblauch 1 Minute mitrühren. Nun den Zucchino mit Pfeffer, Cayennepfeffer und 1/4 Teelöffel Salz dazugeben, 1 Minute rühren. 125 Milliliter Wasser hinzugießen, zugedeckt bei schwacher Hitze 2 Minuten köcheln lassen. Nochmals durchrühren und vorsichtig unter die Linsen mischen. 1 weitere Minute schwach erhitzen. Vor dem Servieren mit Limettensaft beträufeln.

INDIEN

Gemischte Hülsenfrüchte und Gemüse nach Parsi-Art
Dhansak

Dhansak bedeutet wörtlich »Körner und Gemüse« und ist eine Spezialität der indischen Parsi – Anhänger Zarathustras, die nach der Ausbreitung des Islam im 8. Jahrhundert aus Persien flohen. Sie nahmen nicht nur die Sprache (Gujarati) ihrer neuen Heimat an, sondern auch die regionalen Kochtraditionen. Dennoch besitzt ihre Gemeinschaft bis zum heutigen Tag ihre ganz eigenen Speisen. Dieses süßsaure, scharfe Püree mit verschiedenen Hülsenfrüchten und Gemüse ist ein besonderes Sonntagsessen. Für meine vegetarische Variante habe ich die Mischung jedoch nicht püriert, sondern körnig gelassen. Dazu passt Parsi-Reis mit Gewürznelken und Zimt (siehe Seite 300).

GETROCKNETE HÜLSENFRÜCHTE UND NÜSSE 203

FÜR 6 PERSONEN

60 g rote Linsen *(Masoor dal)*, verlesen
60 g geschälte, halbierte Strauchererbsen *(Toovar dal)* oder gelbe Schälerbsen, verlesen
60 g geschälte, halbierte Mungobohnen *(Moong dal)*, verlesen
1/2 mittelgroße Aubergine (etwa 180 g), geschält, in 2,5 cm große Würfel geschnitten
125 g Kürbisfleisch, in 2,5 cm große Würfel geschnitten
Etwas frische Minze oder Koriandergrün, fein gehackt
2 Knoblauchzehen, geschält und fein gehackt
2,5 cm frischer Ingwer, geschält und fein gehackt
2 TL Kreuzkümmel
1 1/2 EL Koriander
2,5 cm Zimtstange, in kleine Stücke gebrochen
1/4 TL Kardamomsamen
3–6 getrocknete rote Chilis
1/2 TL schwarze Pfefferkörner
1 kräftige Prise Bockshornklee
1 TL gemahlene Kurkuma
4 EL Pflanzenöl
1 mittelgroße Zwiebel, geschält und fein gehackt
350 g Tomaten, enthäutet und gehackt
2 TL Salz
1 TL Tamarindenmark oder 2–3 TL frisch gepresster Zitronensaft
1 TL brauner Zucker

FÜR DIE GARNITUR

Etwa 3 EL Zwiebel (siehe Knusprig frittierte Schalotten oder Zwiebeln nach persischer Art auf Seite 462)
Frisches Koriandergrün
1 frischer grüner Chili, in dünne Ringe geschnitten (nach Belieben)

■ Hülsenfrüchte, Aubergine, Kürbis und Minze oder Koriandergrün in einem großen Topf mit 1 Liter Wasser aufkochen. Aufsteigenden Schaum abschöpfen. Fast ganz zugedeckt bei schwacher Hitze 50 Minuten (nicht länger) köcheln lassen.
■ Inzwischen den Knoblauch mit dem Ingwer und 3–4 Esslöffeln Wasser im Mixer zu einer Paste verarbeiten.
■ Die getrockneten Gewürze in einer kleinen Pfanne aus Gusseisen bei mittlerer Hitze unter Rühren rösten, bis sie etwas dunkler werden. Vom Herd nehmen, leicht abkühlen lassen. In der Kaffee- oder Gewürzmühle möglichst fein mahlen. Kurkuma untermischen und beiseite stellen.
■ Das Öl in einer großen Pfanne bei mittlerer bis hoher Temperatur erhitzen. Die Zwiebel darin unter Rühren anbräunen. Zuerst die Ingwer-Knoblauch-Paste, dann das Gewürzpulver kurz unterrühren. Die Tomaten hinzufügen und weitere 2 Minuten rühren. Anschließend 250 Milliliter Wasser einrühren und aufkochen. Zugedeckt bei schwacher Hitze 10 Minuten köcheln lassen, bis die Tomaten weich sind.
■ Die Tomatenmischung zu den Linsen gießen, aber nicht rühren. Das Salz, Tamarindenmark und Zucker hinzugeben, einmal vorsichtig durchheben. Weitere 20 Minuten fast ganz zugedeckt sehr schwach köcheln lassen. Nun alles gut vermischen, dabei das Gemüse mit einem Holzlöffel leicht zerdrücken.
■ Zum Servieren mit den Zwiebeln, dem frischen Koriandergrün und dem grünen Chili garnieren.

MUNGOBOHNEN

Die Heimat dieser Hülsenfrucht ist Indien, wo die Mungobohne bereits in über 5000 Jahre alten vedischen Texten erwähnt wird. Von dort gelangte sie schon früh nach China und in andere ostasiatische Regionen.

Von allen Hülsenfrüchten verursachen Mungobohnen am wenigsten Blähungen. Dies erklärt auch ihre Beliebtheit in Indien, wo Nahrungsmittel und ihre Wirkung auf den Körper seit alter Zeit sorgsam dokumentiert werden. Mungobohnen sind zudem leicht verdaulich. Die ersten Hülsenfrüchte, die ein Kind in Nordindien bekommt, sind folglich Mungobohnen, und auch im hohen Alter werden sie noch oft verzehrt. Sie besitzen, wie man in Indien glaubt, spirituelle Eigenschaften, welche die Seele bei ihrer Reise ins Jenseits unterstützen.

Mungobohnen garen relativ schnell. In Indien bereitet man sie auf jede erdenkliche Art zu – als Porridge, Eintopf, Pfannkuchen, Fritters und Nudeln, aber auch als knackigen Snack, Salat oder zu Nudeln verarbeitet.

Ungeschälte ganze Mungobohnen

Die zylindrisch geformten Mungobohnen haben etwa die Größe der bräunlich grünen Linsen und eine glänzend grüne Schale. In Ost- und Südasien werden sie im Ganzen gegart. In Indonesien bereitet man daraus etwa Frühstücks-Porridge mit Kokosmilch und in China eine süße Suppe, die im Sommer kalt serviert wird. Auf den Philippinen werden Mungobohnen mit bitteren Blättern gegart und zum Servieren mit Olivenöl beträufelt, in Indien kocht man sie mit vielerlei Gewürzen. Asialäden bieten sie schlicht als »Mungobohnen« an. Zum Keimen (siehe Seite 205) eignen sich nur die ganzen Bohnen.

Ungeschälte ganze Mungobohnen vorbereiten und garen: Die Bohnen verlesen, einweichen und wie Adzukibohnen garen (siehe Seite 160).

Ungeschälte, halbierte Mungobohnen

Diese Mungobohnen sind von außen grün und im Innern hellgelb. Meines Wissens bekommt man sie nur in indischen Lebensmittelläden, und zwar unter der Bezeichnung *Chhilke wali moong dal.*

Ungeschälte, halbierte Mungobohnen garen: Trotz der gröberen Textur und des höheren Ballaststoffgehalts gart man sie wie geschälte, halbierte Mungobohnen. Man kann sie aber auch wie Reis, also weniger suppenartig, zubereiten. Dafür die Bohnen einige Stunden einweichen lassen und nur in so viel Wasser garen, dass sie gedämpft werden. Die Bohnen bleiben relativ locker, und die Garzeit ist kürzer. Mehr Details finden Sie in den entsprechenden Rezepten.

Geschälte, halbierte Mungobohnen

Die geschälten Bohnen sind hellgelb. Während sie in Ostasien, etwa Korea und Vietnam, nur für wenige Gerichte verwendet werden, bereiten die Inder daraus Hunderte von Speisen – als alltägliche Kost und für besondere Gelegenheiten. Die einfachste Zubereitung heißt genauso wie die Hauptzutat: *Moong dal.* Dafür werden die Mungobohnen nur mit einer Prise gemahlener Kurkuma gegart (Kurkuma wird in der indischen Küche generell wegen der antiseptischen Wirkung eingesetzt). Erst wenn die Bohnen weich sind, gibt man Salz hinzu, denn nach Ansicht vieler Inder bleiben Hülsenfrüchte hart, wenn man sie zu früh salzt.

Die entstandene Suppe oder Sauce reicht man in dieser Form nur Kranken, Kleinkindern, älteren Menschen oder zum Fasten. Für alle anderen wird *Moong dal* meist mit Öl oder *Ghee* (geklärter Butter, siehe Glossar) sowie verschiedenen Würzen verfeinert. Die spezielle Methode, nach der Öl erhitzt und darin Gewürze geröstet werden, um Hülsenfrüchten ein besonderes Aroma zu verleihen, ist in Nordindien vor allem als *Tarka* bekannt.

Aus geschälten, halbierten Mungobohnen werden zudem wohlschmeckende Fritters und Pfannkuchen hergestellt. Die Bohnen müssen dafür eingeweicht und zu einem dicken oder mitteldicken Teig verarbeitet werden.

Geschälte, halbierte Mungobohnen vorbereiten und garen: 180 Gramm geschälte, halbierte Mungobohnen verlesen, mehrmals in frischem Wasser waschen und abgießen. In einem Topf mit schwerem Boden mit 1 Liter Wasser aufkochen. Nicht überkochen lassen. Aufsteigenden Schaum abschöpfen, 1/4 Teelöffel gemahlene Kurkuma unterrühren. Halb zugedeckt bei schwacher Hitze 40–50 Minuten garen, bis die Bohnen weich sind. 1–11/4 Teelöffel Salz untermischen. Mit *Tarka* (siehe Seite 159) verfeinern. Zum Aufwärmen die Bohnen gut durchrühren, nach Bedarf einige Esslöffel Wasser untermischen.

Mungobohnensprossen

Viele Hülsenfrüchte werden auch wegen ihrer Sprossen geschätzt, doch am häufigsten lässt man Mungobohnen keimen. Es gibt zweierlei Arten von Mungobohnensprossen: In Ostasien verwendet man die etwa 7,5 cm langen Sprossen, in Südasien dagegen die nur 5 mm langen Keimlinge. Die langen Sprossen kaufen Sie am besten in Asiamärkten, denn hier sind sie meist besonders frisch, weiß und knackig. Die kurzen Keimlinge werden in Indien gern zum Frühstück verzehrt, vor allem von Vegetariern, und sie eignen sich hervorragend für Salate und pfannengerührte Gerichte. Man kann sie jedoch nicht kaufen, sondern muss die Keimlinge selbst herstellen.

Mungobohnen für lange Sprossen keimen lassen: Ungeschälte ganze Mungobohnen verlesen und waschen, beschädigte Bohnen wegwerfen. Großzügig mit Wasser bedecken und 8 Stunden einweichen lassen. Abgießen, vorsichtig abspülen und abtropfen lassen. In einen Plastikbeutel mehrere Löcher stechen, die Bohnen hineingeben und in ein Sieb legen. Den offenen Beutel mit drei Schichten feuchtem Küchenpapier bedecken. Das Sieb in einer großen Schüssel an einen dunklen, warmen und möglichst feuchten Ort stellen. Alle 4 Stunden das Sieb in die Spüle setzen und lauwarmes Wasser über das Küchenpapier und die Bohnen im Beutel sprenkeln. Kurz abtropfen lassen, wieder in die Schüssel geben. Auf diese Weise die Bohnen in 3–4 Tagen keimen lassen, bis die Sprossen 5–7 cm lang sind.

Die Sprossen in einer großen Schüssel mit Wasser bedecken und vorsichtig zwischen den Händen reiben, um die grüne Schale der Bohnen zu lösen. Das Wasser mit den darauf schwimmenden Schalen weggießen. Den Vorgang mehrmals wiederholen. 85 Gramm getrocknete Bohnen ergeben etwa 1,5 Liter oder 480 Gramm Sprossen.

Bewahren Sie die Sprossen im Kühlschrank in einem offenen Behälter mit Wasser auf. Das Wasser täglich erneuern. So halten sich die Sprossen mindestens 3 Tage.

Mungobohnen für kurze Keimlinge keimen lassen: Die kleinen Mungobohnenkeimlinge sind noch nahrhafter als die Sprossen. Dafür ungeschälte ganze Mungobohnen verlesen, 10–15 cm hoch mit Wasser bedecken und 12 Stunden stehen lassen. Abgießen. Eine große

Schüssel mit drei Schichten Küchenpapier auskleiden und dieses mit Wasser befeuchten. Die Bohnen hineingeben und mit feuchtem Küchenpapier bedecken. Die Schüssel an einem dunklen, zugfreien Ort etwa 12 Stunden stehen lassen, bis 5 mm lange Keimlinge entstanden sind. 350 Gramm Bohnen ergeben 1,5 Liter Keimlinge.

Gekaufte Mungobohnensprossen aufbewahren: Gekaufte Sprossen waschen, abgießen, in eine Schüssel mit Wasser füllen und zugedeckt in den Kühlschrank stellen. Die Sprossen möglichst innerhalb von 24 Stunden verwenden, das Wasser nach 12 Stunden erneuern.

Mungobohnensprossen zum Kochen vorbereiten: Die Chinesen befreien die Sprossen meist von der fadendünnen Spitze und von den Enden, der eigentlichen Mungobohne. Übrig bleiben die weißen, an dünne Nudeln erinnernden »Körper« der Sprossen. Diese Vorbereitung ist sehr aufwendig und nicht unbedingt notwendig, darum verzichte ich oft darauf. Da die Sprossen beim Garen viel von ihrer Flüssigkeit abgeben, werden sie vor dem Pfannenrühren mitunter blanchiert.

Glasnudeln

Die dünnen, weißlich durchscheinenden Glasnudeln werden aus Mungobohnenstärke hergestellt. Diese in der Form den Reis-Vermicelli ähnlichen Nudeln werden ausschließlich getrocknet in Asialäden und den Asiaabteilungen der Supermärkte angeboten. Sie müssen eingeweicht und anschließend in die gewünschte Länge geschnitten werden.

Glasnudeln finden in ganz Ostasien Verwendung. Als Zutat für Salate und Pfannengerichte die Nudeln etwa 1 Minute in kochend heißem Wasser weich werden lassen und dann mit kaltem Wasser abspülen. Man kann die Nudeln aber auch kurz in Wasser tauchen, trockenschwenken und als Garnitur für chinesische und thailändische Gerichte im Wok knusprig frittieren. Die eingeweichten Nudeln sind eine gute Zutat für Eintöpfe, dürfen jedoch nur 10 Minuten gegart werden, sonst werden sie gelatinös.

GETROCKNETE HÜLSENFRÜCHTE UND NÜSSE | 207

INDIEN

Geschälte, halbierte Mungobohnen mit gebratener Zwiebel

Pyaz ke tarkay vali moong dal

Die knusprig gebratenen Zwiebeln verleihen den Mungobohnen ein intensives Aroma. Mit Chilis und Kreuzkümmel ergeben sie außerdem eine hübsche Garnitur.

FÜR 6 PERSONEN

180 g geschälte, halbierte Mungobohnen *(Moong dal)*, verlesen und gegart (siehe Seite 205)
3 EL Maiskeim- oder Erdnussöl
1/2 TL Kreuzkümmel
1 kräftige Prise *Asafoetida* (siehe Glossar)
3 mittelgroße getrocknete rote Chilis
60 g Zwiebel, geschält und in dünne Halbringe geschnitten

■ Die heißen oder aufgewärmten Mungobohnen in einer Servierschüssel warm stellen.
■ Das Öl in einer kleinen Pfanne bei mittlerer bis hoher Temperatur erhitzen. Den Kreuzkümmel 10 Sekunden darin rösten. Zuerst *Asafoetida*, dann die Chilis hinzufügen und 5 Sekunden rühren, bis die Chilis dunkel werden. Die Zwiebel 2 Minuten mitrühren. Bei mittlerer bis schwacher Hitze weitere 2 Minuten rühren, bis die Zwiebel braun und knusprig ist. Die Mischung über den Mungobohnen verteilen. Sofort servieren. (Die Chilis sind aromatisch und dekorativ, doch beim Verzehr sollten Sie deren Schärfe bedenken.)

INDIEN

Geschälte, halbierte Mungobohnen mit Kreuzkümmel und Asafoetida

Heeng zeeray ke tarkay vali moong dal

Auf diese Weise werden Mungobohnen in meiner Familie besonders häufig zubereitet. Asafoetida fördert die Verdauung und sorgt für einen trüffelähnlichen Geschmack.

FÜR 4–6 PERSONEN

180 g geschälte, halbierte Mungobohnen *(Moong dal)*, verlesen und gegart (siehe Seite 205)
3 EL Maiskeim- oder Erdnussöl
3/4 TL Kreuzkümmel
1 kräftige Prise *Asafoetida* (siehe Glossar)
3 mittelgroße getrocknete rote Chilis

■ Die frisch gegarten oder aufgewärmten Mungobohnen im Topf warm halten.
■ Das Öl in einer kleinen Pfanne bei mittlerer bis hoher Temperatur erhitzen. Den Kreuzkümmel 10 Sekunden darin rösten. Zuerst *Asafoetida*, dann die Chilis hinzufügen und 5 Sekunden rühren, bis die Chilis dunkel werden. Das Öl mit den Gewürzen über die heißen Bohnen gießen. Sofort zudecken, um die Aromen zu bewahren. Nach 5 Minuten den Deckel abnehmen, durchrühren und die Bohnen heiß servieren. (Die Chilis sind aromatisch und dekorativ, doch beim Verzehr sollten Sie deren Schärfe bedenken.)

INDIEN

Geschälte, halbierte Mungobohnen mit Knoblauch und Tomaten

Lehson aur timatar vali moong dal

Hier werden die Mungobohnen mit Knoblauch und Tomate aromatisiert. Frische grüne oder getrocknete rote Chilis sorgen für eine eigene Geschmacknote.

FÜR 4–6 PERSONEN

180 g geschälte, halbierte Mungobohnen *(Moong dal)*, verlesen und gegart (siehe Seite 205)
3 EL Maiskeim- oder Erdnussöl
1/2 TL Kreuzkümmel
1 kräftige Prise *Asafoetida* (siehe Glossar)
3 getrocknete rote oder 3 frische grüne Chilis, Spitzen entfernt
2 kleine Knoblauchzehen, geschält und fein gehackt
180 g Tomaten, fein gehackt (ersatzweise Dosenware)
Salz
3 EL fein gehacktes frisches Koriandergrün (nach Belieben)

- Die frisch gegarten oder aufgewärmten Mungobohnen im Topf warm halten.
- Das Öl in einer mittelgroßen Pfanne bei mittlerer bis hoher Temperatur erhitzen. Den Kreuzkümmel 10 Sekunden darin rösten. Zuerst *Asafoetida*, dann die Chilis und den Knoblauch hinzufügen und 5 Sekunden rühren. Die Tomate dazugeben, bei mittlerer Hitze in etwa 5 Minuten unter Rühren weich garen. Die Mischung über die heißen Bohnen gießen, unterrühren, salzen. Mit Koriandergrün bestreuen. Heiß servieren. (Die Chilis sind aromatisch und dekorativ, doch beim Verzehr sollten Sie deren Schärfe bedenken.)

INDIEN

Geschälte, halbierte Mungobohnen mit Spinat

Saag vali moong dal

Die Mungobohnen schmecken mit frischem Spinat am besten. Doch gehackter Tiefkühlspinat, nach Packungsangabe gegart, eignet sich ebenfalls. Servieren Sie dazu Reis oder ein Brot aus Indien oder dem Nahen Osten sowie einen Salat mit Joghurtsauce oder ein Gericht mit Käse.

FÜR 6 PERSONEN

180 g geschälte, halbierte Mungobohnen *(Moong dal)*, verlesen, gewaschen und gegart (siehe Seite 205)
3 EL Pflanzenöl
1/2 TL Kreuzkümmel
2 Knoblauchzehen, geschält und fein gehackt
1/2–1 frischer grüner Chili, fein gehackt
550 g frischer Spinat, harte Stiele entfernt, grob gehackt
Etwa 1/3 TL Salz

- Die frisch gegarten oder aufgewärmten Mungobohnen im Topf warm halten.
- Das Öl in einem Wok oder einer großen Pfanne stark erhitzen. Den Kreuzkümmel darin 5 Minuten rösten. Knoblauch und Chili einrühren. Den Spinat hinzufügen und 5–7 Minuten pfannenrühren, bis er zusammengefallen ist. Salzen und 1 weitere Minute pfannenrühren. Unter die Bohnen mischen, bei Bedarf nachsalzen. Weitere 5 Minuten schwach garen, bis sich die Aromen verbunden haben. Heiß servieren.

❖

INDIEN

Geschälte, halbierte Mungobohnen mit gebratenem Knoblauch und Zwiebel

Lehson aur pyaz ke tarkay vali sookhi mung dal

Die Mungobohnen werden für dieses Gericht nicht suppenartig gekocht, sondern sind relativ »trocken«. Darum verwendet man zum Garen nur sehr wenig Wasser, das von den Bohnen aufgenommen wird. Am besten passen dazu Fladenbrote aus dem Nahen Osten. Gemüse- und Joghurtgerichte aus Indien, dem Nahen Osten oder Nordafrika können, wie auch Chutneys und Pickles, als Beilagen gereicht werden.

FÜR 4 PERSONEN

180 g geschälte, halbierte Mungobohnen *(Moong dal)*, verlesen, gewaschen und abgetropft
1/4 TL gemahlene Kurkuma
1/2 TL Salz
2 EL Pflanzenöl oder *Ghee* (geklärte Butter, siehe Glossar)

1/2 TL Kreuzkümmel
1–2 getrocknete rote Chilis
1 Knoblauchzehe, geschält und längs halbiert
1/2 mittelgroße Zwiebel, geschält, in sehr dünne Halbringe geschnitten

- Die Mungobohnen in einer Schüssel mit 1 Liter Wasser bedecken und 3 Stunden einweichen lassen. Abgießen.
- Mungobohnen, Kurkuma, das Salz und 475 Milliliter Wasser in einem mittelgroßen Topf bei mittlerer bis hoher Temperatur aufkochen. Fest zugedeckt bei schwacher Hitze 15 Minuten garen. Vom Herd nehmen und zugedeckt beiseite stellen.
- In einer kleinen Pfanne das Öl oder *Ghee* bei mittlerer bis hoher Temperatur sehr heiß werden lassen. Kreuzkümmel und Chilis kurz einrühren, dann Knoblauch und Zwiebel hinzufügen. Unter Rühren braten, bis die Zwiebel braun und knusprig ist. Die Mischung über die heißen Bohnen geben. (Nach Belieben die Bohnen zuvor in eine Servierschüssel füllen.) Den Knoblauch entfernen, die Mungobohnen servieren. (Bedenken Sie beim Verzehr der Chilis deren Schärfe.)

INDIEN

Ungeschälte, halbierte Mungobohnen mit Blattgemüse

Alan ka saag ◆ *Von meiner Schwester Kamal*

Dieses überlieferte Gericht ist eine Spezialität meiner Familie. Als Abrundung gibt man zu Beginn und am Ende der Zubereitung eine Tarka (siehe Seite 159) hinzu.

Meist werden Spinat und das frische Grün von Bockshornklee kombiniert, dessen kleine Blätter man von den Stielen pflücken muss. Für die benötigte Menge müssen Sie mindestens 1,8 Kilo Bockshornklee kaufen. Sie bekommen das frische Grün in den meisten indischen Lebensmittelläden. Wegen des leicht bitteren Geschmacks können Sie ersatzweise Rucola verwenden oder nur Spinat, an den Sie eine Hand voll getrocknete Bockshornkleeblätter geben.

FÜR 4–6 PERSONEN

5 EL Pflanzenöl
1/2 TL Kreuzkümmel
1 kräftige Prise *Asafoetida* (siehe Glossar)
1/4 TL Bockshornkleesamen
450 g frische Bockshornkleeblätter, fein gehackt
225 g geputzter frischer Spinat, fein gehackt
180 g ungeschälte, halbierte Mungobohnen, verlesen, gewaschen und abgetropft, ersatzweise geschälte, halbierte Mungobohnen *(Moong dal)*
1/4 TL gemahlene Kurkuma
1 1/2 TL Salz
1 EL Kichererbsenmehl, nach und nach mit 5 EL Wasser vermischt
2 dünne Scheiben frischer Ingwer, geschält, in dünne Stifte geschnitten
2 EL sehr dünne Zwiebelhalbringe
2–4 frische grüne Chilis

■ In einem Topf mit schwerem Boden 2 Esslöffel Öl bei mittlerer bis hoher Temperatur erhitzen. Den Kreuzkümmel darin etwa 10 Sekunden rösten, dann *Asafoetida* und Bockshornkleesamen einrühren. Zügig das Blattgemüse, Mungobohnen und Kurkuma hinzufügen, mit 1 Liter Wasser aufkochen (nicht überkochen lassen). Halb zugedeckt bei schwacher Hitze 50 Minuten köcheln lassen, bis die Bohnen weich sind.
■ Salzen. Die Kichererbsenmehlmischung durchrühren, unter Rühren hinzugießen und weitere 10 Minuten garen.
■ Inzwischen die restlichen 3 Esslöffel Öl in einer kleinen Pfanne bei mittlerer bis hoher Temperatur erhitzen. Ingwer, Zwiebeln und Chilis darin unter Rühren braten, bis die Zwiebeln gebräunt sind. Unter die Mungobohnen mischen. (Bedenken Sie beim Verzehr der Chilis deren Schärfe.)

VARIANTE

Ungeschälte, halbierte Mungobohnen mit Spinat und Tomaten
(Chhilke wali moong dal aur saag)

Wie im Rezept oben zubereiten, jedoch folgende Änderungen beachten:
1. Als Blattgemüse nur Spinat, 675 Gramm, verwenden.
2. Das Kichererbsenmehl mit 5 Esslöffeln Buttermilch statt mit Wasser verrühren.
3. Nach dem Anbraunen der Zwiebeln 2 mittelgroße gehackte Tomaten hinzufügen. Bei mittlerer bis starker Hitze weitere 2 Minuten garen, bis die Tomaten weich sind. Die Mischung unter die Bohnen rühren.

INDIEN

Mungobohnenpfannkuchen
Cheela

Die nahrhaften Pfannkuchen können Sie wie Brot verzehren oder zum Frühstück mit einem Chutney, einem Dip oder einem Relish reichen.

ERGIBT ETWA 9 PFANNKUCHEN

180 g geschälte, halbierte Mungobohnen *(Moong dal)*, verlesen, gewaschen und abgetropft
1/4–3/4 TL Cayennepfeffer
1 TL Salz
1/4 TL gemahlene Kurkuma
1/2 TL Kreuzkümmel

2 Frühlingszwiebeln, alle weißen und die Hälfte der grünen Teile in sehr dünne Ringe geschnitten
1 mittelgroße Tomate, enthäutet, Samen entfernt, gehackt und abgetropft
2 EL fein gehacktes frisches Koriandergrün
Etwa 7–8 EL Pflanzenöl

■ Die Mungobohnen 10–15 cm hoch mit Wasser bedecken und 6–7 Stunden einweichen lassen. Abgießen.
■ Die Bohnen im Mixer zu einer Paste verarbeiten. Mit 125 Milliliter Wasser, Cayennepfeffer, Salz und Kurkuma so lange mixen, bis ein glatter, flüssiger Teig entstanden ist. In eine Schüssel füllen.
■ Erst kurz vor dem Backen die Frühlingszwiebeln, Tomate und das Koriandergrün unter den Teig rühren.
■ In einer Antihaft-Pfanne (20 cm Durchmesser) 1 Teelöffel Öl bei mittlerer bis hoher Temperatur erhitzen. Den Teig durchrühren und mit einer Kelle 75 Milliliter Teig in die Mitte der Pfanne schöpfen. 3–4 Sekunden warten, dann mit der Unterseite der Kelle den Teig in einer spiralförmigen Bewegung zu einem Pfannkuchen von 14 cm Durchmesser formen. Je 1/2 Teelöffel Öl darauf und rund um den Rand träufeln, mit einem Plastikspatel verstreichen und dabei glatt streichen. Den Pfannkuchen zugedeckt 2 Minuten backen, bis er eine schöne rötlich braune Farbe hat. Wenden und ohne Deckel weitere 1 1/2 Minuten backen. Herausnehmen und bedecken. Alle Pfannkuchen auf diese Weise herstellen, dabei den Teig vor jedem weiteren Backvorgang stets durchrühren.
■ Zum Aufwärmen die Pfannkuchen aufeinander schichten, in Alufolie wickeln und bei mittlerer Hitze für 15 Minuten in den Backofen schieben oder einzeln je 1 Minute in der Mikrowelle heiß werden lassen.

INDIEN

Frittierte Mungobohnenklößchen
Moong dal bhajjia • Durupadi Jagtiani

Reichen Sie diese unwiderstehlichen Klößchen mit einem Ihrer Lieblings-Dips, ruhig auch mit Ketchup. Sie eignen sich wunderbar als Snack oder Beilage, und sie sind die Basis für das nächste Rezept.

ERGIBT 30–35 KLÖSSCHEN

180 g geschälte, halbierte Mungobohnen *(Moong dal)*, verlesen, gewaschen und abgetropft
1 TL geschälter, fein geriebener frischer Ingwer
2 Knoblauchzehen, geschält und fein zerdrückt
1/2–3/4 TL Salz
1/4 TL Cayennepfeffer
1/2 TL Backpulver
1 TL fein gehackter frischer grüner Chili (nach Belieben)
1/2 TL Kreuzkümmel
2 EL gehacktes frisches Koriandergrün
Pflanzenöl zum Frittieren

■ Die Mungobohnen 10–15 cm hoch mit Wasser bedecken und 6–7 Stunden einweichen lassen. Abgießen.
■ Die Bohnen in der Küchenmaschine mit Ingwer, Knoblauch, Salz, Cayennepfeffer und Backpulver zu einer groben Masse verarbeiten. Nach und nach 5–6 Esslöffel heißes Wasser hinzugießen, bis ein dickflüssiger, zugleich locker-körniger Teig entstanden ist. In eine Schüssel füllen. Chili, Kreuzkümmel und Koriander untermischen.
■ Das Öl 2,5 cm hoch in eine Pfanne oder einen Wok füllen und bei mittlerer Temperatur sehr heiß werden lassen. Den Teig durchrühren, 1 gehäuften Teelöffel davon abnehmen, mit einem zweiten Teelöffel abstreifen und direkt ins Öl gleiten lassen. (Die Klößchen sind etwa 3 × 2 cm groß.) Auf diese Weise zügig die Pfanne füllen. Etwa 1 Minute bei mittlerer Hitze goldgelb frittieren, wenden und bei schwacher Hitze weitere 6 Minuten frittieren, zwischendurch immer wieder wenden. Die goldgelben Klößchen mit einem Schaumlöffel auf Küchenpapier setzen.
■ Die übrigen Klößchen ebenso frittieren. Dabei das Öl stets bei mittlerer Temperatur heiß werden lassen und den Teig vorsichtig durchrühren. Die Klößchen sofort servieren. Reste können Sie im verschlossenen Behälter kalt stellen.

INDIEN

Mungobohnenklößchen in würziger Tomatensauce
Dal ki kachori

Hier werden die Klößchen des vorigen Rezepts mit einer würzigen Tomatensauce kombiniert. Dieses Gericht stammt aus dem Sindh, einer pakistanischen Provinz, die früher zu Westindien gehörte. Die Klößchen werden in der Sauce wunderbar weich und locker, sollten jedoch nur kurz darin gegart werden, damit sie nicht zerfallen. Dazu passen Fladenbrote oder auch Nudeln.

GETROCKNETE HÜLSENFRÜCHTE UND NÜSSE 213

FÜR 4–6 PERSONEN

3 EL Pflanzenöl

1 1/2 TL braune Senfsamen

15 frische Curryblätter (siehe Glossar), ersatzweise frische Basilikumblätter

2 Knoblauchzehen, geschält und fein gehackt

800 g passierte Tomaten

2 EL Tomatenmark

1 3/4 TL Salz

1/4 TL gemahlene Kurkuma

2 TL *Garam masala* (siehe Glossar)

1/4 TL Cayennepfeffer

1 Rezept frittierte Mungobohnenklößchen (siehe Seite 212)

■ Das Öl in einem großen Topf bei mittlerer bis hoher Temperatur erhitzen. Die Senfsamen darin in wenigen Sekunden aufplatzen lassen. Zuerst die Curryblätter, dann den Knoblauch unter Rühren hinzufügen. Die passierten Tomaten und das Tomatenmark untermischen. Salz, Kurkuma, *Garam masala*, Cayennepfeffer und 250 Milliliter Wasser dazugeben und aufkochen. Zugedeckt bei schwacher Hitze 20 Minuten köcheln lassen.

■ Die frittierten Klößchen in die Sauce einlegen und diese wieder zum Köcheln bringen. Zugedeckt 10 Minuten ganz sanft köcheln lassen, bis die Klößchen gerade weich sind.

❖

CHINA

Süßsaure Mungobohnensprossen
Chow do ya • Shiu-Min Block

Für dieses unkomplizierte Gericht mit feinem Ingweraroma sollten Sie frische, knackige Mungobohnensprossen verwenden.

FÜR 4 PERSONEN

550 g frische Mungobohnensprossen (siehe Seite 205)

2 EL Pflanzenöl

1 Frühlingszwiebel, in 4 cm breite Stücke geschnitten, die weißen Stücke längs halbiert

3 Scheiben frischer Ingwer, geschält

2 Knoblauchzehen, geschält und leicht zerdrückt

5 TL Sojasauce

1 EL Zucker

1 EL Rotweinessig

1/4 TL Salz

1 TL Öl aus gerösteten Sesamsamen

■ Die Sprossen in einer Schüssel mit kochend heißem Wasser übergießen und sofort in ein Sieb abgießen, abtropfen lassen.

■ In einem Wok oder einer großen Pfanne das Öl bei hoher Temperatur stark erhitzen. Die Frühlingszwiebel und den Ingwer darin 30 Sekunden pfannenrühren. Die Mungobohnensprossen und den Knoblauch hinzufügen, weitere 30 Sekunden pfannenrühren. Mit Sojasauce, Zucker, Essig und Salz nochmals 30 Sekunden pfannenrühren, das Sesamöl untermischen. Vom Herd nehmen. Ingwer und Knoblauch entfernen, die Sprossen sofort servieren.

KOREA

Pfannengerührte Mungobohnensprossen mit Ingwer
Kong namul

Dieses vielseitige Gericht schmeckt heiß zu Reis beziehungsweise mit Raumtemperatur oder gekühlt als Salat.

FÜR 4 PERSONEN

- 400 g frische Mungobohnensprossen (siehe Seite 205)
- 2 EL Pflanzenöl
- 2,5 cm frischer Ingwer, geschält, in sehr dünne Stifte geschnitten
- 1 Knoblauchzehe, geschält und in dünne Stifte geschnitten
- 1/2–1 frischer grüner Chili, Samen entfernt, in dünne, lange Streifen geschnitten
- 1 Frühlingszwiebel, längs geviertelt, dann in 5 cm lange Stücke geschnitten
- 1/4 TL Salz
- 2 TL Sojasauce
- 1 TL Reisessig
- 2 TL geröstete Sesamsamen (siehe Glossar)
- 1 TL Öl aus gerösteten Sesamsamen

■ In einem großen Topf Wasser sprudelnd aufkochen. Die Sprossen hineingeben, das Wasser wieder aufwallen lassen. Die Sprossen sofort in ein Sieb abgießen, unter fließendem kaltem Wasser abspülen und abtropfen lassen.

■ Das Öl in einem Wok oder einer großen Pfanne bei mittlerer Temperatur erhitzen. Ingwer, Knoblauch, Chili und Frühlingszwiebel darin 1 Minute pfannenrühren. Die abgetropften Sprossen und das Salz hinzufügen, kurz durchmischen und vom Herd nehmen. Sojasauce, Essig, Sesamsamen und Sesamöl gründlich untermischen. Heiß, warm oder gekühlt servieren.

CHINA

Glasnudelsalat mit Mungobohnensprossen
Liang ban fen si • Shiu-Min Block

Reichen Sie diesen Salat mit Raumtemperatur oder kalt als Vorspeise oder leichte Mahlzeit.

FÜR 4–6 PERSONEN

- 100 g frische Mungobohnensprossen (siehe Seite 205)
- 2 Packungen Glasnudeln (je etwa 50 g)
- 100 g rote Paprikaschote, Samen entfernt, in dünne, lange Streifen geschnitten
- 2 Salatgurken (je etwa 15 cm lang), geschält, Samenstrang entfernt, in dünne, lange Streifen geschnitten
- 1 EL Pflanzenöl
- 2 Frühlingszwiebeln, in 5 cm lange Stücke, dann längs in dünne Streifen geschnitten
- 4 dünne Scheiben frischer Ingwer, geschält
- 2 EL chinesische helle Sojasauce
- 4 TL Weißweinessig
- 1 EL Zucker
- 2 TL Öl aus gerösteten Sesamsamen
- 1/4 TL Salz
- 1 Knoblauchzehe, geschält, leicht zerdrückt
- 6–7 EL geröstete ungesalzene Erdnüsse, grob gehackt
- 2 TL geröstete Sesamsamen (siehe Glossar)
- 2–3 EL gehacktes frisches Koriandergrün

■ Die Sprossen in einer Schüssel mit kochend heißem Wasser übergießen und 1 Stunde stehen lassen. Abgießen.

■ Die Glasnudeln in einer Schüssel ebenfalls mit kochend heißem Wasser bedecken. Sobald sie weich werden (dies kann schon nach 1 Minute sein), abgießen und unter fließendem kaltem Wasser abspülen.

■ Die Nudeln auf einer Servierplatte ausbreiten. Darüber erst die Sprossen, dann die Paprika- und Gurkenstreifen verteilen. Wird der Salat nicht gleich verzehrt, zudecken und kalt stellen.

■ Das Öl in einer mittelgroßen Pfanne bei mittlerer bis hoher Temperatur erhitzen. Die Frühlingszwiebeln und den Ingwer darin ein paar Sekunden pfannenrühren. 125 Milliliter Wasser, die Sojasauce, Essig, Zucker, Sesamöl, Salz und Knoblauch hinzugeben. Bei schwacher Hitze 2–3 Minuten garen, ab und zu umrühren. Abkühlen lassen. Dieses Dressing nach Belieben abseihen.

■ Kurz vor dem Servieren das Dressing gleichmäßig über den Salat gießen. Zuerst mit den Erdnüssen und Sesamsamen, dann mit dem Koriandergrün bestreuen.

ROTE KIDNEYBOHNEN

Diese bekannten Hülsenfrüchte sind in Mittel- und Südamerika beheimatet und gehören – ebenso wie die weißen Bohnen – zu der großen Familie der Gartenbohnen *(Phaseolus vulgaris)*. Rote Kidneybohnen sind nicht nur in ihren Ursprungsregionen sehr beliebt, sondern werden heute auf der ganzen Welt angebaut und vielfältig verwendet – in Salaten, im Chili der Tex-Mex-Küche, in Eintöpfen und Suppen.

Sogar in Indien haben sich die roten Kidneybohnen durchgesetzt, gehören sie im Punjab im Nordwesten des Landes doch mittlerweile zu den Hauptnahrungsmitteln. In den kalten Wintermonaten werden sie zusammen mit den ebenso beliebten Maisfladenbroten (siehe Seite 289) und viel selbst gemachter Butter regelmäßig mit großem Genuss verzehrt. Oft kombiniert man sie hier auch mit kleineren roten oder schwarzen Bohnen.

Rote Kidneybohnen können von unterschiedlicher Größe sein, und auch ihre Farbe variiert zwischen Rosarot und dunklem Burgunder- bis Kastanienrot. Unabhängig von Größe und Farbe können all diese Bohnen in den folgenden Rezepten verwendet werden. Allerdings müssen Sie bei kleinen Bohnen die Garzeit etwas verkürzen und weniger Wasser verwenden, denn die Angaben gelten für große Kidneybohnen.

Getrocknete rote Kidneybohnen vorbereiten und einweichen: Obwohl die Bohnen in ihren Ursprungsländern nicht über Nacht eingeweicht werden, halte ich dies für ratsam. Die Kidneybohnen zuerst verlesen, waschen und abgießen. Dann 10–15 cm hoch mit Wasser bedecken und über Nacht einweichen lassen. Alternativ die schnelle Einweichmethode (siehe Seite 158) anwenden. Abgießen.

Getrocknete große rote Kidneybohnen garen: 275 Gramm Kidneybohnen (diese Menge gilt für die meisten Rezepte) mit 1,5 Liter Wasser aufkochen. Halb zugedeckt bei schwacher Hitze 2–2 1/2 Stunden köcheln lassen, bis die Bohnen weich sind. Etwa 1 1/2 Teelöffel Salz in den letzten 10 Minuten (bei einer längeren Zubereitung je nach Rezept auch später) hinzufügen. Die 275 Gramm getrocknete Bohnenkerne ergeben etwa 550 Gramm abgetropfte gegarte Bohnen.

Getrocknete große rote Kidneybohnen im Schnellkochtopf garen: Die vorbereiteten 275 Gramm Bohnen einweichen. Mit 1 Liter Wasser und 1 1/2 Teelöffeln Öl in den Schnellkochtopf füllen. Den Druck erhöhen, die Bohnen 10–12 Minuten garen. Den Druck von selbst absinken lassen. Nach Belieben 1 1/2 Teelöffel Salz unterrühren, weitere 5 Minuten ohne Deckel köcheln lassen.

GETROCKNETE HÜLSENFRÜCHTE UND NÜSSE | 217

INDIEN

Kidneybohneneintopf aus dem Punjab
Rajma

Ich serviere diesen Eintopf oft als mittägliches Hauptgericht, garniert mit einem Klecks cremigem Joghurt in der Mitte und manchmal bestreut mit fein gehacktem frischem Koriandergrün oder Petersilie. Dazu reiche ich knuspriges Vollkornbrot. Auch Reis oder Bulgur-Pilaw eignen sich als Beilage sowie Salat und ein Gemüsegericht, etwa der selbst gemachte Paneer *(indischer Käse) mit Spinat von Seite 433.*

Im Punjab verwendet man für den Eintopf gern zwei verschiedene Sorten Kidneybohnen (eine dunkelrote und eine hellere Sorte) zu gleichen Teilen. Die hellere Sorte wird häufig in indischen Lebensmittelläden angeboten. Wer sie nicht bekommt, kann einfach andere Bohnen wählen.

FÜR 4–6 PERSONEN

275 g getrocknete rote Kidneybohnen, verlesen und eingeweicht
2 TL Salz
3 EL Pflanzenöl
225 g Zwiebeln, fein gehackt
1 EL fein gehackter Knoblauch
1 EL fein gehackter frischer Ingwer

300 g Tomaten, enthäutet und gehackt
2 TL gemahlener Koriander
1/4 TL Cayennepfeffer
2 TL gemahlener Kreuzkümmel
1 frischer grüner Chili, fein gehackt
1 EL *Amchoor* (grünes Mangopulver, siehe Glossar)

■ Die Kidneybohnen abgießen. In einem Topf mit 1,5 Liter Wasser aufkochen. Bei schwacher Hitze zugedeckt 2–2 1/2 Stunden köcheln lassen, bis die Bohnen sehr weich sind. Alternativ die Bohnen im Schnellkochtopf garen (siehe Seite 216). Das Salz unterrühren. Vom Herd nehmen.
■ Das Öl in einem mittelgroßen, weiten Topf bei mittlerer bis hoher Temperatur erhitzen. Die Zwiebeln darin unter Rühren anbräunen.

Zuerst den Knoblauch, dann den Ingwer unterrühren. Die Tomaten mit dem Koriander, Cayennepfeffer, Kreuzkümmel und Chili hinzufügen und unter Rühren in 5–6 Minuten leicht einkochen lassen. Die Bohnen mit der Garflüssigkeit und *Amchoor* untermischen. Bei schwacher Hitze noch 10 Minuten miteinander köcheln lassen, bis sich die Aromen verbunden haben. Auf Tellern anrichten und heiß servieren.

JAMAIKA

Rote Kidneybohnen für »Bohnen mit Reis«

In Jamaika werden die Kidneybohnen mit dem Reis gegart. Doch ich bereite sie lieber separat zu und serviere sie auf dem Reis. Der Scotch-Bonnet-Chili steuert ein tropisches, zitronenartiges Aroma bei. Wegen seiner feurigen Schärfe darf man ihn während des Garens jedoch nicht beschädigen und entfernt ihn vor dem Anrichten. Als Ersatz eignen sich ein Habanero-Chili oder 2–3 frische grüne Chilis. Verwenden Sie kleine oder große Kidneybohnen oder auch Pintobohnen.

FÜR 4–6 PERSONEN

275 g getrocknete rote Kidneybohnen, verlesen und eingeweicht
475 ml frische Kokosmilch oder Dosenware (gut durchgerührt)
3–4 frische Thymianzweige oder 3/4 TL getrockneter Thymian
4 EL Schnittlauchröllchen oder 6 EL fein geschnittene Frühlingszwiebel
1 *Scotch-Bonnet*-Chili
2 Knoblauchzehen, geschält und fein gehackt
60 g Zwiebel, fein gehackt
3/4 TL gemahlener Piment
Paprikapulver
1 1/2–2 TL Salz
Frisch gemahlener schwarzer Pfeffer

■ Die Bohnen abgießen. In einem großen Topf mit 1 Liter Wasser aufkochen. Zugedeckt bei schwacher Hitze 1 Stunde köcheln lassen. Sämtliche Zutaten außer Salz und Pfeffer unterrühren, weitere 30 Minuten köcheln lassen. Salzen und pfeffern und nochmals 30 Minuten köcheln lassen, bis die Bohnen weich sind. Eventuell nachwürzen. Chili und Thymianzweige entfernen. Auf gegartem Reis anrichten und sofort servieren.

❖

MEXIKO

Kidneybohnenauflauf
Chilaquiles

Hierbei handelt es sich im Grunde um ein Fleischgericht, für das übrig gebliebenes Fleisch zwischen knusprige Tortillas vom Vortag geschichtet, mit einer scharfen Chili-Tomaten-Sauce übergossen und gebacken wird. Ich ersetze das Fleisch durch rote Kidneybohnen. Gemüsemais und andere Gemüse passen ebenfalls dazu. Wer Kidneybohnen aus der Dose verwendet, benötigt 550 Gramm gut abgetropfte Bohnen. Statt der Ancho-Chili-Sauce eignet sich auch eine gekaufte scharfe Salsa (etwa 475 Milliliter). Die Tortillas im Ofen knusprig aufbacken und in Stücke brechen oder 200 Gramm gekaufte Tortilla-Chips verwenden. Reichen Sie dazu einen grünen Salat.

FÜR 4–6 PERSONEN

275 g getrocknete rote Kidneybohnen, verlesen und eingeweicht
3 EL Pflanzenöl
1 mittelgroße Zwiebel, geschält und fein gehackt
2 Knoblauchzehen, geschält und fein gehackt
2 EL Sultaninen
12 mit Paprika gefüllte Oliven
300 g reife Tomaten, enthäutet und gehackt
1 EL frisch gepresster Limettensaft
1 TL Zucker
2 TL Salz
Frisch gemahlener schwarzer Pfeffer

FÜR DIE SAUCE

4 große getrocknete *Ancho*-Chilis
3 EL Pflanzenöl
1 mittelgroße Zwiebel, geschält und fein gehackt
2 Knoblauchzehen, geschält und fein gehackt
1/2 TL gemahlener Piment
1 TL Zucker
250 ml passierte Tomaten
1/4 TL Salz

AUSSERDEM

600 ml zerkleinerte Tortilla-Chips
140 g reifer Cheddar, gerieben

■ Die Kidneybohnen abgießen. In einem Topf mit 1,5 Liter Wasser aufkochen. Bei schwacher Hitze 2–2 1/2 Stunden köcheln lassen, bis die Bohnen sehr weich sind. Alternativ die Bohnen im Schnellkochtopf garen (siehe Seite 216). Das Salz unterrühren, den Topf vom Herd nehmen.

■ In einer großen Pfanne das Öl bei mittlerer Temperatur erhitzen. Zwiebel und Knoblauch darin unter Rühren anschwitzen, bis die Zwiebel glasig ist. Falls nötig, die Hitze reduzieren. Zuerst die Sultaninen und Oliven, dann die Tomaten unterrühren. Bei mittlerer Hitze in 5–6 Minuten leicht einkochen lassen. Die Bohnen mit der Garflüssigkeit sowie dem Limettensaft, Zucker, Salz und Pfeffer untermischen. Aufkochen und 10 Minuten köcheln lassen. Eventuell nachwürzen.

■ Inzwischen für die Sauce die Chilis mit 350 Milliliter Wasser in einem kleinen Topf aufkochen. Zugedeckt bei schwacher Hitze 5 Minuten köcheln lassen. Vom Herd nehmen und leicht abkühlen lassen. Die Chilis herausnehmen (Flüssigkeit aufbewahren), Stielansatz und Samen entfernen. Das Fleisch der Chilis über einem Topf durch ein Sieb streichen, die Garflüssigkeit der Chilis untermischen, beiseite stellen.

■ Das Öl für die Sauce in einer Pfanne bei mittlerer Temperatur erhitzen. Zwiebel und Knoblauch darin unter Rühren anschwitzen, bis die Zwiebel weich und glasig ist. Piment, Zucker, die passierten Tomaten, Salz und 250 Milliliter Wasser hinzufügen. Aufkochen und bei schwacher Hitze 10 Minuten köcheln lassen, ab und zu rühren. Die Chilimischung unterrühren. Eventuell nachwürzen.

■ Den Backofen auf 180 °C vorheizen.

■ Eine quadratische Auflaufform (23 cm Kantenlänge) leicht mit Öl ausstreichen. Die Hälfte der Tortilla-Chips einfüllen und die Bohnen darauf verteilen. Die übrigen Tortilla-Chips darüber streuen und mit der Chilisauce begießen. Den Käse darauf streuen. In den Ofen schieben und 35 Minuten backen, bis der Käse leicht gebräunt ist.

NIGERIA

Kidneybohneneintopf mit Erdnusssauce
Itiakiet stew • Anita Harrell

Meine Familie liebt diesen ebenso schmackhaften wie einfachen Eintopf. Der Geschmack der Erdnussbutter verbindet sich mit den anderen Aromen in einer wunderbar cremigen Sauce. Sie können zusätzlich 150 Gramm frischen Gemüsemais (oder Tiefkühlware) mit der Tomatenmischung hinzugeben. Statt roter Kidneybohnen eignen sich auch Pintobohnen. Dazu passen frisch zubereiteter Reis oder knuspriges Brot und Blattgemüse oder grüne Bohnen.

FÜR 4–6 PERSONEN

- 275 g getrocknete rote Kidneybohnen, verlesen und eingeweicht
- 2 TL Salz
- 2 EL Pflanzenöl
- 1 mittelgroße Zwiebel, geschält und fein gehackt
- 2 Knoblauchzehen, geschält und fein gehackt
- 1/2 große grüne Paprikaschote, Samen entfernt, klein gewürfelt
- 1 TL gemahlener Kreuzkümmel
- 250 ml passierte Tomaten
- 1/4 TL Cayennepfeffer
- 1 EL frisch gepresster Zitronensaft
- 1 1/2 EL feine Erdnussbutter

■ Die Kidneybohnen abgießen. In einem Topf mit 1,5 Liter Wasser aufkochen. Bei schwacher Hitze 2–2 1/2 Stunden köcheln lassen, bis die Bohnen sehr weich sind. Alternativ die Bohnen im Schnellkochtopf garen (siehe Seite 216). Das Salz unterrühren, den Topf vom Herd nehmen.

■ In einem mittelgroßen, weiten Topf das Öl bei mittlerer Temperatur erhitzen. Zwiebel, Knoblauch und Paprika darin unter Rühren anschwitzen, bis die Zwiebel glasig ist. Falls nötig, die Hitze reduzieren. Den Kreuzkümmel einrühren. Die passierten Tomaten, Cayennepfeffer, Zitronensaft und 125 Milliliter Wasser hinzufügen und aufkochen. Bei schwacher Hitze 15 Minuten köcheln lassen, ab und zu umrühren.

■ Inzwischen die Erdnussbutter in einer kleinen Schüssel nach und nach mit 6 Esslöffeln Garflüssigkeit von den Bohnen verrühren und unter die Bohnen mischen.

■ Die fertige Tomatenmischung ebenfalls unter die Bohnen rühren. Noch einmal kurz aufkochen, bei schwacher Hitze 10 Minuten köcheln lassen und ab zu umrühren. Heiß servieren.

SCHÄLERBSEN (SPLITTERERBSEN)

Die grünen und gelben Schälerbsen sind so bekannt, dass man kaum noch etwas über sie sagen muss. Dennoch: Trockenerbsen sind eine eigenständige Gruppe von Erbsen, die an der Pflanze in der Schote ausreifen. Sie sind von einer harten, unverdaulichen Schale umgeben, die für die Handelsware meistens entfernt wird. So werden aus den Schalerbsen Schälerbsen. Sie sind leichter verdaulich, ihr Ballaststoffanteil ist geringer, doch bringen sie einen bedeutenden Anteil an biologisch hochwertigem Eiweiß sowie einen hohen Kohlenhydratanteil (Stärke und Zucker) mit. Nach dem Entfernen der Schale bleiben stumpfe Erbsenkerne zurück, die geschliffen und poliert werden. Durch das Schälen zerfallen die Trockenerbsen in die beiden Keimblätter und heißen deshalb auch Splittererbsen.

Ob Indien, Griechenland, Marokko, Malaysia oder Westeuropa, man bekommt sie in fast jedem Supermarkt. Das Angebot der getrockneten, geschälten und halbierten Erbsen kann leicht variieren, doch die Gareigenschaften sind die gleichen. In Trinidad bereitet man daraus würzige Eintöpfe, in Algerien, Tunesien, Zypern und Marokko dicke, erdige Pürees und in den USA aromatisch-rauchige Suppen. Die grünen Schälerbsen habe ich für ein Suppenrezept reserviert (siehe Seite 523). In diesem Abschnitt finden Sie also nur Gerichte für gelbe Schälerbsen, aus denen man zwar auch gute Suppen kochen kann, doch hier beschränke ich mich auf Pürees und Eintöpfe.

In Thailand wurden die bisher ältesten Erbsen gefunden – sie sind beinahe 10 000 Jahre alt. Auch in Schweizer Pfahlbauten wurden Reste von Erbsen gefunden. Die Griechen und Römer aßen ebenfalls schon Erbsen, und zwar fast ausschließlich die getrockneten Hülsenfrüchte. Unsere Gartenerbse stammt von einer Wildform ab, die im östlichen Mittelmeerraum sowie in Vorder- und Mittelasien beheimatet ist. Daraus entwickelten sich alle bekannten Kulturformen.

Getrocknete Erbsen kommen in der Regel geschält und halbiert in den Handel, da sie so schneller garen. Die Zubereitungsmethode hängt jedoch vom jeweiligen Gericht ab; man richtet sich am besten nach den einzelnen Rezeptangaben.

Schälerbsen vorbereiten: **Die Erbsen verlesen, mehrfach in frischem Wasser waschen und abgießen.**

GRIECHENLAND

Gelbes Erbsenpüree 1
Fava ◆ Aglaia Kremezi

In Griechenland bereitet man aus gelben Schälerbsen ein sehr schmackhaftes, unkompliziertes Püree. Dazu isst man Brot, ähnlich wie zu Hummus, *dem berühmten Kichererbsenpüree aus dem Nahen Osten. Als Beilagen passen Salate und Joghurtgerichte oder Käse.*

FÜR 4–6 PERSONEN

250 g gelbe Schälerbsen, verlesen
3 EL Olivenöl
1 EL frisch gepresster Zitronensaft
1 Frühlingszwiebel, mit der Hälfte der grünen Teile in dünne Ringe geschnitten

1/4–1/2 TL getrockneter Oregano
1 TL Salz
Frisch gemahlener schwarzer Pfeffer

- Die Schälerbsen mit 750 Milliliter Wasser in einem mittelgroßen Topf aufkochen. Bei schwacher Hitze halb zugedeckt in 40–50 Minuten weich garen.
- Alle anderen Zutaten untermischen. Heiß oder mit Raumtemperatur servieren.

VARIANTE 1

Zum Servieren Kapern über das Püree streuen. (Auf der griechischen Insel Santorin, wo gelbe Erbsen angebaut und täglich verzehrt werden, serviert man sie oft mit einer Garnitur aus getrockneten Kapernfrüchten als *Fava kapari*.)

VARIANTE 2

Statt die Frühlingszwiebel unterzumischen, das Püree mit 2 Esslöffeln knusprig gebratenen Zwiebeln bestreuen.

VARIANTE 3

Als Erstes 1 kleine gehackte Zwiebel und 2 gehackte Knoblauchzehen in 3 Esslöffel Olivenöl anschwitzen. 1 mittelgroße gehackte Tomate unterrühren und 1 Minute mitschwitzen. Danach die Erbsen und das Wasser hinzufügen und weiter nach dem Hauptrezept verfahren.

MAROKKO

Gelbes Erbsenpüree 2
Bissara • Melle Derko Samira

Diese Bissara gehört zu den einfacheren Pürees aus Hülsenfrüchten, die man in Marokko kennt. Meist serviert man sie in traditionellen Suppentellern, mit Gewürzen bestreut und reichlich bestem Olivenöl übergossen. Zum Verzehr taucht man in Stücke gebrochenes marokkanisches Brot (siehe Seite 341) in das Püree. Nach Belieben wird außerdem Zitronensaft darüber geträufelt oder eingelegte Zitrone dazu gereicht.

Das Püree wird manchmal als zweiter Gang eines großen marokkanischen Essens serviert – nach einer Auswahl verschiedener marokkanischer Salate und gefolgt von Eintöpfen und Couscous.

FÜR 6 PERSONEN

200 g gelbe Schälerbsen, verlesen
3 Knoblauchzehen, ungeschält
1/4 TL gemahlene Kurkuma
3/4 TL Salz
6–9 EL natives Olivenöl extra

1 TL gemahlener Kreuzkümmel
1 TL Paprikapulver
Etwa 1/2 TL Cayennepfeffer
6 Zitronenspalten (nach Belieben)

■ Schälerbsen, Knoblauch, Kurkuma und 750 Milliliter Wasser in einem mittelgroßen Topf bei mittlerer Temperatur aufkochen (nicht überkochen lassen). Bei schwacher Hitze halb zugedeckt 40–50 Minuten garen, bis die Erbsen sehr weich sind.
■ Mit einem Kartoffelstampfer zuerst die Knoblauchzehen an der Topfwand zerdrücken und die Schalen entfernen. Nun die Erbsen zu einem dicken, groben Püree zerstampfen. Salz, 1 Esslöffel Olivenöl, je 1/4 Teelöffel Kreuzkümmel und Paprikapulver sowie 1/8 Teelöffel Cayennepfeffer unterrühren. Das Püree sollte nicht zu fest sein, aber so dick, dass man es mit einem Stück Brot aufnehmen kann. Falls nötig, mit einigen Esslöffeln heißem Wasser verdünnen.
■ Zum Servieren das Püree in Suppenteller schöpfen und mit einem Löffelrücken verstreichen. Die restlichen Gewürze gleichmäßig darüber streuen und mit einer Schicht Olivenöl bedecken. (Alternativ das Püree in einer großen Schale auf den Tisch bringen; so wird es oft in Marokko serviert.) Nach Belieben Zitronenspalten separat dazu reichen. Möglichst heiß servieren.

TRINIDAD

Gelbe Schälerbsen mit Thymian und Kreuzkümmel

Dholl ◆ Aus dem Restaurant Tiffin in Port of Spain

Diese Spezialität der Inder auf Trinidad wird mit Reis und einer Mangosauce gegessen. Die traditionelle scharfe Chilisauce (siehe Seite 468) steht dabei immer auf dem Tisch. Das Gericht hat viel Ähnlichkeit mit indischem Dal, unterscheidet sich aber durch die Verwendung der erdig-süßen Schälerbsen, die die Küche Indiens nicht kennt, wie auch durch Thymian und Schnittlauch, die mit den europäischen Immigranten nach Trinidad gelangten.

Sie können das Gericht auf mediterrane oder nordafrikanische Art mit Fladenbrot verzehren. Dafür die leicht abgekühlten und eingedickten Erbsen in eine Schale füllen und etwas Olivenöl darüber träufeln, damit sich keine Haut bildet. Die Schale in die Mitte des Tisches stellen, sodass sich alle bedienen und ihr Brot eintauchen können. Dazu passen Salate und Käse.

FÜR 6 PERSONEN

- 300 g gelbe Schälerbsen, verlesen
- 1/3 TL gemahlene Kurkuma
- 60 g Zwiebel, sehr fein gehackt
- 1 EL sehr feine Schnittlauchröllchen
- 1 EL sehr fein gehackte frische Petersilie
- 2–3 TL sehr fein gehackte frische rote oder grüne Chilischote
- 1 TL fein gehackter frischer oder 1/4 TL getrockneter Thymian
- 1 1/4 TL Salz
- 3 EL Pflanzenöl
- 1/2 TL Kreuzkümmel
- 1 Knoblauchzehe, geschält und fein zerdrückt

■ Die Schälerbsen mit 1,25 Liter Wasser in einem Topf mit schwerem Boden aufkochen (nicht überkochen lassen). Kurkuma einrühren. Bei schwacher Hitze halb zugedeckt 35 Minuten sanft garen. Die Zwiebel, Schnittlauch, Petersilie, Chili, Thymian und das Salz unterrühren. Halb zugedeckt weitere 20 Minuten leise köcheln lassen, bis die Erbsen weich sind. Ab und zu umrühren. Vom Herd nehmen.

■ Das Öl in einer kleinen Pfanne bei mittlerer bis hoher Temperatur sehr heiß werden lassen. Den Kreuzkümmel darin 10 Sekunden rösten, dann den Knoblauch einrühren und in wenigen Sekunden goldbraun werden lassen. Die Mischung unter die Schälerbsen rühren.

SCHWARZE BOHNEN

Süd- und Mittelamerika sind die Heimat der kleinen schwarzen Bohnen, die in Mexiko seit mindestens 5000 Jahren wachsen. Mit den spanischen Einwanderern gelangten in diesen Teil der Welt zwar völlig neue Nahrungsmittel, etwa Rindfleisch, Reis, Käse und Kichererbsen, aber die glänzenden schwarzen Bohnen haben sich mehr als behauptet. Sie gehören immer noch zur täglichen Kost, etwa als Zweimal gebratene Bohnen (siehe Seite 226) und Schwarze Bohnen mit Reis (siehe Seite 227) zum Frühstück oder als Schwarze-Bohnen-Suppe (siehe Seite 517) und Schwarze-Bohnen-*Charros* (siehe Seite 228) als Hauptgericht. Manchmal werden sie auch mit Gemüse und *Hominy* (siehe Seite 274) in Eintöpfen kombiniert.

Die wie schwarz gelackten Bohnenkerne mit dem weißen Innenleben dürfen nicht verwechselt werden mit den asiatischen schwarzen Bohnen, bei denen es sich um in Salz fermentierte Sojabohnen handelt.

Getrocknete schwarze Bohnen vorbereiten und einweichen: Die Bohnen verlesen und waschen, 10–15 cm hoch mit Wasser bedecken. Über Nacht einweichen lassen oder die schnelle Einweichmethode (siehe Seite 158) anwenden. Abgießen.

Getrocknete schwarze Bohnen garen: Pro 225 Gramm getrocknete Bohnen 1 Liter Wasser hinzugießen (etwa 1 Teil Bohnen, 3 Teile Wasser). Aufkochen und in 1 1/2 – 1 3/4 Stunden weich garen. Etwa 10 Minuten vor Ende der Garzeit 1 1/4 Teelöffel Salz und die meisten anderen Gewürze untermischen.

Nach dem Garen hat sich das Volumen der Bohnen etwa verdreifacht. Für 1 Liter gegarte Bohnen (sie werden in einem der folgenden Rezepte benötigt) 350 Milliliter getrocknete Bohnen abmessen und in der entsprechenden Menge Wasser (1:3) garen. Die Garzeit bleibt stets gleich.

Getrocknete schwarze Bohnen im Schnellkochtopf garen: Nach den Anweisungen für Adzukibohnen (siehe Seite 160) garen.

MEXIKO

Zweimal gebratene Bohnen
Frijoles refritos ◆ *Rosario Guillermo*

Diese Bohnen sind zwar typisch mexikanisch, doch kann man sie mit allen Gerichten kombinieren, zu denen auch Brot passt. In Mexiko bekommt man die Bohnen zu vielerlei Speisen gereicht. Mir wurden sie auf einem Teller mit gebratenen Eiern wie ein Dip mit knusprigen Tortilla-Chips darin serviert. Dazu gab es heiße weiche Mais-Tortillas, die man mit den Bohnen, scharfer Salsa und geriebenem Käse füllen kann.

Rosario Guillermo, von der dieses Rezept stammt, brachte sie wie einen Kuchen auf grünen Salatblättern auf den Tisch. Tortilla-Chips ergaben die kunstvolle Garnitur, und frisch geriebener Parmesan passt natürlich auch darüber.

FÜR 6 PERSONEN

225 g getrocknete schwarze Bohnen, verlesen und eingeweicht
4 EL Pflanzenöl
5 EL fein gehackte Zwiebeln
2 Knoblauchzehen, geschält und fein gehackt
6 Eiertomaten aus der Dose, abgegossen und fein gehackt
1 *Jalapeño* oder ein anderer frischer grüner Chili, fein gehackt
1 1/4 – 1 1/2 TL Salz

ZUM SERVIEREN

6–8 nicht zu harte grüne Salatblätter
1 Tüte Tortilla-Chips

■ Die Bohnen abgießen. In einem mittelgroßen Topf mit 1 Liter Wasser aufkochen und halb zugedeckt bei schwacher Hitze in 1 1/2 Stunden weich köcheln. (Zubereitung im Schnellkochtopf siehe Seite 161.)

■ In einem mittelgroßen Antihaft-Topf 3 Esslöffel Öl bei mittlerer bis hoher Temperatur erhitzen. Die Zwiebeln mit dem Knoblauch darin etwa 4 Minuten unter Rühren goldbraun werden lassen. Die Tomaten, Chili und Salz 1 Minute mitrühren. Die Bohnen mit der Garflüssigkeit hinzugießen. Bei mittlerer bis hoher Temperatur 15–20 Minuten garen, dabei mit dem Kartoffelstampfer zerdrücken. Vom Herd nehmen.

■ Kurz vor dem Essen den restlichen Esslöffel Öl in einer mittelgroßen Antihaft-Pfanne bei mittlerer bis hoher Temperatur erhitzen. Die Bohnen hineingeben und 2 Minuten unter Rühren durchwärmen. Zu einem flachen Kuchen verstreichen und von der Unterseite etwa 5 Minuten leicht bräunen. Vom Herd nehmen. Die Salatblätter darüber verteilen, sodass sie leicht überstehen. Eine große Platte auf die Pfanne setzen und den Kuchen darauf stürzen. Einige Tortilla-Chips in den Kuchen stecken. Dazu nach Belieben weitere Chips reichen.

GETROCKNETE HÜLSENFRÜCHTE UND NÜSSE 227

COSTA RICA

Schwarze Bohnen mit Reis
Gallo pinto
Albertina Brenes de Estrada und Ada Bassey

Hierbei handelt es sich um Costa Ricas Nationalgericht zum Frühstück, das sogar von den Fast-Food-Ketten des Landes angeboten wird. Die herzhafte Spezialität reicht man oft mit Rührei und feinen Mais-Tortillas. Auf dem Tisch steht stets eine scharfe Sauce, etwa aus Tamarinde, aber Tabascosauce eignet sich ebenso. Ich stelle gern die einfache rote Salsa (siehe Seite 478) oder Guacamole (siehe Seite 538) dazu.

In Costa Rica verwendet man meist die gegarten Bohnen, die von der Schwarze-Bohnen-Suppe (siehe Seite 517) übrig geblieben sind. Sie können die Bohnen aber auch extra garen (siehe Seite 225) oder abgetropfte Bohnen aus der Dose verwenden.

FÜR 4 PERSONEN

4 EL Olivenöl

150 g fein gehackte Zwiebeln

1 mittelgroße grüne oder rote Paprikaschote, Samen entfernt, in 5 mm große Würfel geschnitten

8 EL gehacktes frisches Koriandergrün

1 l gegarte, abgegossene schwarze Bohnen

1 l gegarter Langkornreis

Salz

Frisch gemahlener schwarzer Pfeffer

■ Das Öl einer großen Antihaft-Pfanne bei mittlerer bis hoher Temperatur erhitzen. Zwiebel und Paprika darin rühren, bis die Zwiebeln glasig sind. Falls nötig, die Hitze reduzieren. Das Koriandergrün 1 Minute mitrühren. Die Bohnen untermischen, 2 Minuten rühren und dabei alle Klümpchen zerdrücken. Den Reis ebenfalls untermischen, Klümpchen mit einem Schaumlöffel zerdrücken. Mit Salz und Pfeffer abschmecken. Unter Rühren so lange braten, bis die Mischung schön heiß ist. Sofort anrichten und servieren.

MEXIKO

Schwarze-Bohnen-Charros
Rosario Guillermo

Diesen würzig-säuerlichen Eintopf können Sie mit heißen Mais- oder Weizen-Tortillas servieren oder einfach mit Reis.

FÜR 6 PERSONEN

225 g getrocknete schwarze Bohnen, verlesen und eingeweicht
1 1/2 TL Salz
3 EL Pflanzenöl
5 EL sehr fein gehackte Zwiebeln
4 Knoblauchzehen, geschält und fein gehackt

6 Eiertomaten aus der Dose, abgegossen und fein gehackt, plus 4 EL Dosenflüssigkeit
1/2–1 *Jalapeño*-Chili oder ein anderer frischer grüner Chili, sehr fein gehackt
2 EL fein gehacktes frisches Koriandergrün

■ Die Bohnen abgießen. In einem Topf mit schwerem Boden mit 1 Liter frischem Wasser aufkochen und halb zugedeckt bei schwacher Hitze in 1 1/2 Stunden weich garen. (Zubereitung im Schnellkochtopf siehe Seite 160.)
■ Die Hälfte der Bohnen mit dem Salz im Mixer pürieren. Mit den übrigen Bohnen im Topf vermischen, beiseite stellen.
■ Das Öl in einer großen Pfanne bei mittlerer bis hoher Temperatur erhitzen. Die Zwiebeln mit dem Knoblauch darin unter Rühren goldbraun werden lassen. Die Tomaten mit der Flüssigkeit und den Chili einrühren, aufkochen und zugedeckt 10 Minuten köcheln lassen.
■ Die Tomatenmischung und das Koriandergrün unter die Bohnen rühren. Aufkochen und 5 Minuten sanft köcheln lassen, bis sich die Aromen miteinander verbunden haben.

SOJABOHNEN

In einigen teuren Trendrestaurants serviert man heute als kostenlosen Appetizer gern eine kleine Schale mit gegarten behaarten Bohnenschoten. Dabei handelt es sich um grüne Sojabohnen. Sie werden entweder auf japanische Art ohne Beigaben gegart und mit grobem Salz serviert oder aber auf chinesische Art zubereitet, also mit etwas Salz und einigen ganzen Sternanis. Wer sie erst einmal aus der Schote gelöst und probiert hat, kann ihnen kaum widerstehen.

In Ostasien, insbesondere in China, werden Sojabohnen vermutlich schon seit 5000 Jahren kultiviert. Für mindestens 2500 Jahre ist ihr Anbau sicher belegt. Nach Europa und Amerika gelangten sie aber erst im 18. Jahrhundert. Da die Wurzeln der Sojapflanze Stickstoff binden, der für die Fruchtbarkeit des Bodens unerlässlich ist, wurden Sojabohnen in den USA im späten 19. Jahrhundert nur angebaut, um sie als »grünen Dünger« unterzupflügen und so die Bodenqualität zu verbessern. Zu Beginn des 20. Jahrhunderts pflügte man die Pflanzen immer noch unter, extrahierte aus den Bohnen jedoch Öl, das vorwiegend für Seife verwendet wurde. Die übrig gebliebenen Schalen dienten als Viehfutter. Auf diese Weise werden Sojabohnen im Westen noch immer genutzt, obwohl die Nachfrage nach Tofu (der aus Sojabohnen hergestellt wird) und anderen Sojaprodukten deutlich zugenommen hat.

Heute bieten viele Supermärkte und jeder Bioladen Tofu an und zudem noch Gemüseburger und Würstchen aus Tofu. (Am besten schmecken selbstverständlich selbst gemachte Gemüseburger; siehe Sojabohnenküchlein mit Minze auf Seite 234 und Tofu-Gemüse-Burger auf Seite 238).

In China schätzt man Sojabohnengerichte als sehr preisgünstige Eiweißlieferanten (mit 34–38 Prozent Eiweiß übertreffen Sojabohnen alle anderen Hülsenfrüchte), die zudem viel Eisen und die Vitamine B_1 und B_2 enthalten. Sojabohnen sind in ganz Ostasien ein Grundnahrungsmittel, obgleich die Bohnen manchmal aus den USA, dem weltweit größten Sojaproduzenten, eingeführt werden müssen. Die Verwendungen sind vielfältig, doch im Gegensatz zum Westen nutzt man hier nicht ihr Öl. Begonnen wird mit den grünen Schoten, die im Frühsommer in den Handel kommen. (In Europa bekommt man sie nur in chinesischen Lebensmittelläden.)

Die reifen, getrockneten Bohnenkerne sehen wie kleine gelbe Kugeln aus. Man kann sie einweichen und keimen lassen oder leicht trocknen und wie Erdnüsse braten oder rösten. Sie können Sojabohnen aber ebenso wie andere getrocknete Hülsenfrüchte in Wasser garen und dann würzen. Die Bohnen haben jedoch eine dicke Schale und müssen lange gegart oder im Schnellkochtopf zubereitet werden.

Lassen sich Erdnüsse zu »Erdnussbutter« verarbeiten, so sind Sojabohnen die einzigen Hülsenfrüchte, aus denen man »Milch« (Sojamilch) und »Käse« (Tofu) herstellen kann. Zudem werden Sojabohnen in China, Korea, Japan, Indonesien und auf den Philippinen durch Fermentierung haltbar gemacht und zu Sojasauce und Sojabohnenpasten verarbeitet. Für das proteinreiche Tempeh, das in Indonesien viel verwendet wird, impft man die Sojabohnen mit einem Schimmelpilz *(Rhizopus)* und lässt sie fermentieren. (Bei uns bekommt man Tempeh in Asia- und Bioläden sowie in gut sortierten Supermärkten.)

Getrocknete Sojabohnen vorbereiten und einweichen: Die Bohnen verlesen, waschen und abgießen. In einer Schüssel 10–15 cm hoch mit Wasser bedecken und etwa 10 Stunden einweichen lassen. Abgießen und abspülen. Sie können auch die schnelle Einweichmethode (siehe Seite 158) anwenden, doch das Ergebnis ist nicht so gleichmäßig.

Getrocknete Sojabohnen garen: Pro 175 Gramm Sojabohnen 1,5 Liter Wasser hinzufügen und aufkochen. Bei schwacher Hitze halb zugedeckt 2 Stunden köcheln lassen. 250 Milliliter Wasser hinzugießen, wieder zum Köcheln bringen und halb zugedeckt 1 weitere Stunden köcheln lassen. Diesen Vorgang noch zweimal wiederholen, beim letzten Mal jedoch 1 1/2 Stunden köcheln lassen. Die gegarten Bohnen können nun zubereitet werden.

Getrocknete Sojabohnen im Schnellkochtopf garen: Die eingeweichten Bohnen im Schnellkochtopf mit Wasser bedecken, 1 1/2 Teelöffel Pflanzenöl hinzugeben. Verschließen, den Druck erhöhen (6,75 Kilogramm). Die Hitze reduzieren, den Druck beibehalten, die Bohnen 25 Minuten garen. Den Druck von selbst absinken lassen. Junge Bohnen garen etwas schneller (1–2 Minuten weniger). Die Flüssigkeit wird fast ganz aufgebraucht. Wer mehr benötigt, fügt Wasser oder Brühe hinzu.

Sojabohnensprossen

Frische Sojabohnensprossen werden im Westen nicht so häufig angeboten wie Mungobohnensprossen, man bekommt sie fast nur in Asialäden. Sie sind etwas größer und gröber als Mungobohnensprossen. In China werden vor dem Garen meist die Spitzen und Enden entfernt, die Koreaner lassen sie daran. Wegen der festen Textur eignen sich Sojabohnensprossen hervorragend für Salate und Pfannengerichte und können auch mit Reis gegart werden.

Sojabohnen keimen lassen: Die ganzen getrockneten Bohnenkerne verlesen, waschen und für 12 Stunden in reichlich Wasser einweichen. Abgießen und mehrmals vorsichtig abspülen. Erneut abgießen. In ein dunkles Keimglas (im Bioladen oder Gartencenter erhältlich) geben, verschließen und an einen zugfreien, warmen Ort (etwa in den ausgeschalteten Backofen) legen. Viermal täglich an den folgenden 6 Tagen (oder länger) das Glas behutsam mit Wasser füllen und dieses wieder ausgießen. Sobald die Sprossen 7,5 cm lang sind, aus dem Glas nehmen und in einer großen Schüssel mit reichlich Wasser bedecken, damit die Schalen sich lösen und an der Oberfläche schwimmen. Das Wasser mit den Schalen wegschütten. Die Sprossen gleich verwenden oder in einem Behälter mit Wasser bedecken und 4–5 Tage im Kühlschrank aufbewahren; das Wasser täglich erneuern. 85 Gramm getrocknete Sojabohnen ergeben 750 Milliliter Sprossen.

Sojamilch

Da viele Kinder in Ostasien unter Laktoseunverträglichkeit leiden, werden sie mit Sojamilch aufgezogen. Im Westen bekommt man sie in Bio- oder Asialäden, aber auch schon in gut sortierten Supermärkten. Man kann die Milch kalt ohne Beigaben trinken. Doch oft wird sie erhitzt und mit Zucker oder mit Sojasauce, Frühlingszwiebeln und etwas Sesamöl verfeinert und mit einem Löffel aus einer chinesischen Suppenschale gegessen.

Sojamilch selbst herstellen: Für 1,5 Liter Sojamilch 180 Gramm getrocknete ganze Sojabohnen verlesen, mit reichlich Wasser bedecken und 10 Stunden einweichen lassen. Abgießen und mehrmals abspülen. Erneut abgießen. In einem Messbecher die eingeweichten Bohnen abmessen und mit derselben Menge Wasser im Mixer möglichst glatt pürieren.

Ein Sieb mit einem großen sauberen Musselintuch auskleiden und auf einen großen Topf setzen. In einem mittelgroßen Topf 250 Milliliter Wasser aufkochen und das Sojapüree hineingießen. Wieder aufwallen lassen und sofort in das Sieb schütten. Das Tuch darüber zusammendrehen und mit der Unterseite eines Glases möglichst viel Flüssigkeit ausdrücken. Das Tuch wieder öffnen, 175 Milliliter warmes Wasser hinzugießen und weitere Flüssigkeit ausdrücken. Die Flüssigkeit in einem sauberen Topf aufkochen. Sofort auf schwache Hitze schalten, 10 Minuten ganz sanft köcheln lassen. Die entstandene Sojamilch gleich verwenden oder für 2–3 Tage in den Kühlschrank stellen.

Tofuhaut *(Dofu pi/Yuba)*

Vor vielen Jahren verbrachte ich einige Zeit im 300 Jahre alten Tawaraya Inn im japanischen Kioto und lernte etwas kennen, was ich nie zuvor gesehen hatte: weiche, cremige, zerkrümelte Blätter, die an Taschentücher erinnerten. Mir wurde erklärt, dass es sich um *Yuba* handele, die Haut, die sich auf Sojamilch bildet. Als ich bei der Herstellung zusehen wollte, arrangierte man für mich den Besuch des *Yuba*-Geschäfts in der Nähe.

In der großen alten Hütte brannten mehrere Feuer. Ich wärmte mich an einem der Feuer auf, über dem ein großer Topf mit Sojamilch kochte. Zur Begrüßung drehte der *Yuba*-Hersteller zwei Stäbchen um die Haut, die sich auf der Milch gebildet hatte, zog sie heraus und warf sie in eine kleine Schale. Darauf gab er ein paar Ringe Frühlingszwiebel und je ein paar Tropfen Sojasauce und Sesamöl. Dann gab er mir die Schale sowie zwei Essstäbchen. Die *Yuba* schmeckte himmlisch. Sie war warm, cremig und ganz weich.

Frische *Yuba* ist eine besondere Winterspezialität. Den Rest des Jahres isst man in Japan und anderen Teilen der Welt getrocknete *Yuba* oder auch *Dofu pi*, wie sie in China heißt. Diese wird in vielen Formen angeboten, so auch in Röhrenform. Für die Rezepte in diesem Buch benötigen Sie nur die so genannten Tofublätter, die man in chinesischen Lebensmittelläden als *Pai yeh* bekommt. Dabei handelt es sich um Tofuhaut und nicht, wie oft ausgewiesen, um Tofu. Sie wird in großen Kreisen (etwa 35 cm Durchmesser), Halbkreisen oder großen Rechtecken (etwa 20 × 40 cm groß) verkauft. Da sie sehr brüchig ist, sollten Sie stets auf intakte Blätter achten.

Getrocknete Tofuhaut vorbereiten:
Getrocknete Tofuhaut muss stets eingeweicht werden. Man bedeckt sie für 15–20 Minuten mit heißem Wasser. Sobald sie sich biegen lässt, kann sie verwendet werden. Rechteckige Blätter weicht man am besten in einer großen Lasagne-Form, runde Blätter in einer großen Schüssel ein. Versuchen Sie nicht, einzelne Blätter vor dem Einweichen aufzunehmen. Einfach alle Blätter zusammen einweichen und erst trennen, wenn sie weich werden.

Zum Trockentupfen der Blätter ein großes Stück Küchenpapier auf die Arbeitsfläche oder ein großes Backblech legen. Ein Blatt (mitunter sind sie gefaltet und größer als erwartet) darauf geben, die Oberseite trockentupfen und ein weiteres Stück Küchenpapier darauf legen. Die übrigen Blätter ebenso trocknen und aufeinander schichten. Mit Küchenpapier abschließen, ein angefeuchtetes Tuch darüber breiten.

Tofuhaut wird häufig eingerollt und gebraten, ehe man sie in einer aromatisierten Flüssigkeit schmort. Vor dem Einrollen kann man auch eine Füllung darauf geben. Die Chinesen bereiten aus Tofuhaut gern falsche Ente, falsches Huhn oder falschen Schinken, die allesamt köstlich schmecken. Diese Gerichte gehören zu den wichtigsten Speisen buddhistischer Tempel.

Tofu (Sojabohnenquark)

Ebenso wie Käse aus dickgelegter Milch erzeugt wird, stellt man Tofu aus Sojamilch her, die man durch bestimmte Zusätze, wie Magnesiumchlorid, Kalziumchlorid, Magnesiumsulfat oder frisches Meerwasser, eindickt. Tofu ist sehr proteinreich und kann vor allem bei älteren Frauen den Östrogenverlust ausgleichen.

Frischen Tofu kaufen und aufbewahren:
Frischer Tofu ist meist in unterschiedlich großen Blöcken von sehr weicher, mittelfester und fester Konsistenz erhältlich. Gewöhnlich wird er in Behältern mit Wasser in Bioläden, Supermärkten und Asialäden angeboten. Zum Aufbewahren den Tofu am besten in einer Schüssel mit Wasser bedecken und kalt stellen. So hält er sich 3–4 Tage. Das Wasser täglich erneuern.

Frittierter Tofu

Hierbei handelt es sich um festen Tofu, dem durch leichtes Pressen Flüssigkeit entzogen und der dann frittiert wurde. (Geschieht dies professionell, wird er erst bei niedriger, dann bei hoher Temperatur frittiert.) Er ist von außen braun und knusprig, innen aber weich und saugfähig. In Asialäden wird er in großen Stücken oder kleineren Würfeln angeboten, mitunter sogar tiefgekühlt. Japanische und koreanische Lebensmittelläden verkaufen ihn mit Gemüseeinlage oder Sesamsamen oder in Form kleiner Beutel, die man füllen kann. Im Kühlschrank hält sich frittierter Tofu 2–3 Tage.

Gepresster Tofu

Dieser Tofu wird meist nur in Asialäden in der Kühlabteilung angeboten. Er wird besonders lange gepresst und ist dann so fest, dass man ihn in feine Streifen schneiden kann, die ihre Form behalten. Die quadratischen Stücke sind in der Regel etwa 7,5 cm breit, 2 cm dick und von gelblich brauner oder brauner Färbung und wiegen 100–115 Gramm. (Die dunkleren Stücke sind mit Sojasauce und Gewürzen aromatisiert.) Gepresster Tofu hält sich im Kunststoffbehälter 4–5 Tage im Kühlschrank.

Fermentierter Tofu

Fermentierter Tofu riecht und schmeckt wie ein sehr reifer Weichkäse und ist zudem relativ salzig. Er wird sowohl ohne Beigaben als auch unterschiedlich gewürzt angeboten, etwa mit zerstoßenen Chilis. Zerdrückt passt eine kleine Menge sehr gut in Dressing (die Thais bereiten zum Beispiel Dressings aus Limettensaft, Chilis und fermentiertem Tofu). Man mischt diesen Tofu auch häufig unter pfannengerührtes Gemüse, etwa Spinat. Fermentierten Tofu bekommt man in Asialäden, oft klein gewürfelt in Gläsern. Im Kühlschrank hält er sich 1 Monat.

Tempeh

Früher kannte man *Tempeh* ausschließlich in Indonesien, doch mittlerweile ist er auch bei uns in allen Bioläden erhältlich. *Tempeh* enthält fast so viel Eiweiß wie Huhn, zudem Vitamin B$_{12}$ (das man kaum in vegetarischen Speisen findet), dafür weder Cholesterin noch Salz und kaum Kalorien. Meist wird er aus gegarten Sojabohnen hergestellt (mitunter auch aus anderen Hülsenfrüchten, Getreide oder Samen), die man mithilfe eines Schimmelpilzes *(Rhizopus)* fermentieren lässt. Dieser umgibt die Bohnen schließlich mit einem weichen weißen Flaum. *Tempeh* wird in etwa 2 cm dicken Stücken verkauft. In einen Plastikbeutel gewickelt, hält er sich 3–5 Tage im Kühlschrank. Man kann *Tempeh* auch einfrieren.

Bevor man ihn anderen Gerichten hinzufügt, wird *Tempeh* gewöhnlich in Scheiben geschnitten und frittiert. Für ein knuspriges Ergebnis sollte man die Scheiben möglichst dünn schneiden.

GETROCKNETE HÜLSENFRÜCHTE UND NÜSSE

HONGKONG

Tofu mit Spargel und chinesischen Pilzen
Shiu-Min Block

Dieses unkomplizierte Tofugericht mit Spargel servieren Sie am besten mit Reis. (siehe Glossar, Pilze)

FÜR 4–6 PERSONEN

- 12 getrocknete chinesische Pilze (siehe Glossar, Pilze)
- 225 g Spargel, geschält (siehe Seite 133), in 4 cm lange Stücke geschnitten
- 450 g fester oder mittelfester Tofu, in 2,5 cm große Würfel geschnitten
- 2 EL chinesischer *Shao-Hsing*-Wein (siehe Glossar) oder trockener Sherry
- 3 EL Sojasauce (helle chinesische Sojasauce ist ideal)
- 3/4 TL Zucker
- 2 TL Maisstärke
- 1 TL Öl aus gerösteten Sesamsamen
- 1 TL Chilipaste mit Sojabohnen oder Chilipaste mit Knoblauch (siehe Glossar)
- 1/4 TL Salz
- 3 EL Erdnussöl oder ein anderes Pflanzenöl
- 1 Knoblauchzehe, geschält, leicht zerdrückt
- 2 dünne Scheiben frischer Ingwer, geschält, leicht zerdrückt
- 2 Frühlingszwiebeln, in sehr dünne Ringe geschnitten

■ Die Pilze für 30 Minuten in 250 Milliliter heißem Wasser einweichen. Den Spargel für 20–30 Minuten mit kaltem Wasser bedecken. Die Tofuwürfel in einer Schüssel mit kochend heißem Wasser bedecken und 15 Minuten stehen lassen.

■ Die Pilze aus dem Einweichwasser nehmen (das Wasser aufbewahren). Die harten Stiele wegschneiden, große Hüte halbieren. Das Einweichwasser durch ein feines Tuch abseihen, beiseite stellen.

■ Spargel und Tofuwürfel abseihen.

■ Für die Sauce in einer kleinen Schüssel den Wein mit Sojasauce, Zucker, Stärke, Sesamöl, Chilipaste, Salz und 4 Esslöffel von dem Pilzwasser verrühren und beiseite stellen.

■ Das Öl in einem Wok oder einer großen Pfanne stark erhitzen. Knoblauch und Ingwer darin 30 Sekunden pfannenrühren. Den Spargel hinzufügen, weitere 30 Sekunden pfannenrühren. Nun den Tofu, die Pilze und die Hälfte der Frühlingszwiebeln dazugeben und 1 Minute pfannenrühren. 4 Esslöffel Pilzwasser hinzugießen. Zugedeckt bei schwacher Hitze 3 Minuten garen. Die Sauce durchrühren, in den Wok gießen und vorsichtig unterrühren. Die übrigen Frühlingszwiebeln untermischen. Sobald die Sauce nach etwa 1 Minute eindickt, vom Herd nehmen. Servieren.

INDISCH-AMERIKANISCH

Sojabohnenküchlein mit Minze
Soya bean shami kabab

Sojabohnen werden in der indischen Küche kaum verwendet, doch hier habe ich ein ausgesprochen schmackhaftes Rezept entdeckt. Die kleinen Kuchen haben viel Ähnlichkeit mit Shami kababs aus Nordindien und Pakistan. Ich bestreue sie gern mit ganz dünnen Zwiebelringen, die 1 Stunde in kaltem Wasser eingeweicht und dann trockengetupft werden.

Da die Küchlein mit Reis und Gemüse bereitet werden, reicht man dazu nur ein paar frische, vitamin- und aromareiche Chutneys (etwa die frischen Koriander-Chutneys auf den Seiten 458/459) oder auch eine Salsa oder Ketchup. Mit einem grünen Salat hat man eine vollständige Mahlzeit.

Besonders locker werden die Küchlein mit frisch gegartem weißem Reis. Aber sie können auch übrig gebliebenen Reis mit etwas Wasser in der Mikrowelle oder Pfanne aufwärmen und vor der Verwendung leicht abkühlen lassen.

ERGIBT 16 MITTELGROSSE KÜCHLEIN FÜR 4 PERSONEN

175 g getrocknete Sojabohnen, verlesen, eingeweicht und gegart (siehe Seite 230)
350 ml gegarter weißer Reis
6–8 EL Pflanzenöl
3 Frühlingszwiebeln (alle weißen und die Hälfte der grünen Teile), in sehr dünne Ringe geschnitten
5 dünne Scheiben frischer Ingwer, geschält und fein gehackt
2–3 Knoblauchzehen, geschält und fein gehackt
85 g Möhre, geschält und grob gerieben
1–2 frische grüne Chilis, fein gehackt
3–4 EL gehacktes frisches Koriandergrün
2 EL fein gehackte frische Minze
2 TL *Garam masala* (siehe Glossar)
1/2 TL Cayennepfeffer
1 TL Salz
Frisch gemahlener schwarzer Pfeffer
1 Ei, verquirlt
4 EL getrocknete Semmelbrösel

■ Die Sojabohnen abtropfen lassen. In einer Schüssel zu einer Paste zerstampfen. Den Reis untermischen.

■ In einer Pfanne 2 Esslöffel Öl stark erhitzen. Die Frühlingszwiebeln, Ingwer, Knoblauch, Möhre und Chilis darin 3–4 Minuten unter Rühren anbräunen. Die Mischung zu Bohnen und Reis geben, ebenso das Koriandergrün, Minze, *Garam masala*, Cayennepfeffer, Salz und Pfeffer und alles vermischen. Falls nötig, nachwürzen. Das Ei und die Semmelbrösel gründlich untermengen, sodass eine feste Masse entsteht, die sich zu Kugeln formen lässt. Eventuell mehr Semmelbrösel hinzufügen. (Mit Klarsichtfolie bedeckt, hält sich die Mischung bis zu 3 Tage im Kühlschrank.) Die Masse in 16 Portionen teilen und zu runden Küchlein mit etwa 7,5 cm Durchmesser formen.

■ In einer großen Antihaft-Pfanne 3 Esslöffel des restlichen Öls bei mittlerer bis hoher Temperatur erhitzen. Möglichst viele Küchlein nebeneinander hineinsetzen und von beiden Seiten je 2 Minuten backen, bis sich eine schöne braune Kruste bildet. Herausnehmen und kurz auf Küchenpapier abtropfen lassen. Heiß servieren oder im Ofen warm halten. Die übrigen Küchlein genauso backen, dabei nach Bedarf weiteres Öl in die Pfanne geben.

GETROCKNETE HÜLSENFRÜCHTE UND NÜSSE 235

VARIANTE
Gefüllte Sojabohnenküchlein mit Minze
Bharwa soya bean shami kabab
Die Sojabohnenmischung wie im Hauptrezept herstellen, zudecken und kalt stellen. Für die Füllung 7 Esslöffel fein gehackte Schalotten, 4 Esslöffel fein gehacktes frisches Koriandergrün, 2–3 frische grüne Chilis, fein gehackt, 1/2 Teelöffel Salz und 4 Teelöffel frisch gepressten Zitronensaft in einer Schüssel vermischen. Beiseite stellen. Den Teig in 16 gleich große Portionen teilen. Jeweils zu einer Kugel, dann zum runden Küchlein (etwa 7,5 cm Durchmesser) formen. Die Füllung ebenfalls in 16 Portionen teilen und jeweils auf die Küchlein setzen. Den Teig darüber zusammenführen, zur Kugel formen und erneut zu Küchlein abflachen. Wie beschrieben backen.

CHINA

Tofu mit Tomaten und Koriandergrün
Meera Jaffrey

Dieses Gericht stammt von meiner Tochter, die viel Zeit in China verbracht hat. Oft gibt sie auch noch Spinat hinzu. Dafür etwa 285 Gramm blanchierten, abgetropften und gehackten Spinat (auch Tiefkühlspinat eignet sich) kurz nach den Tomaten hinzufügen. Dazu passt Reis.

FÜR 4–6 PERSONEN

450 g mittelfester Tofu, in 2,5 cm große Würfel geschnitten
4 EL Pflanzenöl
2 Frühlingszwiebeln, die grünen und weißen Teile separat in dünne Ringe geschnitten
4 cm frischer Ingwer, geschält und sehr fein gehackt
4 mittelgroße Knoblauchzehen, geschält und sehr fein gehackt
5–6 mittelgroße Champignons, geputzt und in Scheiben geschnitten
60 g frisches Koriandergrün, grob gehackt

400 g Tomaten, gehackt
2 EL Sojasauce
1/2 TL Salz
1–2 TL Chilipaste mit Sojabohnen oder Chilipaste mit Sojabohnen und Knoblauch (siehe Glossar)
1 TL Reisessig
1/2 TL Zucker
150 g grüne Erbsen, frisch gepalt oder aufgetaute Tiefkühlware
1 TL Öl aus gerösteten Sesamsamen

■ Eine doppelte Lage Küchenpapier auf ein Brett legen. Die Tofuwürfel nebeneinander darauf verteilen, zwei weitere Lagen Küchenpapier darüber legen. Einen umgedrehten großen, flachen Teller darauf setzen, um etwas Wasser aus dem Tofu zu pressen. 30 Minuten stehen lassen.
■ In einer Antihaft-Pfanne 3 Esslöffel Öl bei mittlerer Temperatur erhitzen. Die Tofuwürfel darin unter Wenden in 6–7 Minuten goldgelb anbraten, mit einem Schaumlöffel herausnehmen. Das übrige Öl in der Pfanne erhitzen.

Die weißen Teile der Frühlingszwiebeln, Ingwer und Knoblauch darin 40 Sekunden pfannenrühren. Die Pilze hinzugeben, 30 Sekunden pfannenrühren. Das Koriandergrün 1 Minute mitrühren. Nun die Tomaten, Sojasauce, Salz und Chilipaste hinzufügen und 1 Minute rühren. Die Tofuwürfel wieder einlegen, mit dem Essig, Zucker und den Erbsen unterrühren und aufkochen. Zugedeckt bei schwacher Hitze 5 Minuten köcheln lassen. Die grünen Teile der Frühlingszwiebeln und das Sesamöl untermischen. Heiß servieren.

USA

Ingwer-Knoblauch-Tofu
Chris LaBrusciano

Hier habe ich ein Gericht abgewandelt, das ich einmal im Hungry Mountain Coop in Montpelier in Vermont gegessen habe. Der Chefkoch Chris LaBrusciano erklärte mir damals, dass man es nur mit Ingwer- und Knoblauchpulver zubereiten könne. Außerdem benötigen Sie Nährhefe, ein gelbes Pulver, das reich an Eiweiß mit allen essenziellen Aminosäuren und sämtlichen B-Vitaminen ist. Sie bekommen es in jedem Bioladen.

FÜR 4 PERSONEN

3 EL Pflanzenöl
450 g fester Tofu, in 2 cm große Würfel geschnitten
Je 1 TL Knoblauch- und Ingwerpulver
2 EL *Tamari*-Sojasauce (siehe Glossar, Sojasauce)
1 EL Nährhefe

■ Das Öl in einer großen Antihaft-Pfanne oder einem Wok stark erhitzen. Den Tofu darin 5 Minuten pfannenrühren, bis er rundum leicht gebräunt ist. Das Knoblauch- und Ingwerpulver einrühren. Bei mittlerer Hitze 1 weitere Minute pfannenrühren. Die *Tamari*-Sojasauce hinzufügen. Bei schwacher Hitze erneut 2 Minuten rühren. Die Nährhefe einstreuen, untermischen und vom Herd nehmen. Sofort servieren.

CHINA

Tofu mit scharfer Sauce
Lajiao chieng chow dofu ◆ *Shiu-Min Block*

Zu diesem würzigen und schnell zubereiteten Tofugericht passen Reis und Gemüse nach chinesischer Art.

FÜR 4 PERSONEN

5 TL Sojasauce
1 1/2 TL Chilipaste mit Knoblauch (siehe Glossar)
1 TL Zucker
1 TL Öl aus gerösteten Sesamsamen
3 EL Gemüsebrühe oder Wasser
2 EL Pflanzenöl
2 Frühlingszwiebeln, in dünne Ringe geschnitten
3 Scheiben frischer Ingwer, geschält und sehr klein gewürfelt
2 Knoblauchzehen, geschält und leicht zerdrückt
450 g fester Tofu, in 7 mm große Würfel geschnitten
1 EL fein gehacktes frisches Koriandergrün

■ Die Sojasauce mit der Chilipaste, dem Zucker, Sesamöl und der Brühe in einer kleinen Schüssel verrühren.
■ Das Pflanzenöl in einem Wok oder einer großen Pfanne stark erhitzen. Die Frühlingszwiebeln, Ingwer und Knoblauch darin 30 Sekunden pfannenrühren. Den Tofu hinzufügen und wieder nur 30 Sekunden pfannenrühren. Die Sojasaucenmischung dazugießen und aufkochen. Zugedeckt bei schwacher Hitze 5 Minuten köcheln lassen. Das Koriandergrün untermischen.

CHINESISCH-AMERIKANISCH

Tofu mit Schwarze-Bohnen-Sauce

Für dieses Gericht wird Tofu leicht angebräunt und dann kurz mit einer groben Paste aus gesalzenen schwarzen Bohnen, Ingwer und Knoblauch gegart. Dazu reicht man grünes Gemüse und Reis. Dieser Tofu eignet sich auch für ein elegantes Essen.

FÜR 4 PERSONEN

FÜR DIE SAUCE
125 ml Gemüsebrühe
1 TL Maisstärke
2 TL chinesischer *Shao-Hsing-Wein* (siehe Glossar) oder trockener Sherry
1 TL Öl aus gerösteten Sesamsamen
1/2 TL Salz
Frisch gemahlener schwarzer Pfeffer

AUSSERDEM
3 EL Erdnussöl
450 g fester Tofu, in 2–2,5 cm große Würfel geschnitten
4 Frühlingszwiebeln, leicht diagonal in 5 mm breite Stücke geschnitten
1–2 frische grüne Chilis, leicht diagonal in 5 mm breite Stücke geschnitten
2 EL gesalzene schwarze Bohnen, gut abgespült, sehr fein gehackt
2 Knoblauchzehen, geschält, sehr fein gehackt
2 TL geschälter, klein gewürfelter frischer Ingwer

■ Sämtliche Zutaten für die Sauce in einer Schüssel verrühren. Beiseite stellen.
■ Das Öl in einem Wok oder einer große Antihaft-Pfanne stark erhitzen. Den Tofu darin 5 Minuten pfannenrühren, bis er rundum leicht gebräunt ist. Mit einem Schaumlöffel herausnehmen. Die Frühlingszwiebeln und Chilis in den Wok geben und 30 Sekunden pfannenrühren. Dabei Tofureste, die noch am Boden anhängen, abkratzen. Schwarze Bohnen, Knoblauch und Ingwer hinzufügen, 10 Sekunden pfannenrühren. Den Tofu wieder einlegen, alles 10 Sekunden pfannenrühren. Bei schwacher Hitze die durchgerührte Sauce hinzugießen. Vorsichtig rühren, bis sie eindickt. Vom Herd nehmen.

Tofu-Gemüse-Burger

Diese Burger schmecken wirklich ausgezeichnet. Sie sind locker und leicht zuzubereiten. Servieren Sie sie mit etwas Tomatenketchup und ganz dünnen Zwiebelringen in einem Brötchen oder zwischen zwei Toastscheiben oder mit Salat und Brot. Die Shiitake können Sie durch 5 mittelgroße Champignons ersetzen.

ERGIBT 7–8 BURGER

450 g fester Tofu
5 EL Pflanzenöl
3 Frühlingszwiebeln, alle weißen und die Hälfte der grünen Teile in ganz dünne Ringe geschnitten
4 große *Shiitake* (siehe Glossar, Pilze), Stiele entfernt, Hüte in 3 mm große Würfel geschnitten
85 g Möhre, geschält und in 3 mm große Würfel geschnitten
2 EL sehr fein gewürfelter Bleichsellerie
1/2–2 frische grüne Chilis, fein gehackt
4 EL gehacktes frisches Koriandergrün oder Petersilie
2 EL *Tamari*-Sojasauce (siehe Glossar, Sojasauce)
Frisch gemahlener schwarzer Pfeffer
1 Ei, verquirlt
Etwa 8 EL Semmelbrösel

■ Den Tofu auf eine doppelte Lage Küchenpapier legen und mit einer weiteren Lage Küchenpapier bedecken. Ein Brett (oder einen großen, flachen Teller) darüber legen und ein Gewicht (etwa 450 Gramm) darauf setzen. 1 Stunde stehen lassen. Den Tofu in eine Schüssel krümeln und mit einem Kartoffelstampfer zerdrücken.

■ In einer großen Pfanne 2 Esslöffel Öl stark erhitzen. Die Frühlingszwiebeln, Pilze, Möhre, Sellerie und Chilis darin 3 Minuten pfannenrühren. Die Mischung zum zerstoßenen Tofu geben, ebenso Koriandergrün, *Tamari* und Pfeffer und alles gut vermischen. Falls nötig, leicht salzen. Das Ei und etwa 5 Esslöffel Semmelbrösel untermischen und aus der Masse 7–8 Burger formen. Die übrigen 3 Esslöffel Semmelbrösel auf einen großen Teller streuen und die Burger darin wenden, bis sie ganz bedeckt sind. Die Burger nach Belieben für 3–4 Stunden kalt stellen oder sofort braten.

■ Die restlichen 3 Esslöffel Öl in einer großen Antihaft-Pfanne bei mittlerer bis hoher Temperatur erhitzen. Alle Burger einlegen und von beiden Seiten in je 3–4 Minuten bräunen. Auf Küchenpapier abtropfen lassen. Sofort servieren.

VARIANTE

Tofu-Burger mit Currypulver

Diese Burger können Sie mit einem Salat servieren oder, wie Hamburger, in einem Brötchen mit einem Klecks scharfem Chutney darauf. Die Tofu-Burger wie im Rezept oben zubereiten, aber mit folgenden Änderungen: In dem heißen Öl zunächst 1 Teelöffel Kreuzkümmel 10 Sekunden rösten, Frühlingszwiebeln, Pilze, Möhre, Sellerie und Chilis 3 Minuten darin pfannenrühren. Nun 1 Esslöffel Currypulver (etwa Mein Currypulver, siehe Seite 498) einstreuen und 10 Sekunden rühren. Nach Rezeptangabe fortfahren.

GETROCKNETE HÜLSENFRÜCHTE UND NÜSSE   239

Tofu-Gemüse-Burger mit Pilzsauce

Manchmal serviere ich die Tofu-Gemüse-Burger von Seite 238 gern mit einer leichten Sauce aus frischen Shiitake *und getrockneten Steinpilzen. Die Sauce schöpfe ich über die Burger und reiche dazu etwas Gemüse (etwa gegrillte Tomaten, Salzkartoffeln und leicht sautierten Spinat).*

Statt der benötigten Brühe können Sie das abgeseihte Einweichwasser von den Pilzen verwenden (oder 350 Milliliter Gemüsebrühe). Bereiten Sie die Sauce zuerst zu, denn sie lässt sich leicht aufwärmen. Sie passt auch gut zu Nudeln (225 Gramm), und man kann darin frische Tofuwürfel (450 Gramm) köcheln lassen.

ERGIBT 7–8 BURGER

6–7 getrocknete Steinpilze (sind die Pilze zerkleinert, etwa 1 1/2 EL)
1 1/2 TL Maisstärke
2 EL Pflanzenöl
3 EL geschälte und fein gehackte Schalotten
100 g Möhre, geschält und fein gehackt
7–8 frische *Shiitake* (siehe Glossar, Pilze), Stiele entfernt, Hüte in schmale Streifen geschnitten, ersatzweise große Champignons
3 EL trockener Wermut
100 g Tomaten, enthäutet, Samen entfernt und gehackt
4 TL Sojasauce
1/2 TL Zucker
Frisch gemahlener schwarzer Pfeffer

■ Die Steinpilze für 1 Stunde in 350 Milliliter heißem Wasser einweichen, bis sie weich sind. Die Pilze herausnehmen, große Stücke in schmale Streifen schneiden. Das Einweichwasser durch ein Tuch abseihen und in zwei Schüsseln verteilen, in die eine 250 Milliliter und in die andere 100 Milliliter füllen. (Falls nötig, mit Wasser auffüllen.) Die Maisstärke unter die 100 Milliliter rühren.
■ In einer großen Pfanne das Öl erhitzen. Die Schalotten und Möhre darin 1 1/2 Minuten rühren, bis die Schalotten braun werden. Die Steinpilze und *Shiitake* untermischen, weitere 1 1/2 Minuten rühren. Den Wermut zugießen und unter Rühren vollständig einkochen lassen. Die 250 Milliliter Pilzwasser, Tomaten, Sojasauce, Zucker und Pfeffer einrühren und aufkochen. Bei schwacher Hitze 5 Minuten köcheln lassen. Die Maisstärkemischung durchrühren und in die Pfanne rühren. Etwa 1 Minute köcheln lassen, bis die Sauce eingedickt ist. Vom Herd nehmen.

CHINA

Tofu mit Champignons
Mo gu dofu

Ich verwende für dieses Gericht mittelgroße Champignons, aber auch andere frische Pilze eignen sich. Reichen Sie dazu Reis.

FÜR 3–4 PERSONEN
225 g fester Tofu

FÜR DEN AUSBACKTEIG
2 Eiweiß, leicht verquirlt
1 EL chinesischer *Shao-Hsing*-Wein (siehe Glossar) oder trockener Sherry
1/4 TL Salz
4 EL Maisstärke

FÜR DIE SAUCE
2 EL Maisstärke
5 EL Gemüsebrühe
1 EL chinesischer *Shao-Hsing*-Wein (siehe Glossar) oder trockener Sherry
1/2 TL Zucker
1/4 TL Salz
1 TL Öl aus gerösteten Sesamsamen

AUSSERDEM
Pflanzenöl zum Ausbacken
2 getrocknete rote Chilis
1 Knoblauchzehe, geschält und fein gehackt
1 TL geschälter, klein gewürfelter frischer Ingwer
225 g Champignons, geputzt, in dicke Scheiben geschnitten
1/3 TL Salz
1 Frühlingszwiebel, in dünne Ringe geschnitten

■ Den Tofu nach den Angaben für Tofu mit Tomaten und Koriandergrün (siehe Seite 235) würfeln und pressen.

■ Für den Ausbackteig Eiweiß, Wein, Salz und Maisstärke in einer weiten, flachen Schale verrühren und den Tofu vorsichtig darin wenden. Reichlich Öl in einer mittelgroßen Pfanne bei mittlerer Temperatur erhitzen. Die Tofuwürfel nacheinander einlegen und von einer Seite in etwa 1 1/2 Minuten goldgelb ausbacken. Wenden und von der anderen Seite in weiteren 1 1/2 Minuten ebenfalls goldgelb ausbacken. Mit einem Schaumlöffel herausnehmen, auf Küchenpapier abtropfen lassen.

■ Sämtliche Zutaten für die Sauce verrühren. Beiseite stellen.

■ In einer großen Pfanne oder einem Wok 3 Esslöffel des Öls aus der anderen Pfanne stark erhitzen. Die Chilis darin in wenigen Sekunden pfannenrühren, bis sie sich aufblähen und dunkel werden. Zuerst den Knoblauch und Ingwer, dann die Pilze einrühren. 1 Minute braten und kräftig rühren. Den Tofu hinzufügen, 1 weitere Minute pfannenrühren. Salzen, durchmischen und vom Herd nehmen. Die Sauce durchrühren und hinzugießen. Erneut 30 Sekunden schwach erhitzen und vorsichtig rühren, bis die Sauce eindickt. Mit der Frühlingszwiebel bestreuen, kurz rühren und sofort servieren.

CHINA

Gepresster Tofu in aromatischer Sauce
Wu shiung dofu gun • *Shiu-Min Block*

Bei diesem Rezept fehlt die Angabe der Portionen; denn die aromatischen Tofustücke lassen sich unterschiedlich verwenden, und dementsprechend variiert die Anzahl der Portionen. Sie können die Stücke aufschneiden und mit oder ohne Dip zu Getränken reichen oder mit Gemüse pfannenrühren und auf einem grünen Salat anrichten. In dünnen Streifen lassen sie sich mit fein geschnittenem Chicorée, Gurke und Vinaigrette als Vorspeise reichen oder mit blanchierten Bohnensprossen und Sojasaucen-Dressing (siehe Seite 472) vermischen. Natürlich schmecken sie, in Scheiben geschnitten, auch einfach zu Reis.

In einem verschlossenen Behälter ohne Flüssigkeit halten sich die fertig gegarten Stücke im Kühlschrank bis zu 2 Wochen.

- 2 TL Pflanzenöl
- 3 dünne Scheiben frischer Ingwer, quer abgeschnitten
- 4 Frühlingszwiebeln, in 6 cm lange Stücke geschnitten, die weißen Stücke längs halbiert
- 3 EL dunkle chinesische Sojasauce
- 2 EL helle chinesische Sojasauce
- 2 TL chinesischer *Shao-Hsing*-Wein (siehe Glossar) oder trockener Sherry
- 1/2 TL Salz
- 4–5 ganze Sternanis
- 8 Stücke gepresster gewürzter Tofu (insgesamt 800–900 g)

■ In einem Topf, in dem die Tofustücke ausreichend Platz haben, das Öl bei mittlerer bis hoher Temperatur erhitzen. Ingwer und Frühlingszwiebeln darin 30 Sekunden pfannenrühren. 475 Milliliter Wasser und alle anderen Zutaten bis auf den Tofu einrühren. Die Tofustücke einlegen. Zugedeckt aufkochen und 2 Minuten sprudelnd kochen lassen. Auf mittlere bis schwache Hitze schalten und den Tofu zugedeckt 40 Minuten garen, dabei die Stücke ab und zu wenden oder mit der Sauce begießen. Die Tofustücke herausnehmen und im geschlossenen Behälter in den Kühlschrank stellen.

INDONESIEN

Frittierter würziger Tempeh
Tempeh goreng

Dies ist eine der vielen unkomplizierten Varianten von frittiertem gewürztem Tempeh. Sie können ihn als Snack oder Teil eines Hauptgerichts reichen. Statt der schwer erhältlichen indonesischen Kenarinüsse (siehe Glossar) verwende ich Mandeln.

FÜR 3–4 PERSONEN

3 Knoblauchzehen, geschält und grob gehackt
3 mittelgroße Schalotten, geschält und grob gehackt
2 enthäutete Mandeln, fein gehackt
1 EL gemahlener Koriander
1 TL Salz
1/2 TL grob gemahlener schwarzer Pfeffer
1/4 TL Cayennepfeffer
225 g *Tempeh* (siehe Seite 232)
Pflanzenöl zum Frittieren

■ Knoblauch, Schalotten und Mandeln mit 125 Milliliter Wasser in einem Mixer glatt verarbeiten. Koriander, Salz, Pfeffer und Cayennepfeffer kurz untermixen. In eine große Schüssel füllen.

■ Den *Tempeh* quer in 3 mm dicke Scheiben schneiden. Die Scheiben flach nebeneinander legen und von beiden Seiten im Abstand von 5 mm kreuzweise einritzen.

■ Das Öl zum Frittieren 5 cm hoch in eine Pfanne (25–30 cm Durchmesser) oder 7,5 cm hoch in einen Wok füllen und bei mittlerer Temperatur erhitzen. Ist das Öl heiß, die Hälfte des *Tempeh* in der pastösen Knoblauchmasse wenden und gleichmäßig damit überziehen. Überschüssige Masse abschütteln und den *Tempeh* ins heiße Öl gleiten lassen. In etwa 5 Minuten knusprig und goldgelb frittieren. Mit dem Schaumlöffel herausnehmen, auf Küchenpapier abtropfen lassen. Die zweite Portion *Tempeh* ebenso frittieren. Heiß und knusprig servieren.

INDONESIEN

Süßsaurer Tempeh mit Erdnüssen
Sambal goreng tempeh kering ◆ *Aus der Heimat von Pia Alisjahbana*

Dieses Gericht war Bestandteil eines hervorragenden Banketts, an dem ich in Jakarta teilnahm. Sie können dazu Reis oder einige südostasiatische Gemüsespezialitäten servieren und zum Ausklang Früchte wie Mangos oder Orangenscheiben reichen.

FÜR 4 PERSONEN

4–5 getrocknete rote Chilis, Samen entfernt, in 4 EL heißem Wasser für 30 Minuten eingeweicht
100 g Schalotten, grob gehackt
2,5 cm frischer Ingwer, geschält und fein gerieben
3 Knoblauchzehen, geschält und grob gehackt
Pflanzenöl zum Frittieren
75 g enthäutete rohe Erdnusskerne

225 g *Tempeh* (siehe Seite 232), in 4 cm lange und 5 mm dicke Stifte geschnitten
10 frische Curryblätter (siehe Glossar), grob zerpflückt, ersatzweise 8 frische Basilikumblätter
4 TL Tamarindenpaste (siehe Seite 473)
1 TL Salz
2 TL hellbrauner Zucker

■ Die Chilis mit dem Einweichwasser, die Schalotten, Ingwer und Knoblauch im Mixer zu einer Paste verarbeiten. Falls nötig, mit dem Gummispatel nach unten drücken.

■ Das Öl zum Frittieren 5 cm hoch in eine Pfanne (25–30 cm Durchmesser) oder 7,5 cm hoch in einen Wok füllen und bei mittlerer Temperatur erhitzen. Die Erdnüsse in das heiße Öl streuen. Sobald sie dunkel werden, mit einem Schaumlöffel wieder herausnehmen und auf Küchenpapier abtropfen lassen. Nun die Hälfte des *Tempeh* in dem Öl in etwa 6 Minuten goldbraun und knusprig frittieren. Herausnehmen und auf Küchenpapier abtropfen lassen. Den übrigen Tempeh ebenso frittieren.

■ Das Öl bis auf 4 Esslöffel aus der Pfanne oder dem Wok abgießen. Die Paste aus dem Mixer mit den Curryblättern und der Tamarindenpaste hineingeben. Bei mittlerer Hitze 7–8 Minuten pfannenrühren, bis die Paste nicht mehr wässrig aussieht. Salz und Zucker unterrühren, den *Tempeh* und die Erdnüsse vorsichtig untermischen. Servieren.

STRAUCHERBSEN

Die Heimat der Straucherbse sind das tropische Afrika – dort kennt man sie seit über 4000 Jahren – und Ostindien. Nach den Kichererbsen zählen die runden mattgelben Straucherbsen mit ihrem erdigen Geschmack zu den wichtigsten Hülsenfrüchten Indiens. In der Karibik, einem weiteren Anbauschwerpunktgebiet, werden sie im Ganzen verwendet – Straucherbsen mit Reis (siehe Seite 318) gehören dort zu den häufigsten Gerichten. In Indien hingegen schätzt man sie in geschälter und halbierter Form. Die Pflanzen, die in Nord- und in Südindien angebaut werden, unterscheiden sich leicht. In indischen Lebensmittelläden wird die nördliche Variante als *Arhar dal,* die südliche als *Toovar dal* angeboten, doch sind beide problemlos austauschbar.

Toovar dal ist ein Grundnahrungsmittel der südindischen Küche, vor allem für vegetarische Speisen. Täglich bereitet man daraus ein anderes Eintopfgericht, manchmal mit gebräunten ganzen Schalotten und manchmal mit Kürbis oder mit Tomaten.

Im westindischen Staat Gujarat kaufen die Familien zur Erntezeit große Vorräte an *Toovar dal.* Diese werden verlesen, mit Rizinusöl eingerieben, um sie vor Insekten zu schützen, und dann für den Rest des Jahres in großen Kanistern gelagert. Auch diese »öligen«, leicht durchscheinenden *Toovar dal* bekommt man in indischen Läden. Sie müssen vor dem Garen gründlich gewaschen werden, haben aber die gleichen Gareigenschaften wie die gewöhnlichen *Toovar dal.*

Ganze getrocknete Straucherbsen vorbereiten und einweichen: Die Straucherbsen verlesen, gründlich waschen. Abgießen, 10–15 cm hoch mit Wasser bedecken und über Nacht einweichen lassen. Alternativ die schnelle Einweichmethode (siehe Seite 158) anwenden.

Ganze getrocknete Straucherbsen garen: Die vorbereiteten Straucherbsen in einem mittelgroßen Topf 5 cm hoch mit Wasser bedecken und aufkochen. Halb zugedeckt bei schwacher Hitze 1 1/4 –1 1/2 Stunden köcheln lassen, bis sie weich sind.

Ganze getrocknete Straucherbsen im Schnellkochtopf garen: Die Straucherbsen verlesen, einweichen und abgießen. Im Schnellkochtopf 1 cm hoch mit Wasser bedecken, den Topf verschließen, den Druck erhöhen und die Straucherbsen 15 Minuten garen. Den Druck von selbst absinken lassen. (Sollen die Erbsen abgegossen werden, die Garflüssigkeit für Suppe aufbewahren.)

Geschälte, halbierte getrocknete Straucherbsen (Toovar dal *oder* Arhar dal) *vorbereiten und garen:* In Indien werden sie stets mit etwas Kurkuma gegart und erst am Ende der Garzeit gesalzen. 190 Gramm *Toovar dal* verlesen, mehrmals in frischem Wasser waschen und abgießen. Mit 1 Liter Wasser in einem Topf mit schwerem Boden aufkochen (nicht überkochen lassen). Aufsteigenden Schaum abschöpfen. Mit 1/4 Teelöffel gemahlener Kurkuma würzen. Halb zugedeckt bei schwacher Hitze 1 Stunde köcheln lassen, bis die Erbsen weich sind. (Ältere *Toovar dal* benötigen eine Garzeit von bis zu 1 1/2 Stunden.) Mit 1–1 1/4 Teelöffel Salz abschmecken.

Unter die fertig gegarten *Toovar dal* können Sie gekochtes oder sautiertes Gemüse mischen. Für indische Gerichte ist zudem eine *Tarka* (siehe Seite 159) unerlässlich.

INDIEN

Geschälte, halbierte Straucherbsen mit Schalotten und Möhre
Sambar

Bei den Sambars *Südindiens handelt es sich um suppenartige Eintöpfe aus* Toovar dal, *die mit einer feurigen Gewürzmischung verfeinert werden. Dieses Sambar-Pulver enthält unter anderem gebratene, vermahlene Schälerbsen und Bohnen.* Sambar *schmeckt meist auch säuerlich, denn oft wird er mit Tamarindenpaste oder Tomaten zubereitet. Ansonsten kann beinahe jede Gemüsesorte hinzugefügt werden, von Aubergine über Rettich bis zu Kohlrabi.*

Für diese unkomplizierte Variante werden Schalottenstreifen und Möhrenstifte vor der Zugabe zu den Erbsen leicht angebräunt. Richten Sie den Sambar *auf Reis an und servieren Sie Gemüse oder einen Salat dazu.*

Das Sambar-Pulver können Sie selbst zubereiten (siehe Seite 499) oder im indischen Lebensmittelladen kaufen.

FÜR 4 PERSONEN

3 EL Pflanzenöl
4 mittelgroße Schalotten, geschält und in dünne, lange Streifen geschnitten
1 kleine Möhre (etwa 60 g), geschält und in 2,5 cm lange und 5 mm dicke Stifte geschnitten
190 g geschälte, halbierte Straucherbsen *(Toovar dal),* verlesen und gegart (siehe linke Seite)
2 EL *Sambar*-Pulver (siehe Seite 499)
2 EL Tamarindenpaste (siehe Glossar) oder
   1 1/2 EL frisch gepresster Zitronensaft plus
   1 Prise Zucker
Salz
1/2 TL braune Senfsamen
1 getrockneter roter Chili
10 frische Curryblätter, ersatzweise frische Basilikumblätter

■ In einer mittelgroßen Pfanne 2 Esslöffel Öl bei mittlerer Temperatur erhitzen. Schalotten und Möhre darin unter Rühren leicht anbräunen. Mit den gegarten *Toovar dal* sowie dem *Sambar*-Pulver und der Tamarindenpaste in einen mittelgroßen Topf füllen, verrühren und aufkochen. Bei schwacher Hitze 10–15 Minuten köcheln lassen, bis die Möhre weich ist. Mit Salz abschmecken.

■ Das restliche Öl in einer kleinen Pfanne bei mittlerer bis hoher Temperatur sehr heiß werden lassen. Die Senfsamen darin in wenigen Sekunden aufplatzen lassen und sofort den Chili hinzufügen. Sobald der Chili dunkel wird, die Curryblätter einrühren. Die Mischung unter die *Toovar dal* rühren. Servieren.

INDIEN

Süßsaure geschälte, halbierte Straucherbsen
Khatti meethi toovar dal

Hier werden die Toovar dal nach Gujarat-Art mit Zucker, Tamarinde sowie ein wenig Gewürznelken und Zimt zubereitet. Reichen Sie dazu Reis oder Fladenbrot. Als Beilagen eignen sich Salat und Joghurtgerichte.

FÜR 4 PERSONEN

190 g geschälte, halbierte Straucherbsen *(Toovar dal)*, verlesen und gegart (siehe Seite 244)
1 EL brauner Zucker
1 EL Tamarindenpaste (siehe Glossar) oder 2 TL frisch gepresster Zitronensaft
1/8–1/4 TL Cayennepfeffer
Salz (bei Bedarf)
2 EL Pflanzenöl
4–5 Gewürznelken
5 cm Zimtstange

■ *Toovar dal*, Zucker, Tamarindenpaste und Cayennepfeffer in einem mittelgroßen Topf erhitzen. Bei schwacher Hitze 10 Minuten köcheln lassen, ab und zu umrühren. Für einen ausgewogenen süßsauren und salzigen Geschmack eventuell nachwürzen.

■ Das Öl in einer kleinen Pfanne bei mittlerer Temperatur sehr heiß werden lassen. Die Gewürznelken und den Zimt kurz einrühren und mit dem Öl über die *Toovar dal* gießen. Untermischen. (Die ganzen Gewürze nach Belieben später entfernen.)

INDIEN

Straucherbsen mit Mungobohnen
Mili hui moong aur toovar dal

Toovar dal haben einen sehr viel erdigeren Geschmack als Moong dal, zusammen entwickeln sie jedoch ein ganz besonderes Aroma. Dazu passen Reis und Blattgemüse (oder ein anderes Gemüse) sowie ein Relish.

FÜR 4 PERSONEN

Je 85 g geschälte, halbierte Straucherbsen *(Toovar dal)* und geschälte, halbierte Mungobohnen *(Moong dal)*, verlesen gewaschen und abgetropft
1/4 TL gemahlene Kurkuma, 1–1 1/4 TL Salz
3 EL Pflanzenöl oder *Ghee* (siehe Glossar)
1 kräftige Prise *Asafoetida* (siehe Glossar)
1 TL Kreuzkümmel
3 getrocknete rote Chilis
60 g Schalotten, geschält und in dünne, lange Streifen geschnitten

■ *Toovar dal* und *Moong dal* nach den Angaben auf Seite 244 zusammen garen. Kurkuma und Salz wie beschrieben hinzufügen.
■ Das Öl in einer kleinen Pfanne bei mittlerer bis hoher Temperatur erhitzen. Zuerst *Asafoetida*, 1 Sekunde später den Kreuzkümmel und nach weiteren 10 Sekunden die Chilis einrühren. Sobald sie dunkler werden, die Schalotten unterrühren und anbräunen. Über die *Dal* gießen, zudecken, vom Herd nehmen und mindestens 5 Minuten stehen lassen. Vor dem Servieren durchrühren.

URDBOHNEN

Urdbohnen sind meines Wissens die einzigen Hülsenfrüchte mit einer leicht schleimigen Konsistenz, und darum aß ich sie schon als Kind mit besonderer Vorliebe. Die in Indien beheimatete Bohne soll mit der Mungobohne verwandt sein und sich aus derselben »Urbohne« entwickelt haben. In Zentralindien gefundene Überreste sind 3500 Jahre alt.

Ganze Urdbohnen (in indischen Lebensmittelläden heißen sie *Sabut urad*) sind, ähnlich wie die Mungobohne, klein und zylindrisch geformt. Doch im Gegensatz zur Mungobohne mit ihrer glänzenden grünen Schale sind Urdbohnen gräulich schwarz gefärbt mit weißem Nabel. Geschälte, halbierte Urdbohnen haben eine blassgelbe, fast cremige Färbung.

Im Punjab gehören die ganzen Bohnen zu den Grundnahrungsmitteln. Sie heißen hier *Ma* und werden häufig zusammen mit roten Kidneybohnen gegart, um den Speisen eine abwechslungsreiche Textur und Farbe zu verleihen. Die weich gegarten Bohnen verfeinert man gern mit reichlich selbst gemachter Butter und serviert sie in dieser Form in den ärmsten Dörfern wie auch in den Palästen der reichsten Maharadschas. Im restlichen Land bevorzugt man dagegen die geschälten, halbierten *Urad dal*. Die nordindischen Muslime garen sie so, dass die einzelnen Körner locker und getrennt bleiben. In Südindien weicht man die *Urad dal* ein, zermahlt sie und vermischt sie mit eingeweichtem, vermahlenem Reis und lässt die Mischung fermentieren. Aus diesem Grundteig werden dann pikante Pfannkuchen *(Dosas)* und gedämpfte Küchlein *(Idlis)* bereitet.

Bemerkenswert ist auch, dass Urdbohnen die Hülsenfrüchte mit dem höchsten Gehalt an Phytin sind. Diese Phosphorverbindung ist für die Herstellung von *Pappadams* unerlässlich, jenen knusprig-dünnen Brotfladen, die man zur Begrüßung in jedem indischen Restaurant erhält. Seit alter Zeit werden in Indien unterschiedlichste feine Waffeln und Klöße aus Urdbohnen hergestellt.

Ganze ungeschälte getrocknete Urdbohnen vorbereiten und garen: Die Angaben für Adzukibohnen (siehe Seite 160) befolgen.

Geschälte, halbierte getrocknete Urdbohnen (Urad dal) *vorbereiten und garen:* Sie werden ähnlich gegart wie die entsprechenden Mungobohnen, nur ist die Garzeit etwas länger. 180 Gramm geschälte, halbierte Urdbohnen verlesen, mehrfach in frischem Wasser waschen und abgießen. Die Bohnen mit 1 Liter Wasser in einem Topf mit schwerem Boden aufkochen (nicht überkochen lassen). Aufsteigenden Schaum abschöpfen. Mit 1/4 Teelöffel gemahlener Kurkuma würzen. Halb zugedeckt bei schwacher Hitze 1 Stunde köcheln lassen, bis die Bohnen weich sind. 1–1 1/4 Teelöffel Salz unterrühren.

Die Urdbohnen mit einer *Tarka* (siehe Seite 159) fertig zubereiten oder erst später wieder aufwärmen. Zum Aufwärmen einige Esslöffel Wasser unterrühren, damit die Bohnen nicht anhängen.

INDIEN

Geschälte, halbierte Urdbohnen nach Delhi-Art
Dilli ki urad dal

Servieren Sie dieses Gericht mit Fladenbrot, einigen Salaten und Gemüse. Ein Joghurtgericht rundet die Mahlzeit ab.

FÜR 4 PERSONEN

180 g geschälte, halbierte getrocknete Urdbohnen (*Urad dal*), gegart (siehe Seite 247)
3 EL *Ghee* (geklärte Butter, siehe Glossar) oder Pflanzenöl
1/2 TL Kreuzkümmel
1 kräftige Prise *Asafoetida* (siehe Glossar)
2 getrocknete rote Chilis
4 EL enthäutete, gehackte Tomaten (ohne Samen)

■ Die gegarten *Urad dal* erhitzen und warm halten.
■ Ghee oder Öl in einer kleinen Pfanne bei mittlerer bis hoher Temperatur erhitzen. Kreuzkümmel und *Asafoetida* 10 Sekunden darin rösten, dann die Chilis hinzugeben. Sobald sie dunkel werden, die Tomaten einrühren. Die Mischung unter die *Urad dal* rühren. Servieren. (Beim Verzehr der Chilis sollten Sie deren Schärfe bedenken.)

❖

INDIEN

Geschälte, halbierte Urdbohnen nach Lucknow-Art
Lucknavi urad dal

Dieses sehr traditionsreiche Gericht wird vor allem von muslimischen Familien aus Lucknow in Uttar Pradesh gegessen. Der frische grüne und der getrocknete rote Chili steuern ein jeweils eigenes Aroma bei, die gebräunten Zwiebeln sorgen für einen knusprigen Biss. Die einzelnen Portionen können Sie nach Belieben mit etwas Limettensaft beträufeln. Dazu passen Fladenbrot, Gemüsegerichte und Salate. Mit grünem Salat und Tomaten können Sie die Bohnen auch in das Fladenbrot füllen.

FÜR 3–4 PERSONEN

180 g geschälte, halbierte getrocknete Urdbohnen (*Urad dal*), verlesen, gewaschen und abgetropft
3 EL Pflanzenöl
1/2 TL Kreuzkümmel
1 frischer grüner Chili
1 Knoblauchzehe, geschält und längs halbiert
1 kräftige Prise gemahlene Kurkuma
3/4 TL Salz
1 getrockneter roter Chili
1 kleine Zwiebel (etwa 60 g), geschält und in sehr dünne Halbringe geschnitten

- Die *Urad dal* 15 cm hoch mit Wasser bedecken und 4 Stunden einweichen lassen. Abgießen.
- In einem mittelgroßen Topf 1 Esslöffel Öl bei mittlerer bis hoher Temperatur erhitzen. Den Kreuzkümmel darin wenige Sekunden unter Rühren rösten. Grünen Chili und Knoblauch mitrühren, bis der Knoblauch goldgelb ist. Die *Urad dal* kurz untermischen. Mit 250 Milliliter Wasser, Kurkuma und Salz aufkochen. Zugedeckt bei schwacher Hitze 25 Minuten köcheln lassen.
- Die Bohnen in einer Servierschüssel warm stellen. Das restliche Öl in einer kleinen Pfanne bei mittlerer Temperatur erhitzen. Den roten Chili in wenigen Sekunden darin dunkel werden lassen. Die Zwiebel dazugeben und unter Rühren knusprig bräunen. Die Mischung über die gegarten Urdbohnen verteilen und sofort servieren.

INDIEN

Ganze Urdbohnen nach Punjab-Art
Ma

Dieses herzhafte Bohnengericht stammt aus dem ländlichen Punjab im Nordwesten Indiens. Dazu passen Fladenbrot und Blattgemüse sowie eine Joghurt- oder Käsespeise. Verwendet werden hier ganze Urdbohnen, die man in indischen Lebensmittelläden als ganze Urad (Sabut urad) oder Ma erhält. In den Dörfern des Punjab werden tagsüber große Lehmöfen (Tandoor) zum Brotbacken und auch für Fleischgerichte verwendet. Am späten Abend vergräbt man dann in der verbliebenen glühenden Asche irdene Töpfe mit Urdbohnen und Wasser und lässt die Bohnen über Nacht garen.

FÜR 6–8 PERSONEN

180 g ganze getrocknete Urdbohnen (*Sabut urad* oder *Ma*), verlesen, gewaschen und abgetropft
100 g getrocknete rote Kidneybohnen, verlesen
2–2 1/4 TL Salz
3 EL Pflanzenöl
150 g fein gehackte Zwiebeln
2 EL geschälter, fein gehackter frischer Ingwer
175 g fein gehackte sehr reife Tomaten
1/4 TL Cayennepfeffer

- In einer Schüssel die Urdbohnen und Kidneybohnen in 1,6 Liter Wasser über Nacht einweichen lassen. Alternativ die schnelle Einweichmethode (siehe Seite 158) anwenden. In einem Sieb abtropfen lassen.
- Die Bohnen und 1,5 Liter frisches Wasser in einem großen Topf aufkochen. Zugedeckt bei schwacher Hitze 1 Stunde, ohne Deckel 1 weitere Stunde köcheln lassen. Salzen. Bei schwächster Hitze stehen lassen.
- Inzwischen das Öl in einer mittelgroßen Pfanne bei mittlerer bis hoher Temperatur erhitzen. Die Zwiebeln darin unter Rühren leicht anbräunen. Erst den Ingwer, dann die Tomaten und den Cayennepfeffer einrühren. 2 Minuten garen, bis sich das Öl von der Tomatenmischung absetzt. Unter die gegarten Bohnen rühren. Noch 1–2 Minuten köcheln lassen, damit sich die Aromen verbinden. Heiß servieren.

WEISSE BOHNEN

Unter diesem Sammelbegriff werden viele verschiedene Arten ausgereifter getrockneter Samen – meist von grünen Bohnen – zusammengefasst, die alle eine weiße bis cremefarbene Haut haben. Größe und Form dieser Bohnen reichen von sehr großen, nierenförmigen Exemplaren bis zu den kleineren, eher runden oder länglichen Bohnen. Zu den kleinsten zählt die Perlbohne, die beim Kochen sehr gut ihre Form behält. Sie gehört in das französische *cassoulet* und traditionell in die *Boston baked beans* in den USA. In diesem Abschnitt habe ich mich jedoch auf die folgenden drei Typen beschränkt: die großen weißen Bohnen – bei mir heißen sie weiße Kidneybohnen –, die für Schmorgerichte und Eintöpfe hervorragend geeignet sind. Die kleineren Cannellinibohnen, die aus der italienischen Küche nicht wegzudenken sind; und schließlich die sehr großen Limabohnen, um deren »Auge« sich feine Rillen ziehen.

Die Garmethoden sind meist gleich. All diese Bohnen bekommen eine buttrige Konsistenz, wenn man sie fast weich gart und dann einem weiteren langsamen Garprozess im Ofen überlässt. Sie finden hier entsprechende Rezepte aus solch unterschiedlichen Ländern wie Griechenland und Kuba.

Getrocknete weiße Bohnen vorbereiten und einweichen: Die Bohnen verlesen, waschen und abgießen. 10–15 cm hoch mit Wasser bedecken und über Nacht einweichen lassen. Alternativ die schnelle Einweichmethode (siehe Seite 158) anwenden. Abgießen.

Getrocknete weiße Bohnen garen: Die Bohnen mit der dreifachen Menge Wasser bedecken (die Menge kann je nach Rezept leicht variieren) und aufkochen. Aufsteigenden Schaum abschöpfen. Halb zugedeckt die Bohnen bei schwacher Hitze weich garen. Die Garzeit beträgt 40 Minuten bis 2 Stunden. Große weiße Kidneybohnen brauchen 1 1/2–2 Stunden, Cannellini und Limabohnen 1–1 1/2 Stunden. In den letzten 10 Minuten pro 250 Milliliter getrocknete Bohnen 1 Teelöffel Salz hinzufügen. Beim Garen verdreifacht sich das Volumen der Bohnen.

Getrocknete weiße Bohnen im Schnellkochtopf garen: Die eingeweichten Bohnen im Schnellkochtopf 2,5 cm hoch mit Wasser bedecken. Den Topf verschließen, den Druck erhöhen. Große weiße Kidneybohnen 10 Minuten, Cannellini und Limabohnen 8 Minuten garen. Den Druck von selbst absinken lassen. Erst gegen Ende des Garens salzen.

GRIECHENLAND

Gebackene Limabohnen
Fassoulia fourno • *Aus dem Ormylia-Kloster in Mazedonien*

Für dieses Gericht eignen sich Limabohnen oder große weiße Kidneybohnen. Die Nonnen des Klosters servieren das Gericht mit Brot, Salat, Früchten und Oliven.

FÜR 4 PERSONEN

200 g getrocknete Limabohnen, verlesen und eingeweicht
4 EL Olivenöl
1 mittelgroße Zwiebel (etwa 115 g), geschält und in dünne Halbringe geschnitten
1 mittelgroße Möhre, geschält und in 7 mm dicke Scheiben geschnitten

350–375 g Tomaten, fein gehackt
1 1/4 TL Salz
Frisch gemahlener schwarzer Pfeffer
2–3 EL fein gehackte frische Petersilie
3 EL frischer oder 1 TL getrockneter Oregano

■ Die Bohnen abgießen und in einem Topf mit 750 Milliliter frischem Wasser aufkochen. Aufsteigenden Schaum abschöpfen. Zugedeckt bei schwacher Hitze 1–1 1/2 Stunden köcheln lassen, bis die Bohnen gerade weich sind.
■ Inzwischen das Öl in einer ofenfesten Kasserolle bei mittlerer bis hoher Temperatur erhitzen. Die Zwiebel darin in 1–2 Minuten gerade weich braten. Die Möhre 1 Minute mitbraten, ab und zu rühren. Die Tomaten unterrühren und in 7–10 Minuten weich garen. Vom Herd nehmen.
■ Den Backofen auf 170 °C vorheizen.
■ Die gegarten Bohnen mit der Flüssigkeit in die Kasserolle füllen. Salz, reichlich Pfeffer, Petersilie und Oregano untermischen. Im Ofen ohne Deckel 2 Stunden backen. Heiß servieren.

Weiße Bohnen mit Rosmarin

Dieses französische Gericht aus einem modernen Pariser Bistro habe ich für Vegetarier abgewandelt. Sie können es mit weißen Bohnen Ihrer Wahl zubereiten. Ich reibe Parmesan darüber und richte etwas Blattgemüse mit Knoblaucharoma darauf an.

FÜR 4 PERSONEN

4 EL Olivenöl
100 g Zwiebeln, geschält und fein gehackt
2 Knoblauchzehen, geschält und fein gehackt
1 TL fein gehackter frischer oder 1/2 TL sehr fein zerdrückter getrockneter Rosmarin

1 mittelgroße Tomate, fein gehackt
1 Lorbeerblatt
300 g getrocknete weiße Bohnen, verlesen, eingeweicht und abgegossen
1 1/4 TL Salz, frisch gemahlener schwarzer Pfeffer

■ Das Öl in einem mittelgroßen, weiten Topf bei mittlerer bis hoher Temperatur erhitzen. Die Zwiebeln, Knoblauch und Rosmarin darin unter Rühren 3–4 Minuten anschwitzen, bis die Zwiebel leicht braun wird. Die Tomate und das Lorbeerblatt 1 Minute mitrühren. Die Bohnen und 875 Milliliter Wasser hinzufügen, aufkochen und 1 Stunde köcheln lassen. Salzen und pfeffern. Zugedeckt noch 1/2 Stunde köcheln lassen, bis die Bohnen weich sind.

ZYPERN

Weiße-Bohnen-Gemüse-Topf
Fassoulia yakhni • *Marios Mourtezis*

Auf Zypern isst man diesen herhaften Eintopf mit knusprigem Brot, Oliven, Gurken, Trauben und Käse. Für das abschließende Aromatisieren werden roter Chili, Zwiebel, Knoblauch und Tomaten nach der Tiganissi-Methode (siehe Seite 159) gebraten.

FÜR 3–4 PERSONEN

- 180 g getrocknete Limabohnen, verlesen und eingeweicht
- 1 große Stange Bleichsellerie, in 1 cm große Würfel geschnitten
- 125 g Möhren, geschält, in 1 cm breite Scheiben oder Würfel geschnitten
- 180 g Kartoffeln, geschält, in 1 cm breite Würfel geschnitten
- 1 TL Salz
- Frisch gemahlener schwarzer Pfeffer

FÜR DAS *TIGANISSI*

- 3 EL Olivenöl
- 1 getrockneter roter Chili
- 85 g Zwiebel, geschält und fein gehackt
- 2 Knoblauchzehen, geschält und fein gehackt
- 3 frische Tomaten oder Eiertomaten aus der Dose, gehackt
- 1 TL Tomatenmark

■ Die Bohnen abgießen und in einem mittelgroßen Topf mit schwerem Boden mit 750 Milliliter Wasser aufkochen. Halb zugedeckt bei schwacher Hitze 1–1 1/2 Stunden weich köcheln. Sellerie, Möhren, Kartoffeln und Salz unterrühren, wieder aufkochen. Zugedeckt bei schwacher Hitze weitere 30 Minuten köcheln. Mit Pfeffer würzen, durchrühren, vom Herd nehmen und warm halten.

■ Das Öl in einer mittelgroßen Pfanne bei mittlerer bis hoher Temperatur erhitzen. Den Chili darin 5 Sekunden braten, bis er dunkel wird. Zwiebel und Knoblauch dazugeben und 2 Minuten rühren. Die Tomaten mitrühren und in weiteren 2 Minuten weich werden lassen. Das Tomatenmark einrühren. Nach 30 Sekunden die Mischung unter die Bohnen rühren. Eventuell mit Salz nachwürzen.

MEXIKO

Weiße Kidneybohnen nach spanischer Art
Rosario Guillermo

Sie benötigen nur wenige Zutaten für dieses Gericht, aber das Ergebnis ist wirklich köstlich. Heiß oder warm mit Brot und Salaten servieren.

FÜR 4 PERSONEN

- 225 g getrocknete weiße Kidneybohnen oder andere weiße Bohnen, verlesen, eingeweicht und abgetropft
- 4 EL sehr fein gehackte Zwiebeln
- 2–3 Lorbeerblätter
- 3 Knoblauchzehen, geschält
- 1 TL Salz
- 3 EL Olivenöl

GETROCKNETE HÜLSENFRÜCHTE UND NÜSSE 253

■ Die Bohnen mit Zwiebeln, Lorbeerblättern, Knoblauchzehen und 750 Milliliter Wasser aufkochen. Halb zugedeckt bei schwacher Hitze 1–2 Stunden köcheln lassen, bis die Bohnen weich sind. Salzen. Den Knoblauch an der Topfwand zerdrücken und gut unter die Bohnen mischen.
■ Das Öl in einem kleinen Topf bei mittlerer bis hoher Temperatur erhitzen. Unter die Bohnen rühren, noch 1 Minute garen. Servieren.

GRIECHENLAND

Gebackene Bohnen nach mazedonischer Art

Fassoulia fourno ◆ *Aus dem Restaurant Ta Nissia in Saloniki*

Nora Vezirolou aus Saloniki nahm mich mit ins Ta Nissia am Thermaischen Golf – ein einfaches Restaurant, wie sie erklärte, aber mit guten regionalen Speisen. Da wir für das Mittagessen schon andere Pläne hatten, bestellten wir nur eine Auswahl an Mezethes, *kleinen Vorspeisen*. Es gab knusprige Zucchini-Chips (siehe Seite 151), Tsatsiki (siehe Seite 451), Auberginensalat (siehe Seite 545), einige Keftedes *und diese wunderbar weichen, im Ofen gebackenen Bohnen mit Brot.*

Sie können die Bohnen ebenfalls als Vorspeise reichen, doch mir schmecken sie auch als Hauptgericht mit Tsatsiki und Pitabrot. Dazu passt ein frischer grüner Salat.

FÜR 4 PERSONEN

200 g getrocknete Cannellinibohnen oder andere mittelgroße weiße Bohnen, verlesen, eingeweicht und abgetropft
4 EL Olivenöl
1 mittelgroße Zwiebel (etwa 115 g), geschält und in feine Halbringe geschnitten
4 Knoblauchzehen, geschält und fein gehackt
350–375 g Tomaten, fein gehackt
1 1/4 TL Salz
Frisch gemahlener schwarzer Pfeffer
2–3 EL fein gehackter frischer Dill
2–3 EL fein gehackte frische Petersilie
2 Lorbeerblätter

■ Die Bohnen in einem Topf mit 750 Milliliter Wasser aufkochen. Aufsteigenden Schaum abschöpfen. Zugedeckt bei schwacher Hitze 1–1 1/2 Stunden köcheln lassen, bis die Bohnen gerade weich sind.
■ Inzwischen das Öl in einer ofenfesten Kasserolle bei mittlerer Temperatur erhitzen. Die Zwiebel darin in 1–2 Minuten unter Rühren gerade eben weich schwitzen. Den Knoblauch 2 Minuten mitschwitzen, dabei ab und zu rühren. Die Tomaten unterrühren und 7–10 Minuten garen, bis sie weich sind. Vom Herd nehmen.
■ Den Backofen auf 170 °C vorheizen.
■ Die Bohnen mit der Flüssigkeit in die Kasserolle füllen. Salz, reichlich Pfeffer, Dill und Petersilie untermischen. Die Lorbeerblätter in die Bohnen stecken, die Kasserolle in den Ofen stellen. Ohne Deckel 2 Stunden backen. Heiß servieren.

KUBA

Aromatischer Bohnen-Kürbis-Eintopf
Potaje de freijoles blanco • Mirta Carbonell

Dies ist ein wunderbares Gericht für eine große Gästeschar. Man kann die Menge natürlich auch halbieren, doch hält sich der Eintopf im Kühlschrank 2–3 Tage und kann sogar eingefroren werden. Manchmal reiche ich dazu Reis oder knuspriges französisches oder italienisches Weißbrot, Gemüse, Salate und Käse. Für ein zwangloses Essen bevorzuge ich jedoch frisch gedämpfte Mais-Tortillas oder heißes Pitabrot, in eine große Serviette gewickelt, und dazu viel geriebenen Käse, etwas scharfe Sauce (etwa die scharfe Chilisauce von Seite 468), geröstete rote Paprika mit Balsamessig (siehe Seite 121) und einen grünen Salat. Die Gäste füllen mit den verschiedenen Speisen dann nach Belieben die Tortillas oder Pitabrote. Das ist zwar nicht typisch kubanisch, aber sehr schmackhaft.

Sie können jede beliebige Sorte weiße Bohnen verwenden, von den großen Kidneybohnen bis zu den kleineren Cannellini. Je nach Größe und Alter der Bohnen wird die Garzeit leicht variieren.

Die beiden verwendeten kubanischen Gewürze, Culantro (siehe Glossar) und Cachucha-Chilis, sind hocharomatisch, aber leider schwer erhältlich. Die langen, gezackten Blätter des *Culantro* erinnern geschmacklich an frisches Koriandergrün und werden in karibischen und auch thailändischen Lebensmittelläden angeboten. (Auf Trinidad heißen sie *Shadow beni*, in Thai-Märkten *Pak chee farang* und in einigen hispano-amerikanischen Läden *Recao*.) Als akzeptabler Ersatz eignet sich frisches Koriandergrün.

Cachucha-Chilis sind klein, grün und flach und haben einen tropischen Zitrusduft. Allerdings sind sie überhaupt nicht scharf, sodass sie nicht durch die ähnlich duftenden, aber sehr scharfen Habanero-Chilis ersetzt werden können. Cachuchas bekommt man nur in kubanischen Geschäften. Als Ersatz empfehle ich 3 Esslöffel fein gehackte grüne Paprika für die sautierte Mischung sowie etwas zerstoßenes Zitronengras oder 1 Teelöffel unbehandelte geriebene Zitronenschale und 2 Teelöffel unbehandelte geriebene Orangenschale, die man mit den gegarten Bohnen hinzufügt.

FÜR 8 PERSONEN

- 450 g getrocknete weiße Kidneybohnen, verlesen, eingeweicht und abgetropft
- 350 g Riesen- oder Butternusskürbis, Samen entfernt, in 2 cm große Würfel geschnitten
- 5 EL Olivenöl
- 1 mittelgroße Zwiebel, geschält und fein gehackt
- 4 Knoblauchzehen, geschält und fein gehackt
- 8–10 *Cachucha*-Chilis, Samen entfernt, fein gehackt
- 4 EL fein gehackter *Culantro* oder frisches Koriandergrün
- 1/2 TL gemahlener Kreuzkümmel
- 250 ml passierte Tomaten oder reife Tomaten, enthäutet, Samen entfernt und frisch püriert
- 1 3/4 TL Salz

- Die Bohnen in einem großen Topf mit dem Kürbisfleisch und 1,25 Liter Wasser aufkochen. Halb zugedeckt bei schwacher Hitze 1–2 Stunden köcheln lassen, bis die Bohnen weich sind.
- Inzwischen das Öl in einer großen Pfanne bei mittlerer bis hoher Temperatur erhitzen. Die Zwiebel mit dem Knoblauch darin 1 Minute unter Rühren anschwitzen. Die Chilis und *Culantro* oder Koriandergrün hinzufügen und bei mittlerer Hitze 1 weitere Minute rühren. Den Kreuzkümmel kurz untermischen, die passierten Tomaten hinzugeben, aufkochen und bei schwacher Hitze 10 Minuten köcheln lassen. Ab und zu durchrühren.
- Die Bohnen salzen und die Mischung aus der Pfanne (*Sofrito*, siehe Seite 159) unter die gegarten Bohnen rühren. (Falls verwendet, nun auch Zitronengras oder Zitrusschale hinzufügen.) Erneut aufkochen und 10–15 Minuten köcheln lassen, bis sich die Aromen verbunden haben. Dabei ab und zu rühren.

❖

NIGERIA

Gebackene Bohnen mit Curry und Erdnussbutter

Reichen Sie zu diesen Bohnen knuspriges Brot und einen Salat oder verschiedene Gemüse. Als Beilage eignet sich auch Käse. Für die Zubereitung können Sie mein Currypulver (siehe Seite 498) verwenden.

FÜR 4 PERSONEN

200 g getrocknete Cannellinibohnen oder andere mittelgroße weiße Bohnen, verlesen, eingeweicht und abgetropft
4 EL Pflanzenöl
1 mittelgroße Zwiebel (etwa 115 g), geschält und in feine Halbringe geschnitten
4 Knoblauchzehen, geschält und fein gehackt
1 EL scharfes oder mildes Currypulver
350–375 g Tomaten, enthäutet und fein gehackt
1 1/2 EL cremige Erdnussbutter
1 1/4 TL Salz
Frisch gemahlener schwarzer Pfeffer

- Die Bohnen in einem Topf mit 875 Milliliter Wasser aufkochen. Aufsteigenden Schaum abschöpfen. Halb zugedeckt bei schwacher Hitze 1–1 1/2 Stunden köcheln lassen, bis die Bohnen gerade weich sind.
- Inzwischen das Öl in einer ofenfesten Kasserolle bei mittlerer bis hoher Temperatur erhitzen. Die Zwiebel darin unter Rühren in 1–2 Minuten gerade eben weich schwitzen. Den Knoblauch 2 Minuten mitschwitzen und dabei ab und zu rühren. Das Currypulver einstreuen und kurz unterrühren. Die Tomaten dazugeben und in 7–10 Minuten weich garen. Vom Herd nehmen.
- Den Backofen auf 170 °C vorheizen.
- Die Erdnussbutter in eine kleine Schüssel geben. Von den Bohnen etwa 6 Esslöffel Garflüssigkeit nach und nach unter die Erdnussbutter rühren. Die Bohnen mit der restlichen Flüssigkeit in die Kasserolle füllen. Die verdünnte Erdnussbutter sowie das Salz und reichlich Pfeffer unterrühren. In den Ofen schieben und ohne Deckel 2 Stunden backen. Heiß servieren.

CASHEWNÜSSE

Cashewnüsse sind in den tropischen Regionen Süd- und Mittelamerikas beheimatet. Die heutigen Hauptanbaugebiete sind Brasilien und Indien. Über 90 Prozent der weltweiten Importe stammen von der Westküste Indiens. Die Portugiesen hatten die Cashewnüsse im frühen 16. Jahrhundert nach Indien gebracht, und seit jener Zeit sind zahlreiche Gerichte mit den schmackhaften Nüssen entstanden.

Ich habe Cashewnüsse schon in jungen Jahren kennen gelernt, denn in unserer Familie waren sie, zusammen mit neuen Walnüssen und Mandeln aus Kaschmir sowie Sultaninen aus Afghanistan, ein beliebter Snack. Die Nüsse wurden von meiner Mutter frisch frittiert, noch heiß mit grobem Salz und Pfeffer bestreut und dann in wunderschönen Kokosnussschalen gereicht. Für uns waren die Nüsse damals eine leckere Knabberei. Als Hauptgericht musste ich sie allerdings erst noch entdecken.

Die indische Südwestküste bis nach Goa bietet geradezu ideale Wachstumsbedingungen für den Cashewbaum. In Panaji, der Hauptstadt Goas, gibt es ein Geschäft, das ich jedem Besucher wärmstens empfehlen kann. Hier werden nur Caswhewnüsse verkauft, die besten und frischesten, die ich kenne. Sie werden mit und ohne die rötlich braune, leicht bittere Haut angeboten und sind auch in »rohem« Zustand bereits geröstet (in der Sonne oder in Heißluft getrocknet).

Die Cashewnuss ist eine bemerkenswerte Frucht. Sie wächst an einem bis zu 10 Meter hohen Baum aus dem Cashewapfel, dem verdickten, gelblich glänzenden oder roten Fruchtstiel, heraus. Die eigentliche Frucht des Baumes ist also nicht dieser Cashewapfel, sondern die Cashewnuss. Der hübsche gelbe Cashewapfel ähnelt tatsächlich einem Apfel, hat einen angenehmen Geschmack und ist reich an Vitamin C. In den Tropen wird er sowohl frisch verzehrt als auch zu Konfitüre, Wein und Likör verarbeitet. Die Cashewnüsse werden entfernt, können wegen ihrer harten, giftigen Schale jedoch nicht sofort gegessen werden. Die in der Schale enthaltenen Säuren werden der Frucht in einem speziellen Röstverfahren entzogen und zur Herstellung von Lacken und von Termitengift verwendet. Also auch die rohen, geschälten Cashewnüsse im Handel sind bereits einmal geröstet; die als »geröstet« oder »frittiert« ausgewiesenen Nüsse wurden dagegen ein zweites Mal geröstet.

An der gesamten Westküste Indiens und auch in Sri Lanka werden Cashewnüsse wie Gemüse und Bohnen zubereitet. Für Vegetarier ist es besonders wichtig, dass Cashewnüsse neben ihrem süßlichen, wunderbar mandelartigen Geschmack reich an mehrfach und einfach ungesättigten Fettsäuren sind und auch etwas Eiweiß, Ballaststoffe, Kupfer, Folsäure, Magnesium, Phosphor, Vitamine der B-Gruppe sowie viel Vitamin E enthalten. Mit anderen Worten: Cashewnüsse sind ernährungsphysiologisch besonders wertvoll.

Rohe Cashewnüsse aufbewahren: Die rohen Nüsse sollten Sie im Tiefkühlfach aufbewahren. Geröstete oder frittierte Cashewnüsse lagert man in fest verschlossenen Gläsern und Dosen.

Cashewnüsse vorbereiten und garen: Sollen Cashewnüsse wie getrocknete Hülsenfrüchte gegart werden, weicht man die rohen Nüsse am besten ein. Dafür die Nüsse in einer Schüssel mindestens 7,5 cm hoch mit Wasser bedecken und über Nacht stehen lassen. Abgießen und nach Wunsch zubereiten.

INDIEN

Bhaji aus Cashewnüssen und grünen Erbsen

Niru Row Kavi

Dieses einfache Gericht wird an der westindischen Konkanküste gern gegessen, denn hier wachsen Cashewnüsse in großer Fülle. Reichen Sie dazu indisches Brot sowie verschiedene Hülsenfrüchte und Saucen.

FÜR 6 PERSONEN

- 200 g ganze rohe Cashewnüsse, über Nacht eingeweicht
- 3 EL Pflanzenöl
- 1 TL braune Senfsamen
- 15–20 frische Curryblätter (siehe Glossar), ersatzweise Basilikumblätter
- 1 frischer grüner Chili (mit den Samen), in lange, dünne Streifen geschnitten
- 150 g gepalte grüne Erbsen oder Tiefkühlerbsen, aufgetaut
- 1 1/4 TL Salz

■ Die Cashewnüsse abgießen und beiseite stellen.

■ Das Öl in einer Pfanne erhitzen. Die Senfsamen darin in wenigen Sekunden aufplatzen lassen, die Curryblätter kurz einrühren. Die Cashewnüsse, Chili, Erbsen, Salz und 4 Esslöffel Wasser unterrühren. Bei schwacher Hitze 5 Minuten garen. Heiß servieren.

Cashewnüsse in mediterraner Tomatensauce

Dieses Gericht ist meine eigene Kreation. Die Cashewnüsse werden hier nicht auf traditionelle Weise mit indischen Gewürzen gegart, sondern mit Kräutern aus dem Mittelmeerraum. Dazu passen ein grüner Salat und Brot.

FÜR 6 PERSONEN

- 200 g ganze rohe Cashewnüsse, über Nacht eingeweicht
- 2 EL Olivenöl
- 2 Knoblauchzehen, geschält und fein gehackt
- 225 g fein gehackte Tomaten
- 1 TL getrockneter Oregano
- 1/4 TL getrockneter Thymian
- 1 1/4 TL Salz
- 1 Prise Zucker

■ Die Cashewnüsse abgießen und beiseite stellen.

■ Das Öl in einer Pfanne erhitzen. Den Knoblauch darin unter Rühren leicht anbräunen. Tomaten, Oregano und Thymian hinzufügen und bei mittlerer Hitze 1 Minute rühren. Die Cashewnüsse, Salz und Zucker gut untermischen. Aufkochen und bei schwacher Hitze zugedeckt 3–5 Minuten köcheln lassen. Heiß servieren.

INDIEN

Cashew-Uppakari
Niru Row Kavi

Hier ein weiteres Beispiel für die vielen Cashewgerichte von Indiens Westküste, das sich schnell und einfach zubereiten lässt. Dazu isst man Reis oder indisches Brot, Gemüse, Hülsenfrüchte und eine Joghurtsauce.

FÜR 6 PERSONEN

200 g ganze rohe Cashewnüsse, über Nacht eingeweicht
2 EL Pflanzenöl
1 TL braune Senfsamen
3 getrocknete rote Chilis, in je 2 Stücke gebrochen
1 TL Salz
4 EL frische Kokosraspel (siehe Glossar) oder 2 EL getrocknete ungesüßte Kokosraspel, für 1 Stunde in 2 EL heißem Wasser eingeweicht

- Die Cashewnüsse abgießen und beiseite stellen.
- Das Öl in einer Pfanne bei mittlerer bis hoher Temperatur erhitzen. Die Senfsamen darin in wenigen Sekunden aufplatzen lassen. Die Chilis dazugeben, sie sollten sofort dunkel werden und sich leicht aufblähen. Die Cashewnüsse kurz einrühren. 125 Milliliter Wasser und das Salz hinzufügen und aufkochen. Bei schwacher Hitze zugedeckt 3–5 Minuten köcheln lassen. Die Kokosraspel untermischen. Heiß servieren.

SRI LANKA

Cashewcurry
Cadju curry • Cheryl Rathkopf

Auf Sri Lanka verwendet man für dieses Gericht frische Cashewnüsse, die in Europa jedoch nicht erhältlich sind. Im Gegensatz zu den getrockneten Nüssen müssen sie nicht eingeweicht werden. Doch obwohl Cashewnüsse überall auf Sri Lanka angeboten werden, sind sie recht teuer. Deshalb werden Gerichte wie dieses nur zu besonderen Gelegenheiten bereitet. Dazu passen Reis, Hülsenfrüchte und Gemüse sowie Pickles und würzige Beigaben.

FÜR 6 PERSONEN

200 g ganze rohe Cashewnüsse, über Nacht eingeweicht
2 EL Pflanzenöl
15 frische Curryblätter, ersatzweise Basilikum
3 EL sehr fein gehackte Zwiebeln
2,5 cm frischer Ingwer, geschält und in sehr kleine Würfel geschnitten
2 Knoblauchzehen, geschält und sehr fein gehackt
2 frische grüne Chilis, leicht diagonal in 2 cm breite Stücke geschnitten
7,5 cm Zimtstange
1 TL Currypulver aus Sri Lanka (siehe Seite 499)
300 ml Kokosmilch aus der Dose, gut durchgerührt
1/4 TL gemahlene Kurkuma
3/4–1 TL Salz
1 EL frisch gepresster Limettensaft

- Die Cashewnüsse abgießen und beiseite stellen.
- Das Öl in einer großen Pfanne bei mittlerer bis hoher Temperatur erhitzen. Curryblätter, Zwiebeln, Ingwer, Knoblauch, Chilis und Zimtstange darin rühren, bis die Zwiebel weich und leicht braun wird. Die Cashewnüsse und das Currypulver kurz einrühren. Je 175 Milliliter Kokosmilch und Wasser sowie Kurkuma und 3/4 Teelöffel Salz hinzufügen und aufkochen. Zugedeckt bei schwacher Hitze 20 Minuten köcheln lassen, bis die Nüsse weich sind.
- Die restliche Kokosmilch unterrühren, wieder zum Köcheln bringen. Falls nötig, nachsalzen. Ohne Deckel weitere 10 Minuten köcheln lassen, ab und zu rühren. Zuletzt den Limettensaft einrühren.

❖

INDIEN

Geröstete Cashewnüsse aus der Mikrowelle
Niru Row Kavi

Gibt es für die Mikrowelle noch andere Verwendungen neben dem Aufwärmen von Speisen? Von einem Freund in Indien bekam ich dieses Rezept, das die Mikrowelle wirklich sinnvoll einsetzt. Auf diese Weise können Sie Cashewnüsse mit allen gewünschten Gewürzen rösten. Ich verwende hier nur Salz und etwas Cayennepfeffer, aber auch eine kräftige Prise Thymian oder ein wenig gemahlener Kreuzkümmel eignen sich. Frisch aus der Mirkowelle sind die Nüsse recht weich. Darum etwa 10 Minuten ruhen lassen, damit sie fest werden.

Ich habe eine leistungsstarke Mikrowelle mit Drehteller. Bei einem abweichenden Modell müssen Sie das Rezept möglicherweise anpassen.

FÜR 4 PERSONEN ALS KNABBEREI

70 g ganze rohe Cashewnüsse
1 TL Pflanzenöl

1/4 TL Salz
1 kräftige Prise Cayennepfeffer

- Die Cashewnüsse in eine ausreichend große Schale (natürlich mikrowellengeeignet, also aus Glas oder weißem Porzellan) legen. Mit dem Öl gründlich vermischen. Anschließend mit Salz und Cayennepfeffer bestreuen, durchmischen und flach in der Schale ausbreiten, sodass die Nüsse nebeneinander liegen. Für 3 Minuten in die Mikrowelle stellen. Durchmischen, für weitere 3–4 Minuten hineinstellen. Dabei die Mikrowelle mindestens einmal anhalten und die Nüsse durchrühren. Herausnehmen, in etwa 10 Minuten vollständig abkühlen lassen. Bei Bedarf mit weiterem Salz und Cayennepfeffer bestreuen.

ERDNÜSSE

Erdnüsse sind genau genommen keine Nüsse, sondern die Früchte einer in Süd- und Mittelamerika heimischen Hülsenfrucht. Die Blütenstiele der Pflanze neigen sich nach dem Abblühen nach unten und drängen die an der Spitze sitzende junge Frucht in die Erde. Sie reift heran zu einer walzenartigen, in der Mitte eingeschnürten, geschlossenen Hülse mit in der Regel 2 Samen, die von einer rotbraunen Schale umgeben sind.

Mit den spanischen und portugiesischen Eroberern gelangten die Erdnüsse nach Afrika und Asien, wo die kulinarischen Vorzüge dieser Hülsenfrucht schnell erkannt wurden. Man verwendete sie für Saucen und Eintöpfe, gab sie an Pfannengerichte und Salate und stellte daraus Speiseöl her. (Heute produzieren Indien und China über die Hälfte des Weltertrags.) Die afrikanischen Sklaven brachten die Erdnuss wieder nach Westen – nach Nordamerika, wo sie bisher unbekannt gewesen war. Nachdem man die Erdnuss in den Südstaaten nur langsam angenommen hatte, eroberte sie in Form von Erdnussbutter schließlich die gesamte Nation.

Erdnüsse enthalten fast 50 Prozent fettes Öl; sie sind reich an Eiweiß, B-Vitaminen, Vitamin E, Ballaststoffen und ungesättigten Fettsäuren. Sie werden in unterschiedlicher Form angeboten. In den Anbaugebieten bekommt man frische Erdnüsse mit weicher Schale, die man in der Schale mit Gewürzen kocht, dann schält und so verzehrt. Beim Kochen dringen die Aromen durch die Schale in die Frucht.

Getrocknete rohe Erdnüsse werden mit und ohne Schale verkauft. Geschälte Erdnüsse bekommt man wiederum mit und ohne ihre rötliche Haut. In vielen Ländern des Fernen Ostens werden die geschälten Erdnüsse mit der Haut zu Hause im Wok geröstet. Die Haut wird dabei sehr trocken und kann einfach abgerieben werden. Natürlich können Sie fast überall auf der Welt geröstete Erdnüsse in Gläsern und Dosen kaufen.

Erdnüsse aufbewahren: Geschälte Erdnüsse halten sich im Tiefkühlfach 6, im Kühlschrank 3 Monate. Geröstete Erdnüsse sollten stets fest verschlossen an einem kühlen, trockenen Ort aufbewahrt werden.

HONGKONG

Gekochte chinesische Erdnüsse
Aus dem Restaurant Spring Deer in Hongkong

Hierbei handelt es sich im Grunde um gekochte und gewürzte Erdnüsse. Gekochte Erdnüsse schmecken einfach köstlich und werden auf den meisten Märkten Südostasiens als Snack angeboten. Ihr Geschmack erinnert leicht an Esskastanien. Im Spring Deer Restaurant, das für seine nordchinesische Küche bekannt ist, werden diese Erdnüsse auf den Tisch gestellt, um die Wartezeit bis zum Essen genüsslich zu verkürzen.

Ich reiche sie gern zu Getränken und gebe den Gästen für die leicht öligen Erdnüsse kleine Löffel und Teller.

FÜR 4 PERSONEN

125 g geschälte rohe Erdnüsse, vorzugsweise mit Haut
2 EL sehr fein gewürfelter Stangensellerie
2 EL geschälte, sehr fein gewürfelte Möhre
1/2 – 3/4 TL Salz
1 TL Öl aus gerösteten Sesamsamen

■ Die Erdnüsse in einer mittelgroßen Schüssel mit kochend heißem Wasser bedecken und 20–30 Minuten einweichen lassen. Abgießen.
■ Falls noch vorhanden, die Haut entfernen. Die Erdnüsse in einem kleinen Topf mit dem Sellerie, der Möhre, 300 Milliliter Wasser und dem Salz aufkochen. Zugedeckt bei schwacher Hitze 20 Minuten köcheln lassen. Abgießen und trockentupfen. Die Erdnüsse in eine Schüssel füllen und so lange mit dem Sesamöl vermischen, bis sie gleichmäßig überzogen sind. Mit Raumtemperatur servieren.

CHINA

Erdnüsse, mit fünf Gewürzen gekocht
Wu shiung hwa shung • Shiu-Min Block

Diese Erdnüsse sind eine wunderbare Knabberei. Sie benötigen dafür frische rohe Erdnüsse in der noch halb weichen Schale, die einfach weich gekocht werden. Dann heißt es nur noch: schälen (am besten auf einer Zeitung) und genießen.

FÜR 6–8 PERSONEN

1 TL Pflanzenöl
3 dünne Scheiben frischer Ingwer
2 Frühlingszwiebeln, in 6 cm breite Stücke geschnitten, die weißen Stücke längs halbiert
Je 2 EL dunkle und helle chinesische Sojasauce
2 TL Salz
3 ganze Sternanis
900 g frische rohe Erdnüsse in der Schale

■ Das Pflanzenöl in einem größeren Topf bei mittlerer bis hoher Temperatur erhitzen. Ingwer und Frühlingszwiebeln darin 30 Sekunden pfannenrühren. Die beiden Sojasaucen kurz einrühren und 750 Milliliter Wasser, Salz und Sternanis hinzufügen. Die Erdnüsse dazugeben, aufkochen. Zugedeckt bei schwacher Hitze in 30–45 Minuten (je nach Größe der Erdnüsse) weich köcheln lassen. Ab und zu rühren. Abgießen und abkühlen lassen. Mit Raumtemperatur oder gekühlt servieren (schälen und essen).

GETREIDE

Seit Jahrtausenden ist das Getreide, eine aus Steppengräsern entwickelte Halmfrucht, ein ständiger Begleiter des Menschen. Die Früchte der wild wachsenden Gräser wurden gesammelt, später baute man sie in der Nähe von Wohnplätzen an. Der Mensch fand mit der Zeit jene Arten heraus, mit denen er eine »Lebensgemeinschaft« einging. Dies war zunächst der Weizen; viel später erst kamen in Europa Hafer und Roggen dazu, in Ost- und Südostasien der Reis, in Mittel- und Südamerika der Mais, das Getreide der Inkas, Mayas und Azteken, und in Afrika die Hirse. Der systematische Anbau hielt die Menschen in ihren Regionen fest und zwang sie zur Sesshaftigkeit. Damit wurde der Getreideanbau zu einem Grundstein unserer Zivilisation und kann als Beginn der höheren Kulturen angesehen werden.

Heute zählt das Getreide zu den wichtigsten Kulturpflanzen der Welt-Agrarwirtschaft. Neuzüchtungen und technischer Fortschritt haben zu bedeutenden Steigerungen der Hektarerträge geführt. Zu jeder Jahreszeit wird irgendwo auf der Welt Getreide geerntet. Gerade der Weizen, der weltweit verbreitet ist, steht immer zur Verfügung, gefolgt von Reis und Mais, wobei etwa die Hälfte der Weltbevölkerung von Reis als Grundnahrungsmittel lebt. Als Spezialanbau mit überwiegend regionaler Bedeutung sind Arten wie Hirse, Quinoa u. Ä. anzusehen.

Beim Anblick eines 4 000 Jahre alten Feldes im westindischen Rhajastan wurde mir nicht nur meine eigene Vergangenheit bewusst, sondern auch unser unermüdliches Bestreben um eine verbesserte Ernährung. Vor Tausenden von Jahren ernährten sich die Menschen von Getreide und Bohnen, und auch heute noch gilt dies für einen Großteil der Weltbevölkerung. Wie wichtig ein hoher Getreideanteil in unserer täglichen Nahrung ist, beweisen nicht zuletzt die Nahrungspyramiden moderner Ernährungsexperten – und das akzeptieren sogar die »Fleischesser« in der westlichen Welt. Denn jedes Getreidekorn besteht aus Randschichten, welche die verdauungsfördernden Ballaststoffe (Kleie) liefern, dem stärkereichen Mehlkörper sowie dem Keimling, der alle notwendigen Substanzen enthält, um neues Leben aufzubauen. Alle diese Anteile garantieren dem Menschen eine vollwertige Ernährung. Der Fettgehalt im Keimling führt allerdings dazu, dass das vermahlene Korn = Mehl nicht lange lagerfähig ist, weil es ranzig wird; der Keimling wird deshalb entfernt.

In diesem großen Kapitel beschäftigen wir uns mit den weltweit wichtigsten, aber auch weniger verbreiteten Getreidesorten. Die einzelnen Getreide sind in alphabetischer Abfolge angeordnet. Bei den Rezepten finden Sie feinste iranische Reisgerichte mit safrangelber Kartoffelkruste, aromatisiert mit getrockneten Limetten und Essigbeeren (Berberitzen). Daneben gibt es zum Beispiel einfache Zubereitungen für den eleganten schwarzen Reis aus China, südindische Pfannkuchen mit unkomplizierten Teigmischungen sowie neue Brotrezepte mit Pistazien und Kardamom.

BUCHWEIZEN

Buchweizen, auch Heidekorn genannt, ist botanisch kein Getreide, sondern die Frucht eines Knöterichgewächses, das aus Zentralasien stammt und vermutlich durch die Nomaden nach Europa gebracht wurde. In Russland verwendet man ihn heute für *Blinis* (kleine Hefefladen) und *Kasha* (gerösteter, gekochter Buchweizen), in der Bretagne für Crêpes oder in Norditalien für eine spezielle Art Polenta. In den USA erfreuen sich lockere Buchweizenpfannkuchen (mit viel Butter und Ahornsirup) großer Beliebtheit, und in Ostasien bereitet man aus Buchweizen meist Nudeln, die mit Dips, Saucen und Brühen verzehrt werden.

Buchweizen ist reich an Magnesium, Kalium, Zink, Vitamin B_6, Eisen, Folsäure, Kalzium sowie Lysin. Man empfiehlt ihn auch gern älteren Menschen, da er gut verdaulich ist.

Buchweizen kaufen und aufbewahren: In den meisten Bioläden bekommt man sowohl ganze Buchweizenkörner als auch Buchweizenmehl. Buchweizennudeln werden in Bio- und Asialäden angeboten. Das Mehl wie die Körner bewahrt man in luftdichten Behältern kühl und trocken auf.

Ganze Buchweizenkörner garen: In einem Topf mit schwerem Boden 1 Esslöffel Erdnuss- oder Maiskeimöl bei mittlerer Temperatur erhitzen. 140 Gramm ganze Buchweizenkörner darin unter Rühren 2 1/2–3 Minuten rösten, bis sie duften. 475 Milliliter Wasser und etwas Salz hinzufügen, aufkochen und zugedeckt bei schwacher Hitze 30 Minuten köcheln lassen. Vom Herd nehmen, zugedeckt 15 Minuten stehen lassen. Mit einer Gabel auflockern. Die Menge reicht für 4 Personen.

Pfannengerührter Buchweizen

Dieser auf südindische Art zubereitete Buchweizen schmeckt würzig-pikant. Ich serviere ihn mit Joghurtsaucen und Pickles oder einfach pur.

FÜR 4 PERSONEN

2 EL Pflanzenöl
1/2 TL braune oder gelbe Senfsamen
10–15 frische Curryblätter (siehe Glossar)
1 TL *Chana dal* (halbierte gelbe Kichererbsen oder gelbe Schälerbsen)
2 getrocknete rote Chilis
1 Frühlingszwiebel, in feine Ringe geschnitten
115 g gepalte frische Erbsen, 2 Minuten gegart, abgegossen
140 g ganze Buchweizenkörner, gegart (siehe Seite 263)
Salz
Frisch gemahlener schwarzer Pfeffer

■ Das Öl in einer großen Antihaft-Pfanne bei mittlerer Temperatur erhitzen. Die Senfsamen darin in wenigen Sekunden aufplatzen lassen, die Curryblätter kurz unterrühren. Die *Chana dal* in der Mischung pfannenrühren, bis sie rot werden. Nacheinander die Chilis, Frühlingszwiebel und Erbsen kurz unterrühren. Zuletzt den Buchweizen untermischen und heiß werden lassen. Salzen und pfeffern, nochmals durchmischen und servieren.

Buchweizenpfannkuchen

In Amerika sind diese lockeren Pfannkuchen sehr beliebt, sie müssen unbedingt heiß gegessen werden. Ob mit Butter, Zucker und Zitronensaft, mit Butter und Marmelade, mit saurer Sahne und Marmelade oder mit Butter und Ahornsirup – jede Variante ist einfach köstlich.

ERGIBT ETWA 12 PFANNKUCHEN

7 g Trockenhefe
600 ml sehr warme Milch
1 TL plus 2 EL Zucker
125 g Weizenmehl
125 g Buchweizenmehl
1/2 TL Salz
1 Ei, verquirlt
30–45 g Butter, zerlassen

■ Die Hefe in einer Tasse mit 4 Esslöffeln Milch und 1 Teelöffel Zucker verrühren. 5–10 Minuten stehen lassen, bis die Mischung Blasen wirft.
■ In einer Schüssel die beiden Mehlsorten mit dem Salz und dem übrigen Zucker vermischen. Eine Mulde in die Mitte drücken, die Hefemischung hineingießen und mit einem Holzlöffel verrühren, dabei die restliche Milch langsam unterrühren. Zugedeckt an einem warmen Ort 1 1/2 Stunden gehen lassen.
■ Das Ei unterrühren. Den Teig an einem warmen Ort weitere 30 Minuten gehen lassen.
■ Eine große gusseiserne Pfanne oder Antihaft-Pfanne bei mittlerer bis hoher Temperatur erhitzen und mit etwas zerlassener Butter bestreichen. Mit einer Schöpfkelle 120 Milliliter Teig zu Pfannkuchen von 10 cm Durchmesser in der Pfanne verteilen. Die Pfannkuchen von beiden Seiten in je 1 1/2 Minuten goldbraun braten. Auf einem Teller warm stellen, bis alle Pfannkuchen zubereitet sind. Sofort servieren.

JAPAN

Buchweizennudeln mit Tempura
Tempura soba

In Japan essen mein Mann und ich gern in den einfachen Nudelhäusern. Dieses unkomplizierte Gericht wird zum Beispiel in guten Nudelhäusern serviert, aber auch in Kaufhausrestaurants. Es besteht aus Buchweizennudeln (Soba), Brühe und Tempura (Gemüse im Teigmantel). Vor dem Servieren bestreut man es mit japanischem Sieben-Gewürze-Pulver (siehe Glossar). Als Ersatz eignen sich die Sesam-Gewürzmischung (siehe Seite 497) oder ein paar geröstete Sesamsamen und eine Prise Cayennepfeffer.

FÜR 4 PERSONEN

2 Frühlingszwiebeln, in feine Ringe geschnitten

FÜR DIE *TEMPURA*

1 sehr großes Ei
250 ml eisgekühltes Wasser
125 g Mehl, plus mehr zum Bestauben
1/2 TL Backpulver
Pflanzenöl zum Frittieren
20 grüne Bohnen
12 Scheiben geschälte Süßkartoffel (je 5 mm dick)
8 Scheiben von 1 kleinen Aubergine (je 5 mm dick)

FÜR DIE BRÜHE

1 l Pilzbrühe (siehe Seite 501)
Etwa 6 EL Sojasauce
6 EL *Mirin* (siehe Glossar)

AUSSERDEM

225 g *Soba* (Buchweizennudeln)
Etwa 1/2 TL geschälter, sehr fein geriebener frischer Ingwer
Japanisches Sieben-Gewürze-Pulver (siehe Glossar)

■ Für die Garnitur die Frühlingszwiebeln 30 Minuten in kaltes Wasser legen. Abgießen und in einem sauberen Küchentuch kräftig ausdrücken.
■ Das Ei für die *Tempura* in einer Schüssel mit dem eisgekühlten Wasser verquirlen. Mehl und Backpulver kurz unterschlagen.
■ Das Öl in einem Wok oder einer Fritteuse bei mittlerer Temperatur erhitzen. Die Bohnen in den Teig tauchen und je 1–2 Stück ins heiße Öl gleiten lassen. Unter gelegentlichem Wenden in 3–4 Minuten goldgelb und knusprig frittieren. Auf Küchenpapier abtropfen lassen. Nun die Süßkartoffelscheiben in den Teig tauchen. Einzeln in 4–5 Minuten goldgelb und knusprig frittieren. Ab und zu wenden und auf Küchenpapier abtropfen lassen. Die Hitze erhöhen. Die Auberginenscheiben mit Mehl bestauben, in den Teig tauchen und in 4–5 Minuten ebenso frittieren und abtropfen lassen. Beiseite stellen.

■ Die Pilzbrühe mit etwas Sojasauce (Menge nach Geschmack) und dem *Mirin* in einem Topf aufkochen. Bei schwacher Hitze 5 Minuten ganz leicht köcheln lassen. Vom Herd nehmen. (Erst kurz vor dem Servieren wieder erhitzen.)
■ Für die Nudeln kurz vor dem Verzehr knapp 4 Liter Wasser in einem großen Topf sprudelnd aufkochen. Die *Soba* einrühren. Das Wasser wieder aufwallen lassen und 1 Tasse kaltes Wasser dazugießen. Erneut aufwallen lassen und 1 weitere Tasse kaltes Wasser hinzufügen. Den Vorgang noch etwa zweimal wiederholen, bis die Nudeln bissfest und im Innern nicht mehr hart sind.
■ Zum Servieren die abgesiebten heißen Nudeln in Suppenschalen verteilen. Die *Tempura* darauf anrichten und die heiße Brühe hinzugießen. Mit den Frühlingszwiebeln, dem Ingwer und dem Sieben-Gewürze-Pulver garnieren und sofort servieren.

GERSTE/GRAUPEN

Gerste zählt zu den ältesten Kulturgetreiden. In Europa schätzt man sie vor allem in Suppen sowie zur Herstellung von Malzkaffee, Bier und Whisky. In westlichen Supermärkten wird Gerste vor allem in Form von Perlgraupen angeboten. Dabei handelt es sich um polierte Gerstenkörner, die durch das Polieren (Schleifen) viele Nährstoffe einschließlich Keim verloren haben. Sie dienen vor allem als Suppeneinlage. Trotz einer ausreichenden Garzeit von 30 Minuten werden Perlgraupen meist viel länger geköchelt, um eine cremige Konsistenz zu erhalten. Ich verwende vorwiegend die nicht so stark polierten Bio-Perlgraupen. Ihre Garzeit beträgt etwa 1 Stunde.

Asien kennt auch andere Verwendungen. So wird in Korea, wo Reis früher wohl unbekannt war, gepresste Gerste (Gerstenflocken) zusammen mit Reis gegart. Gerstenflocken sehen wie Haferflocken aus und werden in Bioläden sowie koreanischen Lebensmittelläden angeboten. Nach einer Einweichzeit von 30 Minuten kann man sie problemlos zusammen mit Reis garen. Auch trinkt man hier nicht den üblichen schwarzen Tee, sondern eine Art Gerstentee aus ganzen gerösteten Gerstenkörnern (als *Bori cha* in koreanischen Lebensmittelläden erhältlich). In Bhutan isst man geröstetes Gerstenmehl *(Tsampa)* mit einem salzigen, suppenartigen Tee, der mit Butter aus Yakmilch zubereitet wird.

Bio-Perlgraupen vorbereiten und garen: 180 Gramm Bio-Perlgraupen mehrmals in frischem Wasser waschen und abgießen. In einem Topf mit schwerem Boden in 700 Milliliter Wasser 1 Stunde einweichen. Mit 1 Teelöffel Salz aufkochen. Zugedeckt bei schwacher Hitze 1 Stunde garen. Die fertig gegarten Graupen wiegen 800 Gramm, eine ausreichende Menge für 4–6 Personen.

Man kann die Graupen einfach so verzehren oder, über mehrere Tage verteilt, in Suppen und Eintöpfe geben. Im Kühlschrank sind sie gut haltbar.

Graupen mit Spinat und Schalotten

Dieses Graupengericht mit Spinat bereite ich so zu, wie ich es in Griechenland kennen gelernt habe. Dazu reiche ich gern eine große Folienkartoffel mit reichlich Tomaten- oder Pilzsauce (siehe Pilzsauce auf Seite 376 und die Tomatensaucen auf Seite 476).

FÜR 4 PERSONEN

Salz
800 g geputzter Spinat, gewaschen
5 EL Olivenöl
2 große Schalotten (insgesamt 85 g), geschält und in dünne Halbringe geschnitten
85 g gegarte Bio-Perlgraupen (siehe Seite 266), aufgelockert
250 ml Gemüsebrühe
1 1/2 EL frisch gepresster Zitronensaft
Frisch gemahlener schwarzer Pfeffer

■ In einem Topf 4 1/2 Liter Wasser sprudelnd aufkochen, 1 Esslöffel Salz unterrühren. Die Spinatblätter hineingeben, das Wasser wieder aufwallen lassen. Nach 2–3 Minuten, wenn der Spinat zusammengefallen ist, abgießen, kalt abschrecken und möglichst viel Wasser ausdrücken. Locker in ein Sieb legen.

■ Das Öl in einer großen Pfanne bei mittlerer Temperatur erhitzen. Die Schalotten darin in etwa 1 Minute weich schwitzen. Spinat und Graupen, anschließend die Brühe unterrühren, aufkochen und zugedeckt bei schwacher Hitze 5 Minuten sanft köcheln lassen. Mit dem Zitronensaft abschmecken und, falls nötig, mit Salz nachwürzen. Bei starker Hitze einen Teil der Flüssigkeit einkochen lassen, sodass eine dicke Sauce verbleibt. Mit Pfeffer würzen, nochmals durchrühren und servieren.

Graupeneintopf

Dieser kalte kaukasische Graupeneintopf ist schnell und einfach zubereitet, wenn man im Kühlschrank gegarte Graupen vorrätig hat.

FÜR 2 PERSONEN

1 EL Olivenöl
3 Champignons, in dünne Scheiben geschnitten
2 Frühlingszwiebeln, in dünne Ringe geschnitten
1 kleine Möhre, geschält und in 5 mm dicke Scheiben geschnitten
1 Stange Bleichsellerie, in 5 mm dicke Scheiben geschnitten
700 ml Gemüsebrühe
180 g Tomaten, enthäutet, Samen entfernt, gehackt
85 g gegarte Bio-Perlgraupen (siehe Seite 266), aufgelockert
Salz
Frisch gemahlener schwarzer Pfeffer
175 ml Joghurt
1 EL fein gehackter frischer Dill

■ Das Öl in einem mittelgroßen Topf bei mittlerer bis hoher Temperatur erhitzen. Die Pilze darin unter Rühren 1 Minute braten, bis sie glänzen. Frühlingszwiebeln, Möhre und Sellerie 2 Minuten mitbraten, dann die Brühe, Tomaten und Graupen hinzufügen. Aufkochen und zugedeckt bei schwacher Hitze 15 Minuten köcheln lassen. Salzen und pfeffern, durchrühren und vollständig auskühlen lassen.

■ Den Joghurt mit der Gabel cremig rühren, 4 Esslöffel Brühe aus dem Topf einrühren und unter den Eintopf mischen. Mit Salz abschmecken, den Dill einstreuen. Mit Raumtemperatur oder gekühlt servieren.

HAFER

Während Hafer in Nordeuropa, vor allem in Schottland und Irland, zu den Grundnahrungsmitteln zählt, wird er andernorts nur den Frühstückszerealien zugeordnet. Inzwischen weiß man um seine wertvollen Ballaststoffe, reichert Vollkornbrote mit feinem Hafermehl an und stellt kaum noch ein Müsli oder Granola ohne Haferflocken her. Auch hausgemachte süße und pikante Haferkekse erfreuen sich wachsender Beliebtheit. Der in Schottland und Irland so geschätzte leicht gesalzene Haferbrei *(Porridge)* wird mit Sahne oder Buttermilch angerichtet, oft ganz ohne Zucker. Er ist magenfreundlich und auch als Krankenkost geeignet.

Auf Rezepte für *Porridge* habe ich in diesem Buch bewusst verzichtet, da sie auf den Packungen guter Haferflocken stets angegeben sind. Das beste Porridge, das ich je gegessen habe, bekam ich von John Tovey's Inn und Restaurant im englischen Lake District. Es hatte die ganze Nacht sehr schwach vor sich hin geköchelt und wurde am nächsten Morgen dampfend heiß mit Sahne und braunem Zucker serviert. Im Winter essen mein Mann und ich regelmäßig diesen leckeren Frühstückshaferbrei, den wir ganz langsam im Dämpftopf garen.

In den folgenden Rezepten verwende ich sowohl Haferflocken als auch Hafermehl. Bei Haferflocken handelt es sich um ungeschälte oder auch geschälte, gedämpfte Haferkörner, die gewalzt und getrocknet wurden. Sie schmecken vor allem in Müsli und Granola (siehe Rezept rechte Seite). Zudem mischt man sie unter Brotteige oder streut sie vor dem Backen auf die Brotlaibe.

Vollkornhafermehl bekommt man in Bioläden und Reformhäusern. Da es glutenarm ist, sollte der Anteil in einem Hefebrot nicht mehr als 25 Prozent betragen. Hafer enthält einen natürlichen Oxidationshemmer, darum bleiben Brote mit Hafer länger frisch.

GETREIDE 269

SCHOTTLAND

Haferkekse
Aus Bob's Red Mill in Portland, Oregon

Besonders köstlich sind die Kekse mit Butter und Marmelade oder Käse. Manchmal mische ich 1/2 Teelöffel grob zerstoßenen schwarzen Pfeffer unter das Mehl.

ERGIBT 8 STÜCK

75 g Vollkornhafermehl
35 g Weizenmehl, plus mehr zum Bestauben
1/3 TL Zucker
1 kräftige Prise Salz
1 kräftige Prise Backpulver
30 g Butter, zerlassen, plus mehr für das Blech

- Den Backofen auf 170 °C vorheizen.
- Mehl, Zucker, Salz und Backpulver in eine Schüssel füllen und mit einer Gabel die Butter einrühren. Etwa 3 Esslöffel heißes Wasser untermischen. Eine Teigkugel formen, flach drücken und auf einer leicht bemehlten Arbeitsfläche 3 mm dick ausrollen. Mit einem runden Ausstecher (Durchmesser 7,5 cm) Kekse ausstechen, bis der ganze Teig verbraucht ist.
- Auf ein gefettetes Blech legen und 25 Minuten im heißen Ofen backen. Abkühlen lassen. Im Plastikbeutel bis zu 2 Tage aufbewahren.

Granola

In unserem Bioladen bekommt man viele verschiedene Granola-Mischungen, die mich leider alle nicht überzeugen. Manche enthalten zu viel Kokosnuss oder Vanille und Cashewnüsse, andere zu viele getrocknete Heidelbeeren. Ich bevorzuge eine Granola aus Haferflocken, Sonnenblumenkernen, Mandeln, Sesamsamen und Rosinen.

ERGIBT 1 KG

400 g Haferflocken
75 g Mandelblättchen
115 g Sonnenblumenkerne
60 g Sesamsamen
120 ml Maiskeim- oder Erdnussöl, plus mehr für das Blech
250 ml flüssiger Honig
1 EL dunkelbrauner Zucker, 1/4 TL Salz
115 g Rosinen

- Den Backofen auf 180 °C vorheizen.
- Ein großes Backblech mit Backpapier auslegen und mit Öl bestreichen. Haferflocken, Mandeln, Sonnenblumenkerne und Sesamsamen darauf verteilen.
- 250 Milliliter Wasser mit dem Öl, Honig, Zucker und Salz in einem kleinen Topf zum Köcheln bringen. Durchrühren, langsam über die Zutaten auf dem Blech gießen und gründlich vermischen.
- Die Granola gleichmäßig auf dem Blech verstreichen. Im Ofen 15 Minuten backen. Gut durchmischen. Die Hitze auf 140 °C reduzieren, weitere 45 Minuten backen, dabei alle 10–15 Minuten durchmischen. Erneut 30 Minuten bei 120 °C backen, alle 10 Minuten durchmischen. Noch einmal 20–30 Minuten bei 110 °C backen und alle 10 Minuten durchmischen, bis die Granola trocken erscheint. Aus dem Ofen nehmen, die Rosinen hinzufügen. Vollständig auskühlen lassen, ab und zu durchmischen. Im dicht schließenden Schraubglas lagern. (Mit etwas kalter Milch ergibt das ein wunderbares Müsli.)

Fladenbrote mit Hafermehl

Ich verwende das süßlich-erdige Hafermehl oft und gern in meiner Küche, so auch für diese Chapatis *nach indischer Art. Allerdings bevorzuge ich kleinere, dünnere Fladenbrote und füge hin und wieder ein paar Gewürze hinzu, um Farbe und Geschmack zu variieren. Wer kein* Chapati-*Mehl bekommt, verwendet zu gleichen Teilen normales und Vollkornhafermehl.*

Zu diesen Fladenbroten passt Marmelade beziehungsweise Konfitüre oder Käse. Man kann sie aber auch wie Tortillas mit gegarten Bohnen, Salat, Salsas (oder Chutneys) und geschmolzenem Käse füllen.

ERGIBT 8 FLADENBROTE

120 ml Vollkornhafermehl
120 ml *Chapati*-Mehl (siehe Glossar)
1/4 TL Salz
Etwas Butter oder natives Olivenöl extra

- Mehl und Salz in eine Schüssel füllen. Nach und nach etwa 7 Esslöffel Wasser einarbeiten, bis eine sehr weiche Teigkugel entsteht. 10 Minuten kräftig kneten und eine glatte Kugel formen. Die Fladenbrote sofort herstellen oder den Teig in einer Schüssel, mit einem angefeuchteten Küchentuch bedeckt, stehen lassen.
- Eine gusseiserne Pfanne bei mittlerer bis hoher Temperatur erhitzen. Etwas Küchenpapier zu einem Knäuel zusammendrücken.
- Aus dem Teig 8 gleich große Kugeln formen. Immer nur mit einer Kugel arbeiten, die übrigen mit einem Tuch bedecken. Die Teigkugel mit Mehl bestauben und auf einer bemehlten Arbeitsfläche zu einem Kreis (Durchmesser 11–13 cm) ausrollen. Zwischen den Händen hin und her schwenken, um überschüssiges Mehl zu entfernen. In der heißen Pfanne von einer Seite 40 Sekunden backen, wenden und weitere 30 Sekunden backen. Nochmals wenden, 5–6 Sekunden backen und dabei mit dem Küchenpapier in zügigen leichten Drehbewegungen nach unten drücken, damit sie besser aufgehen.
- Fertige *Chapati* auf einen Teller legen, leicht mit Butter oder Öl bestreichen und mit einem umgedrehten Teller zudecken. Die übrigen *Chapatis* ebenso herstellen und die Pfanne danach stets mit Küchenpapier auswischen. Während des Ausrollens die Hitze eventuell reduzieren. Fertige *Chapatis* übereinander stapeln und wieder zudecken.
- Am besten schmecken frische *Chapatis*. Im Plastikbeutel kann man sie aber auch im Kühlschrank oder Tiefkühlfach aufbewahren. Zum Erwärmen die *Chapatis* in Alufolie wickeln und bei mittlerer Hitze 15 Minuten im Ofen backen. Alternativ die *Chapatis* mit Wasser beträufeln und 20–30 Sekunden in der Mikrowelle heiß werden lassen oder von jeder Seite wenige Sekunden in der heißen, leicht gefetteten Pfanne backen.

VARIANTE
Würzige Fladenbrote

Wie im Rezept oben vorgehen, aber das Mehl mit je 1/2 Teelöffel Salz, gemahlenem Kreuzkümmel, gemahlenem Koriander, 1/4 Teelöffel Cayennepfeffer und 1 kräftigen Prise gemahlener Kurkuma gründlich vermischen. Diese Fladenbrote fülle ich gern mit gegarten Bohnen oder braun gebratenen Kartoffelfladen (siehe Seite 84), etwas grünem Salat, Tomaten und einem scharfen Chutney.

HIRSE

Hirse ist vermutlich in Westafrika oder auch in Äthiopien beheimatet und gelangte schon vor über 4000 Jahren nach Asien und Südeuropa. Manche vertreten aber auch die Theorie, die Hirse sei von Asien aus nach Westen gelangt. Sicher ist, dass sie bereits in frühen Zivilisationen in Asien und Nordafrika verbreitet war. Heute wird sie vor allem in den tropischen und subtropischen Regionen Asiens, Afrikas, Nord- und Südamerikas kultiviert und in vielen Sorten und Farben angeboten.

Im Westen kennt man vor allem gelbe Hirse, in anderen Teilen der Welt sind dagegen graue, weiße und sogar rötliche Hirsekörner verbreitet. In Ostasien produziert man zudem glutenhaltige Hirse. Hirsekörner werden ähnlich wie Reis gegart, doch für ein weiches, lockeres Ergebnis müssen sie geröstet und eingeweicht werden. Man kann sie auch zuerst rösten und dann mit anderem Getreide, etwa Reis, kombinieren oder mit verschiedenen Würzmitteln und Gemüse zubereiten. Die kleinen, runden Hirsekörner enthalten hochwertigeres Protein als Reis, Weizen und Mais und viel Magnesium. Sie sind leicht verdaulich und sollen den Cholesterinspiegel senken.

Ab und zu brachte meine Mutter bei uns in Nordindien im Winter Hirse-Fladenbrote auf den Tisch. Mit reichlich selbst gemachter Butter und manchmal etwas grobem Zucker darüber – meist jedoch mit frischem Jaggery, dem rohen indischen Rohrzucker (siehe Glossar) – waren sie für uns Kinder eine echte Delikatesse. In Delhi essen wir diese Brote jedoch nur selten, während sie in Westindien, vor allem bei einigen Wüstennomaden, zu den Hauptnahrungsmitteln zählen. Indien gehört mittlerweile zu den wichtigsten Hirseproduzenten.

Hirsemehl bekommt man in Bioläden und indischen Lebensmittelgeschäften (hier heißt es *Bajray ka ata* oder *Bajra*-Mehl). Es enthält kaum Gluten und wird für Hefebrote mit Weizenmehl gemischt. Fladenbrote müssen auf eine spezielle Weise bereitet werden, die eher an die Zubereitung von *Papoosas,* Mais-Fladenbroten aus El Salvador, erinnert.

Hirse aufbewahren: Hirsekörner und -mehl in einem fest verschlossenen Behälter kühl, trocken und vor Licht geschützt aufbewahren.

Hirsekörner garen: 1 Esslöffel Oliven- oder Maiskeimöl bei mittlerer bis hoher Temperatur erhitzen. 250 Milliliter Hirsekörner darin unter Rühren etwa 3 Minuten rösten, bis sie duften und sich verfärben (die Hirse wird zuerst heller und dann goldgelb). Zügig 475 Milliliter kochend heißes Wasser dazugießen. Die Hirse vom Herd nehmen und zugedeckt 1 Stunde stehen lassen. 1/2 Teelöffel Salz und 2 Esslöffel Wasser unterrühren, ohne Deckel aufkochen. Bei sehr schwacher Hitze zugedeckt 40 Minuten köcheln lassen. Vom Herd nehmen und zugedeckt mindestens 15 Minuten stehen lassen. (An einem warmen Ort bleibt die Hirse über 1 Stunde heiß.) Die Menge reicht für 3–4 Personen. Man kann die gegarte Hirse anstelle von Reis servieren, wie eingeweichten Bulgur zu Salat verarbeiten oder zum Füllen von Gemüse verwenden.

INDIEN

Hirse mit Kreuzkümmel, Zwiebel und grünen Bohnen
Bajray ki tahiri

Dazu passt eine einfache Joghurtsauce oder zusätzliche Gemüse- und Bohnengerichte.

FÜR 3–4 PERSONEN

3 EL Maiskeimöl
250 ml Hirsekörner
1/2 TL Kreuzkümmel
60 g Zwiebel, geschält und in dünne Halbringe geschnitten

Etwa 20 grüne Bohnen, diagonal in 5 mm dicke Scheiben geschnitten
1 mittelgroße Tomate, enthäutet, Samen entfernt, klein gewürfelt
1 TL Salz, 1/8–1/4 TL Cayennepfeffer (nach Belieben)
1 EL frisch gepresster Zitronensaft

- 475 Milliliter Wasser aufkochen und bereithalten.
- In einer kleinen, schweren Pfanne 1 Esslöffel Öl bei mittlerer bis hoher Temperatur erhitzen. Die Hirse darin unter Rühren etwa 3 Minuten rösten, bis sie duftet und sich goldgelb verfärbt. Zügig das heiße Wasser dazugießen. Vom Herd nehmen, zugedeckt 1 Stunde stehen lassen.
- Das übrige Öl in einem Topf mit schwerem Boden erhitzen. Den Kreuzkümmel 10 Sekunden darin rösten, die Zwiebel unterrühren und bräunen. Erst die Bohnen, dann die Tomaten untermischen und 1 Minute rühren. Die übrigen Zutaten und die Hirse mit der Flüssigkeit einrühren und zum Kochen bringen. Zugedeckt bei sehr schwacher Hitze 40 Minuten garen. 15 Minuten ruhen lassen.

KOREA

Hirse mit Sesam, Möhre und Mangold

Dieses Hirsegericht wird mit der würzigen koreanischen Sauce von Seite 472 serviert.

FÜR 4 PERSONEN

3 EL Erdnuss- oder Maiskeimöl
250 ml Hirsekörner
2 TL Sesamsamen
2 Frühlingszwiebeln, in sehr dünnen Ringen
100 g Möhre, geschält, in 5 mm großen Würfeln

3–4 große Mangoldblätter, in dünne Streifen geschnitten (die weißen Stiele für ein anderes Gericht aufbewahren)
1 EL Sojasauce, 1 TL Zucker
2 TL Öl aus gerösteten Sesamsamen

- Die Hirse zubereiten, wie im Rezept oben beschrieben, und 1 Stunde stehen lassen.
- Das übrige Öl in einem Topf mit schwerem Boden erhitzen. Die Sesamsamen darin rühren, bis sie zu hüpfen beginnen. Frühlingszwiebeln und Möhre untermischen, 1 Minute braten. Den Mangold unter Rühren mitgaren, bis er zusammenfällt. Falls nötig, die Hitze reduzieren. Zuerst die restlichen Zutaten, dann die Hirse mit der Flüssigkeit unterrühren, aufkochen, zugedeckt bei schwacher Hitze 40 Minuten garen. 10 Minuten ruhen lassen.

MAIS

Mais ist das Getreide Zentral- und Südamerikas, das bereits seit 5800 v. Chr. nachweisbar ist. Es ist das Grundnahrungsmittel vieler Indianerstämme. Zur Zeit des spanischen Eroberers Cortez aßen die Ureinwohner Mexikos bereits Fladenbrote (Tortillas) aus getrocknetem Maisgrieß, den man zuvor mit Hartholzasche (oder gemahlenem Kalkstein) gegart hatte. Dank dieser alkalischen Beigabe wurden nicht nur die Schalen entfernt, sie trug auch zur besseren Ausbeute des im Korn enthaltenen Niacins bei, einem Vitamin der B-Gruppe. Mit den spanischen Eroberern gelangte der Mais nach Europa, wo er auf dem Balkan als »Türkenkorn« und »Kukuruz« große Popularität erlangte. Inzwischen hat sich der Maisanbau weltweit ausgebreitet; die Spanier und Portugiesen brachten ihn vor 500 Jahren bis nach Indonesien. Im indischen Punjab, wo Maisfladenbrot und Senfgemüse die Nationalspeisen darstellen, wurde ich einmal von einem Universitätsprofessor streng gerügt, weil ich andeutete, dass der Mais erst in jüngerer Vergangenheit aus einer anderen Region der Welt gekommen sei. Er bestand darauf, dass es den Mais hier schon immer gegeben habe. Doch da verwechselte er den Mais mit den traditionellen Fladenbroten, die man früher meist aus Weizen zubereitet hatte. Bei der Herstellung von *Rotis* und *Chapatis* (Fladenbroten) wurde der Weizen schließlich durch das neue Getreide ersetzt. Obwohl sich Fladenbrote aus getrocknetem und fein gemahlenem Mais nur schwer zubereiten lassen (in Mexiko verwendet man für die Tortillas einen gegarten Mais, der sich leichter verarbeiten lässt), gelang es den Punjabis problemlos. In jedem Haushalt stellt man heute eigene *Makki di roti* (Fladenbrote aus Maisgrieß) her, die mit reichlich selbst gemachter Butter gegessen werden.

Dicke Maissuppe gehörte früher vermutlich zu den einfachsten Zubereitungen, und auch heute noch erfreuen sich derart unkomplizierte Gerichte großer Beliebtheit. Afrikaner schätzen ihr *Mielie meel* ebenso sehr wie die Bewohner der Karibik ihr *Coo-coo*, eine Art Brei aus Maisgrieß und Okraschoten, der eindeutig auf die afrikanische Küche zurückgeht. In Südafrika wird *Mielie meel* zum Frühstück, Mittag- und Abendessen verzehrt. Zum Frühstück bereitet man es dünner zu, etwa wie Haferbrei, und isst es mit Zucker und Milch. Als Hauptgericht ist es dicker, wird zu Kugeln geformt und mit Fleisch und Sauce gegessen.

Eine ähnlich wichtige Rolle spielt die Polenta in Norditalien. Hier ersetzte der Mais bald andere Getreidesorten wie Hirse, Dinkel, Gerste, Buchweizen und Weizen zur Zubereitung von Suppe und Brei. In Nordgriechenland lernte ich Lauch-*Pitas* kennen. Diese wurden nicht aus den üblichen Teigplatten hergestellt, sondern aus gekochtem Maisgrieß, den man auf den Boden einer großen Kuchenform verteilte und dann, abwechselnd mit gebratenem Lauch, in Schichten einfüllte. Beim Backen entstanden mehrere Schichten Maisbrei, die an geschichtete Polenta erinnern. Auch heute noch wird Maisbrei, ähnlich wie Polenta in Italien und *Coo-Coo* in der Karibik, mit Armut in Verbindung gebracht, doch gleichzeitig ist er zur feinen Speise avanciert und wird sogar in teuren Restaurants serviert.

Mittlerweile schätzt man den Mais auf der ganzen Welt, beheimatet ist er jedoch in Südmexiko, Honduras und Guatemala, wo man ihn schon vor über 8000 Jahren kannte. Von hier breitete sich seine Verwendung nach Norden wie nach Süden aus, bis er schließlich zum wichtigsten Getreide beider amerikanischer Kontinente geworden war. Frischer Gemüsemais, wie wir ihn heute kennen, ist eine von vielen Varietäten, die erst im späten 18. Jahrhundert als Nutzpflanze der Irokesen im US-Staat New York entdeckt wurde. Im 19. Jahrhundert gelangen weitere Kreuzungen.

Im Folgenden stelle ich die verschiedenen Maisprodukte aus dem getrockneten Korn vor. (Frischer Gemüsemais siehe Seite 104). Im Handel bekommt man in der Regel gelbe und weiße Maiskörner. Im Südwesten der USA und in einigen Gegenden Mexikos wird zudem bläulicher Mais angebaut, doch ist er, ebenso wie Sorten anderer Färbung (dunkelrot, rosa, rotviolett, braun, schwarz oder mehrfarbig), eher schwer erhältlich.

Getrocknete Maiskörner: Hierbei handelt es sich um die gelben oder weißen ganzen getrockneten Maiskörner mit dem nährstoffreichen Keim. Sie passen zu jedem Eintopfgericht, müssen jedoch zuvor mehrere Stunden separat gegart werden, ehe sie weich sind. Die Garzeit variiert je nach Größe und Sorte. Aufbewahren muss man die getrockneten Körner im Kühlschrank, da der Keim schnell verdirbt.

Getrocknete Maiskörner werden außerdem zu Maisgrieß und Maismehl vermahlen. Auch Popcorn wird aus getrockneten Körnern hergestellt, und zwar aus Puffmais, einer speziellen Varietät, die im stärkereichen Innern viel Wasser enthält. Beim Erhitzen verwandelt sich das Wasser in Dampf, die Körner dehnen sich aus und platzen auf.

Maisgrieß, Polenta und Maismehl: Für Maisgrieß werden gelbe oder weiße getrocknete Maiskörner zu einer groben bis feineren Konsistenz vermahlen. Nur beim hochwertigen Bio-Maisgrieß ist der leicht verderbliche (und sehr nahrhafte) Keim noch enthalten, ansonsten wird er vor dem Mahlen entfernt, um den Maisgrieß haltbar zu machen. Bio-Maisgrieß (mit den typischen schwarzen oder dunkelroten Körnchen) sollte im Kühlschrank gelagert werden, wo er sich 1 Jahr hält. Einfrieren kann man ihn fast unbegrenzt lange.

»Polenta« ist schlicht die italienische Bezeichnung für gekochten Brei aus Maisgrieß und Wasser. Die gemahlenen Körner werden im Handel entweder ebenfalls als Polenta oder als »italienischer Maisgrieß« angeboten. Ich verwende in diesem Buch für das ungekochte Produkt die Bezeichnung »italienischer gelber Maisgrieß«. Man bekommt ihn fein oder grob vermahlen und auch gemischt mit anderem Getreide, wie etwa Buchweizen. In der Regel wurde der Keim entfernt, doch erhält man ab und zu auch italienischen Bio-Maisgrieß. Ob man Polenta nun aus italienischem oder anderem Maisgrieß bereitet, Bio-Maisgrieß aus dem ganzen Korn muss auf jeden Fall im Kühlschrank oder Tiefkühlfach aufbewahrt werden.

Das glutenfreie feine Maismehl wird für Backwaren verwendet, und die durch ein spezielles Verfahren gewonnene Maisstärke ist ein besonders gutes Bindemittel für Suppen, Saucen und Süßspeisen.

Pasole/Hominy: Als *Pasole* bezeichnet man in Mexiko die getrockneten weißen Körner von großem Feldmais, die mit einem Alkali gegart und von der Schale befreit wurden. In den USA heißen sie *Hominy.* Meist wird auch der Keim entfernt, allerdings bekommt man in einigen Feinkostläden auch *Pasole* aus dem vollen Korn. *Pasole/Hominy* wird in Dosen oder getrocknet verkauft. Die Dosenware muss abgegossen und gut gespült werden; und obwohl die Körner schon gegart sind, lässt man sie eine Zeit lang mitschmoren oder mitköcheln, damit sie die anderen Aromen aufnehmen.

Getrockneten Pasole/Hominy garen: Die Körner gut abspülen. Pro 180 Gramm *Pasole/Hominy* etwa 1,2 Liter Wasser hinzufügen und aufkochen. Zugedeckt in etwa 2 1/2 Stunden bei schwacher Hitze weich garen. Falls nötig, während des Garens etwas kochend heißes Wasser dazugießen.

Hominy-Grütze: Hierbei handelt es sich um sehr grob vermahlenen, meist weißen *Hominy,* der im Süden der USA mit Eiern zum Frühstück gegessen wird. Man gart ihn, ähnlich wie Haferbrei, etwa 20 Minuten in Wasser. Im Handel gibt es auch Instant-Sorten.

Masa harina: Dieses feine Maismehl aus getrocknetem *Hominy/Pasole* wird zur Herstellung der mexikanischen Tortillas verwendet. (Im Handel bekommt man es manchmal mit etwas beigemischtem Weizenmehl.)

Zuerst wird das Mehl mit Wasser vermischt und zu einem Teig verarbeitet. Als *Masa* bezeichnet man den Teig, der direkt aus nassem *Hominy* bereitet wird und die besten und zartesten Tortillas ergibt. Leider kann man *Masa* nur von Tortilla-Fabriken beziehen. Sie hält sich nur 1 Tag und wird am besten im Kühlschrank aufbewahrt.

Anders als in Mexiko wird Mais in Südamerika vor dem Trocknen und Mahlen gewöhnlich nicht mit einem Alkali gegart. Dennoch kocht man die gelben oder weißen Körner eine Zeit lang in Wasser, trocknet sie und stellt daraus einen feinen »vorgegarten« Maisgrieß her. Diese *Masa harina* »*precocida*« wird für kolumbianische Brote *(Arepas)* verwendet. Sie eignet sich auch gut für Muffins und klumpt beim Garen viel weniger als herkömmlicher Maisgrieß.

MEXIKO

Grüner Pasole
Pasole verde

Pasole *ist sowohl der mexikanische Name für große getrocknete Maiskörner, die mit einem Alkali vorbehandelt wurden (siehe Seite 274), als auch für den fertigen Eintopf aus diesen Körnern. In Mexico City gehörte er zu meinen Lieblingsgerichten, ich habe ihn fast jede Woche auf dem Markt gegessen. Der säuerlich-scharfe Eintopf wurde in Steingutschalen serviert, großzügig bestreut mit gehackter Zwiebel, Avocado und getrocknetem Oregano. Manchmal gab es auch Rettich- und Gurkenscheiben dazu sowie fein gehobelten Weißkohl oder grünen Salat. Auf dem Tisch stand stets scharfe grüne Salsa (siehe Grüne Tomatillo-Salsa auf Seite 475), und dazu wurden knusprig gebackene Tortillas, so genannte* Tostadas *(siehe Seite 285), gereicht (als Ersatz eignet sich knuspriges Brot oder Pitabrot). Selbstverständlich gab es auch aufgeschnittene Limetten, deren Saft man über den Eintopf träufelte. Die Kombination von weichem Mais mit feurigem Chiliaroma, säuerlichen Limetten, knackigem frischem Gemüse und knusprigen* Tostadas *ist mir unvergesslich geblieben.*

In Mexiko wurde der Pasole *mit reichlich Schweinefleisch zubereitet, ich verwende hier stattdessen weiße Bohnen und Champignons. Für zusätzliches Aroma sorgen Gemüsebrühwürfel.*

Sie benötigen eine Mischung aus scharfen und weniger scharfen frischen grünen Chilis, etwa Poblanos *und* Jalapeños. *Wer keine* Poblanos *bekommt, verwendet stattdessen dieselbe Menge grüne Paprikaschoten. (Zum Rösten der Paprika die Samen entfernen und die auf Seite 118 beschriebene Methode anwenden.) Wichtig sind außerdem die säuerlichen grünen Tomatillos. Für die frischen Früchte, deren Geschmack an Tomaten mit Limettensaft erinnert, gibt es im Grunde keinen Ersatz. Als Alternative kann man jedoch Tomatillos aus der Dose verwenden, die in mexikanischen Lebensmittelläden und gut sortierten Supermärkten erhältlich sind (Details siehe Glossar), oder eine Mischung aus grünen Tomaten, zusätzlichen gegrillten grünen Paprikaschoten und 1 Esslöffel Limettensaft.*

Statt des hier verwendeten getrockneten Pasole *eignet sich auch getrockneter ganzer* Hominy *oder* Pasole/Hominy *aus der Dose. Die Dosenware vorher abgießen, gründlich abspülen und abtropfen lassen. Benötigt werden 700 Milliliter, die man zum selben Zeitpunkt wie den gegarten* Pasole *zu den Bohnen gibt.*

FÜR 6 PERSONEN

- 180 g getrockneter *Pasole*
- 180 g getrocknete Cannellinibohnen oder andere weiße Bohnen, verlesen
- 6–8 frische milde *Poblano*-Chilis
- 3 Knoblauchzehen, geschält und fein gehackt
- 3 EL Pflanzenöl
- 5 mittelgroße frische Tomatillos (siehe Glossar, insgesamt etwa 180 g), Kelchblätter entfernt, fein gehackt
- 6 Frühlingszwiebeln, in sehr dünne Ringe geschnitten
- 1–2 frische *Jalapeño*-Chilis, fein gehackt
- 1 TL gemahlener Kreuzkümmel
- 12 mittelgroße Champignons, geputzt und geviertelt
- 2 große oder 8 kleine Gemüsebrühwürfel
- 1 EL frische Oreganoblätter oder 1 TL getrockneter Oregano
- 60 g frisches Koriandergrün, fein gehackt
- 3/4–1 TL Salz

FÜR DIE GARNITUR

3 Frühlingszwiebeln, in sehr dünne Ringe geschnitten
Getrockneter Oregano (pro Portion etwa 1/4 TL)
1 reife Avocado, erst kurz vor der Verwendung geschält und gewürfelt
1 mittelgroße Salatgurke, geschält und gewürfelt
Je 1 Hand voll gehobelter Weißkohl und Eisbergsalat
Frische Limettenspalten

NACH BELIEBEN

Grüne Tomatillo-Salsa (siehe Seite 475)
18 knusprig frittierte Tortillas (siehe Seite 285)

■ Die getrockneten *Pasole* mit 1,2 Liter Wasser in einem Topf aufkochen. Zugedeckt bei schwacher Hitze in 2–2 1/2 Stunden weich köcheln lassen. Bei Bedarf etwas kochend heißes Wasser nachgießen. Abseihen, die Garflüssigkeit in einem großen Messbecher auffangen.

■ Während der *Pasole* gart, die Bohnen mit 700 Milliliter Wasser in einem Topf aufkochen. 2 Minuten sprudelnd kochen lassen. Vom Herd nehmen und zugedeckt 1 Stunde stehen lassen. Die Bohnen abgießen, mit 700 Milliliter frischem Wasser bedecken und erneut aufkochen. Zugedeckt bei schwacher Hitze etwa 40 Minuten köcheln lassen, bis die Bohnen gerade weich sind. Abgießen, die Garflüssigkeit in demselben Messbecher auffangen.

■ Die *Poblanos* nebeneinander in einer Grillpfanne unter dem vorgeheizten Backofengrill (oberste Schiene) grillen, bis die Haut leicht schwarz wird. Wenden und so lange grillen, bis die Schoten rundum leicht verkohlt sind, insgesamt 5–6 Minuten. Aus der Pfanne nehmen, mit einem feuchten Küchentuch bedecken (oder in einem Plastikbeutel schwitzen lassen), 10–15 Minuten stehen lassen. Die *Poblanos* enthäuten, von den Samen befreien und fein hacken.

■ In einer großen Pfanne den Knoblauch in dem Öl bei mittlerer bis hoher Temperatur goldbraun werden lassen. Die Tomatillos, Frühlingszwiebeln und *Jalapeños* einrühren und etwa 5 Minuten braten. Den Kreuzkümmel und die Champignons untermischen und 2 Minuten rühren. Die *Poblanos* dazugeben und 1 weitere Minute rühren. *Pasole*, Bohnen, Brühwürfel und Kräuter untermischen. Die aufgefangene Flüssigkeit mit Wasser auf 1,2 Liter auffüllen, dazugießen, aufkochen, vorsichtig mit Salz abschmecken und zugedeckt bei schwacher Hitze 1 1/4 Stunden köcheln lassen. Ab und zu umrühren.

■ In Suppenschalen schöpfen und mit reichlich Garnitur (nach Wahl) servieren. Dazu nach Belieben die Salsa und knusprige Tortillas reichen.

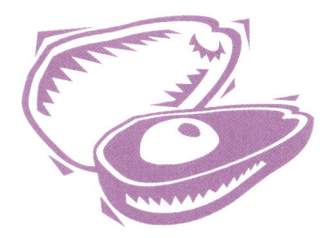

ITALIEN

Polenta

Meine erste Polenta habe ich nicht in Italien, sondern vor etwa 20 Jahren in New York gegessen. Meine Freundin Marion Cunningham servierte sie uns mit einer einfachen Tomatensauce, und ich war von dem unkomplizierten Gericht mit der wunderbar weichen Konsistenz tief beeindruckt. Marion musste mir sofort das Rezept verraten.

Inzwischen bin ich schon oft in Italien gewesen und habe unterschiedliche Varianten von Polenta kennen gelernt – etwa wie Lasagne in Schichten gebacken, noch weich und fließend über Käse angerichtet, als Beilage mit Butter und etwas Parmesan oder abgekühlt und in Scheiben gebraten oder gegrillt. Geschmeckt haben mir alle diese Zubereitungen sehr gut.

Am besten verwendet man Bio-Polenta aus dem vollen Korn, doch ist sie manchmal schwer erhältlich. Die zweitbeste Wahl ist italienischer gelber Maisgrieß (Polenta). Bei der traditionellen Zubereitung wird die Polenta etwa 45 Minuten ununterbrochen gerührt, sonst bekommt sie nicht die cremig weiche Konsistenz. Man benötigt einen großen Topf mit schwerem Boden (im Idealfall mit Antihaftbeschichtung), denn der Maisgrieß quillt beim Kochen auf und wirft Blasen. Wer sich vor heißen Polentaspritzern schützen möchte, kann Backofenhandschuhe tragen. Nach dem Kochen sollte der Topf sofort in Wasser eingeweicht werden, damit er sich leichter reinigen lässt.

Man kann die Polenta auch im Backofen zubereiten. Das Ergebnis ist dann nicht ganz so cremig, aber immer noch gut. Außerdem spart diese Methode Zeit und Mühe. Ich beschreibe hier beide Methoden. Serviervorschläge für frisch zubereitete weiche und für erkaltete feste Polenta finden Sie in den folgenden Rezepten.

FÜR 4 PERSONEN

1 EL Salz
300 g italienischer grober gelber Maisgrieß
(im Handel auch als Polenta erhältlich)

Etwas Butter oder Öl (für die Zubereitung im Ofen)

Klassische Zubereitung

■ In einem sehr großen Topf mit schwerem Boden (am besten mit Antihaftbeschichtung) 2 Liter Wasser aufkochen. Auf mittlere bis hohe Temperatur schalten, das Salz einstreuen. Unter ständigem Rühren mit einem langen Holzlöffel den Maisgrieß ganz langsam und gleichmäßig in das Wasser einrieseln lassen. Die Polenta 40–45 Minuten köcheln lassen und dabei kontinuierlich rühren. Klümpchen zerdrücken, die Polenta immer wieder vom Topfboden und den Rändern kratzen. Zuletzt soll eine dicke, glatte Masse entstanden sein, die sich von der Topfwand löst.

■ Wird eine weiche, cremige Polenta gewünscht, diese sofort servieren. Wird sie nicht gleich gegessen oder bleibt ein Rest, eine flache, rechteckige Form kalt ausspülen und die Polenta zügig einfüllen, da sie schnell fest wird. Mit einem Gummispatel glatt streichen und zugedeckt kalt stellen. Im Kühlschrank hält sie sich 4–5 Tage.

■ Die erkaltete Polenta auf ein Brett stürzen und in dicke Scheiben schneiden. Zum Erhitzen mit Wasser beträufeln und zugedeckt in die Mikrowelle geben, in der Antihaft-Pfanne braten oder grillen (siehe rechte Seite).

Zubereitung im Backofen

■ Den Maisgrieß in eine große Schüssel füllen. Langsam 750 Milliliter Wasser hinzugießen, dabei mit einem Holzlöffel rühren.

- Den Backofen auf 200 °C vorheizen. Eine quadratische Backform (etwa 20×20 cm, 10 cm hoch) mit Butter oder Öl einfetten.
- In einem großen Topf 1,1 Liter Wasser bei mittlerer bis hoher Temperatur aufkochen und salzen. Die Maisgrießmischung durchrühren und langsam in das kochende Wasser einrühren. Erneut aufkochen und dabei ständig rühren. Sobald die Mischung gleichmäßig eindickt, diese in die Form füllen und mit dem Holzlöffel glatt streichen. Mit Alufolie bedeckt 50 Minuten im Ofen backen.
- Die heiße Polenta nach Belieben mit Butterflöckchen belegen, mit geriebenem Parmesan bestreuen und servieren oder abkühlen lassen und zugedeckt kalt stellen. Erkaltete Polenta kann, wie bei der klassischen Zubereitung beschrieben, verwendet werden.

Polentascheiben grillen

- Feste, erkaltete Polenta (Zubereitungen siehe linke Seite) in 1 cm dicke Scheiben schneiden und leicht mit Butter oder Olivenöl bestreichen. So auf ein gefettetes Backblech legen, dass sie sich nicht berühren, und in 12–15 cm Abstand unter den vorgeheizten Backofengrill schieben. Von beiden Seite grillen, bis die Scheiben leicht gebräunt sind. Herausnehmen und nach Belieben mit verschiedenen Beigaben servieren (siehe die folgenden Rezepte).

Polentascheiben braten

- Feste, erkaltete Polenta (Zubereitungen siehe links) in 1 cm dicke Scheiben schneiden. Etwa 2 Esslöffel Olivenöl in einer Antihaft-Pfanne bei mittlerer bis hoher Temperatur sehr heiß werden lassen. Möglichst viele Polentascheiben nebeneinander in die Pfanne einlegen, sie dürfen sich jedoch nicht berühren. In etwa 2 Minuten von einer Seite leicht bräunen, wenden und von der anderen Seite ebenfalls bräunen. Die übrigen Scheiben ebenso braten, bei Bedarf weiteres Öl hinzugießen. Sofort als Beilage oder mit verschiedenen Beigaben servieren (siehe die folgenden Rezepte).

❖

Weiche Polenta, über Käse angerichtet

Für dieses Gericht schöpft man die frisch zubereitete weiche Polenta über Käse, verteilt Butterflöckchen darauf und serviert sie cremig weich und heiß. Sie eignet sich als Vorspeise oder mit einem Salat als Hauptgericht.

Da der Käse salzig ist, kann man die Polenta mit nur 2 Teelöffeln statt mit 1 Esslöffel Salz zubereiten.

FÜR 4 PERSONEN

125 g Fontina, in 5 mm große Würfel geschnitten
50 g Parmesan, grob gerieben

Frisch zubereitete weiche Polenta, klassisch oder aus dem Ofen (siehe linke Seite)
30 g Butter, in 4 gleich großen Stücken

- Die beiden Käsesorten in je 4 Portionen teilen. Den Fontina in die Mitte der Teller häufen und mit dem Parmesan bestreuen. Die heiße Polenta darüber schöpfen und das Butterstück darauf setzen und zerlaufen lassen. Sofort servieren.

Weiche Polenta mit Käse und Butter

Diese Polenta lässt sich ganz einfach zubereiten. Man reicht sie als Beilage zu einem mediterranen Bohnengericht und grünem Blattgemüse oder man bedeckt sie mit grünem Gemüse und kurz gebratenen Champignons. Wer frische weiße Trüffeln hat, kann ein wenig darüber hobeln. Dazu passen auch Spinat mit Dill und Zwiebel (siehe Seite 42) sowie Brokkoli oder die einfache Tomatensauce von Seite 476.

FÜR 4–6 PERSONEN

Frisch zubereitete Polenta, klassisch oder aus dem Ofen (siehe Seite 278)

30–45 g Butter in Flöckchen
60 g Parmesan, frisch gerieben

- Die Butter und den Parmesan gründlich unter die Polenta mischen. Sofort servieren.

Polenta mit grünem Spargel

Diese Variante eignet sich als Vorspeise (für 6–8 Personen) oder auch als Hauptgericht mit einem reichhaltigen Salat.

FÜR 4 PERSONEN

Frisch zubereitete weiche Polenta mit Käse und Butter (siehe Rezept oben)
Spargel mit Romesco-Sauce (siehe Seite 135), frisch zubereitet (der Spargel sollte warm gehalten werden, die Sauce mit Raumtemperatur oder leicht erwärmt sein)

- Je eine großzügige Portion Polenta auf Teller verteilen. Den Spargel darauf anrichten und mit reichlich Sauce beträufeln. Sofort servieren.

Polenta mit Tex-Mex-Chili

Diese Polenta mit dem vegetarischer Tex-Mex-Chili ist eine eigenständige Mahlzeit. Ich serviere sie mit Vorliebe in einer großen Steingutschüssel, häufe das Chili auf die Polenta, streue frisches Koriandergrün darüber und stecke noch Tortilla-Chips und frische grüne Chilischoten hinein.

Das Tex-Mex-Chili kann man schon am Vortag zubereiten und beim Aufwärmen eventuell mit etwas Wasser verdünnen, es sollte nicht zu dick sein.

FÜR 4–6 PERSONEN

Frisch zubereitete weiche Polenta mit Käse und Butter (siehe Rezept oben)
Tex-Mex-Chili vegetarisch (siehe Seite 196)

FÜR DIE GARNITUR
2 EL fein gehacktes frisches Koriandergrün
Einige Hand voll Tortilla-Chips (siehe Rezept Seite 285)

- Wie in der Einleitung beschrieben servieren.

ITALIEN

Polenta-Lasagne

Ähnlich wie Lasagne schichtet man die Polenta mit Käse, Spinat und Tomaten-Champignon-Sauce in eine Form. Mit einem Salat als Beilage wird daraus ein wunderbares Hauptgericht. Ich bereite die Polenta meist auf klassische Weise zu. Tomatensauce und Spinat sollte man zuerst vorbereiten, dann wird der Käse gerieben und die Form eingefettet. Erst wenn alles andere fertig ist, folgt die Polenta.

Wer möchte, kann die Polenta auch, wie auf Seite 278 beschrieben, im Ofen zubereiten (aber nur 2 Teelöffel Salz verwenden). Dafür die Polenta in der Form erkalten lassen und für mindestens 4 Stunden in den Kühlschrank stellen. Anschließend die fest gewordene Polenta auf ein Brett stürzen und horizontal wie einen Tortenboden in 3 Schichten schneiden. (Falls eine Schicht bricht, diese als Boden oder in der Mitte verwenden. Mit der besten Schicht abschließen.) Dieselbe Form leicht einfetten und die erste Lage Polenta einschichten. Je eine Schicht Spinat und Käse darüber verteilen. Die zweite Lage Polenta auf den Käse geben und die Tomatensauce darüber gießen. Mit der letzten Schicht Polenta abschließen und Butterflöckchen darauf verteilen. Mit Alufolie bedecken und bei 200 °C im Ofen 45 Minuten backen.

Man kann die Lasagne auch im Voraus zubereiten, abkühlen lassen und bis zur Verwendung stehen lassen oder kalt stellen. Zum Aufwärmen mit Wasser beträufeln, mit Alufolie bedecken und für 15 Minuten bei 180 °C in den vorgeheizten Backofen schieben.

FÜR 4–6 PERSONEN

2 EL Olivenöl
1 große oder 2 mittelgroße Schalotten (insgesamt 30 g), geschält und in dünne Streifen geschnitten
400 g frischer Spinat, geputzt 350 g, gewaschen und trocken geschwenkt (am besten in der Salatschleuder)
Salz

Etwa 30 g Butter
300 ml Tomatensauce mit Champignons (siehe Seite 476, etwas dicker gekocht, übrige Sauce aufbewahren)
Frisch gekochte weiche Polenta (klassische Zubereitung, siehe Seite 278), aber mit nur 2 TL Salz
85 g Parmesan, grob gerieben
85 g Fontina, in 2 cm große Würfel geschnitten

■ Das Öl in einem großen Topf stark erhitzen. Die Schalotte darin unter Rühren in 1–2 Minuten goldgelb anschwitzen. Den Spinat 5 Minuten mitschwitzen. 1/4 Teelöffel Salz unterrühren. Vom Herd nehmen und abkühlen lassen. Den Spinat hacken und beiseite stellen.

■ Eine feuerfeste Form (20×20 cm, 10 cm hoch) dünn mit Butter einfetten.

■ Sobald die Tomatensauce fertig ist und alle Vorbereitungen getroffen sind, die Polenta zubereiten. Den Backofen auf 220 °C vorheizen.

■ Ein Drittel der Polenta in die Form schöpfen und mit einem Gummispatel glatt streichen. Darauf zuerst den Parmesan, dann den Spinat und zuletzt den Fontina verteilen. Ein weiteres Drittel der Polenta über den Fontina schöpfen und ebenfalls glatt streichen. Die Tomatensauce gleichmäßig darüber gießen, mit der restlichen Polenta abschließen. Glatt streichen und Butterflöckchen auflegen. Unbedeckt 45 Minuten im Ofen backen. Die Oberfläche soll eine schöne goldbraune Farbe bekommen. Sofort servieren.

ITALIEN

Polenta mit Stängelkohl
Polenta con cime di rapa

Polenta harmoniert mit fast jedem grünen Gemüse, doch der leicht bittere Stängelkohl passt ideal. Als Ersatz für das italienische Gemüse eignen sich Mangold, Spinat oder Brokkoliröschen, die zuerst in gesalzenem Wasser blanchiert und dann in Olivenöl mit Knoblauch zubereitet werden.

FÜR 4 PERSONEN

Frisch zubereitete weiche Polenta mit Käse und Butter (siehe Rezept Seite 280)

Stängelkohl mit Knoblauch (siehe Seite 38), frisch zubereitet

■ Je eine großzügige Portion der weichen Polenta auf Teller verteilen und darauf den frisch zubereiteten Stängelkohl anrichten. Sofort servieren.

❖

Maisgrütze mit Champignons

Maisgrütze ist im Süden der USA sehr beliebt und wird wie Haferbrei meist mit Wasser gekocht. Man serviert sie mit Butter als Beigabe zu Eiern oder als Beilage zu einem Hauptgericht. Eines Tages habe ich dieses amerikanische Gericht südindisch abgewandelt und dabei den in Indien traditionell verwendeten groben Hartweizengrieß durch Maisgrütze ersetzt. Das Ergebnis überzeugte sogar meinen amerikanischen Ehemann.

FÜR 4 PERSONEN

2 EL Pflanzenöl
1/2 TL braune oder gelbe Senfsamen
15–20 frische Curryblätter (falls erhältlich)
1 große Schalotte (etwa 30 g), geschält und fein gehackt

8 mittelgroße Champignons, in 3 mm dicke Scheiben geschnitten
175 ml Maisgrütze (oder grober Maisgrieß)
3/4 TL Salz

■ Reichlich Wasser aufkochen. Einen Messbecher (1 Liter) bereitstellen.
■ Das Öl in einer großen Antihaft-Pfanne bei mittlerer bis hoher Temperatur erhitzen. Die Senfsamen darin in wenigen Sekunden aufplatzen lassen. Sofort die Curryblätter (falls verwendet), dann die Schalotte untermischen und 30 Sekunden pfannenrühren. Die Champignons 1 Minute mitrühren, bis sie rundum glänzen. Nun die Grütze unterrühren und in etwa 2 Minuten goldbraun werden lassen, dabei ständig rühren. Die Hitze reduzieren. 750 Milliliter kochend heißes Wasser abmessen und langsam unter die Mischung rühren. Entstehende Klümpchen zerdrücken. Salzen, nochmals durchrühren und aufkochen. Zugedeckt bei schwacher Hitze 20 Minuten köcheln lassen, ab und zu umrühren.

USA

Löffelbrot
Spoon bread

Bei diesem amerikanischen Klassiker handelt es sich eher um ein Soufflé, das man mit dem Löffel oder einer Gabel verzehrt. Am besten schmeckt es mir mit einer schönen Kruste, im Innern aber noch schmelzend weich. Löffelbrot eignet sich als Beilage oder als Hauptgericht mit grünem Salat. Manche krönen ihre Portion mit einem Butterflöckchen und etwas frisch gemahlenem schwarzem Pfeffer.

FÜR 4–6 PERSONEN

160 g gelber oder weißer Maisgrieß, vorzugsweise aus dem vollen Korn
750 ml Milch
3 Eier, getrennt
15 g Butter, plus mehr für die Form
1 TL Salz
Frisch gemahlener schwarzer Pfeffer
1 TL Zucker

- Einen Wasserbadtopf bis zur Hälfte mit Wasser füllen und aufkochen. In der Zwischenzeit den Maisgrieß in den Aufsatz füllen und nach und nach mit der Milch verrühren, bis eine glatte Mischung entsteht.
- Die Eigelbe schaumig rühren. Den Backofen auf 180 °C vorheizen.
- Sobald das Wasser kocht, den Aufsatz auf das Wasserbad setzen. Butter, Salz, Pfeffer und Zucker zum Grieß geben und etwa 5 Minuten rühren, bis der Grieß eindickt. Den Eigelbschaum einrühren, 1 weitere Minute rühren. Die Grießmasse beiseite stellen und leicht abkühlen lassen.
- Inzwischen die Eiweiße steif schlagen.
- Den Eischnee unter die nur noch warme Grießmasse ziehen und diese in eine gefettete feuerfeste Form (20×20 cm, 15 cm hoch) füllen. Mit einem Gummispatel glatt streichen. In den Ofen schieben und 55 Minuten backen, bis die Oberfläche schön knusprig ist. Sofort servieren.

VARIANTE
Löffelbrot mit Käse und Kräutern
Diese Variante serviere ich gern zum Brunch oder als leichtes Mittagessen mit grünem Salat. Sie können sie aber auch zu einem größeren Essen reichen.
Das Löffelbrot zubereiten, wie links beschrieben, jedoch statt Zucker je 1 Teelöffel frische Thymianblätter und fein gehackten frischen Oregano (oder je 1/2 Teelöffel getrockneten Thymian und Oregano) hinzufügen. Vor der Zugabe des Eischnees 45 Gramm geriebenen Käse, etwa Parmesan oder Cheddar, unterheben. Nun den Eischnee unterziehen und backen, wie beschrieben.

MEXIKO

Mais-Tortillas

Tortillas gehören zu den beliebtesten mexikanischen Spezialitäten. Früher wurden sie, ähnlich wie die indischen Chapatis, *zwischen den Händen zu flachen, runden Fladen gedrückt. Mittlerweile hat sich allerdings die Verwendung der Tortillapresse durchgesetzt. Tortillas lassen sich nämlich kaum ausrollen, da der krümelige Teig am Rand leicht bröckelt, und das Flachklopfen erfordert viel Übung. Eine Tortillapresse bekommt man in vielen Haushaltswarengeschäften. Sie besteht aus zwei schweren Metallscheiben, die an einer Seite durch ein Scharnier verbunden sind. Mithilfe eines Griffs wird die eine Scheibe auf die andere gedrückt und der dazwischen befindliche Teig zu einem flachen Kreis gepresst. Je nach Druck erhält man dickere oder dünnere Tortillas.*

Das Wichtigste bei der Herstellung von Tortillas ist jedoch die Verwendung des richtigen Mehls. In Mexiko und auch in den USA bekommt man in den Tortilla-Fabriken (Tortellerias) *den bereits fertigen Teig. Diese so genannte* Masa *besteht aus weißem, mit einem Alkali gegarten Mais, der gemahlen und zu Teig verarbeitet wurde. Bei uns ist dieser leicht verderbliche Teig nicht erhältlich. Doch Feinkostläden mit lateinamerikanischen Spezialitäten bieten* Masa harina *an, das Mehl aus getrocknetem* Hominy *(siehe Seite 275). Juanita Jarillo, die mich bei allen Fragen zur mexikanischen Küche berät, empfiehlt* Masa harina *von Maseca, ein sehr feines, helles Mehl, aus dem die besten Tortillas entstehen sollen. Gröbere, meist gelbe, an Grieß erinnernde Mehlsorten sind nicht geeignet.*

Selbst gemachte, weiche Tortillas lassen sich vielfältig kombinieren, etwa mit Eiern, Bohnen und Gemüse – eingerollt, mit einer würzigen Salsa, wird daraus ein Taco. *Klappt man die Tortilla über eine Füllung, heißt das Ganze* Quesadilla. *Aus Tortillas vom Vortag lässt sich zum Beispiel der Kidneybohnenauflauf von Seite 218 zubereiten. Man kann sie aber auch leicht trocknen und daraus knusprige* Tostadas *backen. Diese schmecken in Suppen oder als Beilage und passen gut zu pikanten Salsas.*

ERGIBT 16 STÜCK

225 g *Masa harina*

- Die *Masa harina* in einer großen Schüssel nach und nach mit etwa 325 Milliliter warmem Wasser vermischen, bis ein elastischer Teig entsteht, der nicht klebt. Falls nötig, weiteres Wasser untermischen. Den Teig gut kneten und eine glatte Kugel formen. In einem Plastikbeutel mindestens 30 Minuten ruhen lassen.
- Den Teig erneut durchkneten, zu 16 gleich großen, glatten Kugeln formen und diese leicht flach drücken. Mit einem Küchentuch bedecken.
- Die Tortillapresse vorbereiten. Dafür aus dicker Plastikfolie zwei Kreise in der Größe der Scheiben zuschneiden. (Wieder verschließbare Frischhaltebeutel haben die richtige Stärke. Für kleinere Tortillamengen eignet sich auch Backpapier.) Eine Pfanne (oder Backplatte) aus Gusseisen bei mittlerer bis hoher Temperatur heiß werden lassen.
- *Die Tortillapresse öffnen. Ein Stück Plastikfolie auf die untere Scheibe legen, eine Portion Teig in die Mitte setzen und mit der zweiten Folie bedecken. Nun die obere Scheibe nach unten pressen, sodass eine Tortilla von 13 cm Durchmesser entsteht. Die Presse öffnen, die obere Plastikfolie entfernen. Mit einer Hand unter die untere Folie gleiten, die Tortil-

la auf die freie Hand wenden und die zweite Folie entfernen. Die Tortilla mit Schwung in die Pfanne geben und 30 Sekunden backen. Sobald der Teig an den Rändern zu trocknen beginnt, mit einem Palettmesser wenden, weitere 30 Sekunden backen und erneut wenden. Sie sollte nun auf beiden Seiten einige hellbraune Stellen aufweisen. Darauf achten, dass keine Luftblasen entstehen. Die Tortilla etwa alle 15 Sekunden wenden, bis sie insgesamt 2–2 1/2 Minuten gebacken wurde und einige goldbraune Stellen hat. Aus der Pfanne nehmen und mit einem Küchenhandtuch bedecken.

- Die Hitze reduzieren und die nächste Tortilla formen. Die Hitze wieder erhöhen und die Tortilla wie beschrieben backen. Alle Tortillas auf diese Weise zubereiten, aufeinander schichten und mit dem Küchentuch bedecken.* 15 Minuten ruhen lassen. Die Tortillas sofort verzehren oder – zuerst in das Küchentuch, dann in Alufolie gewickelt – im warmen Ofen bis zu 1 Stunde warm halten.
- Kalte Tortillas am besten im Dämpftopf wieder aufwärmen. Dafür Wasser etwa 2,5 cm hoch in den Topf füllen (es sollte den Dämpfeinsatz nicht berühren) und aufkochen. 12–16 Tortillas in ein Küchentuch wickeln und in den gelochten Dämpfeinsatz legen. Zugedeckt über dem sprudelnd kochenden Wasser etwa 2 Minuten dämpfen. Die Tortillas herausnehmen und im Küchentuch noch 15 Minuten ruhen lassen. Anschließend sofort servieren.

MEXIKO

Knusprig frittierte Tortillas
Tostadas

Tostadas, *ganze frittierte Tortillas, werden am besten aus gekauften Tortillas zubereitet, denn diese sind lockerer und elastischer. Dazu passen Grüner Pasole (siehe Seite 276) und verschiedene Bohnen- und Gemüsegerichte sowie Salate und Salsas. Damit die Tortillas richtig knusprig werden, sollte man sie zuvor gut trocknen. Ein locker aufgelegtes Küchentuch verhindert, dass sie sich beim Trocknen rollen.*

FÜR 6 PERSONEN

12 gekaufte Tortillas

Pflanzenöl zum Frittieren

- Die Tortillas auf Küchentüchern an einem warmen, trockenen, gut belüfteten Ort nebeneinander ausbreiten, sie sollten sich nicht überlappen. Mit Musselin bedecken und 5–6 Stunden trocknen lassen.
- Das Öl 5 cm hoch in eine große, tiefe Pfanne füllen, bei mittlerer Temperatur heiß werden lassen. Eine Tortilla 30 Sekunden in dem heißen Öl frittieren, wenden und in weiteren 30 Sekunden goldbraun frittieren. Herausnehmen, auf Küchenpapier abtropfen lassen. Die übrigen Tortillas ebenso frittieren.

VARIANTE
Tortilla-Chips
(Tostitas/Tostadas)
Ebenso wie *Tostadas* bereitet man Tortilla-Chips am besten aus gekauften Tortillas. Man reicht sie zu Suppen oder Drinks mit Salsa oder Chutney. Sie werden wie *Tostadas* zubereitet, doch schneidet man die Tortillas vor dem Trocknen mit einer Küchenschere in 6 gleich große Dreiecke. Die Chips nur in kleinen Portionen frittieren, da sie leicht aneinander hängen bleiben. Beim Frittieren trennen.

EL SALVADOR

Mais-Tortillas mit Käsefüllung
Papoosa de queso • Adela Lorenzo

Diese Tortillas serviert man mit einem würzigen Kohlsalat (Curtido). In El Salvador sind sie bei Groß und Klein beliebt, etwa so wie bei uns Hamburger mit Pommes.

Falls möglich, sollten Sie für den Käse zerkrümelten mexikanischen Queso fresco verwenden, ansonsten eignet sich auch grob geriebener milder Cheddar.

Nützliche Tipps zur Zubereitung von Tortillas finden Sie auf Seite 284.

ERGIBT 10 TORTILLAS

225 g *Masa harina*
1 TL Salz

225 g Käse (siehe Einleitung), zerkrümelt oder grob gerieben
Etwa 4 EL Pflanzenöl

■ *Masa harina* und Salz in einer großen Schüssel nach und nach mit 325 Milliliter heißem Wasser vermischen, bis ein elastischer, weicher Teig entsteht, der nicht klebt. Falls nötig, mehr Wasser untermischen. Den Teig gut kneten und eine glatte Kugel formen. In einem Plastikbeutel mindestens 30 Minuten ruhen lassen.

■ Den Teig zu 10 gleich großen, glatten Kugeln formen und leicht flach drücken. Mit einem Küchentuch bedecken.

■ Den Käse in 10 Portionen teilen. Eine Schüssel mit lauwarmem Wasser bereitstellen.

■ Eine Handfläche leicht wölben und mit lauwarmem Wasser befeuchten. Eine Teigkugel so hineindrücken, dass ein leicht gewölbter Kreis von 7,5 cm Durchmesser entsteht. Falls der Rand bricht, diesen mit angefeuchteten Fingern festdrücken. Eine Portion Käse in die Mitte füllen und die Teigränder über dem Käse verschließen, sodass wieder eine Kugel entsteht. Vorsichtig flach drücken. Mit den restlichen Teigkugeln ebenso verfahren, mit Backpapier bedecken.

■ Nun mithilfe der Tortillapresse die *Papoosas* genauso wie die Tortillas herstellen und backen (siehe Beschreibung auf Seite 284/285 zwischen den beiden Sternchen*). Die *Papoosas* sollten allerdings dicker sein, dafür gehen sie beim Backen weniger auf. Vor dem Backen die Pfanne stets mit etwas Öl einfetten.

■ Die fertigen *Papoosas* aufeinander schichten und mit einem Küchentuch bedecken. Heiß servieren.

■ Zum Aufwärmen der *Papoosas* eine Pfanne (oder Backplatte) aus Gusseisen bei mittlerer bis hoher Temperatur heiß werden lassen. Möglichst viele *Papoosas* nebeneinander einlegen und von beiden Seiten je 30 Sekunden erhitzen. Oder die aufgeschichteten *Papoosas* in Alufolie wickeln und für 15 Minuten bei 180 °C in den Backofen schieben.

VARIANTE 1

Mais-Tortillas mit Kartoffel-Chili-Füllung
(Papoosa de papa)

Die *Papoosas* wie oben zubereiten, doch statt Käse eine Mischung aus 225–250 Gramm gekochten, gepellten, grob geriebenen Kartoffeln, 1/2 Teelöffel Salz, 1/2–1 Teelöffel fein gehackten frischen grünen Chilis verwenden.

VARIANTE 2

Anna Montes Mais-Tortillas mit Käse-Bohnen-Füllung
(Papoosa de queso con frijoles refritos)

Die *Papoosas* wie oben zubereiten, doch für die Füllung nur die Hälfte Käse sowie 10 Esslöffel zerdrückte, abgekühlte Zweimal gebratene Bohnen (siehe Seite 226) verwenden. Jede *Papoosa* mit 1 1/2 Esslöffel Käse und 1 Esslöffel Bohnen füllen.

MEXIKO

Quesadillas mit Champignons
Rosario Guillermo

Diese Quesadillas *sind im Grunde Tortilla-Sandwiches. Wer keine* Jalapeños *oder* Serranos *bekommt, verwendet einfach andere frische oder eingelegt grüne Chilis.*

FÜR 2–4 PERSONEN

3 EL Pflanzenöl oder Olivenöl
180 g Zwiebeln, geschält, in sehr dünnen Halbringen
2 frische *Jalapeño*- oder *Serrano*-Chilis, Samen entfernt, fein gehackt
2 Knoblauchzehen, geschält, fein gehackt
285 g Champignons, in 3 mm dicken Scheiben

5–6 frische *Epazote*-Blätter (siehe Glossar) oder 1 EL fein gehacktes frisches Koriandergrün
1/2 TL Salz, frisch geriebener schwarzer Pfeffer
4 Mais-Tortillas, frisch zubereitet (siehe Seite 284) oder im Dämpftopf aufgewärmt (siehe Seite 285)
Guacamole (siehe Seite 538)

■ Das Öl in einer Pfanne bei mittlerer Temperatur erhitzen. Zwiebel und Chilis darin unter Rühren leicht bräunen. Den Knoblauch untermischen und goldbraun braten. Champignons, *Epazote* oder Koriandergrün, Salz und Pfeffer einrühren und 4 Minuten braten, bis die gesamte Flüssigkeit eingekocht ist.

■ Eine heiße Tortilla auf einen Teller legen. Eine Hälfte mit der Champignonmischung bestreichen, die andere Hälfte darüber klappen, leicht andrücken und warm halten. Die übrigen Tortillas ebenso füllen. Heiß oder warm mit einem Klecks Guacamole anrichten und servieren.

MEXIKO

Quesadillas mit Käse
Rosario Guillermo

Für dieses unkomplizierte Gericht werden Mais-Tortillas mit Käse gefüllt und dann kurz gebacken, damit der Käse schmilzt. Auf die angerichteten Quesadillas *gibt man eine pikante Salsa.*

FÜR 4–6 PERSONEN

450 g Monterey Jack oder milder Cheddar, gerieben
Etwas Pflanzenöl für die Pfanne
12 Mais-Tortillas, frisch zubereitet (siehe Seite 284) oder im Dämpftopf aufgewärmt (siehe Seite 285)

Einfache rote Salsa (siehe Seite 478)
12 EL saure Sahne (nach Belieben)

■ Den geriebenen Käse in 12 Portionen teilen.
■ Eine große Pfanne (oder eine Backplatte) aus Gusseisen bei mittlerer Temperatur heiß werden lassen und leicht einfetten. Möglichst viele Tortillas nebeneinander hineingeben. Zügig je eine Portion Käse auf den Tortillas verteilen und schmelzen lassen. Die Tortillas in der Mitte zusammenklappen und leicht zusammendrücken. Unter mehrmaligem Wenden backen, bis sie schön heiß und knusprig sind.
■ Etwas Salsa und einen Klecks saure Sahne (nach Belieben) darüber geben, sofort servieren. Alle *Quesadillas* so zubereiten und die Pfanne stets neu einfetten.

GETREIDE

USA

Maisbrot mit Sesam
Corn bread with sesame seeds

Dieses Rezept stammt von meiner Schwiegermutter. Ich reichere das wunderbar lockere, kuchenähnliche Maisbrot noch mit Möhren und Sesam an.

FÜR 6–8 PERSONEN

Butter für das Backblech
160 g gelber Maisgrieß
140 g Mehl
4 TL Backpulver
3/4 TL Salz
50 g Zucker

2 sehr große Eier
250 ml Milch
2 EL Pflanzenöl
2 Möhren, geschält und geraspelt
2 EL Sesamsamen

■ Den Backofen auf 220 °C vorheizen. Eine quadratische Backform (etwa 23 × 23 cm, 5 cm hoch) leicht einfetten.

■ Grieß, Mehl, Backpulver, Salz und Zucker in eine Schüssel sieben. Die Eier verquirlen, die Milch und das Öl locker untermischen. Unter die trockenen Zutaten rühren, danach die Möhren gründlich unterheben.

■ Die Masse in die Backform füllen und gleichmäßig mit dem Sesam bestreuen. Im Ofen 20–25 Minuten backen. Garprobe: An einem in der Mitte eingestochenen Holzspieß sollten keine Teigreste haften bleiben.

INDIEN

Maisfladenbrote
Makki di roti

Im nordwestindischen Punjab ist dieses Brot vor allem in den kalten Wintermonaten eine unverzichtbare Spezialität. Man benötigt sehr feines Mehl aus getrockneten gelben Maiskörnern, das in indischen Lebensmittelläden als Makki ka ata *angeboten wird.*

Zum Backen verwenden Sie am besten eine indische Tava *(siehe Glossar) oder Backplatte aus Gusseisen, aber auch eine gusseiserne Pfanne eignet sich. Im Punjab setzt man auf die frischen Brote ein großzügiges Stück selbst gemachte Butter und reicht dazu den im Winter so beliebten Blattsenf. Bohnen und andere Blattgemüse sind ebenfalls eine gute Wahl sowie Salate und Getränke mit Joghurt als Beigaben.*

ERGIBT 8 STÜCK

400 g indisches Maismehl *(Makki ka ata)*, plus mehr zum Bestauben

1 TL Salz
Butter für die fertigen Brote

■ Mehl und Salz in einer Schüssel nach und nach mit 425 Milliliter heißem Wasser vermischen, bis ein weicher Teig entsteht. Etwa 10 Minuten kneten. Eine Kugel formen und in einem Plastikbeutel mindestens 30 Minuten ruhen lassen.

■ Den Teig zu 8 gleich großen Kugeln formen und gleichmäßig flach drücken. Mit einem Küchentuch bedecken.

■ Etwas Küchenpapier zu einem Knäuel zusammendrücken. Beiseite legen. Eine Backplatte (oder Pfanne) aus Gusseisen bei mittlerer bis hoher Temperatur heiß werden lassen.

■ Inzwischen einen Teigfladen im Mehl wenden und den Rand wie ein Rad durch das Mehl drehen. Auf eine bemehlte Arbeitsfläche legen. Den Teig mehrmals mit der Hand flach drücken und dabei stets etwas drehen. Mit der anderen Hand leicht gegen den Rand drücken, sodass dieser nicht bricht. Falls nötig, nochmals im Mehl wenden. Sobald ein Kreis von 16 cm Durchmesser entstanden ist, den Teig mit der Handfläche vorsichtig aufnehmen, mit Schwung auf die heiße Backplatte geben und 1 Minute backen. Wenden und nochmals 40 Sekunden backen. Erneut wenden, weitere 30 Sekunden backen. Sollte der Teigfladen sich wölben, mit dem Küchenpapierknäuel nach unten drücken. Wenden, 30 Sekunden backen und den Vorgang erneut wiederholen, bis das Fladenbrot schöne goldbraune Stellen zeigt und gar ist.

■ Vom Herd nehmen, die Oberfläche mehrmals einstechen und ein großzügiges Stück Butter darauf setzen. In einer Schüssel zugedeckt warm halten.

■ Die übrigen Brote ebenso zubereiten und heiß verzehren.

QUINOA (REISMELDE)

Die Körner liefernde Kulturpflanze stammt aus den Hochländern (bis 3 000 m Höhe) Perus und Boliviens und zählt dort neben Kartoffeln und Mais zu den wichtigsten Grundnahrungsmitteln. Die Inkas nannten sie ihren »Muttersamen«. Als die spanischen Eroberer per Gesetz den Anbau verboten, wurden sämtliche Quinoafelder zerstört; schließlich geriet diese Kultur für mehrere Jahrhunderte in Vergessenheit. Erst in den letzten Jahrzehnten sorgten interessierte Amerikaner für die Wiederbelebung des »Inkareis«.

Vor etwa zehn Jahren war Quinoa bei uns noch weitgehend unbekannt. Mittlerweile bekommt man die winzigen, in der Form an Hirse, im Geschmack an Reis erinnernden Samen jedoch in jedem Reformhaus und Bioladen. Quinoa ist zum Liebling vieler berühmter Chefköche geworden, die immer wieder neue Zubereitungen ersinnen. Ich teile diese Begeisterung, denn Quinoa hat einen wunderbar süßen Nussgeschmack, gart schnell, bewahrt dabei die Form und den feinen Biss und eignet sich als Füllung für Tomaten und Paprikaschoten sowie für Salate. Quinoa enthält mehr Kalzium als Milch, mehr Proteine als die meisten Frühstücksgetreide (mit ausgewogenen Aminosäuren) sowie reichlich Phosphor (mehr als Bananen), Magnesium und Eisen. Dieses Korn verdient unsere Aufmerksamkeit.

Quinoa vorbereiten: Quinoa muss gründlich gewaschen werden, da die Samen in der Regel von Saponinen umhüllt sind, einem leicht bitteren, seifenartigen Inhaltsstoff. Eine Ausnahme bildet die bolivianische Sorte Sajama, die praktisch saponinfrei ist. Um sicherzugehen, sollte man Quinoa dennoch stets gut waschen. Dafür die Samen in einer Schüssel mit Wasser bedecken, zwischen den Händen reiben und anschließend das meiste Wasser weggießen. Den Vorgang mehrmals wiederholen, bis das Wasser klar bleibt. Die Samen in einem feinmaschigen Sieb gut abtropfen lassen.

Quinoa garen: Quinoa in der doppelten Menge Wasser garen. Für 4 Personen 180 Gramm (etwa 240 Milliliter) waschen und abtropfen lassen. Mit 475 Milliliter Wasser oder Gemüsebrühe in einem kleinen Topf mit schwerem Boden aufkochen. (Nach Belieben 1 Teelöffel Salz unterrühren.) Zugedeckt bei schwächster Hitze 20 Minuten köcheln lassen. Vom Herd nehmen und an einem warmen Ort zugedeckt 15 Minuten stehen lassen, damit die Quinoa trocknet. Auflockern und servieren.

Quinoa mit Tomaten und Thymian

Im Sommer, wenn es leuchtend rote, süße Tomaten im Handel gibt, schmeckt dieses Gericht besonders gut. Ich verwende frischen Thymian aus dem Garten, aber getrockneter eignet sich ebenfalls. Manchmal ersetze ich zudem 4 Esslöffel Brühe oder Wasser durch trockenen weißen Wermut.

FÜR 4 PERSONEN

2 EL Olivenöl
1/2 TL Kreuzkümmel
1 Knoblauchzehe, geschält, sehr fein gehackt
180–200 g Tomaten, enthäutet, Samen entfernt, fein gehackt
1 TL frische Thymianblätter oder
    1/2 TL getrockneter Thymian
180 g Quinoa, gewaschen und abgetropft
    (siehe Seite 290)
475 ml Gemüsebrühe oder Wasser
Salz
1 kräftige Prise Cayennepfeffer
    (nach Belieben)

■ Das Öl in einem kleinen Topf mit schwerem Boden bei mittlerer bis hoher Temperatur sehr heiß werden lassen. Zuerst den Kreuzkümmel, nach etwa 10 Sekunden den Knoblauch einrühren. Zügig die Tomaten hinzufügen und 30 Sekunden mitrühren. Die Hitze reduzieren. Den Thymian 1 Minute ebenfalls mitrühren. Quinoa dazugeben, 1 weitere Minute rühren. Zuletzt Brühe oder Wasser, etwa 1 Teelöffel Salz (falls die Brühe gesalzen ist, weniger verwenden) und den Cayennepfeffer untermischen, aufkochen und zugedeckt bei schwächster Hitze 20 Minuten köcheln lassen.

■ Vom Herd nehmen. Zugedeckt an einem warmen Ort 15 Minuten stehen lassen. Auflockern und heiß oder mit Raumtemperatur servieren.

Quinoa mit Gemüsemais und Kartoffeln

Haben die Inkas Quinoa mit Mais zubereitet, mit Kartoffeln oder mit seinen essbaren Blättern (»Reisspinat«), obwohl man diese wahrscheinlich lange vor den Samen erntete? Wir können nur Vermutungen anstellen. Auf jeden Fall habe ich dieses Gericht zu Ehren der Inkas und anderer Ureinwohner Amerikas kreiert.

FÜR 6 PERSONEN

- 3 EL Maiskeimöl
- 100 g Kartoffeln, geschält, in 1 cm große Würfel geschnitten
- 2 mittelgroße Tomatillos (insgesamt 85 g), Kelchblätter entfernt, fein gehackt (siehe Glossar), oder 1 grüne oder rote Tomate
- 100 g frischer Gemüsemais oder Tiefkühlmais, aufgetaut
- 1/2–1 TL fein gehackter frischer grüner oder roter Chili (nach Belieben)
- 2 EL fein gehackter frischer *Culantro* (siehe Glossar) oder frisches Koriandergrün
- 180 g Quinoa, gewaschen und abgetropft (siehe Seite 290)
- 1 1/4 TL Salz

■ Das Öl in einem mittelgroßen Topf mit schwerem Boden bei mittlerer bis hoher Temperatur erhitzen. Die Kartoffeln darin unter Rühren 2–3 Minuten anbraten. Die Tomatillos unterrühren und in 2–3 Minuten weich garen. Mais, Chili und *Culantro* 1 Minute mitbraten, dabei rühren. Quinoa dazugeben und unter Rühren 1 weitere Minute braten. 475 Milliliter Wasser und das Salz einrühren und aufkochen. Zugedeckt bei schwächster Hitze 20 Minuten köcheln lassen.

■ Vom Herd nehmen. Zugedeckt an einem warmen Ort 15 Minuten stehen lassen. Auflockern und servieren.

REIS

Vor nicht allzu langer Zeit bekam man in den Supermärkten nur drei Reissorten – Langkorn, Rundkorn und Parboiled Reis. Die Bioläden führten dagegen meist nur braunen Naturreis. Doch inzwischen hat sich viel geändert. In meinem Bioladen gibt es mehrere Regale mit rotem und schwarzem Reis, unterschiedlichem Naturreis, etwa Basmati, Rundkorn und Langkorn, sowie Bio-Basmatireis. Das Angebot internationaler Lebensmittelgeschäfte umfasst Jasminreis, Instantreis, japanischen Rundkornreis, türkische Sorten mit mittlerem Korn, Klebreis, italienischen Risottoreis und vielerlei Reismischungen mit Nüssen, Bohnen und Gewürzen.

Reis ernährt weltweit mehr Menschen als jedes andere Getreide; sein Siegeszug in Richtung Westen ist nicht aufzuhalten. Die Araber hatten für seine Verbreitung in Europa gesorgt – zunächst in den sumpfigen Gebieten Spaniens, von dort aus gelangte er nach Italien –, und die Briten brachten ihn nach Nordamerika. Doch wo ist das beliebte Getreide beheimatet? In Nordthailand fand man Reiskörner aus der Zeit um 6000 v. Chr., und Ausgrabungen in Nordindien brachten Körner zutage, die auf 5000 v. Chr. datiert wurden. 4000 Jahre alte indische Texte erwähnen sowohl Reiskörner, die Eremiten von Wildpflanzen sammelten, als auch kultivierte aromatische Langkornsorten. Die frühesten Kulturformen sind in Nordindien und jenem Dreieck anzusiedeln, das Burma, Thailand, Laos, Vietnam und Südchina miteinander verbindet. Nach Indonesien und auf die Philippinen kam er mit den Einwanderern um etwa 3000 v. Chr., und um dieselbe Zeit gelangte er von Korea aus nach Japan.

Als Aristobolus von Kassandrelia Alexander den Großen nach Indien begleitete, sah er eine für ihn seltsame, höchst produktive Pflanze, die in regelmäßig geformten, mit Wasser gefüllten Beeten stand. Reis war schon damals das wichtigste Getreide Nordindiens. Er wurde zu Mehl vermahlen, zu trockenen Waffeln, Puffreis, Pfannkuchen und Klößen verarbeitet, in Blätter gefüllt und auch zur Wein- und Likörbereitung verwendet.

Im alten Indien kochte man Reis mit Sesam, mit *Jaggery* (siehe Glossar) und Milch und bereitete daraus sogar eine Suppe mit Granatapfelsaft, Ingwer und Langem Pfeffer (siehe meine Variante auf Seite 502). Bräute warfen gerösteten Reis als Symbol der Fruchtbarkeit ins heilige Feuer, und Babys bekamen damals wie heute zur *Annaprassana*-Zeremonie als erste feste Nahrung Reis.

Auch in China hatte man vor 4000 Jahren den Reis zu einem der wichtigsten Getreide erklärt. In vielen Gegenden Indiens, Japans, Chinas, Indonesiens und Thailands gilt Reis als Synonym für eine Mahlzeit. Indonesische Freunde von mir können zum Beispiel am Abend in der Stadt einen Hamburger essen, aber ihr eigentliches Abendessen nehmen sie dennoch zu Hause in Form von Reis zu sich.

In ganz Asien und auch rund ums Mittelmeer bevorzugt jedes Land seinen eigenen Reis. Auf Bali schätzt man ausschließlich den plumpen balinesischen Reis, über dessen Anbau die Göttin Sri wacht. Die Japaner, die günstigen kalifornischen Reis importieren könnten, zahlen lieber den sechsfachen Preis für ihren eigenen Reis, denn dieser soll viel mehr Süße und Biss besitzen. Die Italiener wiederum bevorzugen ihren Arborio, und auch die Griechen und Türken schwören auf ihre eigenen Erträge. An der Westküste Indiens hält man den teilweise polierten roten Reis für den besten, und im Süden bevorzugt man einen Parboiled Reis von mittlerem Korn.

Alle Reissorten müssen erst einmal entspelzt werden, ehe man sie essen kann. Als Resultat dieser ersten Bearbeitung von Rohreis verbleibt der Naturreis, auch Braunreis genannt, der je nach Farbe der Schalen auch rot oder schwarz sein kann. Wird die nächste Schicht, das nährstoffreiche Silberhäutchen mit dem Keimling, ebenfalls entfernt (abgeschliffen), bleibt weißer, meist polierter (= vom Schleifstaub befreiter) Reis übrig.

Reis wird nach Größe und Form klassifiziert. Das kürzeste Korn hat der Rundkornreis. Er ist sehr stärkereich, wird beim Garen leicht klebrig und eignet sich vor allem für Süßspeisen. Mittelkornreis hat ein plumpes, etwas größeres Korn und besitzt weniger Stärke als Rundkornreis. Langkornreis enthält am wenigsten Stärke und bleibt auch nach dem Garen locker. Dies ist der ideale Reis für Pilaws.

Gegart werden sollte jede Reissorte in einem Topf mit schwerem Boden, der die Hitze gleichmäßig weiterleitet. Wird die Absorptionsmethode angewendet, benötigt man unbedingt einen fest schließenden Deckel. Sitzt der Deckel nicht richtig, gibt man ein Stück Alufolie auf den Topf, ehe man den Deckel aufsetzt. Außerdem darf der Topf weder zu groß noch zu klein sein. Das Volumen von Reis verdreifacht sich beim Garen, also sollte der Topf maximal so groß sein wie die vierfache Menge der gegarten Reisportion.

Im Folgenden beschreibe ich nun einige Reissorten und Reisprodukte, die ich in diesem Abschnitt verwende:

Naturreis: Die Körner von unpoliertem Naturreis besitzen noch das so genannte Silberhäutchen, bestehend aus Frucht- und Samenschale sowie der proteinhaltigen Aleuronschicht, und den Keimling. Die Schalen enthalten wichtige Ballaststoffe und viele Nährstoffe, etwa Thiamin, Riboflavin und Niacin. Naturreis, der heute in unterschiedlichen Größen angeboten wird, benötigt eine längere Garzeit als polierter Reis. Wegen seiner festeren Textur ist er nicht für alle Reisgerichte geeignet. Inder essen niemals unpolierten Basmatireis; denn weißer Basmatireis gilt als teure Delikatesse, die nur zu besonderen Gelegenheiten verzehrt wird. Die ernährungsphysiologischen Vorzüge von Naturreis sind dabei nicht von Belang.

Weißer (polierter) Basmatireis: Obwohl im alten Indien verschiedene aromatische Reissorten bekannt waren, kam der Name »Basmati« (»einer mit gutem Duft«) erst um das 17. Jahrhundert in Gebrauch. Er bezeichnete einen besonderen Langkornreis, der in den Ausläufern des Himalajas angebaut wurde, wo viel Sonne und von den Gletschern gespeiste Flüsse für ideale Bedingungen sorgten.

Neben dem herausragenden Aroma zeichnet sich Basmatireis zudem durch sein schlankes, leicht nach oben gebogenes Korn aus. Beim Garen wird es dreimal so lang, jedoch kaum dicker. Diese elegante Form macht in Verbindung mit dem feinen Aroma den Basmatireis zu solch einem geschätzten Lebensmittel. Auf Auktionen für Großhändler wird Basmatireis mit nur wenig Bruch und einer gleichmäßigen cremig weißen Färbung am höchsten eingestuft. Bester Basmatireis ist zudem gereift. In Indien kaufen manche Gemeinden gleich nach der Ernte große Mengen Reis, die sie dann zu Hause lagern und erst im folgenden Jahr essen. In der Regel sind es jedoch die Großhändler, die den Reis in luftigen Schobern mindestens neun Monate lagern. Durch diese Lagerung wird der Reis milder, härter und, wie es schon in alten indischen Texten heißt, auch wesentlich besser verdaulich.

Japanischer Reis: Diesen plumpen Rundkornreis verwendet man sowohl für japanische als auch für koreanische Speisen. Er klebt durch das Garen leicht zusammen und eignet sich darum ideal für den Verzehr mit Essstäbchen. Die Körner werden zuerst gewaschen und dann 1 Stunde im Sieb beiseite gestellt, damit sie das an ihnen haftende Wasser aufnehmen. Anschließend gart man den Reis nach der Absorptionsmethode. Dabei rechnet man 1 Teil Reis auf 1 1/4 Teile Wasser.

Risottoreis: Für Risotto verwendet man italienischen Rundkornreis. Die bekannteste Sorte ist Arborio, aber auch Vialone Nano oder Carnaroli sind sehr zu empfehlen. Risottoreis wird vor dem Garen nicht gewaschen, da die Stärke, die an den Körnern haftet, für das Gelingen des Risottos unerlässlich ist.

Klebreis: Dieser opak-weiße Rundkornreis, auch als Glutenreis bekannt, wird in Ostasien vorwiegend für Reispuddings verwendet. Im Norden und Osten Thailands sowie in Laos, Kambodscha und Vietnam ist er jedoch das tägliche Grundnahrungsmittel. Klebreis wird gewaschen, eingeweicht und dann meist gedämpft. Auf den Märkten Nordostthailands gart man Klebreis auf der Straße und verkauft ihn schon fertig zubereitet. Große konische Körbe mit eingeweichtem Reis werden dafür in die schmalen Öffnungen mächtiger Dampfkessel gesteckt. Mehrmals wird der Korb dann angehoben und der Reis geschüttelt, damit er gleichmäßig gart. Den fertigen glänzenden Reis befördern die Kunden in Plastikbeuteln nach Hause, wo er sofort in die traditionellen Körbe mit Deckel gefüllt wird. In diesen Körben bleibt der Reis mehrere Stunden weich und heiß, und so wird er auch auf den Tisch gebracht. Man bedient sich selbst mit einer kleinen Portion Reis, den man zu Kugeln formt und in das Gericht oder einen würzigen Salat taucht.

»Verbotener« schwarzer Reis aus China: In Ostasien esse ich diesen schwarzen Rundkornreis schon seit vielen Jahren, und mein Lieblingsgericht ist eine hervorragende kalte süße Suppe aus schwarzem Reis mit Kokosmilch darüber, die ich einmal in Malaysia probiert habe. Schwarzer Reis sondert beim Garen eine intensive rotviolette Flüssigkeit ab – als würde man Blaubeeren kochen. Er muss in der Regel über Nacht eingeweicht werden. Doch diese spezielle Sorte mit kleinen, glänzenden Körnern gart schnell und benötigt nur 1 Stunde Einweichzeit.

Roter Reis aus Bhutan: Dieser teilweise geschliffene Reis erhält seine Färbung durch die roten Schalenreste. Zum Garen benötigt man etwas weniger Wasser als bei den meisten Naturreissorten. Die Körner besitzen einen angenehm erdigen Geschmack. Roten Reis von besonders guter Qualität kennt man auch in den westindischen Regionen Goa und Maharashtra.

Roter Reis aus der Camargue: Bei diesem Reis handelt es sich um eine neue Sorte, die nur von einer Familie in der Camargue in Südfrankreich angebaut wird. Die Körner haben ein nussartiges Aroma und einen angenehmen Biss.

Reis aufbewahren: Reis gut verschlossen in Schraubgläsern lagern.

Reis waschen: Viele polierte Reissorten weisen Zusätze auf, die mit Maismehl vermischt und dann an die Körner gegeben wurden. Ich wasche sie fast immer ab, da sie nur dazu dienen, den Reis weich zu machen. Auch der Staub vom Polieren und etwaige Verunreinigungen müssen vor dem Garen entfernt werden. Dafür den Reis in einer Schüssel mit Wasser bedecken und mit den Händen mehrmals durchmischen. Die Schüssel leicht kippen und einen Großteil des nun milchigen Wassers weggießen. (Zügig arbeiten, da der Reis sonst das verschmutzte, stärkehaltige Wasser absorbiert.) Die Schüssel mit frischem Wasser füllen und den Reis erneut waschen. Den Vorgang mehrmals wiederholen, bis das Wasser nahezu klar bleibt.

Naturreis vorbereiten und garen: Diese Methode eignet sich für alle Naturreissorten, auch für unpolierten Basmatireis. Für 4–6 Personen 450 Milliliter Naturreis waschen und abtropfen lassen. In einer Schüssel mit 1 Liter Wasser bedecken und für 1 Stunde einweichen. Den Reis mit der Einweichflüssigkeit in einen Topf mit schwerem Boden füllen. 1 Teelöffel Olivenöl, 3/4 Teelöffel Salz und reichlich schwarzen Pfeffer (nach Belieben) hinzufügen. Aufkochen und zugedeckt bei schwächster Hitze 35 Minuten garen. Vom Herd nehmen, zugedeckt 10 Minuten ruhen lassen.

Weißen (polierten) Basmatireis und anderen hochwertigen Langkornreis vorbereiten und garen: Sollen die Körner locker bleiben, muss man den Reis vor dem Garen einweichen. Dafür den gewaschenen Reis großzügig mit frischem Wasser bedecken und für 30 Minuten oder länger einweichen. Der Reis absorbiert dabei ausreichend Wasser, quillt auf und wird opak. Den eingeweichten Reis gut abtropfen lassen. Je nach Rezept gibt es nun viele verschiedene Garmethoden, wie etwa Backen, die Absorptionsmethode (hierfür verwendet man genau so viel Wasser, wie der Reis beim Garen aufnimmt), Parboiling plus Backen, Pfannenrühren plus Absorptionsmethode oder Kochen plus Backen. Wird für Langkornreis die Absorptionsmethode angewendet, rechnet man 1 Teil Reis auf 1 1/3 Teile Wasser.

Japanischen Rundkornreis vorbereiten und garen: Für das Grundrezept (für 4 Personen) 475 Milliliter japanischen Reis waschen und 1 Stunde in einem Sieb abtropfen lassen. Mit 600 Milliliter Wasser in einen Topf mit schwerem Boden füllen und zugedeckt aufkochen. Sobald Wasserdampf entweicht, auf schwächste Hitze schalten und den Reis 20 Minuten garen. Für 1 Minute auf starke Hitze schalten, dann den Topf vom Herd nehmen. Zugedeckt 15 Minuten ruhen lassen.

Klebreis vorbereiten und dämpfen: Für 4 Personen 350 Milliliter Klebreis waschen und abgießen. Mit reichlich kaltem Wasser bedecken und für 6–8 Stunden (oder 2–3 Stunden in heißem Wasser) einweichen. Abgießen und das Kochgeschirr zum Dämpfen (siehe Glossar) vorbereiten, der Dämpfaufsatz sollte gelocht sein. Ein sauberes Stück Musselin oder ein Küchentuch hineinlegen und den Reis einfüllen. Den Aufsatz auf den Topf setzen. Zugedeckt etwa 25 Minuten dämpfen, bis der Reis weich ist. Den Reis in eine Schüssel mit Deckel füllen. In Nordthailand verzehrt man Klebreis mit würzigen Salaten und eintopfähnlichen Gerichten. Sehr gut passt er auch zu frischem Obst, vor allem mit Kokosmilch und Zucker darüber.

Schwarzen Reis aus China vorbereiten und garen: Für 4 Personen 250 Milliliter schwarzen Reis waschen und abgießen. In einer Schüssel mit 400 Milliliter Wasser bedecken und für 1 Stunde einweichen. Den Reis mit 3/4 Teelöffel Salz in einem Topf mit schwerem Boden aufkochen. Zugedeckt bei schwacher Hitze 35 Minuten garen. Vom Herd nehmen und zugedeckt 10 Minuten ruhen lassen. Dieser außergewöhnliche Reis sollte auch mit einer besonderen Mahlzeit kombiniert werden. Ich serviere ihn etwa in einem Ring aus gegrillten Paprikaschoten mit klassischer Romesco-Sauce (siehe Seite 466) oder umgeben von Sommertomaten und Mozzarella – natürlich mit frischem Basilikum und bestem Olivenöl.

Roten Reis aus Bhutan vorbereiten und garen: Für ein einfaches bäuerliches Reisgericht für 3–4 Personen 250 Milliliter roten Reis waschen und abgießen. In einer Schüssel mit 350 Milliliter Wasser bedecken und 45 Minuten einweichen lassen. Den Reis mit der Einweichflüssigkeit in einem Topf mit schwerem Boden aufkochen. Zugedeckt bei schwächster Hitze 35 Minuten garen. Vom Herd nehmen und zugedeckt 15 Minuten ruhen lassen.

Reismehl: Reismehl wird aus normalem wie auch aus Klebreis hergestellt. Beide Mehlsorten verwendet man für Süßigkeiten, aber auch für pikante Gerichte, Pfannkuchen und Nudeln. Reismehl fest verschlossen in einem Schraubglas aufbewahren.

Reisnudeln: In Asien bekommt man frische und getrocknete Reisnudeln von unterschiedlichster Dicke. In Bangkok habe ich in einer Reisnudelfabrik einmal zugesehen, wie Teig aus Reismehl aus einer perforierten Vorrichtung in einen Kessel mit kochendem Wasser gepresst wurde. Die rohen Nudeln fielen ins Wasser, wurden darin bewegt, bis sie fest wurden, und dann schnell in einem kalten Wasserbad abgeschreckt. Nach dem Abtropfen formte man daraus kleine, runde Nudelnester. In Körben, mit Bananenblättern bedeckt, gelangten sie sofort in den Verkauf, denn diese Nudeln sind nur 24 Stunden haltbar. Man serviert sie mit Kokosnusssaucen und in pfannengerührten Gerichten.

In Südindien stellt man Reisnudeln mithilfe kleiner Holzpressen von Hand selbst her. Die Nudeln, nur aus Reismehl und heißem Wasser zubereitet, fallen auf eingefettete Teller oder ein gespanntes Stück Musselin und werden über kochendem Wasser gedämpft. Man isst sie zum Beispiel mit leicht gesüßter Kokosmilch mit Kardamomaroma oder auch mit einer Mischung aus Öl und Gewürzen.

Frische Reisnudeln sind in Europa nur schwer erhältlich, getrocknete Reisnudeln bekommt man dagegen häufiger. Die sehr feinen Nudeln werden als Reis-Vermicelli angeboten, die etwas breiteren als *Banh pho.*

Reis-Vermicelli garen: Die Nudeln in kochendes Wasser geben und in wenigen Minuten bissfest garen (den Garvorgang aufmerksam beobachten), abgießen und mit kaltem Wasser abschrecken. Alternativ die Nudeln nur kurz in kochendem Wasser garen, trockenschwenken und dann in heißem Öl frittieren; die Nudeln gehen dabei knusprig auf und ergeben eine wunderbare Garnitur.

Banh pho garen: Die Nudeln für 30 Minuten einweichen. In kochendes Wasser geben und weniger als 1 Minute garen (den Garvorgang aufmerksam beobachten). Abgießen, mit kaltem Wasser abschrecken. Kurz vor dem Servieren die Nudeln erneut für wenige Sekunden in kochendes Wasser legen. Ein wenig Öl verhindert, dass sie zusammenkleben.

Wildreis: Bei Wildreis handelt es sich gar nicht um echten Reis, sondern um den Samen einer Grasart, die in Nordamerika heimisch und auch als Indianerreis bekannt ist. Da er jedoch mit seinen braunen bis schwarzen, glänzenden Körnern in Aussehen und Geschmack dem Reis ähnelt und auch ähnlich verwendet, ja sogar mit echtem Reis kombiniert wird, ist er hier am Ende dieses Abschnitts über Reis aufgeführt.

INDIEN

Einfacher Basmatireis
Saaday basmati chaaval

Diesen Reis servieren wir täglich in unserem New Yorker Restaurant Dawat. Der Basmatireis wird schlicht nach der Absorptionsmethode gegart, erhält durch ein paar Kardamomkapseln allerdings ein besonderes Aroma.

FÜR 4 PERSONEN

450 ml Basmatireis, gewaschen, eingeweicht und abgetropft

5 grüne Kardamomkapseln

■ In einem Topf mit schwerem Boden den Reis mit 600 Milliliter Wasser bedecken, die Kardamomkapseln hinzufügen und aufkochen. Zugedeckt bei schwächster Hitze 25 Minuten garen. Vom Herd nehmen und zugedeckt mindestens 10 Minuten ruhen lassen. Kardamom entfernen und den Reis servieren.

❖

Einfacher weißer Langkornreis

Wer einmal keine Zeit hat, den Reis vor dem Garen zu waschen und einzuweichen, kann auf diese Zubereitung zurückgreifen. Am besten verwendet man hierfür amerikanischen Langkornreis und nicht den wertvollen Basmatireis.

FÜR 4 PERSONEN

450 ml weißer (polierter) Langkornreis
Etwas Butter (nach Belieben)

3/4 TL Salz (nach Belieben)

■ Den Reis, Butter und Salz, falls verwendet, in einem Topf mit schwerem Boden mit 700 Milliliter Wasser bedecken, durchrühren und aufkochen. Zugedeckt bei schwächster Hitze 25 Minuten garen. Vom Herd nehmen und zugedeckt 10 Minuten ruhen lassen.

GETREIDE 299

Naturreis mit gekeimtem Dinkel

Statt gekeimtem Dinkel können Sie auch gekeimten Weizen verwenden.

FÜR 4 PERSONEN

- 450 ml Langkorn-Naturreis, gewaschen und abgetropft
- 1 EL Erdnuss- oder Maiskeimöl
- 1 TL braune oder gelbe Senfsamen
- 1/2–1 frischer grüner Chili, Samen entfernt, fein gehackt
- 1 Frühlingszwiebel, in dünne Ringe geschnitten
- 2 EL fein gehacktes frisches Koriandergrün
- 60 g gekeimter Dinkel (siehe Seite 333)
- 1 TL Salz

■ Den Reis in einer Schüssel in 1 Liter Wasser für 1 Stunde einweichen.

■ Das Öl in einem Topf mit schwerem Boden bei mittlerer bis hoher Temperatur erhitzen. Die Senfsamen darin unter Rühren in wenigen Sekunden aufplatzen lassen. Sofort den Chili und die Frühlingszwiebel unterrühren. Zuerst das Koriandergrün, dann den gekeimten Dinkel untermischen. Nun den Reis mit der Einweichflüssigkeit und dem Salz hinzufügen und einmal durchrühren. Aufkochen und zugedeckt bei schwächster Hitze 35 Minuten garen. Vom Herd nehmen, zugedeckt 10 Minuten ruhen lassen.

❖

INDIEN

Zitronenreis
Elamcha saatham

In Südindien wird dieser Reis mit Limettensaft verfeinert. Doch in unserem New Yorker Restaurant Dawat ist die einfachere Variante mit dem Saft und der Schale von Zitronen auch sehr beliebt. Dazu passen indisches Gemüse, Bohnen, Pappadams (siehe Glossar), eine Joghurtsauce und natürlich Pickles.

FÜR 6 PERSONEN

- 475 ml Basmatireis, gewaschen und abgetropft
- 1 TL Salz
- 2 EL Pflanzenöl
- 1 TL braune Senfsamen
- 15 frische Curryblätter (ein guter Ersatz ist frisches Basilikum oder *Tulsi*, siehe Glossar)
- 2–3 TL frisch gepresster Zitronensaft
- 2 TL abgeriebene Schale von 1 unbehandelten Zitrone

■ Reis, Salz und 750 Milliliter Wasser in einem mittelgroßen Topf mit schwerem Boden aufkochen. Zugedeckt bei schwächster Hitze 25 Minuten garen.

■ Das Öl in einer großen Pfanne bei mittlerer bis hoher Temperatur erhitzen. Die Senfsamen darin in wenigen Sekunden aufplatzen lassen, sofort die Curryblätter hinzufügen. Einmal durchrühren und die Pfanne über den Reis ausleeren. Zitronensaft und -schale hinzufügen und alles vorsichtig mit einer Gabel untermischen. In einer Servierschüssel anrichten und heiß oder mit Raumtemperatur auf den Tisch bringen.

INDIEN

Parsi-Reis mit Gewürznelken und Zimt
Parsi pullao

Dieses Reisgericht passt zu vielen Mahlzeiten und ist die unverzichtbare Beilage für Hülsenfrüchte und Gemüse nach Parsi-Art (siehe Seite 202).

FÜR 4–6 PERSONEN

1 1/2 EL Zucker
4 EL Pflanzenöl
8 Gewürznelken
5 cm Zimtstange
1 mittelgroße Zwiebel, geschält, in sehr dünne Halbringe geschnitten
450 ml Basmatireis, gewaschen, eingeweicht und abgetropft
1 TL Salz

■ Den Zucker in einem kleinen Topf mit schwerem Boden bei mittlerer bis niedriger Temperatur ohne Rühren erhitzen, bis ein brauner Karamell entsteht. Vorsichtig 250 Milliliter Wasser hinzugießen, durchrühren und in einen Messbecher füllen. Mit Wasser auf 600 Milliliter auffüllen, beiseite stellen.

■ Das Öl in einem Topf mit schwerem Boden bei mittlerer bis hoher Temperatur erhitzen. Gewürznelken und Zimt kurz einrühren, die Zwiebel dazugeben und unter Rühren anbräunen. Den Reis mit dem Salz untermischen und rühren, bis der Reis gleichmäßig vom Öl überzogen ist. Das Karamellwasser hinzugießen und aufkochen. Zugedeckt bei schwächster Hitze 25 Minuten garen.

■ Gewürznelken und Zimt vor dem Servieren nach Belieben entfernen.

SRI LANKA

Gelber Reis
Kaha bath • Cheryl Rathkopf

Gelber Reis ist stets eine festliche Speise und wird in Sri Lanka oft am Sonntag oder zu Familienfesten zubereitet.

FÜR 4–6 PERSONEN

2 EL Pflanzenöl
3 EL sehr fein gehackte Zwiebeln
15 frische Curryblätter (ersatzweise frisches *Tulsi* oder Basilikum, siehe Glossar)
4 ganze grüne Kardamomkapseln
2 Zimtstangen, je 7,5 cm lang
2 TL fein zerdrückter Knoblauch
1 TL geschälter, fein geriebener frischer Ingwer
30 g Butter
1/2 TL gemahlene Kurkuma
475 ml Basmatireis, gewaschen und abgetropft
750 ml Gemüsebrühe

■ Das Öl in einem mittelgroßen Topf mit schwerem Boden bei mittlerer bis hoher Temperatur erhitzen. Zwiebel, Curryblätter, Kardamom und Zimt unter Rühren darin anschwitzen, bis die Zwiebel glasig ist. Knoblauch und Ingwer 1 Minute mitschwitzen. Butter, Kurkuma und den Reis hinzufügen und alles eine weitere Minute rühren. Die Brühe dazugießen und aufkochen. Zugedeckt bei schwächster Hitze 25 Minuten garen.

INDIEN

Südindischer Kokosreis
Tengai saadam ◆ Santha Ramanujam

Dieses schmackhafte Reisgericht sollte man mit frischer Kokosnuss zubereiten. Reichen Sie dazu indisches Gemüse, Bohnen, Pappadams (siehe Glossar), eine Joghurtsauce und Pickles. In kälteren Regionen empfehle ich, den Reis heiß oder lauwarm zu servieren. Kühlt der Reis zu schnell ab, kurz in die Mikrowelle stellen.

FÜR 4–6 PERSONEN

1 EL geschälte, halbierte Urdbohnen *(Urad dal)*
475 ml Langkornreis (kein Basmati)
3 EL Pflanzenöl oder eine Mischung aus Pflanzenöl und *Ghee* (siehe Glossar)
1 TL braune Senfsamen
2 getrocknete rote Chilis, halbiert
1 kräftige Prise *Asafoetida* (siehe Glossar)
2 EL rohe Cashewnüsse, grob zerstoßen (etwa in je 6 Stücke)
15 frische Curryblätter (ein guter Ersatz ist frisches Basilikum oder *Tulsi*, siehe Glossar)
180 g frische Kokosraspel
1 1/2 TL Salz

■ Die Urdbohnen mit kochend heißem Wasser bedecken, 1 Stunde einweichen lassen, abgießen und trockentupfen.

■ In der Zwischenzeit den Reis mit 750 Milliliter Wasser in einem mittelgroßen Topf aufkochen. Zugedeckt bei schwächster Hitze 25 Minuten garen. Vom Herd nehmen und zugedeckt an einem warmen Ort ruhen lassen, bis die Urdbohnen lange genug eingeweicht sind. Den Reis in eine große, flache Schüssel füllen und warm halten.

■ Das Öl in einer großen Pfanne bei mittlerer bis hoher Temperatur erhitzen. Die Senfsamen darin in wenigen Sekunden aufplatzen lassen und sofort Chilis und *Asafoetida* dazugeben. Sobald die Chilis dunkel werden, Cashewnüsse und Curryblätter hinzufügen. Wenn sich die Cashewnüsse goldgelb verfärben, die Urdbohnen einrühren, bis sie eine rote Farbe annehmen. Die Kokosraspel untermischen und 2 Minuten rühren. Bei mittlerer bis niedriger Temperatur weiterrühren, bis die Kokosraspel leicht gebräunt sind. Vom Herd nehmen.

■ Die Mischung aus der Pfanne über den Reis geben, salzen und mit einem leicht angefeuchteten Holzspatel durchmischen.

INDIEN

Safran-Orangen-Reis
Zarda

Das nordindische Reisgericht nach moslemischer Art wird nicht als Dessert, sondern zu Hauptspeisen serviert, etwa zu gefülltem Gemüse. Getrocknete Orangenschale bekommt man in chinesischen Lebensmittelläden oder stellt sie selbst her aus der Schale von unbehandelten Früchten.

FÜR 4 PERSONEN

- 1 TL Safranfäden
- 2 EL heiße Milch
- 4 EL *Ghee* (siehe Glossar) oder 60 g Butter, zerlassen
- 6 grüne Kardamomkapseln
- 2 EL längs halbierte rohe Cashewnüsse
- 1 EL Mandelblättchen
- 1 EL Sultaninen
- 250 ml Basmatireis, gewaschen, eingeweicht und abgegossen
- 5 Streifen getrocknete unbehandelte Orangenschale
- 7 EL Zucker
- 1/2 TL Salz

■ Den Safran mit der Milch in einer Tasse 2–3 Stunden stehen lassen.

■ Den Backofen auf 170 °C vorheizen.

■ *Ghee* oder Butter in einer feuerfesten Kasserolle mit schwerem Boden bei mittlerer bis hoher Temperatur erhitzen. Kardamom, Cashewnüsse, Mandeln und Sultaninen unter Rühren darin braten, bis die Mandeln goldbraun sind. Den Reis 1 Minute mitrühren. Orangenschale, Zucker, Safran-Milch-Mischung und zuletzt 325 Milliliter Wasser unterrühren und aufkochen. Die Kasserolle mit Alufolie verschließen und einen feuerfesten Deckel darauf setzen. Im Ofen 30 Minuten backen. Vor dem Servieren vorsichtig auflockern und nach Belieben den Kardamom entfernen.

IRAN

Pilaw mit Limette und grünen Bohnen
Lubia polo • Shamsi Davis

Dieser vegetarische Pilaw schmeckt wirklich köstlich. Er erinnert an einen leicht eingesunkenen Kuchen und hat eine wunderbare rotgoldene Kruste aus knusprigen Kartoffelscheiben. Darunter verbergen sich mehrere Schichten aus weißem Reis und aus grünen Bohnen mit Schalotten und Tomaten, die mit getrockneten persischen Limetten und Zimt aromatisiert wurden.

Persische getrocknete Limetten haben ein einzigartiges Aroma, sehen allerdings nicht sehr ansprechend aus. Sie sind äußerst hart, im Innern hohl und müssen mit einem gezielten Schlag mit dem Holzhammer in 3–4 Stücke gebrochen werden. Das schwarze Innere wird herausgezogen oder -gekratzt, in einer sauberen Kaffeemühle gemahlen und im Schraubglas aufbewahrt. (Die bitteren Samen wirft man weg.) Der Aufwand lohnt sich, und man benötigt kaum 5 Minuten dafür. Als Ersatz können Sie aber auch frisch gepressten Limettensaft verwenden.

GETREIDE .303

Der Reis wird am besten in einem Antihaft-Topf (2 Liter Fassungsvermögen) zubereitet. Für die doppelte Menge, etwa für eine Party, benötigen Sie einen doppelt so großen Topf, die Garzeiten bleiben gleich.

Dazu reiche ich ein Gericht aus Bohnen oder Kichererbsen, etwa Augenbohnen mit Mangold (siehe Seite 164), und Boorani aus dem Iran, zum Beispiel Joghurt mit Aubergine und Walnüssen (siehe Seite 446). Gemüse und Salat passen ebenfalls.

FÜR 4 PERSONEN

4 EL Pflanzenöl oder eine Mischung aus Öl und Butter
75 g Schalotten, geschält und fein gehackt
225 g grüne Bohnen, in 2,5 cm lange Stücke geschnitten
140–180 g Eiertomaten, enthäutet, Samen entfernt, fein gehackt (oder Tomaten aus der Dose)
1 TL Tomatenmark
3/4 TL gemahlener Zimt
Salz
1 TL gemahlene getrocknete Limette (siehe Einleitung) oder 1 EL frisch gepresster Limettensaft
475 ml Basmatireis, gewaschen, eingeweicht, abgetropft
30 g Butter
1 kräftige Prise gemahlene Kurkuma
1 große Kartoffel, geschält und in Scheiben

■ Das Öl (oder die Mischung aus Öl und Butter) in einem mittelgroßen Topf bei mittlerer bis hoher Temperatur erhitzen. Die Schalotten darin 3–4 Minuten unter Rühren leicht bräunen. Die Bohnen 3 Minuten mitbraten. Zuerst Tomaten, Tomatenmark und 3 Esslöffel Wasser, dann 1/4 Teelöffel Zimt und 3/4 Teelöffel Salz einrühren. Aufkochen und zugedeckt bei schwacher Hitze 12–13 Minuten köcheln lassen, bis die Bohnen weich sind. Limette unterrühren, beiseite stellen.

■ In einem großen Topf 2 1/4 Liter Wasser sprudelnd aufkochen. 1 1/2 Esslöffel Salz unterrühren, den Reis einstreuen und das Wasser wieder aufwallen lassen. 5 1/2–6 1/2 Minuten sprudelnd kochen lassen, bis der Reis fast gar, im Innern jedoch noch hart ist. Für die Garprobe am besten ein Reiskorn zwischen den Fingern zusammendrücken. Den Reis sofort in ein Sieb abgießen und stehen lassen.

■ Die Butter in einem Antihaft-Topf (siehe Einleitung) schwach erhitzen. 2 Esslöffel Wasser und Kurkuma hinzufügen. Den Topfboden vollständig mit den Kartoffelscheiben auslegen. Falls nötig, einige Scheiben halbieren oder vierteln, um größere Lücken zu füllen. Sobald die Butter geschmolzen ist, den Reis in 3 Portionen teilen und 1 Portion auf den Kartoffeln verteilen. Darauf gleichmäßig die Hälfte der grünen Bohnen schichten und mit 1/4 Teelöffel Zimt bestreuen. Die zweite Portion Reis auf den Bohnen verteilen, mit den restlichen Bohnen bedecken und erneut mit 1/4 Teelöffel Zimt bestreuen. Mit der letzten Portion Reis abschließen.

■ Zugedeckt bei mittlerer bis hoher Temperatur 4 Minuten erhitzen. Die Hitze reduzieren. Nach weiteren 4 Minuten den Deckel abnehmen und rasch ein sauberes Küchentuch über den Topf legen, den Deckel wieder aufsetzen und die Enden des Tuchs über den Deckel schlagen. Bei schwächster Hitze den Reis 30 Minuten garen.

■ Eine große, vorgewärmte Servierplatte bereitstellen. Hier folgen zwei Methoden, den Reis auf den Tisch zu bringen: (1) Den Deckel entfernen. Mit einem Messer die Kartoffelkruste mit dem Reis vom Topfboden lösen und auf die Servierplatte stürzen. Dabei zerkrümelt der »Kuchen« ein wenig, aber das macht nichts. Sofort servieren, die Kruste bei Tisch anschneiden. (2) Mit einem Schaumlöffel nur den Reis vorsichtig auf die Servierplatte geben. Die Kartoffelkruste aus dem Topf heben und mit einem Messer oder einer Küchenschere in gleichmäßige Spalten schneiden. Mit der gebräunten Seite nach oben um den Reis verteilen oder separat servieren.

IRAN

Pilaw mit Kartoffelkruste
Polo ba tahdig seeb zameeni ◆ *Shamsi Davis*

Hierbei handelt es sich um Safranreis mit Kartoffelkruste. Statt der Safranmischung können Sie auch 1/4 Teelöffel gemahlene Kurkuma mit 2 Esslöffeln kochend heißem Wasser und 30 Gramm zerlassener heißer Butter vermischen.

Der Reis wird am besten in einem Antihaft-Topf (2 Liter Fassungsvermögen) zubereitet. Für die doppelte Menge benötigen Sie einen doppelt so großen Topf, die Garzeiten bleiben gleich.

FÜR 4–5 PERSONEN

FÜR DIE SAFRANMISCHUNG (NACH BELIEBEN)
1 Zuckerwürfel
1 TL Safranfäden
30 g Butter, zerlassen und heiß
2 EL kochend heißes Wasser

AUSSERDEM
Salz
475 ml Basmatireis, gewaschen, eingeweicht und abgetropft
30 g Butter
1 große oder 2 mittelgroße Kartoffeln, geschält, in 3 mm dicken Scheiben

■ Für die Safranmischung zuerst den Zuckerwürfel, dann die Safranfäden in einem kleinen Mörser zu möglichst feinem Pulver zerreiben. In einer Tasse mit der Butter und dem Wasser 3 Stunden stehen lassen.

■ In einem großen Topf 2 1/4 Liter Wasser sprudelnd aufkochen. 1 1/2 Esslöffel Salz unterrühren, den Reis einstreuen und das Wasser wieder aufwallen lassen. 5 1/2–6 1/2 Minuten sprudelnd kochen lassen, bis der Reis fast gar, im Innern jedoch noch hart ist. Für die Garprobe am besten ein Reiskorn zwischen den Fingern zusammendrücken. Den Reis sofort in ein Sieb abgießen und stehen lassen.

■ Die Butter in einem Antihaft-Topf (siehe Einleitung) schwach erhitzen. 2 Esslöffel Wasser und 1 Teelöffel von der Safranmischung hinzufügen. Den Topfboden lückenlos mit den Kartoffelscheiben auslegen. Falls nötig, einige Scheiben halbieren oder vierteln, um größere Lücken zu füllen. Sobald die Butter geschmolzen ist, den Reis über die Kartoffeln verteilen. Zugedeckt bei mittlerer bis hoher Temperatur 4 Minuten erhitzen. Die Hitze reduzieren. Nach weiteren 4 Minuten den Deckel abnehmen und zügig die übrige Safranmischung über den Reis träufeln. Ein sauberes Küchentuch über den Topf legen, den Deckel wieder aufsetzen und die Enden des Tuchs über den Deckel schlagen. Bei schwächster Hitze den Reis 25 Minuten garen.

■ Eine große, vorgewärmte Servierplatte bereitstellen. Hier folgen zwei Methoden, den Reis auf den Tisch zu bringen: (1) Den Deckel entfernen. Mit einem Messer die Kartoffelkruste mit dem Reis vom Topfboden lösen und auf die Servierplatte stürzen. Dabei zerkrümelt der »Kuchen« ein wenig, aber das macht nichts. Sofort servieren, die Kruste bei Tisch anschneiden. (2) Mit einem Schaumlöffel nur den Reis vorsichtig auf die Servierplatte geben. Die Kartoffelkruste aus dem Topf heben und mit einem Messer oder einer Küchenschere in gleichmäßige Spalten schneiden. Mit der gebräunten Seite nach oben um den Reis verteilen oder separat servieren.

MEXIKO

Grüner Reis mit gefüllten Poblano-Chilis
Rosario Guillermo

Für dieses würzige Hauptgericht wird Reis mit Petersilie aromatisiert und mit gegrillten Poblano-Chilis mit Käsefüllung gereicht. Dazu trinkt man eisgekühltes Bier. Wer keine Poblano-Chilis bekommt, verwendet kleine grüne Paprikaschoten und reibt sie nach dem Enthäuten von innen mit etwas Cayennepfeffer ein.

FÜR 4 PERSONEN

- 4 *Poblano*-Chilis (insgesamt 350 g), im Ganzen geröstet (siehe Seite 118)
- 60 g Cheddar oder Emmentaler, in 3–5 mm dicken Scheiben
- 30 g frische Petersilie ohne Stängel
- 1/2 mittelgroße Zwiebel, geschält und grob gehackt
- 3 Knoblauchzehen, geschält und grob gehackt
- 3 EL Pflanzenöl
- 475 ml Langkornreis
- 1 1/2 TL Salz
- 750 ml Milch

■ Die Chilis von den Stielen befreien, enthäuten, aufschneiden und flach ausbreiten. Etwaige Samen entfernen. Je eine Käsescheibe auf eine Chilihälfte legen und die andere Hälfte darüber klappen, sodass die Chilis ihre ursprüngliche Form bekommen.

■ Petersilie, Zwiebel, Knoblauch und 5 Esslöffel Wasser im Mixer pürieren.

■ Das Öl in einem mittelgroßen Antihaft-Topf mit schwerem Boden bei mittlerer bis hoher Temperatur erhitzen. Den Reis mit dem Salz einstreuen und bei reduzierter Hitze unter Rühren in 6–7 Minuten goldbraun anbraten. Die Petersilienmischung hinzufügen. Bei schwacher Hitze 4–5 Minuten rühren. Die Milch hinzugießen und aufkochen. Zugedeckt bei schwächster Hitze 25 Minuten garen.

■ Den Deckel anheben und die Chilis zügig nebeneinander auf den Reis setzen. Zugedeckt in wenigen Minuten sanft garen, bis der Käse geschmolzen ist.

■ Zum Servieren die Chilis vorsichtig herausheben. Den Reis mit einem Schaumlöffel in eine Servierschüssel füllen, zu stark gebräunten Reis im Topf belassen. Die Chilis auf den Reis setzen.

IRAN

Pilaw mit frischen Kräutern
Sabzi polo • Shamsi Davis

Wie beim vorigen Rezept hat auch dieser hervorragende vegetarische Pilaw die Form eines leicht eingesunkenen Kuchens. Unter der knusprigen Kräuterkruste verbergen sich mehrere Schichten aus weißem Reis und frischen grünen Kräutern.

Im Iran wird dieser Pilaw an Nawrooz verzehrt, dem ersten Tag im neuen Jahr. Traditionell serviert man ihn mit frischem Schnittknoblauch zu Fisch. Ich reiche stattdessen ein Gericht aus Augenbohnen dazu und verbinde so die iranische Neujahrstradition mit einer afroamerikanischen aus dem Süden der USA.

Der Reis wird am besten in einem Antihaft-Topf (2 Liter Fassungsvermögen) zubereitet. Für die doppelte Menge, etwa für eine Party, benötigen Sie einen doppelt so großen Topf, die Garzeiten bleiben gleich.

Soll Safran verwendet werden, 3/4 Teelöffel gehackte Safranfäden in einer Tasse mit 1 Esslöffel kochend heißem Wasser bedecken, 2–3 Stunden stehen lassen. 1 Teelöffel der Mischung mit dem Joghurt im Topf verteilen. Die übrige Mischung über die letzte Schicht Reis träufeln. Die Kräuter sollte man vor dem Hacken am besten trockenschwenken, etwa in der Salatschleuder.

FÜR 4–6 PERSONEN

300 ml geschnittener frischer Dill
300 ml gehacktes frisches Koriandergrün
450 ml gehackte frische Petersilie
5 EL sehr feine Schnittlauchröllchen
2 Knoblauchzehen, geschält und sehr fein gehackt
1 1/2 EL Salz
475 ml Basmatireis, gewaschen, eingeweicht und abgetropft
3 EL Pflanzenöl oder eine Mischung aus Öl und Butter
1 1/2 EL Joghurt
1 EL *Ghee* (siehe Glossar), zerlassene Butter oder Pflanzenöl

- Die Kräuter mit dem Knoblauch in einer Schüssel vermischen und beiseite stellen.
- In einem großen Topf 2 1/4 Liter Wasser sprudelnd aufkochen. Das Salz unterrühren, den Reis einstreuen und das Wasser wieder aufwallen lassen. 5 1/2 Minuten sprudelnd kochen lassen, bis der Reis fast gar, im Innern jedoch noch hart ist. Für die Garprobe am besten ein Reiskorn zwischen den Fingern zusammendrücken. Den Reis sofort in ein Sieb abgießen und stehen lassen.
- In einem Antihaft-Topf (siehe Einleitung) das Öl schwach erhitzen. 3 Esslöffel Wasser und den Joghurt einrühren und 3 Esslöffel der Kräuter auf dem Topfboden verteilen. Den Reis in 3 Portionen teilen und 1 Portion gleichmäßig auf die Kräuter schichten. Darauf die Hälfte der übrigen Kräuter verteilen und mit der zweiten Portion Reis bedecken. Die restlichen Kräuter darüber streuen, mit der letzten Portion Reis abschließen. Mit *Ghee*, zerlassener Butter oder Öl beträufeln.
- Zugedeckt bei mittlerer bis hoher Temperatur 4 Minuten erhitzen. Die Hitze reduzieren. Nach weiteren 5 Minuten den Deckel abnehmen und rasch ein sauberes Küchentuch über den Topf legen, den Deckel wieder aufsetzen und die Enden des Tuchs über den Deckel schlagen. Bei schwächster Hitze den Reis 30 Minuten garen.
- Eine große, vorgewärmte Servierplatte bereitstellen. Hier folgen zwei Methoden, den Reis auf den Tisch zu bringen: (1) Den Deckel entfernen. Mit einem Messer den Reis von

der Topfwand lösen und auf die Servierplatte stürzen. Dabei zerkrümelt der »Kuchen« ein wenig, aber das macht nichts. Sofort servieren, die Kruste bei Tisch anschneiden. (2) Mit einem Schaumlöffel nur den Reis vorsichtig auf die Servierplatte geben. Die Kräuterkruste aus dem Topf heben und mit einem Messer oder einer Küchenschere in gleichmäßige Spalten schneiden. Mit der gebräunten Seite nach oben um den Reis verteilen.

CHINA

Smaragdfarbener gebratener Reis
Fay chway chow fan • *Shiu-Min Block*

Dieser Reis schmeckt ebenso gut, wie er aussieht. Den Chinesischen Brokkoli (siehe Glossar) bieten chinesische Lebensmittelläden als Kailan *oder* Gailan *an. Benötigt werden nur die tiefgrünen Blätter, Stängel und Blütenköpfe können Sie für ein anderes Gericht verwenden. Als Ersatz eignen sich 15 dunkelgrüne Mangoldblätter (ohne die hellen Blattadern) oder 25 Spinatblätter.*

Gebratener Reis gelingt gut aus übrig gebliebenem, gekühltem Reis. Verwenden Sie amerikanischen Langkorn- oder Jasminreis, jedoch keinen Parboiled Reis oder Basmati.

FÜR 4 PERSONEN

350 ml leichte Gemüsebrühe, gesalzen
75 g Möhren, geschält, in 3 mm große Würfel geschnitten
Etwa 25 Blätter Chinesischer Brokkoli (siehe Glossar), quer in feine Streifen geschnitten
3 EL Pflanzenöl

2 Eier, leicht verquirlt
3 Frühlingszwiebeln, in dünne Ringe geschnitten
1 l gegarter Reis, gekühlt
1/2–3/4 TL Salz
Frisch gemahlener schwarzer Pfeffer

■ Die Brühe in einer großen Pfanne bei mittlerer bis hoher Temperatur sprudelnd aufkochen. Die Möhren 2 Minuten darin blanchieren, mit einem Schaumlöffel herausnehmen. Die Brokkoliblätter ebenfalls 1 Minute blanchieren und dabei in die Brühe drücken. Mit dem Schaumlöffel herausnehmen. (Die Brühe für einen anderen Zweck aufbewahren.) Die Blätter möglichst fein hacken und sämtliche Flüssigkeit ausdrücken.

■ In einem großen Wok oder einer großen Antihaft-Pfanne 2 Esslöffel Öl stark erhitzen. Die Eier darin unter Rühren stocken lassen, mit dem Schaumlöffel herausnehmen. Zwei Drittel der Frühlingszwiebeln sowie die Möhren und Brokkoliblätter im übrigen Öl 1 Minute pfannenrühren. Den aufgelockerten Reis unterrühren und gleichmäßig erhitzen. Etwaige Klümpchen mit dem Schaumlöffel zerdrücken. Eier, Salz und Pfeffer zügig untermischen. Auf einer Servierplatte mit den restlichen Frühlingszwiebeln bestreuen.

IRAN

Pilaw mit grünen Linsen und Sultaninen
Addas polo • Shamsi Davis

Dieser Pilaw ist eine typisch persische Kombination aus pikanten und leicht süßen Aromen.

Der Reis wird am besten in einem Antihaft-Topf (2 Liter Fassungsvermögen) zubereitet. Für die doppelte Menge, etwa für eine Party, benötigen Sie auch einen doppelt so großen Topf, die Garzeiten bleiben gleich. Die Safranmischung können Sie nach Belieben weglassen oder durch eine weniger kostspielige Mischung ersetzen: 1/4 Teelöffel gemahlene Kurkuma, 1 Teelöffel Zucker, 2 Esslöffel kochend heißes Wasser und 30 Gramm heiße zerlassene Butter.

FÜR 4–6 PERSONEN

FÜR DIE SAFRANMISCHUNG (NACH BELIEBEN)
1 Zuckerwürfel
1 TL Safranfäden
30 g Butter, zerlassen und heiß
2 EL kochend heißes Wasser

AUSSERDEM
200 g grüne Linsen, verlesen
Salz

475 g Basmatireis, gewaschen, eingeweicht und abgetropft
30 g Butter
8 EL Sultaninen

FÜR DIE GARNITUR
15 g Butter
8 entsteinte Datteln, quer halbiert
2–3 EL knusprig frittierte Schalotten oder Zwiebeln nach persischer Art (siehe Seite 462)

■ Für die Safranmischung zuerst den Zuckerwürfel, dann die Safranfäden in einem kleinen Mörser zu möglichst feinem Pulver zerreiben. In einer Tasse mit der Butter und dem Wasser 3 Stunden stehen lassen.

■ Die grünen Linsen in einer Schüssel mit reichlich kochend heißem Wasser bedecken und 1 Stunde stehen lassen. Abgießen und mit 250 Milliliter Wasser in einem mittelgroßen Topf aufkochen. Zugedeckt bei schwacher Hitze 5 Minuten köcheln lassen. Abgießen.

■ In einem großen Topf 2 1/4 Liter Wasser sprudelnd aufkochen. 1 1/2 Esslöffel Salz unterrühren, den Reis einstreuen und das Wasser wieder aufwallen lassen. 5 1/2 Minuten sprudelnd kochen lassen, bis der Reis fast gar, im Innern jedoch noch hart ist. Für die Garprobe am besten ein Reiskorn zwischen den Fingern zusammendrücken. Den Reis sofort in ein Sieb abgießen und stehen lassen.

■ Die Butter in einem Antihaft-Topf (2 3/4 Liter Fassungsvermögen) schwach erhitzen, 2 Esslöffel Wasser und 1 Teelöffel der Safranmischung einrühren.

■ Den Reis in 3 Portionen teilen und 1 Portion auf der Butter-Safranmischung verteilen. Darauf die Hälfte der grünen Linsen schichten und mit der Hälfte der Sultaninen bestreuen. Zuerst eine weitere Portion Reis, dann die restlichen Linsen und die übrigen Sultaninen darüber geben. Mit der letzten Portion Reis abschließen. Zugedeckt bei mittlerer bis hoher Temperatur 4 Minuten erhitzen. Die Hitze reduzieren. Nach weiteren 4 Minuten die restliche Safranmischung über den Reis träufeln. Rasch ein sauberes Küchentuch über den Topf legen, den Deckel wieder aufsetzen und die Enden des Tuchs über den Deckel schlagen. Bei schwächster Hitze den Reis in 30 Minuten garen.

- Für die Garnitur die Butter in einer mittelgroßen Pfanne bei mittlerer Hitze zerlassen. Sofort die Datteln einrühren und nach 10–20 Sekunden mit dem Schaumlöffel herausnehmen. Beiseite stellen.
- Eine große, vorgewärmte Servierplatte bereitstellen. Hier folgen zwei Methoden, den Reis auf den Tisch zu bringen: (1) Den Deckel entfernen. Mit einem Messer den Reis vom Topfrand lösen und auf die Servierplatte stürzen. Dabei zerkrümelt der »Kuchen« ein wenig, aber das macht nichts. Mit den Datteln und frittierten Zwiebeln garnieren und sofort servieren. Die Kruste bei Tisch anschneiden. (2) Mit einem Schaumlöffel nur den Reis vorsichtig auf die Servierplatte geben. Die Kruste aus dem Topf heben und mit einem Messer oder einer Küchenschere in gleichmäßige Spalten schneiden. Mit der gebräunten Seite nach oben um den Reis verteilen oder separat servieren. Die gebratenen Datteln und frittierten Zwiebeln über den Reis streuen.

TRINIDAD

Augenbohnen und Reis mit Kürbis

Marjorie Williams

Diese Zubereitung erlernte ich in Trinidad, doch kennt man die kreolische Spezialität auch auf fast allen Inseln der Karibik und, in abgewandelter Form, auch im Süden der USA. Kombinieren kann man das Gericht mit einem grünen Salat und Auberginen-Tomaten-Choka (siehe Seite 143) oder dem Spargelbohnencurry von Seite 74.

Kürbisse bekommt man mittlerweile fast das ganze Jahr hindurch. Besonders gut eignet sich neben dem Riesenkürbis auch der Butternusskürbis, der sich besser schälen lässt. Statt Wasser können Sie auch frische Kokosmilch oder eine Mischung aus Wasser und gut gerührter Kokosmilch aus der Dose verwenden.

FÜR 6 PERSONEN

200 g getrocknete Augenbohnen, verlesen, eingeweicht und abgetropft
4 EL Pflanzenöl
150 g Zwiebeln, geschält und fein gehackt
2 Knoblauchzehen, geschält und fein gehackt
1/2–2 frische grüne oder rote Chilis, gehackt (bei scharfen Chilis wie *Habaneros* nur 1/4 verwenden)
125 g Kürbisfleisch, in 7 mm großen Würfeln
475 ml Langkornreis (etwa Jasminreis)
1 1/2 TL Salz

- In einem großen Topf die Bohnen mit 1 Liter Wasser aufkochen. Zugedeckt bei schwacher Hitze 25 Minuten köcheln lassen, bis die Bohnen fast weich sind. Abgießen, die Garflüssigkeit auffangen. Beiseite stellen.
- Das Öl in einem großen Topf bei mittlerer bis hoher Temperatur erhitzen. Die Zwiebeln darin unter Rühren in 3–4 Minuten goldbraun anschwitzen. Knoblauch und Chilis unter Rühren 1 Minute mitschwitzen. Den Kürbis untermischen, erneut 1 Minute rühren. Nun den Reis einstreuen und wieder 1 Minute rühren. Die Bohnen mit 700 Milliliter Garflüssigkeit (falls nötig, mit Wasser auffüllen) und dem Salz untermischen und aufkochen. Zugedeckt bei schwächster Hitze 25 Minuten garen. Vom Herd nehmen und zugedeckt 15 Minuten ruhen lassen. Vor dem Servieren vorsichtig durchrühren. In einer vorgewärmten Schüssel anrichten.

IRAN

Pilaw mit Dicken Bohnen
Bagoli polo • Shamsi Davis

Ich verwende hier Tiefkühlbohnen, da sie das ganze Jahr hindurch erhältlich sind, doch können Sie den Pilaw natürlich auch mit frischen Dicken Bohnen zubereiten. Dafür die Bohnen palen, in gesalzenem Wasser halb weich garen und enthäuten; wie im Rezept verwenden.

Die Kruste kann man aus Kartoffeln herstellen (siehe Pilaw mit Limette und grünen Bohnen, Seite 302) oder, wie beschrieben, aus Pitabrot.

Der Reis wird am besten in einem Antihaft-Topf (2 Liter Fassungsvermögen) zubereitet. Für die doppelte Menge, etwa für eine Party, benötigen Sie einen doppelt so großen Topf, die Garzeiten bleiben gleich.

FÜR 4–6 PERSONEN

FÜR DIE SAFRANMISCHUNG (NACH BELIEBEN)
1 Zuckerwürfel
1 TL Safranfäden
30 g Butter, zerlassen und heiß
2 EL kochend heißes Wasser

300 g tiefgekühlte Dicke Bohnen
Salz
475 ml Basmatireis, gewaschen, eingeweicht und abgetropft
30 g Butter oder 2 EL Olivenöl
1 Pitabrot
4 EL fein gehackter frischer Dill oder 2 EL getrockneter Dill

■ Für die Safranmischung zuerst den Zuckerwürfel, dann die Safranfäden in einem kleinen Mörser zu möglichst feinem Pulver zerreiben. In einer Tasse mit der Butter und dem Wasser 3 Stunden stehen lassen.

■ Die Dicken Bohnen in gesalzenem Wasser nach Packungsangabe, jedoch nur die Hälfte der Zeit garen. Abgießen, beiseite stellen.

■ In einem großen Topf 2 1/4 Liter Wasser sprudelnd aufkochen. 1 1/2 Esslöffel Salz einrühren, den Reis einstreuen und das Wasser wieder aufwallen lassen. 5 1/2 Minuten sprudelnd kochen lassen, bis der Reis fast gar, im Innern jedoch noch hart ist. Für die Garprobe am besten ein Reiskorn zwischen den Fingern zusammendrücken. Den Reis sofort in ein Sieb abgießen und stehen lassen.

■ Butter oder Olivenöl in einem Antihaft-Topf (2 3/4 Liter Fassungsvermögen) schwach erhitzen, 2 Esslöffel Wasser und 1 Teelöffel der Safranmischung einrühren. Das Pitabrot horizontal zu 2 gleich großen runden Scheiben aufschneiden. Sobald die Butter geschmolzen ist, eine Brotscheibe mit der dunkleren Seite nach oben in den Topf legen. Gibt es noch freie Stellen, die zweite Scheibe zurechtschneiden und die Lücken damit füllen. Den Reis in 3 Portionen teilen und 1 Portion auf dem Brot verteilen. Darauf die Hälfte der Dicken Bohnen schichten und mit der Hälfte des Dills bestreuen. Zuerst eine weitere Portion Reis, dann die restlichen Bohnen und den übrigen Dill darüber geben. Mit der letzten Portion Reis abschließen. Zugedeckt bei mittlerer bis hoher Temperatur 4 Minuten erhitzen. Die Hitze reduzieren. Nach weiteren 4 Minuten die restliche Safranmischung über den Reis träufeln. Rasch ein sauberes Küchentuch über den Topf legen, den Deckel wieder aufsetzen und die Enden des Tuchs über den Deckel schlagen. Bei schwächster Hitze den Reis 30 Minuten garen.

■ Eine große, vorgewärmte Servierplatte bereitstellen. Hier folgen zwei Methoden, den Reis auf den Tisch zu bringen: (1) Den Deckel entfernen. Mit einem Messer Reis und Pitabrot vom Topfrand lösen und auf die Servierplatte stürzen. Dabei zerkrümelt der »Kuchen« ein wenig, aber das macht nichts. Sofort servieren, die Kruste bei Tisch anschneiden.
(2) Mit einem Schaumlöffel nur den Reis vorsichtig auf die Servierplatte geben. Die Brotkruste aus dem Topf heben und mit einem Messer oder einer Küchenschere in gleichmäßige Spalten schneiden. Mit der gebräunten Seite nach oben um den Reis verteilen.

❖

INDIEN

Einfacher »Risotto« mit Mungobohnen
Khichri

Dies ist eine einfachere Variante von Khichri, der nahrhaften Mischung aus Reis und Mungobohnen, die man schon im alten Indien kannte.

Als schmackhafte Beigabe können Sie vor dem Servieren 1–2 Esslöffel frisch geriebenen Parmesan unter die einzelnen Portionen mischen oder den Käse und schwarzen Pfeffer bei Tisch reichen. Dazu passt grüner Salat.

FÜR 6 PERSONEN

FÜR DEN RISOTTO

85 g enthülste, halbierte Mungobohnen *(Moong dal)*, verlesen und gewaschen
140 g Basmatireis, gewaschen und abgetropft
1/4 TL gemahlene Kurkuma
2 Scheiben frischer Ingwer
2 l Gemüsebrühe oder Wasser
Etwa 1 TL Salz (falls die Brühe gesalzen ist, kein Salz mehr hinzufügen, erst am Ende abschmecken)

FÜR DIE WÜRZMISCHUNG

3 EL Pflanzenöl
60 g Zwiebel, geschält und sehr fein gehackt
180 g reife Tomaten, fein gehackt (außerhalb der Saison Dosentomaten)
1/2–1 TL gemahlener Kreuzkümmel
Einige Butterflöckchen (nach Belieben)

■ Die Zutaten für den Risotto bis auf das Salz in einem Antihaft-Topf mit schwerem Boden aufkochen. Zugedeckt bei schwacher Hitze 1 1/2 Stunden köcheln lassen. In der letzten halben Stunde alle 6–7 Minuten umrühren. Die Mischung darf nicht am Boden anhängen. 1 Teelöffel Salz unterrühren, abschmecken und, falls nötig, nachsalzen. Die Ingwerscheiben entfernen. Die fertige Mischung sollte die Konsistenz von dickem Haferbrei bekommen. Vom Herd nehmen, zugedeckt stehen lassen.

■ Während der Risotto gart, für die Würzmischung das Öl in einer Pfanne erhitzen. Die Zwiebel darin unter Rühren leicht bräunen. Tomaten, Kreuzkümmel und 4 Esslöffel Wasser hinzufügen und aufkochen. Bei mittlerer Hitze ohne Deckel 2–3 Minuten garen, bis die Tomaten weich sind. Die Mischung unter den Risotto rühren, bei Bedarf nachsalzen. Den Risotto erneut durchwärmen.
■ Den Risotto in Suppenteller schöpfen. Nach Belieben je 1 Butterflöckchen darauf setzen, heiß servieren.

INDIEN

Reis mit Joghurt und frischen Granatapfelkernen

Aus der Heimat von Anand Sarabhai

In der Hitze des Sommers erfrischt nichts so sehr wie ein Teller Reis mit Joghurt und Früchten. Ich hatte in Südindien schon viele Varianten dieser Spezialität kennen gelernt, ehe ich diese ungewöhnliche Kombination im westindischen Gujarat kostete.

FÜR 6 PERSONEN

450 ml Langkornreis, gewaschen, eingeweicht und abgetropft
2 EL kalte Milch
500 ml Joghurt, leicht verschlagen
1 1/2 TL Salz
1 EL fein gehacktes frisches Koriandergrün
2 EL Pflanzenöl
1 TL braune Senfsamen
2–3 getrocknete rote Chilis
6–8 frische Curryblätter (siehe Glossar)
1 große Tasse frische Granatapfelkerne

- In einem mittelgroßen Topf den Reis mit 750 Milliliter Wasser aufkochen. Zugedeckt bei schwächster Hitze 30 Minuten garen.
- Den Reis in eine große Schüssel füllen, leicht zerdrücken und etwas abkühlen lassen. Zuerst die Milch, dann den Joghurt, Salz und Koriandergrün untermischen.
- Das Öl in einer kleinen Pfanne bei mittlerer bis hoher Temperatur erhitzen. Die Senfsamen darin in wenigen Sekunden aufplatzen lassen. Sofort die Chilis untermischen und einige Sekunden bräunen. Nun die Curryblätter wenige Sekunden mitbraten. Die Pfanne vom Herd nehmen, die Chilis entfernen und beiseite stellen. Die Ölmischung über den Reis träufeln und untermischen.
- Den Reis auskühlen lassen. In eine Servierschüssel füllen und die Oberfläche mit den Chilis und Granatapfelkernen vollständig bedecken. Mit Raumtemperatur servieren.

INDIEN

»Risotto« mit Mungobohnen, Kartoffeln, Erbsen und Blumenkohl

Khichri • Rakhi Sarkar

Khichri ist eine nahrhafte Mischung aus Reis und Mungobohnen, die man schon vor über 4000 Jahren im alten Indien verzehrt hat. Für diese schmackhafte Variante aus Bengalen gart man die Reis-Bohnen-Mischung zusammen mit Gemüse. In Indien gibt man vor dem Verzehr etwas Ghee *(geklärte Butter, siehe Glossar) an die Portionen. Ich serviere den »Risotto« gern mit einer Garnitur aus* Garam masala, *fein geraspeltem Ingwer, dünnen grünen Chilistreifen, frischem Koriandergrün, knusprig gebratenen Zwiebeln und einem Spritzer Limetten- oder Zitronensaft.*

FÜR 8 PERSONEN

FÜR DEN RISOTTO
115 g enthülste, halbierte Mungobohnen
(*Moong dal*), verlesen und gewaschen
1 Zimtstange
3 grüne Kardamomkapseln
3 Gewürznelken
2 Lorbeerblätter
140 g Basmatireis, gewaschen und abgetropft
200 g Kartoffeln, geschält, in 1 cm große Würfel geschnitten
115 g frisch gepalte Erbsen oder Tiefkühlware
225 g Blumenkohl, in kleinen Röschen
1 EL Pflanzenöl
4 TL Salz (oder nach Geschmack)

FÜR DIE WÜRZMISCHUNG
3 EL Pflanzenöl
1 EL Kreuzkümmel
1 Lorbeerblatt
100 g Zwiebeln, geschält und sehr fein gehackt
2,5 cm frischer Ingwer, geschält und fein gerieben
180 g Tomaten, fein gehackt (außerhalb der Saison Dosentomaten verwenden)
1/2 TL gemahlene Kurkuma
1/4 TL Cayennepfeffer
1/2 TL *Garam masala* (siehe Glossar)

FÜR DIE GARNITUR
5 cm frischer Ingwer, geschält und fein geraspelt
2 frische grüne Chilis, in dünne Ringe geschnitten
1 großzügige Hand voll frisches Koriandergrün
1 EL *Garam masala* (siehe Glossar)
8 Limetten- oder Zitronenspalten

■ Die Mungobohnen in einer mittelgroßen Pfanne aus Gusseisen bei mittlerer Hitze unter Rühren in etwa 4 Minuten goldrot rösten. Aus der Pfanne nehmen und mehrmals in frischem Wasser waschen. Abtropfen lassen.

■ In einem Antihaft-Topf 1 1/2 Liter Wasser aufkochen. Alle Zutaten für den Risotto bis auf das Salz dazugeben, das Wasser wieder aufwallen lassen. Zugedeckt bei schwacher Hitze 30 Minuten köcheln lassen. Den Deckel entfernen, das Salz und 500 Milliliter kochend heißes Wasser hinzufügen. Beim Unterrühren die Mischung grob zerdrücken. Weitere 20–30 Minuten unter gelegentlichem Rühren köcheln lassen, dabei darauf achten, dass nichts am Boden anhängt. Die fertige Mischung sollte die Konsistenz von dickem Haferbrei bekommen. Vom Herd nehmen, zugedeckt stehen lassen.

■ Für die Würzmischung das Öl in einer mittelgroßen Pfanne bei mittlerer bis hoher Temperatur erhitzen. Den Kreuzkümmel einstreuen, das Lorbeerblatt einlegen. Sobald es dunkel wird, die Zwiebeln unterrühren und goldbraun anschwitzen. Den Ingwer 30 Sekunden mitschwitzen. Die Tomaten, Kurkuma, Cayennepfeffer und 4 Esslöffel Wasser hinzufügen und aufkochen. Bei mittlerer Hitze ohne Deckel 2–3 Minuten köcheln lassen, bis die Tomaten weich sind. Die Mischung mit dem *Garam masala* unter den Risotto rühren. Den Risotto erneut durchwärmen.

■ Den Risotto in Suppenteller schöpfen. Die Zutaten der Garnitur darüber geben und alles mit etwas Limetten- oder Zitronensaft beträufeln. Sofort servieren.

IRAN

Persischer Reis mit Essigbeeren
Zareshk polo • Shamsi Davis

Leicht gesüßter orangegelber Safran, knackige grüne Pistazien und winzige süßsäuerliche Essigbeeren (siehe Glossar) werden hier mit bestem Langkornreis zu einer hocharomatischen Spezialität der Küche des Iran kombiniert. Für zusätzlichen Genuss sorgt eine Kruste aus Pitabrot, mit dem der Topfboden ausgelegt wird. Das Brot ist außen knusprig, innen herrlich weich und nimmt all die feinen Aromen vom Reis auf.

Da dieses Gericht sich gut für eine Party eignet, gebe ich eine größere Menge an. Für ein Essen mit vier Gängen für 10 Personen empfehle ich als Menüabfolge: als Vorspeise Tabouleh (siehe Seite 338), einen Salat aus Bulgur und Rucola, mit klassischer Romesco-Sauce (siehe Seite 466); als zweiten Gang Kallaloo (siehe Seite 508), eine Suppe aus Trinidad; und als dritten Gang diesen Reis mit aromatischem Bohnen-Kürbis-Eintopf aus Kuba (siehe Seite 254) sowie Mangold mit Ingwer und grünem Chili (siehe Seite 46). Serviert wird dieser Reis im Iran auf schlichten weißen Tellern, um die leuchtenden Farben zur Geltung zur bringen.

Wer keine Essigbeeren bekommt, ersetzt sie durch Korinthen. Statt mit Zucker und Wasser werden sie 2 Minuten in 4 Esslöffel Zitronensaft gekocht, abgegossen und nach Rezeptangabe verwendet.

FÜR 6–8 PERSONEN

FÜR DIE SAFRANMISCHUNG
1 Zuckerwürfel
1 TL Safranfäden
30 g Butter, zerlassen und heiß
2 EL kochend heißes Wasser

AUSSERDEM
4–5 EL ungesalzene Pistazienkerne
Salz
750 ml Basmatireis, gewaschen, eingeweicht und abgetropft
60 g Butter
1 Pitabrot

FÜR DIE ESSIGBEEREN
250 ml Essigbeeren (Berberitzen), gewaschen und abgetropft, oder Korinthen
1 EL Zucker

■ Für die Safranmischung zuerst den Zuckerwürfel, dann die Safranfäden in einem kleinen Mörser zu möglichst feinem Pulver zerreiben. In einer Tasse mit der Butter und dem Wasser 3 Stunden stehen lassen.

■ Die Pistazien mit reichlich kochend heißem Wasser bedecken und 3 Stunden stehen lassen. Portionsweise enthäuten, längs vierteln. Beiseite stellen.

■ Haften die Essigbeeren aneinander, diese trennen. In einem kleinen Topf mit dem Zucker und 4 Esslöffeln Wasser verrühren und aufkochen. Bei schwacher Hitze 2 Minuten köcheln lassen, ab und zu rühren. Abgießen, beiseite stellen.

■ In einem großen Topf 3 1/4 Liter Wasser sprudelnd aufkochen. 2 1/2 Esslöffel Salz unterrühren, den Reis einstreuen und das Wasser wieder aufwallen lassen. 5 1/2 Minuten sprudelnd kochen lassen, bis der Reis fast gar, im Innern jedoch noch hart ist. Für die Garprobe am besten ein Reiskorn zwischen den Fingern zusammendrücken. Den Reis sofort in ein Sieb abgießen und stehen lassen.

■ Die Butter in einem Antihaft-Topf (2 3/4 Liter Fassungsvermögen) schwach erhitzen, 3 Esslöffel Wasser und 1 Teelöffel der Safranmischung hinzufügen. Das Pitabrot horizontal zu 2 gleich großen runden Scheiben aufschneiden. Sobald die Butter geschmolzen ist, eine Brotscheibe mit der dunkleren Seite nach oben in den Topf legen. Gibt es noch freie Stellen, die zweite Scheibe zurechtschneiden und die Lücken damit füllen. 2 Esslöffel Essigbeeren auf dem Brot verteilen, darauf etwa ein Drittel vom Reis schichten. Die Hälfte der Pistazien und die Hälfte der übrigen Essigbeeren auf den Reis geben. Mit einer zweiten Schicht Reis, gefolgt von den restlichen Pistazien und Essigbeeren, fortfahren. Mit dem letzten Drittel Reis abschließen. Zugedeckt bei mittlerer bis hoher Temperatur 4 Minuten erhitzen. Die Hitze reduzieren, weitere 4 Minuten garen.

■ Die restliche Safranmischung über den Reis träufeln. (Die Tasse mit den Resten vom Safran für später aufbewahren.) Rasch ein sauberes Küchentuch über den Topf legen, den Deckel wieder aufsetzen und die Enden des Tuchs über den Deckel schlagen. Den Reis bei schwächster Hitze 30 Minuten garen.

■ Eine große vorgewärmte Servierplatte bereitstellen. Den Deckel entfernen. Mit einem Messer am Topfrand entlangfahren, um Brot und Reis zu lösen. Hier folgen zwei Methoden, den Reis auf den Tisch zu bringen: (1) Mit einem Schaumlöffel nur den Reis vorsichtig auf die Servierplatte geben. 1 Esslöffel Reis in der aufbewahrten Safrantasse verrühren und auf die Mitte des übrigen Reis setzen. Nun die Brotkruste aus dem Topf heben und mit einem Messer oder einer Küchenschere in gleichmäßige Spalten schneiden. Mit der gebräunten Seite nach oben um den Reis verteilen oder separat servieren. (2) Den Topfinhalt auf die Servierplatte stürzen. Dabei zerkrümelt der »Kuchen« ein wenig, aber das macht nichts. Sofort servieren, die Kruste bei Tisch anschneiden.

SYRIEN

Reis mit Spinat
Roz eb sabanigh

Zu dieser eleganten Reisspezialität passen Bohnen- und Gemüsegerichte aus dem Nahen Osten und Indien. Auch Joghurtsaucen harmonieren gut.

Für die 400 Gramm geputzten Spinat muss man 450 Gramm frischen Spinat einkaufen. Soll Tiefkühlspinat verwendet werden, bitte Blattspinat auswählen. Nach Packungsangabe garen, sämtliches Wasser ausdrücken und fein hacken.

Ich bevorzuge für dieses Rezept Basmatireis, aber guter Langkorn- oder Jasminreis eignet sich ebenso.

FÜR 6 PERSONEN

400 g frischer Spinat, gewaschen, Stiele entfernt
4 EL Olivenöl
2 Zimtstangen, je 5 cm lang
100 g Zwiebeln, fein gehackt
450 ml Basmatireis, gewaschen, eingeweicht und abgetropft
1 1/2 TL Salz

- Wasser in einem großen Topf sprudelnd aufkochen. Den Spinat hineingeben. Das Wasser wieder aufwallen und 3–4 Minuten sprudelnd kochen lassen, bis der Spinat zusammengefallen ist. Abgießen, kalt abschrecken. Portionsweise die gesamte Flüssigkeit mit den Händen aus dem Spinat drücken und diesen fein hacken.
- Das Öl in einem mittelgroßen Topf mit schwerem Boden bei mittlerer bis hoher Temperatur erhitzen. Zuerst den Zimt, dann die Zwiebeln einrühren und in etwa 3 Minuten goldbraun anschwitzen. Den Spinat unterrühren und etwa 3 Minuten mitschwitzen, bis alle Flüssigkeit verdampft ist. Bei reduzierter Hitze 7–8 Minuten unter Rühren braten. Der Spinat bekommt dabei eine dunklere Farbe.
- Den Reis und das Salz untermischen, weitere 2 Minuten braten. 600 Milliliter Wasser hinzugießen und aufkochen. Zugedeckt bei schwächster Hitze 25 Minuten garen. Zum Servieren leicht auflockern.

PALÄSTINA

Reis mit Linsen und knusprig gebratenen Zwiebeln

M'jaddara • Aus Victor Matiyas Jerusalem Restaurant in Toronto

Dieses Gericht eignet sich wunderbar für Partys, aber auch als ganz normale Mahlzeit. Als ich es zum ersten Mal probierte, servierte man dazu Tomatenscheiben in Tomatensauce (siehe Seite 142), butterweich frittierte Auberginenscheiben (siehe Seite 24) und einen einfachen Salat aus Palästina (siehe Seite 557).

Wer weniger zubereiten möchte, halbiert die Menge der Zutaten. Die Einweich- und Garzeiten bleiben gleich, allerdings bräunen die Zwiebeln vermutlich schneller.

FÜR 6–8 PERSONEN

180 g Linsen, verlesen
8 EL Olivenöl
225 g Zwiebeln, geschält und in sehr dünne Halbringe geschnitten
475 ml Basmatireis, gewaschen, eingeweicht und abgetropft
1 TL gemahlener Kreuzkümmel
Frisch gemahlener schwarzer Pfeffer
2 TL Salz

■ Die Linsen 7,5 cm hoch mit Wasser bedecken und für 3–4 Stunden einweichen. Abtropfen lassen.

■ Das Öl in einem weiten, mittelgroßen Topf mit schwerem Boden bei mittlerer bis hoher Temperatur erhitzen. Die Zwiebeln darin unter Rühren in etwa 12 Minuten dunkelbraun und knusprig braten. Sobald sie zu bräunen beginnen, die Hitze stufenweise reduzieren. Mit einem Schaumlöffel auf einen mit Küchenpapier ausgelegten Teller legen.

■ Bei mittlerer Hitze die Linsen mit dem Reis, Kreuzkümmel und reichlich Pfeffer im selben Topf 5 Minuten vorsichtig braten, sodass die Reiskörner nicht brechen. 1 Liter Wasser und das Salz hinzufügen und aufkochen. Gut zugedeckt (eventuell einen Bogen Alufolie zwischen Topf und Deckel legen) bei schwächster Hitze 25 Minuten garen.

■ Reis und Linsen auflockern, auf einer vorgewärmten Servierplatte verteilen. Mit den knusprigen Zwiebeln bestreuen und servieren.

GETREIDE

JAPAN/KOREA

Adzukibohnen und Reis mit Sesamsalz
Sekihan

In Korea und Japan kennt man mehrere Varianten dieses festlichen Gerichts. Verwendet wird dafür fast immer Klebreis oder Klebreispulver (Reisstärke), die beide für die richtige Konsistenz gedämpft werden. Ich kombiniere stattdessen japanischen Reis (etwa Kokuho rose) mit einigen Esslöffeln Klebreis und kann so auf das Dämpfen verzichten. Zum Servieren etwas Sesamsalz oder zerkrümelte, leicht geröstete Noriblätter darüber streuen. Dazu passt Gemüse und ein Tofugericht oder ein großer Salat.

FÜR 6 PERSONEN

200 g getrocknete Adzukibohnen, verlesen
4 EL Klebreis, gewaschen und abgetropft

400 ml japanischer Reis
Sesamsalz (siehe Seite 496)

- Die Bohnen über Nacht einweichen (oder die Angaben für ein schnelles Einweichen auf Seite 158 befolgen). Abtropfen lassen.
- Den Klebreis in einer Schüssel mit reichlich Wasser bedecken und für 2 Stunden einweichen. Abtropfen lassen.
- Den japanischen Reis in einer zweiten Schüssel mehrmals in frischem Wasser waschen. In ein Sieb abgießen und 1 Stunde stehen lassen.
- In einem Topf die Bohnen mit 750 Milliliter Wasser aufkochen. Zugedeckt bei schwacher Hitze 40 Minuten köcheln lassen, bis die Bohnen gerade weich sind, aber noch ihre Form besitzen. Die Bohnen abgießen, die Garflüssigkeit auffangen.
- Die abgetropften Bohnen mit den zwei Reissorten in einen Topf mit schwerem Boden füllen. Die aufgefangene Garflüssigkeit mit Wasser auf 750 Milliliter ergänzen, hinzugießen und aufkochen. Zugedeckt bei schwächster Hitze 30 Minuten garen.
- Mit etwas Sesamsalz bestreuen und servieren.

GRENADA

Würzige Straucherbsen mit Reis
Margaret Arnold

Mit einer Auswahl leuchtender Gemüse, etwa gerösteten roten Paprika mit Balsamessig (siehe Seite 121) und gegrillten Zucchini nach spanischer Art (siehe Seite 150), ergibt dieses Gericht eine vollständige Mahlzeit. Die Würzsauce wird aus frischen Kräutern und Essig bereitet, und die verwendeten ganzen Straucherbsen sind in der Karibik ausgesprochen beliebt.

FÜR 6 PERSONEN

200 g getrocknete Straucherbsen, verlesen, eingeweicht und abgetropft
3 EL Olivenöl
3 Knoblauchzehen, geschält und fein gehackt
4–5 EL Karibische Würzsauce (siehe Seite 470)

475 ml Langkornkornreis (kein Basmati, ich verwende Jasminreis)
1 1/2 TL Salz
850 ml Gemüsebrühe, gut durchgerührte Kokosmilch aus der Dose oder Wasser

- Die Straucherbsen in einem mittelgroßen Topf 5 cm hoch mit Wasser bedecken. Aufkochen. Halb zugedeckt bei schwacher Hitze 1 1/4–1 1/2 Stunden schwach köcheln lassen, bis die Straucherbsen weich sind. Abgießen und die Garflüssigkeit für ein anderes Gericht, etwa eine Suppe, aufbewahren.
- Das Öl in einem weiten Antihaft-Topf mit schwerem Boden bei mittlerer bis hoher Temperatur erhitzen. Den Knoblauch darin goldbraun braten. Sofort die Würzsauce einrühren und den Reis hinzufügen. Unter leichtem Rühren 1 Minute erhitzen, die Straucherbsen und das Salz untermischen und 1 weitere Minute erhitzen. Die Brühe (Kokosmilch oder Wasser) hinzugießen, aufkochen und 1 Minute sprudelnd kochen lassen, dabei ab und zu vorsichtig durchrühren. Bei schwacher Hitze zugedeckt 30 Minuten garen. Nach 20 Minuten nochmals kurz durchrühren.

Pikanter Naturreis mit grünen Bohnen und Kräutern

Wer im Kühlschrank noch etwas Karibische Würzsauce (siehe Seite 470) stehen hat, kann 2 Esslöffel davon statt der frischen Kräutermischung und des Zitronensafts verwenden. Bohnen und Kräuter lockern den etwas schweren Reis wunderbar auf.

FÜR 4–6 PERSONEN

450 ml Langkorn-Naturreis, gewaschen und abgetropft
2 EL Olivenöl
1 mittelgroße Schalotte, geschält und fein gehackt
20 grüne Bohnen, in 1 cm breite Stücke geschnitten
1 TL fein gehackter frischer Oregano
1 EL feine Schnittlauchröllchen
1 TL fein gehackter frischer Thymian
1–2 TL fein gehackte frische grüne Chilis (mit den Samen)
1 TL gemahlener Kreuzkümmel
1 1/4 TL Salz
1 EL frisch gepresster Zitronensaft

- In einer Schüssel den Reis in 1 Liter Wasser für 1 Stunde einweichen.
- Das Öl in einem Topf mit schwerem Boden bei mittlerer bis hoher Temperatur erhitzen. Die Schalotte darin unter Rühren leicht bräunen. Die Bohnen, Kräuter, Chilis und den Kreuzkümmel hinzufügen und 1 Minute rühren. Den Reis mit der Einweichflüssigkeit, Salz und Zitronensaft dazugeben, aufkochen und zugedeckt bei schwächster Hitze 35 Minuten garen. Vom Herd nehmen und vor dem Servieren zugedeckt 10 Minuten ruhen lassen.

Risotto

Ein Risotto ist ein cremiges Reisgericht, das durch die langsame Zugabe einer heißen Flüssigkeit (Wasser oder Brühe) zu stärkehaltigem Rundkornreis zubereitet wird. Sein feiner Geschmack entsteht zum einen durch den Reis selbst, aber natürlich auch durch die Zutaten wie Gemüse, Seafood, Pilze usw. Das Besondere ist jedoch die cremige Konsistenz mit dem leichten Biss, der an gute Pasta erinnert.

Ebenso wie Pasta wird ein Risotto in Italien häufig als erster oder zweiter Gang vor dem Hauptgericht serviert. Mit einem grünen Salat ergibt er aber auch eine wunderbare Hauptmahlzeit im Rahmen eines zwanglosen Essens.

Ein guter Risotto zeichnet sich dadurch aus, dass der Reis noch Biss hat, doch die Körner dürfen im Innern nicht mehr weiß sein, dann sind sie nämlich noch nicht gar. Die richtige Zubereitung hängt vorrangig von der Garmethode, der Garzeit und der Menge der zugegebenen Flüssigkeit ab.

Der richtige Topf: Ich bevorzuge einen großen Antihaft-Topf (oder -Pfanne) mit schwerem Boden. Geeignet ist aber jeder weite Topf mit schwerem Boden.

Die richtige Brühe und die richtige Garzeit: Die Brühe sollte weder zu mild noch zu salzig sein. Ich verwende am liebsten leichte Gemüsebrühe aus Brühwürfeln und für Pilzrisotto zudem die Einweichflüssigkeit von getrockneten Pilzen. Je nach der gewünschten Konsistenz des Risottos verwendet man die zweieinhalb- bis sechsfache Menge Flüssigkeit. Mancher Risotto ist wie eine dicke Suppe. Sobald ich die Flüssigkeit hinzugefügt habe, gare ich den Reis unter ständigem Rühren 22–25 Minuten bei mittlerer Hitze.

Der richtige Reis: Für alle Risottogerichte benötigen Sie Risottoreis, einen mittelgroßen, stärkereichen Rundkornreis. Die besten Sorten sind Arborio, Vialone Nano und Carnaroli. Die Körner werden vor dem Garen nicht gewaschen, da die Stärke, die an ihnen haftet, für das Gelingen des Risottos unerlässlich ist.

Die richtige Menge Salz: Die verwendete Brühe sollte leicht gesalzen sein, allerdings in Maßen, da sie ja eingekocht wird und auch der zugegebene Käse salzig ist.

Einen Schnellkochtopf verwenden: Die Italiener bestehen darauf, dass man einen echten Risotto nur im offenen Topf zubereiten kann. Ich habe mit einem Schnellkochtopf jedoch ebenfalls sehr gut Ergebnisse erzielt. Für diese Garmethode benötigen Sie nur die halbe Menge Wasser. In den folgenden Rezepten kommen beide Garmethoden zum Einsatz.

Risotto mit Tomaten und Aubergine

Diesen Risotto koche ich regelmäßig für meine Familie, die ganz begeistert davon ist. Mit einem knackigen grünen Salat ergibt er eine vollständige Mahlzeit.

FÜR 3–4 PERSONEN

1 mittelgroße Aubergine (etwa 340 g), geschält und längs in 2,5 cm dicke Scheiben geschnitten
4 EL Olivenöl
Salz
Frisch gemahlener schwarzer Pfeffer
1 l leichte Gemüsebrühe (siehe Seite 320)
60 g Zwiebel, fein gehackt

300 g Tomaten, enthäutet, Samen entfernt, fein gehackt
5–6 frische Basilikumblätter, zerpflückt
200 g Risottoreis (nicht gewaschen)
60 g Parmesan, frisch gerieben
1 EL natives Olivenöl extra
1 EL sehr fein gehackte frische glatte Petersilie

- Den Backofengrill vorheizen.
- Die Auberginenscheiben von beiden Seiten mit etwa 1 Esslöffel Öl bestreichen, leicht salzen und pfeffern. Die Scheiben auf dem Backblech unter den Grill schieben (Abstand etwa 10 cm) und von beiden Seiten goldbraun grillen. In 2,5 cm große Würfel schneiden und beiseite stellen.
- Die Brühe erhitzen und bei niedrigster Temperatur warm halten.
- Die restlichen 3 Esslöffel Olivenöl in einem großen Antihaft-Topf mit schwerem Boden bei mittlerer bis hoher Temperatur heiß werden lassen. Die Zwiebel darin unter Rühren 1 Minute anschwitzen. Zuerst Tomaten und Basilikum, dann die Aubergine, zuletzt den Reis untermischen und je 1 Minute unter Rühren braten. Nun eine Schöpfkelle Gemüsebrühe dazugießen, auf mittlere Hitze schalten und rühren, bis die Brühe absorbiert ist. Den Vorgang wiederholen, bis die gesamte Brühe verbraucht ist und der Reis mindestens 22 Minuten gegart wurde. Er hat nun den richtigen Biss. Noch 1 Minute garen, damit der Reis auch die restliche Flüssigkeit aufnehmen kann. Den Käse untermischen und unter behutsamem Rühren schmelzen lassen. Zuletzt das extranative Olivenöl und die Petersilie unterziehen. Den Risotto vom Herd nehmen, noch 1–2 Minuten durchziehen lassen, durchrühren und servieren.

VARIANTE

Risotto mit Tomate, gerösteter Aubergine und Minze

Statt die Aubergine zu grillen, kann man sie auch rösten (siehe Angaben auf Seite 16). Anschließend enthäuten und das Fleisch grob zerdrücken. Mit der Zwiebel und den Tomaten einige Minuten rühren, leicht salzen und pfeffern. Den Reis hinzufügen und wie im Rezept fortfahren. Zum Schluss statt der Petersilie einige gehackte frische Minzeblätter untermischen.

ITALIEN

Risotto mit getrockneten Steinpilzen
Risotto con funghi

Für diesen Risotto benötigen Sie mindestens 15 Gramm getrocknete Steinpilze, die doppelte Menge ist sogar noch besser. Besonders gut sind ganze Scheiben, doch oft muss man mit grob gehackten Pilzen vorlieb nehmen.

FÜR 3–4 PERSONEN

- 1 l leichte Gemüsebrühe (siehe Seite 320)
- 15–30 getrocknete Steinpilze
- 3 EL Olivenöl
- 30 g Zwiebel, fein gehackt
- 1/2 TL fein gehackter frischer oder 1/4 TL fein zerriebener getrockneter Rosmarin
- 200 g Risottoreis (nicht gewaschen)
- 125 ml trockener Wermut oder trockener Weißwein
- 50 g Parmesan, frisch gerieben
- 1 EL Butter in Flöckchen
- 1 EL sehr fein gehackte frische glatte Petersilie

■ Die Brühe erhitzen und die Pilze darin 2 Stunden einweichen lassen.

■ Die Pilze herausnehmen, möglichst viel Flüssigkeit ausdrücken und in die Brühe gießen. Ein Sieb mit einem sauberen Küchentuch auskleiden, die Brühe durch das Sieb in einen Topf abseihen. Erhitzen und bei schwächster Hitze warm halten.

■ Das Öl in einem großen Antihaft-Topf mit schwerem Boden bei mittlerer bis hoher Temperatur erhitzen. Die Zwiebel darin unter Rühren 1 Minute anschwitzen. Zuerst die eingeweichten Pilze und den Rosmarin, dann den Reis untermischen und je 1 Minute unter Rühren mitschwitzen. Nun den Wermut hinzugießen, dabei ständig rühren. Sobald die Flüssigkeit sprudelnd kocht, auf mittlere Hitze schalten und weiterrühren. Hat der Reis den Wermut absorbiert, eine Schöpfkelle Gemüsebrühe dazugießen und rühren, bis die Brühe vollständig aufgenommen wurde. Den Vorgang wiederholen, bis die gesamte Brühe verbraucht ist und der Reis mindestens 22 Minuten gegart wurde. Er hat nun den richtigen Biss. Noch 1 Minute garen, damit der Reis auch die restliche Flüssigkeit absorbieren kann. Käse und Butter unterrühren, bis sie geschmolzen sind. Die Petersilie unterziehen. Vom Herd nehmen, noch 1–2 Minuten durchziehen lassen, durchrühren und servieren.

ITALIEN

Risotto mit Erbsen
Risi e bisi

Frische, zarte Erbsen esse ich am liebsten roh. Aber ich schätze sie auch so, wie meine Mutter sie früher zubereitet hat – als pfannengerührte junge Zuckerschoten mit etwas Kreuzkümmel. Eine weitere Vorliebe von mir ist dieser Risotto mit Erbsen, den ich vor vielen Jahren das erste Mal in Venedig probiert und sofort zu meinen bevorzugten Speisen erklärt habe.

Ich bereite diesen Risotto nur mit frischen Erbsen zu, Sie können aber auch feine Tiefkühlerbsen verwenden. Dafür die Erbsen vollständig auftauen und abtropfen lassen und erst 5 Minuten vor Ende der Garzeit hinzufügen.

GETREIDE 323

FÜR 3–4 PERSONEN
1 l leichte Gemüsebrühe (siehe Seite 320)
3 EL Olivenöl
30 g Zwiebel, fein gehackt
250 g gepalte frische Erbsen (ungepalt etwa 560 g oder mehr)
200 g Risottoreis (nicht gewaschen)
50 g Parmesan, frisch gerieben
1 EL Butter in Flöckchen
1 EL sehr fein gehackte frische glatte Petersilie

- Die Brühe erhitzen und bei niedrigster Temperatur warm halten.
- Das Öl in einem großen Antihaft-Topf mit schwerem Boden bei mittlerer bis hoher Temperatur erhitzen. Die Zwiebel mit den Erbsen darin 1 Minute unter Rühren anschwitzen. Den Reis unterrühren und 1 Minute mitschwitzen. Eine Schöpfkelle Brühe hinzugießen, auf mittlere Hitze schalten und ständig rühren. Hat der Reis die Brühe absorbiert, eine weitere Kelle hinzufügen. Diesen Vorgang wiederholen, bis die gesamte Brühe verbraucht ist und der Reis mindestens 22 Minuten gegart wurde. Er hat nun den richtigen Biss. Noch 1 Minute garen, damit der Reis auch die restliche Flüssigkeit aufgenommen hat. Käse und Butter unterrühren, bis sie geschmolzen sind. Die Petersilie untermischen. Vom Herd nehmen, noch 1–2 Minuten durchziehen lassen, durchrühren und servieren.

Risotto mit Spinat, Sultaninen und Pinienkernen

Die Kombination von süßen Sultaninen und Spinat schätze ich an diesem Risotto ganz besonders. Soll Tiefkühlspinat verwendet werden, diesen erst auftauen und in einem Sieb abtropfen lassen.

FÜR 3–4 PERSONEN
1 l leichte Gemüsebrühe (siehe Seite 320)
3 EL Olivenöl
2 EL Pinienkerne
30 g Zwiebel, fein gehackt
1 EL Sultaninen
300 g frischer Spinat, Stiele entfernt, in schmale Streifen geschnitten
200 g Risottoreis (nicht gewaschen)
1/4 TL gemahlener Zimt
50 g Parmesan, frisch gerieben
1 EL Butter in Flöckchen

- Die Brühe erhitzen und bei niedrigster Temperatur warm halten.
- Das Öl in einem großen Antihaft-Topf mit schwerem Boden bei mittlerer bis hoher Temperatur erhitzen. Die Pinienkerne darin unter Rühren leicht bräunen. Mit einem Schaumlöffel herausnehmen und beiseite stellen. Die Zwiebel in dem verbliebenen Öl 1 Minute anschwitzen und dabei rühren. Zuerst die Sultaninen, dann den Spinat untermischen, unter Rühren 3–4 Minuten mitschwitzen. Reis und Zimt hinzugeben, 1 weitere Minute rühren. Eine Schöpfkelle Gemüsebrühe dazugießen und rühren, bis die Brühe absorbiert ist. Den Vorgang wiederholen, bis die gesamte Brühe verbraucht ist und der Reis mindestens 22 Minuten gegart wurde. Er hat nun den richtigen Biss. Noch 1 Minute garen, damit der Reis die restliche Flüssigkeit aufnehmen kann. Käse und Butter behutsam untermischen, bis sie geschmolzen sind. Den Risotto vom Herd nehmen, noch 1–2 Minuten durchziehen lassen, noch einmal durchrühren und servieren.

GRIECHENLAND

Kürbisrisotto aus dem Schnellkochtopf
Vali Manuelides

Dieser wunderbare griechische Risotto von Vali Manuelides wird im Schnellkochtopf (auch Dampfdrucktopf genannt) zubereitet. Man kann ihn als Vorspeise oder, mit einem grünen Salat, als Hauptgericht servieren.

Ich habe 750 Gramm Riesenkürbis gekauft und nach dem Schälen und Entfernen der Samen 560 Gramm Kürbisfleisch übrig behalten.

Wer keinen Schnellkochtopf verwenden möchte, benötigt die doppelte Menge Brühe (1,5 Liter) und geht nach den Angaben in dem Rezept für Risotto mit Erbsen (siehe Seite 322) vor.

FÜR 4–6 PERSONEN

- 3 EL Olivenöl
- 100 g Zwiebeln, geschält und fein gehackt
- 300 g Kürbisfleisch, in 1 cm große Würfel geschnitten
- 2 TL Zucker
- 300 g Risottoreis (nicht gewaschen)
- 2 EL fein gehackter frischer Dill
- 1 TL Salz (nach Bedarf mehr)
- 750 ml leichte Gemüsebrühe (siehe Seite 320), erhitzt
- Frisch gemahlener schwarzer Pfeffer
- 60 g Parmesan, frisch gerieben

■ Das Öl im Schnellkochtopf bei mittlerer bis hoher Temperatur erhitzen. Die Zwiebeln darin in 2–3 Minuten unter Rühren leicht bräunen. Das Kürbisfleisch unterrühren und 5 Minuten mitbräunen. Den Zucker einrühren, dann den Reis, Dill und Salz hinzufügen und 2 Minuten rühren. Zuletzt die Brühe dazugießen.

■ Den Topf verschließen und den Druck erhöhen. Die Hitze reduzieren, um einen gleichmäßigen leichten Druck zu bewahren. Den Risotto 5 Minuten garen. Vom Herd nehmen und den Druck in 10–12 Minuten von selbst sinken lassen. Den Deckel entfernen. Reichlich Pfeffer und Käse unter den sehr heißen Risotto mischen. Auf einzelne Teller verteilen und servieren.

VARIANTE
Risotto mit Kürbis und Salbei
Statt Dill 6–9 sehr fein gehackte frische Salbeiblätter verwenden.

VIETNAM

Reispfannkuchen mit Shiitake und frischer Garnitur
Banh xeo

Diese Pfannkuchen haben einen ganz ähnlichen Teig wie die koreanischen Pfannkuchen auf Seite 326. Was sich unterscheidet, ist die Würzung.

Am besten schmecken die Pfannkuchen frisch gebacken. Werden sie im Voraus zubereitet, in Alufolie wickeln und im Backofen bei 180 °C aufbacken oder einzeln ohne Folie für je 1 Minute in die Mikrowelle geben.

ERGIBT 3 GROSSE PFANNKUCHEN FÜR 2–6 PERSONEN

FÜR DEN DIP
6 EL Sojasauce
2 EL frisch gepresster Limettensaft
2 TL Zucker
1 Knoblauchzehe, geschält und fein zerdrückt
1 TL fein gehackter frischer grüner oder roter Chili
2 EL fein gehackte geröstete Erdnüsse

FÜR DIE PFANNKUCHEN
85 g Mehl
85 g Reismehl
Salz
1 Ei, verquirlt
1 EL zerlassene Butter (oder Erdnussöl)
6 EL Erdnuss- oder Maiskeimöl
4–5 frische *Shiitake* (siehe Glossar, Pilze), Stiele entfernt, Hüte in dünne Scheiben geschnitten
1 frischer roter oder grüner Chili, in dünne Ringe geschnitten
4 Frühlingszwiebeln, in dünne Ringe geschnitten

FÜR DIE GARNITUR
1 Hand voll frische Bohnensprossen
1 Hand voll kleine frische Minzeblätter
1 Hand voll frische Basilikumblätter, zerpflückt

■ Alle Zutaten für den Dip mit Ausnahme der Erdnüsse gut verrühren, beiseite stellen.
■ Die beiden Mehlsorten in einer Schüssel nach und nach mit 350 Milliliter Wasser zu einem flüssigen Teig (wie Sahne) verarbeiten, eventuell weniger Wasser verwenden. 3/4 Teelöffel Salz, das Ei und die Butter oder das Öl unterschlagen, 30 Minuten ruhen lassen.
■ Erst kurz vor dem Verzehr 3 Esslöffel Öl in einer großen Antihaft-Pfanne bei mittlerer Temperatur erhitzen. *Shiitake*, Chili und Frühlingszwiebeln 1 Minute rühren. Zügig etwas Salz untermischen und das Gemüse aus der Pfanne nehmen. Bei mittlerer bis schwacher Hitze 1 weiteren Esslöffel Öl in die Pfanne geben, ein Drittel der Gemüsemischung in der Mitte kreisförmig (20 cm Durchmesser) verteilen. Den Teig durchrühren und ein Drittel davon über das Gemüse gießen, sodass ein Pfannkuchen von 20 cm Durchmesser entsteht. Zugedeckt 5–6 Minuten backen, bis die Unterseite goldgelb ist. Mit einem Holzspatel wenden, von der anderen Seite zugedeckt weitere 4 Minuten backen. Nochmals wenden, ohne Deckel 2 Minuten backen. Erneut wenden und 1 weitere Minute backen.
■ Den Pfannkuchen in Spalten schneiden, mit Bohnensprossen, Minze und Basilikum bestreuen und heiß mit dem Dip, dem jetzt noch die Erdnüsse hinzugefügt werden, servieren. Die weiteren 2 Pfannkuchen mit je 1 Esslöffel Öl ebenso zubereiten.

KOREA

Reispfannkuchen mit Paprikaschoten und Pilzen
Pa'chon

Diese Pfannkuchen habe ich auf einem koreanischen Markt bei Seoul kennen gelernt. Sie wurden auf riesigen rechteckigen Backplatten zubereitet, um die herum zahlreiche hungrige Kunden standen. Zuerst briet die Pfannkuchenbäckerin auf der heißen Platte Gemüse an, dann goss sie den Teig darüber. Sobald der Pfannkuchen von beiden Seiten leicht gebräunt war, schnitt sie ihn mit einer Schere in kleinere Stücke. Dazu gab es einen einfachen Dip mit Essig und Sojasauce. Zusätzlich streute sie spezielle Samen darüber, die ich noch nie gesehen hatte, so genannte Sundag, *eine Art wilde Sesamsamen. Da sie schwer erhältlich sind, verwende ich normalen Sesam.*

Sollen die frischen Shiitake *durch Champignons ersetzt werden, diese zuerst pfannenrühren, damit das meiste enthaltene Wasser verdampft. Erst dann die Paprikaschoten und Frühlingszwiebeln hinzufügen.*

Am besten schmecken die Pfannkuchen frisch gebacken. Werden sie im Voraus zubereitet, in Alufolie wickeln und im Backofen bei 180 °C aufbacken oder einzeln ohne Folie für je 1 Minute in die Mikrowelle geben.

ERGIBT 3 GROSSE PFANNKUCHEN FÜR 2–6 PERSONEN

FÜR DIE PFANNKUCHEN

85 g Mehl
85 g Reismehl
Salz
1 Ei, verquirlt
1 EL Öl aus gerösteten Sesamsamen
6 EL Pflanzenöl
4–5 frische *Shiitake* (siehe Glossar, Pilze), Stiele entfernt, Hüte in dünne Scheiben geschnitten
Je 60 g rote und grüne Paprikaschote, Stielansatz und Samen entfernt, in dünne, lange Streifen geschnitten und nochmals längs halbiert
1 frischer roter oder grüner Chili, in dünne, lange Streifen geschnitten (nach Belieben)
2 Frühlingszwiebeln, längs geviertelt und in je 5 cm breite Stücke geschnitten
1 1/2 TL Sesamsamen

FÜR DEN DIP

6 EL Sojasauce
2 EL Rotweinessig
1 EL Öl aus gerösteten Sesamsamen

■ Die beiden Mehlsorten in einer Schüssel nach und nach mit 350 Milliliter Wasser zu einem flüssigen Teig (wie Sahne) verarbeiten, eventuell weniger Wasser verwenden. 3/4 Teelöffel Salz, Ei und Sesamöl unterschlagen, 30 Minuten ruhen lassen.

■ Erst kurz vor dem Verzehr 3 Esslöffel Pflanzenöl in einer großen Antihaft-Pfanne bei mittlerer Temperatur erhitzen. *Shiitake*, Paprika, Chili und Frühlingszwiebeln 1 Minute rühren. Zügig etwas Salz untermischen und das Gemüse aus der Pfanne nehmen. Bei mittlerer bis schwacher Hitze 1 weiteren Esslöffel Öl in die Pfanne geben und 1/2 Teelöffel Sesamsamen in der Mitte kreisförmig (20 cm Durchmesser) verteilen. Ein Drittel der Gemüsemischung darüber geben. Den Teig durchrühren und ein Drittel davon über das Gemüse gießen, sodass ein Pfannkuchen von 20 cm Durchmesser entsteht. Zugedeckt 5–6 Minuten backen, bis die Unterseite goldgelb ist. Mit einem Holzspatel wenden, von der anderen Seite zugedeckt weitere 4 Minuten backen. Nochmals wenden, ohne Deckel 2 Minuten backen. Erneut wenden und 1 weitere Minute backen.

■ Die Zutaten für den Dip verrühren. Den Pfannkuchen in Spalten schneiden und heiß mit dem Dip servieren. Die weiteren 2 Pfannkuchen ebenso zubereiten.

❖

INDIEN

Ingwerpfannkuchen mit Koriander
Dosa

Servieren Sie diese würzig-scharfen Pfannkuchen mit einer Tasse Tee zum Frühstück oder als Snack. Dazu passen verschiedenste Chutneys, man kann die brotartigen Pfannkuchen aber auch als Beilage zu einer Mahlzeit reichen.

ERGIBT 8 PFANNKUCHEN

150 g Mehl	2 TL geschälter, sehr fein gehackter frischer Ingwer
130 g Reismehl	2 TL fein gehackter frischer grüner Chili
1 1/4 TL Salz	2 EL fein gehacktes frisches Koriandergrün
250 ml Joghurt	5–6 EL Pflanzenöl

■ Die beiden Mehlsorten, Salz und Joghurt mit 180 Milliliter Wasser in der Küchenmaschine oder im Mixer zu einem glatten, dickflüssigen Teig verarbeiten. In einer Schüssel mit Ingwer, Chili und Koriandergrün verrühren. (Falls nötig, den Teig einige Stunden stehen lassen oder kalt stellen.)

■ In einer Antihaft-Pfanne 1/2 Teelöffel Öl bei mittlerer bis hoher Temperatur erhitzen und 5 Esslöffel Teig in die Mitte der Pfanne geben. Mit dem Löffelrücken den Teig in kreisförmigen Bewegungen zu einem Pfannkuchen von 18 cm Durchmesser verstreichen. 1/2 Teelöffel Öl über den Pfannkuchen träufeln und 1 weiteren Teelöffel um den Rand verteilen. Zugedeckt 4–5 Minuten backen, bis die Unterseite goldbraun ist. Wenden und ohne Deckel etwa 4 Minuten von der anderen Seite backen, bis diese goldbraune Stellen aufweist. Auf einen Teller gleiten lassen und mit Alufolie oder einem umgedrehten Teller bedecken. Die übrigen Pfannkuchen ebenso zubereiten.

■ Falls nötig, die fertigen Pfannkuchen zum Aufbacken in Alufolie wickeln und bei etwa 180 °C für 15 Minuten in den Backofen schieben oder ohne Folie einzeln je 40–60 Sekunden in der Mikrowelle heiß werden lassen.

GETREIDE

SÜDINDIEN

Reisnudeln mit Blumenkohl

Für dieses Gericht habe ich getrocknete flache Reisnudeln (Banh pho) so gekocht wie in Südindien die frischen dünnen Reisnudeln Idi-appam. Traditionell bereitet man sie nur mit Öl und Gewürzen zu (ähnlich wie italienische Pasta mit Olivenöl und Knoblauch). Für zusätzlichen Geschmack gebe ich noch Blumenkohl hinzu.

FÜR 4 PERSONEN

350 g getrocknete Reisnudeln *(Banh pho)*
1 TL plus 6 EL Erdnuss- oder Maiskeimöl
675 g Blumenkohl, in Röschen zerteilt (siehe Seite 51)
Salz
Frisch gemahlener schwarzer Pfeffer
1/2 TL braune Senfsamen
1/2 TL *Urad dal* (geschälte, halbierte Urdbohnen)
2 getrocknete rote Chilis
15 frische Curryblätter (ein guter Ersatz sind kleine frische Basilikumblätter)

■ Die Nudeln mit reichlich Wasser bedecken und 30 Minuten einweichen lassen. Abgießen. In einem großen Topf Wasser sprudelnd aufkochen. Die Nudeln hineingeben und höchstens 1 Minute kochen, bis sie gerade gar sind. Abgießen und sofort unter fließendem kaltem Wasser abschrecken. Dabei möglichst viel Stärke abwaschen. In einer Schüssel mit 1 Teelöffel Öl vermischen. Beiseite stellen.

■ Die übrigen 6 Esslöffel Öl in einer großen Antihaft-Pfanne bei mittlerer bis hoher Temperatur erhitzen. Den Blumenkohl darin 3–4 Minuten pfannenrühren, bis er weich ist, aber noch Biss hat. Mit einem Schaumlöffel in eine Schüssel geben. 1/2 Teelöffel Salz und etwas Pfeffer darüber streuen, kurz durchmischen. Das Öl aus der Pfanne abseihen und zurück in die Pfanne gießen.

■ Erst kurz vor dem Servieren das Öl bei mittlerer bis hoher Temperatur erhitzen. Die Senfsamen darin in wenigen Sekunden aufplatzen lassen. Sofort die *Urad dal* hinzufügen und so lange rühren, bis sie sich rot verfärben. Zuerst die Chilis, nach wenigen Sekunden die Curryblätter kurz einrühren. Auf mittlere Hitze schalten, die Nudeln mit 1/4 Teelöffel Salz untermischen, gleichmäßig durchwärmen. Abschmecken und bei Bedarf nachsalzen. Den Blumenkohl untermischen und sofort servieren.

GETREIDE 329

Wildreis

Wildreis gehört botanisch nicht zum Reis. Vielmehr handelt es sich um eine einjährige Wassergrasart, deren Samen ein wichtiges Nahrungsmittel vieler Indianerstämme und auch früher Siedler in Nordamerika war. Er gedeiht in den feuchten Uferzonen von Flüssen und Strömen sowie in Seen und Feuchtgebieten. Heimisch ist er im Südosten der USA, von der Atlantikküste bis zum Mississippi.

Wildreis mit seinem feinen Nussaroma und dem angenehmen Biss ist nicht billig. Wie dunkle Kiefernnadeln sehen die entspelzten langen schwarzen Körner aus, die mehr Eiweiß enthalten als normaler Reis. Die Ureinwohner Nordamerikas ernteten sie früher von ihren Booten aus, mit denen sie unter die hohen Gräser paddelten. Dort bogen sie die reifen Halme über die Boote und droschen sie, bis die Samen ins Boot fielen. Heute erlangt man mit den modernen Erntemaschinen zwar einen höheren Ertrag, doch die alten Methoden sichern nach wie vor die beste Ernte, und Wildreis ist immer noch entsprechend teuer. Wohl aus diesem Grund wird er häufig mit Naturreis und anderem Getreide gemischt.

Das Garen von Wildreis ist einfach. Ich weiche ihn 1 Stunde in der doppelten Menge Wasser ein und gare ihn dann 1 Stunde im Einweichwasser. Einige Körner platzen beim Garen auf, dennoch bewahrt der Wildreis den angenehm festen Biss. Nach dem Garen kann man die Körner mit leicht sautiertem Gemüse kombinieren, etwa mit Pilzen, Möhren, Erbsen, Spargel, grünen Bohnen oder Paprika.

❖

Einfacher Wildreis

Weicht man Wildreis vor der Zubereitung ein, gart er schneller und bewahrt Biss und Form. Gegarter Wildreis eignet sich für Salate (mit gewürfelten Paprikaschoten, Frühlingszwiebeln, reichlich Petersilie und einem Dressing), als Füllung für Gemüse (mit gebratenen Schalotten und Champignons) oder für einen Eintopf, etwa mit sautiertem Mais, Tomaten und Käse.

FÜR 2–3 PERSONEN

250 ml Wildreis, gewaschen und abgetropft

1/2 TL Salz
1 TL Olivenöl

■ Den Wildreis in einer Schüssel in 475 Milliliter Wasser 1 Stunde einweichen lassen. Mit der Einweichflüssigkeit in einen Topf mit schwerem Boden füllen, mit dem Salz und Olivenöl vermischen. Aufkochen und zugedeckt bei schwächster Hitze 1 Stunde garen. Ist im Topf noch Flüssigkeit verblieben, diese ohne Deckel einkochen lassen.

Wildreis mit Naturreis

Dies ist eine ganz schlichte Reismischung, die als Beilage gut zu Gemüse, speziell zu allen Bohnen, und zu Salaten passt.

FÜR 2–3 PERSONEN
Je 125 ml Langkorn-Naturreis und Wildreis, gewaschen und abgetropft
2 TL Olivenöl
2 Frühlingszwiebeln, in dünne Ringe geschnitten
2 EL fein gehackte frische glatte Petersilie
1/2 TL Salz

- Naturreis und Wildreis in einer Schüssel in 475 Milliliter Wasser 1 Stunde einweichen lassen.
- Das Öl in einem kleinen Topf mit schwerem Boden bei mittlerer Temperatur erhitzen. Die Frühlingszwiebeln darin 30 Sekunden rühren. Die Petersilie unterrühren, den Reis mit der Einweichflüssigkeit und dem Salz hinzufügen. Aufkochen und zugedeckt bei schwächster Hitze 1 Stunde garen.

❖

Wildreistopf mit Perlzwiebeln, Linsen und grünen Bohnen

Dieses leichte Eintopfgericht ergibt mit gutem Brot und Butter eine eigenständige Mahlzeit. Zusammen mit dem Gemüse kann man außerdem Champignons oder Wildpilze dazugeben. 4 längs halbierte frische Morcheln sind mein Favorit.

FÜR 4 PERSONEN
2 EL Olivenöl
12–16 kleine ganze Perlzwiebeln, geschält
100 g grüne Linsen
1 l Gemüsebrühe
2 mittelgroße Möhren (150 g), geschält und quer in 1 cm dicke Scheiben geschnitten
2 kleine Zucchini (225 g), quer in 1,5 cm dicke Scheiben geschnitten
20 grüne Bohnen, in 2,5 cm breite Stücke geschnitten
Salz
Frisch gemahlener schwarzer Pfeffer
2 mittelgroße Tomaten, enthäutet, Samen entfernt, in 5 mm große Würfel geschnitten
Einfacher Wildreis (gekocht wie im Rezept auf Seite 329)
2 EL fein gehackte frische Petersilie

- Das Öl in einem weiten Topf bei mittlerer bis hoher Temperatur erhitzen. Die Zwiebeln darin unter Rühren goldbraun werden lassen. Linsen und Brühe hinzufügen und aufkochen. Zugedeckt bei schwacher Hitze 35 Minuten köcheln lassen, bis die Linsen weich sind. Die Möhren, Zucchini, Bohnen, Salz (die Menge hängt davon ab, wie salzig die Brühe ist) und Pfeffer dazugeben. Aufkochen und ohne Deckel etwa 5 Minuten köcheln lassen, bis das Gemüse gerade weich ist. Tomaten und Wildreis (je nach gewünschter Konsistenz mehr oder weniger) untermischen, kurz heiß werden lassen. Mit Petersilie bestreuen.

Wildreis mit Mais, Pilzen und Spargel

Die Menge dieses eleganten Gerichts lässt sich problemlos verdoppeln. Wenn das Saisonangebot es erlaubt, sollten Sie statt der Champignons aromatische Wildpilze verwenden. Wer keinen Spargel bekommt, kann ihn durch zarte grüne Bohnen (in 2,5 cm lange Stücke geschnitten) ersetzen. Dazu passt grüner Salat.

**FÜR 3 PERSONEN ALS HAUPTGERICHT,
FÜR 4 PERSONEN ALS BEILAGE**

- 2 EL Olivenöl
- 1 kleine Knoblauchzehe, geschält und fein gehackt
- 1 mittelgroße Schalotte (15 g), fein gehackt
- 3 große Champignons, geputzt und längs in dünne Scheiben geschnitten
- 225 g mitteldicker grüner Spargel, Enden gekappt, bei Bedarf geschält, in 2,5 cm lange Stücke geschnitten
- 150 g Mais (Dose oder Tiefkühlware)
- 50 ml Gemüsebrühe
- 1/4 TL Salz
- Frisch gemahlener schwarzer Pfeffer
- 1/2 TL getrockneter Thymian
- Einfacher Wildreis (gekocht wie im Rezept auf Seite 329)
- 1 TL Öl aus gerösteten Sesamsamen
- 2 TL geröstete Sesamsamen (siehe Glossar, nach Belieben)

■ Das Öl in einer großen Pfanne bei mittlerer bis hoher Temperatur erhitzen. Knoblauch und Schalotte darin 10 Sekunden rühren. Die Pilze untermischen und etwa 30 Sekunden rühren, bis sie glänzen. Den Spargel weitere 30 Sekunden mitrühren. Den Mais kurz untermischen und die Brühe hinzugießen. Aufkochen und bei mittlerer Hitze zugedeckt 3 Minuten garen. Salz, Pfeffer und Thymian einstreuen. Ist noch viel Flüssigkeit in der Pfanne verblieben, die Temperatur erhöhen und einen Großteil einkochen lassen. Den Wildreis untermischen, das Sesamöl darüber träufeln und behutsam durchrühren. Nach Belieben mit dem gerösteten Sesam bestreuen und servieren.

WEIZEN

Weizen zählt zu den bedeutendsten und ältesten Getreidearten der Welt. Seit etwa 9 000 Jahren wird Weizen kultiviert, wilder Weizen sogar seit etwa 11 000 Jahren. Schon um 3 100 v. Chr. verwendeten die Sumerer den Weizen zum Bierbrauen und Brotbacken, und vermutlich waren es die Ägypter, die das erste Brot aus gesäuertem Teig herstellten. Obwohl ein Großteil der Weltbevölkerung sich hauptsächlich von Reis ernährt, ist Weizen die wohl vielfältigste Getreideart. Die im Laufe der Zeit durch Züchtung entstandenen Kulturformen zeichnen sich durch besondere Eigenschaften aus; am wichtigsten ist die hervorragende Eignung von Weizen als Brotgetreide.

Es wird zwischen Hartweizen (Durum) und Weichweizen sowie zwischen Sommer- (Aussaat im zeitigen Frühjahr) und Winterweizen (Aussaat im späten Herbst) unterschieden. Hartweizen enthält 11–15 Prozent Proteine; er wird meist zu Brotmehl verarbeitet und, zu Hartweizengrieß vermahlen, für die Herstellung von Teigwaren (einschließlich Couscous) verwendet. Weichweizen mit nur 5–9 Prozent Proteinen verwendet man dagegen für Kuchen, Kekse und Torten. Vollkornweizen ist ein bedeutender Energiespender, denn er enthält nicht nur den Keimling für die nächste Pflanze, sondern auch die dafür benötigten Nährstoffe.

Eine besondere Bedeutung kommt Weizen wegen seines Klebergehalts zu. Als Kleber bezeichnet man spezielle Eiweißstoffe im Mehlkörper des Weizenkorns, die für die guten Backeigenschaften von Weizen verantwortlich sind. Jene Eiweißstoffe, die in Verbindung mit Wasser klebrig werden und aufquellen, heißen »Gluten«. Dieses Gluten sorgt für die Elastizität von gesäuerten Teigen. Beim Kneten wird das Gluten aktiviert, der Teig geht auf und umschließt die durch die Säuerung entstandenen Gasbläschen.

Ein wesentliches Unterscheidungsmerkmal sind helle und dunkle Mehle. Während helle Mehle aus dem Vermahlen des reinen weißen Mehlkörpers entstehen, enthalten die dunklen Mehle neben dem Stärkeanteil die wertvollen Randschichten (Kleie) sowie den fetthaltigen und dadurch leicht verderblichen Keimling mit allen ihren Inhaltsstoffen. Über diese Anteile im Mehl informieren die verschiedenen Mehltypen, die nach Typennummern – etwa Weizenmehl Type 405 – gehandelt werden. Diese Typennummern geben Auskunft über den so genannten Ausmahlungsgrad. Dieser wiederum sagt etwas über den Stärkegehalt sowie die Inhalts- und Ballaststoffe aus. Je höher der Ausmahlungsgrad ist – etwa Weizenmehl der Type 1050 –, desto wertvoller (»vollwertiger«) ist das Mehl, weil es über höhere Anteile an Mineralstoffen, Vitaminen und Ballaststoffen verfügt und weniger Stärke enthält. Bei niedrigem Ausmahlungsgrad ist das Mehl entsprechend weniger wertvoll.

Von den vielen Weizenprodukten, die heute im Handel angeboten werden, beschreibe ich hier einige wichtige, die ich in diesem Buch verwendet habe:

Vollkornweizen von Hart- und Weichweizen: Die entspelzten Körner des Vollkornweizens, die noch die unbeschädigte nährstoffreiche Frucht- und Samenschale (Kleie) besitzen, werden im Bioladen als Winter- und Sommerweizen angeboten. Erkundigen Sie sich beim Kauf gegebenenfalls, ob es sich um Hart- oder Weichweizen handelt, da Hartweizen etwas länger gart. Ich verwende die ganzen

Körner gern in Suppen oder als Füllung, vor allem in Tomaten (siehe Seite 336). Sie können die Körner auch keimen lassen und Broten sowie Salaten zugeben.

Vollkornweizenkörner einweichen und garen: 85 Gramm Vollkornweizenkörner abspülen, mit 1 Liter Wasser bedecken und 12 Stunden einweichen lassen. Die eingeweichten Körner im Einweichwasser im normalen Topf zugedeckt 1 1/2 Stunden garen oder 30 Minuten im Schnellkochtopf (den Druck von selbst absinken lassen). Die Körner können mit der Einweichflüssigkeit für Suppen und Eintöpfe verwendet werden oder abgetropft (die Flüssigkeit für Brühen aufbewahren) als Füllung oder Suppeneinlage dienen. Die 85 Gramm Weizenkörner ergeben gegart etwa 300 Gramm. Im Kühlschrank können die gegarten Körner in der Garflüssigkeit im verschlossenen Behälter 4–5 Tage aufbewahrt werden.

Vollkornweizen keimen lassen: Etwa 85 Gramm Vollkornweizenkörner abspülen, großzügig mit Wasser bedecken und 24 Stunden einweichen lassen. Dabei das Wasser zwei- bis dreimal erneuern. Abgießen. Ein großes Backblech mit zwei Lagen gut befeuchtetem Küchenpapier auslegen und den Weizen gleichmäßig darauf verteilen. Mit angefeuchtetem Küchenpapier bedecken. An einem dunklen Ort, etwa dem ausgeschalteten Backofen, 24 Stunden stehen lassen, bis sich kleine Sprossen entwickeln. Wird das Küchenpapier trocken, wieder mit etwas Wasser befeuchten. Den gekeimten Weizen kann man in einem Plastikbehälter 1 Woche im Kühlschrank aufbewahren. Die 85 Gramm Weizenkörner ergeben 115 Gramm gekeimte Körner (oder auch Sprossen).

Weizenkörner, geschält: Geschälte Weizenkörner garen sehr viel schneller als ungeschälte. Da sie beim Garen nicht die Form behalten, verwendet man sie am besten in Suppen und Eintöpfen. Man bekommt sie meist in Geschäften mit Lebensmitteln aus dem Nahen Osten.

Geschälte Weizenkörner einweichen und garen: 85 Gramm geschälte Weizenkörner mit 1 Liter Wasser bedecken und für 12 Stunden einweichen. Mit dem Einweichwasser aufkochen. Zugedeckt bei schwacher Hitze in 30 Minuten bissfest oder in 45 Minuten cremig weich garen. Im Kühlschrank halten sich die gegarten Körner (in der Garflüssigkeit oder abgegossen) im verschlossenen Behälter 4–5 Tage.

Weizenkörner (geschält und ungeschält) und Weizenkleie aufbewahren: Am besten im Kühlschrank aufbewahren, da der ölhaltige Keimling schnell ranzig wird.

Dinkel: Dieser Verwandte des Weichweizens wird vorwiegend in Europa verwendet. Er bleibt von Spelzen umschlossen und wird deshalb auch Spelzweizen genannt. Die ganzen Körner des Vollkorndinkels werden genauso wie Vollkornweizen gegart. Mittlerweile werden sie vor allem von Chefköchen geschätzt und sind natürlich bei Kunden von Bioläden sehr beliebt. Dinkel wird zum Keimen ebenso lange eingeweicht wie Weizenkörner, doch das Keimen kann bis zu 12 Stunden länger dauern.

Bulgur: Bulgur ist ein Weizenprodukt aus dem Nahen Osten, das durch ein ähnliches Verfahren wie das Parboiling bei Reis entsteht. Die Weizenkörner werden entspelzt und kurz gedämpft, anschließend getrocknet (gedarrt) und je nach gewünschter Stärke grob oder fein zerstoßen. Gröberen Bulgur verwendet man für Pilaws und Salate, die feinere Variante für Bratlinge und Pasteten.

Da die Körner schon vorgegart wurden, kann man Bulgur einfach einweichen, ausdrücken und verzehren, ohne ihn zuvor zu garen. Auf diese Weise verwendet man ihn auch für viele Salate, wie etwa libanesischen *Tabouleh*.

Eingeweichter Bulgur lässt sich zerdrücken und zu Pasteten nach syrischer Art *(Kibbeh)* verarbeiten, die dann gebraten, gebacken und pochiert werden.

Bulgur einweichen: Wer in Eile ist, weicht groben Bulgur in kochend heißem Wasser für etwa 2 Stunden ein, bis er auch im Innern weich ist. Ansonsten groben Bulgur 4–5 Stunden in kaltem Wasser einweichen. Im Anschluss ein Sieb mit einem sauberen Küchentuch auskleiden, den eingeweichten Bulgur hineingeben, das Tuch darüber zusammendrehen und die überschüssige Flüssigkeit ausdrücken. Als Alternative den eingeweichten Bulgur mit den Händen ausdrücken. Bei kaltem Wasser behält der Bulgur etwas mehr Biss, doch eignen sich beide Methoden. Feinen Bulgur muss man nur abspülen und stehen lassen, bis er aufgeht.

Bulgur kann außerdem wie Reis gegart werden. In der Regel gart man 1 Teil Bulgur in 1 1/2 Teilen Wasser. Hinzufügen kann man sautiertes Gemüse und Hülsenfrüchte sowie Gewürze, Nüsse und Trockenobst. Nach dem Garen lege ich meist ein sauberes Küchentuch zwischen Topf und Deckel, um die überschüssige Feuchtigkeit aufzunehmen.

Hartweizengrieß: Bei Hartweizengrieß handelt es sich um Mehl aus Hartweizen. Seine Textur variiert zwischen fein bis sehr grobkörnig. Für Nudeln und Brot benötigt man feinen Hartweizengrieß, der in gut sortierten Supermärkten und Bioläden angeboten wird. Für Desserts und südindische *Uppamas,* die an Risotto erinnern, nimmt man in der Regel den gröberen Hartweizengrieß. Dieser wird zum Beispiel in indischen Lebensmittelläden als »Semolina« angeboten. Couscous wird aus einer Mischung aus feinem und grobem Hartweizengrieß hergestellt. Die typischen Körner entstehen dadurch, dass der feinere Grieß am gröberen haften bleibt.

Wenn Sie alternative Zutaten für meine Rezepte verwenden, sollten Sie bedenken, dass 1 Tasse Hartweizengrieß wesentlich mehr wiegt als 1 Tasse Mehl oder Vollkornmehl.

Weitere Mehlsorten aus Weizen: Im Handel werden viele unterschiedliche Mehlsorten aus Weizen angeboten. Weizenvollkornmehl wird aus dem vollen Korn einschließlich Kleie und Keimling hergestellt. Weißes Weizenmehl enthält dagegen weder Kleie noch Keimling. Weizenmehl der Type 405 besteht aus Weichweizen und eignet sich am besten für Kuchen und Pasteten, das gröbere Weizenmehl aus Hartweizen zum Brotbacken. Ungebleichtes Weizenmehl wird nicht durch spezielle Zusätze gebleicht und schmeckt besser. Allerdings können einige gebleichte Mehlsorten heller und feiner sein. Fertige Mehlbackmischungen enthalten bereits Salz und Backtriebmittel (etwa Backpulver). Sie werden für Pfannkuchen und Kuchen verwendet. Brotbackmischungen werden speziell ausgewiesen. Alle Mehlsorten müssen in fest verschlossenen Behältern aufbewahrt werden, Vollkornmehl am besten im Kühlschrank.

Weizengluten/Seitan: Weizengluten ist aus Asien zu uns gelangt und wird häufig von Buddhisten und Vegetariern als Fleischersatz verwendet. Um das Gluten zu extrahieren, wird glutenreiches Mehl mit Wasser zu einem Teig verarbeitet. Nach mehrmaligem Auswaschen bleibt nur noch eine gelatinöse Masse übrig – das Gluten. Das Fertigprodukt bekommt man in chinesischen Lebensmittelläden frisch, tiefgekühlt oder frittiert als Kugeln. Es ist ungewürzt, geschmacksneutral und muss mit anderen Zutaten und Aromen gegart werden. Bioläden verkaufen Weizengluten auch in Form von *Seitan* – bereits mindestens 1 Stunde in Brühe mit Würzzutaten, meist *Tamari* (Sojasauce, siehe Glossar) und *Kombu* (Zuckerriementang, siehe Glossar) gegart. Die in den Würzzutaten enthaltenen

Mineralstoffe machen das Gluten sehr viel leichter verdaulich. Man gibt es an Suppen und Eintöpfe oder bereitet es ähnlich zu wie Fleisch, etwa in pfannengerührten Gerichten, Lasagne oder als Füllung. Für eine ausgewogene Ernährung muss man es mit Bohnen oder Milchprodukten kombinieren.

Weizennudeln: Das Angebot an unterschiedlichen Nudelsorten ist schier endlos. Es reicht von den plumpen *Udon* aus Japan über die dünnen indischen *Seviyan* bis zu den gedrehten Fusilli aus Italien. Über die Ursprünge kann nur spekuliert werden. Angeblich habe Marco Polo die Nudeln in China kennen gelernt und nach Europa gebracht. Dagegen wehrten sich die Italiener, die lange vorher schon ihre »Maccheroni« (so hießen damals alle Nudeln) in Süditalien zubereiteten. Couscous und ähnliche feinkörnige Weizenprodukte, die in Marokko bis heute noch von Hand gerollt werden, gehörten möglicherweise zu den ersten Nudelsorten.

Nudeln garen: Die meisten frischen oder getrockneten Nudeln müssen in reichlich sprudelnd kochendem Wasser gegart werden. Für 450 Gramm Nudeln rechnet man mindestens 4 Liter Wasser. Das Wasser wird in der Regel kräftig gesalzen (für die genannte Menge 1 1/2 Esslöffel). Die Nudeln gart man so, dass sie noch Biss haben. Doch harte, zu kurz gegarte Nudeln schmecken ebenso wenig wie zerkochte. Darum am besten eine Nudel probieren und das Wasser im richtigen Moment abgießen. Couscous wird meist in einem Spezialtopf *(Couscousière)* über der Speise gedämpft, zu der er serviert werden soll.

GRIECHENLAND

Tomaten mit Weizenfüllung
Domato yemisti me sitara ◆ *George Nikolaides*

Diese Spezialität aus Mazedonien bekamen wir in Porto Carras auf einer großen Platte in einem Kranz aus feinen frischen Rosmarinzweigen serviert. Ich fand sie so köstlich, dass ich mir in der Küche unbedingt die Zubereitung ansehen musste.

Wie die Weizenkörner eingeweicht und gegart werden, finden Sie auf Seite 333. Die Körner können bis zu 2 Tage im Voraus gegart und in der Garflüssigkeit kalt gestellt werden. Erst kurz vor der Verwendung gießt man sie ab. Die Füllung lässt sich bis zu 24 Stunden im Voraus herstellen und kann auch so als Salat serviert werden.

ERGIBT 7 GEFÜLLTE TOMATEN

FÜR DIE FÜLLUNG
2 EL Olivenöl
1 Zwiebel (etwa 85 g), fein gehackt
1 große oder 2 mittelgroße Knoblauchzehen, geschält und fein gehackt
150 g fein gehacktes Tomatenfleisch
1 frischer grüner Chili, fein gehackt
300 g gegarte, abgetropfte Vollkornweizenkörner (von 85 g ungegartem Weizen, siehe Seite 333)
50 g fein gehackte frische Petersilie
1/2 TL getrockneter Thymian
1/4 TL fein gehackter frischer oder zerkrümelter getrockneter Rosmarin
3/4 TL Salz
Frisch gemahlener schwarzer Pfeffer

AUSSERDEM
7 feste Tomaten (je 160 g)
Salz
Frisch gemahlener schwarzer Pfeffer
2 1/2 EL natives Olivenöl extra
250 ml Tomatensaft aus der Dose

■ Für die Füllung das Öl in einer Antihaft-Pfanne bei mittlerer bis hoher Temperatur erhitzen. Zwiebel und Knoblauch darin unter Rühren 2–3 Minuten anschwitzen, bis die Zwiebel leicht gebräunt ist. Tomate und Chili einrühren, 3 Minuten mitschwitzen. Zuerst die Weizenkörner, dann die Kräuter, Salz und Pfeffer untermischen und noch 1 Minute rühren. Den Herd ausschalten.
■ Den Backofen auf 160 °C vorheizen.
■ Von den Tomaten oben eine Kappe abschneiden. Die Früchte mit einem Löffel aushöhlen, dabei nicht das Fleisch am Rand verletzen (das ausgelöste Fleisch für eine Suppe aufbewahren).
■ Die Tomaten innen leicht salzen, pfeffern und locker mit der Weizenmischung füllen. Auf ein kleines Backblech mit hohem Rand oder in eine Auflaufform setzen, die abgeschnittenen Kappen auflegen. Zunächst das Olivenöl, dann den Tomatensaft über die Tomaten träufeln. Im Ofen 25–30 Minuten backen, ab und zu mit dem Saft begießen. Heiß mit einem grünem Salat servieren.

GETREIDE 337

ZYPERN

Bulgurrisotto mit Kürbis
Tassoula David

Dieses Gericht hat einen nordafrikanisch-arabischen Charakter, obwohl es aus dem griechischen Teil Zyperns stammt. Servieren Sie es einfach so oder mit ein wenig Puderzucker bestreut. Dazu passt grüner Salat oder der Zucchini-Feta-Salat von Seite 557.

FÜR 4–6 PERSONEN

3 EL Olivenöl
4 cm Zimtstange
1 mittelgroße Zwiebel, geschält und gehackt

225 g orangefarbenes Kürbisfleisch, in 1 cm große Würfel geschnitten
70 g grobkörniger Bulgur
1/2 TL Salz

■ Das Öl in einem mittelgroßen Topf mit schwerem Boden sehr heiß werden lassen. Den Zimt 10 Sekunden darin rühren, die Zwiebel etwa 2 Minuten mitrühren und leicht bräunen. Den Kürbis, Bulgur und das Salz untermischen und weitere 3 Minuten rühren.

125 Milliliter Wasser dazugießen und aufkochen. Zugedeckt bei schwächster Hitze 30 Minuten garen. Den Deckel abnehmen, ein Küchentuch über den Topf legen, den Deckel wieder aufsetzen. Für 15 Minuten beiseite stellen. Vorsichtig durchrühren und servieren.

Bulgurkekse

Diese Kekse aus Bulgur erinnern an Haferkekse oder pikante Cracker. Man reicht sie mit Käsebelag oder zu Suppen und Salaten.

ERGIBT 18 KEKSE

150 g Bulgur (möglichst feinkörnig)
3 EL fein geriebene Zwiebeln
2 EL Pflanzenöl
1/2–3/4 TL Salz

1 TL grob gemahlener schwarzer Pfeffer
1/2 TL getrockneter Thymian
125 g Butter mit Raumtemperatur, plus mehr für das Backblech

■ Den Bulgur in einer Schüssel mit 250 Milliliter warmem Wasser sowie Zwiebeln, Öl und Salz vermischen, 4–5 Stunden einweichen lassen.
■ Den Backofen auf 180 °C vorheizen.
■ Die Bulgurmischung in der Küchenmaschine zu einem Teig verarbeiten, der sich zusammenballen sollte; bei Bedarf etwas Wasser (3 Esslöffel) hinzufügen. Auf der Arbeitsplatte mit dem Pfeffer und Thymian kräftig verkneten. Die Butter locker unterkneten und 18 gleich große Kugeln formen.

■ Ein großes Backblech mit Alufolie auslegen und leicht mit Butter einfetten. Einige Teigkugeln in ausreichendem Abstand auf das Blech setzen und mit den Fingern zu flachen, runden Keksen von 7,5 cm Durchmesser drücken. Falls die Ränder brechen, diese mit den Fingern wieder zusammendrücken. Im Ofen in 40–45 Minuten goldbraun und knusprig backen. Vorsichtig vom Blech heben und auf Küchenpapier auskühlen lassen. Sämtliche Kekse auf diese Weise herstellen. Abgekühlt in einer Blechdose aufbewahren.

NAHER OSTEN

Bulgursalat mit Petersilie
Tabouleh

Den Salatklassiker aus dem Nahen Osten kennt man in vielen Varianten. Am besten schmeckt mir diese mit fast so viel gehackter Petersilie wie Bulgur. Kaufen Sie darum reichlich frische Petersilie (250–300 Gramm), nach Entfernen der Stängel bleibt genau die richtige Menge übrig.

Serviert wird Tabouleh *auf einer Platte mit anderen Salaten, etwa Bohnen-Joghurt-Salat, oder mit ganzen Auberginen wie den süßsauren Auberginen auf Seite 29 und einer Joghurtsauce. Im Libanon isst man* Tabouleh *mit den knackigen inneren Blättern von Römischem Salat.*

FÜR 6 PERSONEN

200 g Bulgur (möglichst feinkörnig)
100 g Zwiebeln, fein gehackt
250 g frische Petersilie, fein gehackt
    (siehe Einleitung)

3 EL natives Olivenöl extra
4 EL frisch gepresster Zitronensaft
1 1/4 TL Salz

■ In einem mittelgroßen Topf 1 Liter Wasser zum Kochen bringen. Vom Herd nehmen und den Bulgur einrühren. Zugedeckt 2 Stunden stehen lassen, bis er aufgequollen und weich ist.

■ Ein Sieb mit einem sauberen Küchentuch auskleiden und in die Spüle hängen. Den Bulgur mit dem Wasser in das Sieb schütten. Die Enden des Tuchs darüber zusammendrehen und möglichst viel Wasser ausdrücken. Den Bulgur in einer großen Schüssel auflockern und mit den übrigen Zutaten gründlich vermischen. Mit Raumtemperatur oder kalt servieren.

GETREIDE 339

LIBANON

Bulgursalat mit Rucola
Tabouleh • Claire Seraphim

Das Rezept für diese Variante des berühmten Salats aus dem Nahen Osten erhielt ich von einer Freundin in Zypern, die es wiederum von einem Besucher aus dem Libanon bekommen hatte. Sein Aroma verdankt dieser libanesische Tabouleh vor allem frischem Rucola. Der Bulgur wird in kaltem Wasser eingeweicht, wodurch er mehr Biss behält. Wer in Eile ist, verwendet kochend heißes Wasser und weicht den Bulgur nur für 2 Stunden ein.

Dazu reiche ich gern etwas Klassische oder Einfache Romesco-Sauce (siehe Seite 466 und 467).

FÜR 6 PERSONEN

200 g Bulgur (möglichst feinkörnig)
Salz
2 mittelgroße Tomaten (insgesamt 300 g), enthäutet, Samen entfernt, fein gehackt (siehe Seite 141), mindestens 30 Minuten abtropfen lassen
100 g frische gehackte Petersilie
125 g sehr fein gehackter Rucola

8 Frühlingszwiebeln, zuerst in dünne Ringe geschnitten, dann fein gehackt
4 EL natives Olivenöl extra
4 EL frisch gepresster Zitronensaft
Frisch gemahlener schwarzer Pfeffer
1 kräftige Prise Cayennepfeffer (nach Belieben)

■ In einer Schüssel 250 Milliliter Wasser, 1 Teelöffel Salz und den Bulgur vermischen. 4 Stunden einweichen lassen.

■ Ein Sieb mit einem sauberen Küchentuch auskleiden und in die Spüle hängen. Den Bulgur mit dem Wasser in das Sieb schütten. Die Enden des Tuchs darüber zusammendrehen und möglichst viel Wasser ausdrücken. Den Bulgur in einer großen Schüssel auflockern, mit den übrigen Zutaten und noch 1/2 Teelöffel Salz gründlich vermischen. Mit Raumtemperatur oder kalt servieren.

INDIEN

Tandoori-Brote aus Vollkornmehl
Tandoori roti

In den meisten Dörfern im Punjab gehören diese Fladenbrote zur täglichen Kost. Man backt sie im frei stehenden Lehmofen, dem so genannten Tandoor, *den fast jede Familie besitzt. Der* Tandoor *steht meist im Innenhof, der offenen Küche, nicht weit entfernt von den angebundenen Kühen und Büffeln. Im Haus gibt es stets eine weitere Küche, die bei schlechtem Wetter und zur Zubereitung von Hülsenfrüchten und Süßspeisen genutzt wird.*

Die Brote aus nahrhaftem feinem Vollkornmehl drückt man mit Schwung an die Innenwände des heißen Ofens, wo sie in der starken Hitze schnell backen. Bevor sie sich von den Wänden lösen und zu Boden fallen, werden sie mit langen Eisenstäben aus dem Ofen geholt.

Ohne den traditionellen Tandoor *backe ich die Fladenbrote zuerst von einer Seite in einer heißen Pfanne und schiebe sie dann unter den Backofengrill. Diese Zubereitung dauert etwa 2 Minuten. Dafür bevorzuge ich eine gusseiserne, ofenfeste Bratpfanne (18–20 cm Durchmesser).*

Die Fladenbrote werden auf diese Weise von außen schön knusprig, so wie man sie im Punjab schätzt. Für eine weichere Kruste muss man sie gleich nach dem Backen mit einem Küchentuch oder umgedrehten Teller bedecken.

ERGIBT 6 FLADENBROTE

300 g *Chapati*-Mehl (siehe Glossar) oder eine Mischung aus je 1 Teil gesiebtem Mehl und Vollkornmehl, plus mehr zum Bestauben
1/2 TL Salz
Etwa 250 ml Sodawasser (sprudelnd)
1 EL Pflanzenöl
Etwa 1 EL Butter zum Bestreichen der Brote (nach Belieben)

■ Das Mehl mit dem Salz in einer Schüssel vermischen. Langsam das Sodawasser hinzugießen und das Mehl einarbeiten, bis ein weicher, nicht klebriger Teig entsteht. 10 Minuten kneten und eine glatte Kugel formen. In einer Schüssel mit einem feuchten Tuch bedecken und 15 Minuten ruhen lassen.

■ Den Teig erneut kneten (falls nötig, etwas Mehl dazugeben), 6 gleich große Kugeln formen, mit Mehl bestauben und beiseite stellen. Auf der leicht bemehlten Arbeitsfläche eine Kugel zu einem Kreis (13 cm Durchmesser) ausrollen. Mit 1/2 Teelöffel Öl bestreichen. Mit einem scharfen Messer den Teigkreis von der Mitte zu einem beliebigen Punkt am Rand gerade einschneiden. Von der Schnittkante aus um den Mittelpunkt zu einem engen Kegel einrollen und diesen mit der Spitze nach oben aufstellen. Die Spitze in derselben Richtung wie den Kegel zweimal um die Achse drehen und den Kegel mit der Handfläche zu einem Teigkreis von etwa 7,5 cm Durchmesser flach drücken. Die übrigen Kugeln ebenso formen. Entweder sofort zu Broten verarbeiten oder auf einem Teller aufeinander stapeln, mit Plastikfolie bedecken und bis zu 24 Stunden kalt stellen.

■ Den Backofengrill vorheizen, den Rost 15 cm unter dem Grill in den Ofen schieben. Eine ofenfeste Pfanne aus Gusseisen bei mittlerer bis hoher Temperatur erhitzen. Eine Schüssel mit Wasser und etwas Küchenpapier bereitstellen. Einen Teigkreis zu einem Fladen von 15 cm Durchmesser ausrollen. Auf die Handfläche legen, mit Schwung in die heiße Pfanne geben und auf dem Herd 1 Minute backen. Das Küchenpapier ins Wasser tauchen, ausdrücken und die Oberseite des Brots damit betupfen. Die Pfanne mit dem Brot für 40–60 Sekunden unter den Grill schieben, bis das Brot aufgeht und gleichmäßig gebräunt ist. Herausnehmen und nach Belieben leicht mit Butter bestreichen. Auf einen Teller legen und mit einem weiteren Teller bedecken oder sofort verzehren. Sämtliche Fladenbrote auf diese Weise zubereiten und aufeinander schichten oder nebeneinander legen. Noch warm verzehren.

MAROKKO

Fladenbrote mit Hefe
Batbout m'khamer • Sakina El Alaoui

Diese wunderbaren weichen Fladenbrote erinnern an Pita. Sie sind etwa 1 cm hoch und haben einen Durchmesser von 15 cm.

ERGIBT 5 FLADENBROTE

1 TL Trockenhefe
1/2 TL Zucker
225 g ungebleichtes Mehl
225 g feiner Hartweizengrieß
1 1/2 TL Salz
Etwas Pflanzenöl für die Hände und die Arbeitsfläche

■ Hefe, Zucker und 2 Esslöffel warmes Wasser (42–46 °C) in einer kleinen Schüssel glatt rühren. 5 Minuten stehen lassen, bis die Hefe Blasen wirft.

■ Inzwischen in einer großen Schüssel Mehl und Hartweizengrieß vermischen, eine Mulde in die Mitte drücken. Das Salz und die Hefemischung hineingeben. Etwa 250 Milliliter warmes Wasser (42–46 °C) nach und nach in die Mulde gießen und dabei das Mehl untermischen, bis ein weicher, elastischer Teig entsteht. 10 Minuten kräftig kneten. Zu einer glatten Kugel formen.

■ Eine große, flache Platte leicht mit Öl einfetten und beiseite stellen. Die Hände ebenfalls leicht einfetten. Den Teig in 5 gleich große Portionen teilen, jede Portion zu Kugeln formen und in ausreichendem Abstand auf die Platte setzen. Mit einem sauberen Küchentuch bedecken. An einem warmen Ort 5–10 Minuten ruhen lassen.

■ Eine große Arbeitsfläche, etwa ein großes Backbrett, einfetten. Darauf eine Teigkugel mit der flachen Hand zu einem 5 mm dicken Fladen von 15 cm Durchmesser flach drücken. Mit den übrigen Kugeln ebenso verfahren. Die Fladenbrote mit einem Küchentuch bedecken, 1 Stunde ruhen lassen.

■ Eine große Pfanne aus Gusseisen bei mittlerer Temperatur sehr heiß werden lassen. Ein Fladenbrot in die Mitte legen und 1 Minute backen. Wenden und 1 weitere Minute backen. Das Brot noch viermal wenden und je 30 Sekunden backen. Nun das Brot mit Backofenhandschuhen wie ein Rad aufrecht in der Pfanne halten und etwa 1 Minute langsam drehen, sodass der Rand leicht gebacken wird. Das Brot auf ein Küchentuch legen, die Ecken des Tuchs darüber schlagen. Die übrigen Fladenbrote ebenso herstellen, aufeinander legen und stets mit dem Küchentuch bedecken. Die Brote bleiben so etwa 30 Minuten warm.

TÜRKEI

Gerilltes Fladenbrot
Ternak pides

Für dieses türkische Fladenbrot habe ich eine Teigportion des Grundteigs für Naan (siehe unten und rechte Seite) verwendet. Vor dem Backen wird der Fladen mit einer Mischung aus Eigelb und Joghurt bestrichen und mit Sesam und Schwarzkümmel bestreut. Das Brot ist dicker als Naan und backt etwas länger. Sie können es von morgens bis abends zu fast jeder Mahlzeit reichen.

ERGIBT 1 FLADENBROT

1 Teigportion des Grundteigs für *Naan* (siehe rechte Seite)
Mehl zum Bestauben
Etwa 1 EL Olivenöl
1 Eigelb
1 1/2 TL Joghurt
1/2 TL helle Sesamsamen
1 kräftige Prise Schwarzkümmel (*Kalonji*, siehe Glossar)

■ Den Backofen auf höchster Stufe vorheizen (Unterhitze). Eine mittelgroße, ofenfeste Pfanne aus Gusseisen auf den Ofenboden stellen.

■ Die flach gedrückte Teigportion mit der Unterseite in das Mehl drücken und auf die Arbeitsfläche setzen. Die Finger beider Hände in Öl tauchen und den Teig zu einem Fladen von etwa 13 cm Durchmesser drücken. Nun mit den acht Fingern (ohne Daumen) – jeweils von links nach rechts, als würden Sie auf einem Keyboard spielen – gleichmäßige Rillen in den Teig drücken. Den Teig um 45 Grad drehen und den Vorgang wiederholen, sodass am Ende ein Karomuster aus Rillen entsteht. Dabei das Brot zu einem Kreis von 18 cm Durchmesser vergrößern.

■ Das Eigelb mit dem Joghurt verrühren und die Oberfläche leicht damit bestreichen. (Den Rest der Mischung eventuell für ein weiteres Fladenbrot verwenden.) Mit Sesam und Schwarzkümmel bestreuen.

■ Die heiße Pfanne aus dem Ofen nehmen und das Brot hineingeben, die Seite mit den Samen ist oben. Im Ofen 7–8 Minuten backen. Den Backofengrill einschalten und die Oberfläche 1 Minute unter dem Grill backen.

INDIEN

Naan
Mohammad Sharif

Naan oder ähnliche Fladenbrote, die traditionell in Lehmöfen gebacken werden, kennt man in vielen Ländern, von der Türkei über Zentralasien bis nach Indien. Im Grunde ist auch die Pizza eine Naan-Variante mit Belag.

Ich bereite einen Grundteig, der für viele Varianten verwendet werden kann, ob Naan aus Indien oder Pakistan, die süße, mit getrockneten Früchten gefüllte Variante aus Afghanistan, türkisches Fladenbrot oder sogar Pizza mit Käsebelag.

Ohne den traditionellen Lehmofen (Tandoor) benötigt man zum Backen eine große, ofenfeste Pfanne aus Gusseisen (35 oder 30 cm Durchmesser).

ERGIBT 8 FLADENBROTE

FÜR DEN GRUNDTEIG

Etwa 620 g kräftiges Mehl (Type 550),
 plus mehr zum Bestauben
1 1/2 TL Backpulver
1 TL Natron
1/2 TL Salz
1 1/2 TL Zucker
2 EL Joghurt
250 ml Milch

1 Ei
1 EL zerlassene Butter, plus
 225 g zerlassene Butter oder Öl
250 ml Wasser
2 EL Öl

AUSSERDEM

Etwa 1/2 TL Schwarzkümmel *(Kalonji,* siehe Glossar)
Etwa 2 TL helle Sesamsamen

■ Für den Grundteig das Mehl mit dem Backpulver, Natron und Salz in eine Schüssel sieben.

■ Zucker und Joghurt in einer großen Schüssel mit dem Handrührgerät oder einem Holzlöffel verrühren. Zuerst die Milch und 250 Milliliter Wasser, dann nach und nach etwa 250 Gramm von der Mehlmischung mit dem Schneebesen kräftig und so lange unterschlagen, bis ein bleicher, flüssiger Teig entstanden ist. Das Ei und 1 Esslöffel Butter hinzufügen und weiterschlagen. Nach und nach weitere 250 Gramm der Mehlmischung unterschlagen, bis der Teig sehr elastisch ist. Mit dem Holzlöffel weiterschlagen und so viel von der restlichen Mehlmischung einarbeiten, dass ein weicher, klebriger Teig entsteht. Den Teig auf einem bemehlten Backbrett mit geölten Händen kurz kneten und zu 8 gleich großen Kugeln formen. Ein Backblech großzügig mit Mehl bestauben, die Teigkugeln in ausreichendem Abstand darauf verteilen. Eine Hand in Öl tauchen und die Kugeln damit flach drücken. Mit Klarsichtfolie bedecken und mindestens 30 Minuten ruhen lassen oder bis zu 48 Stunden kalt stellen.

■ Für die *Naan* eine sehr große, ofenfeste Pfanne aus Gusseisen bei mittlerer bis hoher Temperatur heiß werden lassen. Den Backofengrill vorheizen, den Rost 15 cm unter dem Grill in den Ofen schieben.

■ Eine flach gedrückte Teigportion mit der Unterseite in Mehl drücken. Beide Hände in zerlassene Butter (oder Öl) tauchen und den Teig mit den Handflächen zu einem Fladenbrot in der traditionellen Tränenform flach drücken (an der längsten Stelle 23 cm, an der breitesten Stelle 13 cm). Die Oberseite mit noch mehr zerlassener Butter betupfen. Mit 1 kräftigen Prise Schwarzkümmel und 1/4 Teelöffel Sesam bestreuen. Das Fladenbrot mit beiden Händen anheben und etwas auseinander ziehen. Es sollte nun etwa 30 cm lang und 18 cm breit sein. Mit Schwung so in die heiße Pfanne geben, dass die Seite mit den Samen oben ist. 1 Minute und 15 Sekunden backen, dabei das Brot nach 30 Sekunden in der Pfanne drehen, damit es gleichmäßig bräunt. Mit etwas Butter betupfen. In der Pfanne für 1 Minute unter den heißen Grill schieben, bis einige rotbraune Stellen sich zeigen. Herausnehmen, mit weiterer Butter betupfen und servieren. Die übrigen *Naan* ebenso herstellen. Werden sie nicht gleich verzehrt, die Brote auf ein Küchentuch stapeln und damit bedecken. Zum Aufbewahren die *Naan* in Alufolie wickeln und in den Kühlschrank legen. Zum Aufwärmen in der Alufolie bei mittlerer Temperatur für 15 Minuten in den Backofen schieben oder nur je 1 Fladenbrot leicht mit Wasser beträufeln und für 1 Minute in die Mikrowelle geben.

Käsepizza

Ich verwende eine Teigportion des Grundteigs für Naan *(siehe Seite 342/343) für diese wunderbar unkomplizierte Pizza. Dazu serviere ich einen grünen Salat, etwa Kopfsalat und Rucola.*

ERGIBT 1 PIZZA FÜR 1–2 PERSONEN

1 Teigportion des Grundteigs für *Naan* (siehe Seite 343)
Mehl zum Bestauben
1 EL Olivenöl
Salz
Frisch gemahlener schwarzer Pfeffer
100 g Mozzarella, grob gerieben, oder eine Mischung aus geriebenem Mozzarella und Fontina
2 TL natives Olivenöl extra
1/4 TL getrockneter Oregano

■ Den Backofen auf 220 °C vorheizen und eine mittelgroße, ofenfeste Pfanne aus Gusseisen auf den Ofenboden stellen.
■ Die flach gedrückte Teigportion mit der Unterseite in das Mehl drücken und auf die Arbeitsfläche legen. Die Finger beider Hände in Öl tauchen und den Teig zu einem Fladen von 18–19 cm Durchmesser drücken. Rundum einen dickeren Rand formen, damit die Füllung nicht auslaufen kann. Den Teig leicht mit Salz und Pfeffer bestreuen, den Käse darauf verteilen. Nochmals leicht salzen und pfeffern, mit Olivenöl beträufeln und mit Oregano bestreuen.
■ Die heiße Pfanne aus dem Ofen nehmen, die Pizza hineinlegen. Auf dem Ofenboden 15 Minuten backen. Nun die Pfanne auf dem Backofenrost auf die oberste Schiene schieben und die Pizza weitere 5 Minuten backen, bis der Käse leicht gebräunt ist. Heiß servieren.

Pizza mit Käse und ofengetrockneten Tomaten

Für diese Pizza habe ich eine Teigportion des Grundteigs für Naan *(siehe Seite 342/343) verwendet.*

Ofengetrocknete Tomaten aus Australien werden immer häufiger in internationalen Feinkostläden angeboten. Wer sie nicht im Handel erhält, kann die Tomaten auch selbst herstellen (siehe Seite 145). Die Zubereitung ist wirklich einfach und lohnt sich. Ein grüner Salat ist köstlich zu dieser Pizza.

ERGIBT 1 PIZZA FÜR 1–2 PERSONEN

1 Teigportion des Grundteigs für *Naan* (siehe Seite 343)
Mehl zum Bestauben
1 EL Olivenöl
Salz
100 g geriebener Käse (eine Mischung aus Fontina, Greyerzer und Bel Paese)
1/2 TL grob gemahlener schwarzer Pfeffer
1/2 TL fein gehackter frischer Rosmarin
6–8 ofengetrocknete Eiertomaten (siehe Seite 145), gehackt
2 TL natives Olivenöl extra

- Den Backofen auf 220 °C vorheizen und eine mittelgroße, ofenfeste Pfanne aus Gusseisen auf den Ofenboden stellen.
- Die flach gedrückte Teigportion mit der Unterseite in das Mehl drücken und auf die Arbeitsfläche legen. Die Finger beider Hände in Öl tauchen und den Teig zu einem Fladen von 18–19 cm Durchmesser drücken. Rundum einen dickeren Rand formen, damit die Füllung nicht auslaufen kann. Den Teig leicht mit Salz bestreuen. Die Käsemischung gleichmäßig darauf verteilen, mit dem Pfeffer und Rosmarin bestreuen.
- Die heiße Pfanne aus dem Ofen nehmen, die Pizza hineinlegen. Auf dem Ofenboden 15 Minuten backen. Nun die Pfanne auf dem Backofenrost auf die oberste Schiene schieben und die Pizza weitere 4 Minuten backen, bis der Käse leicht gebräunt ist. Die Tomaten auf dem Käse verteilen, mit dem Olivenöl beträufeln und die Pizza 1 weitere Minute bräunen. Heiß servieren.

INDIEN

Chapatis

Melle Derko Samira

Chapatis *werden in unterschiedlichen Größen hergestellt. Bei uns zu Hause bevorzugen wir die kleine Variante. Die dünnen Fladenbrote bereitet man ohne Salz zu. Soll dennoch etwas Salz verwendet werden, 1/2 Teelöffel unter das Mehl mischen. Dazu passen Bohnen- und Gemüsegerichte.*

ERGIBT 12 CHAPATIS

300 g *Chapati*-Mehl (siehe Glossar) oder eine Mischung aus je 1 Teil gesiebtem Mehl und Vollkornmehl

- Das Mehl in einer Schüssel nach und nach mit etwa 200 Milliliter Wasser vermischen, bis sich der Teig zusammenballt. 10 Minuten kräftig kneten. Eine glatte Kugel formen, in einer Schüssel mit einem feuchten Küchentuch bedecken und 30 Minuten ruhen lassen. Der Teig wird dabei relativ weich.
- Eine gusseiserne Pfanne bei mittlerer bis hoher Temperatur erhitzen.
- Den Teig zu 12 gleich großen Kugeln formen. Immer nur mit einer Kugel arbeiten, die übrigen mit einem Tuch bedecken. Die Teigkugel mit Mehl bestäuben und auf einer bemehlten Arbeitsfläche zu einem Kreis (14 cm Durchmesser) ausrollen. Zwischen den Händen hin und her schwenken, um überschüssiges Mehl zu entfernen. In der heißen Pfanne von einer Seite 45 Sekunden backen, wenden und weitere 35–45 Sekunden backen. Wieder wenden, 5–6 Sekunden backen. Etwaige Luftbläschen mit einem Löffelrücken flach drücken. Die fertige *Chapati* auf einem Teller mit einem Küchentuch oder einem gestürzten Teller bedecken. Die übrigen *Chapatis* ebenso herstellen und die Pfanne danach stets mit Küchenpapier auswischen. Während des Ausrollens die Hitze eventuell reduzieren.
- Am besten schmecken frische *Chapatis*. Im Plastikbeutel kann man sie aber auch im Kühlschrank oder Tiefkühlfach aufbewahren. Zum Aufwärmen die *Chapatis* in Alufolie wickeln und bei mittlerer Hitze für 15 Minuten in den Backofen geben. Als Alternative die einzelnen *Chapatis* mit Wasser beträufeln und 30–45 Sekunden in der Mikrowelle heiß werden lassen oder von beiden Seiten wenige Sekunden in der heißen, leicht gefetteten Pfanne backen.

INDIEN

Lockere Fladenbrote aus dem Punjab
Parathas

Diese unkomplizierten Fladenbrote sind eine tägliche Speise aus der bäuerlichen Küche des Punjab im Nordwesten Indiens. Dazu reicht man einfache Gemüse- oder Bohnengerichte und ein großes Glas mit Trinkjoghurt oder einfachem Joghurt. Als Beilage gibt es Salat, manchmal auch nur eine kleine zerdrückte Zwiebel.

ERGIBT 8 FLADENBROTE

300 g *Chapati*-Mehl (siehe Glossar) oder eine Mischung aus je 1 Teil gesiebtem Mehl und Vollkornmehl, plus mehr zum Bestauben
1/2 TL Salz
2 EL Pflanzenöl
60–85 g zerlassene Butter oder *Ghee* (siehe Glossar)

■ Das Mehl mit dem Salz in einer großen Schüssel vermischen. Das Öl mit den Fingern einarbeiten. Nach und nach 175–250 Milliliter Wasser hinzugießen und unterkneten, bis ein formbarer Teig entsteht. Weitere 10 Minuten kneten, bis der Teig glatt und elastisch ist. In einer Schüssel mit Klarsichtfolie oder einem feuchten Küchentuch bedecken und 30 Minuten ruhen lassen.

■ Den Teig nochmals 5 Minuten kneten und zu 8 gleich großen Kugeln formen. Dafür die Hände eventuell mehlen.

■ Eine Pfanne aus Gusseisen (oder eine Backplatte oder indische *Tava*, siehe Glossar) bei mittlerer bis hoher Temperatur erhitzen.

■ Die Arbeitsfläche und ein Nudelholz mit Mehl bestauben. Eine Teigkugel zu einem flachen, runden Fladen (etwa 15 cm Durchmesser) ausrollen. 1 Teelöffel zerlassene Butter oder *Ghee* darauf träufeln und mit der Rückseite eines Löffels gleichmäßig verstreichen. Ein Drittel des Teigfladens über das mittlere Drittel klappen, anschließend das noch freie Drittel ebenfalls über das mittlere klappen; so entsteht ein langes Rechteck. 1/2 Teelöffel zerlassene Butter oder *Ghee* darauf träufeln und wieder mit dem Löffelrücken verstreichen. Das Rechteck wie vorher in Dritteln zusammenklappen. Die Oberfläche und das Nudelholz bemehlen, das kleine Quadrat zu einem größeren mit einer Kantenlänge von 14–15 cm ausrollen.

■ Den Fladen vorsichtig in die Mitte der heißen Pfanne legen und 30 Sekunden backen, bis die Oberfläche weiß wird und auf der Unterseite hellbraune Stellen entstehen. Wenden und 1 Teelöffel zerlassene Butter oder *Ghee* auf der gebräunten Seite verstreichen. Weitere 30 Sekunden backen. Das Brot wieder wenden und 15 Sekunden backen. Noch viermal wenden und je 15 Sekunden backen, aber nicht mehr mit Butter oder *Ghee* bestreichen. Das fertige Fladenbrot sollte von beiden Seiten hellbraune Stellen zeigen und außen knusprig, im Innern jedoch weich (aber gar) sein.

■ Die übrigen *Parathas* ebenso herstellen und die Pfanne jedes Mal mit sauberem, trockenem Küchenpapier auswischen. Während das nächste Brot ausgerollt wird, den Herd auf schwache Hitze stellen. Vor dem Backen wieder auf mittlere bis starke Hitze schalten. Die fertigen Brote auf einen Teller schichten und mit Alufolie oder einem umgedrehten Teller bedecken. Heiß servieren. Zum Aufwärmen mehrere Brote fest in Alufolie wickeln und im Ofen bei mittlerer Hitze 15 Minuten backen; oder die Brote einzeln 40–60 Sekunden in der Mikrowelle erwärmen.

INDIEN

Kartoffel-Parathas
Aloo ka paratha

Diese Fladenbrote sind etwas Besonderes, denn sie werden aus einer Mischung aus zerdrückten Kartoffeln und Chapati-Mehl bereitet. Traditionell isst man dazu Pickles und Joghurt oder Saucen aus Gemüse, Bohnen und Joghurt. Sie können die Brote aber auch mit geriebenem Käse und Mango-Chutney füllen.

ERGIBT 5 BROTE

FÜR DEN TEIG
150 g mehlig kochende Kartoffeln in der Schale
300 g *Chapati*-Mehl (siehe Glossar) oder eine Mischung aus je 1 Teil gesiebtem Mehl und Vollkornmehl, plus mehr zum Bestauben
1/2 TL Salz
1 EL weiche Butter, plus mehr zum Einreiben des Teigs
1/2 TL fein geriebener geschälter frischer Ingwer
1 frischer scharfer grüner Chili, Samen entfernt, fein gehackt
1/4 TL Cayennepfeffer
1 EL fein gehackte frische Minze
2 EL fein gehacktes frisches Koriandergrün

ZUM BACKEN
Etwa 4 EL zerlassene Butter, *Ghee* (geklärte Butter, siehe Glossar) oder Olivenöl

- Die Kartoffeln in der Schale weich kochen.
- Das Mehl mit dem Salz in einer Schüssel vermischen, die Butter mit den Fingern einarbeiten. Die übrigen Zutaten untermischen.
- Die noch heißen Kartoffeln pellen, durch die Presse drücken oder reiben. Mit den Fingern unter die Mehlmischung arbeiten. Nach und nach 175 Milliliter Wasser hinzugießen und unterkneten, bis ein formbarer Teig entsteht. Weitere 10 Minuten kneten, bis der Teig glatt und elastisch ist. Eine Kugel formen, mit etwas Butter einreiben und in einer Schüssel mit Klarsichtfolie oder einem feuchten Küchentuch bedecken. 30 Minuten ruhen lassen.
- Den Teig auf der bemehlten Arbeitsfläche leicht kneten und zu 5 gleich großen Kugeln formen. Da der Teig sehr weich ist, die Hände regelmäßig mehlen. Die Arbeitsfläche mit Mehl bestreuen, die Teigkugeln an einer Seite darauf setzen.
- Eine Pfanne aus Gusseisen (oder eine Backplatte oder indische *Tava*, siehe Glossar) bei mittlerer bis hoher Temperatur erhitzen.
- Eine Teigkugel flach drücken und zu einem runden Fladen (18 cm Durchmesser) ausrollen. Falls nötig, mit Mehl bestauben.
- Den Fladen auf die gespreizte Hand legen und mit Schwung in die heiße Pfanne geben. 45 Sekunden backen, bis die Oberfläche weiß wird und auf der Unterseite hellbraune Stellen entstehen. Wenden und nochmals 30 Sekunden backen. Erneut wenden und 2 Teelöffel zerlassene Butter oder *Ghee* auf den Rand des Brots träufeln. 15 Sekunden backen, wenden, 10 Sekunden backen und erneut wenden. Nun das Brot alle 5 Sekunden wenden, bis es insgesamt etwa 3 1/2 Minuten gebacken wurde. Das fertige Fladenbrot sollte von beiden Seiten hellbraune Stellen zeigen, außen knusprig, im Innern jedoch weich (aber gar) sein.
- Die übrigen *Parathas* ebenso herstellen und die Pfanne jedes Mal mit sauberem, trockenem Küchenpapier auswischen. Während das nächste Brot ausgerollt wird, den Herd auf schwache Hitze stellen. Vor dem Backen wieder auf mittlere bis starke Hitze schalten. Die fertigen Brote auf einen Teller schichten, mit Alufolie oder einem Teller bedecken. Heiß servieren. Zum Aufwärmen mehrere Brote in Alufolie wickeln, im Ofen bei mittlerer Hitze 15 Minuten backen oder einzeln 40–60 Sekunden in der Mikrowelle erwärmen.

INDIEN

Parathas mit Blumenkohlfüllung
Gobi ka paratha

Diese Fladenbrote kann man einfach so verzehren, mit etwas Joghurt und Chutney zum Frühstück oder mit anderen Gemüse- und Bohnengerichten zum Mittag- oder Abendessen servieren. Zudem eignen sie sich ideal für ein Picknick.

Zur Vorbereitung des Blumenkohls 4–5 große Röschen abschneiden und auf einer groben Rohkostreibe reiben. Falls kleinere Stücke dabei abbrechen, diese fein hacken.

ERGIBT 5 FLADENBROTE

FÜR DEN TEIG
300 g *Chapati*-Mehl (siehe Glossar) oder eine Mischung aus je 1 Teil gesiebtem Mehl und Vollkornmehl, plus mehr zum Bestauben
1/2 TL Salz
1 EL Pflanzenöl, plus mehr zum Einreiben des Teigs

FÜR DIE FÜLLUNG
1 EL Pflanzenöl
2 TL sehr fein gehackter geschälter frischer Ingwer
1/2–1 frischer scharfer grüner Chili, Samen entfernt, fein gehackt
170 g Blumenkohl
4 EL fein gehacktes frisches Koriandergrün
Etwa 1/2 TL Salz
Frisch gemahlener schwarzer Pfeffer
1 kräftige Prise Cayennepfeffer

ZUM BACKEN
Etwa 60 g zerlassene Butter, *Ghee* (geklärte Butter, siehe Glossar) oder Olivenöl

■ Das Mehl mit dem Salz in einer großen Schüssel vermischen. Das Öl mit den Fingern einarbeiten. Nach und nach etwa 250 Milliliter (oder etwas mehr) Wasser hinzugießen und unterkneten, bis ein formbarer Teig entsteht. Weitere 10 Minuten kneten, bis der Teig glatt und elastisch ist. Eine Kugel formen, mit etwas Öl einreiben und in einer Schüssel mit Klarsichtfolie oder einem feuchten Küchentuch bedecken. 30 Minuten ruhen lassen.

■ Das Öl für die Füllung in einer kleinen Pfanne bei mittlerer Temperatur erhitzen. Zuerst den Ingwer, dann Chili und Blumenkohl einrühren und 30 Sekunden braten. Das Koriandergrün, Salz, Pfeffer und Cayennepfeffer hinzufügen und weitere 30 Sekunden rühren. Bei schwacher Hitze 3–4 Minuten braten, bis der Blumenkohl fast gar und relativ trocken ist. Abkühlen lassen.

■ Den Teig nochmals 5 Minuten kneten und zu 5 gleich großen Kugeln formen. Dafür die Hände eventuell mehlen. Die Füllung in 5 Portionen teilen.

■ Eine Pfanne aus Gusseisen (oder eine Backplatte oder indische *Tava*, siehe Glossar) bei mittlerer bis hoher Temperatur erhitzen.

■ Die Arbeitsfläche und ein Nudelholz mit Mehl bestauben. Eine Teigkugel flach drücken und zu einem runden Fladen (etwa 13 cm Durchmesser) ausrollen. Eine Portion der Füllung in die Mitte setzen. Den Teigrand nach und nach in Falten nach oben biegen, bis die Füllung eingeschlossen ist. Anschließend die Teigkanten über der Füllung zusammendrehen. Den gefüllten Fladen vorsichtig flach drücken und mit der Oberseite auf die frisch bemehlte Arbeitsfläche legen. Erneut zu einem runden Fladen (18 cm Durchmesser) ausrollen. Falls nötig, wieder mit Mehl bestauben.

■ Den Fladen auf die gespreizte Hand legen und mit Schwung in die heiße Pfanne geben. 45 Sekunden backen, bis die Oberfläche weiß wird und auf der Unterseite hellbraune Stellen entstehen. Wenden und nochmals 30 Sekunden backen. Erneut wenden und 2 Teelöffel zerlassene Butter oder *Ghee* auf den Rand des

Brots träufeln. 15 Sekunden backen, wenden, 10 Sekunden backen und erneut wenden. Nun das Brot alle 5 Sekunden wenden, bis es insgesamt etwa 3 1/2 Minuten gebacken wurde. Das fertige Fladenbrot sollte von beiden Seiten hellbraune Stellen zeigen, außen knusprig, im Innern jedoch weich (aber gar) sein.
■ Die übrigen *Parathas* ebenso herstellen und die Pfanne jedes Mal mit sauberem, trockenem Küchenpapier auswischen. Während das nächste Brot ausgerollt und gefüllt wird, den Herd auf schwache Hitze stellen. Vor dem Backen wieder auf mittlere bis starke Hitze schalten. Die fertigen Brote auf einen Teller schichten, mit Alufolie oder einem umgedrehten Teller bedecken. Heiß servieren. Zum Aufwärmen mehrere Brote, fest in Alufolie gewickelt, im Ofen bei mittlerer Hitze 15 Minuten backen oder die Brote einzeln 40–60 Sekunden in der Mikrowelle erwärmen.

❖

MEXIKO

Weizen-Tortillas
Tortillas de harina

Diese großen Weizen-Tortillas sind nicht nur in Mexiko beliebt, sondern auch in den benachbarten USA-Staaten, wo man sie mit Vorliebe um pikante Füllungen wickelt. Diese Füllungen kann man ganz nach Geschmack auswählen und mit Salsas, Pickles, Chutneys und grünem Salat kombinieren. Die Tortillas eignen sich außerdem für Quesadillas *mit Champignons und* Quesadillas *mit Käse (siehe Seite 287).*

ERGIBT 8 TORTILLAS

Je 125 g Mehl (Type 405) und kräftiges Mehl (Type 550), vermischt, plus mehr zum Bestauben

1/2 TL Salz

2 EL Pflanzenöl (vorzugsweise Olivenöl)

■ Mehl und Salz in eine Schüssel sieben. Das Öl gleichmäßig unterarbeiten. Nach und nach sehr warmes Wasser untermischen (etwa 125 Milliliter) und eine Kugel formen. Etwa 10 Minuten kneten. Den Teig zu 8 gleich großen Kugeln formen, flach drücken und auf eine große Platte oder ein Backblech setzen. Mit einem feuchten Küchentuch oder Klarsichtfolie bedecken, mindestens 30 Minuten ruhen lassen.
■ Eine gusseiserne Pfanne bei mittlerer bis hoher Temperatur erhitzen.
■ Eine Teigkugel mit Mehl bestauben und auf einer bemehlten Arbeitsfläche zu einem Kreis (18 cm Durchmesser) ausrollen. Zwischen den Händen hin und her schwenken, um überschüssiges Mehl zu entfernen. In der heißen Pfanne von einer Seite 45 Sekunden backen, bis die Tortilla aufgeht. Wenden und weitere 35–45 Sekunden backen. Auf einem Teller mit einem Küchentuch oder einem umgedrehten Teller bedecken. Die übrigen Tortillas ebenso herstellen und die Pfanne danach stets mit Küchenpapier auswischen. Während des Ausrollens die Hitze eventuell reduzieren.
■ Die Tortillas schmecken frisch gebacken am besten. Zum Aufwärmen sämtliche Tortillas in Alufolie wickeln und bei mittlerer Hitze für 15 Minuten in den Backofen geben. Als Alternative die einzelnen Tortillas mit Wasser beträufeln und 30–45 Sekunden in der Mikrowelle heiß werden lassen.

TRINIDAD

Trinidad-Roti
Sada roti • Aus der Küche der Advani

Jene Inder, die als Arbeiter nach Trinidad gebracht wurden, nahmen ihre eignen kulinarischen Traditionen mit auf die fremde Insel. Doch ohne das sehr fein vermahlene Vollkornmehl Ata konnten sie ihre tägliche Kost, die traditionellen Fladenbrote, nicht mehr herstellen und mussten stattdessen normales Mehl verwenden. Nach und nach gewöhnten sie sich an das hier übliche Backpulver, bestanden jedoch darauf, ihre Fladenbrote nach alter Tradition auszurollen und auf einer gusseisernen Backplatte, einer Tava, zu backen.

Dies ist das Grundrezept für das dicke, an Pita erinnernde Brot, das die Inder auf Trinidad mit Gerichten wie Auberginen-Tomaten-Choka (siehe Seite 22) oder Tomaten-Choka (siehe Seite 143) zum Frühstück verzehren. Zum Mittag- oder Abendessen schmeckt es gut zu Bohnen und Kichererbsen oder einfach mit Käse und Salaten oder mit Butter und Marmelade.

ERGIBT 8 BROTE

Je 225 g Mehl (Type 405) und kräftiges Mehl (Type 550), vermischt, plus mehr zum Ausrollen

2 1/2 TL Backpulver
1/2 TL Salz

- Mehl, Backpulver und Salz in eine Schüssel sieben. Etwa 300 Milliliter Wasser mit den Fingern einarbeiten, bis ein weicher, aber nicht klebriger Teig entsteht. 10 Minuten kräftig kneten und zu 8 gleich großen, glatten Kugeln formen. In einer Schüssel mit einem feuchten Küchentuch bedecken, 30–60 Minuten ruhen lassen. (Bei längerem Ruhen die Teigkugeln in einem Plastikbeutel in den Kühlschrank stellen und vor der Verwendung auf Raumtemperatur erwärmen.)
- Eine Pfanne aus Gusseisen (oder eine Backplatte oder indische *Tava,* siehe Glossar) bei mittlerer bis hoher Temperatur erhitzen.
- Eine Teigkugel leicht in Mehl drücken und zu einem runden Fladen (18–20 cm Durchmesser) ausrollen. Mit Schwung in die heiße Pfanne geben und von einer Seite 45–55 Sekunden backen, bis sich rotbraune Stellen zeigen. Wenden und von der anderen Seite ebenfalls 45 Sekunden bräunen. Wenden, weitere 30 Sekunden backen und erneut wenden. Falls sich Luftbläschen bilden, diese mit einem Löffelrücken flach drücken. Noch zweimal wenden und je 20 Sekunden backen. Dann erneut zweimal wenden und je 10 Sekunden backen. Das Brot auf einen Teller legen und zum Warmhalten mit einem umgedrehten Teller bedecken. Die übrigen Brote ebenso herstellen. Beim Ausrollen die Hitze des Herdes stets reduzieren und erst kurz vor dem Backen wieder erhöhen.
- Aufeinander gestapelt bleiben die Brote 20–30 Minuten warm. Werden sie im Voraus zubereitet, die Brote zwischen den Tellern abkühlen lassen und im Plastikbeutel in den Kühlschrank legen (oder einfrieren). Zum Aufwärmen die Brote einzeln für etwa 1 Minute in die Mikrowelle geben oder sämtliche Brote in Alufolie wickeln und bei mittlerer bis hoher Temperatur im Ofen in 20 Minuten aufbacken.

SRI LANKA

Fladenbrote mit Kokosnuss
Roti ◆ Cheryl Rathkopf

In Sri Lanka isst man diese Brote zu den Currys der einheimischen Küche. Man kann sie aber auch mit geriebenem Käse bestreuen und kurz grillen. Ich serviere sie sehr gern zum Frühstück mit Marmelade oder Ahornsirup.

Für dieses Rezept sollten Sie am besten frische Kokosnuss verwenden. Das frisch geriebene Fruchtfleisch verleiht dem Brot nicht nur einen delikat-süßen Geschmack, das in der Kokosnuss enthaltene Kokoswasser eignet sich außerdem ideal zur Teigherstellung. Darum beim Öffnen der Kokosnuss (siehe Glossar) das Wasser auffangen und vor der Verwendung abseihen. Werden fertige Kokosraspel verwendet, 85 Gramm ungesüßte feine Kokosraspel 1 Stunde in Wasser einweichen.

Der Teig sollte erst kurz vor dem Backen hergestellt werden.

ERGIBT 8 FLADENBROTE

- 225 g Mehl
- 1 TL Salz
- 180 g frisch geriebene Kokosnuss (das Kokoswasser beim Öffnen der Kokosnuss aufbewahren)
- 30 g weiche Butter
- 2–3 frische grüne Chilis, Samen entfernt, sehr fein gehackt (nach Belieben)
- 2 EL sehr fein gehackte Zwiebeln (nach Belieben)
- 4 TL Pflanzenöl

■ Das Mehl in einer großen Schüssel mit dem Salz und den Kokosraspeln vermischen. Gerade so viel Kokoswasser oder Wasser einarbeiten, bis ein mittelweicher Teig entsteht. (Die Wassermenge hängt davon ab, wie feucht das Kokosfleisch ist.) Sobald sich eine Kugel formen lässt, die Butter kurz unterkneten. Falls verwendet, Chilis und Zwiebeln ebenfalls unterkneten. Den Teig 20 Minuten ruhen lassen.

■ Den Teig zu 8 gleich großen Kugeln formen. Eine mittelgroße Pfanne aus Gusseisen bei mittlerer bis hoher Temperatur sehr heiß werden lassen.

■ Ein Stück Backpapier (25 cm lang) bereitlegen. Eine Teigkugel in die Mitte setzen und leicht flach drücken. Mit den Fingern zu einem runden Fladen von etwa 13 cm Durchmesser auseinander ziehen.

■ 1/2 Teelöffel Öl in der heißen Pfanne verteilen. Das Fladenbrot mit Schwung in die Pfanne geben und von einer Seite 40–60 Sekunden backen, bis sich braune Stellen zeigen. Mit einem Holzspatel wenden und von der anderen Seite ebenfalls bräunen. Auf einen Teller legen, einen umgedrehten Teller zum Warmhalten darauf setzen. Die übrigen Brote ebenso herstellen.

■ Werden die Brote im Voraus gebacken, aufeinander stapeln und in Alufolie wickeln. Zum Aufwärmen in der Folie bei mittlerer Hitze für 15 Minuten in den Backofen geben; oder die Brote einzeln etwa 1 Minute in der Mikrowelle heiß werden lassen.

INDIEN/PAKISTAN
Sindhi-Fladenbrote aus Vollkornmehl
Loli

Diese Fladenbrote aus Vollkornmehl werden heute noch nach der gleichen Methode bereitet wie schon vor tausend Jahren. Sie stammen aus Sindh, das früher zu Westindien, heute jedoch zu Pakistan gehört. Das Besondere an diesen Fladenbroten ist ihre leicht krümelige Konsistenz, die an Kekse erinnert. Manchmal werden sie mit schwarzem Pfeffer gewürzt, mit Zuckersirup leicht gesüßt oder auch mit Beigaben wie Chilis und Tomaten verfeinert.

Ich rolle meine Lolis *am liebsten mit dem Nudelholz aus. Wer möchte, kann auch eine Tortillapresse, wie auf Seite 284 beschrieben, verwenden.*

Lolis *können auch vorgebacken (etwa 3 Minuten) und dann im Plastikbeutel eingefroren werden. Zum Aufbacken die* Lolis *direkt aus dem Tiefkühlfach in die heiße, leicht geölte Pfanne geben und 2 Minuten backen. Etwa alle 30 Sekunden wenden.*

In den beiden folgenden Rezepten variiert zwar der Teig, gebacken werden die Lolis *allerdings nach der gleichen Methode.*

INDIEN
Sindhi-Fladenbrote mit schwarzem Pfeffer
Kali mirch ki loli • Durupadi Jagtiani

Diese Brote passen zu jeder Mahlzeit, besonders zu Rührei. Sie schmecken aber auch einfach so mit etwas Honig, Marmelade, Chutney oder scharfen Pickles.

ERGIBT 4 FLADENBROTE

- 220 g *Chapati*-Mehl (siehe Glossar) oder eine Mischung aus je 1 Teil gesiebtem Mehl und Vollkornmehl
- 1 TL Salz
- 1/2 TL grob gemahlener schwarzer Pfeffer
- 4 EL Pflanzenöl, plus mehr zum Backen

■ Das Mehl mit dem Salz und dem Pfeffer in einer großen, weiten Schüssel vermischen. Nach und nach die 4 Esslöffel Öl mit den Fingern einarbeiten. Etwa 125 Milliliter Wasser portionsweise darunter mischen, sodass ein fester Teig entsteht. Zu einem geschmeidigen Teig kneten und eine Kugel formen. Mit Klarsichtfolie bedecken und 30 Minuten ruhen lassen.

■ Eine Pfanne aus Gusseisen (oder eine Backplatte oder indische *Tava*, siehe Glossar) bei mittlerer bis hoher Temperatur erhitzen.

■ Mit leicht geölten Händen aus dem Teig 4 gleich große Kugeln formen, flach drücken und mit einem Küchentuch bedecken.

■ *Eine Teigportion auf der leicht geölten Arbeitsfläche zu einem runden Fladen (14 cm Durchmesser) ausrollen. Der Rand darf ruhig etwas unregelmäßig sein. Mit einer Gabel mehrmals einstechen, mit Schwung in die heiße Pfanne geben und etwa 1 Minute backen. Wenden und von der anderen Seite ebenfalls 1 Minute backen. Erneut wenden, auf mittlere Hitze schalten und rund um das Brot 1/2 Teelöffel Öl in die Pfanne träufeln. 30 Sekunden backen, dabei das Brot mit einem Spatel nach unten drücken. Nochmals wenden, wieder 1/2 Teelöffel Öl um das Brot träufeln, 30 Sekunden backen und mit dem Spatel nach unten drücken. Das Brot weiterhin alle 30 Sekunden wenden, bis es nach 4–5 Minuten durchgebacken ist und sich einige braune Stellen zeigen. Auf einen Teller geben und bedecken. Auf mittlere bis starke Hitze schalten und das zweite Brot backen. Die übrigen Brote ebenso herstellen.*

❖

INDIEN/PAKISTAN

Süße Sindhi-Fladenbrote
Meethi loli ◆ *Durupadi Jagtiani*

Diese leicht gesüßten Fladenbrote mit Kardamomaroma isst man traditionell an kalten Wintertagen zu einem säuerlichen Spinatgericht, etwa Spinat mit Sauerampfer. Ebenso gut schmecken sie aber auch zu Tee, Kaffee oder einem anderen Gericht.

ERGIBT 4 FLADENBROTE

220 g *Chapati*-Mehl (siehe Glossar) oder eine Mischung aus je 1 Teil gesiebtem Mehl und Vollkornmehl

4 EL Pflanzenöl, plus mehr zum Backen
3 EL Zucker
1/2 TL fein zerstoßene Kardamomsamen

- Das Mehl in eine große, weite Schüssel sieben, das Öl mit den Fingern einarbeiten.
- In einem kleinen Topf den Zucker, 5 Esslöffel Wasser und den Kardamom bei mittlerer bis schwacher Hitze zum Köcheln bringen. So lange rühren, bis sich der Zucker gelöst hat und ein klarer Sirup entstanden ist. Vom Herd nehmen, lauwarm abkühlen lassen. Nach und nach so viel Sirup unter das Mehl mischen, dass ein fester Teig entsteht. Zu einem glatten Teig verkneten. Eine Kugel formen, mit Klarsichtfolie bedecken und 30 Minuten ruhen lassen.
- Eine Pfanne aus Gusseisen (oder eine Backplatte oder indische *Tava*, siehe Glossar) bei mittlerer bis hoher Temperatur erhitzen.
- Mit leicht geölten Händen aus dem Teig 4 gleich große Kugeln formen, flach drücken und mit einem Küchentuch bedecken.
- Nun die *Lolis* wie im Rezept auf der linken Seite zubereiten (siehe Beschreibung zwischen den beiden Sternchen*).

INDIEN

Süße frittierte Fladenbrote
Meethi poori

Diese köstlichen Brote sind knusprig und nur schwach gesüßt. Sie schmecken zu Tee, aber auch als Beilage zu einem Hauptgericht. Ihre leichte Süße harmoniert wunderbar mit Kürbis- und Joghurtgerichten und jeder Art von Bohneneintöpfen.

Ich verwende nicht allzu viel Ghee (indische geklärte Butter) zum Kochen, aber in Poori-Teig gebe ich gern einen Esslöffel davon. Am besten kaufen Sie Ghee in einem indischen Lebensmittelgeschäft. Sie können es aber auch selbst herstellen (siehe Glossar) oder einfach weiche Butter verwenden.

ERGIBT 16 BROTE

300 g *Chapati*-Mehl (siehe Glossar) oder eine Mischung aus je 1 Teil gesiebtem Mehl und Vollkornmehl
30 g *Ghee* (siehe Glossar)
2 EL Zucker
Etwa 250 ml Milch
Erdnussöl oder Maiskeimöl zum Frittieren und Ausrollen

■ Das Mehl in eine Schüssel sieben und das *Ghee* mit den Fingern gleichmäßig einarbeiten. Zuerst den Zucker, dann so viel Milch nach und nach untermischen, bis ein Teig entsteht, der sich zusammenballt. 10 Minuten kräftig kneten. Eine glatte Kugel formen, in einer Schüssel mit einem feuchten Tuch bedecken und mindestens 30 Minuten ruhen lassen.
■ Einen Wok oder eine kleine, tiefe Pfanne 5–7,5 cm hoch mit Öl füllen und 7–8 Minuten bei mittlerer bis hoher Temperatur erhitzen.
■ Den Teig zu 16 gleich großen Kugeln formen, flach drücken und bedecken. Eine Teigportion mit etwas Öl einreiben und zu einem Fladen (13 cm Durchmesser) ausrollen. Ins heiße Öl einlegen, ohne dass der Fladen sich dabei umdreht. Um den Rand sollten sich sofort viele kleine Bläschen bilden. Mit einem Schaumlöffel immer wieder leicht ins heiße Öl drücken, sodass das Brot schon nach wenigen Sekunden aufgeht. Wenden und von der anderen Seite weitere 10–15 Sekunden frittieren, bis das Brot goldgelb ist. Mit dem Schaumlöffel herausnehmen, auf einem mit Küchenpapier ausgelegten Teller abtropfen lassen. Die anderen *Pooris* auf dieselbe Weise herstellen und sofort heiß servieren.

»Bakes«

Bakes sind einfache kreolische Brote aus Trinidad. Früher lagerten die meisten Inselbewohner Fässer mit Mehl, Salz, Backpulver, Butter und Schweineschmalz in ihren Küchen und stellten aus diesen Zutaten 2,5 cm dicke, runde Brote her. Diese wurden im geschlossenen Topf »gebacken«, indem man darunter ein kleines Feuer entfachte und ein paar glühende Kohlen auf den Deckel legte. Wurde der Teig nicht gebacken, sondern frittiert, nannte man das Brot »*Fry bake*« (frittiertes Brot).

Als Nächstes bereitete man eine heiße Schokolade, deren Milch mit Lorbeerblättern aromatisiert wurde, stellte Butter und Käse auf den Tisch und genoss das einfache Frühstück.

Eine weitere Spezialität waren *Bakes* mit *Buljol,* einem Salat aus Klippfisch, Tomaten, Paprikaschoten, Gurken und Zwiebeln.

TRINIDAD

Kreolisches Chilibrot
Chili bake

Dieses Brot wird mit Zwiebeln und winzigen Scotch-Bonnet-Chilistücken gewürzt, einer Chilisorte, die man in der Küche Trinidads häufig verwendet. Wer sie nicht bekommt, verwendet einfach eine andere scharfe grüne Chili, etwa Jalapeño. Das Brot ist eine gute Beilage und schmeckt mit Butter und Käse.

ERGIBT 1 BROT

Je 125 g Mehl (Type 405) und kräftiges Mehl (Type 550), vermischt
2 TL Backpulver
1 TL Salz
115 g Butter
1 kleine Zwiebel (85 g), fein gehackt
1/2 frischer scharfer grüner Chili (*Scotch Bonnet* oder eine andere Sorte), Samen entfernt, gehackt

■ Mehl, Backpulver und Salz in eine Schüssel sieben. 15 Gramm Butter beiseite stellen, die übrige Butter in dünne Scheiben schneiden und mit den Fingern in das Mehl einarbeiten, bis eine krümelige Mischung entsteht.
■ Die 15 Gramm Butter in einer kleinen Pfanne bei mittlerer Hitze zerlassen. Die Zwiebel darin unter Rühren in 4–5 Minuten glasig schwitzen und leicht bräunen. Den Herd ausschalten, abkühlen lassen.
■ Zwiebel und Chili unter die Krümel mischen. Mit etwa 6 Esslöffeln warmem Wasser zu einem weichen, aber nicht klebrigen Teig verarbeiten, 5 Minuten kneten. Eine Teigkugel formen, in eine Schüssel legen, mit einem angefeuchteten Küchentuch bedecken, 30 Minuten ruhen lassen.
■ Den Teig erneut 5 Minuten kneten. Eine glatte Kugel formen und flach drücken (2,5 cm hoch). In eine kleine, flache Kuchenform oder auf ein Backblech legen, mit einem angefeuchteten Tuch bedecken. An einem warmen Ort 30 Minuten ruhen lassen.
■ Inzwischen den Backofen auf 190 °C vorheizen.
■ Das Brot 45 Minuten im Ofen backen. Herausnehmen und auf einem Kuchengitter abkühlen lassen.

TRINIDAD

Kartoffelfladen
Aloo pie • Khadija Ali

Für diese Kartoffelfladen, auf Trinidad ein beliebter Imbiss, wird indische Kochtradition mit Elementen aus der Neuen Welt kombiniert. Den Teig kann man mit einem Nudelholz ausrollen oder auf traditionelle Weise mit den Händen flach drücken. Die frittierten Fladen werden meist geöffnet, mit reichlich scharfer Sauce und etwas Chutney beträufelt und wieder geschlossen. Man kann sie zudem mit gegarten Kichererbsen füllen. Statt Mango-Chutney passen auch süße Gujarati-Zitronen-Pickles (siehe Seite 485) dazu.

ERGIBT 8 FLADEN

FÜR DEN TEIG
Je 125 g Mehl (Type 405) und kräftiges Mehl (Type 550), vermischt
2 TL Backpulver
1/2 TL Salz
1 kräftige Prise gemahlene Kurkuma
40 g Butter in Flöckchen

FÜR DIE KARTOFFELFÜLLUNG
2 EL Pflanzenöl
3 EL fein gehackte Zwiebeln
1 Knoblauchzehe, fein gehackt
1 frischer scharfer grüner Chili, Samen entfernt, gehackt
450 g in der Schale gekochte Kartoffeln, gepellt und grob zerdrückt
3/4 TL Salz
1 TL gemahlener Kreuzkümmel
Frisch gemahlener schwarzer Pfeffer
1–2 EL fein gehackter *Culantro* (siehe Glossar) oder frisches Koriandergrün

AUSSERDEM
Öl zum Frittieren
Scharfe Sauce (etwa Scharfe Chilisauce, siehe Seite 468)
Mango-Chutney (siehe Seite 488)

■ Für den Teig Mehl, Backpulver, Salz und Kurkuma in eine Schüssel sieben. Die Butter einarbeiten, bis eine krümelige Masse entsteht. Mit etwa 125 Milliliter Wasser zu einem weichen, aber nicht klebrigen Teig verkneten. 10 Minuten kräftig kneten. Eine Kugel formen, in 8 gleich große Stücke teilen und zu glatten Kugeln formen. In eine Schüssel legen, mit einem feuchten Küchentuch bedecken und 30–60 Minuten oder länger ruhen lassen. Falls nötig, im Plastikbeutel kalt stellen.

■ Für die Füllung das Öl in einer Antihaft-Pfanne bei mittlerer bis hoher Temperatur erhitzen. Die Zwiebel darin unter Rühren goldbraun braten. Knoblauch und Chili kurz einrühren, die übrigen Zutaten untermischen und weitere 2 Minuten rühren. Den Herd ausschalten, die Masse abkühlen lassen.

■ Eine Teigkugel auf der Arbeitsfläche mit den Fingern zu einer runden Platte (10 cm Durchmesser) flach drücken. Etwas von der Kartoffelmischung zu einer Kugel von 4 cm Durchmesser formen, auf die Teigplatte setzen und in den Teig einhüllen. Die Ränder fest verschließen. Mit den Fingern zu einem ovalen Fladen drücken (etwa 14 cm lang, 6 cm breit). Die übrigen Fladen ebenso herstellen. Nebeneinander auf Backpapier legen.

■ Einen Wok 7,5 cm hoch oder einen Frittiertopf 4 cm hoch mit Öl füllen, bei mittlerer bis niedriger Temperatur in 6–7 Minuten erhitzen.

■ Einen Fladen in das heiße Öl legen. Etwa 1 Minute frittieren, wenden und von der anderen Seite 1 weitere Minute frittieren. Erneut wenden, 20 Sekunden frittieren, wieder wenden und nochmals 20 Sekunden frittieren.

Mit einem Schaumlöffel herausheben, auf Küchenpapier abtropfen lassen. Alle Kartoffelfladen auf diese Weise zubereiten. Noch heiß verzehren. Übrige Fladen abgekühlt in Küchenpapier, dann in Klarsichtfolie wickeln und kalt stellen. Zum Aufwärmen einzeln für je 1 Minute in die Mikrowelle geben. Die Fladen sind dann nicht mehr so knusprig, aber immer noch gut.

- Zum Verzehr die Fladen aufreißen, rasch scharfe Sauce und Mango-Chutney hineingeben und wieder verschließen.

TRINIDAD

Frittiertes Brot
Fry bake ◆ Danielle Delon

In der Karibik geben die Namen der Speisen oft Aufschluss über die Zubereitung. Ein »Fry Bake« ist ein Brot, das nicht gebacken, sondern frittiert wird.

Dieses kreolische Brot hat mediterrane Ursprünge und erinnert an einen Beignet. Die süße Variante passt gut zu Kaffee und schmeckt mit Butter und Honig oder mit etwas Zucker darüber.

Ungesüßt isst man das Brot zu Salaten und Fritters aus Klippfisch. Vegetarier kombinieren es einfach mit Bohnen- und Gemüsegerichten oder füllen es mit zweimal gebratenen Bohnen (siehe Seite 226) und einer Salsa.

Den Teig können Sie 2 Tage im Voraus bereiten, zu Kugeln formen und im Plastikbeutel in den Kühlschrank legen. Der kalte Teig lässt sich dann sogar noch besser ausrollen und verarbeiten.

ERGIBT 12 BROTE

Je 125 g Mehl (Type 405) und kräftiges Mehl (Type 550), vermischt
2 TL Backpulver
1/2 TL Salz
30 g Butter in Flöckchen
2 EL Backfett
Öl zum Frittieren
Feiner Zucker

- Mehl, Backpulver und Salz in eine Schüssel sieben. Butter und Backfett einarbeiten, bis eine krümelige Masse entsteht. Mit etwa 175 Milliliter Wasser zu einem weichen, aber nicht klebrigen Teig vermischen, 10 Minuten kräftig kneten. Eine glatte Kugel formen, in eine Schüssel legen, mit einem feuchten Tuch bedecken. 30–60 Minuten oder länger ruhen lassen. Falls nötig, im Plastikbeutel kalt stellen.
- Aus dem Teig 12 gleich große Kugeln formen. Zu Kreisen von 13 cm Durchmesser ausrollen, nebeneinander auf die Arbeitsfläche legen. (Ziehen sich die Kreise zusammen, erneut zügig ausrollen.)
- Einen Wok 7,5 cm oder einen Frittiertopf 4 cm hoch mit Öl füllen, bei mittlerer bis hoher Temperatur etwa 5 Minuten erhitzen. Ein ausgerolltes Brot in das heiße Öl einlegen. Es sinkt zunächst nach unten, steigt aber nach wenigen Sekunden auf. Mit einem Schaumlöffel immer wieder nach unten in das Öl drücken. Nach 10 Sekunden, wenn es aufgegangen ist, wenden. In weiteren 10 Sekunden goldgelb frittieren. Erneut wenden, 5 Sekunden frittieren, wieder wenden und nochmals 5 Sekunden frittieren. Mit dem Schaumlöffel auf einen mit Küchenpapier ausgelegten Teller heben. Alle Brote auf diese Weise je etwa 40 Sekunden frittieren. Die noch warmen Brote auf einen sauberen Teller anrichten, rundum großzügig mit Zucker bestreuen und servieren.

TRINIDAD

»Doppeldecker«
Doubles • Khadija Ali

Doubles *lernte ich bei einem Freund in Port of Spain kennen, der sie für uns als Mittagsimbiss bestellte. Sie erinnern ein wenig an vegetarische Hamburger – pikant zubereitete Kichererbsen zwischen zwei weichen frittierten Fladenbroten mit einer scharfen Sauce und Chutney. Die gefüllten Brote schmecken heiß am besten und lassen sich problemlos aufwärmen, besonders einfach in der Mikrowelle.*

**ERGIBT 16 FLADENBROTE,
ALSO 8 »DOPPELDECKER«**

FÜR DIE KICHERERBSEN

3 Dosen Kichererbsen (je 500 g)
3 EL Pflanzenöl
2 mittelgroße Zwiebeln, geschält und fein gehackt
6 Knoblauchzehen, fein zerdrückt
Je 1 EL gemahlener Kreuzkümmel und Koriander
1/4 TL gemahlene Kurkuma
1 EL Currypulver
1 TL Ingwerpulver
1/2–1 frischer scharfer grüner oder roter Chili, Samen entfernt, fein gehackt
4 Tomaten aus der Dose, fein gehackt, mit etwas Saft (etwa 350 ml)
1 TL Salz

FÜR DIE BROTE

Je 225 g Mehl (Type 405) und kräftiges Mehl (Type 550), vermischt, plus mehr zum Bestauben
1 EL Backpulver
1/2 TL Salz
1/4 TL gemahlene Kurkuma
Öl zum Frittieren

AUSSERDEM

Scharfe Sauce (etwa Scharfe Chilisauce, siehe Seite 468)
Mango-Chutney (siehe Seite 488)

■ Die Kichererbsen in ein Sieb abgießen, abspülen und abtropfen lassen.
■ Das Öl in einem mittelgroßen Topf bei mittlerer bis hoher Temperatur erhitzen. Die Zwiebeln darin 4–5 Minuten unter Rühren leicht bräunen. Den Knoblauch 30 Sekunden mitbräunen. Auf mittlere Hitze schalten, alle gemahlenen Gewürze dazugeben und 30 Sekunden rühren. Chili und Tomaten 1 weitere Minute unter Rühren mitbraten. 600 Milliliter Wasser, Salz und die Kichererbsen unterrühren und aufkochen. Zugedeckt bei schwacher Hitze 10 Minuten köcheln lassen.
■ Für die Brote das Mehl mit den übrigen Zutaten in eine Schüssel sieben. Etwa 300 Milliliter Wasser untermischen, sodass ein weicher, aber nicht klebriger Teig entsteht. 10 Minuten kräftig kneten. Zu einer Kugel formen, in eine Schüssel legen, mit einem feuchten Tuch bedecken und 30–60 Minuten oder länger ruhen lassen. Falls nötig, im Plastikbeutel kalt stellen.
■ Aus dem Teig 16 Kugeln formen. Immer nur mit 1 Teigkugel arbeiten, die übrigen bedecken. Die Kugeln leicht mit Mehl bestauben und jeweils zu einem Kreis von 13 cm Durchmesser ausrollen. Nebeneinander auf die Arbeitsfläche legen, mit einem Küchentuch bedecken.
■ Einen Wok 7,5 cm hoch oder einen Frittiertopf 4 cm hoch mit Öl füllen, bei mittlerer bis hoher Temperatur etwa 5 Minuten erhitzen.
■ Haben sich die Teigkreise inzwischen zusammengezogen, erneut zügig ausrollen.
■ Ein ausgerolltes Brot in das heiße Öl legen. Es sinkt zunächst nach unten, steigt aber nach wenigen Sekunden auf. Mit einem Schaumlöffel immer wieder nach unten in das Öl

drücken. Nach 10 Sekunden, wenn es aufgegangen ist, wenden. Von der anderen Seite in 6–7 Sekunden goldgelb frittieren. Mit dem Schaumlöffel auf einen Teller mit Küchenpapier legen. Ein weiteres Stück Küchenpapier darauf geben, mit einem umgedrehten Teller bedecken. Alle Brote auf diese Weise jeweils etwa 30 Sekunden frittieren. Mit je 1 Lage Küchenpapier zwischen die Teller schichten. Noch heiß verzehren oder abkühlen lassen.

Zum Aufwärmen einzeln für je 40 Sekunden in die Mikrowelle geben oder alle Brote in Alufolie wickeln und im Ofen bei mittlerer Hitze 20 Minuten aufbacken.

■ Für die Doppeldecker je 1 heißes Fladenbrot auf einen Teller legen. Mit dem Schaumlöffel etwas von der Kichererbsenmischung, viel scharfe Sauce und etwas Mango-Chutney darauf verteilen. Ein zweites Brot darauf legen. Wie ein Sandwich verzehren.

❖

ZYPERN

Oliven-Muffins
Eliotes ◆ *Niki Bahariou*

Im Mittelmeerraum werden Oliven gern schon zum Frühstück mit Brot verzehrt. Ebenso gern gibt man sie als Zutat an Brotteige. Dieses Rezept stammt von einer griechischen Familie aus Zypern, die ihr Olivenbrot in Muffinförmchen backt und zum Nachmittagstee reicht. Sie verwendet kleine, entsteinte schwarze Amfissa-Oliven, *doch auch andere schwarze, leicht gesalzene Oliven eignen sich.*

Für eine sehr aromatische Variante gibt man mit der Minze 1 Esslöffel klein geschnittenes frisches Fenchelgrün hinzu. Da die Oliven bereits salzig sind, wird kein weiteres Salz benötigt, Sie können aber 1 Esslöffel Zucker untermischen.

ERGIBT 12 MUFFINS

3 EL Olivenöl, plus mehr für die Förmchen
2 Frühlingszwiebeln, in dünne Ringe geschnitten
375 g Mehl
1 EL Backpulver

2 EL Erdnussöl
1 TL getrocknete Minze, zerkrümelt
350 ml entsteinte kleine schwarze Oliven
   (nicht zu salzig), in je 3–4 Stücke zerteilt

■ In einer kleinen Pfanne 1 Esslöffel Olivenöl bei mittlerer Temperatur erhitzen. Die Frühlingszwiebeln darin unter Rühren in 2 Minuten weich braten. Beiseite stellen, abkühlen lassen.
■ Den Backofen auf 190 °C vorheizen.
■ 12 Muffinförmchen dünn mit etwas Olivenöl einfetten.
■ Mehl, Backpulver, Erdnussöl und die übrigen 2 Esslöffel Olivenöl in der Küchenmaschine kurz vermischen. 250 Milliliter kaltes Wasser langsam untermischen. In eine Schüssel umfüllen, die Minze und Oliven einarbeiten, zügig zu einer Kugel verkneten und in 12 gleich große Portionen teilen. In die Förmchen drücken und 30–35 Minuten backen. Ein in die Mitte eingestochener Holzspieß sollte sauber bleiben. Auf einem Kuchengitter abkühlen lassen. In einer Dose oder einem Plastikbeutel aufbewahren.

MAROKKO

Das tägliche marokkanische Brot
Pan de morocco • Melle Derko Samira

Dieses Brot essen die Marokkaner fast jeden Tag zu ihren Mahlzeiten. Zweimal am Tag sieht man in den engen Gassen der Innenstädte marokkanische Frauen und Kinder die ungebackenen Brote der Familie auf Brettern oder Tabletts über dem Kopf in die nächste Bäckerei tragen. Die frisch gebackenen heißen Brote werden dann wieder abgeholt und zu Hause zu einem Püree aus Hülsenfrüchten oder zu den unterschiedlichsten Eintöpfen und Salaten verzehrt.

Das Rezept können Sie auch aus einer Mischung von je einem Teil Mehl und Hartweizengrieß zubereiten.

ERGIBT 1 BROT

2 EL Trockenhefe
1 TL Zucker
450 g kräftiges Mehl (Type 550)
1 1/2 TL Salz
2 TL Sesamsamen
1 TL Anissamen
Pflanzenöl und Maisgrieß für das Backblech

- Hefe, Zucker und 50 Milliliter warmes Wasser (40–46 °C) in einer kleinen Schüssel verrühren. 5–10 Minuten stehen lassen, bis die Mischung Blasen wirft.
- Inzwischen das Mehl in eine große Schüssel füllen, eine Mulde in die Mitte drücken. Salz, Sesam, Anis und die Hefemischung hineingeben. Nach und nach etwa 250 Milliliter warmes Wasser hinzugießen und mit dem Mehl zu einem weichen Teig verarbeiten. Etwa 10 Minuten kräftig kneten, bis der Teig glatt und elastisch ist. Eine Kugel formen.
- Ein großes Backblech leicht einfetten, mit Maisgrieß bestreuen, beiseite stellen.
- Die Arbeitsfläche einfetten. Die Teigkugel darauf zu einer runden Platte (etwa 1 cm hoch) flach drücken. Auf das Backblech heben und die Oberfläche mit einem scharfen Messer im Karomuster (Linien etwa 1 cm voneinander entfernt) leicht einschneiden. Mit einem Küchentuch bedecken. An einem warmen Ort etwa 1 Stunde gehen lassen, bis der Teig sein Volumen verdoppelt hat.
- Den Backofen auf 200 °C vorheizen.
- Den aufgegangenen Teig an den Seiten zweimal mit einer Gabel einstechen. Das Blech auf der untersten Schiene in den Ofen schieben und das Brot in 25–30 Minuten goldbraun backen. Klopft man daran, sollte es hohl klingen. Auf ein Kuchengitter legen. In Spalten schneiden und warm oder mit Raumtemperatur servieren.

USA

Semolina-Kastenbrot mit Sultaninen und Zimt

Dieses Brot ist eine Variante des Rezepts auf Seite 363, es ist jedoch reichhaltiger und mit aromatischen süßen Zutaten verfeinert.

ERGIBT 2 BROTE

250 g Sultaninen
475 ml warme Milch für die Sultaninen, plus 400 ml Milch für den Teig und etwas mehr zum Bestreichen der Brote
15 g Trockenhefe
50 ml flüssiger Honig
125 g Butter oder Backfett, plus mehr zum Einfetten
1 EL Salz
1 TL gemahlener Zimt für den Teig, plus 2 TL für die Füllung
Etwa 450 g kräftiges Mehl (Type 550)
2 Eier (mit Raumtemperatur)
Etwa 450 g feiner Hartweizengrieß
4 EL Zucker

■ In einer Schüssel die Sultaninen in der warmen Milch für mehrere Stunden einweichen, bis der Teig aufgegangen ist.

■ Die Hefe in 125 Milliliter warmem Wasser (40–46 °C) in einer kleinen Schüssel verrühren. 5–10 Minuten stehen lassen, bis die Mischung Blasen wirft.

■ Honig, Butter, 400 Milliliter Milch, Salz und Zimt in einem kleinen Topf verrühren und erwärmen. In eine große Schüssel gießen. Nach und nach 250 Gramm Mehl mit dem Handrührgerät unterschlagen. Die Eier und die Hefemischung ebenfalls unterschlagen. Nach und nach weitere 130 Gramm Mehl, dann den Hartweizengrieß mit einem Holzlöffel untermischen. Sobald ein fester Teig entstanden ist, diesen auf der Arbeitsfläche kneten, das übrige Mehl einarbeiten. Der Teig sollte glatt, aber relativ weich sein. 10 Minuten kräftig kneten, eine Kugel formen.

■ Die Kugel in einer gefetteten Schüssel wenden, bis sie rundum gleichmäßig mit Fett überzogen ist und schön glänzt. Mit einem Küchentuch bedecken und 1 1/2 Stunden an einem warmen Ort auf das doppelte Volumen aufgehen lassen. Ein- bis zweimal in den Teig stechen, damit er zusammenfällt, 2–3 Minuten kneten, wieder bedecken und weitere 30 Minuten gehen lassen.

■ Auf einer bemehlten Arbeitsfläche 1 Minute kneten. In 2 Kugeln teilen, mit einem Tuch locker bedecken und 10 Minuten gehen lassen. Die Teigkugeln nacheinander auf einer leicht bemehlten Arbeitsfläche zu 2 Rechtecken (etwa 38 × 28 cm) ausrollen. Die jeweils schmalere Seite nach vorn legen und die Rechtecke leicht mit Milch bestreichen. Mit je 3/4 Teelöffel Zimt und 1 Esslöffel Zucker bestreuen. Die Sultaninen aus der Milch nehmen und die Flüssigkeit ausdrücken. Mit Küchenpapier trockentupfen und die Sultaninen auf dem Zucker verteilen. Je 1 weiteren Esslöffel Zucker und 1/2 Teelöffel Zimt darüber streuen. Die Teigrechtecke vom Körper weg aufrollen, die »Naht« liegt unten. Die Enden unter die Brotlaibe falten.

■ Mit der Teignaht nach unten in gefettete rechteckige Formen (23 × 13 × 7,5 cm) legen. Mit einem Küchentuch bedecken und an einem warmen Ort 1 Stunde gehen lassen.

■ Den Backofen auf 190 °C vorheizen.

■ Der Teig sollte über den Formrand aufgegangen sein. Im Ofen in 35–40 Minuten goldbraun backen. Klopft man daran, sollten die Brote hohl klingen. Sofort auf einem Kuchengitter abkühlen lassen.

■ Die ausgekühlten Brote in den Brotkasten legen oder einfrieren.

INDISCH-AMERIKANISCH

Semolina-Kastenbrot mit Kokos und Pistazien

Zum indischen Herbstfest Divali bereitete meine Mutter früher ein Gebäck mit einer süßen Füllung aus Kokos, Sultaninen, Pistazien und Charolinüssen (siehe Glossar), die ähnlich wie Haselnüsse schmecken, jedoch kleiner sind. Gewürzt wurde die Füllung mit Kardamom, der »Vanille Indiens«.

Ich habe das Rezept meiner Mutter abgewandelt und gebe ihre Füllung in mein geliebtes Semolinabrot. Statt frischer Kokosnuss können Sie auch getrocknete Kokosraspel verwenden (etwa 75 g) und zuvor 1 Stunde in Wasser einweichen.

ERGIBT 2 BROTE

- 250 g Sultaninen
- 475 ml warme Milch für die Sultaninen, plus 400 ml für den Teig und etwas mehr zum Bestreichen der Brote
- 15 g Trockenhefe
- 50 ml flüssiger Honig
- 125 g Butter oder Backfett, plus mehr zum Einfetten
- 1 EL Salz
- 1 TL gemahlener Kardamom für den Teig, plus 2 TL für die Füllung
- Etwa 450 g kräftiges Mehl (Type 550)
- 2 Eier (mit Raumtemperatur)
- Etwa 450 g feiner Hartweizengrieß
- 4 EL Zucker
- 150 g frisches Kokosfleisch, gerieben (siehe Glossar), mit Küchenpapier trockengetupft
- 8 EL grob gehackte ungesalzene Pistazienkerne oder je 4 EL grob gehackte Pistazien und Charolinüsse

■ In einer Schüssel die Sultaninen in der warmen Milch für mehrere Stunden einweichen, bis der Teig aufgegangen ist.

■ Die Hefe in 125 Milliliter warmem Wasser (40–46 °C) in einer kleinen Schüssel verrühren. 5–10 Minuten stehen lassen, bis die Mischung Blasen wirft.

■ Honig, Butter, 400 Milliliter Milch, Salz und Kardamom in einem kleinen Topf verrühren und erwärmen. In eine große Schüssel gießen. Nach und nach 250 Gramm Mehl mit dem Handrührgerät unterschlagen. Die Eier und die Hefemischung ebenfalls unterschlagen. Nach und nach weitere 130 Gramm Mehl, dann den Hartweizengrieß mit einem Holzlöffel untermischen. Sobald ein fester Teig entstanden ist, diesen auf der Arbeitsfläche kneten, das übrige Mehl einarbeiten. Der Teig sollte glatt, aber relativ weich sein. 10 Minuten kräftig kneten, eine Kugel formen.

■ Die Kugel in einer gefetteten Schüssel wenden, bis sie gleichmäßig mit Fett überzogen ist und schön glänzt. Mit einem Küchentuch bedecken, 1 1/2 Stunden an einem warmen Ort auf das doppelte Volumen aufgehen lassen. In den Teig stechen, damit er zusammenfällt, 2–3 Minuten kneten, wieder bedecken und weitere 30 Minuten gehen lassen.

■ Auf einer bemehlten Arbeitsfläche 1 Minute kneten. In 2 Kugeln teilen, mit einem Tuch locker bedecken, 10 Minuten gehen lassen. Die Teigkugeln nacheinander auf einer leicht bemehlten Arbeitsfläche zu 2 Rechtecken (etwa 38 × 28 cm) ausrollen. Die jeweils schmalere Seite nach vorn legen und die Rechtecke leicht mit Milch bestreichen. Mit je 1/2 Teelöffel Kardamom und 1 Esslöffel Zucker bestreuen. Die Sultaninen aus der Milch nehmen und die Flüssigkeit ausdrücken. Mit Küchenpapier trockentupfen und die Sultaninen auf dem Zucker verteilen. Das

Kokosfleisch und die Pistazien darauf verteilen und 1 weiteren Esslöffel Zucker sowie 1/2 Teelöffel Kardamom darüber streuen. Die Teigrechtecke vom Körper weg aufrollen, die »Naht« liegt unten. Die Enden zusammendrücken und unter die Brotlaibe falten.
■ Mit der Teignaht nach unten in gefettete rechteckige Formen (23 × 13 × 7,5 cm) legen.

Mit einem Küchentuch bedecken und an einem warmen Ort 1 Stunde gehen lassen.
■ Den Backofen auf 190 °C vorheizen.
■ Der Teig sollte über den Formrand aufgegangen sein. Im Ofen in 35–40 Minuten goldbraun backen. Klopft man daran, sollten die Brote hohl klingen. Auf einem Kuchengitter abkühlen lassen. Im Brotkasten aufbewahren.

Semolina-Kastenbrot

Ein Brot aus Hartweizengrieß, das ich sehr schätze, vor allem seine kuchenartige Konsistenz und die feine Sesamkruste. Früher habe ich es oft in meinem Feinkostladen gekauft, doch inzwischen backe ich es selbst und variiere ab und zu das Rezept.

Für dieses Brot benötigen Sie feinen Hartweizengrieß (Semolina, siehe Seite 334), und die Küche sollte schön warm sein, damit der Teig aufgeht.

ERGIBT 2 BROTE

15 g Trockenhefe
50 ml flüssiger Honig
60 g Butter oder Backfett, plus mehr zum Einfetten
400 ml Milch, plus mehr zum Bestreichen der Brote
1 EL Salz

Etwa 450 g kräftiges Mehl (Type 550)
2 Eier (mit Raumtemperatur)
Etwa 450 g feiner Hartweizengrieß
Etwa 1 EL helle Sesamsamen

■ Die Hefe in 125 Milliliter warmem Wasser (40–46 °C) in einer kleinen Schüssel verrühren. 5–10 Minuten stehen lassen, bis die Mischung Blasen wirft.
■ In einem kleinen Topf Honig, Butter, Milch und Salz verrühren und erwärmen. In eine große Schüssel gießen. Nach und nach 250 Gramm Mehl mit dem Handrührgerät unterschlagen. Die Eier und die Hefemischung ebenfalls unterschlagen. Nach und nach weitere 130 Gramm Mehl, dann den Hartweizengrieß mit einem Holzlöffel untermischen. Sobald ein fester Teig entstanden ist, diesen auf der Arbeitsfläche kneten und dabei das übrige Mehl einarbeiten. Der Teig sollte glatt, aber relativ weich sein. 10 Minuten kräftig kneten, eine Kugel formen.
■ Die Kugel in einer gefetteten Schüssel wenden, bis sie gleichmäßig mit Fett überzogen ist und schön glänzt. Mit einem Küchentuch bedecken und 1 1/2 Stunden an einem warmen Ort auf das doppelte Volumen aufgehen lassen. In den Teig stechen, damit er zusammenfällt, 2–3 Minuten kneten, wieder bedecken und weitere 30 Minuten gehen lassen.
■ Auf einer bemehlten Arbeitsfläche 1 Minute kneten. In 2 Kugeln teilen, mit einem Tuch locker bedecken und 10 Minuten gehen lassen. Rechteckige Brotlaibe formen und in zwei gefettete Formen (23 × 13 × 7,5 cm) legen. Mit einem Tuch bedeckt 1 Stunde an einem warmen Ort gehen lassen.
■ Den Backofen auf 190 °C vorheizen.
■ Der Teig sollte über den Formrand aufgegangen sein. Die Oberseiten leicht mit Milch bestreichen und mit Sesam bestreuen. Mit einem sehr scharfen Messer die Brote jeweils viermal 1 cm tief leicht diagonal einschneiden. Im Ofen in 35–40 Minuten goldbraun backen. Klopft man daran, sollten die Brote hohl klingen. Sofort auf einem Kuchengitter abkühlen lassen.
■ Die ausgekühlten Brote eingewickelt in den Brotkasten legen oder einfrieren.

Vollkornweizenbrot mit gekeimtem Weizen, Sonnenblumenkernen und Haferflocken

Während eines Aufenthalts in London habe ich dieses Brot regelmäßig in einem Bioladen in meiner Nachbarschaft gekauft. Seither backe ich es selbst, denn der wunderbare Biss der Weizenkeime und der süß-erdige Geschmack machen es einfach unwiderstehlich. Wie Sie Vollkornweizen keimen lassen, finden Sie auf Seite 333.

ERGIBT 2 BROTE

15 g Trockenhefe
50 ml flüssiger Honig
60 g Butter oder Backfett, plus mehr zum Einfetten
400 ml Milch
1 EL Salz
Etwa 375 g kräftiges Mehl (Type 550)
2 Eier (mit Raumtemperatur)
60 g gekeimter Weizen
60 g ungeröstete Sonnenblumenkerne
45 g Haferflocken
Etwa 450 g Vollkornmehl

- Die Hefe in 125 Milliliter warmem Wasser (40–46 °C) in einer kleinen Schüssel verrühren. 5–10 Minuten stehen lassen, bis die Mischung Blasen wirft.
- Honig, Butter, Milch und Salz in einem kleinen Topf verrühren und erwärmen. In eine große Schüssel gießen. Nach und nach 250 Gramm Mehl mit dem Handrührgerät unterschlagen. Die Eier und die Hefemischung ebenfalls unterschlagen. Mit einem Holzlöffel den gekeimten Weizen, die Sonnenblumenkerne und Haferflocken untermischen. Nach und nach das Vollkornmehl und etwas von dem übrigen Mehl einarbeiten. Sobald ein fester Teig entstanden ist, diesen auf der bemehlten Arbeitsfläche kneten, nach Bedarf das restliche Mehl hinzufügen. Der Teig sollte glatt, aber relativ weich sein. 10 Minuten kräftig kneten, eine Kugel formen.
- Die Kugel in einer gefetteten Schüssel wenden, bis sie gleichmäßig mit Fett überzogen ist und schön glänzt. Mit einem Küchentuch bedecken und 1 1/2 Stunden an einem warmen Ort auf das doppelte Volumen aufgehen lassen. In den Teig stechen, damit er zusammenfällt, 2 Minuten kneten, erneut bedecken und weitere 30 Minuten gehen lassen.
- Auf einer bemehlten Arbeitsfläche 1 Minute kneten. In 2 Kugeln teilen, mit einem Tuch locker bedecken und 10 Minuten gehen lassen. Brote formen und in zwei gefettete rechteckige Formen (23×13×7,5 cm) legen. Mit einem Tuch bedeckt 1 Stunde an einem warmen Ort gehen lassen.
- Den Backofen auf 190 °C vorheizen.
- Der Teig sollte über den Formrand aufgegangen sein. Im Ofen 35–40 Minuten goldbraun backen. Klopft man daran, sollten die Brote hohl klingen. Sofort auf einem Kuchengitter abkühlen lassen.
- Die ausgekühlten Brote eingewickelt in den Brotkasten legen oder einfrieren.

GRIECHENLAND

Semolinaküchlein
Simigdali crepa

Diese wunderbaren kleinen Pfannkuchen werden aus Hefeteig bereitet. Man isst sie zu pikanten Gerichten oder mit Butter, Zucker und Zitronensaft beziehungsweise mit Butter und Marmelade.

ERGIBT ETWA 10 KÜCHLEIN

7 g Trockenhefe
1 TL Zucker
125 g Mehl

125 g Hartweizengrieß (Semolina)
1 TL Salz
30–45 g Butter, zerlassen

■ In einer Tasse 50 Milliliter sehr warmes Wasser mit der Hefe und dem Zucker verrühren. 5–10 Minuten stehen lassen, bis die Mischung Blasen wirft. Inzwischen weitere 475 Milliliter Wasser erwärmen.

■ Beide Mehlsorten mit dem Salz in einer Schüssel vermischen, eine Mulde in die Mitte drücken. Die Hefemischung hineingießen und mit einem Holzlöffel untermischen. Das warme Wasser nach und nach unterrühren. Locker zugedeckt 1 1/2 Stunden an einem warmen Ort gehen lassen. Kräftig durchrühren, weitere 30 Minuten zugedeckt an einem warmen Ort gehen lassen.

■ Kurz vor dem Essen eine große gusseiserne oder Antihaft-Pfanne bei mittlerer Temperatur erhitzen. Mit zerlassener Butter bestreichen. Mit einer Schöpfkelle etwa 70 Milliliter Teig in die Pfanne geben und so viele Küchlein nebeneinander setzen, wie die Pfanne fassen kann. Von beiden Seiten in je 2 Minuten goldbraun backen. Auf einem Teller anrichten und sofort servieren. Mit dem restlichen Teig ebenso verfahren. Übrige Pfannkuchen in einem Plastikbeutel kalt stellen. Zum Aufbacken kurz in den Toaster geben.

CHINA

Gefüllte Pfannkuchen
Moo shoo row • Shiu-Min Block

Die dünnen Pfannkuchen werden mit etwas süßer Hoisin-Sauce (siehe Glossar) bestrichen und mit pfannengerührtem Gemüse gefüllt. Das Besondere der Herstellung besteht darin, je 3 gut eingefettete Teigkugeln aufeinander zu setzen und gleichzeitig auszurollen.

Wer gern scharf isst, kann zum Beispiel Chilipaste mit Sojabohnen, Chilipaste mit Sojabohnen und Knoblauch (siehe Glossar) oder sogar Tabasco mit der Hoisin-Sauce vermischen.

Ich bereite die Zutaten für die Füllung meist zuerst vor, backe dann die Pfannkuchen und brate zuletzt die Füllung. Während der Teig ruht, alles zum Servieren vorbereiten.

ERGIBT 18 GROSSE PFANNKUCHEN

FÜR DIE FÜLLUNG
250 ml getrocknete Lilienknospen
125 ml getrocknete *Mu-err* (siehe Glossar, Pilze)
8 getrocknete chinesische Pilze (siehe Glossar, Pilze)
3 EL Pflanzenöl
2 Eier, verquirlt
2 Frühlingszwiebeln, in 5 cm breite Stücke geschnitten, dann längs geviertelt
6 dünne Scheiben frischer Ingwer, in feine Stifte geschnitten
225 g Bambussprossen aus der Dose, abgetropft, längs in feine Stifte geschnitten
225 g Pak-Choi, in dünne, lange Streifen geschnitten (dafür den Kohl am besten vierteln, vom Strunk befreien und längs fein schneiden)
3 EL helle chinesische Sojasauce
1 Knoblauchzehe, geschält und leicht zerdrückt
1 TL Salz
1/2 TL Zucker
1 TL Öl aus gerösteten Sesamsamen

FÜR DIE PFANNKUCHEN
500 g Mehl, plus mehr zum Bestauben
3 EL Öl aus gerösteten Sesamsamen
3 EL Pflanzenöl plus 1 EL oder mehr zum Braten

ZUM SERVIEREN
5 EL *Hoisin*-Sauce, mit 2 1/2 EL Wasser verdünnt
5 Frühlingszwiebeln (nur die unteren 7–8 cm), längs in feine, lange Stifte geschnitten

■ Die Lilienknospen und *Mu-err* jeweils großzügig mit kaltem Wasser bedecken und 30 Minuten einweichen lassen. Die chinesischen Pilze ebenso lange in heißem Wasser einweichen.
■ Die Lilienknospen abgießen, gut abspülen. Die Enden entfernen, die Knospen in langen Streifen auseinander ziehen.
■ Die chinesischen Pilze abgießen (die Flüssigkeit auffangen, abseihen und für eine Brühe verwenden), die harten Stiele wegschneiden. Die Hüte in feine, lange Streifen schneiden.
■ Die *Mu-err* ebenfalls abgießen, harte Stellen wegschneiden. Gut abspülen und beiseite stellen.
■ Die übrigen Zutaten für die Füllung vorbereiten und beiseite stellen.
■ Das Mehl für die Pfannkuchen in eine große Schüssel füllen. Nach und nach etwa 500 Milliliter Wasser mit einem Holzlöffel oder Stäbchen unterrühren, bis sich der Teig zu Klumpen verbindet. Auf einer leicht bemehlten Arbeitsfläche 1 Minute kneten, dabei ab und zu mit Mehl bestauben. Den Teig zur

Kugel formen, mit einer umgedrehten Schüssel bedecken und 20 Minuten ruhen lassen. (Inzwischen die Zutaten zum Servieren vorbereiten.) Den Teig nochmals 2–3 Minuten kneten, ab und zu mit Mehl bestauben. Er sollte jetzt nicht mehr kleben.

■ Den Teig zu einer langen Rolle (etwa 3 cm Durchmesser) formen. In 18 Stücke teilen, im Mehl wälzen, locker zu Kugeln formen und jede Kugel zu einem Kreis von 6–7 cm Durchmesser flach drücken.

■ Je 3 Esslöffel Sesam- und Pflanzenöl in einer weiten, flachen Schüssel verrühren.

■ Auf der leicht bemehlten Arbeitsfläche die Teigkreise zu größeren Kreisen von 11 cm Durchmesser ausrollen. Dabei von der Mitte nach außen arbeiten und die Kreise regelmäßig wenden. 3 Teigkreise mit der Unterseite in die Ölmischung tauchen und aufeinander stapeln. Mit den übrigen Kreisen ebenso verfahren, sodass 6 Pfannkuchenpakete aus je 3 Schichten entstehen.

■ Ein Pfannkuchenpaket auf der leicht bemehlten Arbeitsfläche erneut von innen nach außen auf einen Durchmesser von 23 cm ausrollen. Zwischen Backpapier legen. Die übrigen »Pakete« ebenso ausrollen und jeweils zwischen Backpapier aufeinander stapeln.

■ In einer großen Antihaft-Pfanne mit schwerem Boden 1/2 Teelöffel Öl bei mittlerer bis hoher Temperatur erhitzen. Einen Pfannkuchen darin 1 1/2 Minuten von einer Seite backen, bis er durchscheinend ist. Wenden und weitere 20 Sekunden backen. Mit Schwung wenden, 5 Sekunden backen und erneut mit Schwung wenden (so werden die Schichten gelockert). Noch zweimal mit Schwung wenden, aus der Pfanne nehmen und die 3 Schichten trennen. Die dünnen Pfannkuchen auf einen großen Teller stapeln und mit Alufolie oder einem umgedrehten Teller bedecken. An einen warmen Ort stellen. Die übrigen Pfannkuchen ebenso backen, trennen und warm halten.

■ Für die Füllung 2 Esslöffel Öl in einem Wok oder einer großen Pfanne mit Antihaftbeschichtung stark erhitzen. Die Eier zügig darin unter Rühren braten. Herausnehmen, sobald sie fest sind, und fein zerpflücken. In 1 weiteren Esslöffel Öl die chinesischen Pilze, Frühlingszwiebeln und den Ingwer kurz pfannenrühren. Zuerst die Lilienknospen, Pilze und Bambussprossen, dann den Pak-Choi und zuletzt die Eier und die Sojasauce dazugeben. 1 Minute pfannenrühren. 125 Milliliter Wasser, Knoblauch, Salz und Zucker hinzufügen, 1 weitere Minute rühren. Das Sesamöl untermischen, den Herd ausschalten. Nach Belieben den Knoblauch entfernen.

■ Je 1 Teelöffel *Hoisin*-Mischung in die Mitte eines Pfannkuchens träufeln, frische Frühlingszwiebelstifte darüber streuen und darauf ein wenig von der Füllung verteilen. Den Pfannkuchen nach Belieben einrollen.

CHINA

Frühlingszwiebelpfannkuchen
Chung yo bin ◆ Shiu Min Block

Bei diesen Pfannkuchen handelt es sich im Grunde um Fladenbrote. Man serviert sie mit einem Sojasaucen-Dip (etwa wie auf Seite 325), einem Joghurt-Dip oder einem frischen Chutney. Sie eignen sich als Beilage zu einer Mahlzeit.

Am besten schmecken die frisch zubereiteten knusprigen Pfannkuchen. Sie können sie aber auch in Alufolie wickeln und eine Zeit lang liegen lassen, doch dann verlieren sie das Knusprige. Zum Aufwärmen in der Alufolie für 15 Minuten bei mittlerer bis hoher Temperatur in den Backofen geben oder ohne Folie einzeln 1 Minute in der Mikrowelle heiß werden lassen.

ERGIBT 4 PFANNKUCHEN

450 g Mehl, plus mehr zum Bestauben
Etwa 10–12 EL Erdnussöl
10 größere Frühlingszwiebeln, in dünne Ringe geschnitten
1 TL Salz
1 TL frisch gemahlener schwarzer Pfeffer

■ Das Mehl in einer Schüssel nach und nach mit etwa 300 Milliliter warmem Wasser zu einem weichen Teig vermischen. Eine Kugel formen, kurz kneten, wieder zur Kugel formen. Mit einem feuchten Küchentuch bedecken und 15–20 Minuten ruhen lassen. Den Teig erneut kneten.

■ Den Teig auf eine bemehlte große Arbeitsfläche setzen, mit etwas Mehl bestauben und zu einer runden Platte (50 cm Durchmesser) ausrollen. Bei Bedarf erneut mit Mehl bestauben. 5 Esslöffel Öl darüber träufeln, die Frühlingszwiebeln darauf verteilen, mit Salz und Pfeffer bestreuen. Den Teig zu einer festen, langen Rolle aufrollen und in 4 gleich lange Stücke teilen. Ein Stück an den Enden fassen und jeweils in die entgegengesetzte Richtung drehen, sodass die Enden fest verschlossen werden (dabei wird das gesamte Stück ein wenig gedreht). Das Teigstück senkrecht auf ein Ende stellen und mit der Hand zu einem runden Fladen flach drücken. Die übrigen Rollenstücke ebenso verarbeiten. Die Fladen mit Mehl bestauben.

■ Auf der bemehlten Arbeitsfläche die Fladen nacheinander von innen nach außen zu runden Pfannkuchen (18 cm Durchmesser) ausrollen. Zwischendurch immer wieder mit Mehl bestauben.

■ In einer Antihaft-Pfanne 3 Esslöffel Öl bei mittlerer bis hoher Temperatur erhitzen. Einen Pfannkuchen darin von einer Seite in 3–4 Minuten goldbraun backen. Wenden und in weiteren 3 Minuten die andere Seite goldbraun backen. Auf Küchenpapier legen, in Spalten schneiden.

■ Sofort servieren. Die übrigen Pfannkuchen mit je 1 Esslöffel Öl ebenso backen.

MAROKKO

Weiche, luftige Pfannkuchen
Baghrir

Diese marokkanischen Pfannkuchen sind herrlich weich. Zum Frühstück schmecken sie mit Butter und Honig, zum Mittagessen kann man Bohnen und anderes Gemüse darin einwickeln.

Sie können die Pfannkuchen 1–2 Stunden im Voraus zubereiten und in ein sauberes Küchentuch einschlagen. Einfach mit etwas Butter aufbacken und, wie unten beschrieben, mit einer Honig-Butter-Mischung oder auch mit Butter und Ahornsirup servieren.

ERGIBT ETWA 12–13 PFANNKUCHEN

1 1/2 TL Trockenhefe
1/2 TL Zucker
200 g Hartweizengrieß
200 g Mehl
1/2 TL Salz
1 Ei, verquirlt
1 TL Pflanzenöl
250 ml flüssiger Honig, plus 4 EL Butter
9–10 EL Butter zum Servieren

■ Hefe, Zucker und 2 Esslöffel warmes Wasser (40–46 °C) in einer kleinen Schüssel verrühren. 5 Minuten stehen lassen, bis die Mischung Blasen wirft.

■ Inzwischen Hartweizengrieß, Mehl, Salz und das Ei in die Küchenmaschine füllen. Die Hefemischung und 600 Milliliter warmes Wasser dazugießen und zu einem glatten Teig ohne Klümpchen verarbeiten. In eine Schüssel gießen, zugedeckt an einem warmen Ort 2 1/2–3 Stunden ruhen lassen.

■ Eine mittelgroße Antihaft-Pfanne bei mittlerer Temperatur sehr heiß werden lassen und mit 1 Teelöffel Öl einfetten. Mit einer Schöpfkelle etwa 85 Milliliter Teig in die Pfanne geben und mit der Unterseite der Kelle in kreisförmigen Bewegungen von innen nach außen so verteilen, dass ein Pfannkuchen von 15 cm Durchmesser entsteht. Zugedeckt bei mittlerer Hitze 1 Minute backen. Ohne Deckel 1 weitere Minute backen, bis die Unterseite goldgelb ist und die Oberseite luftig aufgegangen und durchgebacken ist. (Da die Pfanne heißer wird, backt der Pfannkuchen eventuell etwas schneller.) Mit einem Spatel herausnehmen, auf ein Küchentuch legen und die Enden des Tuchs darüber schlagen. Die übrigen Pfannkuchen ebenso zubereiten, aufeinander stapeln und mit dem Tuch bedecken. So bleiben sie einige Stunden frisch.

■ Zum Servieren den Honig mit den 4 Esslöffeln Butter unter Rühren in einem kleinen Topf erwärmen, bis sie sich verbunden haben. Warm halten.

■ Pro Pfannkuchen etwa 2 Teelöffel Butter in einer Antihaft-Pfanne bei mittlerer bis niedriger Temperatur zerlassen. Einen Pfannkuchen mit der luftigen Seite nach unten einlegen, 15–20 Sekunden erhitzen. Mit der luftigen Seite nach oben auf einem Teller anrichten. Mit der Honig-Butter-Mischung beträufeln und heiß servieren.

INDISCH-AMERIKANISCH
Südindische Pfannkuchen mit Zwiebel und Tomate
Unorthodox utthappam

Ich liebe südindische Utthappam, *eine Art flaches Omelett ohne Ei. Allerdings ist die Teigherstellung sehr langwierig. Und weil es bei mir meist schnell gehen muss, verwende ich den Semolinateig des Rezepts auf Seite 365. Die Pfannkuchen werden wie Brot zu einer Mahlzeit gegessen oder mit Chutneys und Saucen gereicht. Übrige Pfannkuchen einzeln etwa 1 Minute in der Mikrowelle aufwärmen.*

ERGIBT ETWA 10 PFANNKUCHEN

7 g Trockenhefe
1/2 TL Zucker
125 g Mehl
125 g feiner Hartweizengrieß
1 1/2 TL Salz
Frisch gemahlener schwarzer Pfeffer
1 kleine Zwiebel (etwa 60 g), geschält, in sehr dünne Streifen geschnitten
1–2 frische scharfe grüne Chilis, mit den Samen in dünne Streifen geschnitten
6 EL enthäutete, von den Samen befreite und gehackte Tomaten (siehe Seite 141), in einem Sieb auf eine Schüssel gesetzt
5–6 EL Erdnussöl

■ In einer Tasse 50 Milliliter sehr warmes Wasser mit der Hefe und dem Zucker verrühren. 5–10 Minuten stehen lassen, bis die Mischung Blasen wirft. Inzwischen weitere 475 Milliliter Wasser erwärmen.

■ Beide Mehlsorten mit dem Salz in einer Schüssel vermischen, eine Mulde in die Mitte drücken. Die Hefemischung hineingießen und mit einem Holzlöffel untermischen. Das warme Wasser nach und nach unterrühren. Locker zugedeckt 1 1/2 Stunden an einem warmen Ort gehen lassen. Kräftig durchrühren, weitere 30 Minuten zugedeckt an einem warmen Ort gehen lassen. Kurz vor dem Essen etwas Pfeffer sowie die Zwiebel, Chilis und Tomaten locker unterrühren, 5 Minuten stehen lassen.

■ Eine Antihaft-Pfanne mit schwerem Boden bei mittlerer Temperatur erhitzen. Mit Öl bestreichen. Mit einer Schöpfkelle etwa 70 Milliliter Teig in die Mitte der Pfanne geben und mit der Kelle in kreisförmigen Bewegungen von innen nach außen so verteilen, dass ein Pfannkuchen von 18 cm Durchmesser entsteht. 1/2 Teelöffel Öl darüber träufeln, 1 weiteren Teelöffel Öl um den Rand herum verteilen. Von beiden Seiten in je 1 1/2–2 Minuten goldbraun backen. Auf einem Teller anrichten und sofort servieren. Mit dem restlichen Teig ebenso verfahren. Übrige Pfannkuchen in einem Plastikbeutel kalt stellen.

JAPAN

Tampopo-Nudeln
Ramen

Dieses Gericht habe ich nach dem japanischen Film »Tampopo« benannt, in dem junge Frauen lernen, wie man eine Schale Nudeln perfekt zubereitet und serviert, und ein Nudelgeschäft eröffnen.

Bei den Nudeln handelt es sich um Ramen, *die japanische Variante der chinesischen Eiernudeln* Lo-mein. *Mit der Brühe ergeben sie eine vollständige Mahlzeit. Auf die Portionen können Sie nach Belieben noch je ein pochiertes Ei (siehe Seite 407) setzen.*

FÜR 2–4 PERSONEN

FÜR DIE MÖHRE

125 ml Gemüsebrühe, aber mit getrockneten Pilzen (siehe Seite 502) oder eine andere gute Gemüsebrühe

1 TL Zucker

1 Prise Salz

1 mittelgroße Möhre (etwa 85 g), geschält, in 3 mm dicken Scheiben

FÜR DIE ZUCKERSCHOTEN

125 ml Pilzbrühe (siehe Seite 501) oder eine andere gute Gemüsebrühe

1 Prise Zucker

1 Prise Salz

12 frische Zuckerschoten, leicht diagonal halbiert

FÜR DIE BRÜHE

1 l Pilzbrühe (siehe Seite 501) oder eine andere gute Gemüsebrühe

Etwas Sojasauce und Salz zum Würzen

Etwa 4 EL *Mirin* (siehe Glossar), zum Würzen

AUSSERDEM

225 g frische chinesische Eiernudeln (siehe Glossar, Nudeln)

1 *Nori*-Blatt (siehe Glossar), in 2–4 Quadrate von 7,5 cm Kantenlänge geschnitten (je nach Menge der Portionen)

2 Frühlingszwiebeln, in dünne Ringe geschnitten, 30 Minuten in kaltem Wasser eingeweicht, abgegossen und in einem trockenen Tuch ausgedrückt

■ Die Brühe für die Möhre mit Zucker und Salz in einem kleinen Topf schwach aufkochen. Die Möhre darin 2 Minuten bissfest garen. Mit einem Schaumlöffel herausnehmen, auf einem Teller ausbreiten.

■ Die Brühe für die Zuckerschoten ebenfalls in einem kleinen Topf mit Zucker und Salz schwach aufkochen. Die Zuckerschoten 1 Minute darin garen, herausnehmen und auf einem Teller ausbreiten.

■ In einem Topf die Brühe zum Aufgießen der Nudeln mit Sojasauce, Salz und *Mirin* würzen und schwach aufkochen. 5 Minuten köcheln lassen, abschmecken. Kurz vor dem Servieren wieder erhitzen.

■ Für die Nudeln in einem großen Topf 3 3/4 Liter Wasser sprudelnd aufkochen. Die Nudeln hineingeben, das Wasser wieder aufwallen lassen. 250 Milliliter kaltes Wasser hinzugießen und wieder aufkochen lassen. Weitere 250 Milliliter kaltes Wasser dazugießen. Den Vorgang noch mehrmals wiederholen, bis die Nudeln gerade eben weich sind. Abgießen.

■ Zum Servieren die Nudeln in große Suppenschalen verteilen und mit Stäbchen zu Nestern einrollen. Möhrenscheiben und Zuckerschoten darüber verteilen, ein Stück *Nori* darauf legen und mit den Frühlingszwiebeln bestreuen. Nun die heiße Brühe darüber schöpfen. Sofort servieren.

INDIEN

Nudeln in Linsensauce
Dal dhokli • Niru Row Kavi

Ein sehr altes, traditionelles Gericht. Es stammt von der Halbinsel Gujarat in Westindien, wo es auch in den entferntesten Dörfern regelmäßig gegessen wird. Es handelt sich um eine würzige dicke Linsensuppe mit breiten Nudeln – mit einem einfachen grünen Salat ein ideales Hauptgericht.

Für die suppenartige Konsistenz der Sauce sollten Sie nach Möglichkeit Toovar dal *verwenden, eine gelbe Linse mit erdig-dunklem Geschmack. Die Nudeln werden traditionell aus Vollkornteig selbst hergestellt, doch ich habe sie durch gekaufte Fettuccine ersetzt. Die Tomaten schäle ich hier wie Äpfel mit einem scharfen Messer. Statt Asafoetida (siehe Glossar) können Sie auch eine geschälte, fein gehackte Knoblauchzehe verwenden, die Sie erst nach dem Kreuzkümmel unterrühren. Die Sauce lässt sich im Voraus zubereiten und für 24 Stunden in den Kühlschrank stellen.*

FÜR 6 PERSONEN

FÜR DIE SUPPE/SAUCE
200 g *Toovar dal* (siehe Glossar), verlesen, gewaschen und abgetropft
2 EL Erdnuss- oder Maiskeimöl
1 kräftige Prise *Asafoetida* (siehe Glossar)
1/2 TL Kreuzkümmel
550 g reife Tomaten, geschält (siehe Einleitung) und fein gehackt
1/4 TL gemahlene Kurkuma
1–2 frische scharfe grüne Chilis (mit den Samen), fein gehackt
4 EL gehacktes frisches Koriandergrün
Etwa 1 1/4 TL Salz
1 EL frisch gepresster Zitronensaft

FÜR DIE NUDELN
Salz
350 g Fettuccine
3 EL Erdnuss- oder Maiskeimöl
1/2 TL ganze braune oder gelbe Senfsamen
1 getrockneter scharfer roter Chili, zerkrümelt

■ In einem Topf mit schwerem Boden die *Toovar dal* in 700 Milliliter Wasser aufkochen. Halb zugedeckt bei schwacher Hitze 1 Stunde köcheln lassen, die letzten 15 Minuten zudecken. Die Linsen mit einem Holzlöffel an der Topfwand zerdrücken. Beiseite stellen.
■ In einer großen Pfanne das Öl bei mittlerer bis hoher Temperatur erhitzen. Zuerst *Asafoetida*, nach 5 Sekunden den Kreuzkümmel, nach weiteren 5 Sekunden die Tomaten hineingeben. Unter Rühren 1 Minute erhitzen. Die Kurkuma untermischen, Chilis, Koriandergrün, Salz und 175 Milliliter Wasser hinzufügen und aufkochen. Zugedeckt bei schwacher Hitze 7–8 Minuten köcheln lassen, bis die Tomaten weich sind. Zusammen mit 350 Milliliter Wasser und dem Zitronensaft unter die Linsen rühren und aufkochen. Bei schwacher Hitze 15 Minuten köcheln lassen.
■ Für die Nudeln in einem großen Topf 3 3/4 Liter Wasser sprudelnd aufkochen, 1 1/2 Esslöffel Salz unterrühren. Die Fettuccine hineingeben und durchrühren. Während die Nudeln kochen, 3 Esslöffel Öl in einem kleinen Topf erhitzen. Die Senfsamen darin in wenigen Sekunden aufplatzen lassen. Sofort den Chili unterrühren. Sobald er dunkel wird, die Mischung in eine große Schüssel gießen, 1/3 Teelöffel Salz untermischen. Die Nudeln abgießen, in der Schüssel mit dem Öl vermischen.
■ Zum Servieren die Sauce kräftig durchrühren und in Suppenteller verteilen. Die Nudeln darauf anrichten. Sofort servieren.

GETREIDE 373

ITALIEN

Spaghetti mit Knoblauch-Chili-Öl
Spaghetti con aglio, olio e diavolicchio

Dieses herrlich einfache Pastagericht essen wir regelmäßig mit viel grünem Salat.

FÜR 4 PERSONEN

Salz
450 g Spaghetti
6 EL fruchtiges natives Olivenöl extra

2 Knoblauchzehen, geschält und fein gehackt
1 getrocknete scharfe rote Chilischote, zerkrümelt
3 EL fein gehackte frische glatte Petersilie

- In einem großen Topf 3 3/4 Liter Wasser sprudelnd aufkochen, 1 1/2 Esslöffel Salz einrühren. Die Spaghetti hineingeben.
- In einer kleinen Pfanne das Öl, 3/4 Teelöffel Salz, Knoblauch und Chili bei mittlerer bis niedriger Temperatur erhitzen. Beginnt der Knoblauch zu zischen, kurz durchrühren und den Herd ausschalten. Die bissfest gekochten Spaghetti abgießen, in eine vorgewärmte Schüssel füllen. Die Ölmischung zügig darüber gießen, durchmischen, Petersilie hinzufügen, erneut vermischen und sofort servieren.

ITALIEN

Spaghetti mit frischen Tomaten und Zitronenschale
Pasta al Pipo • Newel Jenkins

Dieses Rezept stammt von einem befreundeten amerikanischen Dirigenten, der lange in Italien gelebt hat und das Gericht wiederum bei seinem Freund Pipo auf der Insel Giglio kennen lernte. Zubereiten sollte man es nur im Sommer, wenn es reichlich aromatische rote Tomaten gibt. Die verwendete Zitrone muss unbedingt unbehandelt sein.

FÜR 4 PERSONEN

Schale von 1/2 unbehandelten Zitrone (ohne das weiße Innere), in sehr feine, 2 cm lange Streifen geschnitten
4 große, reife Tomaten (insgesamt 675 g), enthäutet, Samen entfernt, grob gehackt (siehe Seite 141)
30 g frisches Basilikum, gehackt

15 g frische glatte Petersilie (ohne Stängel), grob gehackt
125 ml natives Olivenöl extra
Salz
Frisch gemahlener schwarzer Pfeffer
450 g Spaghetti

- In einem kleinen Topf Wasser sprudelnd aufkochen. Die Zitronenschale 5 Sekunden darin blanchieren und abgießen.
- Zitronenschale, Tomaten, Basilikum, Petersilie, Öl, 1/4–1/2 Teelöffel Salz und Pfeffer in einer Schüssel vermischen. 1–4 Stunden durchziehen lassen, ab und zu durchmischen.
- In einem großen Topf 3 3/4 Liter Wasser sprudelnd aufkochen, 1 1/2 Esslöffel Salz einrühren. Die Spaghetti hineingeben, durchrühren, bissfest kochen und abgießen. Die Spaghetti in einer großen Schüssel gründlich mit den Tomaten vermischen und sofort servieren.

GETREIDE

INDONESIEN/MALAYSIA

Java-Nudeln
Mee Java

Trotz seines Namens habe ich dieses Gericht in Malaysia und nicht in Indonesien kennen gelernt. Ich vermute aber, dass seine Ursprünge in Indien zu suchen sind, denn es hat viel Ähnlichkeit mit den Nudeln in Linsensauce von Seite 372.

Die Sauce kann im Voraus zubereitet und für 24 Stunden in den Kühlschrank gestellt werden. Traditionell wird das Gericht mit frischen chinesischen Eiernudeln zubereitet, darum können Sie statt der Fettuccine natürlich auch frische chinesische Lo-mein verwenden.

FÜR 6 PERSONEN

FÜR DIE SUPPE/SAUCE
200 g *Toovar dal* (siehe Glossar), verlesen, gewaschen und abgetropft
2 EL Erdnuss- oder Maiskeimöl
1 kräftige Prise *Asafoetida* (siehe Glossar)
1 TL ganze braune oder gelbe Senfsamen
15 frische Curryblätter (siehe Glossar)
1 mittelgroße Schalotte, geschält, in dünne Streifen geschnitten
1–2 frische scharfe grüne Chilis (mit den Samen), in dünne Streifen geschnitten
2 TL Currypulver (etwa mein Currypulver auf Seite 498 oder eine Mischung aus dem Handel)
550 g reife Tomaten, geschält (siehe Einleitung auf Seite 372) und fein gehackt
4 EL gehacktes frisches Koriandergrün

Etwa 1 1/4 TL Salz
1 EL Tamarindenpaste (siehe Glossar) oder frisch gepresster Zitronensaft

FÜR DIE GARNITUR
4 EL Erdnuss- oder Maiskeimöl
2 Schalotten (insgesamt 60 g), in dünnen Streifen
100 g frische Bohnensprossen
2 frische scharfe rote oder grüne Chilis
2 hart gekochte Eier (nach Belieben)

FÜR DIE NUDELN
Salz
350 g Fettuccine
1/2 TL ganze braune oder gelbe Senfsamen
1 getrockneter scharfer roter Chili, zerkrümelt

■ In einem Topf mit schwerem Boden die *Toovar dal* in 700 Milliliter Wasser aufkochen. Halb zugedeckt bei schwacher Hitze 1 Stunde köcheln lassen, die letzten 15 Minuten zudecken. Die Linsen mit einem Holzlöffel an der Topfwand zerdrücken. Beiseite stellen.

■ In einer großen Pfanne das Öl bei mittlerer bis hoher Temperatur erhitzen. Zuerst *Asafoetida*, nach 5 Sekunden die Senfsamen, nach weiteren 5 Sekunden Curryblätter, Schalotte und grüne Chilis hineingeben. 2 Minuten rühren, bis die Schalotte leicht gebräunt ist. Das Currypulver, dann die Tomaten untermischen, 1 Minute unter Rühren erhitzen. Koriandergrün, Salz und 175 Milliliter Wasser hinzufügen und aufkochen. Zugedeckt bei schwacher Hitze 7–8 Minuten köcheln lassen, bis die Tomaten weich sind. Zusammen mit 350 Milliliter Wasser und der Tamarindenpaste unter die Linsen rühren und aufkochen. Bei schwacher Hitze 15 Minuten köcheln lassen.

■ Für die Garnitur das Öl in einer kleinen Pfanne bei mittlerer bis hoher Temperatur erhitzen. Die Schalotten darin unter Rühren goldbraun und knusprig braten. Mit einem Schaumlöffel auf Küchenpapier verteilen. Die Pfanne mit dem Öl beiseite stellen. Die Bohnensprossen waschen, in einer Schüssel mit kochend heißem Wasser bedecken und sofort wieder abgießen. In einem Sieb abtropfen lassen. Die grünen Chilis in dünne Streifen schneiden, die Eier (falls verwendet) schälen und vierteln.

■ Für die Nudeln 3 3/4 Liter Wasser in einem großen Topf sprudelnd aufkochen, 1 1/2 Esslöffel Salz unterrühren. Fettuccine hineingeben und durchrühren. Während die Nudeln kochen, das Öl in der Pfanne bei mittlerer bis hoher Temperatur wieder erhitzen. Die Senfsamen darin in wenigen Sekunden aufplatzen lassen. Sofort den Chili unterrühren. Sobald sie dunkel wird, die Mischung in eine große Schüssel gießen und 1/3 Teelöffel Salz untermischen. Die Nudeln abgießen, in der Schüssel mit dem Öl vermischen.

■ Zum Servieren die Sauce kräftig durchrühren und in Suppenteller verteilen. Die Nudeln darauf in der Mitte anrichten und mit der Garnitur bestreuen. Sofort servieren.

ITALIEN

Fettuccine oder Tagliatelle mit Ricotta, Spinat und Pinienkernen
Fettuccine con ricotta e spinaci

Für die benötigten 675 Gramm fertig vorbereiteten rohen Spinat habe ich 1,1 Kilogramm ungeputzten Spinat gekauft.

FÜR 4–5 PERSONEN

70 g frischer Ricotta
Salz
Frisch gemahlener schwarzer Pfeffer
60 g Butter, in Flöckchen
60 g Parmesan, frisch gerieben
2 EL Olivenöl
2 EL Pinienkerne
3 Knoblauchzehen, geschält, leicht zerdrückt, aber noch ganz
675 g geputzter Spinat, gründlich gewaschen und abgetropft
Etwas frisch geriebene Muskatnuss
450 g getrocknete Fettuccine (oder 550 g frische Tagliatelle)

■ In einem großen Topf 3 3/4 Liter Wasser für die Pasta zum Kochgen bringen.

■ Inzwischen den Backofen auf 50 °C vorheizen. Den Ricotta in einer Servierschüssel mit etwas Salz und Pfeffer vermischen, dabei größere Klümpchen zerdrücken. 30 g Butter und den Parmesan untermischen. Die Schüssel in den Ofen stellen.

■ Das Olivenöl in einer großen, weiten Pfanne bei mittlerer Temperatur erhitzen. Die Pinienkerne darin unter Rühren goldbraun rösten. Mit einem Schaumlöffel herausnehmen, beiseite stellen. Den Knoblauch in der Pfanne goldbraun braten, die restliche Butter kurz unterrühren. Auf starke Hitze schalten. Den Spinat zügig hineingeben und zugedeckt dünsten, bis er zusammenfällt. Etwa 3/4 Teelöffel Salz untermischen. Den Spinat bei starker Hitze rühren, bis die meiste Flüssigkeit eingekocht ist. Mit Pfeffer und Muskat abschmecken, den Herd ausschalten.

■ Etwa 1 1/2 Esslöffel Salz ins Pastawasser rühren. Die Pasta darin bissfest kochen. Abgießen, 2 Esslöffel Kochwasser beiseite stellen. Die Pasta mit der Käsemasse in der Schüssel vermischen. Das Nudelkochwasser, den Spinat und die Pinienkerne untermischen. Sofort heiß servieren.

ITALIEN

Fettuccine mit Pilzsauce
Fettuccine con funghi

Bei diesem Gericht sorgen die getrockneten Steinpilze für das Aroma, die frischen Champignons für die richtige Konsistenz. Für zusätzlichen Geschmack und Textur können Sie noch 6–7 frische Shiitake (nur die Hüte) in dünnen Scheiben hinzufügen.

FÜR 4–5 PERSONEN

- 15 g getrocknete Steinpilze, in Scheiben
- 250 ml Gemüsebrühe
- 50 ml trockener Wermut
- 6 EL Olivenöl
- 1 Schalotte, geschält und sehr fein gehackt
- 2 Knoblauchzehen, geschält und sehr fein gehackt
- 2 EL Mehl
- 275 g frische Champignons, geputzt, in dünne Scheiben geschnitten
- Salz
- Frisch gemahlener schwarzer Pfeffer
- 2–3 TL frisch gepresster Zitronensaft
- 3 EL fein gehackte frische glatte Petersilie
- 450 g Fettuccine oder Pappardelle

■ Die Steinpilze in einer kleinen Schüssel mit 175 Milliliter kochend heißem Wasser bedecken und 1 Stunde einweichen lassen. Die Pilze abseihen und ausdrücken, die Flüssigkeit auffangen und mit der Brühe und dem Wermut in einen Topf füllen. Die Pilze beiseite stellen, die Brühe sehr heiß werden lassen.

■ In einem kleinen Topf mit schwerem Boden 2 Esslöffel Öl mit der Schalotte und dem Knoblauch bei mittlerer Temperatur erhitzen, bis die Mischung zischt. Sobald sich der Knoblauch goldgelb verfärbt, das Mehl einstreuen und unter Rühren 1 Minute anschwitzen. Die heiße Brühe portionsweise mit einem Holzlöffel unterrühren. Darauf achten, dass sich keine Klümpchen bilden. Bei schwacher Hitze 2–3 Minuten leicht köcheln lassen, ab und zu umrühren. Den Herd ausschalten.

■ Das übrige Öl in einer großen Pfanne stark erhitzen. Die getrockneten und frischen Pilze darin unter Rühren etwa 2 Minuten braten, bis sie glänzen. Die Sauce hinzugießen und zum Köcheln bringen. Bei schwacher Hitze 10 Minuten köcheln lassen. Mit Salz, Pfeffer und Zitronensaft abschmecken. Erst kurz vor dem Vermischen mit der Pasta die Petersilie untermischen.

■ In einem großen Topf 3 3/4 Liter Wasser aufkochen, 1 1/2 Esslöffel Salz einrühren. Die Fettuccine darin bissfest kochen, abgießen und in einer vorgewärmten Schüssel mit der Sauce vermischen. Sofort servieren.

ITALIEN

Penne mit Zucchini und Basilikum
Penne alle zucchine
Von dem Weingut der Antinori im Chianti

Dieses ebenso einfache wie köstliche Gericht aus dem Herzen des Chianti stammt von Allegra Antinori, die es bei sich zu Hause als ersten Gang servierte. Das Aroma aus Basilikum, Minze und jungen Zucchini, die mit den feinen Blüten verwendet wurden, war außergewöhnlich. Falls Sie Zucchini mit Blüten bekommen können, sollten Sie diese beim Aufschneiden unbedingt am Gemüse belassen.

FÜR 4 PERSONEN

3–4 kleine bis mittelgroße Zucchini (insgesamt etwa 400 g)
Salz
5 EL natives Olivenöl extra
1 große Zwiebel (140–180 g), geschält und in dünne Halbringe geschnitten
4 EL Gemüsebrühe
Etwa 30 frische Basilikumblätter, zerpflückt
Etwa 30 frische Minzeblätter, grob gehackt oder zerpflückt
450 g Penne oder Penne rigate
Frisch gemahlener schwarzer Pfeffer
4–6 EL frisch geriebener Parmesan (nach Belieben)

■ Die Zucchini längs halbieren und quer in 5 mm dicke Scheiben schneiden. In einer Schüssel mit 1 Teelöffel Salz vermischen, 30 Minuten stehen lassen. In einem Sieb abtropfen lassen, trockentupfen.

■ Das Öl in einer großen Pfanne bei mittlerer Temperatur erhitzen. Die Zwiebel darin etwa 5 Minuten unter Rühren anschwitzen, aber nicht bräunen. Die Zucchini untermischen, in 5 Minuten weich werden lassen. Salzen, die Brühe kurz unterrühren, den Herd ausschalten. Basilikum und Minze untermischen. Warm stellen.

■ In einem großen Topf 3 3/4 Liter Wasser sprudelnd aufkochen, 1 1/2 Esslöffel Salz einrühren. Die Penne hineingeben und durchrühren. Bissfest kochen und abgießen. In einer großen Schüssel mit der Zucchinimischung, Pfeffer und dem Parmesan (falls verwendet) vermischen. Sofort servieren.

ITALIEN

Penne mit Artischocken und Erbsen
Penne con carciofi e piselli

So liebe ich Penne ganz besonders.

FÜR 4 PERSONEN

Salz
450 g Penne
15–30 g weiche Butter
Frisch gemahlener schwarzer Pfeffer
1 Rezept frisch zubereitete und noch heiße Artischocken mit Erbsen (siehe Seite 14)

- In einem großen Topf 4 Liter Wasser sprudelnd aufkochen, etwa 1 1/2 Esslöffel Salz einrühren. Die Penne einstreuen und durchrühren. Das Wasser wieder aufwallen lassen und die Penne bissfest kochen. In ein Sieb abgießen. Die Butter in dem noch heißen Nudeltopf zerlassen. Die Penne mit etwas Salz und Pfeffer hinzufügen, alles vermischen. Die Artischocken und Erbsen vorsichtig untermischen. Sofort servieren.

ITALIENISCH-AMERIKANISCH

Penne oder Fusilli mit frischen Tomaten

Dieses Gericht wurde uns auf einer Party als Salat kredenzt; es schmeckt besonders gut, wenn die Pasta noch warm ist. Sie sollten es jedoch nur mit ausgereiften aromatischen Sommertomaten zubereiten. Ich schäle die Tomaten wie Äpfel und blanchiere sie vorher nicht, damit sie ihr volles Aroma behalten.

FÜR 4 PERSONEN

3–4 große reife Tomaten (insgesamt 600 g)
15 große Basilikumblätter
125 ml Olivenöl
3–4 Knoblauchzehen, geschält, leicht zerdrückt, aber noch ganz
Salz
450 g Penne oder Fusilli
100 g frisch geriebener Parmesan
Frisch gemahlener schwarzer Pfeffer

- Die Tomaten von Hand schälen (siehe Einleitung) und in 7 mm große Würfel schneiden. Das Basilikum zerpflücken, mit den Tomaten in eine Schüssel geben. Das Öl in einer mittelgroßen Pfanne mit dem Knoblauch bei mittlerer Temperatur erhitzen. Sobald das Öl Blasen wirft, 1 1/2 Minuten köcheln lassen. Den Herd ausschalten, das Öl abkühlen lassen. Mit dem Knoblauch über die Tomaten gießen, vermischen, 4–6 Stunden stehen lassen. Ab und zu durchmischen.

- In einem großen Topf 3 3/4 Liter Wasser sprudelnd aufkochen, 1 1/2 Esslöffel Salz einrühren. Die Pasta hineingeben, durchrühren und bissfest kochen. Inzwischen die Tomatenmischung mit Salz und Pfeffer abschmecken. Die Pasta abgießen und in eine große Schüssel füllen. Den Parmesan untermischen, bis er geschmolzen ist und an den Nudeln »klebt«. Dann die Tomaten gut untermischen, die Knoblauchzehen nach Belieben entfernen. Die Pasta nach Möglichkeit sofort servieren.

CHINA

Gebratene Nudeln
Shiu-Min Block

Dieses flache Nest aus gebratenen Nudeln ist außen wunderbar knusprig, aber im Innern schön weich. Auf dem Nest kann man unterschiedlichste Saucen oder Gemüsemischungen anrichten, etwa die einfache Tomatensauce von Seite 476. Für eine typisch chinesische Variante empfehle ich die dreierlei Pilze (siehe Seite 125), dazu passen aber auch die grünen Bohnen mit Kreuzkümmel und Fenchel (siehe Seite 76).

Die Nudeln sollten sofort nach dem Braten serviert werden, darum die Beigaben schon vorher zubereiten. Kochen können Sie die Nudeln bis zu 2 Stunden im Voraus.

FÜR 2–4 PERSONEN

225 g frische chinesische Eiernudeln *(Lo-mein)*

7 EL Pflanzenöl, vorzugsweise Erdnussöl

■ In einem großen Topf etwa 3 Liter Wasser aufkochen. Die Nudeln vorsichtig teilen und in das sprudelnd kochende Wasser einlegen. Sobald das Wasser wieder aufwallt, 250 Milliliter kaltes Wasser hinzugießen. Das Wasser wieder aufwallen lassen und noch einmal 250 Milliliter kaltes Wasser dazugießen. Wallt das Wasser erneut auf, die Nudeln in ein großes Sieb abgießen. Unter fließendem kaltem Wasser abspülen, gut abtropfen lassen. In einer Schüssel mit 2 Esslöffeln Öl vermischen, beiseite stellen.

■ Kurz vor dem Essen die übrigen 5 Esslöffel Öl in einer Antihaft-Pfanne (20–23 cm Durchmesser) bei mittlerer bis hoher Temperatur erhitzen. Die Nudeln vorsichtig so in der Pfanne verteilen, dass sie den gesamten Boden bedecken. Ohne Rühren etwa 4 Minuten braten, bis sie von unten gebräunt sind. Mit zwei Holzspateln wenden und von der anderen Seite ebenfalls braun braten. Vorsichtig auf eine große Platte gleiten lassen, eine Sauce oder Gemüsemischung darüber geben. Sofort servieren.

CHINA

Gemüseklößchen in der Teighülle
Su jao ze china • Shiu-Min Block

Dieses Rezept enthält die Zubereitungsmethode für die hauchdünnen Teighüllen. Sie können diese aber auch als Fertigprodukt im chinesischen Lebensmittelgeschäft oder Asialaden bekommen.

Die Klößchen serviert man zum Brunch, Mittag- oder Abendessen mit einer Dipsauce. Dafür pro Person 2 Teelöffel helle chinesische Sojasauce und 1 Teelöffel weißen Reisessig (oder Weißweinessig) vermischen. Fein geraspelter frischer Ingwer wird auch gern dazu gereicht.

Zum Ausrollen benötigen Sie ein schlankes Nudelholz, ein runder Holzstab (etwa 20 cm lang, 2 cm Durchmesser) eignet sich jedoch ebenso.

ERGIBT ETWA 58–60 STÜCK

FÜR DIE FÜLLUNG
5 große getrocknete chinesische Pilze (siehe Glossar)
50 g Glasnudeln
225 g frische Bohnensprossen
275 g Pak-Choi (siehe Seite 34), ersatzweise Mangold
15 mittelgroße weiße Champignons
7 EL Pflanzenöl
2 Eier, verquirlt
3 Scheiben frischer Ingwer, geschält und fein gehackt
4 Frühlingszwiebeln, in sehr dünne Ringe geschnitten
2 TL Öl aus gerösteten Sesamsamen

FÜR DIE TEIGHÜLLEN
425 g Mehl, plus mehr zum Bestauben

■ Die chinesischen Pilze für 30–60 Minuten in warmem Wasser einweichen. Abgießen (das Wasser abseihen und für eine Brühe verwenden), die harten Stiele wegschneiden. Die Hüte ausdrücken und fein hacken.
■ Die Glasnudeln in einer Schüssel mit kochend heißem Wasser bedecken, leicht auseinander ziehen und für 10 Minuten einweichen. Gut abtropfen lassen, fein hacken.
■ Die Bohnensprossen ebenfalls in einer Schüssel mit kochend heißem Wasser übergießen. Abgießen, gut abtropfen lassen und fein hacken.
■ Das Wurzelende vom Pak-Choi wegschneiden. Die Blätter voneinander trennen und jeweils in 7,5–10 cm breite Stücke schneiden. In einem großen Topf Wasser aufkochen. Den Pak-Choi einlegen und 1 Minute blanchieren. Abgießen, die Flüssigkeit ausdrücken, sehr fein hacken.
■ Die Champignons mit einem Messer oder in der Küchenmaschine ganz fein zerkleinern. Möglichst viel Flüssigkeit ausdrücken.
■ In einer großen Antihaft-Pfanne 3 Esslöffel Öl stark erhitzen. Die Eier darin unter Rühren braten. Herausnehmen, sehr fein zerteilen.
■ Die Pfanne säubern und trockenreiben. Die übrigen 4 Esslöffel Öl hineingießen und stark erhitzen. Ingwer und Frühlingszwiebeln darin 10 Sekunden pfannenrühren. Die chinesischen Pilze, Glasnudeln, Bohnensprossen, Pak-Choi und Champignons kurz unterrühren, dann die Eier und das Sesamöl hinzufügen. 1 Minute pfannenrühren, abkühlen lassen.
■ Das Mehl für die Teighüllen in eine Schüssel füllen und mit 250 Milliliter plus 1 Esslöffel lauwarmem Wasser mit einem Holzlöffel oder Stäbchen zu einem klumpigen Teig verrühren. Eine glatte Kugel formen, dabei wenig kneten. Mit einem feuchten Küchentuch bedecken, 30 Minuten ruhen lassen.
■ Den Teig halbieren, eine Hälfte mit dem feuchten Tuch bedecken. Die andere Hälfte zu einer langen Rolle (etwa 2 cm Durchmesser) formen, dabei mit Mehl bestauben. In 2 cm breite Stücke brechen.

- Die einzelnen Teighüllen folgendermaßen herstellen (Angaben für Rechtshänder; Linkshänder müssen die Angaben entsprechend umdrehen):
- Ein Teigstück zu einer Kugel formen und flach drücken. Mit Mehl bestauben. Das Nudelholz (siehe Einleitung) in der rechten Hand halten, den Teig mit der linken Hand führen. Den Teig von außen nach innen und wieder nach außen ausrollen, leicht gegen den Uhrzeigersinn drehen, wieder ausrollen wie zuvor usw. Dabei zügig arbeiten, bis ein Kreis von etwa 7,5 cm Durchmesser entstanden ist. Er sollte innen etwas dicker sein als am Rand. Mit den übrigen Stücken ebenso verfahren. Mit Mehl bestauben, damit sie nicht zusammenkleben, und mit einem feuchten Tuch bedecken.
- Je 1 Esslöffel Füllung in die Mitte der Teighülle setzen. Zwei sich gegenüber liegende Punkte der Teighülle über der Füllung zusammenführen und in der Mitte zusammendrücken. An den beiden offenen Enden den Teig auf jeder Seite in je 2 Falten legen, die zur Mitte weisen. Dabei sollte die zweite Falte die erste leicht überlappen. Die Falten gut festdrücken und die Füllung auf diese Weise fest einschließen. Als Alternative die Teigkreise über der Füllung jeweils zu einem Halbmond zusammenklappen, die Ränder festdrücken.
- Aus der ersten Teighälfte möglichst viele Klößchen formen. Nebeneinander auf ein leicht bemehltes Brett legen. Mit einem feuchten Tuch bedecken. Die Klößchen sollten sich nicht berühren, da sie leicht aneinander kleben. Mit dem übrigen Teig ebenso verfahren. Trocknet der Teig zu sehr aus, die Ränder leicht befeuchten, um die Klößchen richtig verschließen zu können.
- In einem großen Topf reichlich Wasser sprudelnd aufkochen. Jeweils nur so viele Klößchen einlegen, dass sie schwimmen können. Sobald das Wasser wieder aufwallt, 250 Milliliter kaltes Wasser dazugießen. Diesen Vorgang zweimal wiederholen. Wallt das Wasser erneut auf, die Klößchen mit einem Schaumlöffel herausnehmen. Alle Klößchen auf diese Weise garen und sofort verzehren. Mit der Dipsauce und Ingwer (siehe Einleitung) servieren.

CHINA

Gebratene Nudeln mit Gemüse
Su chow mein ◆ Shiu-Min Block

Für dieses Rezept können Sie die Nudeln schon viele Stunden im Voraus kochen, kalt überbrausen, mit etwas Öl vermischen und kalt stellen. Pfannengerührt werden sie aber erst kurz vor dem Essen. Wird das Gemüse früher vorbereitet, einfach mit Klarsichtfolie bedecken.

FÜR 2–4 PERSONEN

8 getrocknete chinesische Pilze (siehe Glossar)
225 g frische chinesische Eiernudeln (*Lo-mein* – siehe Glossar, Nudeln)
3 1/2 EL Erdnussöl
2 Frühlingszwiebeln, in 5 cm lange Stücke geschnitten, dann längs geviertelt
1 EL geschälter, fein gestiftelter frischer Ingwer
60 g Bambussprossen aus der Dose, in dünne Stifte geschnitten
6 frische Wasserkastanien, geschält, erst in Scheiben, dann in lange Stifte geschnitten (oder Dosenware)
50 g Möhre, geschält und in 5 cm lange, dünne Stifte geschnitten
4 TL Sojasauce

■ Die Pilze mit heißem Wasser bedecken und 30 Minuten einweichen lassen. Abgießen (das Wasser für eine Brühe aufbewahren). Die harten Stiele wegschneiden, die Hüte in sehr feine Streifen schneiden.
■ In einem großen Topf reichlich Wasser sprudelnd aufkochen. Die Nudeln hineingeben, das Wasser wieder aufwallen lassen. Die Nudeln etwa 2 Minuten kochen, sodass sie noch nicht ganz weich sind. Abgießen, unter fließendem kaltem Wasser abspülen, abtropfen lassen. In einer Schüssel mit 1/2 Teelöffel Öl vermischen, zugedeckt beiseite stellen.
■ Kurz vor dem Essen die übrigen 3 Esslöffel Öl in einem großen Wok mit Antihaftbeschichtung (oder einer Pfanne) bei mittlerer bis hoher Temperatur erhitzen. Frühlingszwiebeln und Ingwer darin 30 Sekunden pfannenrühren. Das übrige Gemüse hinzufügen, 1 Minute pfannenrühren. Zuletzt Nudeln und Sojasauce hinzugeben und 2 Minuten pfannenrühren, bis die Nudeln heiß sind.

INDIEN

Semolina-»Risotto«
Uppama

Uppamas stammen aus Südindien, genauer gesagt aus dem Staat Kerala an der Südwestküste Indiens. Sie werden ähnlich wie italienische Risotti zubereitet, indem man nach und nach eine heiße Flüssigkeit zu einem Getreide gibt. Hier handelt es sich jedoch nicht um Reis, sondern um den wesentlich feineren Hartweizengrieß – und entsprechend locker und leicht ist das Resultat.

Wie Risotti können *Uppamas* mit unterschiedlichsten Gemüsen, Würzzutaten, sogar mit Nüssen zubereitet werden. Meist fügt man Wasser hinzu, doch Gemüsebrühe eignet sich ebenfalls. Käse ist keine traditionelle Zutat, stattdessen wird *Uppama* meist mit einer Joghurtsauce gereicht.

Der benötigte grobe Hartweizengrieß (siehe Seite 334) wird in indischen Lebensmittelgeschäften als *Sooji* oder *Rava* verkauft. Für die Zubereitung verwende ich eine große Antihaft-Pfanne mit schwerem Boden oder einen Wok. Zuerst gibt man Gewürze und Gemüse hinein, dann den Hartweizengrieß, der goldgelb sautiert wird. Nun gießt man portionsweise das kochend heiße Wasser hinzu. Das Verhältnis von Wasser und Hartweizengrieß variiert zwischen 13/4:1 und 2:1, je nach der Hartweizengrießsorte, dem verwendeten Gemüse und der gewünschten Konsistenz. Ist das gesamte Wasser verbraucht, entsteht eine leicht klumpige Mischung, die man bei schwächster Hitze etwa 10 Minuten rührt. Dabei zerdrückt man mit dem Holzlöffel alle Klumpen, bis der Hartweizengrieß aufquillt und locker wird.

Zu den traditionellen Gewürzen zählen Senfsamen und getrocknete Hülsenfrüchte, etwa *Chana dal* und *Urad dal*. Durch leichtes Bräunen bekommen sie ein nussartiges Aroma und einen angenehmen Biss. Als Alternative eignen sich auch enthäutete Mandeln und sogar Erdnüsse.

Auf den folgenden Seiten finden Sie zwei traditionelle indische Rezepte und drei weitere mit internationalen Zutaten. Sie können die Kombinationen natürlich variieren. Probieren Sie *Uppama* einmal mit einem Spritzer Zitronensaft oder heiß mit etwas Butter. *Uppama* isst man zum Frühstück mit Joghurtsauce oder als Hauptmahlzeit mit anderen Gemüse- und Bohnengerichten. Sie eignen sich auch als Füllung für Gemüse.

INDIEN

Uppama mit Cashewnüssen und grünen Bohnen

Hier wird der Hartweizengrieß zuerst leicht geröstet und dann mit Nüssen und Gemüse traditionell zubereitet. Diese Methode empfiehlt sich besonders, wenn das Gemüse zuvor in etwas Wasser gegart werden muss.

FÜR 3–4 PERSONEN

4 EL Pflanzenöl
180 g Hartweizengrieß *(Sooji)*
1/2 TL braune Senfsamen
1 TL *Chana dal* (siehe Glossar), ersatzweise gelbe Schälerbsen
5 rohe Cashewnüsse, längs halbiert
1–2 ganze getrocknete scharfe rote Chilis
10–15 frische Curryblätter (siehe Glossar)
3 EL fein gehackte Schalotten oder rote Zwiebeln
1 kleine Möhre, geschält und in 5 mm große Würfel geschnitten
10 grüne Bohnen, in 5 mm lange Stücke geschnitten
6 EL fein gehacktes Tomatenfleisch
3/4 TL Salz

■ In einer großen Antihaft-Pfanne mit schwerem Boden 2 Esslöffel Öl bei mittlerer Temperatur erhitzen. Den Hartweizengrieß darin unter Rühren in 4–5 Minuten goldgelb rösten. Herausnehmen, beiseite stellen. Die Pfanne auswischen.

■ Etwa 1/2 Liter Wasser aufkochen. Benötigt werden gut 400 Milliliter.

■ Das restliche Öl in der Pfanne bei mittlerer Temperatur erhitzen. Die Senfsamen darin in wenigen Sekunden aufplatzen lassen. Sofort die *Chana dal* hineingeben und unter Rühren goldgelb rösten. Cashewnüsse und rote Chilis mitrösten, bis die *Chana dal* rötlich und die Cashewnüsse goldgelb sind. Zuerst die Curryblätter, dann die Schalotten oder Zwiebeln einrühren und schwach bräunen. Möhre und Bohnen unterrühren, nach 30 Sekunden die Tomaten untermischen. 6 Esslöffel Wasser hinzufügen, aufkochen, bei schwacher Hitze 3–4 Minuten sanft köcheln lassen, bis das Gemüse gerade weich ist.

■ Hartweizengrieß und Salz gründlich einrühren. Etwas kochend heißes Wasser hinzugießen und so lange rühren, bis es eingekocht ist. Auf diese Weise in etwa 5 Minuten bis zu 400 Milliliter Wasser hinzufügen. Ist der Hartweizengrieß noch nicht richtig feucht, weitere 1–2 Esslöffel kochendes Wasser dazugeben. Bei schwacher Hitze etwa 10 Minuten mit einem Holzlöffel ständig rühren und sämtliche Klümpchen zerdrücken, bis die Mischung schön locker ist. Heiß, im Sommer auch mit Raumtemperatur servieren.

INDIEN

Uppama mit Blattkohl und Erbsen

Zu dieser klassischen Uppama *passen ein Salat oder ein Relish und Pickles als Beigabe. Ich serviere sie außerdem gern mit Rührei zum Brunch. Sie können am Ende aber auch fein geriebenen Parmesan untermischen und die* Uppama *wie einen Risotto als ersten Gang reichen.*

FÜR 3–4 PERSONEN

- 4 EL Pflanzenöl
- 1 kräftige Prise *Asafoetida* (siehe Glossar)
- 1 TL braune Senfsamen
- 1–2 ganze getrocknete scharfe rote Chilis
- 2 TL *Chana dal* (siehe Glossar), ersatzweise gelbe Schälerbsen
- Etwa 15–20 frische Curryblätter (siehe Glossar)
- 3 EL sehr fein gehackte Schalotten oder rote Zwiebeln
- 1 TL geschälter, fein geriebener frischer Ingwer
- 1–2 TL fein gehackte frische scharfe grüne Chilis
- 75 g grüner Blattkohl, in feine Streifen geschnitten
- 3 EL Erbsen (Tiefkühlware vorher auftauen)
- 180 g Hartweizengrieß *(Sooji)*
- 3/4 TL Salz
- 2 EL fein gehacktes frisches Koriandergrün

■ Etwa 1/2 Liter Wasser aufkochen. Benötigt werden gut 400 Milliliter.

■ Das Öl in einer großen Antihaft-Pfanne mit schwerem Boden bei mittlerer Temperatur erhitzen. Zuerst *Asafoetida,* dann die Senfsamen hineingeben. Sobald die Senfsamen aufplatzen, die roten Chilis und *Chana dal* einrühren und braten, bis die *Chana dal* sich rötlich verfärben. Die Curryblätter kurz unterrühren. Die Schalotten oder Zwiebeln hinzufügen und unter Rühren schwach bräunen. Ingwer und grüne Chilis, danach den Kohl und die Erbsen dazugeben und 2 Minuten pfannenrühren. 3 Esslöffel Wasser dazugießen und zugedeckt bei schwacher Hitze 3–4 Minuten dünsten. Auf mittlere Hitze schalten.

■ Den Hartweizengrieß einstreuen. Unter Rühren in 4–5 Minuten goldgelb sautieren. Die Hitze reduzieren, salzen. Etwas kochend heißes Wasser hinzugießen und so lange rühren, bis es eingekocht ist. Auf diese Weise in etwa 5 Minuten bis zu 400 Milliliter Wasser hinzufügen. Ist der Hartweizengrieß noch nicht richtig feucht, weitere 1–2 Esslöffel kochendes Wasser dazugeben. Bei schwacher Hitze etwa 10 Minuten mit einem Holzlöffel ständig rühren und dabei sämtliche Klümpchen zerdrücken, bis die Mischung schön locker ist. Das Koriandergrün einstreuen, noch 1 Minute rühren. Heiß, im Sommer auch mit Raumtemperatur servieren.

INDIEN

Uppama mit Erdnüssen und frischem Koriandergrün

Die Curryblätter sorgen hier für ein besonderes Aroma. Sind sie nicht erhältlich, schmeckt die Uppama *auch ohne die Blätter sehr gut.*

FÜR 3–4 PERSONEN

4 EL Pflanzenöl
1 kräftige Prise *Asafoetida* (siehe Glossar)
1 TL braune Senfsamen
1–2 ganze getrocknete scharfe rote Chilis
4 EL enthäutete rohe Erdnusskerne
15–20 frische Curryblätter
3 EL fein gehackte Schalotten oder rote Zwiebeln
1 TL geschälter, fein geriebener frischer Ingwer
1–2 TL fein gehackte frische scharfe rote oder grüne Chilis
4 EL Erbsen (Tiefkühlware vorher auftauen)
1/4 TL gemahlene Kurkuma
180 g Hartweizengrieß *(Sooji)*
3/4 TL Salz
2 EL fein gehacktes frisches Koriandergrün

■ Etwa 1/2 Liter Wasser aufkochen. Benötigt werden gut 400 Milliliter.

■ Das Öl in einer großen Antihaft-Pfanne mit schwerem Boden bei mittlerer Temperatur erhitzen. Zuerst *Asafoetida*, dann die Senfsamen hineingeben. Sobald die Senfsamen aufplatzen, die roten Chilis und Erdnüsse einrühren und braten, bis die Erdnüsse goldgelb sind. Die Curryblätter kurz unterrühren. Die Schalotten oder Zwiebeln hinzufügen und unter Rühren schwach bräunen. Ingwer und frische Chilis, danach die Erbsen und Kurkuma dazugeben und 2 Minuten pfannenrühren. 4 Esslöffel Wasser dazugießen und zugedeckt bei schwacher Hitze 4–5 Minuten dünsten. Auf mittlere Hitze schalten.

■ Den Hartweizengrieß einstreuen und unter Rühren in 4–5 Minuten goldgelb sautieren. Die Hitze reduzieren, salzen. Etwas kochend heißes Wasser hinzugießen und so lange rühren, bis es eingekocht ist. Auf diese Weise in etwa 5 Minuten bis zu 400 Milliliter Wasser hinzufügen. Ist der Hartweizengrieß noch nicht richtig feucht, weitere 1–2 Esslöffel kochendes Wasser dazugeben. Bei schwacher Hitze etwa 10 Minuten mit einem Holzlöffel ständig rühren und dabei sämtliche Klümpchen zerdrücken, bis die Mischung schön locker ist. Das Koriandergrün hinzugeben und noch 1 Minute rühren. Heiß, im Sommer auch mit Raumtemperatur servieren.

Uppama mit Kartoffel und Rosmarin

Diese Variante der traditionellen indischen Uppama *habe ich mit einer gegarten Kartoffel und frischem Rosmarin kreiert. Getrockneter Rosmarin eignet sich auch, muss aber im Mörser zerstoßen werden.*

FÜR 3–4 PERSONEN

3 EL Olivenöl
1/2 TL braune oder gelbe Senfsamen
2 TL gestiftelte Mandeln
1 mittelgroße Kartoffel (115–140 g), geschält, gekocht, abgekühlt, in 1 cm große Würfel geschnitten
1/2 TL fein gehackter frischer oder 1/4 TL zerstoßener getrockneter Rosmarin
Frisch gemahlener schwarzer Pfeffer
180 g Hartweizengrieß *(Sooji)*
3/4–1 TL Salz

■ Etwa 1/2 Liter Wasser aufkochen. Benötigt werden gut 400 Milliliter.
■ Das Öl in einer großen Antihaft-Pfanne mit schwerem Boden bei mittlerer Temperatur erhitzen. Die Senfsamen hineingeben und in wenigen Sekunden aufplatzen lassen. Sofort die Mandeln einrühren und hellgolden rösten. Die Kartoffel hinzufügen, unter Rühren rundum bräunen. Rosmarin und Pfeffer kurz unterrühren. Den Hartweizengrieß einstreuen und salzen. Unter Rühren in 4–5 Minuten goldgelb sautieren. Die Hitze reduzieren.
■ Etwas kochend heißes Wasser hinzugießen und so lange rühren, bis es eingekocht ist. Auf diese Weise in etwa 5 Minuten bis zu 400 Milliliter Wasser hinzufügen. Ist der Hartweizengrieß noch nicht richtig feucht, weitere 1–2 Esslöffel kochendes Wasser dazugeben. Bei schwacher Hitze etwa 10 Minuten mit einem Holzlöffel ständig rühren und dabei sämtliche Klümpchen zerdrücken, bis die Mischung schön locker ist.
■ Heiß, im Sommer auch mit Raumtemperatur servieren.

Uppama mit Spargel

Zur Spargelzeit koche ich diese unkonventionelle, aber köstliche Variante einer Uppama mit großer Begeisterung.

Ist die Brühe gesalzen, können Sie auf das Salz beim Hartweizengrieß verzichten. (Den Spargel müssen Sie aber trotzdem leicht salzen.)

FÜR 3–4 PERSONEN

4 EL Olivenöl
180 g Hartweizengrieß *(Sooji)*
450 g grüner Spargel, Enden gekappt, geschält, in 2,5 cm lange Stücke geschnitten, in kaltes Wasser gelegt (siehe Seite 133)
Salz

2 TL Öl aus gerösteten Sesamsamen (nach Belieben)
400 ml Gemüsebrühe oder eine Mischung aus 350 ml Brühe und 50 ml trockenem Wermut, erhitzt (wird mehr Flüssigkeit benötigt, einige EL heißes Wasser hinzufügen)

■ In einer großen Antihaft-Pfanne mit schwerem Boden 2 Esslöffel Öl bei mittlerer Temperatur erhitzen. Den Hartweizengrieß darin unter Rühren in 4–5 Minuten goldgelb rösten. Herausnehmen, beiseite stellen. Die Pfanne auswischen.

■ Den Spargel gut abtropfen lassen.

■ Das übrige Öl in der Pfanne bei mittlerer bis hoher Temperatur erhitzen. Den Spargel unterrühren, bis er gleichmäßig vom Öl überzogen ist. 3 Esslöffel Wasser und 1/4 Teelöffel Salz einrühren und zugedeckt bei schwacher Hitze 2–3 Minuten dünsten, der Spargel soll noch Biss haben. Das Sesamöl (falls verwendet) dazugeben. Bei starker Hitze ohne Deckel die meiste Flüssigkeit verkochen lassen.

■ Den Hartweizengrieß einstreuen, gründlich unterrühren, auf schwache Hitze schalten. Etwas heiße Brühe hinzugießen und so lange rühren, bis sie eingekocht ist. Auf diese Weise in etwa 5 Minuten die ganze Brühe hinzufügen. Ist der Hartweizengrieß noch nicht richtig feucht, weitere 1–2 Esslöffel heißes Wasser dazugeben. Bei schwacher Hitze etwa 5 Minuten mit einem Holzlöffel ständig rühren und dabei sämtliche Klümpchen zerdrücken. Eventuell mit Salz abschmecken. Weitere 5 Minuten garen und rühren, bis die Mischung schön locker ist. Heiß oder mit Raumtemperatur servieren.

Couscous

Couscous, die Speise der Berber in Nordafrika, ist im Grunde eine Art Pasta. Die kleinen Körnchen werden meist aus Hartweizengrieß hergestellt, manchmal auch aus Mais, zerstoßenem Weizen oder Gerste. Oft wird der Couscous einfach nur mit Milch (mit Zucker und Zimt) gegessen oder aber mit Buttermilch (mitunter zu gedämpften zarten Dicken Bohnen und Kürbisstücken oder mit der Gewürzmischung *Zahtar*, siehe Seite 497).

In Algerien kombiniert man Couscous mit Fenchelgrün und dem jungen Grün von Möhren und isst ihn mit einer feurig-scharfen Tomaten-Kartoffelsauce. Zu einem marokkanischen Frühstück bekam ich einmal eine Art Couscousbrei aus zerstoßenem Weizen und Milch, mit Orangenblütenwasser wunderbar verfeinert. In der Sahara werden auch süße Datteln unter den Couscous gemischt. In Europa kennt man Couscous aber vor allem als Beilage zu eintopfartigen Gerichten und scharfen Saucen.

Als Zeichen der besonderen Verehrung reicht man einem Gast in Marokko selbst gemachten Couscous, dessen Herstellung jedoch einige Übung erfordert. Benötigt werden grobkörniger sowie sehr feiner Hartweizengrieß. Von Chefköchin Melle Derko Samira lernte ich folgende Methode: Zuerst den groben Hartweizengrieß auf einem großen, runden Tablett verteilen und etwas kaltes Wasser darüber sprenkeln. Nun mit der Handfläche den Hartweizengrieß in kreisenden Bewegungen zu kleinen, semmelbröselartigen Körnchen reiben. Darüber den feinen Hartweizengrieß streuen und wieder mit etwas kaltem Wasser besprenkeln. Erneut mit der Hand in kreisenden Bewegungen verreiben, damit sich die Körnchen fester verbinden. Anschließend für eine einheitliche Größe durch ein grobmaschiges Sieb passieren und in einem feinen Sieb das lose Mehl abschütteln. Der Couscous kann nun gedämpft werden.

Um Couscous auf traditionelle Weise zu dämpfen, benötigt man einen hohen, zweiteiligen Dämpftopf, eine *Couscousière*. Das Dämpfen selbst ist ein Ritual von eineinhalb Stunden Dauer, darum bereiten marokkanische Familien ihren Couscous meist am Freitag oder zu einem Festessen.

Couscous wird in der Regel in großen Mengen gedämpft, eine *Couscousière* für ein oder zwei Personen gibt es nicht. In den unteren Teil des Kochgeschirrs füllt man den suppenartigen Eintopf (oder Wasser), in den gelochten oberen Teil den Couscous. Durch den Druck des Dampfs wird verhindert, dass der Couscous durch die Löcher in die Flüssigkeit fällt. Um diesen Druck aufrechtzuerhalten, werden die beiden Teile der Couscousière mit einem feuchten, bemehlten Küchentuch fest zusammengebunden. Das Dämpfen erfolgt in drei Stufen, wobei das Tuch mehrfach entfernt und wieder umgebunden werden muss.

Die Körnchen des fertig gedämpften Couscous müssen schön locker sein, sie dürfen nicht mehr aneinander kleben. Man häuft ihn bergartig auf ein großes, rundes Tablett, drückt eine Mulde in die Mitte, füllt diese mit einem Großteil des Eintopfs und schöpft etwas Flüssigkeit von dem Eintopf rundum. Dazu reicht man eine feurige Chilisauce. Beim Essen sitzt man um das große Tablett und isst mit den Fingern. Bei einem Festessen wird der Couscous meist zuletzt serviert, nach den Salaten, Dips, pikanten Kuchen, gebratenem Fleisch und *Tajines* (Geschmortem).

Im Handel werden unterschiedliche Couscoussorten angeboten:

Instant- oder Schnellkoch-Couscous: Dieser Couscous lässt sich schnell und einfach zubereiten und ist in vielen Supermärkten und Bioläden erhältlich. Für 250 Gramm Couscous bringt man 300 Milliliter Wasser zum Kochen. Den Couscous einstreuen, etwas Salz und Öl dazugeben. Vom Herd nehmen und zugedeckt stehen lassen, sodass der Couscous, ähnlich wie Bulgur, aufquellen kann. Nach etwa 15 Minuten mit einer Gabel gründlich auflockern.

Vollkorn-Couscous: Couscous aus Vollkornweizen bekommt man heute in fast allen Bioläden. Er ist relativ schwer und schmeckt nach Weizen. Ich verwende stets Vollkorn-Couscous aus biologischem Anbau. Zum Garen rechnet man 1 Teil Wasser auf 1 Teil Couscous. Gegart wird er etwa 5 Minuten, dann 5–15 Minuten stehen lassen und zuletzt kräftig mit einer Gabel auflockern.

Dieser Couscous eignet sich weniger gut für die marokkanische Dämpfmethode. Für eine bessere Konsistenz können Sie die Körner vor dem fünfminütigen Garen in etwas Öl anrösten.

Marokkanischer Couscous: Diesen Couscous erhält man nur in Spezialläden mit Lebensmitteln aus dem Nahen Osten und Nordafrika. Man bereitet ihn nach der traditionellen marokkanischen Methode in der *Couscousière.* Ein anderes Kochgeschirr ist dafür weniger geeignet, denn nur die *Couscousière* besitzt die ideale Form. Ein ausführliches Rezept finden Sie auf 394.

Israelischer Couscous: Dieser Couscous ist relativ neu im Handel und besteht aus kleinen Kugeln, etwa so groß wie Pfefferkörner. Man bekommt ihn in Geschäften mit Lebensmitteln aus dem Nahen Osten – manchmal als »Geröstete Pasta aus Israel«, da die Kugeln ganz leicht geröstet sind. Ich gare ihn wie normale Pasta am liebsten in reichlich kochendem Salzwasser. Die Garzeit beträgt 8–10 Minuten. Vor dem Herausnehmen stets probieren, ob der Couscous gar ist.

Oder den Couscous nur etwa 7 Minuten garen und zu dem Gemüse geben, das gerade zubereitet wird. Der Couscous nimmt die Aromen auf und wird mit dem Gemüse weich.

Libanesischer Couscous: Auch dieser Couscous besteht aus kleinen gerösteten Kugeln, doch sind sie etwas größer als die Variante aus Israel. Libanesischer Couscous wird, oft unter der Bezeichnung *Maghrebia* oder *Mograbeyeh,* in Läden mit Lebensmitteln aus dem Nahen Osten verkauft. Das arabische Wort »Maghreb« bedeutet »Westen«, denn für die Libanesen ist Couscous die Pasta westlicher Länder wie Algerien, Tunesien und Marokko.

Der Couscous muss langsam garen (etwa 25 Minuten) und wird nicht gleichmäßig weich. Darum empfehle ich ihn für Suppen oder Eintöpfe, in denen er zu erbsengroßen Klößchen aufquillt. In den folgenden Rezepten habe ich ihn nicht verwendet.

Instant-Couscous

Die Zubereitung von Instant-Couscous, den man heute in allen Bioläden bekommt, ist denkbar einfach. Dazu passen der Gemüseeintopf aus Marokko (siehe Seite 154) oder Kichererbsen, Kürbis und Rosinen (siehe Seite 397). Man kann auch verschiedene Salate mit diesem Couscous bereiten.
Statt Wasser können Sie auch Gemüsebrühe verwenden.

FÜR 4 PERSONEN

1 1/2 TL Salz
1 EL Olivenöl

300 g Instant- oder Schnellkoch-Couscous

■ In einem mittelgroßen Topf 600 Milliliter Wasser aufkochen. Salz, Öl und Couscous einrühren und zudecken.

Vom Herd nehmen, 15 Minuten an einem warmen Ort stehen lassen. Mit einer Gabel auflockern. Servieren.

❖

Vollkorn-Couscous

Auch dieser Couscous ist schnell und einfach zubereitet. Er wird in Bioläden und Reformhäusern angeboten. Ich verwende ausschließlich Vollkorn-Couscous aus biologischem Anbau. Er hat einen herrlichen Weizengeschmack und eine festere Konsistenz als traditioneller Couscous.

FÜR 4 PERSONEN

1 1/2 TL Salz
1 EL Olivenöl

275 g Vollkorn-Couscous (vorzugsweise aus biologischem Anbau)

■ In einem mittelgroßen Topf 475 Milliliter Wasser aufkochen. Salz, Öl und Couscous einrühren. Zudecken und auf schwächste Hitze schalten. 5 Minuten sanft köcheln lassen.

Vom Herd nehmen, 15 Minuten an einem warmen Ort stehen lassen. Mit einer Gabel auflockern. Servieren.

Gerösteter Vollkorn-Couscous

Durch das vorherige leichte Anbräunen klebt Vollkorn-Couscous nicht so leicht zusammen und bekommt einen köstlichen Röstgeschmack. Das heiße Wasser schon vor dem Rösten bereitstellen.

FÜR 4 PERSONEN

1 EL Olivenöl
275 g Vollkorn-Couscous (vorzugsweise aus biologischem Anbau)
1 1/2 TL Salz

- Das Öl in einem Topf mit schwerem Boden bei mittlerer Temperatur erhitzen. Den Couscous einstreuen und unter Rühren 2–3 Minuten leicht anbräunen.

- 475 Milliliter kochend heißes Wasser und das Salz unterrühren, zudecken und auf schwächste Hitze schalten. 5 Minuten sanft köcheln lassen. Vom Herd nehmen, an einem warmen Ort 15 Minuten stehen lassen. Mit einer Gabel auflockern. Servieren.

❖

Vollkorn-Couscous mit Sesam und Rosinen

Eine wunderbare Kombination erdiger Aromen mit indischen Gujarati-Gewürzen.

FÜR 4 PERSONEN

2 EL Olivenöl
1/2 TL braune oder gelbe Senfsamen
2 TL Sesamsamen
2 EL grob gehackte rohe Cashewnüsse
2 EL Rosinen
275 g Vollkorn-Couscous (vorzugsweise aus biologischem Anbau)
1–2 TL sehr fein gehackter frischer grüner Chili (nach Belieben)
1 1/2 TL Salz

- Das Öl in einem Topf mit schwerem Boden bei mittlerer Temperatur erhitzen. Senf- und Sesamsamen darin in wenigen Sekunden aufplatzen lassen. Die Cashewnüsse einstreuen und ein- bis zweimal durchrühren. Erst die Rosinen, dann den Couscous, Chili und Salz hinzufügen und unter Rühren 1–2 Minuten leicht rösten.

- 475 Milliliter Wasser dazugießen und aufkochen. Einmal durchrühren, zudecken und auf schwächste Hitze schalten. 5 Minuten sanft köcheln lassen. Vom Herd nehmen, an einem warmen Ort 15 Minuten stehen lassen. Mit einer Gabel auflockern. Servieren.

Vollkorn-Couscous mit Kreuzkümmel und Blumenkohl

Dieses schmackhafte, unkomplizierte Couscous-Gericht serviere ich mit Vorliebe meiner Familie. Das heiße Wasser schon vor dem Rösten bereitstellen.

FÜR 4 PERSONEN

2 EL Olivenöl
1/2 TL Kreuzkümmel
1 TL geschälter, sehr fein gehackter frischer Ingwer
350 g Blumenkohl, in kleine Röschen zerteilt
1 TL sehr fein gehackter frischer scharfer grüner Chili (mit Samen)
275 g Vollkorn-Couscous (vorzugsweise aus biologischem Anbau)
1 EL frisch gepresster Zitronensaft
1 1/2 TL Salz
2 EL fein gehacktes frisches Koriandergrün

■ Das Öl in einem Topf mit schwerem Boden bei mittlerer bis hoher Temperatur erhitzen. Den Kreuzkümmel darin 10 Sekunden rösten. Ingwer und Blumenkohl hinzugeben und unter Rühren leicht anbräunen. Chili und Couscous einstreuen und unter Rühren 1–2 Minuten leicht bräunen.

■ 475 Milliliter kochend heißes Wasser plus Zitronensaft und Salz hinzufügen. Einmal durchrühren, zudecken und bei schwächster Hitze 5 Minuten sanft köcheln lassen. Vom Herd nehmen, an einem warmen Ort 15 Minuten stehen lassen. Das Koriandergrün dazugeben, mit einer Gabel auflockern. Servieren.

MAROKKO

Traditioneller marokkanischer Couscous
Sesku ◆ Melle Derko Samira

Der lange Zubereitungsprozess dieses Gerichts lohnt sich, denn das Ergebnis ist ein herrlich lockerer Couscous. Dafür benötigt man jedoch zweierlei – eine Couscousière und marokkanischen Couscous. Eine Couscousière ist ein Kochgeschirr, das aus einem hohen Topf mit schlankem Hals und einem Einsatz mit Löchern besteht, durch die der Dampf eindringen kann. Marokkanischen Couscous bekommen Sie in Läden mit Lebensmitteln aus dem Nahen Osten. Wichtig ist außerdem eine große Schale oder ein Tablett mit hohem Rand, um den Couscous aufzulockern, sowie ein langes Stück Musselin, das um die Couscousière gewickelt wird.

Dieser Couscous eignet sich für das Gericht mit Kichererbsen, Kürbis und Rosinen auf Seite 397 und für den Gemüseeintopf aus Marokko auf Seite 154. Er passt aber auch zu allen Bohnen- oder Gemüsegerichten in diesem Buch.

FÜR 4 PERSONEN

275 g Vollkorn-Couscous (vorzugsweise aus biologischem Anbau), mit kleinen hellgelben Körnchen

1/2 TL Salz
2 TL Olivenöl

■ Den Couscous in einer großen Schüssel mit 1,5 Liter Wasser bedecken. Mit den Händen zügig durchmischen und das meiste Wasser abgießen. Den Vorgang mehrmals wiederholen. Den Couscous in einem feinmaschigen Sieb abtropfen lassen.

■ Den Topf einer *Couscousière* mit Wasser füllen, das jedoch nicht den Dämpfeinsatz berühren darf. Ein langes, feuchtes Musselintuch in Mehl wenden und fest um den Teil der *Couscousière* wickeln, wo Topf und Dämpfeinsatz zusammentreffen. Das Wasser stark aufkochen.

■ Den Couscous in einer großen Schale (oder auf einem Tablett mit hohem Rand) verteilen und 10 Minuten leicht antrocknen lassen. Nun den Couscous 10 Minuten auflockern. Dafür immer wieder eine kleine Portion leicht zwischen den Händen reiben und zurück in die Schale rieseln lassen. Ab und zu mit den Fingern durch den Couscous fahren, dann wieder 1 Portion zwischen den Händen reiben, bis alle Körner schön locker sind.

■ Den Couscous in den Einsatz füllen und ohne Deckel 20 Minuten dämpfen. Dies ist der erste Dämpfvorgang.

■ Das Tuch entfernen, den Dämpfeinsatz herausnehmen und den Couscous wieder in die Schale (oder auf das Tablett) schütten. Den leicht klumpigen Couscous mit einem Löffel verteilen. In kleinen Portionen etwa 125 Milliliter kaltes Wasser darüber sprenkeln, 1/2 Teelöffel Salz und das Öl dazugeben. Den Couscous erneut zwischen den Händen reiben, zurück in die Schale rieseln lassen, ab und zu durchmischen. Nach 10 Minuten sollte er trocken und locker sein. Falls nötig, den Vorgang 5–10 Minuten verlängern oder früher abbrechen. Mit einem feuchten Tuch bedecken, beiseite stellen.

■ Kurz vor dem Essen überprüfen, ob sich noch genug Wasser in der *Couscousière* befindet. Den Couscous in den Einsatz füllen, aufsetzen und wieder mit dem Musselintuch fixieren. Das Wasser aufkochen. Sobald es kocht, den Couscous nochmals kurz auflockern, also zwischen den Handflächen reiben und zurück in den Einsatz geben. Ohne Deckel 20 Minuten dämpfen. Dies ist der zweite Dämpfvorgang. Sofort servieren.

Israelischer Couscous mit Spargel und frischen Pilzen

Ich bereite dieses elegante Gericht mit frischen Morcheln, Shiitake und Champignons zu. Sie können aber auch andere Pilze kombinieren. Servieren Sie das Gericht mit Salat. Als Vorspeise reicht es sogar für 5–6 Personen.

FÜR 3–4 PERSONEN

Salz
250 g israelischer Couscous (siehe Seite 390)
3 EL Olivenöl
1 mittelgroße Schalotte (etwa 15 g), geschält und fein gehackt
1 kleine Knoblauchzehe, geschält und fein gehackt
2 große Champignons (insgesamt 60 g), geputzt, längs in dünne Scheiben geschnitten
4–5 frische *Shiitake* (insgesamt 60 g; siehe Glossar, Pilze), Stiele weggeschnitten, Hüte quer in dünne Streifen geschnitten
2–3 frische Morcheln (insgesamt 30 g), längs halbiert und quer in 5 mm dicke Scheiben geschnitten
450 g grüner Spargel (mitteldick), die Enden gekappt, bei Bedarf geschält, in 2,5 cm breite Stücke geschnitten
125 ml Gemüsebrühe
50 ml trockener weißer Wermut
Frisch gemahlener schwarzer Pfeffer
3 EL frisch geriebener Parmesan
2 EL fein gehackte frische Petersilie

■ In einem großen Topf 4 Liter Wasser sprudelnd aufkochen, 1 1/2 Esslöffel Salz einrühren. Den Couscous einstreuen und in etwa 7 Minuten fast weich garen. Im Innern sollte er noch hart sein. Abgießen, unter fließendem kaltem Wasser gut abspülen, dabei mehrfach wenden. Im Sieb abtropfen lassen.
■ Das Öl in einer großen Antihaft-Pfanne stark erhitzen. Schalotte und Knoblauch darin 20 Sekunden rühren. Alle Pilze dazugeben und etwa 1 Minute kräftig rühren, bis sie glänzen. Den Spargel 30 Sekunden mitrühren. Brühe, Wermut und 1 kräftige Prise Salz hinzufügen, aufkochen. Zugedeckt bei starker Hitze 2 1/2 Minuten garen. Den Couscous dazugeben und ohne Deckel weitere 2 1/2 Minuten bei starker Hitze garen, dabei häufig rühren. Den Herd ausschalten. Das Gericht mit Salz abschmecken, den Pfeffer, Käse und die Petersilie untermischen. Sofort servieren.

TUNESIEN

Kräuter-Couscous mit Kartoffelsauce

Für dieses außergewöhnliche Gericht werden frische Kräuter fein gehackt und in der Couscousière allein gedämpft. Dann verteilt man halb gegarten Couscous darüber und dämpft ihn mit. Zu dem leicht grünen Couscous serviert man eine feurige rote Sauce mit Kartoffeln und Zwiebeln. In Tunesien verwendet man feines Fenchelgrün und das ganz junge Grün von Möhren sowie Frühlingszwiebeln und frisches Koriandergrün. Ich improvisiere hier stattdessen mit Dill und fein gehacktem Rucola.

Sie können den Couscous auf traditionelle Weise zubereiten (siehe Seite 394). Dafür den Couscous nach dem ersten Dämpfvorgang in die große Schale füllen, mit Wasser, Salz und Öl vermischen und auflockern. Während der Couscous trocknet, gehackte Petersilie, Koriandergrün, Dill, Frühlingszwiebeln und Rucola im Dämpfeinsatz verteilen, 10 Minuten dämpfen. Den Couscous darüber geben und 20 Minuten dämpfen. Auf eine Platte stürzen oder Couscous und Kräuter zuerst vermischen.

Ich verwende in diesem Rezept Instant-Couscous, der nach dem Garen jedoch unbedingt aufgelockert werden muss. An die Sauce können Sie auch grüne Bohnen und Möhren geben, in Tunesien mischt man sogar scharfe Harissa (siehe Seite 469) darunter. Ich bereite meist eine mildere Sauce zu, verrühre jedoch als zusätzliche Beigabe etwas von der Saucenflüssigkeit in einer kleinen Schale mit Cayennepfeffer, grob zerstoßenem Aleppo-Pfeffer oder auch sehr scharfen grob zerriebenen Chilis.

FÜR 4 PERSONEN

FÜR DIE KARTOFFELSAUCE
3 EL Olivenöl
1 mittelgroße Zwiebel, geschält und grob gehackt
5 Knoblauchzehen, geschält und zerdrückt
2 EL Tomatenmark
Je 1 TL gemahlener Kreuzkümmel und Koriander
1 TL leuchtend rotes Paprikapulver
1/4 TL Cayennepfeffer
350 g Kartoffeln, geschält und in Stücke (2,5 × 1 × 1 cm) geschnitten
1 1/2 TL Salz

FÜR DEN COUSCOUS
1 1/2 TL Salz
1 EL Olivenöl oder Butter
8 EL fein gehackte Petersilie
Je 4 EL fein gehacktes Koriandergrün und Dill
4 Frühlingszwiebeln, nur die grünen Teile in dünne Ringe geschnitten
8 EL fein gehackter Rucola
300 g Instant-Couscous

FÜR DIE SCHARFE SAUCE
1–2 TL Cayennepfeffer (siehe Einleitung)

■ Für die Kartoffelsauce das Öl in einem mittelgroßen Topf erhitzen. Die Zwiebel darin unter Rühren 1 Minute anschwitzen, den Knoblauch 30 Sekunden mitschwitzen. Das Tomatenmark dazugeben, 1 Minute rühren. Die Gewürze kurz unterrühren. 1 Liter Wasser, die Kartoffeln und das Salz hinzufügen und aufkochen. Zugedeckt etwa 30 Minuten garen, bis die Kartoffeln weich sind. Mit Salz abschmecken.

■ Für den Couscous 600 Milliliter Wasser aufkochen. Salz, Öl und die gehackten Kräuter einrühren und zugedeckt bei schwacher Hitze 10 Minuten köcheln lassen. Den Couscous umrühren und zudecken. Vom Herd nehmen, an einem warmen Ort 15 Minuten stehen lassen. Mit einer Gabel auflockern.

■ Für die scharfe Sauce den Cayennepfeffer mit 4 Esslöffeln Flüssigkeit der Kartoffelsauce verrühren.

GETREIDE 397

MAROKKO

Kichererbsen, Kürbis und Rosinen mit Couscous

Ein Kichererbseneintopf und Couscous sind die Bestandteile dieses Gerichts. Dazu reiche ich nur einen grünen Salat.

Als ich den Eintopf in Marokko probierte, enthielt er gepalte frische Dicke Bohnen. Da sie meist schwer zu bekommen sind, verwende ich hier Zucchini. Wer frische Dicke Bohnen bekommt, sollte sie aber unbedingt hinzugeben.

Für den Eintopf eignen sich auch Kichererbsen aus der Dose, diese aber vorher gut abspülen. Garen Sie die Kichererbsen selbst, die Garflüssigkeit auffangen und mit der Gemüsebrühe auf 750 Milliliter auffüllen.

Die traditionelle Beigabe ist Harissa, eine marokkanische Paste aus Chili und Knoblauch. Sie können auch jede andere Chilipaste oder Chilisauce verwenden, die Sie mit etwas Flüssigkeit aus dem Eintopf verdünnen.

FÜR 4 PERSONEN

FÜR DEN EINTOPF
1 TL Ingwerpulver
1 TL gemahlener Kreuzkümmel
1 TL Paprikapulver
1/4 TL gemahlene Kurkuma
1/4 TL Cayennepfeffer
3 EL Olivenöl
5 cm Zimtstange
1 mittelgroße Zwiebel, geschält, in Halbringe geschnitten
3 mittelgroße Tomaten (insgesamt 350 g), enthäutet, Samen entfernt, fein gehackt
300 g gegarte Kichererbsen, abgetropft
300 g Kürbisfleisch ohne Kerne (etwa Butternusskürbis), in 2,5 cm große Würfel geschnitten
2 EL Rosinen

750 ml Gemüsebrühe
Salz
125 g Zucchini, in 1 cm große Würfel geschnitten
Je 1 EL fein gehacktes frisches Koriandergrün und Petersilie

AUSSERDEM
Instant-Couscous (siehe Seite 391), Vollkorn-Couscous (siehe Seite 391), Gerösteter Vollkorn-Couscous (siehe Seite 392) oder Traditioneller marokkanischer Couscous (siehe Seite 394)
Marokkanische Chili-Knoblauch-Paste (siehe Seite 469) oder eine andere scharfe Chilisauce, mit etwas Flüssigkeit aus dem Eintopf verdünnt

■ Die trockenen gemahlenen Gewürze in einer kleinen Tasse vermischen.
■ Das Öl in einem großen Topf bei mittlerer bis hoher Temperatur erhitzen. Die Zimtstange darin wenige Sekunden rösten, die Zwiebelringe unter Rühren etwa 3 Minuten mitrösten. Die Gewürze aus der Tasse kurz unterrühren, die Tomaten dazugeben und unter Rühren in 3–4 Minuten weich garen. Kichererbsen, Kürbis, Rosinen, Brühe und Salz hinzufügen, aufkochen. Zugedeckt bei schwacher Hitze 13–15 Minuten garen, bis der Kürbis gerade weich ist. Die Zucchini dazugeben und im offenen Topf 5 Minuten mitgaren, ab und zu rühren. Koriandergrün und Petersilie ganz zum Schluss unterrühren.
■ Zum Servieren den Couscous auf einzelne Teller häufen, eine Mulde in die Mitte drücken, mit einem Schaumlöffel einige Stücke von dem Eintopf hineingeben. Etwas Sauce über den Couscous träufeln. Die scharfe Sauce dazu reichen.

EIER UND MILCHPRODUKTE

Eier und Milchprodukte verbindet man in Europa seit eh und je und auch heute noch mit einer ländlichen Idylle wie weidenden Kühen und Schafen, braunen Eiern, Bauernhäusern, Butterfässern und allgemeinem Wohlbefinden. Selbst wenn wir ein Zimmer »eierschalen-« oder »cremefarben« streichen, wünschen wir uns eine wohltuende Atmosphäre und denken nicht zuletzt an cremige Süßspeisen, die dem Gaumen schmeicheln.

Milchgewinnung und Milchverarbeitung wurden schon Jahrtausende vor unserer Zeitrechnung betrieben. Ein Tempelfries der Sumerer aus dem Jahr 3100 v. Chr. zeigt das Melken von Kühen und vermutlich die Herstellung von Butter. Butter zählte im alten Indien zu den heiligsten Opfern der Götterverehrung. Doch neben den religiösen Symbolen sind auch sinnlich-musikalische Assoziationen mit den Milchprodukten verknüpft. Die Hindus denken an Lord Krishna, den Kuhhirten, der Butter liebte, sie als Kind sogar stahl, und der als Erwachsener im ländlichen Norden Indiens mit den Hirtenmädchen scherzte und dazu seine Flöte spielte. Jeder Inder kennt mindestens eine alte Hymne über den Butter essenden Krishna.

Eier gehören nicht zu diesem Bild. Obwohl sie in der kulinarischen Szene Indiens durchaus eine Rolle spielen, essen viele indische Vegetarier überhaupt keine Eier. Auf jeden Fall werden sie nicht in Verbindung mit Milchprodukten genannt.

Auch in der jüdischen koscheren Küche trennt man Eier und Milchprodukte. Eier sind *parve* oder neutral und können zu allen Speisen verzehrt werden. Dagegen kann man Milchprodukte *(milchig)* zwar zu neutralen Speisen, jedoch nicht zu Fleischprodukten *(fleischig)* essen. Dies widerspräche einem Gebot der Tora, nämlich kein »Kind in seiner Mutter Milch zu kochen« (Ex. 23:19; Ex. 34:26; Deut. 14:21).

In vielen Teilen Ostasiens leiden Menschen unter Laktoseunverträglichkeit – Sojamilchprodukte als Ersatz stehen hier an erster Stelle. Eier sind allerdings sehr beliebt, und man bereitet daraus pikante Puddings mit Brühe sowie Omeletts und vielerlei Garnituren für Reis. Milch wird in der traditionellen Küche kaum verwendet. Inzwischen zeichnet sich jedoch ein Wandel ab. Japan, zum Beispiel, hat in den vergangenen dreißig Jahren seinen Konsum an Milchprodukten dramatisch gesteigert. Auch in Mexiko gab es bis zur Ankunft der Spanier keinerlei Milchprodukte. Die regionale mexikanische Küche scheint die verlorenen Jahrhunderte aber längst mit großen Mengen saurer Sahne und Käse aufholen zu wollen, und zwar in der Alltagsküche wie auch bei festlichen Speisen.

Gerichte mit Milchprodukten kommen in diesem Buch immer wieder vor. In diesem Kapitel finden Sie Eiergerichte aus der ganzen Welt sowie einige meiner Lieblingsspeisen mit hausgemachtem Käse und Joghurt.

EIER

In Religion und Brauchtum lieferten Eier zu allen Zeiten den Gegenstand zahlreicher Mythen und Legenden. Sie gelten als Symbol der Fruchtbarkeit und in der christlichen Tradition als Symbol der Wiedergeburt. Daraus hat sich der Osterbrauch entwickelt, hart gekochte Eier zu färben, zu verzieren und zu verschenken. Doch schon vor der christlichen Zeitrechnung symbolisierten Eier im Angelsächsischen das Nahen des Frühlings, der fruchtbaren Zeit. Eine philosophische Deutung ordnet das Ei den vier Elementen zu. Danach steht die Eierschale sinnbildlich für die Erde, das Eiklar für das Wasser, das Eigelb für das Feuer und die Luftkammer am stumpfen Ende des Eies für die Luft.

Eier sind ein wertvolles Naturprodukt und ein vollwertiges Nahrungsmittel. Der ernährungsphysiologische Wert liegt besonders in dem hohen Anteil an biologisch hochwertigem Protein (Eiweiß), das vor allem im Eiklar, aber auch im Dotter enthalten ist. Ein Ei deckt bereits 15 Prozent des Tagesbedarfs. Der Dotter liefert einen beachtenswerten Gehalt an Vitaminen und Mineralstoffen, daneben Fette, darunter auch den Fettbegleitstoff Cholesterin, der aber nicht im Eiklar enthalten ist. Die Nährstoffe des Eies werden fast vollständig ausgenutzt, und bis auf hart gekochte Eier sind Eizubereitungen gut bekömmlich.

Wer ein schnelles, einfaches Gericht zubereiten möchte, greift oft zu Eiern – etwa für ein Kräuteromelett mit einem Salat oder für Rührei auf Toast. Für mich war ein gekochtes Ei schon immer ein großer Genuss, und zwar bevorzugt mit festem Eiweiß, aber noch weichem, innen dickflüssigem Eigelb. Ich serviere das Ei in einem alten Eierbecher, schneide die Spitze ab und streue Salz und Pfeffer darauf. Meine Mutter verwendete früher immer ein besonderes Salz, das mit geröstetem, gemahlenem Kreuzkümmel vermischt war und zu vielen Speisen passte, aber auf Eiern schmeckte es besonders köstlich. Darum habe ich stets diese Salzmischung meiner Mutter auf dem Tisch stehen, vor allem zum Frühstück (siehe Seite 496).

Eier lassen sich zwar schnell und einfach zubereiten, doch Sorgfalt und das richtige Timing sind dabei unerlässlich. Zum Pochieren, Kochen oder Braten sollten Sie nur ganz frische Eier verwenden. Nur bei frischen Eiern lässt sich das Eigelb problemlos vom Eiweiß trennen, und bei vorsichtigem Aufschlagen kann man wunderbare Spiegeleier und pochierte Eier zubereiten. Der einzige Nachteil sehr frischer, hart gekochter Eier ist die fest sitzende Schale, die das Pellen erschwert.

Pochierte Eier können Sie mit unterschiedlichsten Saucen beträufeln oder auf gegartem Gemüse anrichten. In iranischen Dörfern werden die Eier sogar direkt in der Sauce pochiert. In Indien bereitet man Rührei mit verschiedenen würzigen Beigaben (Kokosnuss, Chilis, Ingwer, Senfsamen). Rührei schmecken aber auch zu Gemüse wie Blumenkohl und Spargel und besonders gut mit Pilzen.

Sehr beliebt sind auch Eierpfannkuchen oder pfannkuchenähnliche Fladen, die mit oder ohne Mehl zubereitet werden und unter verschiedenen Namen bekannt sind: *Kookoo* im Iran, *Tortilla* in Spanien, *Torta, Tortina* und *Frittata* in Italien, *Eggah* im Nahen Osten. Man aromatisiert sie mit Kräutern oder gibt Tomaten, Zucchini, Pilze, Kartoffeln oder in Scheiben geschnittene, frittierte Artischockenherzen in den Teig. In Indien werden sie mit frischer Kokosnuss und Curryblättern gewürzt.

Bei der Zubereitung von Eiern hat das verwendete Fett großen Einfluss auf den Geschmack. Toskanische Spiegeleier, die in viel extranativem Olivenöl (manchmal mit einer angedrückten Knoblauchzehe) gebraten werden, haben ein ganz anderes Aroma als ein französisches Omelett, das in Butter zubereitet wird. In Amerika schmecken Arme Ritter süß, nach Butter und Zimt; dagegen bereitet man sie in Bengalen mit Zwiebel, grünen Chilis und Senföl zu, sodass sie einen kräftig pikanten Geschmack mitbringen. Im Fernen Osten werden Eier wiederum mit anderen aromatischen Beigaben gewürzt, zum Beispiel mit Öl aus gerösteten Sesamsamen, Sojasauce und sogar Frühlingszwiebeln.

Ebenso wichtig wie die Gewürze sind natürlich die Beilagen. Im Mittelmeerraum isst man Eier stets mit knusprigem Brot, mit dem man vor allem die Rückstände auf dem Teller aufnimmt. Im Nahen Osten werden Eierpfannkuchen häufig mit Joghurt und *Naan*-ähnlichen Fladenbroten gereicht. In Indien richtet man hart gekochte Eier in Currysaucen an und serviert sie mit Reis, zu Rührei reicht man verschiedene Fladenbrote. In Japan werden pochierte Eier oder Omelett oft auf in einer Schüssel angerichteten Reis oder Nudeln gesetzt. Man isst sie mit Stäbchen, und an den Reis gibt man gern etwas süß-salzige Sauce oder Brühe. In Indonesien, Thailand und auch in Korea werden flache Omeletts in dünne Streifen geschnitten und als Garnitur oder zum Verfeinern unterschiedlicher Speisen, von Suppen bis zu gebratenem Reis, verwendet. Sie sorgen für zusätzlichen Geschmack und Biss und erhöhen den Nährwert der Speisen.

Beim Kauf sollten Sie stets frische Eier aus Freilandhaltung wählen. Für einen uneingeschränkten Genuss bewahren Sie die Eier bis zur baldigen Verwendung nur im Kühlschrank auf, und zwar in der Verpackung, damit Bakterien und Gerüche nicht durch die poröse Schale ins Innere des Eies eindringen können.

Frischeprobe bei Eiern: Es gibt drei verschiedene Möglichkeiten, die Frische von Eiern zu testen. Sie können das Ei in die Hand nehmen und neben Ihrem Ohr schütteln: Bei einem frischen Ei hören Sie nichts, bei einem älteren Ei schlägt der Inhalt an die Schale. Bei der Aufschlagprobe schlagen Sie das Ei auf einen flachen Teller auf: Ist der Dotter gewölbt und von einem kompakten Eiklarring umgeben, handelt es sich um ein frisches Ei. Je flacher der Dotter wird und je mehr das Eiklar auseinander läuft, desto älter ist das Ei. Der dritte Test: Legen Sie das Ei in ein mit Wasser gefülltes Glas. Sinkt es zu Boden, was für eine kleine Luftkammer und damit für ein schweres Ei spricht, ist es frisch. Bei älteren Eiern verdunstet das Wasser im Inneren durch die poröse Schale, die Luftkammer wird größer und das Ei leichter. Entsprechend richtet es sich bei der Schwimmprobe mit dem stumpfen Ende auf.

Weich und hart gekochte Eier

Zum Kochen sollten Sie ausschließlich frische Eier verwenden.

■ *Weich gekochte Eier:* Einen Topf mit ausreichend Wasser füllen, um die gewünschte Anzahl Eier vollständig zu bedecken. Das Wasser aufkochen. Auf schwache Hitze schalten, sodass nur wenige Bläschen aufsteigen. Nun die Eier nacheinander mit einem Löffel in das Wasser gleiten lassen. Für weiche Eier mit noch leicht durchscheinendem Eiweiß 4 Minuten kochen lassen, für noch nicht ganz festes Eiweiß 5–5 1/2 Minuten und für festes Eiweiß 6 Minuten. Das Eigelb wird mit jeder Minute fester, bleibt aber innen noch flüssig. Die Eier mit einem Löffel herausnehmen und sofort in Eierbechern servieren oder pellen und in einem Glas anrichten.

Weich gekochte Eier isst man meist nur mit Salz und Pfeffer (als Frühstücksei) oder auch mit einem Stück Butter. In Ostasien serviert man sie in einer Tasse mit ein paar Tropfen Sojasauce und Öl aus gerösteten Sesamsamen. Bei uns zu Hause in Indien gab es dazu die Salzmischung meiner Mutter mit etwas Kreuzkümmel (siehe Seite 496).

■ *Hart gekochte Eier:* Für Eier mit festem Eiweiß und Eigelb einen Topf mit ausreichend Wasser füllen, um die gewünschte Anzahl Eier vollständig zu bedecken. Das Wasser aufkochen. Auf schwache Hitze schalten, sodass nur wenige Bläschen aufsteigen. Nun die Eier nacheinander mit einem Löffel in das Wasser gleiten lassen und 10–12 Minuten kochen lassen. Mit einem Löffel herausnehmen. Sollen sie heiß verzehrt werden, kurz unter fließendem kaltem Wasser abschrecken. Ansonsten können die Eier im kalten Wasser vollständig auskühlen. Die Eier pellen oder in der Schale kalt stellen.

Hart gekochte Eier schmecken sehr gut in Currysaucen. Man kann sie auch halbieren, das Eigelb mit Senf cremig verrühren und wieder in die Eiweißhälften füllen. Nach südostasiatischer Art lassen sich hart gekochte Eier braten und in duftenden Chilisaucen reichen. Für ein Marmormuster kochen Sie die Eier in der leicht aufgebrochenen Schale nach chinesischer Art in Tee oder Sojasauce.

In Sojasauce marmorierte Eier

In China kennt man eine wunderbare Zubereitung für hart gekochte Eier. Sobald das Eiweiß fest ist, nimmt man die Eier aus dem Wasser und schlägt die Schale rundum leicht auf. Nun gibt man die Eier in eine aromatische dunkle Sauce und lässt sie 1 1/2 Stunden schwach kochen. Nach dem Pellen erhält man herrlich marmorierte Eier, die das delikate Aroma der Kochflüssigkeit angenommen haben. Sie schmecken heiß oder kalt und eignen sich gut für Picknicks und Buffets. Ich gebe für ein besonderes Aroma einen Rosmarinzweig an die Sojasauce.

FÜR 4–8 PERSONEN

8 Eier

FÜR DIE SAUCE
700 ml Gemüsebrühe
175 ml Sojasauce
3 dünne Scheiben frischer Ingwer, geschält
2 Frühlingszwiebeln, in je 4 Stücke geschnitten
1 ganzer Sternanis
1 kleiner Zweig Rosmarin
4 EL *Shao-Hsing*-Wein (siehe Glossar) oder trockener Sherry
4 EL Zucker
3/4 TL Salz (falls die Brühe ungesalzen ist)

■ Die Eier vorsichtig waschen. Einen kleinen Topf mit ausreichend Wasser füllen, um die Eier vollständig zu bedecken. Das Wasser aufkochen. Auf schwache Hitze schalten, sodass nur wenige Bläschen aufsteigen. Nun die Eier nacheinander mit einem Löffel in das Wasser gleiten lassen und 6 Minuten kochen.

■ Das Wasser abgießen, die Eier mit kaltem Wasser bedecken und 1 Minute darin abkühlen lassen. Die Eier erneut abgießen und die Schale rundum mit einem Löffel leicht anschlagen, sodass ein Netzwerk aus kleinen Rissen entsteht.

■ In dem kleinen Topf die Zutaten für die Sauce verrühren und aufkochen. Die Eier darin zugedeckt bei schwacher Hitze 1 1/2 Stunden köcheln lassen, ab und zu wenden.

■ Sollen die Eier heiß verzehrt werden, diese aus der Sauce nehmen und die Sauce abseihen. Die heißen Eier pellen, halbieren und mit der Sauce als Dip servieren.

■ Für kalte Eier diese in der Sauce über Nacht im Kühlschrank stehen lassen. Vor dem Servieren die Eier pellen. Die Sauce abseihen und als Dip verwenden. Für ein Picknick die Eier mit Salz reichen.

■ Die Eier können auch am nächsten Tag heiß gegessen werden. Dafür in der Sauce aufwärmen und pellen. Die Sauce abseihen und als Dip reichen.

CHINA

In Tee marmorierte Eier
Cha yeh dan

Hierbei handelt es sich ebenfalls um marmorierte Eier, die allerdings in schwarzem Tee und Gewürzen gekocht und deshalb verbreitet kurz als Tee-Eier bezeichnet werden. Sie schmecken heiß oder kalt und eignen sich ideal für Picknicks.

FÜR 4–8 PERSONEN
8 Eier

FÜR DIE SAUCE
3 EL Sojasauce
1 EL Salz
3 dünne Scheiben frischer Ingwer, geschält
3 Teebeutel schwarzer Tee
1 ganzer Sternanis
1 EL Zucker

■ Die Eier vorsichtig waschen. Einen kleinen Topf mit ausreichend Wasser füllen, um die Eier vollständig zu bedecken. Das Wasser aufkochen. Auf schwache Hitze schalten, sodass nur wenige Bläschen aufsteigen. Nun die Eier nacheinander mit einem Löffel in das Wasser gleiten lassen und 6 Minuten kochen.
■ Das Wasser abgießen, die Eier mit kaltem Wasser bedecken und 1 Minute darin abkühlen lassen. Die Eier erneut abgießen und die Schale rundum mit einem Löffel leicht anschlagen, sodass ein Netzwerk aus kleinen Rissen entsteht.
■ In dem kleinen Topf die Zutaten für die Sauce mit 875 Milliliter Wasser aufkochen. Die Eier darin zugedeckt 1 1/2 Stunden köcheln lassen, ab und zu wenden.
■ Sollen die Eier heiß verzehrt werden, diese aus der Sauce nehmen, die Sauce abseihen. Die heißen Eier pellen, halbieren und mit der Sauce als Dip servieren.
■ Für kalte Eier diese in der Sauce über Nacht im Kühlschrank stehen lassen. Vor dem Servieren die Eier pellen. Die Sauce abseihen und als Dip verwenden. Für ein Picknick die Eier mit Salz reichen.
■ Die Eier können auch am nächsten Tag heiß gegessen werden. Dafür in der Sauce aufwärmen und pellen. Die Sauce abseihen und als Dip reichen.

Eier in Tomatensauce nach indischer Art

Dieses Gericht eignet sich ideal für einen Brunch oder ein spätes Abendessen. Reichen Sie dazu Toast oder dicke Scheiben geröstetes italienisches oder französisches Weißbrot. Auch indische Naan *(siehe Seite 342) oder Pitabrot passen dazu.*

FÜR 4 PERSONEN

FÜR DIE SAUCE
2 EL Erdnuss- oder Maiskeimöl
1/2 TL Kreuzkümmel
10 frische Curryblätter (nach Belieben; siehe Glossar)
1 mittelgroße Schalotte, geschält und fein gehackt
1 TL geschälter, fein geriebener frischer Ingwer
1 Knoblauchzehe, geschält und fein zerdrückt
450 g Tomaten, enthäutet, Samen entfernt und fein gehackt (siehe Seite 141)
1 frischer scharfer grüner Chili, fein gehackt

1/4 TL Cayennepfeffer
1 TL gemahlener gerösteter Kreuzkümmel (siehe Glossar)
1 TL *Garam masala* (siehe Glossar)
100 ml Sahne
2 EL fein gehacktes frisches Koriandergrün
3/4 TL Salz
Frisch gemahlener schwarzer Pfeffer

AUSSERDEM
8–12 hart gekochte Eier, gepellt

■ Das Öl in einer großen Antihaft-Pfanne bei mittlerer bis hoher Temperatur erhitzen. Den Kreuzkümmel darin 10 Sekunden rösten. Die Curryblätter (falls verwendet) kurz einrühren. Die Schalotte hinzufügen und 30 Sekunden pfannenrühren. Ingwer und Knoblauch dazugeben, 10 Sekunden rühren. Tomaten, Chili, Cayennepfeffer, den gemahlenen Kreuzkümmel und *Garam masala* unterrühren und 1 Minute garen. Zugedeckt bei schwacher Hitze 10 Minuten köcheln lassen. Die Sahne, das Koriandergrün, Salz und Pfeffer untermischen. Die Sauce erneut aufkochen, 2 Minuten ohne Deckel leicht köcheln lassen. Eventuell nachwürzen.

■ Die Eier in der Sauce 1 Minute erhitzen, dabei ab und zu wenden. Anrichten, etwas Sauce darüber schöpfen und sofort servieren.

INDIEN

Eiercurry nach Goa-Art
Unday ki kari

Servieren Sie dieses herrlich würzige Eiercurry mit Reis oder knusprigem Brot. Statt die Eier zu halbieren, kann man sie auch im Ganzen belassen und das Eiweiß drei- bis viermal bis zum Eigelb längs einschneiden.

FÜR 6 PERSONEN

FÜR DIE SAUCE
- 3 EL Pflanzenöl
- 1 mittelgroße rote Zwiebel (etwa 115 g), grob gehackt
- 3–6 frische scharfe grüne Chilis, grob gehackt
- 2 EL grob gehackter Knoblauch
- 1 EL geschälter, sehr fein gehackter frischer Ingwer
- 1 TL gemahlener Kreuzkümmel
- 1 TL gemahlener Koriander
- 1 TL Cayennepfeffer
- 1/4 TL gemahlene Kurkuma
- 2 mittelgroße Tomaten (insgesamt knapp 300 g), gehackt
- 2 TL Tomatenmark
- 1/2 TL braune Senfsamen
- Etwa 30 frische Curryblätter (nach Belieben; siehe Glossar)
- 350 ml Kokosmilch aus der Dose, durchgerührt
- 1 1/4 TL Salz

AUSSERDEM
- 8–12 hart gekochte Eier, gepellt und längs halbiert
- 1 Hand voll grob gehacktes frisches Koriandergrün zum Garnieren

■ In einem großen Topf 2 Esslöffel Öl bei mittlerer bis hoher Temperatur erhitzen. Die Zwiebel darin unter Rühren leicht anbräunen. Die Chilis einrühren und 1 Minute mitbraten. Knoblauch und Ingwer hinzufügen, weitere 2 Minuten unter Rühren braten. Kreuzkümmel, Koriander, Cayennepfeffer und Kurkuma untermischen und wieder 1 Minute rühren. Die Tomaten und das Tomatenmark hinzufügen und unter Rühren weich garen. 175 Milliliter Wasser dazugießen und aufkochen. Zugedeckt 5 Minuten sanft köcheln lassen.

■ Den gesamten Topfinhalt in einen Mixer füllen und zu einer pastenartigen Masse verarbeiten. Falls nötig, mit dem Gummispatel nach unten drücken.

■ Den Topf auswischen und das restliche Öl bei mittlerer bis hoher Temperatur erhitzen. Die Senfsamen darin in wenigen Sekunden aufplatzen lassen. Zuerst die Curryblätter (falls verwendet), dann die Masse aus dem Mixer sowie die Kokosmilch und das Salz unterrühren. 5 Minuten köcheln lassen.

■ Die Eier mit der Schnittseite nach oben einlegen, weitere 5 Minuten köcheln lassen. Dabei immer wieder die Sauce über die Eier schöpfen. Mit frischem Koriandergrün garnieren und servieren.

SRI LANKA

Weißes Eiercurry
Biththara kiri hodi ◆ Cheryl Rathkopf

Für dieses Gericht benötigen Sie eine Kokosmilchsauce, in der die hart gekochten Eier zubereitet werden. Dazu passen Reis und würzige Beigaben.

FÜR 2–4 PERSONEN

4 hart gekochte Eier, frisch zubereitet

1 Rezept Kokosmilchsauce (siehe Seite 457)

■ Die gekochten Eier sofort in kaltem Wasser abschrecken und pellen. Die Kokosmilchsauce frisch zubereiten oder eine vorbereitete Sauce wieder erhitzen. Die Eier längs drei- bis viermal bis zum Eigelb einschneiden. In die Sauce gleiten und 3–4 Minuten schwach köcheln lassen. Dabei die Eier mit der Sauce beträufeln und ab und zu wenden.

❖

Eier in Mulligatawny-Sauce

Zu diesem unkomplizierten Gericht passen Reis und Gemüse oder Salat. Die verwendete Sauce ist auch eine Suppe – Mulligatawny-Suppe. Dickflüssig zubereitet harmoniert sie bestens mit den Eiern. Das Rezept für die Suppe (siehe Seite 516) ergibt etwa 1,6 Liter. Sie benötigen nur etwa die Hälfte, können aber die gesamte Menge zubereiten und einen Teil einfrieren. Für diese Sauce darf die Suppe nicht verdünnt werden.

FÜR 4 PERSONEN

FÜR DIE SAUCE
1 EL Pflanzenöl
1/2 TL braune Senfsamen
1/2 Rezept Vegetarische Mulligatawny-Suppe (siehe Seite 516)

AUSSERDEM
8 hart gekochte Eier, gepellt und längs halbiert
Salz
Frisch gemahlener schwarzer Pfeffer
Etwas frisch gepresster Limetten- oder Zitronensaft

■ Das Öl in einem mittelgroßen Topf bei mittlerer bis hoher Temperatur erhitzen. Die Senfsamen darin in wenigen Sekunden aufplatzen lassen. Die Suppe in das aromatisierte Öl einrühren und langsam zum Köcheln bringen.

■ Die Sauce in eine flache Servierschüssel füllen. Die Eier nebeneinander mit der Schnittfläche nach oben einlegen, aber nicht mit Sauce beschöpfen. Die Eier mit Salz und Pfeffer bestreuen. Limetten- oder Zitronensaft über das Gericht träufeln, sofort servieren.

Pochierte Eier nach meiner Methode

Komplizierte französische Zubereitungsmethoden machen das Pochieren von Eiern zu Hause fast unmöglich. Das sage ich nicht gern, denn ich liebe pochierte Eier, doch erscheint mir die perfekte ovale Form ebenso unnatürlich wie überflüssig. Auch schätze ich den Essiggeschmack des Wassers nicht, der so oft empfohlen wird.

Ich pochiere meine Eier nach einer Methode, die ich vor vielen Jahren in Japan kennen gelernt habe. Meine pochierten Eier sehen eher wie Spiegeleier aus, doch verwende ich Wasser statt Öl. Eine Antihaft-Pfanne mit Deckel ist mein bevorzugtes Kochgeschirr. Die Größe richtet sich nach der Anzahl der Eier, die pochiert werden sollen. Für 1 Ei benötigen Sie eine Pfanne von 13 cm Durchmesser, für 4 Eier ist ein Durchmesser von 23 cm ideal.

Sie können pochierte Eier auf jeder Art von gegartem Gemüse anrichten, etwa auf Artischockenherzen, Spinat, Spargel oder auch auf leicht gegrillten Tomatenscheiben.

Pochierte Eier werden am besten sofort serviert. Wer sie erst später reichen möchte, legt die Eier nebeneinander auf einen leicht gefetteten Teller, bedeckt sie mit einem umgedrehten Teller und stellt sie kalt. Vor dem Servieren die Eier wieder nebeneinander in eine Pfanne mit heißem (nicht kochendem) Wasser legen. Sobald sie warm sind, mit dem Schaumlöffel herausnehmen und servieren.

ERGIBT 4 EIER
4 Eier

■ Eine Antihaft-Pfanne 2 cm hoch mit Wasser füllen und dieses leicht zum Köcheln bringen. Die Eier aufschlagen und nebeneinander in das Wasser gleiten lassen. Das Wasser soll sanft köcheln, bis das Eiweiß fast gestockt ist. Den Herd ausschalten, den Deckel locker auf die Pfanne setzen. Die Eier nach Geschmack fest werden lassen, voneinander trennen und mit einem Schaumlöffel herausheben. Sofort servieren.

IRAN

In Tomatensauce pochierte Eier
Omlette gojay farangi • Shamsi Davis

Der persische Name gojay farangi *bedeutet »fremde Pflaumen«, womit die Tomaten gemeint sind. Denn für dieses einfache bäuerliche Gericht werden die Eier in einer frisch bereiteten Tomatensauce pochiert. Man isst sie mit Fladenbrot, etwa Pitabrot oder* Naan *(siehe Seite 342), als leichte Mahlzeit.*

FÜR 2–4 PERSONEN

FÜR DIE SAUCE

3 EL Olivenöl, *Ghee* (geklärte Butter, siehe Glossar) oder Butter

1 kleine Zwiebel (30 g), geschält und fein gehackt

1 Knoblauchzehe, geschält und fein gehackt

900 g reife Tomaten, enthäutet, Samen entfernt, gehackt (siehe Seite 141)

Salz

Frisch gemahlener schwarzer Pfeffer

AUSSERDEM

4 Eier

2 TL sehr feine Schnittlauchröllchen zum Garnieren

- Öl, *Ghee* oder Butter in einer Antihaft-Pfanne (25 cm Durchmesser) bei mittlerer bis hoher Temperatur erhitzen. Zwiebel und Knoblauch darin unter Rühren 1 Minute braten. Die Hitze reduzieren und weitere 3–4 Minuten braten, bis die Zwiebel goldgelb ist. Die Tomaten hinzufügen und aufkochen. Ohne Deckel 8–10 Minuten köcheln lassen, bis die Sauce eindickt. Mit Salz und etwas Pfeffer abschmecken.
- Die Eier aufschlagen und gleichmäßig in der Pfanne verteilen. Dafür jeweils eine Mulde in die Tomatensauce drücken. Halb zugedeckt bei mittlerer bis schwacher Hitze garen, bis die Eier die gewünschte Konsistenz haben. Vorsichtig auf Tellern anrichten, mit Schnittlauch garnieren.

VARIANTE

Pochierte Eier in würziger Tomatensauce

Die Eier werden wie oben pochiert, aber die Tomatensauce ist etwas schärfer:
3 Esslöffel Olivenöl in einer Antihaft-Pfanne (25 cm Durchmesser) bei mittlerer bis hoher Temperatur erhitzen. 1 getrockneten scharfen roten Chili, zerkrümelt, kurz einrühren, 2 fein gehackte Knoblauchzehen hinzufügen. Bei mittlerer bis schwacher Hitze unter Rühren braten, bis der Knoblauch goldgelb ist.
900 Gramm gehackte Tomaten dazugeben und aufkochen. Ohne Deckel 8–10 Minuten köcheln lassen, bis die Sauce eindickt. Mit Salz und Pfeffer abschmecken.

Pochierte Eier auf Artischockenherzen mit weißer Sauce

Bei uns zu Hause wird dieses Gericht mit Vorliebe zum Brunch verzehrt. Man bereitet es in drei Arbeitsschritten. Die Artischockenherzen müssen im Voraus zubereitet und dann aufgewärmt werden. Die Eier kann man kurz vor dem Servieren pochieren, aber auch in heißem Wasser wieder erwärmen (siehe Seite 407). Auch die Sauce lässt sich wieder aufwärmen, die entstandene Haut schlägt man dabei einfach unter.

FÜR 4 PERSONEN

FÜR DIE SAUCE
1 EL Butter, plus 2 EL sehr kalte Butter
1 EL Olivenöl
1 EL geschälte, fein gehackte Schalotte
175 ml trockener weißer Wermut
2 TL frisch gepresster Zitronensaft
2 TL Maisstärke
250 ml Sahne
125 ml Gemüsebrühe
1/2 TL Salz
Frisch gemahlener schwarzer Pfeffer
1 kräftige Prise Cayennepfeffer
1 EL fein gehackte frische Petersilie

AUSSERDEM
4 große Artischockenherzen, nach den Angaben auf Seite 10–11 vorbereitet (siehe Rohe Artischockenherzen vorbereiten, Ganze Artischockenherzen vorgaren)
4 Eier, nach meiner Methode frisch pochiert (siehe Seite 407)

■ In einem Topf mit schwerem Boden 1 Esslöffel Butter und das Olivenöl bei mittlerer Temperatur erhitzen. Die Schalotte darin unter Rühren 1 Minute anschwitzen, aber nicht bräunen. Den Wermut und Zitronensaft hinzugießen und bei starker Hitze auf etwa 4 Esslöffel einkochen lassen. Den Herd ausschalten.

■ Die Maisstärke in einer kleinen Schüssel nach und nach mit der Sahne und Gemüsebrühe verschlagen. Die Mischung in den Topf gießen. Zum Köcheln bringen und dabei mit dem Schneebesen rühren. Bei mittlerer bis schwacher Hitze 2 Minuten köcheln lassen, bis die Mischung leicht eindickt, dabei rühren. Mit Salz, Pfeffer, Cayennepfeffer und Petersilie würzen, vom Herd nehmen. (Die Sauce nun nach Belieben stehen lassen und bei Bedarf bei mittlerer Hitze unter Rühren aufwärmen. Die entstandene Haut mit dem Schneebesen unterschlagen.)

■ Die Artischockenherzen in ihrer Garflüssigkeit erwärmen. Unter fließendem heißem Wasser abspülen, auf Teller setzen.

■ Die warmen pochierten Eier auf die Artischockenherzen legen. Die restliche kalte Butter unter die Sauce schlagen. Die Eier mit der Sauce begießen und sofort servieren.

EIER UND MILCHPRODUKTE

Pochierte Eier nach koreanischer Art

Hier verwende ich für die pochierten Eier ein einfaches Dressing aus Sojasauce und Sesamöl; so habe ich sie jeden Tag in Korea gegessen. Für eine vollständige Mahlzeit können Sie dazu Reis reichen sowie einen knackigen grünen Salat mit koreanischer Dipsauce (siehe Seite 472).

FÜR 4 PERSONEN
1 Frühlingszwiebel, in sehr dünne Ringe geschnitten

FÜR DIE SAUCE
2 EL Sojasauce
2 EL Öl aus gerösteten Sesamsamen
1/2 TL Zucker

AUSSERDEM
4 Eier, nach meiner Methode frisch pochiert (siehe Seite 407)

■ Die Frühlingszwiebel in einer Schüssel mit kaltem Wasser bedecken und für 30–60 Minuten in den Kühlschrank stellen. Abgießen, auf ein Küchentuch streuen, die Tuchenden darüber zusammendrehen und das Wasser ausdrücken. Die Zwiebelringe in einer kleinen Schüssel trennen.

■ Für die Sauce die Sojasauce mit dem Sesamöl und dem Zucker in einer weiteren kleinen Schüssel verrühren. (Vor dem Servieren nochmals verschlagen.)

■ Die Eier pochieren und auf Tellern anrichten. Sauce und Frühlingszwiebel separat dazu reichen, bei Tisch über die Eier geben.

VARIANTE
Pochierte Eier nach koreanischer Art auf Spargel
Wie im Hauptrezept vorgehen und die Eier auf Spargel nach meiner Methode (siehe Seite 134) servieren. Sie können den Spargel nach Belieben ganz lassen oder in Stücke schneiden.

❖

JAPANISCHE ART
Pochierte Eier auf japanischen Nudeln

Dieses Gericht ist die einfache Variante eines japanischen Klassikers. Obwohl die leichte Gemüsebrühe nicht typisch japanisch ist, lässt sie sich gut mit Sake, Sojasauce und Zucker aromatisieren, wobei Sie Sojasauce und Zucker ganz nach Ihrem Geschmack dosieren und je nachdem, wie salzig die Brühe ist. Hierfür eignet sich das Einweichwasser von getrockneten Pilzen (siehe Glossar).

Die benötigten Udon-Nudeln sind dicke Weizennudeln, die in Asialäden angeboten werden. Als Ersatz können Sie aber auch italienische Linguine verwenden, die Sie in reichlich ungesalzenem Wasser bissfest garen.

Die Japaner pochieren jedes Gemüse separat. Mit Ausnahme der Pilze gare ich alle Gemüsesorten zusammen in der Brühe. Wer keinen Spargel bekommt, verdoppelt einfach die Menge der Bohnen.

EIER UND MILCHPRODUKTE

FÜR 4 PERSONEN

12 mittelgroße Champignons
2 EL Erdnuss- oder Maiskeimöl
1 l Gemüsebrühe
Bis zu 6 EL Sojasauce
Bis zu 3 EL Zucker
1/2 TL Öl aus gerösteten Sesamsamen
4 EL *Sake* (japanischer Reiswein, siehe Glossar)
8 zarte frische grüne Bohnen, Enden entfernt, in 5 cm lange Stücke geschnitten
8 grüne Spargelstangen, zur Hälfte geschält (siehe Seite 133), in 5 cm lange Stücke geschnitten
1 mittelgroße Möhre, geschält, leicht diagonal in dünne Scheiben geschnitten
1 Frühlingszwiebel, in sehr dünne Ringe geschnitten

AUSSERDEM

400 g japanische *Udon*-Nudeln (siehe Glossar, Nudeln)
4 Eier, nach meiner Methode frisch pochiert (siehe Seite 407)
Etwas japanisches Sieben-Gewürze-Pulver *(Shichimi-togarashi,* siehe Glossar)

■ Die Champignons mit einem feuchten Tuch abwischen und längs halbieren.

■ Das Öl in einem großen Topf stark erhitzen. Die Pilze darin 1 Minute rühren. 2 Esslöffel Brühe, je 1 Teelöffel Sojasauce und Zucker und das Sesamöl hinzufügen, aufkochen. Zugedeckt bei schwacher Hitze 5 Minuten köcheln lassen. Die Pilze mit einem Schaumlöffel herausnehmen.

■ Die übrige Brühe erhitzen. Den *Sake* und je 2 Esslöffel Sojasauce und Zucker einrühren, aufkochen und 1 Minute köcheln lassen. Abschmecken, nach Belieben weitere Sojasauce und Zucker hinzufügen, sodass eine leicht süße, schmackhafte Brühe entsteht. Weitere 3 Minuten köcheln lassen.

■ In einem großen Topf reichlich Wasser sprudelnd aufkochen. Die *Udon* hineingeben. Sobald das Wasser wieder aufwallt, 1 Tasse kaltes Wasser hinzugießen. Den Vorgang drei- bis viermal wiederholen. Die Nudeln probieren, sie sollten bissfest sein. Abgießen und unter fließendem kaltem Wasser abspülen, um die Stärke zu entfernen. In einem Sieb abtropfen lassen. Zum Servieren die Nudeln für wenige Sekunden in kochendes Wasser geben und zügig abgießen.

■ Kurz vor dem Essen die Brühe wieder aufkochen. Bohnen, Spargel und Möhre hineingeben, erneut aufkochen. Bei schwacher Hitze 3–4 Minuten köcheln lassen, bis das Gemüse gerade weich ist. Die Frühlingszwiebel dazugeben, den Herd ausschalten.

■ Die *Udon* in große Schalen verteilen. Die heiße Brühe darüber schöpfen und das Gemüse sowie die Pilze gleichmäßig darüber verteilen. Auf die Oberfläche die pochierten Eier setzen, mit etwas Sieben-Gewürze-Pulver bestreuen und sofort servieren. (Mit Stäbchen oder Löffel und Gabel essen.)

Spiegeleier

Unsere Köche in Indien brieten unsere Eier stets bei starker Hitze in reichlich Öl, sodass das Eiweiß am Rand braun und knusprig wurde. Ich habe diese Zubereitung nie sehr geschätzt, aber meine Kinder waren schon bei ihrem ersten Indienbesuch ganz begeistert davon. Wenn sie mich heute mit ihren Kindern besuchen, muss ich ihre Spiegeleier immer karara, *also knusprig, braten.*

Ich habe hier ein Rezept für ganz »normale« Spiegeleier gewählt. Damit sie gelingen, muss man sie bei schwacher Hitze braten und mit dem heißem Fett beträufeln. Die Pfanne sollte weder zu groß noch zu klein sein. Für 2 Eier ist eine Pfanne von 18 cm Durchmesser ideal.

FÜR 1–2 PERSONEN

1 EL Pflanzenöl (ich verwende Olivenöl)

2 Eier

- Das Öl in einer Antihaft-Pfanne (18 cm Durchmesser) bei mittlerer bis niedriger Temperatur erhitzen. Die Eier nebeneinander in die Pfanne aufschlagen. Die Unterseite stocken lassen. Die Oberseite mit dem heißen Öl beschöpfen (falls nötig, die Pfanne kippen), bis das Eiweiß ganz fest ist.

- Soll das Eigelb auch fest werden, die Eier kurz zugedeckt braten. Mit einem Schaumlöffel herausnehmen und sofort servieren. (Sollen die Eier auf beiden Seiten gebraten werden, mit dem Schaumlöffel darunter fahren, vorsichtig wenden. 20 Sekunden braten, erneut wenden und servieren.)

❖

MEXIKO

Mexikanische Spiegeleier
Huevos rancheros

Dies war mein Lieblingsfrühstück in Mexico City: 2 Spiegeleier mit scharfer Tomatensauce und dazu zweimal gebratene Bohnen (siehe Seite 226). Ich serviere zu den Eiern einfach heiße Tortillas (oder Pitabrot).

Die Sauce müssen Sie natürlich vor den Eiern zubereiten.

FÜR 2 PERSONEN

4 Spiegeleier, frisch zubereitet (siehe oben)

250 ml Gekochte Tomaten-Salsa (siehe Seite 478)

- 2 Eier auf jeden Teller legen und die Hälfte der Sauce darüber gießen. Sofort servieren.

Rührei

In den verschiedenen Teilen der Welt wird Rührei ganz unterschiedlich zubereitet. In China etwa werden die Eier mit Frühlingszwiebeln und Schnittknoblauch oder Tomaten im Wok gerührt und mit Salz oder etwas Sojasauce und Sesamöl gewürzt. Dazu isst man Reis. In Nordindien bereitet man sehr pikantes Rührei mit allen nur denkbaren Zutaten – von Tomaten und Zwiebeln bis zu Champignons und Blumenkohl. Sie werden so lange gebraten, bis sie relativ fest sind und problemlos mit Fladenbroten gegessen werden können. Im Westen wiederum verquirlt man die Eier meist mit ein wenig Sahne, Milch oder Wasser. Sie bleiben beim Braten schön locker und cremig. Oft wird der Garprozess sogar mit einem Stück kalter Butter gestoppt.
Für Rührei verwenden Sie am besten eine Antihaft-Pfanne.

❖

Rührei nach westlicher Art

Servieren Sie die Eier auf oder zu Toast.

FÜR 2 PERSONEN

4 Eier, leicht verschlagen
2 EL Milch
Salz
Frisch gemahlener schwarzer Pfeffer
3 TL Butter

■ Eier, Milch, Salz und Pfeffer in einer Schüssel verrühren.
■ In einer Antihaft-Pfanne 2 Teelöffel Butter bei schwacher Hitze zerlassen. Die Eiermischung hineingießen, kurz stocken lassen, dann vorsichtig verrühren. Dabei das auf der Unterseite gestockte Ei sofort anheben, sodass flüssiges Ei nachfließen kann. Kurz bevor das Ei die gewünschte Konsistenz hat, die übrige Butter untermischen und den Herd ausschalten. Behutsam durchmischen und das Rührei sofort servieren.

VARIANTE
Rührei mit frischen Kräutern
Wie im Hauptrezept zubereiten, jedoch folgende Änderungen beachten: Die Eier zusätzlich mit je 1/4 Teelöffel fein gehacktem frischem Thymian und fein gehacktem frischem Estragon sowie 1 Teelöffel fein gehackter frischer Petersilie verrühren. Die Kräuter können Sie nach Belieben variieren.

INDIEN

Rührei mit Zwiebel und Tomate
Khichri unda

Diese indischen Rühreier lassen sich besonders leicht zubereiten. Man isst sie meist ganz schlicht nur mit Toast und Butter.

FÜR 4 PERSONEN

3 EL Erdnuss-, Maiskeim- oder Olivenöl
2 EL fein gehackte Zwiebeln
1 frischer scharfer grüner Chili, fein gehackt
1 kleine Tomate, fein gehackt
2 EL fein gehacktes frisches Koriandergrün
8 Eier, leicht verschlagen
Salz
Frisch gemahlener schwarzer Pfeffer

■ Das Öl in einer großen Antihaft-Pfanne bei mittlerer Temperatur erhitzen. Die Zwiebeln darin 20 Sekunden rühren. Chili und Tomate hinzufügen und 2–3 Minuten mitrühren, bis Zwiebel und Tomate weich sind. Koriandergrün, Eier, Salz und Pfeffer dazugeben und rühren, bis die gewünschte Konsistenz erreicht ist. Vom Herd nehmen, sofort servieren.

❖

INDIEN

Rührei mit Frühlingszwiebeln und Pilzen
Khumbi wala khichri unda

Servieren Sie dieses Rührei mit Toast oder Fladenbrot. Es eignet sich gut als kleiner Imbiss oder leichtes Mittagessen.

FÜR 4 PERSONEN

3 EL Erdnuss-, Maiskeim- oder Olivenöl
4 mittelgroße Champignons, geputzt, in 5 mm große Würfel geschnitten
2 Frühlingszwiebeln, in dünne Ringe geschnitten
1/2–1 frischer scharfer grüner Chili, fein gehackt
1 kleine Tomate, fein gehackt
1 EL fein gehacktes frisches Koriandergrün
8 Eier, leicht verschlagen
Salz
Frisch gemahlener schwarzer Pfeffer

■ Das Öl in einer großen Antihaft-Pfanne stark erhitzen. Die Pilze darin unter Rühren braten, bis sie gleichmäßig mit dem Öl überzogen sind und glänzen. Frühlingszwiebeln, Chili und Tomate hinzufügen. Bei mittlerer Hitze rühren, bis die Tomate weich ist. Koriandergrün, Eier, Salz und Pfeffer dazugeben und rühren, bis die gewünschte Konsistenz erreicht ist. Vom Herd nehmen und sofort servieren.

INDIEN

Pfannengerührte Eier nach indischer Art
Unday ki bhurji

Im indischen Staat Punjab wird Rührei in einem mit Öl vorbehandelten Karhai (dem traditionellen indischen Wok, siehe Glossar) auf die hier beschriebene Weise zubereitet. Die Eier passen sehr gut zu in Scheiben geschnittenem Brot oder Fladenbrot, etwa Pitabrot oder Naan (siehe Seite 342).

FÜR 4 PERSONEN

8 Eier, leicht verschlagen
Je 1 Messerspitze gemahlene Kurkuma und Cayennepfeffer
2 EL Pflanzenöl
1/3 TL Kreuzkümmel
2 EL fein gehackte Zwiebeln
1 cm frischer Ingwer, geschält und sehr fein gehackt
100 g fein gehackte Tomaten
1–3 TL fein gehackter frischer scharfer grüner Chili (nach Belieben)
Salz
1/4 TL *Garam masala* (siehe Glossar)

■ Eier, Kurkuma und Cayennepfeffer verrühren und beiseite stellen.
■ Das Öl in einer Antihaft-Pfanne oder einem vorbehandelten Wok bei mittlerer bis hoher Temperatur erhitzen. Den Kreuzkümmel darin einige Sekunden rösten. Die Zwiebeln einrühren und glasig schwitzen, dabei leicht bräunen. Den Ingwer unterrühren. Die Tomaten hinzufügen und einige Sekunden erhitzen, anschließend den Chili unterrühren. Auf mittlere Hitze schalten. Eier, Salz und *Garam masala* dazugeben und rühren, bis die gewünschte Konsistenz erreicht ist. Vom Herd nehmen und sofort servieren.

FRANKREICH

Omelett

Das traditionelle französische Omelett ist ein echtes Kunstwerk – eine locker-leichte Kreation, von außen gerade fest, im Innern noch herrlich weich und cremig, denn es wird in kurzer Zeit bei starker Hitze gebacken. Damit es gelingt, benötigt man eine gewisse Fertigkeit. Mit den Jahren habe ich meine eigene Technik entwickelt. Für ein Omelett aus 2 Eiern verwende ich eine Antihaft-Pfanne mit einem Boden von 15 cm und einem Rand von 20 cm Durchmesser. Außerdem empfehle ich eine Holzgabel, um die Pfanne nicht zu verkratzen, sowie einen Holz- oder Plastikspatel. Das Omelett ist in weniger als einer Minute fertig gebacken, darum sollten Sie das Rezept schon vorher gründlich lesen.

Ein französisches Omelett wird traditionell in Butter gebacken, ich nehme aber lieber Olivenöl. Wählen Sie nach Ihrem Geschmack.

FÜR 1 PERSON

2 Eier
1 kräftige Prise Salz
Frisch gemahlener schwarzer Pfeffer
2 TL Olivenöl

- Die Eier kräftig verschlagen, mit Salz und Pfeffer würzen.
- Das Öl in einer Antihaft-Pfanne bei mittlerer bis hoher Temperatur erhitzen. Die Eier hineingießen und in wenigen Sekunden am Boden stocken lassen. Mit einer Gabel leicht verrühren, aber wieder gleichmäßig in der Pfanne verlaufen lassen.
- Die Pfanne vom Körper weg leicht kippen und das Omelett dabei zu sich schwenken, sodass es einmal umklappt. Alternativ das noch recht feuchte Omelett mit einem Holzspatel in drei Teilen zusammenfalten und zügig wenden. Auf einen vorgewärmten Teller legen und sofort servieren.

VARIANTE

Französisches Omelett mit Kräutern
(Omelette aux fines herbes)
Wie im Hauptrezept zubereiten, jedoch folgende Änderungen beachten: Die verschlagenen Eier mit 1 Esslöffel gehackten frischen Kräutern (etwa Thymian, Estragon, Petersilie oder Schnittlauch) verrühren.

Gefülltes französisches Omelett

Das Omelett wird wie im obigen Rezept zubereitet. Nachdem die Eier in der Pfanne leicht verrührt wurden und an der Oberfläche noch relativ feucht sind, wird die Füllung in einem Streifen in der Mitte verteilt und das Omelett von beiden Seiten darüber gefaltet. Nun wenden, noch kurz backen und sofort servieren.

Im Folgenden stelle ich zwei unserer Lieblingsfüllungen vor, doch können Sie die Füllungen vielfältig variieren. Sehr gut schmecken auch gehackte, leicht gegarte Tomaten, Ziegenkäse und Kräuter, kleine Mengen Gemüse, verschiedenfarbige gebratene Paprikaschoten und sautierte Champignons.

VARIANTE 1
Omelett mit Käse-Schnittlauch-Füllung
2 Esslöffel geriebenen würzigen Käse und 1 Esslöffel feine Schnittlauchröllchen oder sehr fein geschnittene grüne Teile von 1 Frühlingszwiebel auf dem Omelett verteilen.

VARIANTE 2
Omelett mit Spargelfüllung
Frischen Spargel nach meiner Methode (siehe Seite 134) zubereiten und warm halten. Pro Omelett 5–6 Spargelstangen in die Mitte des noch feuchten Omeletts legen und die Seiten darüber falten.

❖

INDIEN

Masala-Omelett
Masala omlate

Dieses Omelett ist in Indien besonders beliebt und wird in fast allen Imbissstuben serviert, meist mit einer Scheibe Brot oder Toast. Im Gegensatz zum französischen Omelett ist es im Innern nicht cremig, sondern durchgebacken.

FÜR 1 PERSON

2 Eier, leicht verschlagen
1 EL sehr fein gehackte Zwiebel
2 EL gehacktes frisches Koriandergrün
1/2 TL frischer scharfer grüner Chili, fein gehackt

2 EL fein gehackte Tomate
1 Prise Salz
Frisch gemahlener schwarzer Pfeffer
1 EL Erdnussöl

■ Eier, Zwiebel, Koriandergrün, Chili, Tomate, Salz und Pfeffer in einer Schüssel gut verrühren.

■ Das Öl in einer mittelgroßen Antihaft-Pfanne bei mittlerer Temperatur erhitzen. Die Eiermischung hineingießen. Sobald die Unterseite gestockt ist, das Ei leicht zur Seite schieben und die Pfanne kippen, damit das noch flüssige Ei nachfließen kann. Den Vorgang wiederholen, bis das Ei fast fest ist. Mit einem Holzspatel die beiden Seiten über die Mitte falten. Das Omelett wenden, mit einem Holzspatel nach unten drücken. Das fertig gebackene Omelett sofort servieren.

CHINA

Omelett mit würziger Sichuan-Gemüsesauce
Szechuan jang dan

Bei diesem Gericht gießt man eine wunderbare Gemüsesauce mit Pilzen, Bambussprossen, Möhren und Erbsen auf ein flaches, rundes Omelett.

In gut sortierten Supermärkten und Asialäden werden verschiedene chinesische Saucen angeboten. In meinem Kühlschrank etwa stehen Schwarze-Bohnen-Sauce mit Chili, Chilipaste mit Sojabohnen und Chilipaste mit Knoblauch. Sie alle schmecken unterschiedlich, sind sehr scharf und eignen sich gut für dieses Omelett.

Die Chinesen mögen ihr Omelett relativ fest und rühren deshalb etwas Maisstärke unter die verschlagenen Eier. Ich habe die Menge der Maisstärke hier leicht reduziert. Das Omelett wird zudem traditionell in Quadrate geschnitten, aber Sie können es auch in Spalten schneiden und dann die Sauce darüber gießen.

Die Sauce lässt sich bis zu einem Tag im Voraus zubereiten und im Kühlschrank aufbewahren. Zum Servieren einfach aufwärmen. Servieren Sie das Omelett auf chinesische Art mit Reis oder reichen Sie Brot dazu.

FÜR 4–6 PERSONEN

FÜR DIE SAUCE
12 getrocknete chinesische Pilze (siehe Glossar, Pilze)
1 gehäufter EL *Mu-err* (siehe Glossar, Pilze)
2 1/2 TL Maisstärke
475 ml Gemüsebrühe
1 1/2 TL Schwarze-Bohnen-Sauce mit Chili
1 EL *Shao-Hsing*-Wein oder trockener Sherry
1 EL Sojasauce
1 TL Rotweinessig
2 EL Erdnussöl
1 TL geschälter, fein gehackter Knoblauch
1 TL geschälter, sehr fein gehackter frischer Ingwer
1 kleine Möhre (60 g), geschält, in 5 mm große Würfel geschnitten
125 g Bambussprossen aus der Dose, abgegossen, in 5 mm große Würfel geschnitten
1/4 TL Salz
1 Frühlingszwiebel, in dünne Ringe geschnitten
70 g Tiefkühlerbsen, aufgetaut, oder frische Erbsen, blanchiert

AUSSERDEM
8 Eier, leicht verschlagen
1/4 TL Salz
Frisch gemahlener schwarzer Pfeffer
1 TL Maisstärke
3 EL Erdnussöl

■ Die getrockneten chinesischen Pilze mit heißem Wasser bedecken und 30 Minuten einweichen lassen, bis sie richtig weich sind. Herausnehmen. (Die Flüssigkeit abseihen, für ein anderes Gericht aufbewahren.) Die harten Stiele wegschneiden, die Hüte in 5 mm große Würfel schneiden.

■ Die *Mu-err* waschen, in einer Schüssel mit heißem Wasser bedecken und 30 Minuten einweichen lassen. Herausnehmen, erneut waschen. Harte Stellen wegschneiden und die Pilze in 5 mm große Stücke hacken.

■ Die Maisstärke in einer Schüssel nach und nach mit der Gemüsebrühe verrühren. Schwarze-Bohnen-Sauce, Wein, Sojasauce und Essig unterrühren, beiseite stellen.

■ In einem weiten Topf das Öl bei mittlerer bis hoher Temperatur erhitzen. Zuerst Knob-

EIER UND MILCHPRODUKTE

lauch und Ingwer einrühren, dann Möhre und Bambussprossen hinzufügen und 30 Sekunden rühren. Die Pilze dazugeben, weitere 30 Sekunden rühren. Die vorbereitete scharfe Saucenmischung noch einmal durchrühren, dazugießen und unter Rühren aufkochen. Bei schwacher Hitze 3 Minuten köcheln lassen. Falls nötig, leicht salzen. Frühlingszwiebel und Erbsen untermischen, noch 1 Minute köcheln lassen. Den Herd ausschalten, ohne Deckel stehen lassen. Sobald das Omelett fertig ist, die Sauce wieder aufwärmen.

■ Eier, Salz, Pfeffer und Maisstärke in einer Schüssel verschlagen.

■ Das Öl in einer ofenfesten Antihaft-Pfanne (Boden 18 cm, Rand 25 cm Durchmesser) bei mittlerer bis schwacher Temperatur erhitzen. Die Eiermischung hineingießen und zugedeckt 5 Minuten backen.

■ Inzwischen den Backofengrill vorheizen.

■ Die Hitze reduzieren und die Eier weitere 5 Minuten backen. Ohne Deckel für 2 Minuten unter den heißen Grill schieben, bis die Oberseite des Omeletts gestockt ist. Auf eine Servierplatte gleiten lassen, in Spalten schneiden und mit der Gemüsesauce servieren.

JAPAN

Omelett mit Tofu auf Reis
Tofu domburi

Shizuo Tsuji beschreibt in seinem Buch über die japanische Küche eine Domburi *folgendermaßen: »Eine* Domburi *ist eine tiefe Schale, meist aus Porzellan, mit einem Rand von etwa 15 cm Durchmesser, also doppelt so groß wie eine gewöhnliche Reisschale – für die doppelte Menge Reis.« In Japan bezeichnet man sowohl diese Schale mit Deckel als auch das in der Schale servierte Reisgericht als* Domburi.

Domburis gehören zu den relativ neuen, schnellen Gerichten Japans, denen sich ganze Restaurants verschrieben haben. Sie werden sogar in Kaufhäusern serviert, und in vielen kleinen Städten und Dörfern sind sie ein beliebtes Mittag- oder Abendessen, weil schnell und leicht zubereitet.

In jede Schale werden 1 1/2–2 Tassen heißer Reis gefüllt (dafür eignet sich auch aufgewärmter Reis). Darüber gibt man übrige oder frisch zubereitete Speisen – für Vegetarier etwa gebratenen Tofu oder frittiertes Gemüse im Teigmantel, in leicht süßer Brühe mit Sojasauce erwärmt. Auch Eier, Frühlingszwiebeln oder die etwas größeren Naganegi, *die an jungen Lauch erinnern, gibt man oft hinzu.*

Für dieses spezielle Gericht, das mir ein Bauer, Schreiner und Besitzer eines kleinen Reisfelds außerhalb von Kioto servierte, häuft man auf den Reis Tofu und weiches, in Brühe pochiertes Omelett. Servieren Sie es, wie die Japaner, in Schalen. Eine Beilage ist nicht nötig.

FÜR 4 PERSONEN

225 g fester Tofu
Pflanzenöl zum Frittieren
475 ml Gemüsebrühe
4 EL Sojasauce
2 EL *Sake* (japanischer Reiswein, siehe Glossar)
3 EL Zucker
6 Eier, leicht verschlagen
70 g Tiefkühlerbsen, aufgetaut, oder frische Erbsen, blanchiert
2 Frühlingszwiebeln, in dünne Ringe geschnitten
475 ml frisch gekochter japanischer Reis (siehe Seite 295)

■ Den Tofu auf 2 Schichten Küchenpapier legen, mit 2 weiteren Schichten bedecken. Ein Brett oder einen großen Teller darauf stellen und mit einem Gewicht (etwa 2,25 Kilogramm) beschweren. 30 Minuten stehen lassen. Gewicht und Küchenpapier entfernen, den Tofu trockentupfen und in 2 cm große Quadrate schneiden.

■ Das Öl etwa 3 mm hoch in eine Pfanne (18–20 cm Durchmesser) gießen und bei mittlerer Temperatur erhitzen. Die Tofustücke darin unter Rühren goldgelb ausbacken. Mit einem Schaumlöffel herausnehmen, auf Küchenpapier abtropfen lassen.

■ Das Öl ausgießen und nach Belieben für eine andere Verwendung aufbewahren. Die Pfanne mit Küchenpapier gründlich auswischen. Die Brühe mit der Sojasauce, *Sake* und Zucker in die Pfanne füllen und aufkochen. Bei schwacher Hitze 1 Minute köcheln lassen. Den Tofu hineingeben, erneut aufkochen und weitere 5 Minuten köcheln lassen. Die Eier, Frühlingszwiebeln und Erbsen hinzufügen und erhitzen, bis die Mischung an den Rändern Blasen wirft. Zugedeckt bei schwacher Hitze etwa 3 Minuten garen, bis die Eier fast gestockt sind. Den Deckel entfernen, den Herd ausschalten.

■ Den gegarten Reis in die Servierschüsseln verteilen. Mit einem großen Löffel das Ei mit den übrigen Zutaten und etwas Flüssigkeit gleichmäßig auf dem Reis anrichten. Nach Belieben noch etwas von der Flüssigkeit darüber träufeln. Sofort servieren.

EIER UND MILCHPRODUKTE

SPANIEN/MEXIKO

Spanische Tortilla
Tortilla de patata • Rosario Guillermo

Dieses beliebte Omelett mit Kartoffeln serviert man in spanischen Weinschenken häufig als Tapa. Mit einem Salat wird daraus aber auch eine vollwertige Mahlzeit.

FÜR 4–6 PERSONEN

550 g fest kochende Kartoffeln, geschält, in 2 mm dicke Scheiben geschnitten
1/2 mittelgroße Zwiebel (85 g), geschält und in sehr dünne Scheiben geschnitten
1 1/4 TL Salz
250 ml Olivenöl
Frisch gemahlener schwarzer Pfeffer
1 kräftige Prise getrockneter Oregano
4 Eier, verschlagen

■ Die Kartoffel- und Zwiebelscheiben gleichmäßig in einer Pfanne (25 cm Durchmesser) verteilen. Mit 1 Teelöffel Salz bestreuen, das Öl in die Pfanne gießen. Bei mittlerer Hitze zum Köcheln bringen. Zugedeckt bei schwacher Hitze etwa 12 Minuten köcheln lassen, bis die Kartoffeln weich sind. Das Öl abgießen und aufbewahren.

■ 4 Esslöffel Wasser, das übrige Salz, Pfeffer und Oregano mit den Eiern verrühren.

■ In einer Antihaft-Pfanne (20 cm Durchmesser) 3 Esslöffel des aufbewahrten Öls bei mittlerer bis hoher Temperatur erhitzen. Die Eiermischung hineingießen, ein- bis zweimal rühren, auf schwache Hitze schalten. Die Kartoffel- und Zwiebelscheiben gleichmäßig in der Pfanne verteilen. Zugedeckt etwa 7 Minuten backen, bis die Oberfläche gerade gestockt ist. Den Herd ausschalten.

■ Einen großen Teller oder Deckel auf die Pfanne setzen und das Omelett darauf stürzen. Mit der noch ungebackenen Seite wieder in die Pfanne gleiten lassen. Bei schwacher Hitze ohne Deckel noch 2 Minuten backen, bis das Ei außen fest, im Innern aber noch leicht cremig ist. Die Tortilla auf einer Servierplatte anrichten und heiß oder mit Raumtemperatur servieren.

IRAN

Eierkuchen mit Kräutern
Kookoo sabzi • Shamsi Davis

Dieser Eierkuchen schmeckt heiß oder kalt, mit Toast zum Frühstück, mit knusprigem Brot und Salat zum Mittagessen, und er eignet sich sogar für Picknicks. In Persien garniert man ihn mit Brunnenkresse und reicht als Beilage Fladenbrote, etwa Naan *(siehe Seite 342).*

Vor dem Hacken schwenke ich meine Kräuter stets gut trocken.

FÜR 3–4 PERSONEN

- 6 Eier
- 1/4 TL Salz
- Frisch gemahlener schwarzer Pfeffer
- 1 Knoblauchzehe, geschält und fein zerdrückt
- 8 EL fein gehackte frische Petersilie
- 4 EL fein gehacktes frisches Koriandergrün oder 8 EL feine Schnittlauchröllchen
- 4 EL frisches oder 1 EL getrocknetes, zerkrümeltes Grün von Bockshornklee *(Methi,* nach Belieben)
- 2 EL gehackte Walnüsse
- 1 EL Korinthen, gewaschen und trockengetupft (nach Belieben)
- 3 EL *Ghee* (geklärte Butter, siehe Glossar) oder Pflanzenöl

■ Die Eier in einer Schüssel gut verschlagen. Salz, Pfeffer, Knoblauch, die Kräuter, Walnüsse und Korinthen (falls verwendet) untermischen.

■ *Ghee* oder Öl in einer ofenfesten Antihaft-Pfanne (18 cm Durchmesser am Boden, 25 cm am Rand) bei mittlerer bis niedriger Temperatur erhitzen. Die Eiermischung durchrühren und hineingießen. Gleichmäßig verteilen, zugedeckt 5 Minuten backen.

■ Inzwischen den Backofengrill vorheizen.

■ Den Eierkuchen bei reduzierter Hitze weitere 5 Minuten backen. Ohne Deckel für etwa 2 Minuten unter den Grill schieben, bis die Oberseite gestockt ist. Den Eierkuchen auf eine Servierplatte gleiten lassen und servieren, wie oben vorgeschlagen.

VARIANTE 1

Eierkuchen mit Kräutern und Käse

Wie im Hauptrezept zubereiten, jedoch folgende Änderungen beachten: Die Pfanne nur für 1 Minute unter den Grill schieben. Herausnehmen, 6 Esslöffel geriebenen Käse darüber streuen und 1 weitere Minute unter dem Grill goldbraun überbacken.

VARIANTE 2

Eierkuchen mit Tomaten und Kräutern

Ghee oder Öl in der Pfanne bei mittlerer Temperatur erhitzen. Etwa 4 Esslöffel enthäutete, gehackte Tomaten (ohne Samen) und 1 Teelöffel fein gehackte frische scharfe grüne Chilischote darin etwa 1 Minute rühren. Die Eiermischung durchrühren und hinzugießen. Zugedeckt bei mittlerer bis schwacher Hitze backen. Wie im Hauptrezept fortfahren.

ITALIEN

Frittata mit Mangold
Frittata di beitole

Mit Tomatensalat und knusprigem Brot schmeckt diese Frittata besonders gut. Kalt eignet sie sich zudem wunderbar für ein Picknick.

FÜR 3–4 PERSONEN

FÜR DEN MANGOLD
350 g Mangold, grob gehackt
2 EL Olivenöl
1 Knoblauchzehe, geschält und fein gehackt
Etwa 1/4 TL Salz

AUSSERDEM
6 Eier
1/4 TL Salz
Frisch gemahlener schwarzer Pfeffer
3 EL natives Olivenöl extra

■ In einem großen Topf reichlich Wasser sprudelnd aufkochen. Den Mangold darin in 3–4 Minuten weich kochen. Abgießen, unter fließendem kaltem Wasser abkühlen, möglichst viel Flüssigkeit ausdrücken.

■ In einer Antihaft-Pfanne das Öl mit dem Knoblauch bei mittlerer bis hoher Temperatur erhitzen. Beginnt der Knoblauch zu zischen, den Mangold und das Salz untermischen. Unter Rühren 1 Minute garen. Vom Herd nehmen.

■ Die Eier in einer Schüssel verschlagen. Mit Salz und Pfeffer würzen, den Mangold untermischen und dabei die verklebten Stücke voneinander trennen.

■ In einer ofenfesten Antihaft-Pfanne (18 cm Durchmesser am Boden, 25 cm am Rand) die 3 Esslöffel Öl bei mittlerer bis hoher Temperatur erhitzen. Die Eiermischung noch einmal durchrühren, in die Pfanne gießen und gleichmäßig verteilen. Zugedeckt 5 Minuten backen.

■ Inzwischen den Backofengrill vorheizen.

■ Die Frittata bei reduzierter Hitze weitere 5 Minuten backen. Ohne Deckel für etwa 2 Minuten unter den Grill schieben, bis die Oberseite gestockt ist. Auf eine Servierplatte gleiten lassen und heiß servieren.

ITALIEN

Toskanischer Zucchinikuchen
Tortina di zucchine • *Allegra Antinori*

Dieses Rezept aus dem Herzen des Chianti ergibt 2 dünne Eierkuchen von 20 cm Durchmesser, die wie feine, leichte Quiches ohne Teig anmuten. Sie können sie einfach so oder mit einem Tomatensalat mit Basilikum oder einem grünen Salat servieren. Ganz nach Belieben können Sie noch 4 Esslöffel geriebenen Käse, etwa Parmesan oder Pecorino, unter den Eierteig mischen.

FÜR 4 PERSONEN ALS HAUPT-GERICHT, FÜR 6 PERSONEN ALS VORSPEISE

2 mittelgroße Zucchini (insgesamt 350 g)
2/3 TL Salz
2 Eier
4 EL Mehl
60 ml Milch, mit 60 ml Wasser verrührt
1/4 TL sehr fein gehackter Knoblauch
2 Frühlingszwiebeln, in sehr dünne Ringe geschnitten
Frisch gemahlener schwarzer Pfeffer
1 Prise frisch geriebene Muskatnuss
3 EL natives Olivenöl extra von bester Qualität

■ Die Zucchini von den Enden befreien und in 3 mm dicke Scheiben schneiden. In einer Schüssel mit etwa 1/3 Teelöffel Salz bestreuen, durchmischen und 30 Minuten stehen lassen. Abgießen und trockentupfen.

■ Den Backofen auf 220 °C vorheizen.

■ Die Eier in einer Schüssel verschlagen. Zuerst das Mehl, dann die Milch-Wasser-Mischung einrühren (alternativ die Zutaten im Mixer verrühren). Knoblauch, Frühlingszwiebeln, etwa 1/3 Teelöffel Salz, Pfeffer und Muskatnuss untermischen.

■ Zwei runde Antihaft-Formen (20 cm Durchmesser) mit den Zucchinischeiben nebeneinander auslegen, möglichst in zwei Schichten. Den Eierteig nochmals durchrühren und gleichmäßig darüber gießen. Je 1 Esslöffel Olivenöl über die Kuchen träufeln.

■ Im Ofen 30 Minuten backen. Je 1/2 Esslöffel von dem verbliebenen Öl über die heißen Kuchen träufeln. Heiß servieren.

ITALIEN

Toskanischer Artischockenkuchen
Tortina di carciofi

Wie beim Zucchinikuchen (siehe linke Seite) handelt es sich hier um einen feinen Kuchen ohne Teig. Er schmeckt mit und ohne Salat.

FÜR 4 PERSONEN ALS HAUPT-GERICHT, FÜR 6 PERSONEN ALS VORSPEISE

2 Eier
4 EL Mehl
60 ml Milch, mit 60 ml Wasser verrührt
1/4 TL sehr fein gehackter Knoblauch
2 Frühlingszwiebeln, in sehr dünne Ringe geschnitten
1/3 TL Salz
Frisch gemahlener schwarzer Pfeffer
1 Prise frisch geriebene Muskatnuss
4 große Artischockenherzen, nach dem Rezept für ausgebackene Artischockenherzen (siehe Seite 15) zubereitet, mit Salz und Pfeffer bestreut (ohne Zitronensaft)
3 EL natives Olivenöl extra von bester Qualität

■ Den Backofen auf 220 °C vorheizen.
■ Die Eier in einer Schüssel verschlagen. Zuerst das Mehl, dann die Milch-Wasser-Mischung einrühren (alternativ die Zutaten im Mixer verrühren). Knoblauch, Frühlingszwiebeln, etwa 1/3 Teelöffel Salz, Pfeffer und Muskatnuss untermischen.
■ Zwei runde Antihaft-Formen (20 cm Durchmesser) mit den ausgebackenen Artischockenherzen auslegen. Die Eiermischung noch einmal durchrühren und gleichmäßig darüber gießen. Mit je 1 Esslöffel Öl beträufeln.
■ Im Ofen 30 Minuten backen. Noch je 1/2 Esslöffel von dem verbliebenen Öl über die heißen Kuchen träufeln. Heiß servieren.

INDIEN

Indische Arme Ritter
Unday ka toast

Arme Ritter kennt man auf der ganzen Welt. Bei diesem Rezept handelt es sich um eine pikant-scharfe Variante aus Indien, wo vermutlich jede Familie ihr eigenes Rezept besitzt. Eine Familie aus Bengalen bereitet ihre Armen Ritter vielleicht mit Senföl, während eine Familie aus Gujarat dazu Mango-Chutney serviert. Dies ist meine Variante, die ich mit, aber auch ganz ohne Chutney reiche.

Mit leicht altbackenem, hartem Brot gelingen Arme Ritter am besten, denn so zerfallen sie nicht so schnell. Verquirlen Sie die Eier in einer weiten, flachen Schale oder Form, damit die Brotscheiben problemlos nebeneinander hineinpassen. Falls nötig, die Scheiben halbieren.

FÜR 2 PERSONEN

1 Ei, verschlagen
1 EL Milch
1 Prise Salz
Frisch gemahlener schwarzer Pfeffer
1 EL fein gehackte Frühlingszwiebel
  (mehr weiße Teile)
1–2 TL sehr fein gehackter frischer scharfer
  grüner Chili
2 Scheiben altbackenes Brot
3 EL Erdnussöl

■ Ei und Milch in einer flachen Schale mit Salz, Pfeffer, Frühlingszwiebel und Chili verrühren. Die Brotscheiben nebeneinander einlegen und mehrfach zügig wenden. Für etwa 3 Minuten einweichen, bis das Brot einen Teil der flüssigen Mischung aufgesogen hat. Dabei mehrmals wenden. Mit einem Löffel einen Teil der Frühlingszwiebel- und Chilistückchen auf den Brotscheiben verteilen.

■ Das Öl in einer großen Antihaft-Pfanne bei mittlerer Temperatur erhitzen. Die Brotscheiben mit der belegten Seite nach unten hineinlegen und 1 Minute backen. Die restlichen Frühlingszwiebel- und Chilistückchen darüber verteilen, wenden und 1 weitere Minute backen. Beide Seiten jeweils noch einmal 30 Sekunden backen, bis sie goldbraun sind. Heiß servieren.

USA

Amerikanische Arme Ritter
American french toast

Wie im vorherigen Rezept (siehe linke Seite) eignet sich auch für diese Variante altbackenes, hartes Brot am besten. Ich verwende ein knuspriges Landbrot, das ich in 2 cm dicke Scheiben schneide.

Statt Sirup können Sie auch ruhig Zucker verwenden. Wichtig ist eine weite, flache Schale oder Form, um die Brotscheiben nebeneinander einzuweichen. Falls erforderlich, können Sie die Scheiben halbieren.

Für 4 Personen können Sie die Zutaten des Rezepts einfach verdoppeln. Backen Sie die Armen Ritter dann in zwei Durchgängen.

In Europa ist die süße Zubereitung der Armen Ritter ebenfalls sehr beliebt. Hier werden auch altbackene Semmeln verwendet, nachdem zuvor deren Kruste auf der Gemüsereibe entfernt wurde. Sie werden dick mit Zimtzucker bestreut oder mit einer Weinschaumsauce serviert.

FÜR 2 PERSONEN

1 Ei, verschlagen
4 EL Milch
1 Prise Salz
1 TL Zucker

2 Scheiben altbackenes Brot
3 EL Erdnussöl oder Butter oder eine Mischung
Zucker zum Bestreuen

■ Ei und Milch in einer flachen Schale mit Salz und 1 Teelöffel Zucker verrühren. Die Brotscheiben nebeneinander einlegen und mehrfach zügig wenden. Für etwa 3 Minuten einweichen, bis das Brot einen Teil der Mischung aufgesogen hat. Dabei mehrmals wenden.

■ Öl oder Butter in einer großen Antihaft-Pfanne erhitzen. Die Scheiben nebeneinander hineinlegen und 1 Minute backen. Wenden und 1 weitere Minute backen. Beide Seiten jeweils noch 30 Sekunden backen, bis sie goldbraun sind. Großzügig mit Zucker bestreuen und heiß servieren.

SELBST GEMACHTER KÄSE

So aufwendig die Käseerzeugung im Grunde auch ist, es gibt doch viele einfache Möglichkeiten für zu Hause. Die benötigten Gerinnungsmittel sind leicht erhältlich, etwa Essig, vegetarisches Lab, Weinsäure, Zitronensäure und sogar Zitronensaft oder Buttermilch. Sie brauchen lediglich einen Topf mit schwerem Boden, einen Holzlöffel, ein Sieb, ein Fleischthermometer (oder Käsethermometer, falls erhältlich) und ein Musselintuch. Als Gewichte können Sie große Konservendosen verwenden. Ein Tipp: Nach der Käseherstellung sollten Sie sämtliche Geräte in Leitungswasser einweichen, das erleichtert die Reinigung erheblich.

❖

INDIEN

Selbst gemachter indischer Käse
Paneer

Der hausgemachte indische Paneer *erinnert ein wenig an italienischen Mozzarella. Traditionell bereitet man Mozzarella in Italien ja sogar aus der gehaltvollen Milch von Büffeln, die von indischen Wasserbüffeln abstammen. Ebenso wie Mozzarella mit Tomaten und Basilikum schmeckt* Paneer *mit pikant angerichtetem Gemüse; man kann ihn zudem mit zahlreichen Saucen und Gewürzen garen.*

Paneer *stammt aus dem Punjab im Norden Indiens, wo jede* Dhaba, *eine kleine Gaststätte oder Imbissbude, ihren eigenen Käse herstellt. Fertiger* Paneer *wird aber auch auf den Märkten verkauft, und zwar nicht nur im Punjab, sondern in vielen Städten Indiens. Seine Beliebtheit hat in den vergangenen fünfzig Jahren im gesamten Land erheblich zugenommen.*

Der vielfältige Käse lässt sich ganz leicht zu Hause herstellen, und dabei ist es von großem Vorteil, dass man die Konsistenz durch das Pressen selbst bestimmten kann. Für einen einfachen Salat bevorzugen Sie vielleicht einen weicheren Käse, den Sie auch als Ersatz für Ricotta verwenden können. Ein anderes Mal möchten Sie dagegen einen festen Paneer *in Scheiben schneiden und knusprig frittieren. Für Scheiben stelle ich große, dicke, zum Würfeln meist kleinere Käselaibe her.*

Viele Jahre habe ich Zitronensaft als Gerinnungsmittel verwendet, doch inzwischen bin ich mit dem Ergebnis nicht mehr zufrieden und nehme stattdessen Weißweinessig. Bei meiner letzten Reise in die Dörfer des Punjab entdeckte ich außerdem, dass man den Käse nicht viele Stunden pressen muss – er wird dabei relativ fest. Die Dorfbewohner pressen ihren Paneer *nur 3–4 Minuten und erhalten einen lockeren, quarkähnlichen Käse.*

Die hier angegebene Menge ergibt 250 Gramm weichen Paneer *oder einen kleinen Käselaib von 8,5 cm Durchmesser. Für einen größeren Laib mit 14 cm Durchmesser verdoppeln Sie die Mengen.*

2 l Vollmilch
3–4 EL Weißweinessig

■ Die Milch in einem großen Topf mit schwerem Boden bei mittlerer bis hoher Temperatur erhitzen.

■ Inzwischen ein Sieb in die Spüle setzen und mit einem sauberen Küchentuch oder 3–4 Schichten Musselin (mindestens 60×60 cm) auskleiden.

■ Sobald die Milch zu kochen beginnt, auf schwache Hitze schalten. Zügig 3 Esslöffel Essig hinzufügen und rühren. Die Mischung sollte nun gerinnen, wobei sich die gelbliche Molke von den weißen Eiweiß-Fett-Flocken trennt. Geschieht dies nicht, den restlichen Essig dazugeben und den Vorgang wiederholen. Die Mischung in das Sieb gießen. Ein Großteil der Molke fließt dabei ab.

■ Für weichen Käse die Mischung 6–10 Minuten im Sieb abtropfen lassen. Der Käse kann sofort verzehrt werden. Für indischen *Paneer* den größten Teil der Molke abfließen lassen, die Tuchenden zusammendrehen und möglichst viel Flüssigkeit ausdrücken. Dabei entsteht ein runder Käselaib. Oberhalb der zusammengedrehten Stelle des Tuchs das Bündel mit Schnur fixieren, auf einem Brett in die Spüle setzen und den Käselaib flach drücken. Ein zweites Brett auf den Käse legen und mit einem Gewicht von etwa 2,25 Kilo beschweren. Nach 3–4 Minuten ist der Käse fertig. Das Tuch entfernen. Mit einem feuchten Tuch bedeckt, hält er sich im Kühlschrank bis zu 24 Stunden, am besten jedoch sofort verwenden.

■ Zum Aromatisieren des Käses die meiste Molke im Sieb ablaufen lassen und verschiedene Gewürze oder Kräuter vorsichtig unter die abgetropfte Masse mischen. Nun den Käse im Tuch ausdrücken und mit einem Gewicht beschweren. Die Würzzugaben müssen nicht indisch sein, sondern können nach Belieben gewählt werden. Hier zwei Beispiele:

Selbst gemachter indischer Käse mit Rosmarin, Thymian und Oregano

Besonders gut schmeckt dieser Käse, wenn man ihn in einem einfachen Dressing 2–3 Stunden mariniert und dann kurz von beiden Seiten grillt, bis er einige braune Stellen zeigt. Zusammen mit Gemüse können Sie ihn auch über Holzkohle grillen.

Für einen großen Laib 1 Teelöffel fein gehackten frischen oder 1/2 Teelöffel zerkrümelten getrockneten Rosmarin, 1 Teelöffel getrockneten Thymian oder nur 1/2 Teelöffel getrockneten Thymian und 1 Teelöffel fein gehackten frischen oder 1/2 Teelöffel getrockneten Oregano vorsichtig unter die abgetropfte Käsemasse mischen. Für kleinere Laibe die Mengen jeweils halbieren.

Selbst gemachter indischer Käse mit schwarzem Pfeffer, geröstetem Kreuzkümmel und geröstetem Ajowan

Diesen Käse sollten Sie in einem einfachen Dressing (etwa in der würzigen Marinade für gemischtes Grillgemüse, siehe Seite 156) 2–3 Stunden marinieren und dann kurz von beiden Seiten grillen, bis er einige braune Stellen zeigt. Zusammen mit Gemüse können Sie ihn auch über Holzkohle grillen.

Für einen großen Laib 1 Teelöffel schwarze Pfefferkörner sowie je 1/2 Teelöffel Kreuzkümmel und *Ajowan* (siehe Glossar) vermischen. Für kleinere Laibe die Mengen jeweils halbieren. Eine kleinere gusseiserne Pfanne bei mittlerer Temperatur erhitzen. Die Gewürze darin unter Rühren 1 Minute leicht rösten. Herausnehmen, abkühlen lassen und grob zermahlen. Die Gewürze vorsichtig unter die abgetropfte Käsemasse mischen.

LATEINAMERIKA

Selbst gemachter weißer Käse

Queso blanco • Mit Unterstützung von Ricki Carroll von der New England Cheesemaking Supply Company

Dieser Käse hat große Ähnlichkeit mit indischem Paneer, *doch wird die Milch nicht aufgekocht. Sobald sich die Molke und die Eiweiß-Fett-Flocken getrennt haben, lässt man ihn etwa 1 Stunde abtropfen, bis keine Flüssigkeit mehr austritt. Man kann den Käse, ebenso wie Tofu, für Pfannengerichte verwenden, aber auch an Suppen oder Nudeln geben und für alle* Paneer-*Rezepte in diesem Buch verwenden.*

ERGIBT 675 GRAMM

4 l Vollmilch

6–8 EL Weißweinessig

- Die Milch in einem großen Topf mit schwerem Boden bei mittlerer Temperatur erhitzen.
- Inzwischen ein Sieb in die Spüle setzen und mit einem sauberen Küchentuch oder 3–4 Schichten Musselin (mindestens 60 × 60 cm) auskleiden.
- Hat die Milch eine Temperatur von 85 °C erreicht, nach und nach den Essig einrühren. Die Mischung gerinnt nun, wobei sich die gelbliche Molke von den weißen Eiweiß-Fett-Flocken trennt. (Die Temperatur möglichst auf dieser Stufe halten. Die Milch darf nicht kochen.) Die Mischung in das vorbereitete Sieb gießen, einen Großteil der Molke abfließen lassen. Die Tuchenden über dem Käse zusammendrehen und möglichst viel Flüssigkeit ausdrücken. Dabei entsteht ein runder Käselaib. Oberhalb der zusammengedrehten Stelle des Tuchs das Bündel mit Schnur fixieren, fest verdrehen und für 1–3 Stunden an den Wasserhahn der Spüle hängen und in die Spüle abtropfen lassen. Der Käse ist fertig, wenn keine Flüssigkeit mehr austritt. Das Tuch entfernen, den Käse in Klarsichtfolie wickeln und kalt stellen. Er hält sich 3–4 Tage, schmeckt innerhalb von 24 Stunden jedoch am besten.

SYRIEN

Selbst gemachter syrischer Käse
Joban • Mit Unterstützung von Ricki Carroll von der New England Cheesemaking Supply Company

Auch dieser syrische Käse hat Ähnlichkeit mit Mozzarella, ist jedoch weicher und feiner. Er gehört fast immer zu einer Maza, *der traditionellen Vorspeise, und wird zusammen mit Fladenbroten, Bulgur- und Kichererbsensalaten sowie Oliven serviert.*

Für die Herstellung benötigen Sie vegetarisches Lab. Schon zu Zeiten des Römischen Reichs kannte man vegetarische Gerinnungsmittel. Damals verwendete man allerdings den Extrakt aus der Rinde einer Feigenart, während heute, vor allem in Spanien und Portugal, die Blüte der Kardonenartischocke (Cynara cardunculus) *dafür genutzt wird. Auch Extrakte des Echten Labkrauts* (Galium verum) *und der Brennnessel* (Urtica dioica) *erfüllen diesen Zweck. Für die Käseherstellung zu Hause kaufen Sie einfach ein vegetarisches Fertigprodukt, das aus einem Schimmelpilz gewonnen wird. Es wird in flüssiger Form in Bioläden angeboten und muss nach dem Öffnen im Kühlschrank aufbewahrt werden.*

ERGIBT 5 DICKE KÄSELAIBE VON 9 CM DURCHMESSER

4 l Vollmilch
1/4 TL flüssiges vegetarisches Lab, mit 1 1/2 EL Wasser verdünnt

Grobes Salz, etwa Meersalz von guter Qualität

■ Die Milch in einem großen Topf mit schwerem Boden schwach erhitzen. Ab und zu rühren, bis die Milch lauwarm ist (etwa 38 °C). Die Temperatur mit einem Thermometer überprüfen. Das verdünnte Lab in die Milch träufeln und mit einem Holzlöffel gut unterrühren. Den Herd ausschalten, die Milch zugedeckt 15 Minuten stehen lassen. Erneut bis zum Topfboden durchrühren. Zugedeckt weitere 45 Minuten stehen lassen, bis die Milch geronnen ist.
■ Inzwischen ein Sieb in die Spüle setzen und mit einem sauberen Küchentuch oder 3–4 Schichten Musselin (mindestens 60 × 60 cm) auskleiden. Die Milch hineinfüllen, einen Großteil der Molke abfließen lassen. Läuft die Molke nicht richtig ab, die Tuchenden aufnehmen, das Tuch mit dem Käse anheben und leicht zusammendrücken. Wurde so ein Großteil (nicht die gesamte) Flüssigkeit entfernt, das Tuch wieder ins Sieb setzen und öffnen. 1 Hand voll der Masse herausnehmen und mit der anderen Hand ausdrücken, sodass ein runder, etwa 4 cm dicker Käselaib entsteht. Dabei die restliche Flüssigkeit ausdrücken und den Käse flach formen. Auf diese Weise 5 Käse von etwa 9 cm Durchmesser herstellen und je eine Vertiefung in die Mitte drücken.
■ Die Käse nebeneinander auf einen Teller legen. Mit grobem Salz bestreuen. Entweder sofort verzehren oder, mit Klarsichtfolie bedeckt, in den Kühlschrank stellen.

ITALIEN

Selbst gemachter Mascarpone
*Mit Unterstützung von Ricki Carroll
von der New England Cheesemaking Supply Company*

Dieser leicht süße, butterähnliche italienische Frischkäse wird heute in fast jedem Feinkostgeschäft oder größeren Supermarkt angeboten. Mit diesem Rezept können Sie ihn aber auch leicht selbst herstellen. Im Idealfall benötigen Sie nur süße Sahne und Weinsäure. Wichtig ist, dass die Sahne etwa 25 Prozent Fett enthält. Da sie in den USA jedoch kaum erhältlich ist, experimentierte ich mit 1/3 Crème double (mit 48 Prozent Fett) und 2/3 fettarmer Milch. Diese Mischung war geradezu perfekt, und darum gebe ich hier Crème double an.

Reichen Sie den Käse zu Obst oder probieren Sie ihn mit etwas Konfitüre auf Toast.

ERGIBT ETWA 450 GRAMM

475 ml Crème double
1,4 l fettarme Milch

1/2 TL Weinsäure (ich verwende hier Weinstein)

- Ein großes Sieb in die Spüle setzen und mit einem sauberen Küchentuch oder 3–4 Schichten Musselin (mindestens 60 × 60 cm) auskleiden.
- Crème double und Milch in den geschlossenen Aufsatz eines Dämpftopfs (oder Wasserbad benutzen) füllen und stark erhitzen. Regelmäßig durchrühren, ein Thermometer bereitlegen. Sobald fast 75 °C erreicht sind, auf schwache Hitze schalten. Weiterrühren, bis 85 °C erreicht sind, aber nicht überschritten werden. Auf schwächste Hitze schalten, die Weinsäure einstreuen und gut unterrühren. Den Herd ausschalten, den Topf stehen lassen. Innerhalb 1 Minute sollte die Sahnemilch eindicken und die Molke sich absetzen. Geschieht dies nicht, noch eine kleine Menge Weinsäure unterrühren. Nach 2–3 Minuten sollte die Mischung eingedickt sein. In das vorbereitete Sieb gießen.
- Fließt die Molke nicht richtig ab, das Tuch mit dem Käse an den Enden anheben und zu einem losen Bündel drehen. Falls nötig, das gefüllte Tuch gegen das Sieb schwenken oder mit einem großen Löffel dagegen drücken. Ist möglichst viel Molke abgeflossen, das Sieb mit dem Bündel auf eine kleine Schüssel setzen und in den Kühlschrank stellen. Wegen des hohen Fettgehalts kann der Käse leicht verderben. Wenn die Flüssigkeit nach 2–4 Stunden abgetropft ist, den Käse aus dem Tuch nehmen und in einem geschlossenen Behälter erneut kalt stellen.

INDIEN

Selbst gemachter Paneer mit Spinat
Saag paneer

Dies ist eine weitere Spezialität aus dem Punjab, die in den Wintermonaten sehr beliebt ist. Zu dieser Jahreszeit bekommt man Spinat und viele andere Blattgemüse in reicher Fülle. Mitunter wird der Spinat auch mit anderem Gemüse kombiniert, etwa Senfkohl, Sarson oder Methi (dem frischen Grün von Bockshornklee). Hinzu kommen stets ein paar grüne Chilis, die Schärfe und Vitamine beisteuern. Die Mischung wird ganz weich gegart und dann mit einem speziellen Holzstampfer leicht zerdrückt. Tomaten, Ingwer und Zwiebeln sorgen für zusätzliches Aroma. Den frischen Paneer gibt man erst in den letzten 5 Minuten dazu.

Das einfache bäuerliche Gericht wird auch von den größten Feinschmeckern geschätzt und ist zu einem echten Klassiker indischer Restaurants geworden. Doch zu Hause können Sie es mit frischem Gemüse und selbst hergestelltem Paneer zubereiten. Falls Sie das frische Grün von Bockshornklee verwenden, die Blätter von den Stängeln lösen und gründlich waschen.

FÜR 4–5 PERSONEN

800 g frischer Spinat, harte Stiele entfernt, gewaschen, abgetropft und grob gehackt
2 EL getrocknete oder 2–3 Hand voll frische Bockhornkleeblätter *(Methi,* siehe Einleitung)
1 frischer scharfer grüner Chili, grob gehackt
1 TL Maisstärke
3 EL Pflanzenöl
4 EL fein gehackte Zwiebeln
4 cm frischer Ingwer, geschält und fein gerieben
225 g Tomaten, fein gehackt
1 1/4 TL Salz
1 1/2–2 TL gerösteter, gemahlener Kreuzkümmel (siehe Glossar)
1/4 TL Cayennepfeffer
1/4 TL gemahlener Zimt
Selbst gemachter indischer Käse *(Paneer)*, aus 475 ml Vollmilch und 3–4 EL Weißweinessig (siehe Seite 428, kleine Laibe), gewürfelt

■ In einem großen Topf 250 Milliliter Wasser aufkochen. Den Spinat, Bockshornklee und Chili hineingeben und zugedeckt 25 Minuten schwach kochen. Mit einem Holz- oder Kartoffelstampfer zu einem groben Püree zerdrücken (im Mixer wird das Püree etwas zu fein). Die Maisstärke untermischen und weitere 5 Minuten köcheln lassen, dabei ab und zu durchrühren.
■ Das Öl in einer Pfanne bei mittlerer bis hoher Temperatur erhitzen. Die Zwiebeln darin unter Rühren ganz leicht bräunen. Den Ingwer kurz mitrühren, auf mittlere bis schwache Hitze schalten. Die Tomaten untermischen und 10 Minuten köcheln lassen, bis sie leicht eindicken und eine kräftige Farbe bekommen. Die Tomaten unter den Spinat mischen, mit Salz, Kreuzkümmel, Cayennepfeffer und Zimt würzen und 5 Minuten köcheln lassen. Bei schwacher Hitze den *Paneer* vorsichtig einrühren und weitere 5 Minuten zugedeckt mitköcheln. Heiß servieren.

Pfannengerührtes Gemüse mit weichem Paneer

Dieses Gericht habe ich für Freunde kreiert, die sich ein ganz leichtes Mittagessen wünschten. Die benötigten 250 Gramm gemischtes Gemüse können Sie nach Belieben zusammenstellen und in gleichmäßige kleine Stücke schneiden. Dazu reiche ich am liebsten Reis und einen frischen Salat.

FÜR 4–6 PERSONEN

20 Stangen frischer Spargel
Selbst gemachter indischer Käse *(Paneer)*, aus
 2 l Vollmilch und 3–4 EL Weißweinessig
 (siehe Seite 428)
1 EL Olivenöl
1 Möhre, geschält und in 7,5 mm breite Stücke geschnitten
70 g frisch gepalte Erbsen oder Tiefkühlerbsen, aufgetaut
1 Frühlingszwiebel, in 7 mm dicke Ringe geschnitten
1 1/2 EL Öl aus gerösteten Sesamsamen
4 TL Sojasauce
1/2 TL Zucker

■ Den Spargel von den holzigen Enden befreien und die untere Hälfte der Stangen schälen. In 7 mm lange Stücke schneiden, die Spitzen ganz belassen.
■ In einer Schüssel den Käse in kleine Stücke zerkrümeln. Beiseite stellen.
■ Das Olivenöl in einer mittelgroßen Antihaft-Pfanne bei mittlerer bis hoher Temperatur erhitzen. Spargel, Möhre, Erbsen und Frühlingszwiebel darin 1 Minute pfannenrühren, bis das Gemüse eine kräftige Farbe angenommen hat. 4 Esslöffel Wasser hinzugießen, zum Köcheln bringen. Zugedeckt bei mittlerer bis schwacher Hitze 3 Minuten garen, bis der Spargel gerade weich ist. Sesamöl, Sojasauce und Zucker unterrühren und noch 1 Minute garen. Den Käse untermischen. Heiß servieren.

❖

INDIEN

Selbst gemachter Paneer mit Salsa
Chatpata paneer

In Indien gibt es Hunderte frischer Saucen und Chutneys, die man als Salsa bezeichnen könnte. Diese Salsa ist eine traditionelle Mischung aus Zwiebeln und Tomaten mit zusätzlicher Avocado, die inzwischen auch in Indien angebaut wird. Sie harmoniert wunderbar mit frischem Paneer.

EIER UND MILCHPRODUKTE

FÜR 2–4 PERSONEN

FÜR DIE SALSA

225 g reife Tomaten, enthäutet, Samen entfernt, grob gehackt
100 g Zwiebeln, sehr fein gewürfelt
1/2–1 frischer scharfer grüner Chili, fein gehackt
3–4 EL gehacktes frisches Koriandergrün
1 cm frischer Ingwer, geschält, klein gewürfelt
3 EL frisch gepresster Zitronensaft
3/4–1 TL Salz
1/4 TL Cayennepfeffer

1 TL gerösteter, gemahlener Kreuzkümmel (siehe Glossar)
1/2 mittelgroße Avocado, geschält und grob zerkleinert

AUSSERDEM

Selbst gemachter indischer Käse *(Paneer)*, aus 475 ml Vollmilch und 3–4 EL Weißweinessig (siehe Seite 428, kleine runde Laibe), in 0,5–1 cm dicke ovale Scheiben geschnitten

■ Die Zutaten für die Salsa in einer Schüssel vermischen. Dabei die Avocado ganz zum Schluss aufschneiden und unterziehen.

■ Die Käsescheiben auf 2–4 Teller verteilen und die Salsa gleichmäßig darüber anrichten. Sofort servieren.

❖

INDIEN

Selbst gemachter Paneer mit Tomaten
Timatar paneer

Dieses einfache Käsegericht aus dem Punjab im Nordwesten Indiens erinnert in Geschmack und Textur an Gnocchi. Es eignet sich als Vorspeise und Hauptgang. In den Dörfern des Punjab isst man es gern im Winter mit Roti (siehe Seite 340), Fladenbroten aus Vollkornmehl. Als Ersatz können Sie dazu auch fertiges Pitabrot reichen. Ein reichhaltiger frischer Salat ist die ideale Ergänzung. Im Punjab serviert man dazu etwa Rettich-Gurken-Salat und einige schmackhafte Pickles (siehe Seite 479 ff.).

FÜR 3–4 PERSONEN

2 EL Pflanzenöl
4 EL fein gehackte Zwiebel
300 g Tomaten, enthäutet und fein gehackt
1 TL gemahlener Kreuzkümmel
1/2 TL gemahlene Kurkuma
1/4 TL Cayennepfeffer
1/3 TL Salz

Selbst gemachter indischer Käse *(Paneer)*, aus 475 ml Vollmilch und 3–4 EL Weißweinessig (siehe Seite 428, kleine Laibe), gewürfelt
Frisch gemahlener schwarzer Pfeffer
2–3 EL fein gehacktes frisches Koriandergrün oder Petersilie

■ Das Öl in einem mittelgroßen Topf bei mittlerer bis hoher Temperatur erhitzen. Die Zwiebeln darin unter Rühren leicht bräunen. Tomaten, Kreuzkümmel, Kurkuma, Cayennepfeffer und Salz einrühren und bei mittlerer Hitze in etwa 5 Minuten leicht einkochen lassen. Den gewürfelten Käse vorsichtig untermischen. Bei schwacher Hitze noch 2 Minuten garen. Pfeffer und Koriandergrün oder Petersilie unterrühren. Heiß servieren.

INDIEN

Selbst gemachter Paneer, gebraten wie Rührei
Panir ki bhurji

Hierbei handelt es sich um eines der beliebtesten Gerichte, die in den kleinen Gaststätten (Dhabas) im Punjab serviert werden. An der Grand Trunk Road, die von West nach Ost durch ganz Indien verläuft, befinden sich zahllose Dhabas. Hier wird im Freien unter einem bunten Segeltuch gekocht. Die Speisen bereitet man meist in Karhais (indischen Woks) über Holzfeuer zu, und alle paar Minuten wird nach Paneer bhurji verlangt. Dafür gießt man etwas Öl in den Karhai und fügt Kreuzkümmel, Zwiebel, Ingwer, Tomaten und grüne Chili hinzu. Ein paar Hand voll geriebenen frischen Käse einrühren und mit Salz und Gewürzen abschmecken. Schon ist das Gericht fertig, das man gewöhnlich mit indischen Roti (siehe Seite 340) oder Naan (siehe Seite 342) verzehrt. Dazu passt aber auch Pitabrot.

FÜR 4 PERSONEN

2 EL Pflanzenöl
1/3 TL Kreuzkümmel
2 EL fein gehackte Zwiebeln
1 cm frischer Ingwer, geschält und sehr fein gehackt
125 g Tomaten, fein gehackt
1–3 TL frische scharfe grüne Chilis, fein gehackt (nach Belieben)
Selbst gemachter indischer Käse *(Paneer)*, aus 475 ml Vollmilch und 3–4 EL Weißweinessig (siehe Seite 428, kleine Laibe), auf der Rohkostreibe grob gerieben
1 kräftige Prise gemahlene Kurkuma
1–2 Messerspitzen Cayennepfeffer
1/3–1/2 TL Salz
1 Messerspitze *Garam masala* (siehe Glossar)

■ Das Öl in einer Pfanne bei mittlerer bis hoher Temperatur erhitzen. Den Kreuzkümmel darin einige Sekunden rösten. Die Zwiebeln hinzufügen und unter Rühren leicht bräunen. Zuerst den Ingwer, dann die Tomaten unterrühren und kurz erhitzen. Die Chilis (falls verwendet) untermischen. Bei mittlerer Hitze den geriebenen Käse dazugeben, sämtliche Gewürze einstreuen und vorsichtig unterrühren. Heiß servieren.

INDIEN

Knusprig frittierter selbst gemachter Paneer
Tala panir

Frischer indischer Käse ist wunderbar vielfältig. Man kann ihn zum Beispiel in Scheiben oder Streifen schneiden, pikant würzen und frittieren. Dabei wird er von außen herrlich knusprig, bleibt im Innern aber weich. Er schmeckt ohne Beigaben oder auf einem Salat angerichtet.

FÜR 4 PERSONEN ALS HAUPTGERICHT, FÜR 8 PERSONEN ALS VORSPEISE

Selbst gemachter indischer Käse *(Paneer)*, aus
　1 l Vollmilch und 6–8 EL Weißweinessig
　(siehe Seite 428, große Laibe), in 7 mm dicke,
　lange Scheiben geschnitten
2 Zitronen, halbiert
Salz
Frisch gemahlener schwarzer Pfeffer
1/4–1/2 TL Cayennepfeffer
1 1/2 TL gemahlener Kreuzkümmel
1 1/2 TL getrockneter Oregano
2 EL Kichererbsenmehl
Pflanzenöl zum Frittieren

■ Die Käsescheiben nebeneinander auf ein Brett legen. Die Oberfläche leicht einritzen und mit dem Saft von 1/2 Zitrone beträufeln. Großzügig mit Salz und Pfeffer und jeweils der Hälfte Cayennepfeffer, Kreuzkümmel, Oregano und Kichererbsenmehl bestreuen. Die Gewürze mit der flachen Hand andrücken. Die Scheiben wenden und den Vorgang wiederholen.

■ Das Öl in einem Wok oder Frittiertopf bei mittlerer Temperatur erhitzen. Immer nur so viele Käsescheiben ins heiße Öl gleiten lassen, dass sie nebeneinander Platz haben. In etwa 2 Minuten leicht goldbraun frittieren. Mit einem Schaumlöffel herausnehmen, auf Küchenpapier abtropfen lassen. Zügig mit noch etwas Salz und Pfeffer sowie reichlich Zitronensaft würzen. Sofort servieren.

SYRIEN

Selbst gemachter Käse mit Oliven
Joban

Reichen Sie diesen Käse als Vorspeise mit anderen regionalen Spezialitäten, etwa Bohnen-, Bulgur-, Tomaten- und Artischockensalat. Dazu isst man Fladenbrot, aber auch fertig gekauftes Pitabrot eignet sich.

FÜR 3–6 PERSONEN

3 runde selbst gemachte syrische Käselaibe (siehe Seite 431)
1/2 TL fein gehackter frischer Rosmarin
5–6 EL natives Olivenöl extra
Etwa 18 schwarze Oliven von guter Qualität
1 Rosmarinzweig zum Garnieren

■ Die Käse mit der Vertiefung nach oben in der Mitte einer flachen Schale anrichten. Mit dem gehackten Rosmarin bestreuen und das Olivenöl darüber träufeln.

■ Je 1 Olive in die Vertiefungen stecken, die übrigen Oliven rundum verteilen. Mit dem Rosmarinzweig garnieren und servieren (nicht offen stehen lassen).

❖

Syrischer Käse mit Gurke und Sesam

Diese Kombination ergibt einen leichten, erfrischenden Salat.

FÜR 4 PERSONEN

20 cm Salatgurke, geschält und in 7 mm große Würfel geschnitten
2 runde selbst gemachte syrische Käselaibe (siehe Seite 431), in 7 mm große Würfel geschnitten
1/2 TL Salz
Frisch gemahlener schwarzer Pfeffer
1 EL fein gehackte frische Minze
1 kräftige Prise Cayennepfeffer
1 1/2 EL frisch gepresster Zitronensaft
1 1/2 EL Olivenöl
2 TL geröstete Sesamsamen (siehe Glossar)

■ Sämtliche Zutaten in einer Schüssel vermischen. Falls nötig, mit zusätzlichem Salz nachwürzen.

JOGHURT

Von Griechenland bis Indien ist der Joghurt aus der Küche nicht wegzudenken. In Syrien füllt man damit kleine dreieckige Kuchen, in Indien vermischt man ihn mit frischer Mango, in der Türkei bereitet man daraus Käse, in Armenien gehört er in kalte Suppen aus Kichererbsen und Weizen, in Griechenland ist er die Grundlage für Tsatsiki (siehe Seite 451), und im Iran genießt man ein kühlendes Sommergetränk aus Joghurt, Eis und Rosenwasser. Mit Joghurt verfeinert man Gemüsegerichte, man bereitet daraus Eintöpfe, Saucen, Fritters, Kuchen und *Halva* sowie feine Dressings und Dips.

Bei uns zu Hause in Indien setzte meine Mutter in einer rauen Keramikschale den Joghurt jeden Abend selbst an. Schon am nächsten Morgen war er fest und konnte zum Mittagessen serviert werden; oder er wurde ins Büro oder in die Schule mitgenommen.

In den Dörfern des Punjab in Nordindien bereitet man Joghurt aus fettreicher Büffelmilch. Zuerst lässt man ihn in speziellen Tongefäßen, die in noch größeren Tongefäßen mit glühenden Kohlen stehen, mehrere Stunden langsam köcheln und eindicken. Das Ergebnis ist ein wunderbar cremiger Joghurt, der mit Honig oder *Jaggery* (siehe Glossar) ein köstliches natürliches Dessert ergibt.

Im Grunde kann man alle Gemüsesorten und fast alle Kräuter unter Joghurt mischen. Zudem harmoniert er bestens mit verschiedenen Gewürzen – von zerstoßenen Senfsamen bis zu geröstetem Kreuzkümmel, und er beruhigt den Magen, vor allem, wenn man ihn mit Reis kombiniert. Joghurt eignet sich auch für Saucen, doch da er beim Kochen gerinnt, muss man ihn zuvor mit etwas Mehl vermischen. In Indien verwendet man dafür meist Kichererbsenmehl, wie in dem Gemüseeintopf mit Kichererbsenmehlsauce (siehe Seite 191).

In Europa ist das Angebot verschiedener Joghurts mittlerweile sehr vielfältig. Es reicht von fettreichem Sahnejoghurt bis zu Joghurt aus Magermilch. Wer regelmäßig Joghurt isst, kann sich sogar eine Joghurtmaschine zulegen. Doch auch ohne Maschine ist die Joghurtherstellung zu Hause wirklich einfach. Man bereitet ihn so, wie es schon seit Tausenden von Jahren in Osteuropa sowie Süd- und Westasien geschieht. Das Wichtigste dabei ist eine gute Joghurtkultur, denn sie beeinflusst den Geschmack. Ich kenne eine Familie, die ihre eigene Joghurtkultur auf Eis von Indien nach Amerika mitbrachte – so wichtig war ihnen die Qualität. Wer bei Freunden oder sogar in einem Restaurant einen besonders guten hausgemachten Joghurt probiert hat, sollte ruhig um ein paar Löffel davon für die eigene Zubereitung bitten. Daraus setzen Sie zu Hause Ihren eigenen Joghurt an, und zwar ganz nach Geschmack aus Vollmilch, fettarmer oder entrahmter Milch (Magermilch).

Selbst gemachter Joghurt

Wenn Sie nur halb so viel Joghurt benötigen – kein Problem: Halbieren Sie einfach die Menge der Zutaten.

ERGIBT 1 LITER

1 l Vollmilch, fettarme oder entrahmte Milch

2 EL Naturjoghurt mit aktiven Kulturen

■ Die Milch in einem Topf mit schwerem Boden aufkochen. Sobald sie aufsteigt, den Herd ausschalten. Die Milch in einem Krug auf 38–43 °C abkühlen lassen.

■ Inzwischen den Joghurt in einer großen Keramikschüssel cremig schlagen. Die lauwarm abgekühlte Milch (die korrekte Temperatur ist sehr wichtig) nach und nach zum Joghurt gießen und dabei kräftig rühren. Hat sich auf der Milch eine Haut gebildet, diese unterrühren. Die Schüssel mit Klarsichtfolie abdecken und an einem warmen Ort bei 29–38 °C stehen lassen. Die Mischung sollte über einen Zeitraum von 6–8 Stunden eindicken. Im Kühlschrank hält sich selbst gemachter Joghurt 3–4 Tage.

❖

Selbst gemachter Joghurt aus eingekochter Milch

Dieser Joghurt ist cremiger und gehaltvoller als im obigen Rezept.

ERGIBT 475 MILLILITER

1 l Vollmilch, fettarme oder entrahmte Milch

2 EL Naturjoghurt mit aktiven Kulturen

■ Die Milch in einem Topf mit schwerem Boden aufkochen. Sobald sie aufsteigt, auf mittlere Hitze schalten. Unter Rühren die Milch um die Hälfte einkochen lassen. In einem Krug auf 38–43 °C abkühlen lassen.

■ Inzwischen den Joghurt in einer großen Keramikschüssel cremig schlagen. Die lauwarm abgekühlte Milch (die korrekte Temperatur ist sehr wichtig) nach und nach zum Joghurt gießen und dabei rühren. Hat sich auf der Milch eine Haut gebildet, diese unterrühren. Die Schüssel mit Klarsichtfolie abdecken und an einem warmen Ort bei 29–38 °C stehen lassen. Die Mischung sollte in 6–8 Stunden eindicken. Im Kühlschrank hält sich selbst gemachter Joghurt 3–4 Tage.

INDIEN

»Eingelegter« Joghurt
Dahi ka achar

Aufgrund der traditionellen Zutaten vermute ich, dass es sich hierbei um ein sehr altes Rezept handelt – es werden keine Chilis aus der Neuen Welt verwendet. In Indien ist Milch seit 6 000 Jahren Bestandteil der Kultur, es gibt kaum eine Mahlzeit ohne Milch oder Milchprodukte. Zu den bereits bekannten vielen tausend Joghurtgerichten kommen täglich neue hinzu.

Für die traditionelle Zubereitung dieses Joghurts werden Senfsamen vermahlen und auf einem Teller mit der flachen Hand mit etwas sehr heißem Wasser vermischt. Auf die gleiche Weise gibt man ein wenig Senföl hinzu. So entsteht eine ähnliche Emulsion wie bei verquirltem Öl und Essig. Der ungewöhnliche Name basiert auf den verwendeten Gewürzen, die gewöhnlich zum Einlegen dienen.

Ich habe diese alte Spezialität vereinfacht und verwende groben französischen Pommery-Senf, anstatt die Senfsamen selbst zu mahlen. Zudem habe ich das Senföl durch extranatives Olivenöl ersetzt. Verwenden Sie den Joghurt als Sauce zu Gerichten mit Bohnen und Reis oder als Dip für Gemüse. Für einen wunderbaren Salat fügen Sie einfach etwas gegartes Gemüse hinzu, etwa 2 mittelgroße Kartoffeln (gegart, abgekühlt, gepellt und gewürfelt) oder etwa 180 Gramm Blumenkohlröschen (nur kurz in Salzwasser gegart).

FÜR 4–6 PERSONEN

250 ml Naturjoghurt
1/4–1/3 TL Salz
1 kräftige Prise Cayennepfeffer
Frisch gemahlener schwarzer Pfeffer
1 TL sehr fein geriebener geschälter frischer Ingwer
1/2 TL gerösteter, gemahlener Kreuzkümmel (siehe Glossar)
2 TL grober französischer Senf (etwa Pommery)
1 EL natives Olivenöl extra, plus 1 TL zum Braten
1 kräftige Prise *Asafoetida* (siehe Glossar)
1/4 TL Kreuzkümmel

■ Den Joghurt in einer Schüssel mit einer Gabel leicht verschlagen, bis er glatt und cremig ist. Salz, Cayennepfeffer, Pfeffer, Ingwer, gerösteten Kreuzkümmel, den Senf sowie 1 Esslöffel Öl gut untermischen. Abschmecken, bei Bedarf nachwürzen.

■ Das restliche Öl in einem kleinen Topf bei mittlerer Temperatur sehr heiß werden lassen. *Asafoetida* und Kreuzkümmel darin wenige Sekunden rösten, bis der Kreuzkümmel etwas dunkler geworden ist. Über den Joghurt gießen und unterrühren.

VARIANTE
Zusätzlich 1 geschälte und geriebene Möhre oder 2 Esslöffel fein gehacktes frisches Koriandergrün oder 6 Esslöffel geriebenen weißen Rettich untermischen.

INDIEN

Möhren-Raita
Gajar ka raita

Dieses leicht süße orangegelbe Joghurtgericht ergibt ein einfaches leichtes Mittagessen und kann zu einem größeren indischen Essen serviert werden. Dank des feinen Geschmacks passt es aber auch zu beinahe jedem internationalen Salat. Im Sommer reiche ich es gern zu türkischen, griechischen und marokkanischen Salaten und reiche nur etwas Fladenbrot dazu.

Sie können nach Belieben auf die Prise Asafoetida *verzichten, doch sorgt sie für das besondere trüffelartige Aroma.*

FÜR 2–6 PERSONEN

- 2 EL Pflanzenöl (ich verwende Olivenöl)
- 1 TL braune Senfsamen, ersatzweise gelbe Senfsamen
- 1 Prise *Asafoetida* (siehe Glossar)
- 4 mittelgroße Möhren (insgesamt 225 g), geschält, grob geraspelt
- 1/2 TL Salz
- 475 ml Naturjoghurt (aus Vollmilch, fettarmer oder entrahmter Milch)
- Frisch gemahlener schwarzer Pfeffer
- 1–2 Messerspitzen Cayennepfeffer (nach Belieben)

■ Das Öl in einer mittelgroßen Pfanne bei mittlerer bis hoher Temperatur erhitzen. Die Senfsamen darin in wenigen Sekunden aufplatzen lassen. Sofort *Asafoetida*, dann die Möhren hinzufügen, 15 Sekunden rühren. Den Herd ausschalten. 1/4 Teelöffel Salz untermischen. Abkühlen lassen.

■ Inzwischen den Joghurt in einer Schüssel mit einer Gabel leicht verschlagen, bis er glatt und cremig ist. Das übrige Salz, etwas Pfeffer und Cayennepfeffer (falls verwendet) unterrühren. Die abgekühlten Möhren untermischen. Mit Raumtemperatur oder gekühlt servieren.

EIER UND MILCHPRODUKTE   443

INDIEN

Joghurt mit Kräutern
Hara dahi

Probieren Sie diesen Joghurt als erfrischende Sauce zu einer Ofenkartoffel oder einer gebackenen Aubergine.

FÜR 4–6 PERSONEN

250 ml Naturjoghurt
1/3 TL Salz
Frisch gemahlener schwarzer Pfeffer
1/2–1 frischer scharfer grüner Chili, fein gehackt

1 EL fein gehackte frische Minze
2 EL fein gehacktes frisches Koriandergrün
1 EL feine Schnittlauchröllchen

■ Den Joghurt in einer Schüssel mit einer Gabel leicht verschlagen, bis er glatt und cremig ist. Die übrigen Zutaten untermischen. Falls nötig, nachwürzen.

INDIEN

Zwiebel-Minze-Raita
Pyaz aur pudina ka raita

Dieses Raita ist eine wunderbare Ergänzung für Gerichte mit Hülsenfrüchten.

FÜR 4 PERSONEN

4 Frühlingszwiebeln
250 ml Naturjoghurt
1/3 TL Salz
Frisch gemahlener schwarzer Pfeffer

1 TL gerösteter, gemahlener Kreuzkümmel (siehe Glossar)
1 kräftige Prise Cayennepfeffer
2–3 EL fein gehackte frische Minze

■ Die Frühlingszwiebeln in sehr dünne Ringe schneiden. Dabei nur die weißen und hellgrünen Teile verwenden. In eine kleine Schüssel mit eisgekühltem Wasser geben und zugedeckt 1–2 Stunden kalt stellen. Abgießen, auf ein sauberes Küchentuch streuen, die Tuchenden zusammendrehen und möglichst viel Flüssigkeit ausdrücken. Beiseite stellen.
■ Den Joghurt in einer Schüssel mit einer Gabel leicht verschlagen, bis er glatt und cremig ist. Mit Salz und Pfeffer sowie dem Kreuzkümmel und Cayennepfeffer verrühren. Zuletzt die Frühlingszwiebeln und die Minze untermischen. Kalt servieren.

VARIANTE

Joghurt mit Zwiebel, Minze und Kichererbsen
(Pyaz, pudinay aur chholay ka raita)
Wie im Hauptrezept zubereiten, jedoch folgende Änderungen beachten: Am Ende 180 Gramm abgetropfte gegarte Kichererbsen untermischen. Nach Belieben etwas mehr Salz hinzufügen. Manchmal gebe ich gern noch 1 Esslöffel Tamarinden-Chutney (siehe Seite 474) darüber. Zu einem indischen Essen oder als Snack servieren.

Joghurt mit Tomaten und Basilikum

Dieses Gericht entstand aus etwas übrig gebliebenem Tomatensalat mit Basilikum. Ich gab frische Tomaten und ein wenig Joghurt hinzu, und das Ergebnis war sehr erfreulich. Wir hatten an diesem Tag ein großes Grillessen mit gemischtem Gemüse, Gemüsemais und Kartoffeln geplant, die wunderbar mit der neuen Kreation harmonierten.

FÜR 4–6 PERSONEN

250 ml Naturjoghurt
1/2 TL Salz
Frisch gemahlener schwarzer Pfeffer
2 mittelgroße Tomaten, enthäutet, Samen entfernt und in 5 mm große Stücke geschnitten
2 EL gehacktes frisches Basilikum
1 EL natives Olivenöl extra

■ Den Joghurt in einer Schüssel mit einer Gabel leicht verschlagen, bis er glatt und cremig ist. Salz, Pfeffer, Tomaten und Basilikum untermischen. Falls nötig, nachwürzen. In eine Servierschüssel füllen, mit Olivenöl beträufeln, sofort auf den Tisch bringen.

INDIEN

Gurken-Raita aus Gujarat
Kheera raita

Servieren Sie dieses Raita als Sauce oder kleinen Imbiss.

FÜR 4 PERSONEN

250 ml Naturjoghurt, leicht verschlagen
1/2 TL Salz
1/2 TL Zucker
1 kräftige Prise Cayennepfeffer
13 cm Salatgurke, geschält und geraspelt
1 EL Erdnuss- oder Maiskeimöl
1/2 TL braune Senfsamen
1/4 TL Kreuzkümmel

■ Den Joghurt in einer Schüssel mit Salz, Zucker und Cayennepfeffer verrühren. Die Gurke untermischen.
■ Das Öl in einer kleinen Pfanne bei mittlerer bis hoher Temperatur erhitzen. Die Senfsamen und den Kreuzkümmel darin wenige Sekunden rösten, bis der Senf aufplatzt. Über den Joghurt gießen, unterrühren. Gekühlt servieren.

INDIEN

Spinatjoghurt mit Kardamom und Nelken
Saag ka dahi

Erst kürzlich entdeckte ich dieses ungewöhnliche Gericht aus Hyderabad. Unter den Joghurt wird ein wenig gerösteter gemahlener Reis gemischt. Zum Würzen dienen Zimt, Kardamom und Gewürznelken.

Ich verwende 1 Esslöffel Reis, obwohl man viel weniger benötigt. Doch weniger lässt sich schwer in der elektrischen Mühle mahlen.

Servieren Sie dazu Reis oder Fladenbrote und Hülsenfrüchte.

FÜR 4–6 PERSONEN

2 EL Erdnuss-, Maiskeim- oder Olivenöl, plus 2 TL zum Braten
2,5 cm Zimtstange
4 grüne Kardamomkapseln
8 Gewürznelken
1 kleine Zwiebel (60 g), geschält und in feine Halbringe geschnitten
1 TL geschälter, sehr fein geriebener frischer Ingwer
1 Knoblauchzehe, geschält und fein zerstoßen
300 g Spinat, harte Stiele entfernt, gewaschen, abgetropft und grob gehackt
3/4 TL Salz
475 ml Naturjoghurt
Frisch gemahlener schwarzer Pfeffer
1 kräftige Prise Cayennepfeffer
1 EL Langkornreis (roh)

■ In einer großen, weiten Antihaft-Pfanne 2 Esslöffel Öl bei mittlerer bis hoher Temperatur sehr heiß werden lassen. Zimt, Kardamom und 4 Gewürznelken darin wenige Sekunden rösten, bis sie zischen. Zügig die Zwiebel hinzufügen und unter Rühren in etwa 3 Minuten leicht anbräunen. Ingwer und Knoblauch kurz mitrühren. Den Spinat mit 1/4 Teelöffel Salz hinzufügen und rühren, bis er nach 3–4 Minuten zusammengefallen und weich ist. Den Herd ausschalten. Die Gewürze herausnehmen und wegwerfen.

■ Den Joghurt in einer Schüssel mit einer Gabel leicht verschlagen, bis er glatt und cremig ist. Das übrige Salz, Pfeffer und Cayennepfeffer unterrühren.

■ Den Reis in einer kleinen, gusseisernen Pfanne bei mittlerer bis hoher Temperatur unter Rühren etwa 4 Minuten rösten und leicht Farbe nehmen lassen. Herausnehmen, abkühlen lassen. In einer sauberen Kaffeemühle oder Gewürzmühle zu feinem Pulver zermahlen und 1 1/2 Teelöffel unter den Joghurt rühren. Den Spinat gleichmäßig untermischen.

■ In einer kleinen Pfanne das übrige Öl erhitzen. Die restlichen Gewürznelken darin rösten. Sie gehen dabei auf und zischen. Über den Joghurt gießen, nicht untermischen. Den Joghurt nach Belieben kalt stellen oder mit Raumtemperatur reichen. Erst kurz vor dem Servieren die Gewürznelken entfernen, das aromatisierte Öl untermischen.

IRAN

Joghurt mit Aubergine und Walnüssen
Boorani bademjan ◆ Shamsi Davis

Mit Fladenbroten bildet diese Joghurtspezialität oft den Auftakt eines Essens. Man serviert sie mit Raumtemperatur oder gekühlt.

Hier wird gemahlener Safran verwendet. Ich empfehle jedoch, lieber 1 kräftige Prise Safranfäden mit 1 Prise Zucker im Mörser zu zerreiben oder ganz darauf zu verzichten.

FÜR 6 PERSONEN

- 1 mittelgroße Aubergine (400–450 g)
- 30 g Butter
- 1 Knoblauchzehe, geschält und fein gehackt
- 3 EL fein gehackte Zwiebeln
- 475 ml Naturjoghurt
- 3/4–1 TL Salz
- Frisch gemahlener schwarzer Pfeffer
- 3 EL gehackte Walnüsse
- 1 kräftige Prise gemahlener Safran (siehe Einleitung)
- 6–8 frische Basilikumblätter

■ Den Backofen auf 230 °C vorheizen. Die Aubergine rundum mit einer Gabel einstechen. Ein Backblech mit Alufolie auslegen und die Aubergine darauf geben. Etwa 1 Stunde im Ofen backen, dabei alle 15 Minuten wenden. Die Aubergine sollte flacher und im Innern sehr weich werden. Die Haut mit den Fingern abziehen, den Stielansatz wegschneiden, das Fleisch fein zerstampfen.

■ Die Butter in einem kleinen Topf bei mittlerer Temperatur zerlassen. Knoblauch und Zwiebeln darin unter Rühren weich schwitzen; eventuell die Hitze reduzieren, damit sie nicht braun werden. Den Herd ausschalten, abkühlen lassen.

■ Den Joghurt in einer Schüssel mit einer Gabel glatt und cremig schlagen. Salz, Pfeffer, Auberginenfleisch, die Zwiebeln und die Walnüsse untermischen. Bis zur Verwendung nach Belieben kalt stellen. Zum Servieren in einer Schüssel anrichten, mit Safran bestreuen und mit Basilikum garnieren.

❖

IRAN

Joghurt mit Sellerie und Pistazien
Boorani karas ◆ Shamsi Davis

Diese außergewöhnliche Boorani-Speise schmeckt ebenso erfrischend, wie sie aussieht. Man reicht sie traditionell – wie alle Booranis – mit Fladenbrot als Vorspeise oder als Beilage zu einem Hauptgericht.

FÜR 4–6 PERSONEN

- 2 EL ungesalzene Pistazienkerne
- 30 g Butter
- 3 EL sehr fein gehackte Zwiebeln
- 150 g Bleichsellerie, in sehr dünne Stücke geschnitten
- Etwa 3/4 TL Salz
- 475 ml Naturjoghurt

- Die Pistazien für 3 Stunden in heißem Wasser einweichen. Portionsweise herausnehmen, von der Haut befreien und längs vierteln. Beiseite stellen.
- Die Butter in einer kleinen Pfanne bei mittlerer bis hoher Temperatur zerlassen. Zwiebeln und Sellerie darin unter Rühren in 3–4 Minuten halb weich braten. Eventuell die Hitze reduzieren, damit der Sellerie nicht braun wird. Mit etwa 1/4 Teelöffel Salz würzen. Den Herd ausschalten, abkühlen lassen.
- Den Joghurt in einer Schüssel mit einer Gabel leicht verschlagen, bis er glatt und cremig ist. 1/2 Teelöffel Salz unterrühren. 1 Esslöffel Selleriemischung beiseite stellen, den Rest zum Joghurt geben. Die Pistazien bis auf 2 Teelöffel ebenfalls hinzugeben und alles vermischen. Zum Servieren mit der zurückbehaltenen Selleriemischung und den restlichen Pistazien garnieren.

INDIEN

Joghurt mit Banane südindisch
Pacchadi

Pacchadis sind die Raitas *Südindiens*, die in mancherlei Varianten zu vielen vegetarischen Mahlzeiten gereicht werden. Oft dickt man sie mit ganz frischem, fein geraspeltem Kokosfleisch ein. Wer keine frische Kokosnuss bekommt, verzichtet lieber darauf. Servieren Sie diese einfache Variante als Sauce oder kleinen Imbiss.

FÜR 4 PERSONEN

250 ml Naturjoghurt
1/3 TL Salz
Frisch gemahlener schwarzer Pfeffer
1 TL sehr fein geriebener geschälter frischer Ingwer
1 TL Zucker
2 EL sehr fein geriebene frische Kokosnuss

1/2–1 frischer scharfer grüner Chili, fein gehackt
2 TL Maiskeim- oder Erdnussöl
1/2 TL braune Senfsamen
1 feste, aber reife, mittelgroße Banane, kurz vor dem Verzehr in 7 mm dicke Scheiben geschnitten

- Den Joghurt in einer Schüssel mit einer Gabel leicht verschlagen, bis er glatt und cremig ist. Salz, Pfeffer, Ingwer, Zucker, Kokosraspel und Chili untermischen. Bei Bedarf nachwürzen.
- Das Öl in einem kleinen Topf erhitzen. Die Senfsamen darin in wenigen Sekunden aufplatzen lassen. Über den Joghurt gießen und unterrühren. Erst kurz vor dem Servieren die Banane untermischen.

INDIEN

Joghurt mit Walnüssen und Sultaninen
Akhrote aur kishmish ka raita

Um das Aroma dieser Joghurtspeise zu variieren, können Sie auch ein paar Esslöffel gewürfelten grünen Apfel hinzugeben.

FÜR 4–6 PERSONEN

250 ml Naturjoghurt
1/4 TL Salz
1 TL Zucker
Frisch gemahlener schwarzer Pfeffer
1 EL fein gehackte frische Minze
4 EL gehackte Walnüsse
15 g *Ghee* (geklärte Butter, siehe Glossar), Erdnuss- oder Maiskeimöl
4 EL Sultaninen

■ Den Joghurt in einer Schüssel mit einer Gabel leicht verschlagen, bis er glatt und cremig ist. Salz, Zucker, Pfeffer, Minze und die Walnüsse untermischen.

■ *Ghee* oder Öl in einer kleinen Pfanne bei mittlerer Temperatur erhitzen. Die Sultaninen darin kurz rühren, bis sie aufgehen. Zügig über dem Joghurt verteilen und untermischen.

❖

INDIEN

Chayoten mit südindischer Joghurtsauce
Moru kootu

In Südindien dient Joghurt als Sauce für gekochtes, gedämpftes und pfannengerührtes Gemüse. Da er jedoch nicht mit Mehl gebunden wird, gibt man ihn erst zum Schluss hinzu und erhitzt ihn nur vorsichtig, damit er nicht gerinnt. Hinzu kommen allerdings noch frische Kokosnuss und einige geröstete Gewürze.

Die Chayote ist ein Gemüse, das ich sehr schätze. Ihre Form erinnert an eine abgeflachte Birne von hellgrüner Färbung. Sie schmeckt ähnlich wie Kürbis, doch hat sie eine sehr viel festere, knackigere Konsistenz. Chayoten müssen geschält werden, den Kern kann man nach Belieben entfernen.

Wer keine Chayoten bekommt, verwendet stattdessen Zucchini (etwa die gleiche Menge, aber in der Hälfte Wasser nur 5 Minuten garen), Kartoffeln (die gleiche Menge, aber kochen, pellen, würfeln und wie Zucchini zubereiten) oder Kürbisfleisch (die gleiche Menge, wie die Chayoten gegart, aber nur 15 Minuten).

Mit frischer Kokosnuss wird die Sauce richtig cremig. Als Ersatz eignen sich jedoch auch 5 Esslöffel ungesüßte Kokosraspel, die zuvor 1 Stunde in 3 Esslöffel heißem Wasser eingeweicht werden.

Diese Joghurtsauce harmoniert wunderbar mit Reis und Hülsenfruchtgerichten.

EIER UND MILCHPRODUKTE 449

FÜR 4 PERSONEN

3 Chayoten (insgesamt 675 g)
2 EL Erdnuss- oder Maiskeimöl
1/4 TL braune Senfsamen
10–15 frische Curryblätter (siehe Glossar)
1 kräftige Prise gemahlene Kurkuma
1 TL Salz
2 TL Koriander

1 getrockneter scharfer roter Chili
1/4 TL Bockshornkleesamen
1 TL *Chana dal* (siehe Seite 177) oder gelbe Schälerbsen (Splittererbsen)
250 ml Naturjoghurt
70 g frisch geraspelte Kokosnuss (siehe Glossar)
1/2–1 frischer scharfer grüner Chili, sehr fein gehackt

■ Die Chayoten schälen und längs halbieren, den Kern nicht entfernen. Mit der Schnittseite auf ein Brett legen, längs in 3 gleich dicke Teile und diese dann quer in 1 cm breite Stücke schneiden.

■ Das Öl in einer weiten Pfanne bei mittlerer bis hoher Temperatur stark erhitzen. Die Senfsamen darin in wenigen Sekunden aufplatzen lassen. Die Curryblätter einrühren, danach sofort die Chayoten hinzufügen und 1 Minute pfannenrühren. Kurkuma und 3/4 Teelöffel Salz untermischen, 1 Minute pfannenrühren. 125 Milliliter Wasser hinzugießen, aufkochen. Zugedeckt bei schwacher Hitze 20 Minuten köcheln lassen, bis die Chayoten weich sind.

■ Inzwischen Koriander, Chili, Bockshornklee und *Chana dal* in einer kleinen, gusseisernen Pfanne bei mittlerer Hitze unter Rühren rösten, bis die *Chana dal* sich verfärben. Vom Herd nehmen, abkühlen lassen. In der sauberen Kaffeemühle zu Pulver vermahlen.

■ Den Joghurt in einer Schüssel mit dem restlichen Salz, den gerösteten Gewürzen, Kokosraspeln und Chili verrühren.

■ Sobald die Chayoten weich sind, auf schwächste Hitze schalten und die Joghurtmischung einrühren. Eventuell nachsalzen. Schwach erhitzen, dabei ständig rühren. Der Joghurt darf keinesfalls kochen. Den Herd rechtzeitig ausschalten. Sofort servieren.

JOGHURTKÄSE

Joghurtkäse kennt man vom östlichen Mittelmeerraum bis zum indischen Subkontinent. Seine Herstellung ist überhaupt nicht schwierig. Man gibt Joghurt in ein Musselintuch, das zusammengebunden und aufgehängt wird, damit die Flüssigkeit ablaufen kann. Der Joghurt wird dabei fest und streichfähig. Für weichen Käse lässt man ihn 3 Stunden, für festeren Käse bis zu 8 Stunden ablaufen. Nun kann man den Käse mit unterschiedlichsten Beigaben kombinieren. Im Westen Griechenlands mischt man zerkrümelten Feta und gehackte rote Paprika darunter; im Osten der Türkei gehackte Oliven und Gurken oder Walnüsse und rote Paprikapaste (siehe Seite 470); und in Westindien rührt man gern frisches Mangopüree ein.

Joghurtkäse ergibt mit nur wenigen weiteren Zutaten eine wunderbare Vorspeise, er schmeckt zum Frühstück, zu Hauptgerichten und sogar als Dessert. Den cremigsten Käse gewinnt man aus Vollmilchjoghurt, aber auch fettarmer Joghurt eignet sich.

Selbst gemachter Joghurtkäse

Wer diesen Käse ohne Beilagen verzehren möchte, sollte vor dem Abtropfen 1/4 Teelöffel Salz über den Joghurt streuen. Im Nahen Osten serviert man den Käse gern in einer flachen Schale oder auf einem kleinen Teller und verteilt etwas Paprikapulver und bestes Olivenöl darüber. Dazu isst man Fladenbrot.

Möchten Sie Joghurtkäse häufiger selbst herstellen, können Sie einen quadratischen Beutel (30 cm breit) aus drei Lagen Musselin nähen. So müssen sie nicht jedes Mal neuen Stoff zerschneiden.

ERGIBT ETWA 250 MILLILITER
475 ml Vollmilch- oder fettarmer Joghurt

■ Ein Sieb in eine Schüssel setzen. Ein Musselintuch dreifach falten, zu einem Quadrat von etwa 30 cm Kantenlänge schneiden und in das Sieb legen. Den Joghurt in die Mitte des Siebs füllen. Die Tuchenden aufnehmen und zusammendrehen, sodass ein lockeres Bündel entsteht. Mit Schnur fixieren, an den Wasserhahn der Spüle hängen und je nach gewünschter Konsistenz 3–8 Stunden abtropfen lassen. (Nach 3 Stunden ist der Käse cremig weich, nach 8 Stunden fester.) Das Tuch öffnen und den Käse herausnehmen. In einem verschlossenen Behälter im Kühlschrank bleibt er 48 Stunden frisch.

EIER UND MILCHPRODUKTE 451

GRIECHENLAND

Tsatsiki
Tatziki • Aus dem Restaurant Ta Nissia in Saloniki

Dieser beliebte Dip wird traditionell zu Pitabrot gereicht. Er passt aber auch zu Fritters, etwa knusprigen Zucchini-Chips (siehe Seite 151).

ERGIBT ETWA 300 MILLILITER

475 ml Vollmilch- oder fettarmer Joghurt
13 cm Salatgurke mit kleinen Samen
1/2 TL Salz

1–2 EL fein gehackter frischer Dill
1 Knoblauchzehe, geschält und fein zerdrückt
2 EL Olivenöl

■ Den Joghurtkäse herstellen, wie im Rezept auf Seite 450 beschrieben, und 4–5 Stunden abtropfen lassen.
■ Die Gurke schälen und in 5 mm große Würfel schneiden. Mit 1/4 Teelöffel Salz vermischen, 1 Stunde stehen lassen. Möglichst viel Feuchtigkeit mit den Händen ausdrücken.
■ Den Joghurtkäse in einer Schüssel mit dem übrigen Salz sowie Dill, Gurke, Knoblauch und Öl gründlich vermischen.

❖

GRIECHENLAND

Joghurtkäse mit Feta
Htipiti • Aus dem Restaurant Ta Nissia in Saloniki

Was ist stimmungsvoller, als in einem Strandlokal in Griechenland zu sitzen und diese Spezialität auf Pitabrot zu einem aromatischen Ouzo zu genießen? Sehr gut passt der Käse aber auch zu knusprigen Zucchini-Chips (siehe Seite 151).

Da Feta oft sehr salzig ist, probieren Sie den Dip lieber, ehe Sie zusätzlich Salz untermischen.

ERGIBT ETWA 350 MILLILITER

475 ml Vollmilch- oder fettarmer Joghurt
60 g Feta, fein zerkrümelt
1 EL leicht zerdrückte grüne Pfefferkörner
2 EL sehr fein gehackte rote Paprikaschote (ohne Samen)

1/2–1 frischer scharfer grüner Chili, sehr fein gehackt
1 EL Olivenöl
Salz nach Bedarf

■ Den Joghurtkäse herstellen, wie im Rezept auf Seite 450 beschrieben, und 3 Stunden abtropfen lassen.
■ In einer Schüssel mit den übrigen Zutaten bis auf das Salz gründlich vermischen. Abschmecken, bei Bedarf salzen.

WESTASIEN

Joghurtkäse mit Zahtar und Olivenöl

Diese Zubereitung von Joghurtkäse ist in ganz Westasien sehr verbreitet. Reichen Sie den Käse mit Fladenbrot zum Auftakt eines Essens oder zum Frühstück.

Bei Zahtar handelt es sich um eine Gewürzmischung aus dem Nahen Osten, die man zu Hause herstellen (siehe Seite 497) oder in Spezialgeschäften kaufen kann.

ERGIBT ETWA 250 MILLILITER

475 ml Vollmilch- oder fettarmer Joghurt
1/4 TL Salz
1 EL *Zahtar* (siehe Seite 497)
1 EL natives Olivenöl extra von guter Qualität

■ Den Joghurtkäse herstellen, wie im Rezept auf Seite 450 beschrieben, und 8 Stunden abtropfen lassen. In einer Schüssel mit dem Salz vermischen. Den Käse auf einer flachen Servierplatte verstreichen. Gleichmäßig mit *Zahtar* bestreuen und mit Olivenöl beträufeln.

❖

INDIEN

Süßer Joghurtkäse mit Banane
Kela shrikhand

Aus Gujarat stammt dieser leicht gesüßte Joghurtkäse. Er wird dort als Beilage serviert, eignet sich aber auch als Dessert oder kleiner Imbiss.

ERGIBT 400 MILLILITER

475 ml Vollmilch- oder fettarmer Joghurt
1/4 TL gemahlener Kardamom
4 EL hellbrauner Zucker
1 reife Banane, zerdrückt
1 TL *Ghee* (geklärte Butter, siehe Glossar) oder Erdnussöl
2 EL gehackte ungesalzene Pistazienkerne
2 EL gehackte enthäutete Mandeln

■ Den Joghurtkäse herstellen, wie im Rezept auf Seite 450 beschrieben, und 3 Stunden abtropfen lassen. In einer Schüssel mit dem Kardamom, Zucker und der Banane vermischen. Durch ein Sieb streichen und in eine Servierschüssel füllen.

■ In einer kleinen Pfanne das *Ghee* oder Öl bei mittlerer Temperatur erhitzen. Die Pistazien und Mandeln darin unter Rühren leicht rösten. Gleichmäßig über den Joghurtkäse streuen. Zugedeckt im Kühlschrank kalt stellen. Gekühlt servieren.

FETA

Feta verwendet man vor allem in den Küchen Griechenlands, Bulgariens und Rumäniens, doch ähnliche Käsesorten werden sogar noch in Ländern wie Iran erzeugt. Auch in Frankreich oder Deutschland stellt man Feta inzwischen industriell her. In seinen Ursprungsländern wird Feta gern als schlichte Vorspeise gereicht – nach persischer Art nur mit frischen Kräutern oder, wie in Griechenland, mit Oliven. Mit Joghurtkäse kombiniert man Feta zudem für Dips und Saucen, man verwendet ihn für pikante Füllungen oder gibt ihn an Salate. Hergestellt wird Feta traditionell aus Schaf- oder Ziegenmilch. Da er in Salzlake aufbewahrt wird, kann er relativ salzig schmecken. Um den Salzgehalt zu lindern, gießt man die Lake nach dem Einkauf ab und stellt den Käse in einer Schüssel mit frischem Wasser in den Kühlschrank. Das Wasser wird in den folgenden Tagen regelmäßig erneuert und dem Käse dabei stets etwas Salz entzogen.

Feta ist eine beliebte Zutat für Salate. Er wird dafür zerkrümelt und mit dem Dressing locker untergemischt. Ebenso einfach ist die Zubereitung von Dips mit Feta.

GRIECHISCH-AMERIKANISCH

Feta-Aufstrich mit Jalapeño
Santorini

Dieser Aufstrich wird als Appetizer mit Oliven und kleinen Salaten serviert. Das Rezept stammt jedoch nicht von der Insel Santorin in Griechenland, sondern aus dem griechischen Restaurant Santorini in Chicago. Da in der Nähe des Restaurants eine große mexikanische Gemeinde lebt, erklärt sich auch die Verwendung von Jalapeño-Chili. Dazu reicht man warmes Pitabrot. Sehr gut lässt sich der Aufstrich auch als Füllung für Sandwiches verwenden.

Da Feta bereits recht salzig ist, wird kein weiteres Salz verwendet. Um den Salzgehalt generell zu lindern, siehe die Einführung oben.

ERGIBT 175 MILLILITER

3 EL natives Olivenöl extra
1 TL frisch gepresster Zitronensaft
2 TL Tomatenmark
150 g frischer Feta, fein zerkrümelt

Je 1 kräftige Prise getrockneter Thymian und getrockneter Oregano
1/2–1 TL sehr fein gehackter *Jalapeño*-Chili
2 TL sehr fein gehackte rote Paprikaschote

■ Sämtliche Zutaten in der angegebenen Reihenfolge in einen Mixer füllen und zu einer groben Paste verarbeiten. Dabei die Mischung mehrfach mit einem Gummispatel nach unten drücken. Verschieden gefärbte Stückchen sind durchaus gewollt. Zugedeckt kalt stellen.

WÜRZIGE BEIGABEN

Viele bekannte Speisen werden mit ganz bestimmten Beigaben kombiniert, zum Beispiel der Hotdog mit Senf, der Hamburger mit Ketchup, Spargel mit *Sauce hollandaise,* indische *Samosas* mit Chutney oder chinesische Klöße mit Sojasauce und Essig. Derart traditionelle Kombinationen sind so selbstverständlich, dass wir uns gar keine Gedanken mehr darüber machen.

Saucen, Chutneys und Pickles verleihen Speisen ihren besonderen Pfiff und schmeicheln dem Gaumen. Sie bereichern eine Mahlzeit um zusätzliche Aromen, können sogar ganz alltägliche Gerichte zu einem kulinarischen Erlebnis machen.

Wie beliebt vor allem scharfe Beigaben aus aller Welt geworden sind, zeigt sich bereits in den Regalen der Supermärkte. Es wird immer mehr gereist, die Immigration nimmt zu, Ost und West, Nord und Süd kommen sich näher. Mit dem wachsenden Einfluss der mexikanischen Küche – die ersten Anfänge waren scharfe Salsas zu Mais-Chips – begann der Siegeszug internationaler scharf-würziger Beigaben. Bei der letzten Food Show in New York habe ich mehr scharfe Chutneys und Saucen aus den Küchen Thailands, Chinas, der Karibik, Mexikos und Indiens gesehen als je zuvor: zehn verschiedene scharfe Erdnusssaucen von zehn verschiedenen Herstellern, grüne und rote Chilisaucen, *Habanero*-Saucen, geröstete Chilisaucen aus Sichuan und Mexiko, geröstete Chili-Zwiebel-Saucen, marokkanische Chili-Knoblauch-Saucen, Dutzende von Mango-Chutneys, Limetten-Pickles aus Marokko und Indien.

Der »Gaumen der westlichen Welt« verändert sich. Scharfe Speisen verleihen uns ein angenehmes Hochgefühl, das wir nicht mehr missen möchten. Doch natürlich sind nicht alle Beigaben scharf. Einige schmecken pikant, andere säuerlich oder süßsauer und manche einfach nur aromatisch wie die mit Kardamom und Oregano vermischte Butter aus Äthiopien oder das spanische Olivenöl mit Knoblauch.

In diesem Kapitel finden Sie vieles – von Kokos-Chips bis zu Gewürzmischungen. Im ersten Teil werden zahlreiche Chutneys, Würzmittel und Saucen vorgestellt. Im zweiten Teil dominiert Eingelegtes, unter anderem haltbare Chutneys und Pickles. Und das Thema des dritten Teils sind Gewürzmischungen.

Nehmen Sie sich ruhig Zeit und lassen Sie sich von den abwechslungsreichen Spezialitäten anregen. Ich hoffe, Sie finden genau das, was Sie suchen, und machen viele neue Entdeckungen.

WÜRZIGE BEIGABEN 455

ÄTHIOPIEN

Aromatische geklärte Butter
Esme ◆ Nach Amanuel im Massawa

Äthiopier träufeln diese Butter gern über Fleisch, doch mir schmeckt sie vor allem über Reis, gebackenen oder gekochten Kartoffeln und über gekochtem oder gedämpftem Gemüse. Sie können sie natürlich auch zum Kochen verwenden.

Die Dauer der Herstellung hängt von der jeweiligen Wassermenge in der Butter ab. Darum die Butter beim Köcheln genau beobachten.

ERGIBT ETWA 200 MILLILITER

225 g Butter
5 grüne Kardamomkapseln, leicht zerstoßen, aber noch intakt
1/4 TL Bockshornkleesamen
1 große Schalotte (etwa 45 g), fein gehackt
1 große Knoblauchzehe, geschält und fein gehackt
1 frischer Oreganozweig oder
    1/2 TL getrockneter Oregano

■ Die Butter in Flöckchen schneiden und in einem kleinen Topf mit schwerem Boden bei schwacher Hitze zerlassen. Die übrigen Zutaten dazugeben. Die Butter zum Köcheln bringen. Bei schwächster Hitze etwa 20 Minuten köcheln lassen, aber nicht bräunen. An Topfrand und Boden sammeln sich dennoch kleine hellbraune Partikel.

■ Die geklärte Butter durch ein Stück Musselin in ein weites Schraubglas gießen. Abkühlen lassen, das Glas verschließen und in den Kühlschrank stellen.

AFGHANISTAN

Sauerkirsch-Chutney
Turshi alubalu

Die Zubereitung dieses schmackhaften Chutneys ist ganz einfach. Benötigt werden ausschließlich Sauerkirschen (auch aus dem Glas oder Tiefkühlware), scharfe rote Chilis, Essig und Salz. Die Kirschen besitzen eine natürliche Süße. Sind sie jedoch besonders sauer, fügen Sie etwas Zucker hinzu. Frische Kirschen vor dem Wiegen entsteinen und hacken.

ERGIBT ETWA 200 MILLILITER

1 EL Rotweinessig
225 g Sauerkirschen, entsteint (Tiefkühlware auftauen, Kirschen aus dem Glas abtropfen lassen)
1 frischer langer scharfer roter Chili, grob gehackt (nach Belieben mit oder ohne Samen)
1 1/4 TL Salz

■ Sämtliche Zutaten in der angegebenen Reihenfolge in den Mixer füllen und sehr fein pürieren.

■ Im Kühlschrank hält sich das Chutney in einem Schraubglas 4–5 Tage. Es kann auch eingefroren werden.

WÜRZIGE BEIGABEN

INDIEN

Sauerkirsch-Walnuss-Chutney aus Kaschmir
Cherry aur akhrote ki chutney

Die Heimat der Kirsche ist sehr wahrscheinlich Ostasien. Von dort gelangte sie bald nach Kaschmir, wo sie seit mehreren tausend Jahren gedeiht. Zur Kirschsaison in Kaschmir, wenn in den Gärten die reifen Früchte leuchten und man überall Kirschen essende Kinder sieht, werden daraus schier endlos viele Gerichte bereitet. Besonders beliebt ist ein Chutney aus Sauerkirschen und einer weiteren Spezialität der Region: Walnüssen. Es passt zu den meisten pikanten Gerichten Indiens und des Nahen Ostens, und ohne Cayennepfeffer schmeckt es auch zu frischem Obst hervorragend. Nach Belieben können Sie noch etwas gehackte frische Minze hinzufügen.

Frische Sauerkirschen müssen vor dem Wiegen entsteint und grob gehackt werden. Sind sie sehr sauer, eventuell die Salzmenge anpassen.

ERGIBT 250 MILLILITER

50 g halbierte Walnusskerne
125 g Sauerkirschen, entsteint (Tiefkühlware auftauen, Kirschen aus dem Glas abtropfen lassen)
1/4 TL Salz
1/4 TL Cayennepfeffer

■ In einem kleinen Topf Wasser sprudelnd aufkochen und die Walnüsse für 3 Minuten darin liegen lassen. (Sie verlieren dabei den bitteren Geschmack.)

■ Walnüsse, Kirschen, Salz und Cayennepfeffer im Mixer fein pürieren.

❖

BRASILIEN

Kokos-Chips
Amaral Milbredt

Mit Salz zubereitet, sind diese Chips die ideale Garnitur für Reisgerichte und Eintöpfe mit Kokosmilch. Ohne Salz eignen sie sich zum Garnieren von Pfannkuchen und Eiscreme. Sie schmecken köstlich, sind luftig locker und haben einen feinen Biss.

Probieren Sie die Kokosnuss sofort nach dem Öffnen und verwenden Sie das Fleisch nur, wenn es süß schmeckt. Am besten kaufen Sie gleich zwei Kokosnüsse, denn gute Qualität ist entscheidend. Übriges Kokosfleisch können Sie im Mixer vermahlen und für andere Verwendungen einfrieren.

ERGIBT 250 GRAMM

1 frische Kokosnuss
Salz (nach Belieben)

- Den Backofen auf 200 °C vorheizen.
- 2 der 3 »Augen« der Kokosnuss mit einem spitzen Gegenstand aufstechen und das Kokoswasser in eine Schüssel abfließen lassen (für ein anderes Gericht verwenden). Die ganze Kokosnuss für 15 Minuten in den Ofen legen; beim Herausnehmen hat sich die Schale vom Fleisch gelöst. Mit ein paar Hammerschlägen lässt sie sich leicht entfernen. Die Kokosnuss halbieren, das Fleisch probieren (siehe Einleitung). Die braune Haut mit dem Sparschäler abschälen. Nun mit dem Sparschäler das Fleisch in 2,5 cm breiten dünnen Streifen abschälen, insgesamt 250 Gramm. (Das restliche Fleisch nach Belieben einfrieren.)
- Die Kokosstreifen nebeneinander auf einem Backblech verteilen, nach Belieben mit Salz bestreuen. Im Ofen in 15 Minuten goldbraun und knusprig backen. In luftdichten Behältern aufbewahren.

❖

SRI LANKA

Kokosmilchsauce
Kiri Hodi • Cheryl Rathkopf

In Sri Lanka reicht man die vielseitige Sauce zu weichen Reisnudeln oder verwendet sie als Basis für Currys. Sie können auch 4 hart gekochte Eier (siehe Seite 401) und 2 gekochte und gewürfelte Kartoffeln kurz darin garen und dazu Reis servieren.

FÜR 4 PERSONEN

1/2 TL Bockshornkleesamen
3 EL sehr fein gehackte Zwiebeln
3 frische scharfe grüne Chilis, in 2 cm breite Stücke geschnitten
15 frische Curryblätter, ersatzweise frische ganze Basilikum- oder *Tulsi*-Blätter (siehe Glossar)
3 Stück *Goraka* (siehe Glossar), ersatzweise 1 EL Tamarindenmark (siehe Glossar) oder zusätzlich 2 EL Limettensaft, am Ende zugegeben

2 Zimtstangen (je 7,5 cm)
250 ml Kokosmilch aus der Dose, gut durchgerührt
1/4 TL gemahlene Kurkuma
1 große oder 2 kleine Tomaten, enthäutet (siehe Seite 141) und fein gehackt
1 1/4 TL Salz
1 1/2 EL frisch gepresster Limettensaft

- Den Bockshornklee mit 2 Esslöffeln warmem Wasser bedecken und 2–3 Stunden einweichen lassen.
- In einem mittelgroßen Topf den Bockshornklee mit der Einweichflüssigkeit und allen anderen Zutaten bis auf den Limettensaft verrühren und aufkochen. Bei schwacher Hitze ohne Deckel 15 Minuten köcheln lassen, dabei häufig rühren. Den Limettensaft unterrühren. Eventuell nachwürzen.

SRI LANKA

Kokos-Sambol
Pol sambola • Cheryl Rathkopf

Diese Sauce passt zu allen Speisen, die ein wenig Schärfe vertragen. In Sri Lanka bereitet man sie mit frisch geriebenem Kokosfleisch (bei frischer Kokosnuss benötigen Sie 145 Gramm). Ich verwende feine ungesüßte Kokosraspel.

Die Sauce sollte die leuchtende Farbe buddhistischer Mönchsgewänder haben. Sri Lanka produziert sehr gutes Chilipulver (geröstet und roh) in diesem leuchtenden Orangerot. Falls Sie Cayennepfeffer mit einem schwächeren Rotton verwenden, sollten Sie etwas Paprikapulver hinzufügen. Im Kühlschrank hält sich die Sambol 3–4 Tage. Wird sie zu trocken, rühren Sie einfach etwas Kokosmilch oder Wasser unter.

FÜR 8–10 PERSONEN

125 g sehr feine geriebene Kokosraspel
40 g Schalotte, ganz fein gehackt
1 1/4 TL Salz
2 TL Chilipulver von guter Qualität

1/4 TL frisch gemahlener schwarzer Pfeffer
1 1/2 EL frisch gepresster Limettensaft
8 EL Kokosmilch aus der Dose, erhitzt

■ Sämtliche Zutaten in eine Schüssel füllen und gründlich vermischen.

INDIEN

Kokos-Koriander-Chutney
Nariyal aur haray dhaniay ki chutney

Statt frischen Kokosfleischs können Sie auch 75 Gramm ungesüßte Kokosraspel verwenden, die Sie für 30 Minuten in 175 Milliliter heißem Wasser einweichen. Das Einweichwasser geben Sie dann gleich in den Mixer.

Für die Herstellung im Mixer müssen Sie in mindestens 2 Durchgängen arbeiten.

FÜR 6 PERSONEN

125 g Kokosfleisch, frisch gerieben (siehe Glossar)
Je 1 TL Salz und Zucker
2 EL frisch gepresster Zitronensaft
2 frische scharfe grüne Chilis, gehackt
2 mittelgroße Schalotten, gehackt

100 g frisches Koriandergrün, gehackt
2,5 cm frischer Ingwer, geschält, fein gehackt
2 TL Pflanzenöl
1/2 TL schwarze Senfsamen

WÜRZIGE BEIGABEN 459

■ Kokosfleisch, Salz, Zucker, Zitronensaft, Chilis und die Schalotten mit 4 Esslöffeln Wasser im Mixer zu einer feinen Paste verarbeiten. Koriandergrün und Ingwer hinzufügen und mixen, bis wieder eine feine Paste entstanden ist. Falls nötig, noch ein wenig Wasser hinzugießen. In eine Schüssel füllen, eventuell nachwürzen.

■ Das Öl in einem kleinen Topf bei mittlerer Temperatur stark erhitzen. Die Senfsamen darin in wenigen Sekunden aufplatzen lassen, mit dem Öl unter das Chutney rühren. Sofort servieren oder kalt stellen. Das Chutney hält sich 3–4 Tage im Kühlschrank und kann auch eingefroren werden. Wird es zu dick, mit etwas Wasser verdünnen.

❖

INDIEN

Koriander-Minze-Chutney nach Delhi-Art

Hari chutney

Dieses außergewöhnliche Chutney stammt aus meiner Heimatstadt und wird in allen Restaurants in der Parathe Wali Gulley (Straße der gebackenen Bohnen) im alten Stadtteil angeboten. Sie können es zu vielen Speisen als vitaminreiche, würzige Sauce servieren oder, ähnlich wie Pesto, für ein Käse-Sandwich auf das Brot streichen. Es schmeckt außerdem über abgegossenen, abgespülten Bohnenkernen aus der Dose und als Würze auf einer Lasagne.

Meist verwenden wir nur die Blätter von frischem Koriandergrün. Hier können Sie auch die Stängel von Koriander und Minze hinzugeben.

ERGIBT ETWA 350 MILLILITER

140 g frisches Koriandergrün
60 g frische Minze
3–4 frische scharfe grüne Chilis
1 TL gemahlene Kurkuma
1 kräftige Prise *Asafoetida* (siehe Glossar)
2 EL frisch gepresster Limettensaft
1/2 TL Salz

■ Das Koriandergrün und die Minze mit allen anderen Zutaten und 125 Milliliter Wasser im Mixer zu einer glatten Paste verarbeiten. Falls nötig, den Mixer anhalten und die Zutaten mit einem Gummispatel nach unten drücken. Das Chutney hält sich im Kühlschrank mindestens 2 Tage, schmeckt frisch jedoch am besten.

CHINA

Sichuan-Relish mit Biss
La jiao chiang ◆ Shiu-Min Block

Sie können dieses scharfe Relish mit reichlich Knoblauch und noch groben Stücken darin zu beinahe jedem Essen reichen. Im Vorratsschrank hält es sich mehrere Monate.

Für die Zubereitung verwende ich eine sehr große Pfanne oder einen Wok (35 cm Durchmesser). Wichtig ist außerdem eine gut belüftete Küche, denn durch die Chilis entwickeln sich meist recht scharfe Dämpfe.

ERGIBT 750 MILLILITER

475 ml Erdnuss- oder Maiskeimöl
24 Frühlingszwiebeln, in dünne Ringe geschnitten
2,5 cm Ingwer, geschält und fein gehackt
6 Knoblauchknollen, in Zehen getrennt, geschält und fein gehackt (am besten mit dem Momentschalter in der Küchenmaschine)

45 g getrocknete scharfe rote Chilis (2,5–7,5 cm lang), grob zerkrümelt
2 TL Salz
1 EL helle chinesische Sojasauce
3 EL geröstete Sesamsamen (siehe Glossar)
1 TL Öl aus gerösteten Sesamsamen

■ Das Öl in einer großen Pfanne oder einem Wok bei mittlerer bis hoher Temperatur erhitzen. Die Frühlingszwiebeln darin unter Rühren 8–10 Minuten braten, bis sie leicht gebräunt sind. Ingwer und Knoblauch hinzufügen und weitere 10 Minuten pfannenrühren, bis eine knusprige goldgelbe Mischung entsteht. Dabei nach und nach die Hitze reduzieren, damit die Zutaten nicht zu stark bräunen. Die Chilis dazugeben, 30 Sekunden mitrühren. Salz und Sojasauce hinzugeben, 1 weitere Minute rühren. Den Herd ausschalten. Die Sesamsamen und das Sesamöl unterrühren. Vollständig abkühlen lassen. In Schraubgläser füllen, fest verschließen (auch wegen des »Duftes«) und kühl stellen.

INDIEN

Frisches Ingwer-Chili-Relish

Bei uns zu Hause stand dieses Relish häufig auf dem Tisch, vor allem, wenn es auf dem Markt frischen Ingwer gab. Wir alle schätzten Ingwer sehr, auch wegen seiner gesundheitsfördernden Eigenschaften. Er unterstützt die Verdauung, hilft bei Erkältung und soll sogar bei Reisekrankheit günstig wirken.

Junger Ingwer hat eine glatte, glänzende Schale, die meist heller ist als bei älteren Rhizomen und sich einfach abschaben lässt. Verwenden Sie nach Möglichkeit ganz frischen Ingwer ohne schrumpelige Schale.

ERGIBT 125 MILLILITER

7,5 cm frischer Ingwer
7–10 frische scharfe grüne Chilis
1 1/2 TL Salz

1/2 TL Zucker
85 ml frisch gepresster Zitronensaft

- Den Ingwer schälen und quer in möglichst dünne Scheiben, die Chilis in feine Ringe schneiden. In einem kleinen Schraubglas Ingwer, Chilis, Salz und Zucker vermischen.
- Den Zitronensaft in einem emaillierten Topf aufkochen. Den Herd ausschalten. Den Zitronensaft lauwarm abkühlen lassen, in das Glas gießen. Mit einem säurebeständigen Deckel verschließen und durch Schütteln gründlich vermischen. Die Sauce kann nach 1 Stunde verzehrt werden. Im Kühlschrank hält sie sich 1 Woche.

SPANIEN

Olivenöl mit Knoblauch und Petersilie
Aus dem Restaurant Pinocho in Barcelona

Wer Knoblauch und Olivenöl mag, wird von dieser Kombination begeistert sein. Sehr gut schmeckt das Öl zu aufgeschnittenen reifen Sommertomaten, Sie können es aber auch auf alle Arten von gegrilltem Gemüse träufeln, etwa auf Zucchini (siehe Seite 149), Portobellos *(siehe Seite 124)* oder Paprika, und sogar auf Brot.

In Andalusien reicht man dazu Ensalada de cogollo, *kleine Salatherzen, die ins heiße Öl getaucht werden.*

ERGIBT 250 MILLILITER

250 ml Olivenöl
5 Knoblauchzehen, geschält und fein gehackt
1 TL Salz
1 EL fein gehackte frische Petersilie

- In einem kleinen Topf Öl und Knoblauch bei mittlerer bis niedriger Temperatur erhitzen und 5 Minuten köcheln lassen. Den Herd sofort ausschalten, das Öl 15 Minuten abkühlen lassen. Salz und Petersilie einrühren. In ein Schraubglas füllen. Im Kühlschrank hält sich das Öl 3–4 Tage. Vor der Verwendung auf Raumtemperatur bringen.

IRAN
Knusprig frittierte Schalotten oder Zwiebeln nach persischer Art
Pyaz doug • Shamsi Davis

In ganz Asien werden knusprig frittierte Schalotten- oder Zwiebelflocken als Garnitur wie auch zum Würzen verwendet. Es gibt viele Arten der Zubereitung und Aufbewahrung. In Indonesien etwa erklärte man mir, dass Schalottenflocken sehr viel knuspriger werden, wenn man sie vor dem Frittieren in leicht gesalzenem Wasser einweicht. Zudem soll man beim Frittieren nicht mit der vollen Hitze, sondern nur mit einer mittleren bis heißen Temperatur beginnen.

Eine neue Methode habe ich von den Persern gelernt. Sie schneiden kleine Schalotten oder Zwiebeln in sehr dünne Halbringe und breiten diese über Nacht aus, sodass sie leicht trocknen. Am nächsten Tag werden sie, mit etwas Kurkuma und Salz bestreut, sehr schnell frittiert. Ich habe das Rezept etwas abgewandelt und verwende in Wasser aufgelöste Kurkuma und Salz, da die Kurkuma so nicht verbrennt.

Ich empfehle, gleich eine große Menge Schalotten oder Zwiebeln zu frittieren und fest verschlossen in Schraubgläsern aufzubewahren. Sie halten sich mehrere Tage. Streuen Sie sie über Pilaws, Salate und alle Gerichte mit Hülsenfrüchten.

FÜR EIN 350-MILLILITER-GLAS

200 g Schalotten, ersatzweise sehr kleine Zwiebeln
1 1/4 TL Salz
1/2 TL gemahlene Kurkuma
Erdnussöl zum Frittieren

■ Die Schalotten oder Zwiebeln schälen, längs halbieren und quer in ganz dünne Halbringe schneiden. Auf Küchenpapier ausbreiten und über Nacht stehen lassen.

■ Salz, Kurkuma und 2 Esslöffel Wasser in einer kleinen Tasse verrühren. Einen Wok oder eine mittelgroße Pfanne 5 cm hoch mit Öl füllen. Bei mittlerer bis hoher Temperatur erhitzen. Ein Sieb auf eine Schüssel setzen. Die Kurkumamischung bereitstellen.

■ Die Schalotten oder Zwiebeln ins heiße Öl geben. Die Finger in die Kurkumamischung tauchen und die Flüssigkeit über die Schalotten/Zwiebeln sprenkeln. Einige Sekunden rühren. Sobald die Schalotten oder Zwiebeln goldgelb und knusprig sind (dies geschieht sehr schnell), den Pfanneninhalt in das Sieb abgießen, abtropfen lassen und auf Küchenpapier ausbreiten. Die abgekühlten Flocken in ein Schraubglas füllen und fest verschließen.

MEXIKO

Pekannuss-Chili-Sauce
Salsa morita • Juanita Jarillo

In der Nähe von Pachuca in Hidalgo liegt die kleine mexikanische Stadt Huseade de Ocampo, wo alljährlich die Pekannussernte gefeiert wird. Der hohe, schlanke Pekannussbaum gelangte möglicherweise von Texas nach Mexiko und scheint in Huseade de Ocampo eine ideale Heimat gefunden zu haben. Die beliebte Sauce wird hier mithilfe eines Mahlsteins, des Metate, hergestellt und dann zu weichen Mais-Tortillas verzehrt. Außerdem ist sie ein wunderbarer Dip für Kartoffel-Chips oder Mais-Chips und rohes Gemüse. Ich gieße Sie manchmal auch über gekochtes oder gedämpftes Gemüse und hart gekochte Eier – eine Art indonesisches Gado gado. Sie hat eine flüssige, aber cremige Konsistenz, die an Crêpe-Teig oder leicht verdünnte Erdnussbutter erinnert.

Traditionell wird der dicke mexikanische Morita-Chili verwendet. Man bekommt ihn nur auf mexikanischen Märkten. Als Ersatz empfehle ich eine schlanke getrocknete scharfe rote Chilischote, wie man sie überall bekommt. 4 Morita-Chilis ergeben eine mittelscharfe Sauce. Doch beginnen Sie lieber mit nur 2–3 Chilis und testen Sie zuerst die Schärfe. Die Samen der Chilis werden nicht entfernt.

ERGIBT 275 MILLILITER

3 EL Pflanzenöl
3–4 getrocknete scharfe rote Chilis (vorzugsweise *Morita*-Chilis)
225 g halbierte Pekannüsse
1 große Knoblauchzehe im Ganzen
Salz
Etwa 5 EL natives Olivenöl extra

■ Das Pflanzenöl in einer mittelgroßen Pfanne bei mittlerer Temperatur erhitzen. Die Chilis hineingeben. Sobald sie dunkler werden und aufgehen (nach wenigen Sekunden), wenden und nach einigen Sekunden mit dem Schaumlöffel herausnehmen, beiseite legen. Die Pekannüsse im selben Öl 2 Minuten rühren, bis sie zu duften beginnen. Bei schwacher Hitze mit den wieder eingelegten Chilis weitere 5–6 Minuten goldbraun rösten. Mit dem Schaumlöffel herausnehmen. Die Knoblauchzehe ins heiße Öl geben und goldbraun braten. Herausnehmen. Dunkle oder schwarze Stellen von den Pekannüssen abschaben.

■ Im Mixer 3 der Chilis zu grobem Pulver verarbeiten. Den Knoblauch und 1 Hand voll Nüsse hinzufügen und erneut grob vermahlen. Die Mischung in eine Schüssel füllen. Die übrigen Nüsse portionsweise ebenfalls grob vermahlen. Mit etwa 1/2 Teelöffel Salz in die Schüssel geben, alles vermischen und abschmecken: Soll die Sauce schärfer werden, die übrige Chilischote ebenfalls zu Pulver verarbeiten und untermischen.

■ Die Mischung zurück in den Mixer geben und löffelweise das Olivenöl einarbeiten, bis eine cremige Paste entsteht. Falls nötig, weiteres Olivenöl unterrühren. Abschmecken, nach Belieben nachsalzen. Im Schraubglas in den Kühlschrank stellen.

INDONESIEN

Erdnusssauce

Diese süßsaure indonesische Sauce mit dem köstlichen Erdnussaroma ist sehr nahrhaft. Als Dressing verleiht sie blanchiertem oder gedämpftem Gemüse neben ihrem einzigartigen Geschmack einen höheren Eiweißgehalt. Sie können sie außerdem über gekochte oder gebackene Kartoffeln und über hart gekochte Eier gießen. Oder Sie verwenden sie als Dipsauce zu gebratenem Tofu und Gemüse-Fritters.

FÜR 4 PERSONEN

150 g ungesalzene Erdnüsse ohne Schale, enthäutet
2 EL Erdnuss- oder Olivenöl
3 mittelgroße Schalotten, sehr fein gehackt
3 Knoblauchzehen, geschält und sehr fein gehackt
1/2–3/4 TL Cayennepfeffer
1/2 TL Salz
1 EL Zucker
1 1/2–2 EL frisch gepresster Zitronensaft

■ Die Erdnüsse in einer sauberen Kaffee- oder Gewürzmühle möglichst fein vermahlen.
■ Das Öl in einem kleinen Topf bei mittlerer Temperatur erhitzen. Schalotten und Knoblauch darin unter Rühren mittelbraun braten. 475 Milliliter Wasser, die Erdnüsse, Cayennepfeffer, Salz und Zucker einrühren und aufkochen. Bei schwacher Hitze 20 Minuten köcheln lassen, bis die Sauce etwa die Konsistenz von süßer Sahne bekommt. Dabei ab und zu rühren. Den Herd ausschalten. Die Sauce leicht abkühlen lassen, den Zitronensaft unterschlagen. Abschmecken, eventuell nachwürzen. Mit Raumtemperatur servieren.

❖

KAUKASUS, OSTASIEN

Walnusssauce

Vom Kaukasus bis nach Kaschmir in Nordindien kennt und schätzt man Walnusssaucen. Diese Variante stammt aus dem Kaukasus und passt zu gegarten getrockneten Hülsenfrüchten und vielen Gemüsesorten, insbesondere Brokkoli. Sie ist relativ dickflüssig und muss darum mit der Garflüssigkeit von den Hülsenfrüchten oder dem Gemüse verdünnt werden, aber auch Brühe oder Wasser sind geeignet.

Um den bitteren Geschmack der Walnusshaut zu mildern, werden die Nüsse zuvor am besten blanchiert.

ERGIBT ETWA 250 MILLILITER

50 g Walnusskerne
5 EL Olivenöl
3 EL frisch gepresster Zitronensaft
1/2 TL Salz
4 EL Gemüsebrühe oder die Garflüssigkeit von getrockneten Hülsenfrüchten oder Gemüse

- In einem Topf 1 Liter Wasser aufkochen. Die Walnüsse hineingeben, 3 Minuten sprudelnd kochen lassen. Abgießen.
- Das Olivenöl mit dem Zitronensaft, Salz und Brühe in den Mixer füllen. Die Walnüsse zerkrümeln (am besten mit dem Teigroller) und hinzufügen. Alles zu einer glatten Paste verarbeiten. Falls nötig, die Masse zwischendurch mit einem Gummispatel nach unten drücken.

❖

TÜRKEI

Tscherkessen-Sauce – eine Walnuss-Brot-Sauce
Aus dem Hotel Çiragan in Istanbul

Diese auch als Tarator-Sauce bekannte Spezialität geht vermutlich auf die Osmanen zurück, zu denen auch das Bergvolk der Tscherkessen gehört. In einem großen Gebiet von der Türkei bis nach Kaschmir sind unterschiedlichste Walnusssaucen sehr beliebt. Im Kaukasus etwa dient ein Dressing aus Walnüssen, Öl und Essig zum Verfeinern von Kidneybohnen, und in Kaschmir wird aus Walnüssen und Sauerkirschen ein herrliches Chutney (siehe Seite 456) bereitet.

Ihre dickflüssige Konsistenz verdankt diese Sauce der Zugabe von Brot und Milch. Je nach Verwendung bereitet man sie noch dicker oder dünnflüssiger zu. Die Sauce passt zu vielen Gemüsegerichten, etwa zu dem Grüne-Bohnen-Salat auf Seite 70 oder zu Auberginen.

ERGIBT ETWA 350 MILLILITER

85 g Walnüsse
2 dünne Scheiben Weißbrot (insgesamt etwa 60 g), Kruste entfernt, in kleine Stücke zerteilt
175 ml Milch, eventuell etwas mehr
1 EL natives Olivenöl extra oder Walnussöl
1/3 – 1/2 TL Salz
Frisch gemahlener schwarzer Pfeffer

- Sämtliche Zutaten in den Mixer oder die Küchenmaschine füllen und zu einer geschmeidigen Sauce verarbeiten.

SPANIEN

Klassische Romesco-Sauce

Von Chefköchin Rosa Gran aus dem Restaurant Florian in Barcelona

Ich liebe diese Romesco-Sauce. Allerdings macht die Herstellung etwas Mühe, sodass ich sie stets im Voraus zubereite und einfriere. Die Sauce passt zu Escalivada, *dem spanischen Salat aus gegrilltem Gemüse (siehe Seite 155), sowie zu im Teigmantel gebackenem Gemüse. Sehr gern serviere ich sie auch zu* Tabouleh, *einem Bulgursalat mit Rucola (siehe Seite 339). Übrige Sauce lässt sich einfrieren und muss nach dem Auftauen nur leicht verschlagen werden.*

ERGIBT 750 MILLILITER

2 mittelgroße Zwiebeln (insgesamt 300 g)
8–10 große Knoblauchzehen
3 große, sehr reife Tomaten (insgesamt 750 g)
3 getrocknete *Ancho*-Chilis
125 ml Rotweinessig
60 g enthäutete Mandelstifte
6 EL natives Olivenöl extra
1 3/4 TL Salz

■ Den Backofengrill vorheizen.

■ Ein Backblech mit Alufolie auslegen. Zwiebeln, Knoblauch und Tomaten darauf verteilen und 5–7 Minuten grillen. Das Gemüse wenden, sobald sich dunkle Stellen zeigen. Ist der Knoblauch weich, herausnehmen. Zwiebeln und Tomaten weitere 10 Minuten grillen, bis sie rundum gebräunt sind. Die Tomaten herausnehmen.

■ Die Zwiebeln im Backofen bei 180 °C noch 25–35 Minuten backen, bis sie auch im Innern weich sind.

■ Inzwischen den Stielansatz der Chilis und möglichst viele Samen entfernen. Die Chilis mit dem Essig und 50 Milliliter Wasser in einem kleinen Topf aufkochen und zugedeckt bei schwacher Hitze in 5 Minuten weich köcheln. Den Herd ausschalten, die Chilis zugedeckt weitere 5 Minuten stehen lassen, sie sollen sehr weich sein. In der Flüssigkeit leicht abkühlen lassen. Herausnehmen und enthäuten. Lässt sich die Haut an einigen Stellen nur schwer abziehen, dort nicht entfernen, sie verbleibt später im Sieb. Restliche Samen herausschaben. Die Flüssigkeit im Topf aufbewahren.

■ Die Tomaten zerdrücken, in ein grobes Sieb füllen und auf eine Schüssel setzen. Das Chilifleisch hinzufügen. Mit einem Holzlöffel möglichst viel Fruchtfleisch in die Schüssel passieren.

■ Die Mandeln in einer kleinen, gusseisernen Pfanne bei mittlerer Temperatur unter Rühren 2–3 Minuten goldbraun rösten. Abkühlen lassen und in einer sauberen Gewürzmühle zu feinem Pulver vermahlen.

■ Die Zwiebeln aus dem Ofen nehmen, die verkohlte Schale entfernen, das Fleisch grob hacken. Den Knoblauch schälen.

■ In einem Mixer die Tomaten-Chili-Mischung mit den Zwiebeln, Knoblauch, Mandeln, der Flüssigkeit aus dem Topf, dem Öl und Salz zu einer Paste verarbeiten. Mit Raumtemperatur oder kalt servieren.

SPANIEN

Einfache Romesco-Sauce
Maricel Presilla

Es gibt viele Rezepte für diese köstliche rote Chilisauce. Eine der einfachsten Varianten, die ich jedoch besonders schätze, stammt von Maricel Presilla. Die Sauce passt zu Escalivada, *dem Salat aus gegrilltem Gemüse (siehe Seite 155), zu spanischer Tortilla (siehe Seite 421), über Omelett und zu jedem wie auch immer gegarten Gemüse. Sehr gut schmeckt sie außerdem zu gekochten Kartoffeln.*

Diese Sauce können Sie auch einfrieren.

ERGIBT 475 MILLILITER

1 getrockneter *Ancho*-Chili
3 große rote Paprikaschoten (insgesamt 600 g)
50 ml natives Olivenöl extra
2 EL Rotweinessig
1 kräftige Prise Cayennepfeffer
2 Knoblauchzehen, geschält
1 TL Salz

■ Stielansatz und Samen des *Ancho*-Chilis entfernen. Den Chili in einen kleinen Topf legen und mit 175 Milliliter Wasser aufkochen. Zugedeckt bei schwacher Hitze 5 Minuten köcheln lassen. Den Herd ausschalten. Den Chili weitere 5 Minuten zugedeckt stehen lassen, er soll sehr weich sein. In der Flüssigkeit leicht abkühlen lassen. Herausnehmen und enthäuten. Die Flüssigkeit im Topf aufbewahren.
■ Den Backofengrill vorheizen.
■ Die Paprikaschoten von Stielansatz und Samen befreien und längs vierteln. Die Paprikaviertel mit der Haut nach oben auf ein Backblech legen, im Abstand von 10–13 cm unter den Grill schieben. 7–10 Minuten grillen, bis die Haut gleichmäßig verkohlt ist und Blasen wirft. Dabei das Blech nach Bedarf drehen. Die Paprika in einen Papierbeutel füllen, den Beutel verschließen und für 10 Minuten beiseite legen; oder das Blech mit den Paprika darauf für 10 Minuten mit einem Küchentuch bedecken. Die Paprika enthäuten.
■ Den *Ancho*-Chili mit 2 Esslöffeln der im Topf verbliebenen Flüssigkeit, Paprika, Öl, Essig, Cayennepfeffer, Knoblauch und Salz im Mixer zu einer Paste verarbeiten. In eine hübsche Schüssel füllen und mit Raumtemperatur servieren.

TRINIDAD

Scharfe Chilisauce
Aus dem Restaurant Tiffin in Port of Spain

Für die Menschen in Trinidad ist Chilisauce ein wesentlicher Bestandteil vieler Mahlzeiten. Man träufelt sie in Suppen und Eintöpfe, auf Sandwiches und Bohnengerichte – im Grunde auf beinah alle pikanten Speisen.

Meist werden dafür die feurig scharfen Scotch-Bonnet *verwendet – Chilis, die um ein Vielfaches schärfer sind als die ebenfalls recht feurigen* Jalapeño. *Wer so viel Schärfe verträgt und die gedrungenen, laternenförmigen Chilis (nur orangefarbene und rote Exemplare) im Handel bekommt, sollte sie unbedingt verwenden.*

Doch selbst mir sind diese Chilis, deren Heimat vermutlich der Regenwald des Amazonas ist, zu scharf. Darum wähle ich meist frische scharfe rote Chilis von etwas milderem Geschmack. Für welche Sorte Sie sich auch entscheiden, tragen Sie bei der Vorbereitung zum Schutz dünne Gummihandschuhe und vermeiden Sie Berührungen im Gesicht, vor allem an den Augen.

Im Tiffin, einem kleinen Restaurant in Port of Spain, wird zur Verfeinerung der Sauce Culantro *verwendet, eine Kräuterpflanze aus der Neuen Welt, die die Einheimischen indischer Abstammung* Bandhania *(»Koriander der Wälder«) nennen. Culantro besitzt schmale gezackte Blätter, deren Duft und Geschmack leicht an Koriander erinnern. In Thailand wird er ebenfalls verwendet; dort heißt er* pak chee farang, *was so viel wie fremder Koriander bedeutet.*

ERGIBT ETWA 250 MILLILITER

115 g frische scharfe rote Chilis
2 mittelgroße Knoblauchzehen, geschält und grob gehackt
1 1/2 TL Salz
2 EL grob gehackter frischer *Culantro* (siehe Einleitung und Glossar)
5 EL Weißweinessig
1/2 TL Senfpulver

■ Die Chilis vom Stielansatz befreien und längs halbieren. Sämtliche Samen und Scheidewände entfernen, die Chilis quer in grobe Streifen schneiden.

■ Die Chilis mit dem Knoblauch, Salz, *Culantro*, Essig und dem Senfpulver im Mixer fein pürieren. Das Püree in einem kleinen Topf bei mittlerer Temperatur aufkochen. Bei schwacher Hitze unter gelegentlichem Rühren 3–4 Minuten ganz sanft köcheln lassen. Den Herd ausschalten, die Sauce abkühlen lassen. In einen sauberen Kunststoffbehälter füllen und verschlossen kalt stellen. Die Sauce hält sich viele Monate.

MAROKKO

Chili-Knoblauch-Paste
Harissa

Traditionell wird Harissa *im Mörser hergestellt. Die Marokkaner zerreiben zuerst Salz und Knoblauch und geben dann nach und nach die eingeweichten roten Chilis hinzu. Das ist zwar zeitaufwendig, doch erhält man eine wunderbar duftende, kräftige Paste. Einfacher geht es im Mixer, und zwar mit sehr gutem Ergebnis. Für die gewünschte Konsistenz gibt man etwas Olivenöl hinzu.*

Harissa *eignet sich als Zutat für andere Saucen und Gerichte und ist eine feurig-scharfe Beigabe.*

ERGIBT ETWA 125 MILLILITER

30 g getrocknete scharfe rote Chilis
1 1/2 TL Koriander
1 1/2 TL Kreuzkümmel

8 Knoblauchzehen, geschält und grob gehackt
3/4 TL Salz
4 EL Olivenöl, plus mehr zum Beträufeln

■ Die Chilis in 475 Milliliter lauwarmem Wasser für 1–2 Stunden einweichen lassen. Abgießen.

■ Inzwischen Koriander und Kreuzkümmel in einem kleinen Topf aus Gusseisen bei mittlerer Hitze leicht rösten. Dabei häufig rühren. Die Gewürze sollten etwas dunkler werden und einen starken Duft verströmen. In einer sauberen Kaffee- oder Gewürzmühle fein vermahlen. Beiseite stellen.

■ Die Chilis vom Stielansatz befreien und längs aufschneiden. Die Samen entfernen, die Chilis grob hacken. Anschließend die Hände gründlich waschen.

■ Chilis, Gewürzmischung, Knoblauch und Salz im Mixer pürieren. Nach und nach die 4 Esslöffel Öl hinzugießen und so lange mixen, bis eine grobe Paste entstanden ist. Falls nötig, die Mischung mit einem Gummispatel nach unten drücken.

■ In ein Schraubglas füllen und so viel Olivenöl darüber träufeln, dass die Paste vollständig bedeckt ist. Verschließen und im Kühlschrank aufbewahren.

TÜRKEI

Rote Paprikapaste

Gewürzte und ungewürzte rote Paprikapasten werden in Lebensmittelläden mit Produkten aus dem Nahen Osten angeboten, doch sie lassen sich auch leicht selbst zubereiten und sind dann meist besonders aromatisch. Ich habe in der Türkei schon viele Pasten probiert, doch dieses Rezept gehört zu meinen Favoriten.

Wer keine Kirschpaprika, aber kleine rote Chilis bekommt, sollte diese nicht rösten, sondern nur von den Samen befreien, hacken und roh in den Mixer geben.

Im Kühlschrank hält sich die Paste mehrere Wochen. Zum Einfrieren geben Sie esslöffelgroße Portionen nebeneinander in einen flachen Kunststoffbehälter.

ERGIBT 175 MILLILITER

900 g rote Paprikaschoten, längs halbiert, Stielansatz und Samen entfernt
4 scharfe rote Kirschpaprika oder 1–4 frische scharfe rote Chilis, längs halbiert, Stielansatz und Samen entfernt
1 große Tomate (180 g), Stielansatz entfernt, aber ganz belassen
2 große oder 4 mittelgroße Knoblauchzehen
6 EL Olivenöl
1 1/4 TL Salz

■ Den Backofen auf 160 °C vorheizen.
■ Paprika und Kirschpaprika mit der Haut nach oben sowie die Tomate auf einem großen Backblech verteilen. Die Knoblauchzehen unter die Paprikahälften stecken. Im Ofen 2 Stunden rösten. Herausnehmen, leicht abkühlen lassen. Die Paprika enthäuten, den Knoblauch aus den Schalen drücken. Die Tomate enthäuten, halbieren, von den Samen befreien und grob hacken. Paprika, Knoblauch und Tomate im Mixer zu einer geschmeidigen Paste verarbeiten.

■ In einer großen Antihaft-Pfanne 4 Esslöffel Öl bei mittlerer bis hoher Temperatur erhitzen. Die Paste und das Salz darin etwa 10 Minuten rühren, bis eine dicke, dunkle Masse entstanden ist, die an Tomatenmark erinnert. In ein Schraubglas (250 Milliliter) füllen, mit einem Löffelrücken glatt streichen. Das übrige Öl darüber gießen. Abkühlen lassen, verschließen und kalt stellen.

❖

KARIBIK

Karibische Würzsauce
Margaret Arnold

Fast überall in der Karibik dient diese Würzsauce zum Aromatisieren unterschiedlichster Speisen – von Suppen und Bohnengerichten bis zu Blatt- und Wurzelgemüse. Die Schärfe können Sie selbst bestimmen. Es empfiehlt sich, die Sauce in etwas Öl zu sautieren und dann erst zum Beispiel an gekochte gewürfelte Kartoffeln, rohe Okra oder auch gegarte Kichererbsen zu geben. Im Kühlschrank hält sie sich viele Monate.

ERGIBT 450 MILLILITER

Je 1 Bund frischer Oregano und Thymian (je 30 g), nur die Blätter
15 g frische Schnittlauchröllchen
1–4 *Jalapeño*-Chilis, grob gehackt (mit den Samen)
1 große Zwiebel (225 g), geschält und grob gehackt
2 Hand voll Basilikumblätter (285 g), grob gehackt
10–12 Knoblauchzehen, geschält und grob gehackt
1 Stange Bleichsellerie, grob gehackt
1/2 TL Salz
1 TL gemahlener Kreuzkümmel
1/2 TL gemahlene Kurkuma
1 1/2 TL Paprikapulver
1/2 TL Zucker
250 ml Rotweinessig

■ Sämtliche Zutaten im Mixer zu einer groben Paste verarbeiten. Falls nötig, die Mischung mit einem Gummispatel nach unten drücken. Es sollten noch kleine Stücke zu erkennen sein. In ein sauberes Schraubglas füllen, bis zur Verwendung kalt stellen.

❖

ÄTHIOPIEN

Scharfe Chili-Senf-Sauce
Awaze

Diese Sauce hat viel Ähnlichkeit mit der marokkanischen Harissa, *jedoch mit einem wesentlichen Unterschied – der Zugabe von Senfsamen. Sie können sie als fertige Würze verwenden oder mit etwas Garflüssigkeit des jeweiligen Gerichts verdünnen. Eine kleine Menge passt zu gegarten Bohnen, Linsen, Gemüse oder dicken Suppen. Joghurtgerichten und sogar Salat-Dressings verleiht sie eine raffinierte Schärfe. Auch Kartoffelsalat lässt sich damit pikant würzen.*

Wie Harissa *wird auch diese Sauce traditionell im Mörser zubereitet. Ich habe die Methode vereinfacht, mahle alle trockenen Zutaten auf einmal und bewahre sie im Schraubglas auf. Wenn ich die Sauce benötige, zerdrücke ich den Knoblauch und rühre ihn mit Flüssigkeit unter die trockenen Gewürze.*

ERGIBT ETWA 4 ESSLÖFFEL KONZENTRAT

1 TL Chilipulver von guter Qualität, ersatzweise guter Cayennepfeffer
2 TL braune Senfsamen
1/2 TL Salz
2 große oder 4 kleine Knoblauchzehen, geschält und frisch zerdrückt
2 EL Pflanzenöl (nach Belieben)

■ Chilipulver, Senfsamen und Salz in einer sauberen Kaffeemühle fein vermahlen. (Zur Aufbewahrung in ein Schraubglas füllen und fest verschließen.)

■ Vor dem Verzehr die Mischung in eine Schüssel geben, den Knoblauch hinzufügen. Das Olivenöl und 2 Esslöffel Wasser oder nur 4 Esslöffel Wasser unterrühren.

KOREA

Koreanische Dipsauce

FÜR 4 PERSONEN

4 EL Sojasauce
2 1/2 EL Reisessig
2 EL Öl aus gerösteten Sesamsamen

■ Sämtliche Zutaten in eine Schüssel füllen und gut verrühren.

KOREA

Würzige koreanische Sauce

FÜR 4–6 PERSONEN

4 EL Sojasauce
2 EL Öl aus gerösteten Sesamsamen
1 TL Zucker
1 EL geröstete, grob vermahlene Sesamsamen (siehe Glossar)
1 Frühlingszwiebel, nur die weißen Teile in dünne Ringe geschnitten
1/4 TL Cayennepfeffer

■ Sämtliche Zutaten in eine Schüssel füllen und gut verrühren.

Japanische Dipsauce

FÜR 4 PERSONEN

2 EL Sojasauce
1 EL *Mirin* (süßer Reiswein, siehe Glossar)
1 TL Zucker
1 TL Öl aus gerösteten Sesamsamen
4 EL sehr leichte Brühe (etwa *Kombu*-Brühe, siehe Seite 501)

■ Sämtliche Zutaten in eine Schüssel füllen und gut verrühren.

CHINA

Sojasaucen-Dressing

Chiang yow tru chiang ◆ Shiu-Min Block

Dieses Dressing können Sie für jede Art von Salat verwenden, auch für grünen Salat.

ERGIBT ETWA 350 MILLILITER

3 EL Weißweinessig
7 EL helle chinesische Sojasauce
1 EL Zucker
1 Knoblauchzehe, geschält und leicht zerdrückt
2 TL Öl aus gerösteten Sesamsamen

■ Alle Zutaten in ein Schraubglas füllen, verschließen und kräftig schütteln.

Tamarindenpaste

Tamarindenpaste wird aus den reifen schokoladenbraunen, an Bohnenschoten erinnernden Früchten eines subtropischen Baums gewonnen. In den Küchen Südostasiens und großer Teile Südasiens ist sie ein beliebtes Säuerungsmittel. Generell sind die Früchte sehr sauer, besitzen jedoch auch einen Hauch Süße. Die Paste soll eine kühlende Wirkung haben und wird wegen ihres Eisengehalts geschätzt. Im Nahen Osten bereitet man daraus ein süßes Getränk, in Indien wird sie für zahlreiche frische süß-saure Chutneys verwendet, die man mit Datteln, Palmzucker (oder Jaggery, siehe Glossar) oder einfachem grobem Zucker süßt.

Gewöhnlich wird Tamarinde in Asialäden in Form von rechteckigen Blöcken verkauft. Dafür wurden Hülsen, Samen und die meisten Fasern bereits entfernt, allerdings muss man das Fruchtfleisch vor der Verwendung noch von den restlichen Fasern befreien. Zu diesem Zweck wird die Tamarinde eingeweicht. Kaufen Sie nur biegsame Blöcke, die Sie in kleinere Stücke brechen können. Die Stücke mit Wasser bedecken und einige Stunden oder über Nacht einweichen lassen. Verwenden Sie lieber zu wenig als zu viel Wasser, denn die fertige Paste lässt sich zwar verdünnen, aber nicht mehr eindicken. Für Chutneys benötigen Sie eher ein dickes Püree.

Indische Tamarindenblöcke bringen meist 200–225 Gramm auf die Waage, thailändische 225–450 Gramm. Für Chutneys bevorzuge ich die Farbe und Textur der indischen Tamarinde. Bei der helleren, klebrigeren Tamarinde aus Thailand löst sich dagegen das Fleisch leichter.

Tamarindenpaste hält sich mehrere Wochen im Kühlschrank und kann auch eingefroren werden. Tamarindenkonzentrat aus indischen Lebensmittelläden ist zwar ebenfalls braun und säuerlich, doch Geschmack und Konsistenz sind mit echter Tamarinde nicht zu vergleichen. Für Chutneys ist es ungeeignet.

ERGIBT ETWA 350 MILLILITER

Etwa 225 g Tamarinde in Blockform, in kleine Stücke gebrochen

- Die Tamarindenstücke in einer Schüssel aus Keramik, Glas oder Edelstahl mit kochendem Wasser bedecken. 5 Stunden oder über Nacht stehen lassen, die Stücke ab und zu wenden.
- Ein grobes Sieb auf eine zweite Schüssel aus säurebeständigem Material setzen. Mithilfe eines Holzlöffels oder mit den Fingern möglichst viel Tamarindenfleisch durch das Sieb passieren. Die Reste im Sieb wieder in die Schüssel geben. Mit 2–3 Esslöffeln heißem Wasser beträufeln und leicht drücken oder kneten, um noch mehr Fleisch abzulösen. Erneut durch das Sieb passieren. Falls nötig, den Vorgang nochmals wiederholen. Die Reste wegwerfen. Die Paste in ein Schraubglas füllen und in den Kühlschrank stellen.

WÜRZIGE BEIGABEN

INDIEN

Einfaches Tamarinden-Chutney
Saadi Imli ki chutney

Dieses Chutney wird gern zu gegrillten Auberginen gegessen. Man kann es über Joghurtsaucen und Suppen träufeln sowie über Obst-Gemüse-Salate.

FÜR 6 PERSONEN

175 ml Tamarindenpaste (siehe Seite 473)
3/4 TL Salz
Frisch gemahlener schwarzer Pfeffer
100–130 g Zucker

1/4 TL Cayennepfeffer
1 1/2 TL gemahlener gerösteter Kreuzkümmel
(siehe Glossar)

- Sämtliche Zutaten in einer kleinen Schale gründlich verrühren. Bei Bedarf nachwürzen.

INDIEN

Tamarinden-Chutney mit Sultaninen und Walnüssen
Imli aur ahkrote ki chutney

Reichen Sie dieses Chutney als Würzmittel bei Tisch.

FÜR 6 PERSONEN

4 EL Sultaninen
1 Rezept Einfaches Tamarinden-Chutney
(siehe oben)

5 EL gehackte Walnüsse

- Die Sultaninen in einer Schale mit kochend heißem Wasser bedecken. 1–2 Stunden stehen lassen, bis die Sultaninen aufgegangen sind. Abgießen und abtropfen lassen.

- Das Tamarinden-Chutney in einer Schale mit den Sultaninen und Walnüssen gründlich verrühren.

INDIEN

Tamarinden-Joghurt-Chutney
Imli oder Dahi ki chutney

Für dieses Chutney werden Tamarinde und Joghurt so miteinander vermischt, dass eine Marmorierung entsteht. Das Chutney schmeckt wunderbar zu gekochten Kartoffeln, gegrillten oder gebratenen Auberginen oder gekochten Kichererbsen.

WÜRZIGE BEIGABEN 475

FÜR 6 PERSONEN
FÜR DIE TAMARINDE
175 ml Tamarindenpaste (siehe Seite 473)
1/2 TL Salz
Frisch gemahlener schwarzer Pfeffer
100–130 g Zucker
1/4 TL Cayennepfeffer
1 1/2 TL gemahlener gerösteter Kreuzkümmel (siehe Glossar)
1 TL fein geriebener frischer Ingwer
1 EL fein gehackte frische Minze

FÜR DEN JOGHURT
125 ml Joghurt
1 kräftige Prise Salz
frisch gemahlener schwarzer Pfeffer
1 EL fein gehacktes frisches Koriandergrün
1/2–1 TL fein gehackter frischer scharfer grüner Chili
1 TL Zucker

FÜR DIE GARNITUR
1 Minzezweig

■ Sämtliche Zutaten für die Tamarinde in einer Schüssel verrühren. Falls nötig, mit Salz und Zucker nachwürzen.

■ In einer zweiten Schüssel den Joghurt cremig schlagen. Die übrigen Zutaten gründlich unterrühren.

■ In 4 Schichten Tamarinde – Joghurt – Tamarinde – Joghurt in eine Glasschüssel füllen. Mit einem Messer senkrecht in die Mitte stechen, in konzentrischen Kreisen durch die Masse fahren und wieder herausziehen. Das weiß-braun marmorierte Chutney mit dem Minzezweig garnieren und servieren oder zuvor kalt stellen.

❖

MEXIKO

Grüne Tomatillo-Salsa
Salsa verde

Grüne Salsas werden in Mexiko oft mit Tomatillos (auch Grüne Tomaten genannt) bereitet. Diese ist ein wunderbarer Dip und passt zu Quesadillas *oder Chips. Sie können sie außerdem mit* Queso blanco *(siehe Seite 430) auf Tortillas vom Vortag streichen und eine Art mexikanische Lasagne backen.*

ERGIBT 250 MILLILITER
225 g Tomatillos (siehe Glossar), Hüllblätter entfernt, gewaschen
4 EL fein gehacktes frisches Koriandergrün

1–2 frische scharfe grüne Chilis (etwa *Serrano* oder *Jalapeño*)
Etwa 1/3 TL Salz

■ Die Tomatillos in einem mittelgroßen Topf mit 475 Milliliter Wasser aufkochen. Zugedeckt bei reduzierter Hitze 10 Minuten köcheln lassen. Mit einem Löffel herausnehmen (sie sind nun voller Wasser), mit den übrigen Zutaten im Mixer zu einem groben Püree verarbeiten. Falls nötig, etwas Garflüssigkeit der Tomatillos hinzufügen. Eventuell nachwürzen.

ITALIEN

Einfache Tomatensauce

Diese Tomatensauce ist mein Favorit. Ich koche sie mindestens einmal pro Woche für irgendein Pastagericht. Wenn ich sie für gefülltes Gemüse oder auch für Hülsenfrüchte verwende, genügen 2–3 Esslöffel Öl.

FÜR 4 PERSONEN

4 EL Olivenöl
4 Knoblauchzehen, geschält und sehr fein gehackt
2 ganze getrocknete scharfe rote Chilis
800 g ganze Tomaten aus der Dose
1/2 TL getrockneter Oregano
1 TL Salz
Frisch gemahlener schwarzer Pfeffer

■ Öl, Knoblauch und die Chilis in einem mittelgroßen Topf bei mittlerer bis hoher Temperatur erhitzen, bis der Knoblauch zu zischen und zu bräunen beginnt. Die Tomaten mit ihrer Flüssigkeit, Oregano, Salz und Pfeffer unterrühren, dabei die Tomaten mit dem Kochlöffel in kleine Stücke zerdrücken. Aufkochen und bei schwacher Hitze 12–15 Minuten köcheln lassen, bis die Sauce etwas eingedickt ist. Ab und zu rühren.

Tomatensauce mit Champignons

Diese unkomplizierte Sauce passt zu Pasta, Polenta oder gefülltem Gemüse.

FÜR 4 PERSONEN

4 EL Olivenöl
4 Knoblauchzehen, geschält und fein gehackt
8 mittelgroße Champignons, mit einem feuchten Tuch abgewischt, in 3 mm dicke Scheiben geschnitten
1 ganzer getrockneter scharfer roter Chili
800 g ganze Tomaten aus der Dose, grob gehackt
3/4 TL Salz

■ In einer großen Pfanne 2 Esslöffel Öl und 2 Knoblauchzehen bei mittlerer bis hoher Temperatur erhitzen. Sobald der Knoblauch zischt und goldbraun wird, die Hitze reduzieren und die Champignons hinzugeben. 1–2 Minuten unter Rühren braten, bis sie gleichmäßig mit Öl überzogen sind und glänzen. Die Mischung in eine Schüssel geben, die Pfanne auswischen.

■ Das restliche Öl und den Knoblauch mit der Chili in der Pfanne erhitzen. Sobald der Knoblauch zischt und goldbraun wird, die Tomaten mit ihrer Flüssigkeit und das Salz unterrühren. Bei mittlerer bis starker Hitze ohne Deckel etwa 20 Minuten köcheln lassen. Die Sauce sollte nicht zu dick werden. Die Pilze hinzufügen, weitere 3 Minuten garen. Den Chili entfernen.

WÜRZIGE BEIGABEN 477

MAROKKO

Rohe Tomatensauce

Reichen Sie die Sauce zu gebratenen Zucchini oder Auberginen oder zu Spiegelei.

FÜR 4 PERSONEN

1 mittelgroße, sehr reife Tomate (140 g)

1/4 – 1/2 TL *Harissa* (siehe Seite 469) oder
    1 Knoblauchzehe, geschält und zerdrückt, sowie
    1/4 TL Cayennepfeffer

■ Die Tomate auf der gröbsten Seite einer Rohkostreibe in eine Schüssel reiben. Salz und *Harissa* untermischen. Mit Raumtemperatur oder kalt servieren.

❖

INDONESIEN

Sambal aus gegrillten Tomaten, Schalotten und Chilis
Dabu dabu lilang

Die Ähnlichkeit zu mexikanischen Salsas ist groß, doch stammt diese Sauce von der indonesischen Insel Sulawesi. Sie passt besonders gut zu dicken Suppen und eintopfartigen Gerichten, denen sie eine säuerliche Schärfe verleiht.

FÜR 6–8 PERSONEN

450 g reife, mittelgroße Tomaten, halbiert
1–2 *Jalapeños*, frisch oder aus der Dose, oder andere frische scharfe grüne oder rote Chilis
3 große Schalotten (insgesamt 85 g)
Etwa 3 EL frisch gepresster Limettensaft
   (bei Chilis aus der Dose etwas weniger)
Etwa 1 1/2 TL Salz

■ Den Backofengrill vorheizen.
■ Die Tomatenhälften, Chilis und Schalotten auf einem Backblech verteilen, im Abstand von etwa 13 cm unter den Grill schieben. Sobald die Chilis dunkle Stellen bekommen, wenden. Mit den Schalotten und etwas später mit den Tomatenhälften ebenso verfahren. Sobald die Chilis rundum dunkle Stellen haben, herausnehmen. Dann die Schalotten und schließlich die Tomaten herausnehmen. Das gegrillte Gemüse mitsamt der dunklen Haut im Mixer zu einer Paste verarbeiten. In einer Schüssel mit dem Limettensaft und Salz nach Geschmack würzen. Gut vermischen.

MEXIKO

Einfache rote Salsa

Diese Salsa eignet sich als Dip zu Tortilla-Chips oder auf Quesadillas *mit Käse (siehe Seite 287). Als Sauce passt sie zu allen mexikanischen, südasiatischen und südostasiatischen Gerichten. Wer keine* Jalapeño *bekommt, verwendet einfach eine andere scharfe grüne Chili – frisch oder aus der Dose.*

FÜR 4–6 PERSONEN

1 große Tomate (etwa 225 g), enthäutet (siehe Seite 141)
2 EL sehr fein gehackte Zwiebeln
1/2–1 *Jalapeño*-Chili, frisch oder aus der Dose, fein gehackt
1/2 TL Salz
2 EL fein gehacktes frisches Koriandergrün
1 EL frisch gepresster Limettensaft

▪ Die Tomate fein hacken. In einer Schüssel mit dem Chili, Salz, Koriander und dem Limettensaft vermischen. Kalt oder mit Raumtemperatur servieren.

MEXIKO

Gekochte Tomaten-Salsa
Salsa de jitomate

In diesem Rezept wird die Salsa leicht gekocht. Besonders gut schmeckt sie zu Spiegelei, aber Sie können sie auch als Dip oder zu Pasta reichen. Ich verwende Chilis fast immer mit den Samen. Für einen milderen Geschmack verzichten Sie jedoch einfach darauf und entfernen sowohl die Samen als auch die Scheidewände.

ERGIBT ETWA 475 MILLILITER

1 EL Olivenöl
1 Knoblauchzehe, geschält und fein gehackt
800 g Tomaten aus der Dose, abgegossen und sehr fein gehackt
2–4 scharfe grüne Chilis oder *Serrano*-Chilis aus der Dose, sehr fein gehackt
1/2 TL Salz
Frisch gemahlener schwarzer Pfeffer
2 EL frisches Koriandergrün, sehr fein gehackt

▪ Öl und Knoblauch in einem mittelgroßen, weiten Topf bei mittlerer bis hoher Temperatur erhitzen. Wenn der Knoblauch zischt und eine deutlich goldbraune Farbe angenommen hat, die übrigen Zutaten bis auf das Koriandergrün hinzufügen und aufkochen. Unter Rühren 3–4 Minuten köcheln lassen, bis die Sauce leicht eingedickt ist. Das Koriandergrün unterrühren. Heiß, mit Raumtemperatur oder auch kalt servieren.

KOREA

Schnelle Kohl-Pickles
Mok kimchee • L. D. Lawrence

Die meisten Kimchees (koreanische Pickles) müssen vor dem Verzehr erst einige Tage durchziehen. Doch diese Variante kann sofort gegessen werden. Dank der Zugabe von Essig und Sesamöl fermentiert der Kohl im Kühlschrank nicht so schnell, allerdings kann er etwas säuerlicher werden. In diesem Fall ist er immer noch eine gute Beigabe. Außerdem eignet er sich wunderbar als Suppenbasis für Tofu.

Je nach Geschmack können Sie mit mehr oder weniger Chilipulver und Zucker Schärfe und Süße variieren. Koreanisches Chilipulver ist nur in koreanischen Lebensmittelläden erhältlich. Es besitzt eine wunderschöne Farbe und ein herrliches Aroma.

ERGIBT ETWA 1,25 LITER

- 1 kleiner Chinakohl (etwa 675 g)
- 4 1/2 EL Salz
- 2 TL Reismehl
- 13 cm *Daikon*-Rettich (siehe Glossar) mit etwa 5 cm Durchmesser (etwa 125 g), in sehr feine Streifen (Julienne) geschnitten
- 1 Knoblauchzehe, geschält und fein gehackt
- 2,5 cm frischer Ingwer, geschält und fein gehackt
- 1 EL koreanisches Chilipulver oder 1 1/2 TL Cayennepfeffer
- 2 EL geröstete Sesamsamen (siehe Glossar)
- 1 EL Zucker
- 2 EL Öl aus gerösteten Sesamsamen
- 5 TL Reisessig

■ Chinakohl waschen, beschädigte äußere Blätter entfernen. Verfärbte Stellen vom Strunk abschneiden. Den Strunk 5 cm tief kreuzweise einschneiden und den Kohl mit den Händen in 4 lange Stücke auseinander ziehen. Je ein Viertel über eine große Schüssel halten und 1 Esslöffel Salz zwischen die Blätter streuen. Die gesalzenen Viertel in die Schüssel legen. Einen Teller umgedreht auf den Kohl setzen und mit einem Gewicht (etwa einem Topf mit Wasser) beschweren. 4 Stunden stehen lassen.

■ Inzwischen das Reismehl in einem kleinen Topf bei niedriger bis mittlerer Temperatur erhitzen. Unter Rühren 175 Milliliter Wasser nach und nach hinzugießen. Zum Köcheln bringen. Die Mischung dickt sehr schnell ein. 1 Minute köcheln lassen, den Herd ausschalten. Abkühlen lassen.

■ *Daikon*, Knoblauch, Ingwer, Chilipulver, Sesamsamen, Zucker, Sesamöl, 3 Teelöffel Reisessig und 1/2 Esslöffel Salz in einer Schüssel vermischen.

■ Den Kohl gut abspülen, überschüssige Flüssigkeit ausdrücken. Die *Daikon*-Mischung zwischen die einzelnen Blätter füllen. Dafür die Kohlviertel am besten mit den kleineren Blättern nach oben in eine Schüssel legen. Das erste Blatt anheben und etwas Füllung darunter geben. Nun unter dem nächsten, größeren Blatt etwas mehr Füllung verteilen. Auf diese Weise das gesamte Viertel füllen. Die größeren Blätter über die kleineren falten, sodass eine Art Päckchen entsteht. Das Päckchen mit der gefalteten Seite nach oben in einen Kunststoffbehälter (groß genug für alle Viertel) oder ein breites Schraubglas legen. Die übrigen Kohlviertel ebenso füllen, falten und in den Behälter legen. Übrige Füllung oder Flüssigkeit der Füllung darüber geben. Mit den restlichen 2 Esslöffeln Essig beträufeln. Zugedeckt in den Kühlschrank stellen.

INDIEN

Möhren-Pickles mit Senfsamen
Gaajar ka achaar

Die Möhren passen zu vielen Mahlzeiten. Sie können sie sogar hacken und ein Salat-Dressing damit aufpeppen.

Ich bevorzuge hier zum Einlegen geschälte halbierte Senfsamen. Sie sind nur in indischen Lebensmittelgeschäften erhältlich. Als Ersatz eignen sich aber auch gelbe oder braune Senfsamen. Das Erdnussöl können Sie durch Olivenöl ersetzen, und für einen milderen Geschmack verzichten Sie einfach auf den Cayennepfeffer.

FÜR EIN 750-MILLILITER-GLAS

4–5 mittelgroße Möhren (insgesamt 350 g)
4 EL geschälte Senfsamen
2 TL Fenchelsamen
1–2 TL Cayennepfeffer
1/2 TL gemahlene Kurkuma
2 TL Salz
6 EL Erdnussöl

■ Die Möhren schälen und in 5 cm lange und 5 mm dicke Stifte schneiden. In eine Schüssel geben.
■ Senf- und Fenchelsamen in der sauberen Kaffee- oder Gewürzmühle grob vermahlen und über die Möhren streuen. Mit Cayennepfeffer, Kurkuma und Salz untermischen. 3–4 Stunden stehen lassen.
■ Die Möhrenmischung in ein sauberes Schraubglas (750 Milliliter Inhalt) füllen. Das Öl in einem Topf stark erhitzen, dann lauwarm abkühlen lassen. Über die Möhren gießen, zum Vermischen das Glas schütteln. Verschlossen an einem sonnigen Ort 5–7 Tage stehen lassen, den Inhalt ein- bis zweimal pro Tag durchschütteln. (Steht es im Freien, an kühlen Nächten hereinbringen.) Die Pickles im Kühlschrank aufbewahren.

❖

INDIEN

Indische Mixed Pickles
Niru Row Kavi

Hierbei handelt es sich um die indische Variante von sauren Gurken, die sich durch eine buntere Gemüseauswahl und ein paar schärfere Gewürze unterscheidet. In Indien trinken wir zudem auch gern den säuerlichen Sud. Nach dieser Methode können Sie fast jedes Obst oder Gemüse einlegen, ob Rüben, die Schale von Wassermelonen oder Möhren. Statt der hier verwendeten Gurke bevorzugen die Inder meist ein im Geschmack ähnliches Gemüse namens Tindli *oder* Tindola, *das zuvor halbiert wird. Reichen Sie das Gemüse zu Gerichten aus Indien, dem Nahen Osten und Nordafrika sowie zu belegten Broten und Suppen.*

FÜR EIN 1,5-LITER-GLAS

2 1/2 TL Salz
125 g Blumenkohl, in kleine Röschen zerteilt
125 g kleine Einlegegurken, längs geviertelt und in 5 cm lange Stücke geschnitten
1 mittelgroße Möhre, geschält und in 5 × 10 cm große Stücke geschnitten

2 1/2 EL braune Senfsamen
1 1/2 TL Cayennepfeffer
1/4 TL *Asafoetida* (siehe Glossar)
2 EL frisch gepresster Limettensaft

■ In einem großen Topf 600 Milliliter Wasser aufkochen, das Salz hinzufügen. Das Gemüse einlegen, erneut aufkochen und sofort abgießen. Den Sud auffangen und abkühlen lassen. Das Gemüse auf einer sauberen Platte ausbreiten, ebenfalls abkühlen lassen. Beiseite stellen.
■ Die Senfsamen in der sauberen Gewürzmühle grob vermahlen.

■ In einem großen Schraubglas mit säurebeständigem Deckel das gesamte Gemüse, den aufgefangenen Sud, die vermahlenen Senfsamen und die übrigen Zutaten gut vermischen. Fest verschließen und für 4–7 Tage auf ein sonniges Fensterbrett stellen, einmal am Tag schütteln. Hat das Gemüse die gewünschte Säure, das Glas in den Kühlschrank stellen.

INDIEN

Eingelegte Knoblauchzehen

Die Inder glauben fest daran, dass Knoblauch das Blut reinigt, und essen ihn deshalb mit großer Begeisterung. Hier werden feinere kleine Knoblauchzehen eingelegt. Kaufen Sie darum kleine, leicht violette Knoblauchknollen, die noch ganz jung und frisch sind.

FÜR EIN 600-MILLILITER-GLAS

2 kleine Knoblauchknollen (etwa 125 g)
1–2 frische scharfe grüne Chilis
2 EL geschälte Senfsamen oder gelbe Senfsamen, in der sauberen Kaffeemühle grob vermahlen
2 TL Salz
1/2 TL gemahlene Kurkuma

1 TL Cayennepfeffer
175 ml Erdnuss-, Maiskeim- oder Olivenöl
1 kräftige Prise *Asafoetida* (siehe Glossar)
1 TL braune Senfsamen
8–10 frische Curryblätter, ersatzweise Basilikum- oder *Tulsi*-Blätter (siehe Glossar)

■ Die Knoblauchzehen trennen und schälen. Die Chilis mit einem feuchten Tuch abwischen, trockentupfen und in grobe Ringe schneiden. In einer säurebeständigen Schüssel den Knoblauch mit den Chilis, den vermahlenen Senfsamen, Salz, Kurkuma und Cayennepfeffer vermischen.
■ Das Öl in einer kleinen Pfanne bei mittlerer bis hoher Temperatur erhitzen. Zuerst die Prise *Asafoetida* und gleich darauf die ganzen Senfsamen hineingeben. Sobald die Senfsamen aufplatzen, die Curryblätter kurz einrühren. Vom Herd nehmen. Abkühlen lassen, über die Knoblauchmischung gießen und verrühren. In einen Keramikbehälter mit weiter Öffnung oder ein Schraubglas mit säurebeständigem Deckel (600 Milliliter Inhalt) füllen. Für 7–10 Tage auf ein sonniges Fensterbrett stellen. Den Inhalt mindestens zweimal pro Tag durchschütteln. Sind die Knoblauchzehen etwas weicher und säuerlicher geworden, in den Kühlschrank stellen.

INDIEN

Süßsaure Mixed Pickles nach Punjab-Art

Süßsaure Pickles passen zu vielen unterschiedlichen Gerichten. Sie können das Gemüse auch aus der Flüssigkeit nehmen, hacken und Sandwiches damit füllen.

FÜR EIN 2,5-LITER-GLAS

1 kg gemischtes Gemüse:
1 Möhre, geschält, in 5 cm × 5 mm große Stifte geschnitten
1–2 Kohlrüben, gewürfelt (2 cm breit)
1/2 Blumenkohlkopf, in kleine Röschen zerteilt
250 ml Senföl
125 g brauner Zucker

150 ml Weißweinessig
6 EL braune oder gelbe Senfsamen
2 EL fein zerdrückter Knoblauch
2 1/2 EL fein geriebener geschälter Ingwer
2 TL Cayennepfeffer
3 EL Salz

■ In einem großen Topf reichlich Wasser zum Kochen bringen. Die Möhrenstifte, die Kohlrübenwürfel und die Blumenkohlröschen einlegen, erneut aufkochen. Sofort abgießen. Das Gemüse auf einer sauberen Platte ausbreiten und abkühlen lassen.

■ In einem zweiten Topf das Senföl erhitzen, bis es zu rauchen beginnt. Vom Herd nehmen und vollständig auskühlen lassen.

■ Inzwischen den Zucker im Essig auflösen. Die Senfsamen in einer sauberen Gewürzmühle zu feinem Pulver vermahlen.

■ In einer großen, säurebeständigen Schüssel Knoblauch, Ingwer, Cayennepfeffer, Salz, Senfsamen und die Zuckerlösung mit dem Gemüse vermischen, es soll vollständig überzogen sein. Die Mischung in ein Schraubglas mit 2,5 Liter Inhalt und säurebeständigem Deckel füllen, das Senföl darüber gießen. Gut verschließen und schütteln, um das Öl zu verteilen. Für 10–15 Tage auf einem sonnigen Fensterbrett stehen lassen. Den Inhalt mindestens einmal pro Tag durchschütteln. Die fertigen Pickles im Kühlschrank aufbewahren.

ZITRONEN EINSALZEN UND EINLEGEN

In Indien reicht die Verwendung von Zitrusfrüchten bis in alte Zeiten zurück. Früher wurden Obst und Gemüse mit Salz haltbar gemacht und außerdem mit Pfeffer und Kardamom aus der Region pikant gewürzt. Heute kennt jeder indische Staat wohl Hunderte verschiedener Arten eingelegter Limetten und Zitronen. Einige sind süßsauer oder nur sauer, manche scharf oder sogar hoch aromatisch. Auch Marokko ist berühmt für seine eingelegten Zitronen, die in der Küche einfallsreich zum Einsatz kommen.

Beim Einsalzen soll vor allem die Schale weicher werden, ihren bitteren Geschmack verlieren, und das Fleisch soll nicht mehr sauer schmecken. Mitunter werden Zitronen und Limetten auch rundum eingestochen und kurz in Salzlake oder gesalzenem Zuckersirup gekocht, um den Prozess zu beschleunigen.

Da die Schale ein unverzichtbarer Bestandteil der eingelegten Früchte ist, benötigen Sie für die folgenden Rezepte unbedingt unbehandelte Bio-Zitronen.

MAROKKO

Marokkanische Salzzitronen

Salzzitronen gehören zu den großen Schätzen der marokkanischen Küche. Man bekommt sie auf jedem Markt. Sie sind geviertelt (hängen aber am unteren Ende noch zusammen) und nur in Salz eingelegt. Allerdings werden manchmal auch Gewürznelken und Zimt hinzugefügt.

Die eingesalzenen, relativ weichen marokkanischen Zitronen finden ganz unterschiedliche Verwendung. Zuerst werden das überschüssige Salz und die weißliche Ablagerung abgewaschen. Wird nur die Schale verwendet, etwa für Salat oder Eintöpfe, entfernt man das Fruchtfleisch und hackt die Schale. (Mit dem Fleisch lassen sich zum Beispiel Gerichte aus getrockneten Hülsenfrüchten, Reis oder Gemüse verfeinern.)

FÜR EIN 1-LITER-GLAS
900 g unbehandelte Zitronen
9 EL Salz

Frisch gepresster Zitronensaft

■ Die Zitronen mit feuchtem Küchenpapier abwischen und trockentupfen. Vorsichtig längs vierteln, sodass die Früchte am unteren Ende noch zusammenhängen. Die Kerne entfernen, innen und außen mit einem Großteil des Salzes einreiben und die Viertel wieder zusammendrücken.
■ Etwas Salz auf dem Boden eines Schraubglases mit 1 Liter Inhalt und säurebeständigem Deckel verteilen, die gesalzenen Zitronen einschichten. Die zweite Schicht leicht nach unten drücken, dabei tritt ein wenig Saft aus. So viel Zitronensaft hinzugießen, dass die Früchte bedeckt sind. Das Glas verschließen. Für 7–10 Tage auf ein sonniges Fensterbrett stellen. Mindestens einmal pro Tag schwenken. Nach 21–30 Tagen, wenn die Schale ganz weich ist, in den Kühlschrank stellen.

INDIEN

Einfache indische Salzzitronen

Das Einlegen von Zitronen hat in Indien eine lange Tradition. Diese Zitronen werden mit Salz haltbar gemacht und zusätzlich mit Kardamom, Gewürznelken und schwarzem Pfeffer aromatisiert. Sie passen zu vielen Mahlzeiten, und gehackt geben sie Gemüse und Hülsenfrüchten einen feinen Biss. Sie können diese indischen Zitronen ebenso verwenden wie die Salzzitronen aus Marokko (siehe Seite 483).

FÜR EIN 1-LITER-GLAS

900 g unbehandelte Zitronen
1/2 TL Kardamomsamen
1/2 TL Gewürznelken
1 1/2 EL Zucker
9 EL Salz
1 TL Cayennepfeffer
1 TL frisch gemahlener schwarzer Pfeffer

■ Die Zitronen mit feuchtem Küchenpapier abwischen und trockentupfen. Längs vierteln und die Kerne entfernen. Kardamom und Gewürznelken in der Kaffeemühle zu feinem Pulver vermahlen.
■ In einer großen Schüssel Zucker, Salz, Cayennepfeffer und schwarzen Pfeffer mit Kardamom und Gewürznelken vermischen. Die Zitronen in der Mischung wälzen, sodass sie vollständig bedeckt sind. In ein Schraubglas mit 1 Liter Inhalt und säurebeständigem Deckel füllen. Für 7–10 Tage auf ein sonniges Fensterbrett stellen. Das Glas mindestens einmal pro Tag schwenken. Nach 21–30 Tagen, wenn die Schale ganz weich geworden ist, die Zitronen in den Kühlschrank stellen.

INDIEN

Süßsaures Zitronen-Chutney

Da die Zitronen für dieses Chutney gekocht werden, ist es bereits nach 5 Tagen fertig. Für ein milderes Chutney lassen Sie einfach den Cayennepfeffer weg.

FÜR EIN 350-MILLILITER-GLAS

2 große unbehandelte Zitronen (etwa 350 g), plus mehr zum Auspressen
2 1/2 TL Salz
1/2 TL gemahlene Kurkuma
1 TL Cayennepfeffer
7 EL Zucker

■ Die Zitronen mit feuchtem Küchenpapier abwischen und trockentupfen. Zuerst in 3 mm dicke Scheiben, dann in 3 mm große Würfel schneiden. Die Kerne entfernen. Die Zitronen in einem säurebeständigen Topf mit Salz, Kurkuma, Cayennepfeffer und Zucker sowie 2 Esslöffeln Zitronensaft erhitzen. Bei schwacher Hitze 5–6 Minuten köcheln lassen, bis das Chutney leicht eingedickt ist. Beim Abkühlen wird es noch dickflüssiger.
■ In ein Schraubglas mit 350 Milliliter Inhalt und säurebeständigem Deckel füllen und 5–7 Tage stehen lassen. Danach das Chutney in den Kühlschrank stellen.

INDIEN

Süße Gujarati-Zitronen-Pickles

Diese wunderbaren Zitronen passen zu vielen Speisen. Gerichten mit getrockneten Hülsenfrüchten oder Getreide verleihen sie besonderen Pfiff. Sehr gut schmeckt auch eine kleine Menge, fein gehackt, auf ein Käsebrot.

FÜR EIN 750-MILLILITER-GLAS

2 große unbehandelte Zitronen (etwa 350 g)
1 TL Bockshornkleesamen
2 EL geschälte Senfsamen, ersatzweise ganze gelbe Senfsamen
2 TL Salz
1/2 TL gemahlene Kurkuma
1–1 1/2 TL Cayennepfeffer
2,5 cm frischer Ingwer, zuerst in sehr dünne Scheiben geschnitten, dann ganz klein gewürfelt
5 EL Zucker
3 EL Erdnuss-, Maiskeim- oder Olivenöl
1 TL braune Senfsamen

■ Die Zitronen mit feuchtem Küchenpapier abwischen und trockentupfen. Zuerst in 3 mm dicke Scheiben, dann in 3 mm große Würfel schneiden. Dabei die Kerne entfernen. Die Zitronenwürfel in eine säurebeständige Schüssel geben.

■ Den Bockshornklee und die geschälten halbierten Senfsamen in einer sauberen Kaffee- oder Gewürzmühle grob vermahlen und über die Zitronen streuen. Salz, Kurkuma, Cayennepfeffer, Pfeffer, Ingwer und Zucker untermischen.

■ Das Öl in einer kleinen Pfanne bei mittlerer bis hoher Temperatur sehr heiß werden lassen. Die braunen Senfsamen darin in wenigen Sekunden aufplatzen lassen. Sofort mit dem Öl über die Zitronen gießen und untermischen.

■ In ein Schraubglas mit 750 Milliliter Inhalt und säurebeständigem Deckel füllen. Verschließen und für 7–10 Tage auf ein sonniges Fensterbrett stellen. Das Glas mindestens einmal pro Tag schwenken. Nach 21–30 Tagen, wenn die Schale ganz weich geworden ist, in den Kühlschrank stellen.

INDIEN

Zitronen-Pickles aus Südindien
Daxshini neebu ka achaar

In unserer Familie sind diese aromatischen Zitronen sehr beliebt. Ich mische sie oft fein gehackt unter die Füllung für Auberginen und andere Gemüse. Manchmal rühre ich sie auch ganz zum Schluss unter grüne Bohnen aus dem Wok oder gebe eine kleine Menge fein zerdrückt an ein Gericht aus getrockneten Hülsenfrüchten.

FÜR EIN 750-MILLILITER-GLAS

2 große unbehandelte Zitronen (etwa 350 g)
2 EL Salz
1 1/2 TL Cayennepfeffer
1/4 TL gemahlene Kurkuma
3 EL Erdnuss- oder Maiskeimöl
1 Prise *Asafoetida* (siehe Glossar)
1/2 TL geschälte halbierte Urdbohnen (*Urad dal*, siehe Seite 247), Kichererbsen (*Chana dal*, siehe Seite 177) oder gelbe Schälerbsen (Splittererbsen, siehe Seite 221)
1/2 TL braune Senfsamen
10–12 frische Curryblätter, ersatzweise Basilikum- oder *Tulsi*-Blätter (siehe Glossar)

■ Die Zitronen mit einem feuchten Küchentuch abwischen und trockentupfen. Längs in 5 mm dicke Scheiben schneiden, aufeinander schichten und in 5 mm große Würfel schneiden. Dabei die Kerne entfernen. In einer säurebeständigen Schüssel mit Salz, Cayennepfeffer und Kurkuma vermischen. Zugedeckt 24 Stunden stehen lassen.

■ Das Öl in einer kleinen Pfanne bei mittlerer bis hoher Temperatur erhitzen. Zuerst die Prise *Asafoetida*, dann die Urdbohnen, Kichererbsen oder Schälerbsen hineingeben und unter Rühren rösten, bis die Bohnen sich rot verfärben. Die Senfsamen hinzufügen und in wenigen Sekunden aufplatzen lassen. Sofort die Curryblätter dazugeben, 5 Sekunden rühren. Den Pfanneninhalt über die Zitronen gießen und untermischen.

■ Die Zitronen in ein Schraubglas mit 750 Milliliter Inhalt und säurebeständigem Deckel füllen. Fest verschließen und für 10–15 Tage auf ein sonniges Fensterbrett stellen. Das Glas mindestens einmal pro Tag schwenken. Sobald die Zitronenschale weich geworden ist, können die Früchte verzehrt werden. Im Kühlschrank aufbewahren.

MANGOS EINLEGEN

In diesem Abschnitt möchte ich mich nicht mit den allgemein bekannten reifen Mangos beschäftigen, sondern mit den grünen Früchten, die in einem früheren Stadium geerntet werden. Leider gehören grüne Mangos heutzutage noch nicht zum selbstverständlichen Warenangebot westlicher Supermärkte. Man scheint sie nur in Asialäden und indischen Lebensmittelgeschäften zu bekommen. Darum bestellen Sie dort bei Bedarf ruhig gleich eine ganze Kiste.

Grüne Mangos sind unreife, harte Früchte, die auch nicht mehr nachreifen, wenn man sie für einige Tage in Zeitungspapier wickelt. Diese Mangos werden frühzeitig geerntet und haben hellgrünes, hartes, knackiges Fleisch, das sauer schmeckt. Oft sind sie sogar sehr sauer, mitunter jedoch auch süßsauer. Dieses säuerliche Fleisch wird auf den Philippinen in Scheiben geschnitten und mit salzigen Dipsaucen gereicht. In Thailand bekommt man das Fruchtfleisch, bestreut mit einer kräftigen Prise Salz, Zucker und rotem Chilipulver, bei den Straßenverkäufern. Und in Malaysia wird es unter Salate gemischt.

Die eigentliche Heimat der Mango ist Indien. Hier wird sie seit über 4000 Jahren kultiviert. Bei allen Feierlichkeiten schmücken ihre Blätter die Eingangstüren, und die ausgereifte Frucht wird in den heißen Sommermonaten in Form von Säften, Eiscreme, Süßspeisen und vor allem frisch, direkt aus der Hand genossen. Aber auch während des restlichen Jahres, wenn die Frucht nicht Saison hat, ist sie Bestandteil indischer Speisen, ob als Pulver, getrocknet in Scheiben, als Pickles oder Chutneys. All diese Spezialitäten werden aus den unreifen grünen Mangos hergestellt. Das traditionelle Konservieren der Frucht scheint fast so alt zu sein wie Indien selbst.

Amchoor ist die Bezeichnung für getrocknete grüne Mango, die insbesondere als Würzmittel in Pulverform oder in Scheiben Verwendung findet. *Amchoor* schmeckt sauer mit einer ganz schwachen süßen Note. In Pulverform streut man es über Bratkartoffeln oder gebratenen Blumenkohl. Die Scheiben gibt man schon beim Garen an Okras oder Auberginen für einen süßsäuerlichen Geschmack. Aus den Scheiben kann man außerdem süße Chutneys zubereiten.

Ein Essen ohne Chutneys oder Pickles ist in Indien undenkbar. Ob Möhren, Blumenkohl, Kohlrüben, Auberginen, Bittergurken, Rettich, Rosenblütenblätter, ja sogar Klößchen, Kräuter und Hunderte sonstiger Zutaten – alles wird eingelegt oder eingekocht. Doch in der Welt der Chutneys und Pickles spielt die grüne Mango zweifellos die Hauptrolle. Neben ihrer festen Textur und dem ausgezeichneten Geschmack ist die Mango zudem reich an Pektin und damit ideal zum Konservieren geeignet.

Grüne Mangos werden in vielen Größen angeboten. Sie können nur 5 cm, aber auch 20 cm lang sein. Dementsprechend variiert das Gewicht. Darum gebe ich in allen Rezepten sowohl die Menge als auch das Gewicht der Mangos an. Da für viele Pickles ebenfalls die Schale benötigt wird, sollten Sie nur ganz feste Früchte mit einer makellosen grünen Schale kaufen.

Muss die Mango für eine Zubereitung geschält werden, empfehle ich einen Sparschäler oder ein Obstmesser, mit dem sie die Frucht wie einen Apfel schälen. Zum Aufschneiden oder Würfeln des Fruchtfleischs muss man den

Aufbau der Frucht kennen. Mangos sind meist oval geformt. Auch wenn die Frucht relativ rund ist, besitzt sie doch einen ovalen Stein mit abgeflachten Seiten. Am besten schneidet man von der Frucht auf beiden Seiten zwei große Scheiben ab, und zwar möglichst dicht am Stein entlang. Das übrige Fleisch wird dann in zwei weiteren, schmalen Scheiben abgeschnitten. Diese vier Scheiben können Sie nun nach Wunsch zerkleinern. Wird geriebenes Fleisch benötigt, die Mango schälen, jedoch nicht aufschneiden, sondern auf der Rohkostreibe um den Stein herum abreiben. Wie viel Fleisch eine Mango besitzt, hängt von der Größe des Steins ab.

Für viele Pickles muss man auch einen Teil des Steins verwenden. Dieser besteht aus zwei Schichten: der harten, behaarten äußeren Schale und dem weicheren Samen im Innern. Der Samen wird nicht verwendet, doch oft belässt man die Samenschale am Fleisch. Ebenso wie die Schale der Frucht hält sie das Fleisch beim Einlegen zusammen.

Bei grünen Mangos konnten die Steine noch nicht richtig fest werden, sie lassen sich deshalb leicht durchschneiden. Dafür die Mango mit einem scharfen Messer vom oberen zum unteren Ende zerteilen. Dabei wird auch der Samen im Innern des Steins durchgeschnitten. Den Samen herausnehmen und wegwerfen und das Fleisch mit der Samenschale nach Rezeptangabe zerkleinern.

In Indien lässt man alle Pickles in der Sonne »reifen«. Man stellt sie einfach an einen sonnigen Platz im Freien. Da die Sonne in Europa jedoch nicht so regelmäßig scheint, sollten Sie die Gläser am besten auf ein sonniges Fensterbrett setzen und die Pickles später im Kühlschrank aufbewahren.

❖

INDIEN

Mango-Chutney
Aam ki chutney

Hierbei handelt es sich um ein ganz unkompliziertes Chutney. Allerdings dickt es beim Abkühlen noch ein; Sie sollten den Garprozess deshalb stoppen, solange das Chutney noch relativ flüssig ist. Da die Säure der Früchte variieren kann, müssen Sie eventuell mehr Zucker oder Salz hinzugeben.

Bereiten Sie das Chutney ruhig schön scharf zu, indem Sie gegen Ende noch mehr Cayennepfeffer unterrühren. Diese Variante ist mittelscharf.

In Indien lässt man die eingesalzenen Mangos 3–4 Tage in der Sonne liegen, um ihnen die Flüssigkeit zu entziehen. In einem sonnigen Sommer sollten Sie diese Methode unbedingt ausprobieren, ansonsten nach Rezeptangabe zubereiten.

FÜR EIN 1-LITER-GLAS

3 kleinere oder 2 große, saure grüne Mangos (insgesamt 450 g)
2–2 1/2 TL Salz
2–4 Knoblauchzehen, geschält
2,5 cm frischer Ingwer, geschält und grob gehackt

350 ml Apfelessig oder Weißweinessig
400 g grober Zucker
4 EL Sultaninen
1/2 TL gemahlene Kurkuma
1 TL Cayennepfeffer

- Die Mangos schälen, in Scheiben (siehe Seite 487/488) und diese in 2 cm große Würfel schneiden. In einer säurebeständigen Schüssel mit 1 Teelöffel Salz vermischen und 24 Stunden stehen lassen. Abgießen und trockentupfen. Die Würfel auf Küchenpapier ausbreiten.
- Knoblauch und Ingwer im Mixer mit etwas Essig fein pürieren.
- Den übrigen Essig in einem säurebeständigen Topf mit dem Zucker, Sultaninen, Kurkuma, Cayennepfeffer, 1 Teelöffel Salz und der Ingwer-Knoblauch-Paste verrühren. Aufkochen und bei mittlerer Hitze ohne Deckel 15 Minuten köcheln lassen, bis die Mischung leicht eindickt. Die Mangowürfel hinzufügen, unter Rühren wieder zum Köcheln bringen. Ohne Deckel 20–30 Minuten köcheln lassen, bis die Mangostücke durchscheinend sind und das Chutney noch etwas dicker geworden ist. Falls nötig, nachsalzen.
- Noch heiß in ein Schraubglas mit 1 Liter Inhalt und säurebeständigem Deckel füllen, abkühlen lassen. Verschließen, in den Kühlschrank stellen. Das Chutney kann sofort verzehrt werden, schmeckt aber nach einiger Zeit noch besser.

VARIANTE

Mango-Chutney mit Fenchel und Bockshornklee
(Aam ki lonji)

Den Rezeptangaben für Mango-Chutney folgen und die Ingwer-Knoblauch-Paste herstellen. 2 Esslöffel Erdnussöl in einem säurebeständigen Topf erhitzen. 1 Teelöffel Fenchelsamen, je 1/2 Teelöffel braune Senfsamen und Kreuzkümmel sowie je 1/4 Teelöffel Schwarzkümmel und Bockshornkleesamen kurz einrühren. Die Ingwer-Knoblauch-Paste hinzufügen. Nun den restlichen Essig sowie Zucker, Sultaninen, Kurkuma, Cayennepfeffer und 1 Teelöffel Salz unterrühren und nach Rezept fertig stellen.

VARIANTE

Königliches Mango-Chutney
(Shahi aam ki chutney)

Den Rezeptangaben für Mango-Chutney folgen und eine Ingwerpaste ohne Knoblauch herstellen. In einem säurebeständigen Topf den restlichen Essig, Zucker, Sultaninen, Kurkuma, Cayennepfeffer, 1 Teelöffel Salz, die Ingwerpaste, 1 Teelöffel Fenchelsamen, je 2 Esslöffel gehackte entsteinte Datteln und gehackte Feigen, 1/4 Teelöffel gemahlenen Kardamom und 1 kräftige Prise Safranfäden vermischen, erhitzen und nach Rezept fertig stellen.

INDIEN

Mango-Ingwer-Chutney
Aam aur adrak ki chutney

Meine Großmutter hatte stets große Mengen dieses Chutneys in unserer Vorratskammer. Wir aßen es zu pikanten Keksen aus Mürbeteig zum Nachmittagstee, und es stand auch beim Mittag- und Abendessen auf dem Tisch. Während des Abkühlens dickt das Chutney ein; Sie sollten den Garprozess deshalb stoppen, solange das Chutney noch relativ flüssig ist. Da die Säure der Früchte variieren kann, müssen Sie eventuell mehr Zucker oder Salz hinzufügen. Für mehr Schärfe geben Sie gegen Ende einfach mehr Cayennepfeffer dazu. Dieses Chutney ist mittelscharf.

FÜR EIN 1-LITER-GLAS

3 kleinere oder 2 große, saure grüne Mangos (insgesamt 450 g)
2–2 1/2 TL Salz
100 g frischer Ingwer, geschält, zuerst in sehr dünne Scheiben, dann in feine Stifte geschnitten
3 Knoblauchzehen, geschält und fein zerdrückt
350 ml Apfelessig oder Weißweinessig
400 g grober Zucker
1/2 TL gemahlene Kurkuma
1 TL Cayennepfeffer

■ Die Mangos schälen und grob reiben (siehe Seite 487/488). In einem säurebeständigen Topf mit Salz, Ingwer, Knoblauch, Essig, Zucker, Kurkuma und Cayennepfeffer erhitzen. Bei mittlerer Hitze ohne Deckel 15 Minuten köcheln lassen, bis die Mischung leicht eingedickt ist. Die Hitze reduzieren und ohne Deckel weitere 30–40 Minuten leicht köcheln lassen, bis das Chutney noch etwas dicker geworden ist. Falls nötig, nachsalzen.
■ Noch heiß in ein Schraubglas mit 1 Liter Inhalt und säurebeständigem Deckel füllen und abkühlen lassen. Verschließen, in den Kühlschrank stellen. Das Chutney kann sofort verzehrt werden, schmeckt aber nach einiger Zeit noch besser.

VARIANTE

Mango-Ingwer-Chutney mit bengalischer Fünf-Gewürze-Mischung
Sämtliche Zutaten für das Chutney in einem säurebeständigen Topf nach Rezeptangabe vermischen.
In einer kleinen Pfanne 1 Esslöffel Erdnuss- oder Maiskeimöl bei mittlerer bis hoher Temperatur erhitzen. 1 Teelöffel *Panchphoran* (Fünf-Gewürze-Mischung, siehe Glossar) hineingeben. Die Gewürze in wenigen Sekunden aufplatzen lassen. Mit dem Öl unter die Mangos im Topf rühren und das Chutney nach Rezeptangabe fertig stellen.

INDIEN

Mango-Pickles aus Südindien
Saada daxshini aam ka achaar

Diese Pickles können Sie schon 48 Stunden nach der Zubereitung verzehren, obwohl sich die Aromen nach der unten angegebenen Zeit noch besser verbunden haben.

FÜR EIN 250-MILLILITER-GLAS

1 große, saure grüne Mango (etwa 225 g)
1 1/2 TL Salz
1 TL Cayennepfeffer
1/4 TL gemahlene Kurkuma
1 EL Erdnuss- oder Maiskeimöl
1 Prise *Asafoetida* (siehe Glossar)
1/4 TL geschälte, halbierte Urdbohnen (*Urad dal*, siehe Seite 247), Kichererbsen (*Chana dal*, siehe Seite 177) oder gelbe Schälerbsen (Splittererbsen, siehe Seite 221)
1/2 TL braune Senfsamen
6 frische Curryblätter, ersatzweise Basilikum- oder *Tulsi*-Blätter (siehe Glossar)

■ Die Mango unter fließendem Wasser gründlich waschen und trockentupfen. Mit der Schale in Scheiben (siehe Seite 487/488) und diese in 5 mm große Würfel schneiden. In einen säurebeständigen Topf füllen und mit dem Salz, Cayennepfeffer und der gemahlenen Kurkuma vermischen. Zugedeckt 24 Stunden stehen lassen.

■ Das Öl in einem kleinen Topf bei mittlerer bis hoher Temperatur erhitzen. Zuerst die Prise *Asafoetida*, dann die Urdbohnen, Kichererbsen oder Schälerbsen hineingeben. Unter Rühren rösten, bis die Bohnen sich rötlich verfärben. Die Senfsamen dazugeben und in wenigen Sekunden aufplatzen lassen. Sofort die Curryblätter einlegen und nach 5 Sekunden den Herd ausschalten. Die Mischung über die Mangos gießen.

■ Die Mangos in ein Schraubglas mit 250 Milliliter Inhalt und säurebeständigem Deckel füllen. Fest verschließen und für 10–15 Tage auf ein sonniges Fensterbrett stellen. Das Glas mindestens einmal pro Tag schwenken. Sobald die Schale etwas weicher wird, kann die Mango verzehrt werden. Im Kühlschrank aufbewahren.

INDIEN

Mango-Pickles aus Rajasthan

Diese sauren, würzigen Pickles sind schnell und einfach zubereitet. Sie passen zu vielen Speisen aus Indien, dem Nahen Osten und Nordafrika. Gehackt schmecken sie auch als dünne Lage in einem Sandwich oder Pitabrot, das mit würzigen Kichererbsen oder Kartoffeln gefüllt ist.

Wie man grüne Mangos richtig aufschneidet, ist auf Seite 487/488 beschrieben.

FÜR EIN 600-MILLILITER-GLAS

2 große, saure grüne Mangos (etwa 450 g)
2 TL Fenchelsamen
1 TL Bockshornkleesamen
1 EL geschälte, halbierte Senfsamen, ersatzweise ganze gelbe Senfsamen
4 1/2 TL Salz
1 TL gemahlene Kurkuma
1 kräftige Prise *Asafoetida* (siehe Glossar)
1–1 1/2 TL Cayennepfeffer
5 EL Senföl, ersatzweise Erdnuss- oder Maiskeimöl

■ Die Mangos waschen und gut trockentupfen. Mit einem scharfen Messer in der Mitte durchschneiden. Dabei wird auch der Stein mit dem Samen halbiert. Die Samen wegwerfen und die Früchte mit der Samenschale in 5 mm große Würfel schneiden. In eine säurebeständige Schüssel geben.

■ Eine kleine Pfanne aus Gusseisen bei mittlerer Temperatur erhitzen. Die Fenchel- und Bockshornkleesamen darin unter Rühren rösten, bis der Fenchel etwas dunkler wird und ein feines Röstaroma verströmt. Leicht abkühlen lassen. In der sauberen Kaffee- oder Gewürzmühle zusammen mit den Senfsamen grob vermahlen. Über die Mangos streuen, mit Salz, Kurkuma, *Asafoetida*, Cayennepfeffer und dem Öl untermischen.

■ In ein Schraubglas mit 600 Milliliter Inhalt und säurebeständigem Deckel füllen. Fest verschließen und für 10–15 Tage auf ein sonniges Fensterbrett stellen. Das Glas mindestens einmal pro Tag schwenken. Sobald die Schale etwas weicher wird, kann die Mango verzehrt werden. Im Kühlschrank aufbewahren.

INDIEN

Mango-Pickles nach Bombay-Art
Bumbai vala aam ka achaar

Die ärmeren Menschen in Bombay essen diese pikant eingelegte Mango nur mit Reis, in glücklicheren Zeiten mit einem Gericht aus getrockneten Hülsenfrüchten. Die wohlhabendere Bevölkerung muss nicht wählen und isst die beliebten Pickles zu vielen unterschiedlichen Speisen.

FÜR EIN 1-LITER-GLAS

1 große saure grüne Mango (etwa 225 g)
10 kleine frische ganze grüne Chilis
20 zarte grüne Bohnen
4 TL plus 1 EL Salz
4 EL Koriander

1 TL Bockshornkleesamen
7 EL geschälte Senfsamen
1 1/2 TL gemahlene Kurkuma
1 EL Cayennepfeffer
250 ml Erdnuss-, Maiskeim- oder Olivenöl

■ Die Mango waschen und gut trockentupfen. Mit einem scharfen Messer in der Mitte durchschneiden. Dabei wird auch der Stein mit dem Samen halbiert. Den Samen wegwerfen und die Frucht mit der Samenschale in 5 mm große Würfel schneiden. In eine säurebeständige Schüssel geben.

■ Die Chilis mit einem feuchten Tuch abwischen, trockentupfen und zu den Mangowürfeln geben. Die grünen Bohnen abwischen, jeweils längs halbieren, die Hälften dritteln und zu den Mangos geben. Mit 4 Teelöffeln Salz vermischen, 24 Stunden stehen lassen. Abgießen und trockentupfen.

■ Eine kleine Pfanne aus Gusseisen bei mittlerer Temperatur erhitzen. Koriander und Bockshornkleesamen darin unter Rühren rösten, bis der Koriander etwas dunkler wird und ein feines Röstaroma verströmt. Leicht abkühlen lassen. In der sauberen Kaffee- oder Gewürzmühle zusammen mit den Senfsamen grob vermahlen. Über die Mangos streuen, mit dem Esslöffel Salz, Kurkuma und Cayennepfeffer untermischen.

■ Das Öl in der Pfanne sehr heiß werden lassen. Den Herd ausschalten, das Öl lauwarm abkühlen lassen. Unter die Mango mischen.

■ In ein Schraubglas mit 1 Liter Inhalt und säurebeständigem Deckel füllen. Fest verschließen und für 10–15 Tage auf ein sonniges Fensterbrett stellen. Das Glas mindestens einmal pro Tag schwenken. Sobald die Schale etwas weicher wird, kann die Mango verzehrt werden. Im Kühlschrank aufbewahren.

INDIEN

Pfirsich-Chutney nach Delhi-Art

Hierbei handelt es sich um ein Familienrezept, für das meine Mutter immer unreife grüne Mangos verwendete, die man jedoch nur in indischen Lebensmittelläden bekommt. Pfirsiche sind ebenso gut geeignet – und, wenn sie Saison haben, sehr viel leichter erhältlich. Die Größe der Früchte ist nicht wichtig, doch sollten sie reif, aber dennoch recht fest sein. Das Chutney passt zu vielen indischen Gerichten.

ERGIBT 500 MILLILITER

1/2 TL Bockshornkleesamen
900 g frische Pfirsiche
3 EL frisch gepresster Zitronensaft
3 EL Senf- oder Maiskeimöl
1 TL Kreuzkümmel
1/2 TL braune Senfsamen
1/4 TL Fenchelsamen

5 cm frischer Ingwer, geschält, zuerst in sehr dünne Scheiben, dann in dünne Stifte geschnitten
1/2 TL gemahlene Kurkuma
5 EL Zucker
1 TL Salz
1/4 TL Cayennepfeffer
1–3 frische ganze grüne Chilis (nach Belieben)

■ Den Bockshornklee in einer kleinen Tasse mit 2 Esslöffeln kochend heißem Wasser bedecken. 4 Stunden oder über Nacht stehen lassen.
■ Die Pfirsiche schälen (nicht blanchieren und enthäuten) und in je 8 Scheiben schneiden, den Stein entfernen. Die Scheiben jeweils quer in 2 Stücke schneiden. Zügig mit Zitronensaft beträufeln und vermischen.
■ Das Öl in einem mittelgroßen Topf mit schwerem Boden bei mittlerer Temperatur erhitzen. Kreuzkümmel und Senfsamen hineingeben und, sobald die Senfsamen aufplatzen, die Fenchelsamen einrühren. Den Ingwer 1 Minute mitrühren. Anschließend den Bockshornklee samt Einweichflüssigkeit sowie 250 Milliliter Wasser und Kurkuma hinzufügen. Gründlich durchrühren, aufkochen. Zugedeckt bei schwacher Hitze 15 Minuten köcheln lassen.
■ Die Pfirsiche mit dem ausgetretenen Saft sowie den Zucker, Salz, Cayennepfeffer und die Chilis (falls verwendet) dazugeben. Ohne Deckel bei mittlerer Hitze etwa 20 Minuten kräftig köcheln lassen, bis die Pfirsiche weich und glänzend sind und die Sauce eingedickt ist. Regelmäßig rühren, vor allem gegen Ende der Zubereitung.
■ Das abgekühlte Chutney in ein Schraubglas füllen und kalt stellen.

MAROKKO
Süßes Tomaten-Chutney mit Mandeln

Diese auch als tomates sucrées *bekannte Spezialität ist ein süßes Chutney aus Tomaten. Es passt zu vielen Gerichten.*

ERGIBT ETWA 225 MILLILITER

800 g frische Tomaten, enthäutet und grob gehackt, oder Tomaten aus der Dose
6 EL Zucker
3/4 TL Salz
6 EL Mandelstifte

- Tomaten, Zucker und Salz in einem mittelgroßen Topf bei mittlerer bis hoher Temperatur aufkochen. Bei mittlerer Hitze etwa 45 Minuten köcheln lassen, bis die Mischung an Marmelade erinnert. Ab und zu durchrühren.
- Die Mandeln in einem kleinen, gusseisernen Topf bei mittlerer Hitze leicht rösten, dabei häufig rühren. Wenn sie einige Stufen dunkler geworden sind und intensiv duften, auf Küchenpapier abkühlen lassen.
- Die Mandeln grob hacken und unter die Tomatenmischung rühren. Abkühlen lassen. In ein Schraubglas mit säurebeständigem Deckel füllen und kalt stellen.

❖

CHINA
Eingelegter weißer Rettich
Bai lowa baw liang Tsai ◆ Shiu-Min Block

Dieser süßsaure, leicht salzige Rettich ist ganz schnell fertig. Verwendet wird dafür der große, lange asiatische Daikon-*Rettich. Servieren Sie den Rettich sowohl zu asiatischen wie auch zu westlichen Speisen.*

FÜR 6–8 PERSONEN

550 g weißer Rettich (*Daikon***, siehe Glossar)**
4 EL Zucker
1 TL Salz
3 EL Weißweinessig

- Den Rettich schälen und in sehr dünne, gleichmäßige Scheiben schneiden. Dafür am besten die Mandoline beziehungsweise einen Gemüsehobel verwenden.
- Zucker, Salz und Essig in einer Schüssel verrühren. Den Rettich untermischen. Vor dem Verzehr mindestens 30 Minuten durchziehen lassen. Im verschlossenen Behälter in den Kühlschrank gestellt, hält sich der Rettich einige Wochen.

JAPAN

Sesamsalz
Goma Shio

Diese wunderbare Würzmischung können Sie über Salate, Tofu, leicht gegartes Gemüse, Reis und sogar Früchte streuen. Sehr gut passt das Salz zu sauren Äpfeln.

ERGIBT ETWA 8 ESSLÖFFEL

1 EL grobes Meersalz

7 EL schwarze Sesamsamen, ersatzweise helle Sesamsamen

■ Das Salz in einer kleinen, gusseisernen Pfanne bei mittlerer Temperatur erhitzen. Den Sesam einrühren, bis er dunkler wird und duftet. Die Mischung auf einem Teller leicht abkühlen lassen. In einer sauberen Kaffee- oder Gewürzmühle grob vermahlen. Vollständig auskühlen lassen. In einem Schraubglas aufbewahren.

CHINA

Salz-Sichuanpfeffer-Mischung
Hu jiao yen

Mit dieser aromatischen chinesischen Würzmischung können Sie unterschiedlichste Gemüsesorten bestreuen, aber auch Nüsse und Tofu.

ERGIBT ETWA 4 ESSLÖFFEL

3 EL grobes Meersalz

1 EL Sichuanpfeffer

■ Salz und Sichuanpfeffer in einer kleinen, gusseisernen Pfanne etwa 3 Minuten unter Rühren rösten, bis das Salz dunkler wird und der Sichuanpfeffer aromatisch duftet. Auf Küchenpapier leicht abkühlen lassen. In der sauberen Kaffee- oder Gewürzmühle fein vermahlen. Vor Licht geschützt in einem Schraubglas aufbewahren.

INDIEN

Salzmischung meiner Mutter

Von meiner Mutter stammt dieses angenehme Tischgewürz, das ich bestens empfehlen kann.

ERGIBT ETWA 2 1/2 ESSLÖFFEL

1 TL Kreuzkümmel
1 TL Koriander

1 TL schwarze Pfefferkörner
1 EL grobes Salz

■ Kreuzkümmel, Koriander und Pfeffer in einer kleinen Pfanne aus Gusseisen unter Rühren 2–3 Minuten rösten, abkühlen lassen. In der sauberen Kaffeemühle fein vermahlen und mit dem Salz vermischen. In einem Schraubglas aufbewahren.

WÜRZIGE BEIGABEN 497

CHINA/JAPAN

Sesam-Gewürzmischung

Über japanische und chinesische Suppen und Nudelgerichte gestreut, schmeckt diese Würzmischung besonders gut.

ERGIBT ETWA 2 1/2 ESSLÖFFEL

1 EL helle Sesamsamen
1 EL Sichuanpfefferkörner
1 kleiner getrockneter scharfer roter Chili
1/4 TL grobes Salz

■ Einen kleinen, gusseisernen Topf bei mittlerer Temperatur erhitzen. Sesam, Sichuanpfeffer und Chili darin unter Rühren rösten, bis der Sesam zu duften beginnt und aufplatzt. Auf Küchenpapier abkühlen lassen. In einer sauberen Kaffee- oder Gewürzmühle mit dem Salz grob vermahlen. In einem Schraubglas aufbewahren.

TÜRKEI/SYRIEN

Zahtar

Diese Gewürzmischung mit säuerlichem Nussaroma wird im östlichen Mittelmeerraum und Nahen Osten verwendet. Sie können darin Joghurtkäse wälzen, Joghurt und Kartoffelsalat damit würzen oder ein Joghurtkäsebrot bestreuen.

ERGIBT 6 ESSLÖFFEL

2 EL geröstete Sesamsamen, abgekühlt (siehe Glossar)
2 EL getrockneter Thymian
1 EL gemahlener Sumach (siehe Glossar)

■ Sämtliche Zutaten vermischen und fest verschlossen in einem Schraubglas vor Licht geschützt aufbewahren. Die Mischung lässt sich auch einfrieren.

IRAN

Persische Gewürzmischung
Advieh ◆ Shamsi Davis

Für diese hocharomatische Mischung benötigen Sie getrocknete, duftende Rosenblütenblätter. Wer im Garten eigene Rosen hat, kann sie ruhig verwenden. Kaufen kann man sie in den meisten Läden mit Spezialitäten aus dem Nahen Osten und Nordafrika. Falls sie nicht erhältlich sind, erhöhen Sie die Menge der anderen Zutaten.

ERGIBT ETWA 3 ESSLÖFFEL

3 Zimtstangen (je 7,5 cm)
1 EL Kardamomsamen
1 1/2 TL Kreuzkümmel
2 EL getrocknete, ungespritzte Rosenblütenblätter

■ Sämtliche Zutaten in einer sauberen Kaffee- oder Gewürzmühle möglichst fein vermahlen. Fest verschlossen in einem Schraubglas lichtgeschützt aufbewahren.

TRINIDAD

Gemischte Gewürze
Amchar masala

Inder haben manchmal Schwierigkeiten, Namen von Speisen und Gewürzen aus Trinidad zu verstehen, die einen indischen Ursprung haben. Sie klingen bekannt und doch fremd. Masala, *zum Beispiel, bedeutet Gewürze, aber* amchar *ist ungewöhnlich.* Achar *dagegen ist die Bezeichnung für Pickle, und so könnte es sich hierbei ursprünglich um Einmachgewürze gehandelt haben, die vielleicht für Mango (Aam) verwendet wurden. Aus Aam und Achar wurde dann möglicherweise* Amchar. *Genau werden wir es wohl nie erfahren, denn heute würzt man mit der Mischung gegen Ende der Garzeit Gerichte nach indischer Art.*

ERGIBT ETWA 8 ESSLÖFFEL

4 EL Koriander
1 EL Kreuzkümmel
2 TL schwarze Pfefferkörner
1 TL Fenchelsamen
1 TL braune Senfsamen
1 TL Bockshornkleesamen

■ Sämtliche Gewürze in einer kleinen Pfanne aus Gusseisen bei mittlerer Temperatur erhitzen. Unter Rühren 2–3 Minuten rösten, bis die Gewürze etwas dunkler werden. Auf Küchenpapier abkühlen lassen und in einer Kaffee- oder Gewürzmühle möglichst fein vermahlen. Luftdicht verschlossen und vor Licht geschützt in einem Schraubglas aufbewahren.

INDIEN

Mein Currypulver

Diese angenehme Gewürzmischung ist eine Art Grundrezept für Currypulver, das sich ideal für vegetarische Speisen eignet. Verwenden Sie es für alle Rezepte mit Currypulver. Die Gewürze dürfen nur schwach geröstet werden, bis sie sich leicht verfärben und ein zartes Aroma verströmen.

ERGIBT ETWA 5–6 ESSLÖFFEL

2 EL Koriander
1 EL Kreuzkümmel
2 TL schwarze Pfefferkörner
1 1/2 TL braune Senfsamen
1 TL Bockshornkleesamen
5–6 Gewürznelken
3 getrocknete scharfe rote Chilis, zerkrümelt
1 TL gemahlene Kurkuma

■ Eine kleine Pfanne aus Gusseisen bei mittlerer Temperatur erhitzen. Koriander, Kreuzkümmel, Pfefferkörner, Senfsamen, Bockshornklee, Gewürznelken und Chilis darin unter Rühren leicht rösten, bis sie ein leichtes Röstaroma verströmen. Einige werden etwas dunkler. Kurkuma hinzufügen, 10 Sekunden mitrühren. Auf einem Teller abkühlen lassen. In einer sauberen Kaffee- oder Gewürzmühle möglichst fein vermahlen. Falls nötig, in zwei Durchgängen arbeiten. In einem Schraubglas kühl und vor Licht geschützt aufbewahren.

INDIEN

Sambar-Pulver

Hier werden Splitterbohnen und Schälerbsen als Gewürze verwendet. Obwohl man mit der Mischung vor allem das südindische Gericht Sambar würzt, eignet es sich auch für andere Speisen und Suppen aus Hülsenfrüchten. Fest verschlossen hält sich das Pulver mehrere Monate.
Die benötigten Hülsenfrüchte bekommen Sie im indischen Lebensmittelladen.

ERGIBT 300 MILLILITER

1 TL Pflanzenöl
5 EL Koriander
1 TL Senfsamen
1 TL geschälte, halbierte Mungobohnen
 (*Moong dal*, siehe Seite 204)
1/2 EL geschälte, halbierte Kichererbsen
 (*Chana dal*, siehe Seite 177)
1/2 EL geschälte, halbierte Urdbohnen
 (*Urad dal*, siehe Seite 247)
1 TL Bockshornkleesamen
1 TL schwarze Pfefferkörner
1/4 TL *Asafoetida* (siehe Glossar)
1 TL Kreuzkümmel
20 frische Curryblätter (siehe Glossar)
12 getrocknete scharfe rote Chilis

■ Das Öl in einer großen Pfanne mit schwerem Boden bei mittlerer Temperatur erhitzen. Sämtliche Zutaten bis auf die Curryblätter und Chilis darin unter Rühren 3–4 Minuten rösten. Die Curryblätter hinzufügen, weitere 5 Minuten rösten und dabei rühren. Zuletzt die Chilis einrühren, noch 2–3 Minuten rösten, bis sie dunkel werden.
■ Die abgekühlten Gewürze in einer sauberen Kaffeemühle in kleinen Portionen möglichst fein vermahlen. Fest verschlossen im Schraubglas aufbewahren.

Currypulver aus Sri Lanka

Dieses Currypulver eignet sich ideal für alle Gemüsecurrys (siehe etwa Grüne-Bohnen-Kartoffel-Curry, Seite 72).

ERGIBT ETWA 125 MILLILITER

2 EL Koriander
1 EL Fenchelsamen
1 1/2 EL Kreuzkümmel
1 EL Bockshornkleesamen
3 Zweige frische Curryblätter (etwa 60 Stück), ersatzweise 1 kleine Hand voll getrocknete Curryblätter (siehe Glossar)
1 EL Kokosraspel
1 1/2 TL ungekochter Reis
1/2 TL braune Senfsamen

■ Den Backofen auf 65 °C vorheizen.
■ Die Gewürze auf einem Backblech verteilen und für 1 Stunde in den Ofen schieben. In einer sauberen Kaffee- oder Gewürzmühle möglichst fein vermahlen. Fest verschlossen in einem Schraubglas kühl aufbewahren.

SUPPEN

Suppen können so dünn sein, dass man sie trinken kann, oder auch so dick, dass sie sich mit einer Gabel aufnehmen lassen. Ihre flüssige oder halbfeste Konsistenz verrät viel über die kulinarischen Vorlieben eines Landes. In Korea essen Studenten in Bars häufig dünnflüssige Algensuppe, während ein Großteil der japanischen Bevölkerung mindestens einmal am Tag *Miso shiru* (eine Suppe aus fermentierter Bohnenpaste) direkt aus der Schale trinkt. In China wiederum genießt man während der Pause einer traditionellen Oper im Zelt gern eine Mungobohnensuppe. Ein weiterer besonderer Genuss ist eine süße Mandelsuppe. Mit den Arabern gelangte die Mandelsuppe sowohl nach Spanien als auch bis nach Indien, während man im Kaukasus Joghurt verdünnte und mit Kichererbsen zu nahrhaften erfrischenden Suppen verarbeitete. Die Italiener kombinieren Gemüse und Hülsenfrüchte in langsam gegarten Suppen, die sie über Brot schöpfen. Und auf Trinidad bereitet man *Kallaloo,* eine Art scharfer Eintopf mit Okras, *Dasheen*-Blättern und Kokosmilch.

Einige Suppen werden nur mit Wasser gekocht, andere mit einer reichhaltigen Brühe. Ich stelle zu Beginn dieses Kapitels drei Rezepte für Brühe vor, eine sehr einfache Brühe aus *Kombu* (Zuckerriementang) für japanische Suppen, eine Pilzbrühe, die sich gleichermaßen für asiatische wie westliche Suppen eignet, sowie eine vielseitig verwendbare Brühe aus gemischtem Gemüse.

Im Supermarkt bekommt man heute viele unterschiedliche vegetarische Brühen, in getrockneter Form wie auch im Glas. Sie sind vor allem dann zu empfehlen, wenn es einmal schnell gehen soll. Experimentieren Sie ruhig mit den verschiedenen Produkten, allerdings sollten Sie zwei Dinge beachten: Zum einen können fertige Brühen sehr salzig sein; sie müssen verdünnt werden, wenn zum Beispiel auch noch Sojasauce verwendet wird. Andererseits verdanken viele Fertigbrühen ihr Aroma einem hohen Fettgehalt. Dagegen ist im Grunde nichts einzuwenden, es sei denn, Sie bereiten kalte Suppen zu, auf denen kein Fett schwimmen sollte. In diesem Fall kochen Sie die Brühe schon im Voraus, lassen sie abkühlen und stellen sie anschließend in den Kühlschrank. Das erhärtete Fett lässt sich dann leicht mit einem Löffel von der Oberfläche abheben.

JAPAN

Kombu-Brühe
Kombu dashi

Kombu *enthält viel Kalzium und einen natürlichen Geschmacksverstärker (Glutaminsäure). Es handelt sich um die getrockneten langen Blätter des Zuckerriementangs. Wegen ihrer Größe werden sie meist zusammengefaltet oder in Stücken verkauft. Mit einer Schere kann man die größeren Blätter auch selbst zerschneiden. Da die Aromastoffe dicht unter der Oberfläche sitzen, wird* Kombu *nie gewaschen, sondern nur mit einem feuchten Tuch abgewischt. Zudem sollte man* Kombu *nur kurz garen. Sie bekommen ihn in Asia- und Bioläden sowie in vielen Spezialitätengeschäften.*

Diese sehr milde Brühe sollten Sie nur verwenden, wenn sie in einem Rezept speziell verlangt wird.

ERGIBT 1,5 LITER

1 Stück *Kombu* (etwa 33 × 10 cm), halbiert

■ Den *Kombu* mit einem feuchten Tuch leicht abwischen, die Stücke mit 1,5 Liter Wasser in einem Topf aufkochen. Sobald das Wasser aufwallt, die Hitze ausschalten. Den *Kombu* 1 Minute im Wasser ziehen lassen, dann herausnehmen.

Pilzbrühe

Diese feine Brühe eignet sich nicht nur für alle chinesischen und japanischen Suppen, sondern für jede Art von klarer Suppe. Wird die Brühe für Miso-Suppe verwendet, verzichtet man auf die Sojasauce und zusätzliches Salz. Für eine bunte Gemüsesuppe können Sie ein oder zwei gehackte Tomaten hineingeben sowie einen Maiskolben (in vier Stücken, Kerne entfernt) und eine gehackte Stange Bleichsellerie.

ERGIBT ETWA 1,5 LITER

10–12 frische Champignons mit Stielen
18 getrocknete *Shiitake* (siehe Glossar, Pilze)
3 Hand voll frische Bohnensprossen
3 dünne Scheiben frischer Ingwer, geschält und ganz leicht zerdrückt
8 Frühlingszwiebeln, in je 3 Stücke geschnitten
3 mittelgroße Möhren, geschält, in Stücke geschnitten
Salz
1 1/2 EL Sojasauce
1 TL Zucker
1 TL Öl aus gerösteten Sesamsamen

■ Die Champignons mit einem feuchten Tuch abwischen oder ganz kurz abspülen und mit den *Shiitake*, Bohnensprossen, Ingwer, Frühlingszwiebeln, Möhren, 1/2 Teelöffel Salz und 1,5 Liter Wasser in einem großen Topf aufkochen. Zugedeckt 40 Minuten köcheln lassen. Ein Sieb mit Musselin auskleiden und die Brühe abseihen. Sojasauce, Zucker und Sesamöl unterrühren. Falls nötig, mit Salz nachwürzen.

Gemüsebrühe

Als Gemüsebrühe kann man die Garflüssigkeit von Gemüse, verschiedener getrockneter Hülsenfrüchte oder auch von Getreide verwenden. Die hier beschriebene Brühe können Sie auch einfrieren.

ERGIBT 2,5 LITER

1 EL Pflanzenöl
2 mittelgroße Möhren, geschält und in dicke Scheiben geschnitten
2 Stangen Bleichsellerie, grob gehackt
225 g Zwiebeln, geschält und grob gehackt
350 g Champignons, geputzt, in Scheiben geschnitten
1 mittelgroße Kartoffel, geschält und grob gewürfelt
2,5 cm frischer Ingwer, geschält und in dünne Scheiben geschnitten
4 Frühlingszwiebeln
8 Petersilienzweige
100 g Mungo- oder Sojabohnensprossen
1/4 TL Salz

■ Das Öl in einem großen Topf erhitzen. Möhren, Sellerie und Zwiebeln darin unter Rühren 10 Minuten anschwitzen. Die Pilze hinzufügen und weitere 10 Minuten mitschwitzen, bis das Gemüse weich ist. Falls es braun wird, die Hitze reduzieren.

■ Die übrigen Zutaten und 3 Liter Wasser hinzufügen und aufkochen. Zugedeckt bei schwacher Hitze 45 Minuten köcheln lassen. Durch ein Sieb abseihen. Dabei mit einem Löffel möglichst viel Flüssigkeit aus dem Gemüse drücken.

INDIEN

Kalte Granatapfelsuppe
Anar ka ras

Als ich einen 3 000 Jahre alten Hinweis auf diese indische Suppe entdeckte, beschloss ich, sie neu zu kreieren. Ich serviere sie in kleinen Gläsern zum Auftakt einer Mahlzeit. Verwenden Sie zum Auspressen frischer Granatäpfel am besten einen Entsafter. Die Kerne keinesfalls in einen Mixer geben. Ist der Saft zu sauer, fügen Sie etwas Zucker hinzu; ist er zu mild, mischen Sie Zitronensaft und Zucker unter. Als Ersatz können Sie auch Granatapfelsaft in Flaschen kaufen.

FÜR 8 PERSONEN

450 ml Granatapfelsaft (siehe Einleitung)
1/2 TL schwarze Pfefferkörner
1 TL Kreuzkümmel
2,5 cm frischer Ingwer, geschält und fein gehackt
1/2 TL Salz

■ Den Granatapfelsaft mit den Gewürzen im Mixer verrühren. Die Suppe durch ein feines Sieb abseihen und zugedeckt kalt stellen. Möglichst kalt servieren.

SPANIEN

Kalte Mandelsuppe
Ajo blanco

Die elegante Cremesuppe geht auf die Mauren zurück. Sie wird mit Trauben und Croûtons serviert. Ich lasse die Mandeln in einer Schüssel Milch über Nacht im Kühlschrank einweichen.

FÜR 4 PERSONEN

- 180 g Mandelstifte
- 475 ml Milch
- 1 Stück Weißbrot ohne Kruste (6 cm dick, 5 × 13 cm groß), in Wasser eingeweicht und ausgedrückt
- 2 EL Olivenöl
- 2 EL Weißweinessig
- 475 ml kalte Gemüsebrühe (siehe Seite 502)
- 3/4–1 TL Salz

FÜR DIE GARNITUR

- Pflanzenöl zum Frittieren
- 3 Knoblauchzehen, geschält und ganz leicht angedrückt, aber noch ganz
- 2 Weißbrotscheiben ohne Kruste, in 1 cm große Würfel geschnitten
- Etwa 40 weiße Tafeltrauben, enthäutet, halbiert, Kerne entfernt

■ In einer Schüssel die Mandeln in der Milch über Nacht im Kühlschrank einweichen lassen.

■ Mandeln, Milch und Brot im Mixer zu einer glatten Paste verarbeiten. Die Paste durch ein Sieb in eine Schüssel abgießen, dabei sämtliche Flüssigkeit mit einem Löffel ausdrücken. Im ausgespülten Mixer die abgeseihte Milch mit dem Öl, Essig, der Brühe und Salz vermischen. Falls nötig, mit Salz nachwürzen. Zugedeckt kalt stellen. Die Suppe dickt dabei ein.

■ Für die Croûtons das Öl etwa 1 cm hoch in eine flache Pfanne füllen. Mit dem Knoblauch bei mittlerer Temperatur erhitzen. Den Knoblauch dabei nach unten drücken, bis er goldgelb ist, dann entfernen. Die Brotwürfel portionsweise in das heiße Öl einlegen, sie sollen genügend Platz haben. Goldbraun frittieren. Mit einem Schaumlöffel auf Küchenpapier heben und abtropfen lassen.

■ Zum Servieren die kalte Suppe in Suppenteller schöpfen und die Trauben gleichmäßig darauf verteilen. Auf jede Portion 5–6 Croûtons setzen, den Rest bei Tisch reichen.

Kalte Avocado-Buttermilch-Suppe

Zu dieser herrlichen Sommersuppe inspirierten mich südindische Buttermilchgerichte. Ich habe einfach eine Avocado, etwas Zitronensaft und Tomaten hinzugefügt. Die Suppe wird im Mixer zubereitet und nicht gekocht, umso wichtiger ist eine gut ausgereifte Avocado.

FÜR 4 PERSONEN

475 ml Buttermilch
1/2 TL Kreuzkümmel
2 dickere Scheiben frischer Ingwer, geschält und fein gehackt
1/2–1 frischer scharfer grüner Chili, grob gehackt (nach Belieben)
4 EL gehacktes frisches Koriandergrün
4 TL frisch gepresster Zitronensaft
1 reife Avocado, erst kurz vor dem Pürieren geschält
475 ml kalte Gemüsebrühe (siehe Seite 502)
Etwa 1 TL Salz
4 EL enthäutete Tomatenwürfelchen

■ Buttermilch, Kreuzkümmel, Ingwer, Chili, Koriandergrün und Zitronensaft im Mixer sehr gut zerkleinern. Die Mischung durch ein feines Sieb passieren, dabei sämtliche Flüssigkeit mit einem Löffel ausdrücken. Zurück in den ausgespülten Mixer gießen und mit der Avocado und der Brühe pürieren. Das Salz untermischen. Kalt stellen.
■ Die Suppe in Suppenschalen schöpfen, mit je 1 Esslöffel Tomatenwürfelchen garnieren.

❖

KOREA

Kalte Wakame-Suppe

Mee yuk muchim • Heawan Stuckenbruck

Diese erfrischende klare Suppe mit knackigen Gurken, Paprika und Wakame schmeckt aromatisch und ist reich an Mineralien. Ich lernte sie in einer Bar in Seoul kennen, wo sie zu Bier und Schnaps gegessen wurde. Heute bereite ich sie mir gern selbst zu und verzehre sie bei der Arbeit, denn sie macht munter und liefert nebenher wichtige Mineralstoffe.

Getrockneten Wakame, eine Braunalgenart, bekommen Sie in Bioläden. Sie können die Suppe mit Pilzbrühe (siehe Seite 501) oder Gemüsebrühe (siehe Seite 502) zubereiten. Möchten Sie Brühwürfel verwenden, sollten Sie diese sparsam dosieren und die Brühe im Voraus kochen, um sie kalt stellen und das Fett entfernen zu können.

Ich verwende hier kleinere Gurken mit kleinen Samen, die Paprika schäle ich wie einen Apfel mit dem Sparschäler.

FÜR 4 PERSONEN

- 8 g getrockneter *Wakame* (siehe Glossar), in 2,5 cm breite Stücke gebrochen
- 1 l Gemüsebrühe (siehe Seite 502)
- 1 kleine Knoblauchzehe, geschält und fein gehackt
- 4 TL Sojasauce
- 1/4 TL Zucker
- 1 TL Sesamöl
- 2 kleine Salatgurken (insgesamt etwa 225 g), geschält, in 5 mm große Würfel geschnitten
- 4–5 EL gewürfelte rote Paprikaschote ohne Samen
- 1 TL Rotweinessig
- 1 TL frischer scharfer grüner oder roter Chili, fein gehackt, ersatzweise 1/4–1/2 TL grobes koreanisches Chilipulver oder 1 Prise Cayennepfeffer

■ Den *Wakame* in einer Schüssel mit sehr warmem Wasser vollständig bedecken. Für 5–10 Minuten einweichen. Mit den Händen aus dem Wasser nehmen, eine Kugel formen und möglichst viel Wasser ausdrücken, anschließend grob hacken.

■ Brühe, *Wakame* und Knoblauch in einem kleinen Topf bei mittlerer Hitze aufkochen. Ohne Deckel 5 Minuten schwach köcheln lassen. Den Herd ausschalten. Mit Sojasauce, Zucker und Sesamöl abschmecken. Vollständig abkühlen lassen.

■ Gurke, Paprika, den Essig und den Chili unterrühren, abschmecken, eventuell nachwürzen. Zugedeckt kalt stellen. Vor dem Servieren durchrühren.

Kalte Joghurtsuppe mit Kichererbsen und Sellerie

Diese Suppe ist der perfekte leichte Sommerimbiss. Möchten Sie Kichererbsen aus der Dose verwenden, diese zuvor gut abspülen.

FÜR 4–6 PERSONEN

- 475 ml Joghurt
- 250 ml kalte Gemüsebrühe (siehe Seite 502)
- 2 EL Maiskeim- oder Erdnussöl
- 1 große Stange Bleichsellerie, in sehr dicke Stücke geschnitten
- 180 g gegarte, abgegossene Kichererbsen (siehe Seite 176)
- 1/2 TL Salz
- 1 TL getrocknete Minze, plus etwas mehr zum Garnieren (keine frische Minze verwenden)

■ Den Joghurt in einer Schüssel mit der Gabel leicht verschlagen, bis er cremig ist. Die Brühe gut unterrühren.

■ Das Öl in einer Pfanne bei mittlerer Temperatur erhitzen. Den Sellerie darin unter Rühren weich braten, aber nicht bräunen. Die Pfanne über den Joghurt in der Schüssel ausleeren und zusammen mit den Kichererbsen und dem Salz untermischen. Die Minze mit den Fingern fein zerkrümeln und darüber streuen.

■ Bis zur Verwendung kalt stellen. Zum Servieren in Schalen schöpfen, als Garnitur noch etwas zerkrümelte Minze darüber streuen.

INDIEN

Mandel-Cashew-Suppe
Badaam ka shorva

Für diese würzige Suppe aus Mandeln und Cashewnüssen wird die Garflüssigkeit getrockneter Hülsenfrüchte (Toovar dal, geschälte, halbierte Straucherbsen, siehe Seite 244) verwendet. Es handelt sich um die vegetarische Variante einer muslimischen Suppe aus Westindien. Sie hat viel Ähnlichkeit mit der maurischen Ajo blanco aus Spanien (siehe Seite 503).

Übrige Toovar dal können Sie einfrieren und verdünnt für eine andere Suppe verwenden.

FÜR 4–6 PERSONEN

- 125 g Mandelstifte
- 125 g rohe Cashewnüsse
- 1 getrockneter scharfer roter Chili, zerkrümelt
- 1–1,25 l Gemüsebrühe (siehe Seite 502)
- 185 g *Toovar dal* (siehe Einleitung), verlesen, gewaschen und abgetropft
- 3 EL Pflanzenöl
- 1/2 TL Kreuzkümmel
- 5 cm frischer Ingwer, geschält und sehr fein gehackt
- 3 Knoblauchzehen, geschält und sehr fein gehackt
- 5–6 Schalotten, geschält und fein gehackt
- 1–2 frische scharfe grüne Chilis, fein gehackt
- 1 TL gemahlener Kreuzkümmel
- 1 TL gemahlener Koriander
- 1 TL *Garam masala* (siehe Glossar)
- 1/4 TL gemahlene Kurkuma
- 4 EL frisch gepresster Zitronensaft
- 1 1/4 TL Salz
- Gehacktes frisches Koriandergrün zum Garnieren

■ Mandeln, Cashewnüsse und roten Chili in einer Schüssel mit Wasser bedecken und 6–8 Stunden stehen lassen. Abgießen und mit 750 Milliliter Gemüsebrühe im Mixer pürieren. Ein Sieb auf eine Schüssel setzen. Die Mischung durch das Sieb abseihen, mit einem Löffel möglichst viel Flüssigkeit ausdrücken. Benötigt werden mindestens 750 Milliliter Flüssigkeit.

■ Inzwischen die *Toovar dal* und 1,5 Liter Wasser in einem Topf mit schwerem Boden aufkochen. Aufsteigenden Schaum entfernen. Halb zugedeckt bei schwacher Hitze 1 Stunde köcheln lassen. Den Herd ausschalten. Die *Toovar dal* stehen lassen, bis sich an der Oberfläche die dünne Garflüssigkeit abgesetzt hat. 475 Milliliter davon abschöpfen und 125 Milliliter dicke *Dal* entnehmen.

■ Das Öl in einem Topf mit schwerem Boden bei mittlerer bis hoher Temperatur erhitzen. Zuerst den Kreuzkümmel, 10 Sekunden später Ingwer, Knoblauch, Schalotten und grüne Chilis hineingeben. Unter Rühren 2–3 Minuten leicht anbräunen. Bei schwacher Hitze die gemahlenen Gewürze einrühren. Die Flüssigkeit von der Mandelmischung sowie die abgemessenen *Dal* und Garflüssigkeit, Zitronensaft und Salz hinzufügen. 250 Milliliter von der restlichen Brühe dazugießen, unter Rühren aufkochen. Halb zugedeckt 15 Minuten schwach köcheln lassen. Eventuell nachwürzen. Die Suppe durch ein feines Sieb abseihen, dabei mit einem Löffel möglichst viel Flüssigkeit ausdrücken. Zum Servieren die Suppe aufwärmen, nach Bedarf mit weiterer Brühe verdünnen. Mit Koriandergrün garnieren.

CHINESISCH-AMERIKANISCH

Sichuansuppe mit Tofu und Gemüse

Die ebenso würzige wie nahrhafte Suppe ist ein wunderbares Mittagessen.

FÜR 4–5 PERSONEN

- 12 getrocknete chinesische Pilze (*Shiitake*, siehe Glossar, Pilze)
- 1 gehäufter EL kleine *Mu-err* (siehe Glossar, Pilze)
- 2 1/2 TL Maisstärke
- 850 ml Gemüsebrühe (siehe Seite 502)
- 1 1/2 TL Schwarze-Bohnen-Sauce mit Chili oder Chilipaste mit Sojabohnen
- 2 EL chinesischer *Shao-Hsing*-Wein (siehe Glossar) oder trockener Sherry
- 1 EL Sojasauce
- 1 1/2 TL Rotweinessig
- 2 EL Erdnussöl
- 1 TL fein gehackter geschälter Knoblauch
- 1 TL fein gehackter geschälter frischer Ingwer
- 2 kleine Möhren, geschält und in 5 mm große Würfel geschnitten
- 125 g abgegossene Bambussprossen aus der Dose, in 5 mm große Würfel geschnitten
- Etwa 1/4 TL Salz
- Viel frisch gemahlener schwarzer Pfeffer
- 450 g Tofu (weich, mittelfest oder fest), in 2 cm große Würfel geschnitten
- 1 Frühlingszwiebel, in dünne Ringe geschnitten
- 70 g Tiefkühlerbsen, aufgetaut (frische Erbsen erst blanchieren)
- 1 TL Öl aus gerösteten Sesamsamen

■ Die getrockneten Pilze in einer Schale mit reichlich heißem Wasser bedecken und 30 Minuten stehen lassen, bis sie ganz weich sind. Abseihen, die Flüssigkeit auffangen. Die harten Stiele wegschneiden, die Hüte in 5 mm große Würfel schneiden.

■ Die *Mu-err* abspülen. In einer Schale für 30 Minuten in heißem Wasser einweichen. Abgießen, erneut abspülen. Harte Stellen wegschneiden, die Pilze grob hacken.

■ Die Maisstärke nach und nach mit der Gemüsebrühe verrühren. Schwarze-Bohnen-Sauce oder Chilipaste, Wein, Sojasauce und Essig unterrühren. Beiseite stellen.

■ In einem weiten Topf das Öl bei mittlerer bis hoher Temperatur erhitzen. Knoblauch und Ingwer darin 5 Minuten rühren. Möhren und Bambussprossen 30 Sekunden mitrühren. Die Pilze untermischen, nochmals 30 Sekunden rühren. Die scharfe Saucenmischung dazugießen und unter Rühren aufkochen. Bei schwacher Hitze 3 Minuten köcheln lassen. Mit Salz und schwarzem Pfeffer abschmecken. Den Tofu zufügen, kurz aufkochen und 2 Minuten leise köcheln lassen. Zuletzt die Frühlingszwiebel und Erbsen einrühren und 1 Minute mitköcheln lassen. Den Herd ausschalten. Die Suppe ohne Deckel stehen lassen. Zum Servieren aufwärmen, anrichten und mit Sesamöl beträufeln.

TRINIDAD

Kallaloo
Birdie

Zu den kulinarischen Schätzen Trinidads gehört diese kreolische Suppe, die eine herrliche eigenständige Mahlzeit ergibt. Das Originalgericht wird mit Krabben zubereitet und meist mit Reis serviert. Diese vegetarische Variante können Sie ohne Beilagen, aber auch mit knusprigem Brot oder Reis reichen. Püriert schmeckt sie mir am besten, und zwar als erster Gang eines größeren Essens wie auch als Mittagsgericht. Ich serviere die Suppe gern mit einigen knusprig gebratenen oder ausgebackenen Okras (siehe Seite 114), die ich zuletzt darüber gebe.

Für Kallaloo benötigen Sie Dasheen-Blätter (siehe Glossar). In karibischen Läden heißen sie Dasheen, in indischen Geschäften müssen Sie nach Arvi-Blättern fragen. Falls sie gar nicht erhältlich sind, verwenden Sie einfach Mangold (ohne die Stiele in dünne Streifen geschnitten). Die Stiele der Dasheen-Blätter werden mitverwendet. Dafür das untere Ende dicht am Blatt wegschneiden und mit einem scharfen Messer die Haut nach unten abziehen. Quer in kleine Stücke schneiden.

Okras sind eine weitere wichtige Zutat, denn sie binden die Suppe. Vor dem Aufschneiden werden sie gewaschen und trockengetupft. In Port of Spain wurden für die Zubereitung Brühwürfel eingesetzt. Sie können statt Wasser natürlich frische Gemüsebrühe verwenden und diese mit zusätzlichem Salz abschmecken.

FÜR 8–10 PERSONEN

900 g *Dasheen*-Blätter (siehe Einleitung)
4 EL Pflanzenöl
2 mittelgroße Zwiebeln, geschält und grob gehackt
5–6 Knoblauchzehen, geschält und grob gehackt
1 mittelgroße Möhre, geschält, in Scheiben geschnitten
20 frische grüne Bohnen, in 2,5 cm lange Stücke geschnitten
8–9 Okraschoten, Enden entfernt, in Scheiben geschnitten
2 große oder 8 kleine Gemüsebrühwürfel
1 ganzer frischer *Habanero*-Chili oder 1–3 frische scharfe grüne Chilis, in dicke Ringe geschnitten
750 ml Kokosmilch aus der Dose (von guter Qualität)
Frisch gemahlener schwarzer Pfeffer
1 kleines Stück Butter (nach Belieben)

■ Die *Dasheen*-Blätter waschen und die Stiele abschneiden. Mehrere Blätter aufeinander legen und in dünne Streifen schneiden. Die Stiele schälen und in 1 cm breite Stücke schneiden.
■ Das Öl in einem großen Topf bei mittlerer bis hoher Temperatur erhitzen. Zwiebeln, Knoblauch, Möhre, Bohnen sowie die Okra darin 5 Minuten sautieren. Die *Dasheen*-Blätter und -Stiele dazugeben und weitere 5 Minuten sautieren. 1,5 Liter Wasser und die Brühwürfel hinzufügen, durchrühren und aufkochen. *Habanero* oder aufgeschnittene Chilis dazugeben und zugedeckt bei schwacher Hitze 25–30 Minuten köcheln lassen. *Habanero* entfernen.
■ Die Suppe im Mixer portionsweise fein oder auch grob pürieren. Wieder in den Topf füllen. Die Kokosmilch, Salz (falls nötig) und schwarzen Pfeffer einrühren, erneut zum Köcheln bringen. Kurz vor dem Servieren nach Belieben die Butter unterziehen.

ITALIEN

Bunte Gemüse-Weiße-Bohnen-Suppe
Ribollita • Victoria Salvy

In dieser langsam gegarten Suppe verbinden sich die weißen Bohnen und das Gemüse auf delikate Weise. Da so viele unterschiedliche Gemüsesorten benötigt werden, sollten Sie die Suppe für mindestens 6 Personen zubereiten. Im Kühlschrank hält sie sich mehrere Tage.

Traditionell schöpft man die Suppe auf ein oder zwei dicke Scheiben knuspriges Brot – Brot, Suppe, Brot, Suppe. Ich bevorzuge das Brot jedoch als Beigabe.

FÜR 6–8 PERSONEN

- 200 g getrocknete weiße Bohnen (etwa Cannellini), verlesen, gewaschen und abgetropft
- 2 Knoblauchzehen, geschält
- 2 TL fein gehackter frischer oder 1 TL getrockneter Salbei
- 3 EL Olivenöl
- 1 mittelgroße Zwiebel, geschält, in 1 cm große Würfel geschnitten
- 275 g Möhren, geschält und in 1 cm dicke Scheiben geschnitten
- 1 Lauchstange, längs halbiert, dann quer in 1 cm breite Stücke geschnitten
- 1 große Stange Bleichsellerie, in 1 cm breite Stücke geschnitten
- 150 g Mangold, mit den Stielen grob gehackt
- 250 g Weißkohl, grob gehackt
- 1 mittelgroßer Zucchino, Enden entfernt, längs halbiert, dann quer in 1 cm große Stücke geschnitten
- 12 frische grüne Bohnen, in 1 cm große Stücke geschnitten
- 675 g Tomaten, enthäutet und grob gehackt
- 2 1/2 TL Salz
- Frisch gemahlener schwarzer Pfeffer
- 1/2 TL getrockneter oder 1 TL gehackter frischer Thymian
- Natives Olivenöl extra zum Beträufeln

■ In einer Schüssel die Bohnenkerne 12 cm hoch mit Wasser bedecken und über Nacht einweichen lassen. Alternativ die schnelle Einweichmethode (siehe Seite 158) anwenden.

■ Die Bohnen abgießen. Mit 1,25 Liter Wasser in einem großen Topf bei mittlerer bis hoher Temperatur aufkochen. Aufsteigenden Schaum entfernen. Knoblauch und Salbei hinzugeben. Halb zugedeckt bei schwacher Hitze etwa 1 Stunde köcheln lassen, bis die Bohnen gerade weich sind.

■ Inzwischen das Olivenöl in einem großen Topf bei mittlerer bis hoher Temperatur erhitzen. Zwiebel, Möhren, Lauch, Sellerie, Mangold, Kohl, Zucchino und grüne Bohnen darin 5 Minuten rühren. Die Tomaten, 1 Teelöffel Salz, Pfeffer und Thymian dazugeben und weitere 5 Minuten rühren.

■ Einen Teil der gegarten Bohnen an der Topfwand zerdrücken. Die Bohnen, 750 Milliliter Wasser und das übrige Salz unter das Gemüse mischen, zum Köcheln bringen und halb zugedeckt 45–60 Minuten ganz leicht köcheln lassen.

■ Anrichten, mit etwas Olivenöl beträufeln und servieren.

Rote Paprikasuppe

Diese schmackhafte, unkomplizierte Suppe hat eine leuchtend orangerote Farbe. Ich serviere sie nur mit etwas extranativem Olivenöl. Sie können aber auch eine getoastete Scheibe Brot mit einer aufgeschnittenen Knoblauchzehe einreiben, in den Suppenteller legen und die heiße Suppe darüber schöpfen.

Die rote Paprikapaste können Sie selbst zubereiten (siehe Seite 470) oder in einem Geschäft mit Lebensmitteln aus dem Nahen Osten kaufen. Wenn es eilt, vermischen Sie einfach Tomatenmark mit einer Prise Cayennepfeffer.

FÜR 4 PERSONEN

- 3 EL Olivenöl
- 1 mittelgroße Zwiebel, geschält und gehackt
- 3 große rote Paprikaschoten, von Stielansatz und Samen befreit, grob gehackt
- 2 Knoblauchzehen, grob gehackt
- 1 mittelgroße mehlig kochende Kartoffel, geschält, in 5 mm große Würfel geschnitten
- 1 l Gemüsebrühe (siehe Seite 502)
- 1 EL rote Paprikapaste (siehe Einleitung)
- Salz
- Frisch gemahlener schwarzer Pfeffer
- 4 TL natives Olivenöl extra zum Beträufeln

■ Das Olivenöl in einem großen, weiten Topf bei mittlerer bis hoher Temperatur erhitzen. Zwiebel, Paprika, Knoblauch und Kartoffel darin unter Rühren etwa 12 Minuten sautieren, sodass sie ganz leicht bräunen. Die Brühe mit der Paprikapaste einrühren und aufkochen. Zugedeckt bei schwacher Hitze 20 Minuten leicht köcheln lassen. Mit Salz und Pfeffer abschmecken.

■ Ein grobes Sieb auf eine große Schüssel setzen. Die Suppe im Mixer portionsweise sehr fein pürieren und jeweils durch das Sieb passieren, dabei mit einem Löffel nachhelfen. Die Suppe kann nun zugedeckt für 24 Stunden kalt gestellt werden.

■ Kurz vor dem Servieren aufwärmen, in Suppenteller oder Schalen schöpfen. Mit je 1 Teelöffel Olivenöl beträufeln.

MEXIKO

Scharfe Kartoffelsuppe
Caldo de papa • Margarita Salinas

Diese scharfe mexikanische Suppe könnte nach meiner Einschätzung die »Mutter« des berühmten roten Gazpacho aus Spanien sein. Allerdings wird hier statt Brot die in Mexiko so selbstverständliche Kartoffel verwendet.

Für die Zubereitung benötigen Sie Chipotle-Chilis, bei denen es sich schlicht um getrocknete Jalapeños handelt. Jalapeños haben eine sehr dicke Haut, die sich in der Sonne nur schwer trocknen lässt. Darum werden Jalapeños trocken geräuchert, was den rauchigen Geschmack der Chipotle erklärt. In mexikanischen Lebensmittelläden bekommt man sie meist in Dosen. Stattdessen eignen sich auch Chipotle in Adobo-Sauce, die häufiger angeboten werden, oder ein frisch gehackter scharfer roter Chili. Eine kleine Chipotle sorgt bereits für viel Schärfe, milder wird es mit der halben Menge.

FÜR 4 PERSONEN

- 450 g Kartoffeln, geschält und in 1 cm große Würfel geschnitten
- 550 g reife Tomaten, enthäutet (siehe Seite 141) und grob gehackt
- 1 mittelgroße Zwiebel, geschält und grob gehackt
- 1–2 Knoblauchzehen, geschält und grob gehackt
- 1/2–1 *Chipotle*-Chili oder 1 *Chipotle* aus der Dose oder in Adobo-Sauce, ersatzweise 1 frischer scharfer roter Chili, grob gehackt
- 475 ml Gemüsebrühe (siehe Seite 502)
- Etwa 1 TL Salz
- 5 EL gehackte frische *Epazote* (siehe Glossar) oder frisches Koriandergrün
- 4 Kleckse saure Sahne zum Servieren

■ Die Kartoffeln in einem Topf etwa 7 cm hoch mit Wasser bedecken und aufkochen. Zugedeckt bei mittlerer bis niedriger Temperatur kochen, bis sie zwar gar, aber noch fest sind. Abgießen.
■ Im Mixer die Tomaten mit der Zwiebel, dem Knoblauch und dem Chili fein pürieren. Mit der Brühe und den Kartoffeln in einen mittelgroßen Topf füllen, salzen, aufkochen und 7–8 Minuten schwach köcheln lassen. Soll die Suppe dickflüssiger werden, einige Kartoffeln an der Topfwand zerdrücken. *Epazote* oder Koriandergrün hinzufügen, noch 2 Minuten köcheln lassen. Anrichten und mit einem Klecks saurer Sahne darauf servieren.

SPANIEN

Weiße-Bohnen-Suppe mit Mangold und Kartoffel
Caldo gallego

Für diese Suppe können Sie eine beliebige Sorte mittelgroßer bis kleiner weißer Bohnen verwenden. Die Suppe ist relativ hell mit kleinen dunkelgrünen Stückchen. Man serviert sie mit etwas fruchtigem Olivenöl. Mit einem guten knusprigen Brot wird daraus ein perfektes Mittagessen oder ein herzhafter erster Gang.

FÜR 6 PERSONEN

200 g getrocknete weiße Bohnen (etwa Cannellini)
1,25 l Gemüsebrühe (siehe Seite 502)
1 Knoblauchzehe, geschält
2 TL gehackter frischer oder
    1/2 TL getrockneter Oregano
3 EL Olivenöl
2 kleinere Zwiebeln, geschält, in 5 mm große Würfel geschnitten
1 mittelgroße mehlig kochende Kartoffel, geschält, in 5 mm große Würfel geschnitten
225 g Mangold, mit den Stielen gehackt
2 EL fein gehackte frische Petersilie
Salz
Etwa 2 EL natives Olivenöl extra

■ Die Bohnen über Nacht einweichen (siehe Seite 250) oder alternativ die schnelle Einweichmethode anwenden (siehe Seite 158).
■ Die Bohnen mit der Brühe in einem Topf aufkochen. Aufsteigenden Schaum entfernen. Knoblauch und Oregano unterrühren, auf schwache Hitze schalten. Halb zugedeckt 40–60 Minuten köcheln lassen, bis die Bohnen weich sind. (Ältere Bohnen benötigen eine längere Garzeit.) Den Knoblauch an der Topfwand zerdrücken und untermischen.
■ In einem großen Topf das Öl bei mittlerer bis hoher Temperatur erhitzen. Die Zwiebeln und die Kartoffel darin unter Rühren in etwa 1 1/2 Minuten leicht anbräunen. Den Mangold mit der Petersilie dazugeben und weitere 1 1/2 Minuten rühren, bis der Mangold zusammengefallen ist. Die gegarten Bohnen mit der Flüssigkeit untermischen und aufkochen. Halb zugedeckt bei schwacher Hitze 30 Minuten köcheln lassen, ab und zu umrühren. Einige Bohnen und Kartoffelstücke an der Topfwand zerdrücken und unterrühren. Eventuell nachsalzen. Gut durchrühren.
■ Die angerichteten Portionen mit etwas Olivenöl beträufeln und sofort servieren.

Einfache Kürbissuppe

Ich habe hier 750 Gramm Kürbis verwendet und nach Entfernen der Schale und Samen 550 Gramm übrig behalten. Statt Riesenkürbis können Sie auch einen anderen Kürbis mit orangefarbenem Fruchtfleisch wählen, etwa Butternusskürbis.

Die verwendete Brühe ist nur sparsam gesalzen, eventuell müssen Sie nachsalzen.

FÜR 4–5 PERSONEN

- 3 EL Olivenöl
- 1 mittelgroße Zwiebel, geschält und fein gehackt
- 3 dünne Scheiben Ingwer, geschält
- 1 mittelgroße Kartoffel, geschält und grob gewürfelt
- 550 g Kürbisfleisch, in 2,5 cm große Würfel geschnitten
- 1 l Gemüsebrühe (siehe Seite 502)
- 2 Lorbeerblätter
- 1 1/4 TL Salz
- Frisch gemahlener schwarzer Pfeffer
- 125 ml Milch
- 1–2 EL Schnittlauchröllchen zum Garnieren (nach Belieben)

■ Das Öl in einem großen Topf bei mittlerer bis hoher Temperatur erhitzen. Zwiebel und Ingwer darin 2–3 Minuten rühren, bis die Zwiebel leicht bräunt. Bei mittlerer Hitze weitere 2 Minuten sautieren, bis die Zwiebel hellbraun ist.

■ Kartoffel und Kürbis kurz unterrühren. Die Brühe, Lorbeerblätter, Salz und Pfeffer hinzufügen und aufkochen. Zugedeckt bei schwacher Hitze 45 Minuten köcheln lassen. Die Ingwerscheiben und Lorbeerblätter entfernen. Die Suppe im Mixer pürieren und zurück in den Topf füllen. Die Milch unterrühren. Zum Servieren aufwärmen, nach Belieben mit Schnittlauch garnieren.

VARIANTE 1
Kürbissuppe mit frischen Curryblättern

Wenn das Öl heiß ist, 8–10 frische Curryblätter einrühren, Zwiebel und Ingwer hinzugeben. Ist die Zwiebel leicht gebräunt, 1 Esslöffel Currypulver unterrühren. Kartoffel und Kürbis dazugeben und nach Rezeptangaben fortfahren.

VARIANTE 2
Kürbissuppe mit Tomaten

Mit dem Kürbis 2–3 enthäutete, von den Samen befreite, gehackte Tomaten und 1/2 Teelöffel getrockneten Oregano hinzufügen. Am Ende statt Milch Sahne unterrühren.

Tomatensuppe mit Zitronengras

Ich verwende hier Zitronengras, frische Curryblätter und Kreuzkümmel für eine hocharomatische Suppe, die heiß oder kalt serviert werden kann.

FÜR 4 PERSONEN

2 EL Oliven-, Maiskeim- oder Erdnussöl
1/4 TL Kreuzkümmel
1 große mehlig kochende Kartoffel, geschält und klein gewürfelt
250 g Zwiebeln, geschält und klein gewürfelt
1 Stange Bleichsellerie, klein gewürfelt
Etwa 30 frische Curryblätter (siehe Glossar)
1 Stängel frisches Zitronengras (nur die unteren 15 cm), das Ende leicht weich geklopft
900 g reife Tomaten, gehackt
2 TL Tomatenmark
Etwa 1 3/4 TL Salz
1 Prise Cayennepfeffer

■ Das Öl in einem großen Topf bei mittlerer bis hoher Temperatur erhitzen. Den Kreuzkümmel darin 10 Sekunden rösten, dann die Kartoffel, Zwiebeln, Bleichsellerie, Curryblätter und Zitronengras dazugeben. Bei mittlerer Hitze 4–5 Minuten sautieren. Die Tomaten einrühren.

■ Mit 1 Liter Wasser, Tomatenmark, Salz und Cayennepfeffer unter Rühren aufkochen. Zugedeckt bei schwacher Hitze 1 Stunde köcheln lassen. Das Zitronengras entfernen. Die Suppe portionsweise im Mixer pürieren, durch ein grobes Sieb passieren und im Topf erneut erhitzen. Heiß oder kalt servieren.

INDIEN

Tomatensuppe mit Okraschoten
Timatar aur bhindi ka soup

Obwohl ich dieses Rezept in einem alten englisch-indischen Kochbuch entdeckte, hat es für mich doch eine ausgesprochen kreolische Note.
    Die Suppe dickt beim Stehen ein, aber Sie können sie mit zusätzlicher Gemüsebrühe nach Belieben verdünnen. Sehr schön sieht es aus, wenn Sie Sellerie, Zwiebel, Paprika und Tomate etwa gleich groß würfeln. Soll die Suppe nicht so würzig werden, lassen Sie einfach Ingwer und Chili weg.

FÜR 4–6 PERSONEN

3 EL Olivenöl oder je 1 1/2 EL Olivenöl und Butter
1 Stange Bleichsellerie, in 5 mm große Würfel geschnitten
1 mittelgroße Zwiebel, geschält und in 5 mm große Würfel geschnitten
1/2 große grüne Paprikaschote, Stielansatz und Samen entfernt, in 5 mm große Würfel geschnitten
1 TL geschälter, sehr fein geriebener frischer Ingwer
4 EL Langkornreis (Basmati- oder Jasminreis)
450 g Tomaten, enthäutet, Samen entfernt (siehe Seite 141), gewürfelt
1 frischer scharfer grüner Chili, fein gehackt
1 l Gemüsebrühe (siehe Seite 502)
3/4 TL Salz
Frisch gemahlener schwarzer Pfeffer
10 frische Okraschoten, feucht abgewischt, Enden abgeschnitten, in 3 mm dicke Scheiben geschnitten

■ In einem Topf das Öl bei mittlerer bis hoher Temperatur erhitzen. Den Bleichsellerie, die Zwiebel und Paprika darin 3 Minuten sautieren. Den Ingwer und Reis einstreuen und weitere 2 Minuten sautieren. Die Tomaten, Chili, Brühe, Salz und Pfeffer unterrühren und aufkochen. Zugedeckt bei schwacher Hitze 25 Minuten köcheln lassen. Die Okras einrühren und in weiteren 15 Minuten weich köcheln lassen.
■ Die Suppe nach Belieben mit zusätzlicher Brühe verdünnen.

INDIEN

Madras-Currysuppe

Ebenso wie die Tomatensuppe mit Okraschoten (siehe linke Seite) stammt auch diese Suppe aus einem alten englisch-indischen Kochbuch. Mich erinnert sie an meine Kindheit, an ferne Urlaubsdomizile im Himalaja.

Sie können für die Suppe mein Currypulver (siehe Seite 499) oder ein fertiges Madras-Currypulver verwenden. Die Suppe schmeckt heiß oder kalt mit dünnem, krossem Toast.

FÜR 4–6 PERSONEN

2 EL Pflanzenöl
1 mittelgroße Zwiebel, geschält und gehackt
2 EL Currypulver
450 g grob gehackte Tomaten
2 mittelgroße Möhren, geschält und in Scheiben geschnitten
250 g Kartoffeln, geschält und in grobe Würfel geschnitten
125 g frische Erbsen oder Tiefkühlerbsen, aufgetaut
2 1/4 TL Salz
250 ml Sahne
Etwa 250 ml Gemüsebrühe (siehe Seite 502)
1 EL Schnittlauchröllchen zum Garnieren (nach Belieben)

■ Das Öl in einem Topf bei mittlerer bis hoher Temperatur erhitzen. Die Zwiebel darin in 4–5 Minuten goldbraun anschwitzen. Das Currypulver 10 Sekunden einrühren. Die Tomaten, Möhren, Kartoffeln, Erbsen, Salz und 1 Liter Wasser hinzufügen und aufkochen. Zugedeckt bei schwacher Hitze 45 Minuten köcheln lassen.

■ Die Suppe portionsweise im Mixer pürieren und durch ein grobes Sieb passieren. Zurück in den Topf füllen und mit der Sahne verrühren. So viel Brühe unterrühren, dass die gewünschte Konsistenz erreicht wird. Nach Belieben aufwärmen und heiß reichen oder bis zum Servieren kalt stellen. Nach Belieben mit Schnittlauch garnieren.

INDIEN

Vegetarische Mulligatawny-Suppe

Hierbei handelt es sich um eine pfeffrige vegetarische Suppe (immerhin bedeutet der tamilische Name milagu tannir *»Pfefferwasser«), die Sie nach Belieben mit 4 Esslöffeln roten Linsen anreichern können. Die Suppe ist relativ dick, kann aber ganz nach Geschmack mit Brühe verdünnt werden. Unverdünnt ist sie eine wunderbare Sauce für hart gekochte Eier (siehe Eier in Mulligatawny-Sauce, Seite 406). Zudem eignet sie sich gut als erster Gang oder Imbiss mit knusprigem Brot, Croûtons oder Reis.*

FÜR 4–6 PERSONEN

- 1 TL schwarze Pfefferkörner
- 2 EL Koriander
- 1 TL Kreuzkümmel
- 1/2 TL Fenchelsamen
- 1/2 TL gemahlene Kurkuma
- 1/4 TL Cayennepfeffer
- 1 1/2 EL Kichererbsenmehl
- 1–1,25 l Gemüsebrühe (siehe Seite 502), ersatzweise Wasser und Gemüsebrühwürfel
- 225 g Kartoffeln, geschält und gewürfelt
- 2 mittelgroße Möhren, geschält, in Scheiben geschnitten
- 225 g Kohlrüben, geschält und gewürfelt
- 1 mittelgroße Zwiebel, geschält und grob gehackt
- 12 frische Curryblätter (siehe Glossar) oder 8 frische Basilikumblätter
- 2 Knoblauchzehen, geschält und grob gehackt
- 1 EL geschälter, fein gehackter frischer Ingwer
- 400 ml Kokosmilch aus der Dose
- Etwa 1 1/4 TL Salz
- Limettenspalten zum Servieren

■ Pfefferkörner, Koriander, Kreuzkümmel und Fenchelsamen in einer kleinen Pfanne aus Gusseisen bei mittlerer bis hoher Temperatur ohne Fett rösten, bis sie duften und etwas dunkler werden. Auf einem Teller abkühlen lassen. In der sauberen Kaffeemühle oder Gewürzmühle zu Pulver vermahlen, anschließend fein sieben. Kurkuma und Cayennepfeffer hinzugeben.

■ Das Kichererbsenmehl in einer Schüssel nach und nach mit 2 Esslöffeln Brühe anrühren. Mit 1 Liter Brühe vermischen.

■ Die Brühe mit den Gewürzen, sämtlichem Gemüse sowie den Curryblättern, Knoblauch und Ingwer in einem großen Topf aufkochen. Zugedeckt bei schwacher Hitze etwa 50 Minuten köcheln lassen, bis das Gemüse weich ist. Portionsweise im Mixer pürieren und durch ein grobes Sieb passieren. Zurück in den Topf füllen, mit der Kokosmilch und Salz verrühren, aufkochen und 2–3 Minuten schwach köcheln lassen. Falls nötig, mit der restlichen Brühe verdünnen. Heiß mit den Limettenspalten servieren.

COSTA RICA

Schwarze-Bohnen-Suppe

Sopa negra • *Albertina Brenes de Estrada und Ada Bassey*

Diese delikate Suppe wird mit Paprika und Koriandergrün gewürzt. Pro Portion kann man auch zusätzlich ein Ei darin pochieren.

Die Suppe wird aus der Garflüssigkeit der schwarzen Bohnen und einer kleinen Menge dieser Bohnen zubereitet. Die restlichen Bohnen sautiert man traditionell mit Reis für den so genannten Gallo pinto *(Seite 227), den man zum Frühstück reicht.*

FÜR 4–6 PERSONEN

FÜR DIE BOHNEN

350 g getrocknete schwarze Bohnen, verlesen, gewaschen und abgetropft
4–5 Knoblauchzehen, geschält und grob gehackt
1/2 große rote oder grüne Paprikaschote, Samen entfernt, fein gehackt
6 EL fein gehacktes Koriandergrün
Salz

FÜR DIE SUPPE

4 EL Olivenöl
1 Knoblauchzehe, geschält und gehackt
2 mittelgroße Zwiebeln, geschält und gehackt
1 große rote oder grüne Paprikaschote, Samen entfernt, gehackt
1/2–1 *Jalapeño*-Chili, Samen entfernt, gehackt (nach Belieben)
2 Stangen Bleichsellerie, gewürfelt
85 g gehacktes frisches Koriandergrün
1 TL Salz
Frisch gemahlener schwarzer Pfeffer
1/4 TL Cayennepfeffer (nach Belieben)

ZUM SERVIEREN

Je 3 EL süße und saure Sahne
1 EL fein gehacktes frisches Koriandergrün
1 EL *Chipotle*-Chilis aus der Dose, abgegossen, oder fertige scharfe Sauce
1 Prise Salz

■ In einer Schüssel die Bohnen 12 cm hoch mit Wasser bedecken, einweichen lassen. Alternativ die Bohnen mit der gleichen Menge Wasser in einem Topf aufkochen, 2 Minuten kochen lassen, zudecken und den Herd ausschalten. 1 Stunde stehen lassen.

■ Die Bohnen abgießen. In einem großen Topf mit 2 Liter Wasser, dem Knoblauch, Paprika und Koriandergrün aufkochen. Halb zugedeckt 1 1/2 Stunden knapp weich köcheln lassen. 2 Teelöffel Salz unterrühren, in weiteren 15 Minuten sehr weich garen. Abseihen, dabei die gesamte Garflüssigkeit auffangen und zurück in den Topf gießen. Die Bohnen in eine Schüssel füllen.

■ Für die Suppe das Öl in einer großen Pfanne erhitzen. Knoblauch, Zwiebeln, Paprika, *Jalapeño* und Sellerie darin 5–6 Minuten sautieren. Die Hitze reduzieren, weitere 2–3 Minuten sautieren. Das Koriandergrün hinzufügen, noch 1 Minute sautieren. Den Herd ausschalten.

■ Die Mischung mit 250 Milliliter Bohnen und 3 großen Schöpfkellen der Garflüssigkeit pürieren. In den Topf mit der restlichen Garflüssigkeit füllen. Salz, Pfeffer und Cayennepfeffer unterrühren, abschmecken. Die Suppe durch ein grobes Sieb passieren, dabei mit einem Löffel nachhelfen. Vor dem Servieren wieder aufwärmen.

■ Zum Servieren die süße Sahne mit dem Schneebesen halb steif schlagen, die restlichen Zutaten untermischen. Je 1 Klecks auf die angerichteten Portionen setzen.

NAHER OSTEN UND MITTELMEERRAUM
Kichererbsensuppe

Kichererbsensuppen kennt man im gesamten Mittelmeerraum und im Nahen Osten. In den ländlichen Gegenden Griechenlands, der Türkei und Syriens werden sie oft als Hauptgericht serviert und mit Joghurt, einem Salat und Fladenbrot verzehrt. In Italien habe ich sie auch schon als ersten Gang gegessen. Die Zubereitung ist meist sehr einfach: Getrocknete Kichererbsen werden in Wasser gegart und mit aromatischen Zutaten fertig gestellt. Unverzichtbar ist dabei die natürliche Süße der Kichererbsen und ihrer Garflüssigkeit. Darum sind Kichererbsen aus der Dose nicht geeignet. Dieses Rezept stammt aus Siena.

FÜR 4–5 PERSONEN
250 g getrocknete Kichererbsen
3 EL Olivenöl
1 kleine Zwiebel, geschält und fein gehackt
1 Knoblauchzehe, geschält und angedrückt
7–8 frische Salbeiblätter, fein gehackt, oder 1/2 TL getrockneter Salbei
1 3/4–2 TL Salz

■ Die Kichererbsen verlesen, mehrmals in frischem Wasser waschen und abgießen. In einer Schüssel mit 1,25 Liter Wasser bedecken und über Nacht einweichen lassen. Alternativ die Kichererbsen in einem Topf mit 1,25 Liter Wasser aufkochen und zugedeckt bei mittlerer Hitze 2 Minuten köcheln lassen. Den Herd ausschalten, die Kichererbsen zugedeckt 1 Stunde im heißen Wasser stehen lassen.

■ Die Kichererbsen abgießen und in einem Topf mit 1,5 Liter Wasser aufkochen. Bei schwacher Hitze zugedeckt 1–3 Stunden köcheln lassen, bis sie sehr weich sind. Alternativ die Kichererbsen mit 1 Liter Wasser in den Schnellkochtopf füllen, verschließen und den Druck erhöhen. 30–35 Minuten garen, dann den Druck reduzieren.

■ Die Kichererbsen abgießen, dabei die Garflüssigkeit auffangen. Die Kichererbsen in einer Schüssel mit kaltem Wasser bedecken und portionsweise zwischen den Händen reiben, um die Häute zu lösen. Die Häute entfernen, die Kichererbsen abgießen.

■ In einem Topf das Öl bei mittlerer bis hoher Temperatur erhitzen. Zwiebel, Knoblauch und Salbei darin unter Rühren 3–4 Minuten anschwitzen, bis die Zwiebel glasig ist. Nicht bräunen. Falls nötig, die Hitze reduzieren. Die Kichererbsen, die Garflüssigkeit und Salz dazugeben und aufkochen. Zugedeckt bei schwacher Hitze 20 Minuten köcheln lassen. Vor dem Servieren den Knoblauch herausfischen oder an der Topfwand zerdrücken und unterrühren.

ITALIEN

Kichererbsensuppe mit Spinat und Rosmarin
Zuppa di ceci con spinaci

Diese toskanische Suppe besticht durch ein delikates Rosmarinaroma. Gefolgt von etwas Obst und Käse ergibt sie eine wunderbare Mahlzeit. Den Spinat können Sie übrigens auch durch die Blätter von Roter Bete ersetzen.

FÜR 4 PERSONEN

180 g getrocknete Kichererbsen
225 g frischer Spinat, gründlich gewaschen
2 EL Olivenöl
1 kleine Zwiebel, geschält und fein gehackt
1 Knoblauchzehe, geschält und fein gehackt
1 frischer Rosmarinzweig
2 TL Tomatenmark
475 ml Gemüsebrühe (siehe Seite 502)
Salz
Frisch gemahlener schwarzer Pfeffer
4 Scheiben knuspriges Brot (je 2 cm dick), am besten toskanisches Brot
4 TL fruchtiges natives Olivenöl extra

■ Die Kichererbsen vorbereiten, wie im 1. Arbeitsschritt auf der linken Seite beschrieben.
■ In einem großen Topf leicht gesalzenes Wasser sprudelnd aufkochen. Den Spinat darin 5 Minuten blanchieren. Abgießen, möglichst viel Wasser ausdrücken. Fein hacken.
■ Das Öl in einem Topf erhitzen. Die Zwiebel mit dem Knoblauch darin glasig schwitzen, aber nicht bräunen. Die abgetropften Kichererbsen und den Spinat dazugeben, weitere 5 Minuten sautieren. 1,5 Liter Wasser und den Rosmarin hinzufügen, aufkochen. Bei schwacher Hitze zugedeckt 1–3 Stunden köcheln lassen, bis die Kichererbsen sehr weich sind. (Alternativ das Gemüse im Schnellkochtopf sautieren, Kichererbsen, Rosmarin und 750 Milliliter Wasser dazugeben, den Topf verschließen, den Druck erhöhen; 30–35 Minuten garen, dann den Druck reduzieren.) Den Rosmarinzweig herausfischen.
■ An der Oberfläche schwimmende Häute der Kichererbsen entfernen. Das Tomatenmark mit etwas Brühe verrühren, zusammen mit der restlichen Gemüsebrühe in die Suppe gießen. Die Suppe aufkochen und bei schwacher Hitze 20 Minuten köcheln lassen, damit sich die Aromen verbinden. Bis hierhin kann die Suppe im Voraus zubereitet werden.
■ Erst kurz vor dem Servieren die Suppe aufwärmen. Die Brotscheiben rösten und in 4 Suppenteller legen. Darüber die Suppe schöpfen und mit dem Olivenöl beträufeln.

INDONESIEN

Maissuppe
Sop jagung

Besonders gut schmeckt diese leichte, aromatische Suppe, wenn der Gemüsemais Saison hat und erntefrisch in den Topf wandert.

FÜR 4 PERSONEN

2 frische Maiskolben
1,5 l leichte Gemüsebrühe (siehe Seite 502)
2 Stängel Zitronengras (nur die unteren 15 cm), die Enden weich geklopft
8–10 Zweige frisches Koriandergrün
2 frische scharfe grüne Chilis, halbiert
4 dünne Scheiben frischer Ingwer, geschält

2 mittelgroße Tomaten, enthäutet, Samen entfernt, in 5 mm große Würfel geschnitten (siehe Seite 141)
425 g Strohpilze aus der Dose, abgegossen
1 TL Salz
4–5 TL frisch gepresster Limettensaft
4 EL fein gehacktes frisches Koriandergrün

■ Die Maiskörner mit einer Gabel von den Kolben lösen, beiseite stellen. Die Kolben in der Mitte durchbrechen und mit der Brühe, Zitronengras, Korianderzweigen, Chilis und Ingwer in einem Topf aufkochen. Zugedeckt bei schwacher Hitze 30 Minuten köcheln lassen. Die Suppe abseihen. Mit den Maiskörnern und den übrigen Zutaten in einem Topf zum Köcheln bringen. Bei schwacher Hitze 4–5 Minuten köcheln lassen.

❖

TÜRKEI

Rote Linsensuppe

Zu dieser Suppe passen Knäckebrot, Croûtons (siehe Kalte Mandelsuppe, Seite 503), im Ofen geröstete dünne Brotscheiben oder französisches Weißbrot.

FÜR 4 PERSONEN

180 g rote Linsen, verlesen und gewaschen
1 l Gemüsebrühe (siehe Seite 502)
2 EL gehackte Zwiebel
125 g Kartoffeln, geschält und gewürfelt

1 TL Paprikapulver
1 1/4 TL Salz
Frisch gemahlener schwarzer Pfeffer

■ Linsen, Brühe, Zwiebel, Kartoffeln und Paprika in einem Topf bei mittlerer bis hoher Temperatur aufkochen. Halb zugedeckt bei schwacher Hitze 45 Minuten köcheln lassen, bis die Linsen ganz weich sind. Mit Salz und Pfeffer abschmecken.
■ Die Suppe im Mixer kurz pürieren. Heiß servieren.

INDIEN

Würzige rote Linsensuppe
Masoor dal soup ◆ Maya

Dieses Rezept stammt von meiner Schwägerin. Servieren Sie dazu im Ofen geröstete dünne Brotscheiben oder verteilen Sie zuvor etwas gegarten Reis in die Suppenschalen. Auch französisches Weißbrot passt dazu.

FÜR 4 PERSONEN

3 EL Pflanzenöl
2,5 cm frischer Ingwer, geschält und fein gerieben
4 Knoblauchzehen, geschält und fein zerdrückt
180 g rote Linsen, verlesen und gewaschen
1 l Gemüsebrühe (siehe Seite 502) oder Wasser
10–15 frische Curryblätter (siehe Glossar) oder 2 Lorbeerblätter
2 mittelgroße Tomaten, gehackt
1 1/4 TL Salz
Frisch gemahlener schwarzer Pfeffer
1/4 TL Cayennepfeffer
1/2 TL braune Senfsamen

■ In einem Topf 2 Esslöffel Öl bei mittlerer bis hoher Temperatur erhitzen. Ingwer und Knoblauch darin 1 Minute rühren. Die Linsen, Brühe oder Wasser und die Curryblätter hinzufügen und aufkochen. Halb zugedeckt bei schwacher Hitze 40 Minuten köcheln lassen, bis die Linsen weich sind. Die Tomaten, Salz, Pfeffer und Cayennepfeffer unterrühren und erneut aufkochen. Bei schwacher Hitze halb zugedeckt weitere 10 Minuten köcheln lassen, bis die Tomaten weich sind. Die Suppe durch ein Sieb passieren und zurück in den Topf füllen.

■ Das übrige Öl in einer kleinen Pfanne bei mittlerer bis hoher Temperatur sehr heiß werden lassen. Die Senfsamen darin in wenigen Sekunden aufplatzen lassen. Mit dem Öl unter die Suppe rühren. Heiß servieren.

INDIEN

Rote Linsensuppe mit Reis
Patli khichri

Diese einfache Suppe koche ich mir häufig als Mittagessen oder leichtes Abendessen. Mit knusprigem Brot und einem Salat ergibt sie eine nahrhafte Mahlzeit.

Stangensellerie wird in Indien zwar nicht so häufig verwendet, doch ich schätze seinen Geschmack. Zudem ist er ein guter Ersatz für einige indische Kürbisarten. Falls Sie keinen fertig gegarten Reis im Kühlschrank haben, geben Sie mit den roten Linsen einfach 5 Esslöffel Langkornreis hinzu.

FÜR 4–5 PERSONEN

200 g rote Linsen, verlesen und gewaschen
1/4 TL gemahlene Kurkuma
1 mittelgroße Möhre, geschält und fein gewürfelt
1 kleinere Zwiebel, geschält und fein gewürfelt
1 Stange Bleichsellerie, fein gewürfelt
1 Tasse gegarter Langkornreis (Basmati- oder Jasminreis)
3 dünne Scheiben geschälter frischer Ingwer
2 Knoblauchzehen, geschält und angedrückt
1–2 Lorbeerblätter

1 mittelgroße Tomate, fein gehackt
1 TL Salz
1/2–1 frischer scharfer grüner Chili, sehr fein gehackt (nach Belieben)
2 EL Pflanzenöl (etwa Olivenöl)
1/2 TL ganzer Kreuzkümmel
1/2 TL gemahlener Kreuzkümmel

FÜR DIE GARNITUR
Gehacktes frisches Koriandergrün
Limetten- oder Zitronenspalten zum Beträufeln

■ Linsen und Kurkuma mit 1,5 Liter Wasser in einem Topf bei mittlerer bis hoher Temperatur aufkochen. Bei schwacher Hitze halb zugedeckt 45 Minuten köcheln lassen. Möhre, Zwiebel, Sellerie, Reis, Ingwer, 1 Knoblauchzehe, Lorbeerblätter, Tomate, Salz und Chili unterrühren und aufkochen. Halb zugedeckt weitere 45 Minuten köcheln lassen. Den Knoblauch an der Topfwand zerdrücken und untermischen. Die Lorbeerblätter sowie den Ingwer herausfischen.

■ In einer kleinen Pfanne das Öl bei mittlerer bis hoher Temperatur erhitzen. Den ganzen Kreuzkümmel darin wenige Sekunden unter Rühren rösten. Die verbliebene Knoblauchzehe dazugeben und rundum leicht bräunen. Den gemahlenen Kreuzkümmel zügig einrühren, die Mischung unter die Suppe rühren. (Den gebräunten Knoblauch nach Belieben in der Suppe belassen.)

■ Die Suppe mit Koriandergrün und Limetten- oder Zitronenspalten servieren.

TRINIDAD

Schälerbsensuppe
Sans coche

Trinidad ist der einzige Ort auf der Welt, an dem afrikanische, mediterrane, indische und amerikanische Traditionen direkt aufeinander treffen. In kulinarischer Hinsicht haben sich all diese Traditionen auf kreative Weise miteinander verbunden. Diese kreolische Suppe ist ein eindrucksvoller Beweis dafür.

Die Verwendung gelber Schälerbsen verweist auf die mediterrane wie die indische Küche. Die Gewürze stammen zur Hälfte aus dem Mittelmeerraum und zur Hälfte aus der Neuen Welt.

Traditionell werden die Schälerbsen mit einer Fleischbrühe kombiniert. In meiner vegetarischen Variante wird natürlich nur Gemüsebrühe verwendet. Für eine nahrhaftere Suppe, wie man sie auf Trinidad isst, können Sie 20 Minuten vor Ende der Garzeit noch folgende Zutaten hinzufügen: 180 Gramm grüne Kochbananen, geschält und in 2 cm große Würfel geschnitten, oder die gleiche Menge gewürfeltes Kürbisfleisch, geschälte Lotoswurzel oder Yam – oder eine Mischung aus allem.

Zu der Suppe serviert man in der Regel Reis, und die scharfe Chilisauce von Seite 468 ist auf Trinidad eine unverzichtbare Beigabe. Als Ersatz eignet sich aber auch Tabascosauce oder eine Mischung aus Limettensaft und Cayennepfeffer.

FÜR 4 PERSONEN

3 EL Maiskeimöl
150 g Zwiebeln, geschält und fein gehackt
1 Stange Bleichsellerie, fein gehackt
2 Knoblauchzehen, geschält und fein gehackt
1 frischer scharfer grüner Chili, fein gehackt
1 TL frischer oder 1/2 TL getrockneter Thymian
1 EL Schnittlauchröllchen

85 g geschälte, grob geraspelte Möhre
225 g gelbe Schälerbsen (Splittererbsen), verlesen und gewaschen
1,5 l Gemüsebrühe (siehe Seite 502)
Salz
Frisch gemahlener schwarzer Pfeffer

■ Das Öl in einem großen Topf bei mittlerer bis hoher Temperatur erhitzen. Zwiebeln, Sellerie, Knoblauch, Chili, Thymian und Schnittlauch darin 5 Minuten rühren, bis die Mischung leicht gebräunt ist. Die Möhre dazugeben und weitere 3 Minuten rühren. Die Schälerbsen mit der Brühe hinzufügen und aufkochen. Halb zugedeckt bei schwacher Hitze 1 1/4 – 1 1/2 Stunden köcheln lassen, bis die Schälerbsen sehr weich sind. Ab und zu umrühren, nach etwa 1 Stunde die Konsistenz prüfen. Mit Salz und Pfeffer abschmecken.

Cannellini-Augenbohnen-Suppe

Dieses Rezept entstand, als ich auf der Suche nach nahrhaften Suppen für die Familie war. Die Suppe sollte sich als vollständige Mahlzeit eignen und problemlos im Voraus zubereitet werden können.

FÜR 4–5 PERSONEN

Je 85 g Cannellini- und Augenbohnen, verlesen und gewaschen
10 große rohe Cashewnüsse
2 mittelgroße Kartoffeln, geschält und in 5 mm große Würfel geschnitten
1 mittelgroße Möhre, geschält und in 5 mm große Würfel geschnitten
1 große Lauchstange, längs halbiert, dann quer in 5 mm breite Stücke geschnitten
1 Stange Bleichsellerie, in 5 mm große Würfel geschnitten
1/2 TL getrockneter Thymian oder 2 TL frische Thymianblätter
2 Lorbeerblätter
1 1/2–1 3/4 TL Salz
175–200 ml fettarme Milch
1 EL Olivenöl
2 Knoblauchzehen, geschält und angedrückt
180 g Tomaten, enthäutet und fein gehackt
Zitronenspalten zum Servieren (nach Belieben)

■ Die Cannellini- und Augenbohnen mit den Cashewnüssen in einer Schüssel vermischen. Mindestens 7 cm hoch mit Wasser bedecken und über Nacht einweichen lassen.
■ Die Bohnen und Nüsse abgießen. In einem großen Topf mit 1 Liter Wasser aufkochen. Halb zugedeckt 40 Minuten schwach köcheln lassen, bis die Zutaten fast weich sind. Kartoffeln, Möhre, Lauch, Sellerie, Thymian und Lorbeerblätter hinzufügen und weitere 20–30 Minuten köcheln lassen. Salzen.
■ Die Hälfte der Suppe mit allen Cashewnüssen in den Mixer füllen. Die Lorbeerblätter herausfischen und wegwerfen. Die Milch dazugießen und fein pürieren. Zur restlichen Suppe zurück in den Topf gießen.
■ Das Öl in einer Pfanne bei mittlerer bis hoher Temperatur erhitzen. Den Knoblauch darin rundum goldgelb braten, herausnehmen und wegwerfen. Die Tomaten in das aromatisierte Öl geben, 1 Minute rühren und unter die Suppe mischen.
■ Die Suppe bei Bedarf aufwärmen. Nach Belieben die Zitronenspalten dazu reichen.

❖

TRINIDAD/USA

Augenbohnensuppe

Für dieses Rezept verwende ich tiefgekühlte Augenbohnen. Wer nur die getrockneten Bohnen bekommt, weicht 225 Gramm über Nacht ein oder wendet die schnelle Einweichmethode (siehe Seite 158) an.

Reichen Sie die Suppe mit grünem Salat als eigenständige Mahlzeit.

SUPPEN 525

FÜR 6 PERSONEN

2 EL Olivenöl
1 grüne Paprikaschote, Samen entfernt, klein gewürfelt
1 mittelgroße Zwiebel, geschält und klein gewürfelt
2 mittelgroße Möhren, geschält und klein gewürfelt
4 EL fein gehackter *Culantro* (siehe Glossar) oder gehacktes frisches Koriandergrün
275 g tiefgekühlte Augenbohnen
1,5 l Gemüsebrühe (siehe Seite 502)
4 EL Naturreis

1/2 TL Ingwerpulver
1/2 TL gemahlener Piment
1/2 TL getrockneter Thymian
1/2 TL Senfpulver, mit 1 EL heißem Wasser verrührt
1/4 *Scotch-Bonnet-* oder *Habanero*-Chili, gehackt, oder 1/4 – 1/2 TL Cayennepfeffer oder ein paar Spritzer scharfe Chilisauce (siehe Seite 468)
Salz
1 EL Schnittlauchröllchen
Limetten- oder Zitronenspalten

■ Das Öl in einem großen Topf bei mittlerer bis hoher Temperatur erhitzen. Paprika, Zwiebel und Möhren darin 3 Minuten sautieren, bis die Zwiebel glasig und leicht gebräunt ist. *Culantro* oder Koriandergrün einrühren. Bohnen, Brühe, Reis, Ingwerpulver, Piment, Thymian, Senfmischung und Chili dazugeben und aufkochen. Zugedeckt bei schwacher Hitze 1 1/2 Stunden köcheln lassen, ab und zu rühren. Salzen. Die Suppe sollte relativ scharf schmecken, darum nach Belieben mit Cayennepfeffer oder Chilisauce nachwürzen. Mit Schnittlauch bestreuen. Dazu Limetten- oder Zitronenspalten reichen.

❖

Feuerwehrmannsuppe

Diese deftige, nahrhafte Suppe habe ich für meinen zweijährigen Enkel kreiert, der, wie die meisten kleinen Jungen, mit Vorliebe Feuerwehrmann spielt. Ich konnte ihn davon überzeugen, dass er kräftig sein muss, wenn er Leben retten will. Also braucht er regelmäßig eine ordentliche Portion Feuerwehrmannsuppe, und sie schmeckt ihm großartig!

FÜR 4–6 PERSONEN

2 EL Olivenöl oder Rapsöl
2 Stangen Bleichsellerie, sehr fein gewürfelt
2 kleine Möhren, geschält und sehr fein gewürfelt
1 mittelgroße Zwiebel, geschält und sehr fein gewürfelt
15–20 grüne Bohnen, in 5 mm breite Stücke geschnitten

1,5 l Gemüsebrühe (siehe Seite 502)
5 EL Bulgur
5 EL geschälte, halbierte Mungobohnen *(Moong dal),* verlesen und gewaschen (ersatzweise rote Linsen)
Salz

■ Das Öl in einem Topf erhitzen. Sellerie, Möhren und Zwiebel darin sautieren, bis die Zwiebel glasig ist, aber nicht bräunen. Die Bohnen dazugeben und 1 Minute rühren. Brühe, Bulgur und Mungobohnen hinzufügen und aufkochen. Zugedeckt bei schwächster Hitze 40 Minuten köcheln lassen. Mit Salz abschmecken.

MISO-SUPPEN

In Japan muss jede junge Frau eine gute *Miso*-Suppe zubereiten können, ehe sie eine Braut werden kann. *Miso*-Suppen sind allgegenwärtig, als Auftakt des Frühstücks, als Ausklang von Banketten, und nicht selten isst man sie auch als Mittags- oder Abendmahlzeit.

Miso ist eine fermentierte Paste aus Sojabohnen, meist mit Getreide wie Reis oder Gerste vermischt. Es enthält viel Protein, das aufgrund der Fermentation leicht verdaulich und damit doppelt wertvoll für den Organismus ist. Zudem enthalten alle Sojaprodukte natürliches Östrogen, was vor allem für ältere Frauen von Bedeutung ist. Ich, zum Beispiel, esse jeden Tag eine Schale *Miso*-Suppe, oft mit etwas Tofu als Einlage.

Die Ursprünge dieser gesunden Paste gehen auf das alte China zurück. Fermentierte Sojabohnenpasten sind in China heute noch unter der Bezeichnung *Chiang* bekannt und werden mittlerweile als nahrhafte Würzmittel verwendet (etwa *Hoisin*-Sauce). In Korea heißen sie *Chang* (am beliebtesten sind *Kochu chang* und *Toen chang*) und dienen zum Würzen wie zur Herstellung einfacher Eintöpfe. Das japanische *Miso* wiederum wird zwar vorwiegend für Suppen verwendet, doch ebenso auch als Würze und für Dressings. Die verschiedenen Varianten der Bohnenpasten spiegeln unterschiedliche Kochtraditionen wider, doch sind sie allesamt aus jenen frühen chinesischen Pasten entstanden.

Wer in Japan ein traditionelles *Miso*-Geschäft betritt, fühlt sich in die Vergangenheit zurückversetzt. Dort stehen viele Reihen mit Holzfässern, voll mit *Miso* der unterschiedlichsten Farben – Beige, Braun, Rotbraun, Schwarzbraun, Cremeweiß, Gelbweiß und alle Farbtöne dazwischen. Sobald eine Bestellung eintrifft, wird etwas dicke Paste mit Holzlöffeln abgeschabt und in kleine Behälter gefüllt.

Im Westen bekommt man *Miso* in japanischen Lebensmittelläden und Bioläden. Das Angebot umfasst meist dunkelbraunes, rötlich braunes und gelbliches *Miso*, mitunter auch eine süßliche weiße Variante. Da für die verschiedenen Sorten oft japanische Bezeichnungen verwendet werden, sollten Sie nach der Farbe auswählen, und wenn Sie das *Miso* bereits gekostet haben, nach dem Geschmack. Die meisten Sorten sind relativ salzig, obwohl heute auch schon salzarme Varianten zu haben sind. Dosieren Sie *Miso* einfach wie einen Brühwürfel, der allerdings sehr proteinreich und ernährungsphysiologisch wertvoll ist. Für einen bevorzugten Geschmack können Sie verschiedene Sorten auch einfach mischen. Die Konsistenz erinnert an Erdnussbutter, und wie diese kann es weich oder mit Stückchen durchsetzt sein.

Für eine *Miso*-Suppe benötigen Sie das *Miso* Ihrer Wahl (oder eine Mischung), etwas Brühe sowie verschiedene Einlagen, die der Suppe Textur und zusätzlichen Geschmack geben. Die traditionelle vegetarische Brühe wird in Japan aus *Kombu* (Zuckerriementang, siehe Glossar), getrockneten *Shiitake* oder der Garflüssigkeit von Sojabohnen hergestellt. Ich verwende sowohl selbst gekochte als auch fertige Brühen sowie die abgeseihte Einweichflüssigkeit von getrockneten Pilzen, Garflüssigkeit von Gemüse oder getrockneten Hülsenfrüchten. Verzichten Sie jedoch weitgehend auf Salz, da *Miso* bereits salzig ist. Eine fertige Brühe aus der Dose können Sie ruhig mit der gleichen Menge Wasser verdünnen.

Die Einlagen für *Miso*-Suppen können Sie nach Belieben zusammenstellen. Ich schätze Kombinationen wie Spinat, Tofu und Frühlingszwiebeln; *Daikon* (weißen Rettich), Möhre und Bohnensprossen; *Shiitake* und Ei; gehobelten chinesischen Kohl und Lauch; gegrillte Auberginenscheiben und geröstete Sesamsamen. Gewürfelter Kürbis, Gurken, Spargel, gebratener Tofu und Kohlrüben sind weitere Zutaten, die Sie vielfältig zusammenstellen können. In Japan bevorzugt man Beigaben, welche die Jahreszeit symbolisieren, wenn auch oft nur durch die Form.

Zusätzliche Gewürze, etwa japanisches Sieben-Gewürze-Pulver, rote Paprikaschote, Limetten- oder Ingwersaft sowie scharfer Senf können ebenfalls hinzugefügt werden. Lassen Sie sich von Ihrem Geschmack leiten, denn selbst die Japaner geben sogar Currypulver dazu. Es gibt hier also keine regionalen Regeln.

Da die wichtigen Mikroorganismen in fermentierter Bohnenpaste durch zu langes Kochen zerstört werden, sollten Sie das *Miso* erst ganz zum Schluss hinzufügen. Dafür können Sie es in einer Schale mit etwas heißer Brühe verrühren und dann unter die Suppe mischen. Bei einer anderen Methode, die ich stets anwende, streicht man die Bohnenpaste durch ein kleines Sieb direkt in die fast fertige Suppe. Bei gröberen Pasten bleiben mitunter einige Bohnen und Getreidekörner im Sieb zurück, die Sie nach Belieben hinzugeben oder weglassen können.

Da sich die dickeren Stücke der fertigen Suppe am Boden absetzen, muss diese vor dem Servieren stets durchgerührt werden. Die Japaner nehmen diese Stücke meist mit Stäbchen auf und trinken die Suppe direkt aus den traditionellen Schalen. Ebenso gut können Sie die Suppe in Suppentellern mit Löffeln reichen.

Hier folgen nun einige Rezepte für japanische *Miso*-Suppe. Sobald Ihnen die Methode vertraut ist, werden Sie sicher auch gern eigene Varianten »erfinden«.

JAPAN

Miso-Suppe mit Tofu und Spinat
Miso-shiru

Für dieses Rezept eignet sich braunes, rötlich braunes oder gelbliches Miso am besten. Dunkles Miso ist meist salziger und sollte darum sparsamer dosiert werden, also 2 1/2–3 statt 4 Esslöffel. Verwenden Sie am besten Kombu-Brühe (siehe Seite 501), Pilzbrühe (siehe Seite 501) ohne Sojasauce und zusätzliches Salz oder aber Gemüsebrühe (siehe Seite 502). Fertigbrühen sollten Sie wegen des Salzgehalts mit der gleichen Menge Wasser verdünnen.

FÜR 2–4 PERSONEN

1 l Gemüsebrühe (siehe Einleitung)
24 Spinatblätter, gut gewaschen
225 g weicher, mittelfester oder fester Tofu, in 2 cm große Würfel geschnitten
2 Frühlingszwiebeln, in sehr dünne Ringe geschnitten
2 1/2 – 4 EL *Miso* (siehe Einleitung)
1 Prise japanisches Sieben-Gewürze-Pulver (siehe Glossar) oder Cayennepfeffer (nach Belieben)

■ Die Brühe in einem Topf bei mittlerer bis hoher Temperatur zum Köcheln bringen. Den Spinat hineingeben und erneut zum Köcheln bringen. Sobald der Spinat nach 1–2 Minuten zusammenfällt, den Tofu und die Frühlingszwiebeln hinzufügen und 1/2 Minute mitköcheln lassen. Auf schwache Hitze schalten. Das *Miso* in ein kleines Sieb geben, in die Suppe halten und durch das Sieb streichen.

Den Herd ausschalten, die Suppe noch einmal durchrühren. Nach Belieben mit Sieben-Gewürze-Pulver bestreuen und servieren.

VARIANTE

Miso-Suppe mit Zuckerschoten und Tofu
Den Spinat durch 16 Zuckerschoten ersetzen. Diese zuvor von den Enden und den Fäden befreien und diagonal halbieren.

JAPAN

Miso-Suppe mit Kürbis und Zwiebel
Miso-shiru

Hierbei handelt es sich um eine feine Wintersuppe. Wählen Sie dafür braunes, rötlich braunes oder gelbliches Miso *oder auch eine Mischung. Dunkles* Miso *ist meist salziger und sollte sparsamer dosiert werden, also 2 1/2–3 statt 4 Esslöffel. Auch gemischte Miso-Sorten eignen sich. Verwenden Sie am besten Kombu-Brühe (siehe Seite 501), Pilzbrühe (siehe Seite 501) ohne Sojasauce und zusätzliches Salz oder aber Gemüsebrühe (siehe Seite 502). Fertigbrühen sollten Sie wegen des Salzgehalts mit der gleichen Menge Wasser verdünnen.*

FÜR 2–4 PERSONEN

- 2 EL Pflanzenöl
- 1 mittelgroße Zwiebel, geschält und in dünne Halbringe geschnitten
- 350 g geschälter Riesenkürbis oder Butternusskürbis (ohne Samen), in 2 cm große Würfel geschnitten
- 1 l Gemüsebrühe (siehe Einleitung)
- 2 1/2–4 EL *Miso* (siehe Einleitung)
- 3–4 *Shiso*-Blätter (siehe Glossar), in dünne Streifen geschnitten, oder gehacktes frisches Koriandergrün

■ Das Öl in einem Topf bei mittlerer bis hoher Temperatur erhitzen. Die Zwiebel darin glasig schwitzen, aber nicht bräunen, eventuell die Hitze reduzieren. Die Kürbiswürfel kurz einrühren, die Brühe dazugießen und aufkochen. Zugedeckt bei mittlerer Hitze 10–15 Minuten köcheln lassen, bis der Kürbis gerade weich und noch in Form ist. Auf schwache Hitze schalten. Das *Miso* in ein kleines Sieb geben, in die Suppe halten und durch das Sieb streichen. Den Herd ausschalten, die Suppe noch einmal durchrühren. Mit *Shiso* bestreuen und servieren.

VARIANTE

Miso-Suppe mit Kürbis und Currypulver
Die Suppe wie beschrieben zubereiten. Doch sobald die Zwiebel glasig ist, 2 Teelöffel Currypulver einrühren und weitere 30 Sekunden mitschwitzen. Den Kürbis hinzufügen, nach Rezeptangaben fortfahren. Statt *Shiso* gehacktes Koriandergrün als Garnitur verwenden.

JAPAN

Miso-Suppe mit Daikon-Rettich und Wakame
Miso-shiru

Den Wakame, eine getrocknete Braunalgenart, bekommen Sie in allen Bioläden, er sorgt für zusätzliches Kalzium und Vitamine. Wählen Sie für die Suppe braunes, rötlich braunes oder gelbliches Miso oder auch eine Mischung. Dunkles Miso ist meist salziger und sollte sparsamer dosiert werden, also 2 1/2–3 statt 4 Esslöffel. Auch gemischte Miso-Sorten eignen sich. Verwenden Sie am besten Kombu-Brühe (siehe Seite 501), Pilzbrühe (siehe Seite 501) ohne Sojasauce und zusätzliches Salz oder aber Gemüsebrühe (siehe Seite 502). Fertigbrühen sollten Sie wegen des Salzgehalts mit der gleichen Menge Wasser verdünnen.

FÜR 2–4 PERSONEN

2 lange Stücke *Wakame* (siehe Glossar), je 15 cm
200 g *Daikon* (weißer Rettich, siehe Glossar), geschält und in 5 mm dicke Halbmonde geschnitten
1 l Gemüsebrühe (siehe Einleitung)
2 1/2–4 EL *Miso* (siehe Einleitung)
2 Frühlingszwiebeln, in sehr dünne Ringe geschnitten

■ Den *Wakame* abspülen. In einer Schüssel mit Wasser bedecken und 15–20 Minuten einweichen lassen. Abgießen, harte Stellen wegschneiden. In 1 cm breite Stücke schneiden.
■ Den *Daikon* und die Brühe in einem Topf zum Kochen bringen. Zugedeckt bei mittlerer Hitze 10–15 Minuten köcheln lassen, bis der Rettich weich ist. Die *Wakame*-Stücke hinzufügen und 1 Minute mitköcheln lassen. Auf schwache Hitze schalten. Das *Miso* in ein kleines Sieb geben, in die Suppe halten und durch das Sieb streichen. Die Frühlingszwiebeln in die Suppe streuen und 10 Sekunden rühren. Sofort servieren.

JAPAN

Miso-Suppe mit chinesischen Pilzen und Ei
Miso-shiru

Mit Reis und Salat zaubern Sie aus dieser Suppe ein wunderbares Essen. Für eine leichte Mahlzeit eignet sie sich auch als erster Gang.

Wählen Sie für die Suppe braunes, rötlich braunes oder gelbliches Miso *oder auch eine Mischung. Dunkles* Miso *ist meist salziger und sollte sparsamer dosiert werden, also 2 1/2–3 statt 4 Esslöffel. Auch gemischte* Miso-*Sorten eignen sich.*

FÜR 2–4 PERSONEN

8 große getrocknete *Shiitake* (siehe Glossar, Pilze)
750 ml Gemüsebrühe (siehe Seite 502)
2 Frühlingszwiebeln, in ganz feine Ringe geschnitten
2 1/2–4 EL *Miso* (siehe Einleitung)
2 Eier, leicht verschlagen
1 Prise japanisches Sieben-Gewürze-Pulver (siehe Glossar) oder Cayennepfeffer (nach Belieben)

■ Die Pilze in 250 Milliliter heißem Wasser einweichen lassen. Herausnehmen (die Flüssigkeit aufbewahren), die harten Stiele wegschneiden. Die Hüte in feine Streifen schneiden. Die Einweichflüssigkeit durch ein mit Musselin ausgelegtes kleines Sieb abseihen.

■ Die Brühe mit der Einweichflüssigkeit der Pilze in einem mittelgroßen Topf bei mittlerer Hitze zum Köcheln bringen. Die Pilze und Frühlingszwiebeln hincingeben, erneut aufkochen und 30 Sekunden köcheln lassen. Auf schwache Hitze schalten. Das Miso in ein kleines Sieb geben, in die Suppe halten und durch das Sieb streichen. 10 Sekunden rühren und vom Herd nehmen.

■ Die verschlagenen Eier langsam und in einem gleichmäßig dünnen Strahl in einem netzartigen Muster auf die Suppe gießen. Bei schwacher Hitze zum Köcheln bringen, dabei langsam und vorsichtig rühren. Sobald das Ei nach wenigen Sekunden in dünnen Fäden stockt, den Herd ausschalten. Nochmals durchrühren, nach Belieben mit etwas Sieben-Gewürze-Pulver bestreuen.

SÜSSE SUPPEN

Süße Suppen kennt man zum Frühstück, als Vorspeise beziehungsweise ersten Gang oder als Dessert. Es gibt kalte Sommersuppen aus Früchten sowie süße Suppen aus getrockneten Hülsenfrüchten, Nüssen und Samen, die sowohl heiß als auch kalt gereicht werden.

Einige süße Suppen dienen als Medizin. Ich kenne ein Geschäft in Hongkong, wo man an der Theke seine Beschwerden nennt und dann die Suppe mit der entsprechenden medizinischen Wirkung bekommt. Mandelsuppe etwa soll einen glatten, blassen Teint fördern, und zwar noch mehr als reine Mandeln.

In China werden süße Suppen meist mit grobem Zucker zubereitet, der milder schmeckt und Speisen einen schönen Glanz verleiht.

❖

GANZ OSTASIEN

Süße Mandelsuppe

Dieses Rezept, das zahlreiche Varianten kennt, ist besonders unkompliziert. Neben den Mandeln wird kein weiterer Zusatz zum Binden benötigt. Im Winter reicht man die Suppe heiß, im Sommer gekühlt.

FÜR 3 PERSONEN
115 g Mandelstifte
5–6 EL Zucker

- Für die Mandelmilch die Mandeln mit 750 Milliliter Wasser im Mixer fein pürieren. Ein feines Sieb auf eine Schüssel setzen. Die Mandelmischung durch das Sieb passieren, restliche Flüssigkeit mit einem Löffel ausdrücken. Das Sieb mit drei Lagen Musselin auskleiden, die Mandelmilch hineingießen, das Tuch an den Enden zusammendrehen und die Flüssigkeit ausdrücken.
- Die Milch mit dem Zucker in einem kleinen Topf unter ständigem Rühren zum Köcheln bringen. Bei schwacher Hitze 10 Minuten köcheln lassen, dabei ständig rühren. Den Herd ausschalten. Heiß oder gekühlt servieren.

INDONESIEN

Süße Mungobohnensuppe mit Kokosmilch

In Indonesien wird diese Suppe mit frischer Kokosmilch zum Frühstück serviert. Folgen Sie den Rezeptangaben auf der rechten Seite. Die Mungobohnen der fertigen Suppe grob zerstampfen. 125 Milliliter Kokosmilch aus der Dose (gut durchgerührt) untermischen. Die Suppe erhitzen. Heiß, mit Raumtemperatur oder kalt servieren.

CHINA

Süße Mungobohnensuppe
Leu dou tang ◆ *Shiu-Min Block*

Auf dem chinesischen Festland reicht man diese nahrhafte Suppe ohne Beigaben – im Winter heiß, im Sommer kalt – als kleinen Imbiss oder als Dessert. Auch in der Pause traditioneller chinesischer Opernvorstellungen wird sie im Zelt gern gegessen.

FÜR 6 PERSONEN
180 g ganze Mungobohnen, verlesen und gewaschen
115 g Kandis, zerstoßen, oder 5–7 EL grober Zucker

- Die Bohnen in einer Schüssel mit Wasser bedecken. Über Nacht einweichen lassen.
- Die Bohnen abgießen, in einem Topf mit schwerem Boden bei mittlerer bis hoher Temperatur erhitzen. 2 Liter Wasser hinzugießen und aufkochen. Halb zugedeckt bei schwacher Hitze 1 1/2 Stunden köcheln lassen. Den Zucker unterrühren. Ohne Deckel noch 15–20 Minuten köcheln lassen. Heiß oder gut gekühlt servieren.

VARIANTE
Cremige süße Mungobohnensuppe
In Hongkong gibt es ein Restaurant, das sich auf süße Suppen aus getrockneten Hülsenfrüchten und Nüssen spezialisiert hat. Es bedient bis spät in die Nacht eine bunte Gästeschar. Die servierten Suppen werden cremig püriert und leicht gebunden.

Die Suppe wie links zubereiten. 2 Esslöffel Maisstärke mit 2 Esslöffeln Wasser glatt rühren und unter die Suppe mischen. Aufkochen, bei schwacher Hitze 2 Minuten köcheln lassen. Im Mixer pürieren, heiß servieren. Alternativ die Suppe wie links zubereiten, im Mixer pürieren und 125 Milliliter Sahne unterrühren. Heiß servieren.

❖

CHINA

Süße Adzukibohnensuppe
Hung do tang ◆ *Shiu-Min Block*

Diese Suppe wird wie die süße Mungobohnensuppe hergestellt, allerdings verwendet man statt Mungobohnen die gleiche Menge kleiner roter Adzukibohnen. In Asialäden bekommt man sie als Hung do, *im Westen als Adzukibohnen (siehe Seite 160). Sie werden genauso gegart wie Mungobohnen.*

SALATE, SALATARTIGE GERICHTE UND GETRÄNKE

Salate lassen sich aus fast allem zubereiten, was gerade zur Verfügung steht – von allen nur denkbaren Gemüsesorten und Hülsenfrüchten über Brot bis zu Tofu. In diesem Abschnitt finden Sie zum einen meine Lieblingssalate, die ich einmal pro Woche zubereite. Außerdem habe ich Neuentdeckungen aufgenommen, die einige Aufmerksamkeit verdienen, sowie Salate mit Saisonprodukten und schließlich ganz einfache Salate, die als Beilage andere Gerichte in diesem Buch erst richtig abrunden.

Neben frischen Kräutern, die im Iran in reichlichen Mischungen in warmes Fladenbrot eingerollt werden (siehe Seite 546), ist Obst in Thailand und Malaysia eine beliebte Zutat in gemischten Salaten. Zum Beispiel gehört an den Stränden von Malaysia, Singapur und Indonesien *Rajak* zu den beliebtesten Snacks, die man dort an kleinen Verkaufswagen kaufen kann. Es handelt sich um einen süß-säuerlichen Salat aus Obst und Gemüse, der solch unterschiedliche Zutaten wie Ananas und Bohnensprossen enthalten kann. Die Verbindung schafft das Dressing, dessen Zutaten ebenfalls variieren. Es gibt Kombinationen aus Palmzucker, Essig und Chilis, aus Limettensaft, Zucker und Chilis oder aus süßer Sojasauce *(Ketjap manis)*, Limettensaft und Chili. Die Garnitur bilden geröstete Erdnüsse oder Sesamsamen oder auch eine Mischung aus beiden. Das Ergebnis ist ein wunderbar nussartig saures, salzig-scharfes Aroma.

Indisch-amerikanisch sind auch Feigen mit von der Salat-Partie. Leicht karamellisiert und mit Senfsamen sowie Curryblättern aromatisiert, liefern sie den Beleg für über Ländergrenzen hinweg reichende Geschmackskompositionen. Es lohnt sich, die Rezepte auszuprobieren und nach eigenem Gusto zu verändern beziehungsweise zu ergänzen.

THAILAND

Obst-Gemüse-Salat mit Kokosmilch-Dressing
M. L. Taw Kritakara

Die Zutaten für diesen Salat können Sie alle vorbereiten, doch gemischt wird der Salat erst in der letzten Minute. Er ergibt einen wunderbar leichten Imbiss.

FÜR 6 PERSONEN

- 30 g Glasnudeln
- Salz
- 1 mittelgroßer grüner Apfel
- 150 g kernlose rote Trauben, längs halbiert
- 1 Navelorange, geschält, filetiert und in 5 mm große Stücke geschnitten
- 125 g frische grüne Bohnen, in 1 cm breite Stücke geschnitten
- 350 g gehobelter Rot- oder Weißkohl
- Pflanzenöl zum Frittieren
- 1 Knoblauchzehe, geschält und in dünne Stifte geschnitten
- 8 Schalotten, geschält und in dünne Streifen geschnitten
- 1 Hand voll frisches Koriandergrün
- 3 EL Kokosmilch aus der Dose (gut durchgerührt), ersatzweise Erdnuss- oder Olivenöl
- 3 EL frisch gepresster Zitronensaft
- 1 1/2 TL Salz
- 1 EL Zucker
- 1/4 TL Cayennepfeffer
- 4 EL geröstete Erdnüsse, grob gehackt

■ Die Glasnudeln in 2,5 cm lange Stücke schneiden. In 475 Milliliter kochend heißem Wasser 15 Minuten einweichen lassen. Abgießen und beiseite stellen.

■ In einer Schüssel 1 Teelöffel Salz in 600 Milliliter Wasser einrühren. Den Apfel schälen, vom Kerngehäuse befreien, in 5 mm große Würfel schneiden, in das Wasser legen und beiseite stellen.

■ Die Trauben in eine Schüssel füllen, die Orangenstücke darauf anrichten. Zugedeckt beiseite stellen.

■ In einem Topf 2 Liter Wasser sprudelnd aufkochen, die Bohnen in einem Sieb für 3 Minuten hineinhalten. Herausheben, unter fließendem kaltem Wasser abschrecken, beiseite stellen. Das Wasser erneut aufkochen, den Kohl hineingeben. Sobald das Wasser aufwallt, den Kohl in ein Sieb abgießen, unter fließendem kaltem Wasser abschrecken, beiseite stellen.

■ Das Öl 2 cm hoch in eine Pfanne gießen, bei mittlerer bis hoher Temperatur erhitzen. Ein Sieb über einer kleinen Schüssel bereitstellen, einen Teller mit Küchenpapier auslegen. Den Knoblauch im heißen Öl in 30–60 Sekunden goldgelb pfannenrühren. Das Öl mit dem Knoblauch durch das Sieb abseihen. Den Knoblauch auf dem Küchenpapier verteilen.

■ Das Öl in der Pfanne erneut bei mittlerer Temperatur erhitzen (das Sieb wieder auf die Schüssel setzen). Die Schalotten darin in 6–7 Minuten goldgelb und knusprig frittieren. Im Sieb abtropfen lassen und zum Knoblauch geben. (Das Öl für andere Speisen aufbewahren.)

■ Kurz vor dem Servieren den Apfel abgießen und auf die Trauben-Orangen-Mischung häufen. Die Glasnudeln trennen, mit den Bohnen, dem Kohl und Koriandergrün ebenfalls hinzugeben und untermischen.

■ Die Kokosmilch in einer kleinen Schüssel cremig rühren. Zitronensaft, Salz, Zucker und Cayennepfeffer untermischen, über den Salat gießen. Alles vermischen, dabei auch die Schalotten, den Knoblauch und die meisten Erdnüsse untermischen. Die einzelnen Portionen mit den übrigen Erdnüssen garnieren, sofort servieren.

MALAYSIA
Obst-Gemüse-Salat mit Sojasaucen-Dressing
Rojak

Die Salatzutaten können Sie hier variieren, jedoch nicht das Dressing. Wer keine Jicama (siehe Glossar) bekommt, verwendet frische Wasserkastanien oder sehr harte Birnen. Statt grüner Mango eignet sich auch ein knackiger saurer Apfel. (Aufgeschnittene Birne und Apfel bis zur Verwendung in gesalzenes Wasser legen, damit die Stücke nicht braun werden. Kurz vor dem Servieren abgießen und trockentupfen.) Ein weiterer Ersatz für grüne Mango ist eine halb reife harte Mango mit hellgelbem Fleisch.

FÜR 4 PERSONEN

125 g geschälte grüne Mango (siehe Seite 487/488), in 2 cm große Würfel geschnitten

150 g geschälte *Jicama* (siehe Glossar), in 2 cm große Würfel geschnitten

1 Scheibe frische Ananas (2,5 cm dick), geschält, in 2 cm große Stücke geschnitten

1 kleine Salatgurke, geschält und in 2 cm große Würfel geschnitten

75 g knackige frische Bohnensprossen, gewaschen und trockengetupft

6 EL *Ketjap manis* (süße Sojasauce, siehe Glossar)

1 1/2 EL frisch gepresster Limettensaft

Etwa 1/4 TL Cayennepfeffer

60 g geröstete Erdnüsse, leicht zerstoßen

1 1/2 EL geröstete Sesamsamen (siehe Glossar)

■ Mango, *Jicama*, Ananas und Gurke in eine flache Schüssel füllen, mit den Bohnensprossen bestreuen. Bis zur Verwendung zugedeckt kalt stellen. *Ketjap manis*, Limettensaft und Cayennepfeffer verrühren, beiseite stellen.

■ Kurz vor dem Servieren das Dressing über den Salat träufeln. Zuerst mit den Erdnüssen, dann mit dem Sesam bestreuen.

INDISCH-AMERIKANISCH
Pikante karamellisierte Feigen

Dieser Salat ist kaum zu überbieten. Ich habe ihn schon als ersten Gang sowie als Beilage serviert, und er schmeckt heiß, warm oder kalt. Das Besondere sind die reifen Feigen, die man kurz stark erhitzt, sodass sie leicht karamellisieren. Ihr exquisiter Geschmack wird von Senfsamen und Curryblättern unterstrichen. Sie können sowohl grüne als auch violette Feigen verwenden, nur vollreif und süß müssen sie sein.

**FÜR 4 PERSONEN ALS VORSPEISE,
FÜR 2 PERSONEN ALS BEILAGE**

1 EL Olivenöl

1/4 TL braune oder gelbe Senfsamen

16 frische Curryblätter (siehe Glossar)

8 reife violette oder grüne Feigen, längs halbiert

Salz

Cayennepfeffer

1/2 Zitrone

- Das Öl in einer Antihaft-Pfanne bei mittlerer bis hoher Temperatur erhitzen. Die Senfsamen darin in wenigen Sekunden aufplatzen lassen. Sofort die Curryblätter dazugeben und 10 Sekunden rühren. Die Feigen mit der Schnittseite nach unten nebeneinander in die Pfanne legen. 1 Minute erhitzen und dabei nach unten drücken. Wenden, leicht mit Salz und Cayennepfeffer bestreuen, etwas Zitronensaft darüber träufeln. Den Herd ausschalten. Die Feigen mit der Schnittseite nach oben auf einen Teller legen. Auf jeder Hälfte sollten sich einige Senfsamen und je 1 Curryblatt befinden. Heiß, warm oder kalt servieren.

GRIECHENLAND

Salat aus Artischockenherzen und frischen Dicken Bohnen

Aginares me koukia

Dieser Salat gehört zu den kulinarischen Schätzen Griechenlands. Ich habe dafür 900 Gramm frische Schoten Dicker Bohnen gekauft. Nach dem Palen blieben etwa 225 Gramm Bohnen von unterschiedlicher Größe übrig. Die verwendeten Artischocken wogen je 225–250 Gramm. Bei größeren oder kleineren Exemplaren müssen Sie die Garzeit entsprechend anpassen.

FÜR 4 PERSONEN ALS SALAT, FÜR 2 PERSONEN ALS HAUPTGERICHT

2 EL Mehl
3 EL frisch gepresster Zitronensaft
Salz
3 mittelgroße Artischockenherzen (siehe Seite 11)
225 g gepalte frische Dicke Bohnen
2 EL natives Olivenöl extra
1 EL fein gehackter frischer Dill

- Das Mehl in einer mittelgroßen Schüssel nach und nach mit 1 Liter Wasser verschlagen. 2 Esslöffel Zitronensaft und 1 Teelöffel Salz unterrühren. In einen Topf gießen, aufkochen und bei schwacher Hitze 5 Minuten köcheln lassen. Die Artischockenherzen nebeneinander hineinlegen und 15–20 Minuten köcheln lassen, bis sie weich sind. In der Flüssigkeit abkühlen lassen.
- Die Dicken Bohnen in einem Topf 2,5 cm hoch mit Wasser bedecken und aufkochen. Zugedeckt bei schwacher Hitze in 2–5 Minuten weich garen. Vom Herd nehmen, unter fließendem kaltem Wasser abspülen und aus den Häuten drücken.
- Die Artischockenherzen aus der Flüssigkeit nehmen, gut abspülen. Quer in 5 mm dicke Scheiben schneiden. Mit den Bohnen in eine flache Schüssel legen. Das Olivenöl, 1 Esslöffel Zitronensaft und 1/3 Teelöffel Salz in einer kleinen Schale verschlagen und über das Gemüse gießen. Mit Dill bestreuen und vorsichtig vermischen. Mit Raumtemperatur oder kalt servieren.

MEXIKO

Guacamole
Rosario Guillermo

Statt Jalapeño- oder Serrano-Chili können Sie eine andere scharfe grüne Sorte verwenden, sowohl frisch als auch aus der Dose. Dieser Avocado-Tomatillo-Salat schmeckt als Salat und als Dip zu Tortilla-Chips.

ERGIBT 250 MILLILITER

4 grüne Tomatillos (siehe Glossar)
1 mittelgroße Avocado
3 EL fein gehackte Zwiebeln
1/2–1 frischer *Jalapeño*- oder *Serrano*-Chili (oder Dosenware), fein gehackt
1 EL fein gehacktes frisches Koriandergrün
1 Knoblauchzehe, geschält und zerdrückt
3 EL frisch gepresster Limettensaft
3/4 TL Salz

■ Die Tomatillos von den Hüllblättern befreien und waschen. In einem kleinen Topf mit Wasser bedecken, bei mittlerer bis hoher Temperatur aufkochen. Auf mittlere Hitze schalten und in 7–10 Minuten weich kochen. Abgießen und leicht abkühlen lassen. Enthäuten und in kleine Stücke zerdrücken. Beiseite stellen.

■ Die Avocado halbieren und den Stein entfernen. Das Avocadofleisch mit einem Löffel auslösen und in einer Keramikschüssel grob zerdrücken. Tomatillos, Zwiebeln, Chili, Koriandergrün und Knoblauch untermischen. Limettensaft und Salz kurz unterrühren. Kalt oder mit Raumtemperatur servieren.

USA

Tofusalat

Bei Theaterproben in New York ließ mich eine Schauspielerkollegin von ihrem Sandwich kosten, und so lernte ich diese Salatmischung kennen. Sie hatte sie im Bioladen um die Ecke gekauft, doch ich beschloss, die Mischung mit einigen Abwandlungen zu Hause selbst auszuprobieren. So würde sie noch besser und frischer sein. Richten Sie einen Esslöffel davon auf etwas grünem Salat an.

Die benötigte Menge Tofu sollten Sie horizontal abschneiden, denn ein breiteres Stück lässt sich besser pressen.

ERGIBT 250 MILLILITER

225 g fester oder sehr fester Tofu
2 EL Soja- oder Olivenöl
Je 1 EL sehr fein gehackte rote und grüne Paprikaschote
1 EL sehr fein geraspelte geschälte Möhre
1 EL sehr fein gehackte Frühlingszwiebel
1 EL sehr fein gehackte Petersilie
1 EL sehr fein gehackte Champignons
1 EL sehr fein gehackte Walnüsse
1 TL Sojasauce
1/2 TL Zucker
Frisch gemahlener schwarzer Pfeffer
1/4 TL Salz
1/2 TL Sesamöl
2 TL geröstete Sesamsamen (siehe Glossar)

- Einige Lagen Küchenpapier auf ein Schneidbrett legen und den Tofu in die Mitte setzen. Darauf wiederum einige Lagen Küchenpapier und ein Brett legen. Zum Pressen mit einem Gewicht (1,8 Kilo) beschweren, 30 Minuten stehen lassen.
- Inzwischen das Öl in einer Pfanne bei mittlerer bis hoher Temperatur erhitzen. Paprika, Möhre, Frühlingszwiebel, Petersilie, Champignons und Walnüsse darin etwa 40 Sekunden sautieren. Den Herd ausschalten.
- Den gepressten Tofu durch ein grobes Sieb in eine Schüssel passieren. Das sautierte Gemüse und die übrigen Zutaten untermischen. Eventuell nachwürzen. Zugedeckt im Kühlschrank aufbewahren.

❖

EL SALVADOR

Kohlsalat mit Oregano
Curtido

Dieser delikate säuerlich-scharfe Salat wird mit Papoosas *serviert, den berühmten gefüllten Maisbroten aus El Salvador. Mir schmeckt er so gut, dass ich ihn zu ganz vielen Speisen reiche, von Ofenkartoffeln bis Bohnenküchlein. Damit er schön durchzieht, bereite ich ihn mindestens 1 Stunde im Voraus zu. Sie können den Salat aber auch schon am Vortag herstellen und zugedeckt im Kühlschrank aufbewahren.*

Ich habe einen Kohlkopf von 900 Gramm verwendet und neben dem Strunk auch die äußeren dunkleren Blätter entfernt.

FÜR 6 PERSONEN

450 g Weißkohl, fein gehobelt
85 g knackiger grüner Salat, etwa Eisbergsalat, in dünne Streifen geschnitten
1 mittelgroße Möhre, geschält und grob geraspelt
1 1/2 TL Salz

2 EL Rotweinessig
1/4 TL Cayennepfeffer
1 TL getrockneter Oregano
1 EL Olivenöl

- Sämtliche Zutaten in einer großen Schüssel vermischen. Mindestens 1 Stunde durchziehen lassen. Falls nötig, kalt stellen.

MAROKKO

Kohl-Orangen-Salat

Ein einfacher, erfrischender Salat, der zu vielen Gerichten passt. Verwenden Sie dafür ganz jungen frischen Weißkohl.

FÜR 6 PERSONEN

- 350 g Weißkohl, vom Strunk befreit und fein gehobelt
- 3 mittelgroße Orangen, geschält, filetiert
- 5 EL frisch gepresster Orangensaft
- 3 EL Rosinen
- 2 EL frisch gepresster Zitronensaft
- 2 1/2 TL Zucker
- 1 1/2 TL Salz
- 1 Prise gemahlener Zimt

■ Sämtliche Zutaten in einer Schüssel vermischen. Zugedeckt für mindestens 2–3 Stunden in den Kühlschrank stellen. Vor dem Servieren leicht abgießen.

❖

MAROKKO

Möhrensalat mit Koriandergrün
Carotte m'chermel

Dieser einfache Salat schmeckt kalt oder raumtemperiert zu vielen unterschiedlichen Gerichten. In Marokko serviert man ihn gewöhnlich mit anderen Salaten als ersten Gang. Dazu gibt es marokkanisches Brot.

FÜR 4 PERSONEN

- 450 g Möhren, geschält, in dünne Streifen geschnitten (4 cm × 5 mm × 5 mm)
- 4 EL fein gehacktes frisches Koriandergrün
- 4 EL frisch gepresster Zitronensaft
- 4 EL Olivenöl
- 1 TL Salz
- 1/2 TL Cayennepfeffer
- 1 TL Paprikapulver

■ In einem großen Topf reichlich Wasser sprudelnd aufkochen. Die Möhrenstreifen einstreuen und 10 Sekunden blanchieren. Sofort abgießen und in eine Schüssel geben. Die übrigen Zutaten hinzufügen und gründlich untermischen.

SALATE UND SALATARTIGE GERICHTE 541

MAROKKO

Möhrensalat mit Orangensaft

Seinen Geschmack verdankt dieser ungewöhnliche Salat dem süß-säuerlichen Orangensaft. Damit sich die Aromen richtig verbinden, sollte er einige Stunden im Voraus zubereitet und zugedeckt kalt gestellt werden. Im Kühlschrank bleibt er 24 Stunden frisch. Er passt zu vielen Speisen.

FÜR 4 PERSONEN

4 mittelgroße Möhren, geschält und geraspelt
4 EL Rosinen
1 TL Salz
125 ml frisch gepresster Orangensaft

■ Sämtliche Zutaten in einer Schüssel vermischen. Zugedeckt kalt stellen. Vor dem Servieren leicht abgießen.

❖

INDIEN

Südindischer Möhren-Ingwer-Salat

Die angegebenen Mengen für diesen Salat lassen sich problemlos verdoppeln. Besonders gut schmeckt er zu Reis und Hülsenfrüchten.

FÜR 2–4 PERSONEN

2 kleinere Möhren, geschält und in feine Streifen (Julienne) geschnitten
2,5 cm frischer Ingwer, geschält und in dünne Scheiben, dann in feine Stifte geschnitten
1/2–1 frischer scharfer grüner Chili, fein gehackt
1/2 TL Salz
1/4 TL Cayennepfeffer
1 EL frisch gepresster Zitronensaft
1 EL Maiskeim- oder Erdnussöl
1 Prise *Asafoetida* (siehe Glossar)
1/4 TL geschälte, halbierte Urdbohnen (*Urad dal*, siehe Seite 247) oder Kichererbsen (*Chana dal*, siehe Seite 177) oder gelbe Schälerbsen (Splittererbsen)
1/2 TL braune Senfsamen

■ In einer Schüssel die Möhren mit Ingwer, Chili, Salz, Cayennepfeffer und dem Zitronensaft vermischen.
■ Das Öl in einer kleinen Pfanne bei mittlerer bis hoher Temperatur erhitzen. Zuerst die *Asafoetida*, gleich darauf die Urdbohnen einrühren, bis die Bohnen sich rötlich verfärben. Die Senfsamen hinzufügen und in wenigen Sekunden aufplatzen lassen. Die Mischung unter die Möhren rühren.
■ Wird der Salat im Voraus zubereitet, zugedeckt kalt stellen.

THAILAND

Würziger Möhrensalat

In Bangkok bekam ich diese Möhren in reichlich Öl als Pickles serviert. Ich habe sie zu einem Salat abgewandelt, doch der herrlich würzige Geschmack ist geblieben. Reichen Sie diesen Salat zu Speisen aus Asien und dem Nahen Osten.

FÜR 4–6 PERSONEN

3 EL Pflanzenöl
2 getrocknete scharfe rote Chilis
3 große Schalotten, geschält und gestiftelt
3 Knoblauchzehen, geschält und gestiftelt
2 – 2 1/2 EL Reisessig
400 g Möhren, geschält und in feine Streifen geschnitten (5 cm × 3 mm × 3 mm)
2 TL Zucker
1 1/4 TL Salz
1 EL frisch geröstete Sesamsamen (siehe Glossar)

■ Das Öl in einer Pfanne sehr heiß werden lassen. Die Chilis darin wenige Sekunden unter Rühren rösten, bis sie dunkel werden und sich aufplustern. Schalotten und Knoblauch hinzufügen und in etwa 3 Minuten goldbraun pfannenrühren. Den Herd ausschalten, die Mischung mit dem Öl in den Mixer füllen. Mit dem Essig fein pürieren. Falls nötig, die Zutaten dabei mit einem Spatel nach unten drücken.

■ In einem großen Topf 2 Liter Wasser sprudelnd aufkochen. Die Möhren hineingeben und, sobald das Wasser wieder aufwallt, in ein Sieb abgießen.

■ In einer Schüssel die Möhren mit dem Würzpüree, Zucker und Salz vermischen. Erst kurz vor dem Servieren den Sesam untermischen. Mit Raumtemperatur oder kalt reichen.

Paneersalat mit Kräuter-Dressing

Sie können den aromatisch angemachten indischen Käse (Paneer) über grünen Salat streuen oder mit einem Eiscremeportionierer zu Kugeln formen und zu frischen Sommertomaten mit Essig-Öl-Dressing servieren. Beide Varianten schmecken hervorragend.

FÜR 2–3 PERSONEN

1 EL frisch gepresster Zitronensaft
1 EL natives Olivenöl extra
1/4 TL Salz
1/4 TL getrockneter Oregano
1/4 TL getrockneter Thymian
1 Prise Cayennepfeffer
Frisch gemahlener schwarzer Pfeffer
Selbst gemachter weicher indischer Käse
 (*Paneer*, siehe Seite 428)

■ Für das Dressing den Zitronensaft in einer kleinen Schale mit dem Öl, Salz, Oregano, Thymian, Cayennepfeffer und schwarzen Pfeffer verrühren. In einer Schüssel den Käse zerkrümeln. Das Dressing darüber träufeln und vorsichtig untermischen.

Paneersalat mit Spargel

Dieses wunderbare Pfannengemüse mit frischem weichem Käse ergibt eine leichte Mahlzeit. Hier wird der indische Käse (Paneer) einmal anders verwendet. Dazu passen leichte schwedische Cracker.

Ganz frisch zubereitet schmeckt der Käse am besten, denn im Kühlschrank wird er leider sehr schnell hart.

FÜR 4 PERSONEN

- 1 Frühlingszwiebel
- 18 Stangen frischer grüner Spargel, Enden weggeschnitten, die untere Hälfte geschält
- Selbst gemachter weicher indischer Käse (*Paneer*, siehe Seite 428)
- 1 Tomate, enthäutet, Samen entfernt, in 7,5 mm große Würfel geschnitten
- 1/3 große grüne Paprikaschote, von Stielansatz und Samen befreit, in 7,5 mm große Würfel geschnitten
- 4 EL fein gehackte Petersilie
- 3 EL Olivenöl
- 4 EL frisch gepresster Zitronensaft
- 1/4 TL zerdrückter Knoblauch
- 1 TL Salz
- 1 EL Pflanzenöl
- 2 TL Sesamöl
- 30 g frisches Basilikum, in dünne Streifen geschnitten

■ Die Frühlingszwiebel in 5 cm lange Stücke schneiden. Die Stücke zusammenhalten und in sehr dünne Ringe schneiden. In eine kleine Schüssel mit eisgekühltem Wasser legen, zudecken und für 30 Minuten kalt stellen. Abgießen, in einem Küchentuch ausdrücken.

■ Den Spargel in etwa 7,5 cm lange Stücke schneiden.

■ In einer Schüssel den Käse zerkrümeln. Mit der Frühlingszwiebel, Tomate, Paprika, Petersilie, Olivenöl, Zitronensaft, Knoblauch und 3/4 TL Salz vermischen. Beiseite stellen.

■ Das Pflanzenöl in einer Antihaft-Pfanne bei mittlerer bis hoher Temperatur erhitzen. Den Spargel darin kurz pfannenrühren, 1/4 Teelöffel Salz und 4 Esslöffel Wasser untermischen. Zugedeckt 2–3 Minuten garen, bis der Spargel gerade weich ist. Das Sesamöl unterrühren. Bei starker Hitze die Flüssigkeit einkochen lassen. Vom Herd nehmen.

■ Das Basilikum unter den Käse mischen. Den Spargel entweder darauf anrichten oder ebenfalls untermischen. Warm, mit Raumtemperatur oder kalt servieren.

INDIEN

Mais-Kartoffel-Salat
Promila Kapoor

Dieser schmackhafte Snack stammt aus dem Punjab im Nordwesten Indiens, wo viel Mais angebaut wird. Erntefrische Maiskörner schmecken natürlich am besten (Sie benötigen 3–4 Maiskolben), doch Tiefkühlmais eignet sich ebenfalls. Verwenden Sie nach Möglichkeit keine übrig gebliebenen Pellkartoffeln aus dem Kühlschrank, sondern kochen Sie die Kartoffeln frisch.

FÜR 4–6 PERSONEN

- 450 g rote, fest kochende Kartoffeln, geschält
- 3 EL Olivenöl oder ein anderes Pflanzenöl
- 1/2 TL *Ajowan* (siehe Glossar)
- 375 g frischer Gemüsemais (siehe Einleitung)
- 3 EL fein gehackte Zwiebel
- 3 EL frisch gepresster Zitronensaft
- 2 TL *Amchoor* (grünes Mangopulver, siehe Glossar)
- 1/4 TL Cayennepfeffer
- 1 1/2 TL gerösteter, gemahlener Kreuzkümmel (siehe Glossar)
- 1/2 TL *Garam masala* (siehe Glossar)
- 2 EL grob gehacktes frisches Koriandergrün
- 1 TL Salz

■ Die Kartoffeln in etwa 1,5 Liter Wasser weich kochen, abgießen, leicht abkühlen lassen. In 2,5 cm große Würfel schneiden und beiseite stellen.
■ Inzwischen das Öl in einer Antihaft-Pfanne bei mittlerer bis hoher Temperatur erhitzen. *Ajowan* darin wenige Sekunden rösten, dabei die Pfanne schwenken. Den Mais hinzufügen und 1 Minute pfannenrühren. 4 Esslöffel Wasser unterrühren, zudecken und 4 Minuten köcheln lassen, bis der Mais gerade weich ist. Bei mittlerer Hitze die Flüssigkeit einkochen lassen. Den Mais in eine Salatschüssel füllen. Mit den Kartoffeln und allen anderen Zutaten gründlich vermischen. Warm oder mit Raumtemperatur servieren.

❖

TÜRKEI

Bunter Salat mit Paprika-Dressing
Acili ezme • Aus dem Hotel Ciragan in Istanbul

Hierbei handelt es sich um eine traditionelle Vorspeise (meze) aus dem Südosten der Türkei. Dafür werden Tomaten, Gurken, Paprika und Zwiebel sehr fein gewürfelt. Manchmal wird die Paprikapaste (siehe Seite 470) durch Tomatenmark und der Sumach durch Granatapfelsaft ersetzt. Der Salat wird gut abgetropft und auf einer Servierplatte hoch aufgeschichtet. Dazu isst man Fladenbrot.

FÜR 4–6 PERSONEN

2 mittelgroße Salatgurken, geschält, halbiert, Samenstrang entfernt, sehr fein gewürfelt
Salz
2 mittelgroße Tomaten, enthäutet, Samen entfernt, sehr fein gewürfelt (siehe Seite 141)
Je 1/4 große rote und grüne Paprikaschote, Samen entfernt, sehr fein gewürfelt
3 kleinere Frühlingszwiebeln, in sehr dünne Ringe geschnitten, dann fein gehackt
6 EL sehr fein gehackte frische Petersilie
1 Knoblauchzehe, geschält und sehr fein gehackt
1 EL rote Paprikapaste (siehe Seite 470)
1 1/2 TL *Sumach* (siehe Glossar) oder frisch gepresster Zitronensaft
1 1/2 EL Zitronensaft
1 EL natives Olivenöl extra
1/2–1 TL Chiliflocken

■ Die Gurken mit 1/4 Teelöffel Salz in einer Schüssel vermischen und 30 Minuten Wasser ziehen lassen. Abgießen und möglichst viel Wasser ausdrücken.

■ Die Tomaten ebenfalls mit 1/4 Teelöffel Salz in einer Schüssel vermischen, 30 Minuten stehen lassen. Abgießen, gut abtropfen lassen.

■ Gurken, Tomaten, Paprika, Frühlingszwiebeln, Petersilie und Knoblauch in einer Schüssel vermischen.

■ Für das Dressing in einer kleinen Schale die Paprikapaste, Sumach, Zitronensaft, Olivenöl, Chiliflocken und 1/4 Teelöffel Salz vermischen und beiseite stellen.

■ Kurz vor dem Servieren die Salatzutaten in der Schüssel erneut abgießen, das Dressing untermischen. Abschmecken und, falls nötig, nachwürzen. Den Salat in die Mitte einer Servierplatte häufen und mit Fladenbrot, etwa Pitabrot, servieren.

❖

GRIECHENLAND

Auberginensalat
Melidzanosalata

Dies ist die griechische Variante des international beliebten Auberginen-Dips – mit Pitabrot eine wunderbare Vorspeise.

FÜR 6 PERSONEN

1 große oder 2 kleinere Auberginen
3 EL Mayonnaise
1 EL Weißweinessig
1 1/4 TL Salz
Frisch gemahlener schwarzer Pfeffer
2 EL sehr fein gehackte Zwiebeln
2 EL sehr fein gehackte Petersilie
2 EL sehr fein gehackte rote Paprika (nach Belieben zuvor geröstet, siehe Seite 118)

■ Die Aubergine rösten, wie auf Seite 16/17 beschrieben. Die Haut abziehen, das Fleisch fein zerstampfen.

■ Die übrigen Zutaten verrühren und unter die Aubergine mischen. Warm, raumtemperiert oder kalt servieren.

MAROKKO

Fenchel-Orangen-Salat

Dieser leichte Salat stammt aus Marokko, das über ausgezeichnete Orangen verfügt. Hier werden Salate meist zu Beginn einer Mahlzeit gereicht, ich hingegen serviere diesen Salat gern zum Ausklang eines Essens, auch statt eines Desserts. Er ist erfrischend und belebend. Im Kühlschrank hält er sich 24 Stunden und schmeckt dann sogar noch aromatischer.

FÜR 4 PERSONEN

2 mittelgroße frische Fenchelknollen, quer in ganz dünne Scheiben geschnitten
2 mittelgroße Orangen, geschält und filetiert
6 EL frisch gepresster Orangensaft
2 EL frisch gepresster Zitronensaft
1 TL Salz
1 TL Zucker
1 Prise frisch gemahlener Zimt (am besten in der Kaffeemühle)

■ Sämtliche Zutaten in einer Schüssel vermischen. Zugedeckt für 30–60 Minuten kalt stellen. Vor dem Servieren nach Belieben einen Teil des Safts abgießen.

❖

IRAN

Frische Kräuter mit Brot
Sabzi khordan ba naan ◆ Shamsi Davis

Die Iraner haben eine besondere Vorliebe für Kräuter, die sie frisch und gegart in großen Mengen verzehren. Dieses Gericht ist ein wahres Fest frischer Kräuter: Schnittlauch, Estragon und Basilikum werden mit Käse, Walnüssen und Datteln in feine warme Fladenbrote eingerollt und mit knackigen Radieschen verzehrt – ein wunderbares Geschmackserlebnis.

Ich habe hier auf die Mengenangaben verzichtet, denn in iranischen Restaurants sind die Brote kaum mehr als Appetithappen. Zu Hause reichen die Iraner sie zwischen Hauptgang und Dessert.

1 Brotkorb mit warmen Fladenbroten, etwa *Lavash*, *Pitabrot* und *Naan* (möglichst dünn)
Feta, in einer Schale mit Wasser kalt gestellt (das Wasser mehrfach erneuern, um den Salzgehalt zu verringern)
Datteln, entsteint
Frische Walnüsse von guter Qualität
Je 1 Bund frische Kräuter: Schnittlauch, Basilikum und Estragon
1 Bund Radieschen

■ Zum Verzehr die Fladenbrote in 5 cm große Quadrate brechen. Feta, Datteln, Walnüsse und Kräuter darin einrollen. Dazu kleine Stücke Radieschen reichen.

VIETNAM/THAILAND

Kohlrabisalat

Sowohl in Vietnam als auch in Thailand habe ich diesen Salat in verschiedenen Varianten gegessen. Erdnüsse, Koriandergrün und Schalotten sollten am besten erst ganz zum Schluss untergemischt werden. Doch auch nach einem Tag im Kühlschrank schmeckt der Salat noch hervorragend.

An einem heißen Sommertag können Sie ihn mit anderen Salaten reichen, er ist außerdem eine gute Beilage.

FÜR 4 PERSONEN

2 große Kohlrabi (insgesamt etwa 550 g)
1 1/4 TL Salz
Pflanzenöl
3 mittelgroße Schalotten, geschält und in dünne Streifen geschnitten

5–6 TL frisch gepresster Zitronensaft
1 1/2 TL Zucker
1/4 TL Cayennepfeffer
2 1/2 EL grob gehackte Erdnüsse
2 EL sehr fein gehacktes frisches Koriandergrün

■ Am unteren harten Ende der Kohlrabi je eine dicke Scheibe wegschneiden. Den Rest schälen und in 3 mm dicke Scheiben schneiden. Die Scheiben aufeinander setzen und in dünne Streifen (Julienne) schneiden. Alternativ die Kohlrabi mit dem Gemüsehobel in Julienne schneiden. In einer Schüssel mit 1 Teelöffel Salz vermischen. Für 15 Minuten beiseite stellen, damit die Kohlrabi Wasser ziehen.
■ Inzwischen das Öl in einer kleinen Pfanne bei mittlerer bis hoher Temperatur erhitzen. Die Schalotten darin pfannenrühren, bis sie leicht bräunen. Bei schwacher Hitze goldbraun und knusprig braten. Mit einem Schaumlöffel herausnehmen, zum Abtropfen auf Küchenpapier verteilen.
■ Möglichst viel Flüssigkeit aus den Kohlrabi drücken, trockentupfen. In einer Salatschüssel mit dem restlichen Salz, Zitronensaft, Zucker und Cayennepfeffer vermischen. Die Erdnüsse, das Koriandergrün und die Schalotten untermischen und servieren.

CHINESISCH-AMERIKANISCH

Gemischter Gemüsesalat
Hwang gwa su liang tsai ◆ *Shiu-Min Block*

Dieser Salat ist eine Spezialität meiner Freundin Shiu-Min, er schmeckt mir heute noch so gut wie vor 25 Jahren. Das Gemüse dafür schneidet sie in möglichst gleichmäßige Julienne (mit der Hand oder dem Gemüsehobel). Gemischt wird der Salat erst kurz vor dem Servieren. Er passt zu vielen Gerichten.

FÜR 6–8 PERSONEN

225 g frische Bohnensprossen
1/2 großer Kohlrabi (200–225 g), geschält
200–225 g *Jicama* (siehe Glossar), geschält, ersatzweise mehr Salatgurke oder Kohlrabi
2 große Salatgurken, geschält
1 Möhre, geschält
6–7 EL Sojasaucen-Dressing (siehe Seite 472)

- In einem großen Topf Wasser aufkochen. Die Bohnensprossen hineingeben, kurz durchrühren und sofort abgießen. Gut abtropfen lassen, in eine Salatschüssel füllen.
- Den Kohlrabi und die *Jicama* jeweils in 3 mm dünne Scheiben und diese in feine Streifen (Julienne) schneiden. Über die Bohnensprossen streuen.
- Die Gurken in 7 cm breite Stücke schneiden. Die Stücke zu beiden Seiten des Samenstrangs in 3 mm dünne Scheiben schneiden. Das übrige feste Fleisch ebenfalls in dünne Scheiben schneiden, den Samenstrang wegwerfen. Die Scheiben in feine Streifen (Julienne) schneiden, in die Schüssel geben.
- Zuletzt die Möhre diagonal in 7 cm lange und 3 mm dicke Ovale und diese in feine Streifen (Julienne) schneiden, über den Gurken verteilen. Bis zur Verwendung mit Klarsichtfolie bedeckt in den Kühlschrank stellen.
- Kurz vor dem Essen mit dem Dressing beträufeln, vermischen und servieren.

❖

ÄTHIOPIEN

Linsensalat mit Senfsamen
Azefa ◆ *Von Meskerem*

Im Westen pflegen wir unseren Senf als Fertigprodukt in Gläsern zu kaufen, doch viele der älteren Zivilisationen, einschließlich Äthiopien, wissen es besser. Das Senfaroma – vor allem die Schärfe – lässt sich verändern. Frisch gemahlen schmeckt Senf etwas bitter und sehr scharf. Fügt man jedoch etwas heißes Wasser hinzu, bekommt er eine angenehme Schärfe, und genau so geben die Äthiopier ihn an ihre Linsen. Das Geschmackserlebnis bleibt unvergesslich.

SALATE UND SALATARTIGE GERICHTE 549

FÜR 4–6 PERSONEN

200 grüne Linsen, verlesen und gewaschen (siehe Seite 192)
1 TL Salz
1/4 TL Cayennepfeffer
2 TL braune Senfsamen
6–7 schwarze Pfefferkörner

3 EL Olivenöl
3 EL frisch gepresster Zitronensaft
1/2 große grüne Paprikaschote, Stielansatz und Samen entfernt, in 5 mm große Würfel geschnitten

■ Die Linsen mit 600 Milliliter Wasser in einen Topf füllen und bei mittlerer bis hoher Temperatur zum Kochen bringen. Sobald das Wasser aufwallt, auf schwache Hitze schalten, zugedeckt 30–35 Minuten köcheln lassen, bis die Linsen weich sind. Abkühlen lassen.

■ Salz, Cayennepfeffer, Senfsamen und Pfefferkörner in der Kaffeemühle fein zermahlen. In einer Schale mit 2 Esslöffeln heißem Wasser verrühren. Olivenöl und Zitronensaft unterschlagen. Mit den Paprikawürfeln unter die Linsen mischen. Falls nötig, nachwürzen.

❖

SPANIEN

Andalusischer Salat
Ensalata de cogollo

Diese spanische Spezialität war eine große Entdeckung für mich. In einem Restaurant in Sevilla bekamen wir als Salat je ein kleines Salatherz (7–10 cm Durchmesser) serviert – ohne Garnitur. Mir wurde erklärt, ich müsse den Salat nur in das heiße aromatische Olivenöl in einem Schälchen vor mir tauchen und einfach so mit den Händen essen. Es schmeckte erstklassig!

Verwenden Sie nur die inneren Salatherzen. Längere knackige Blätter können Sie trennen, runde Herzen belässt man ganz.

FÜR 4 PERSONEN

4 zarte Salatherzen, etwa Römischer Salat
Olivenöl mit Knoblauch und Petersilie (siehe Seite 461), noch sehr heiß oder wieder erhitzt

■ Die Salatherzen waschen und trockentupfen. Auf Tellern anrichten.

■ Kurz vor dem Essen das Öl in 4 Schälchen füllen. Sofort servieren.

Grüner Salat

Dieser Salat ist sehr vielfältig und kann nach Belieben variiert werden. Wir geben zum Beispiel fast immer Rucola hinzu.

FÜR 4–6 PERSONEN

1 Kopf Römischer Salat oder ein anderer knackiger grüner Salat oder eine Salatmischung, gewaschen und trockengeschwenkt
1/2 TL Dijonsenf
2 1/2 TL Rotweinessig
Etwa 1/4 TL Salz
Frisch gemahlener schwarzer Pfeffer
1/4 TL Zucker
3 EL Olivenöl

- Die Salatblätter zerpflücken und in eine große Schüssel geben.
- Für das Dressing Senf, Essig, Salz, Pfeffer und Zucker in einem kleinen Schraubglas verrühren. Das Öl hinzugießen. Das Glas verschließen und kräftig schütteln. Das Dressing kurz vor dem Servieren über den Salat gießen und untermischen.

❖

Grüner Salat mit Tofu-»Mayonnaise«

Für dieses Rezept verwende ich große Salatstücke, meist halbierte Salatherzen, und gebe einen Klecks dicke »Mayonnaise« aus Tofu darauf. Zerpflücken Sie die Salatherzen bei Tisch mit Messer und Gabel. Meine »Mayonnaise« ist leicht und locker. Sie enthält kein Ei, sondern nur Tofu, Öl und Essig, die wunderbar cremig verschlagen werden. Sie eignet sich auch als Dip für Rohkostgemüse und Chips.

FÜR 3–4 PERSONEN

3–4 knackige Salatherzen, etwa von Römischem oder Eisbergsalat, halbiert
2 EL Rotweinessig
1/2 TL Salz
4 EL Erdnuss-, Maiskeim- oder Olivenöl
1 EL Öl aus gerösteten Sesamsamen
125 g fester Tofu, zerkrümelt

- Die Salathälften auf Tellern anrichten.
- Essig, Salz, 1 Esslöffel Wasser, Öl und Sesamöl sowie den Tofu nacheinander im Mixer zu einer cremigen, mayonnaiseartigen Masse verarbeiten. Je einen großzügigen Klecks auf die Salathälften setzen.

SALATE UND SALATARTIGE GERICHTE 551

TÜRKEI

Zwiebelsalat
Pyaz

Für diesen herrlichen Salat werden feine Zwiebelringe mit säuerlichem Sumach und Petersilie angemacht. Das benötigte Chilipulver darf keine Tex-Mex-Mischung sein.

FÜR 4 PERSONEN

1 mittelgroße rote Zwiebel, geschält und in sehr dünne Halbringe geschnitten
1/3–1/2 TL Salz
2 TL *Sumach* (siehe Glossar)
1/4 TL grob gemahlenes Chilipulver, etwa ein koreanisches Chilipulver oder Cayennepfeffer
5 EL sehr fein gehackte frische Petersilie

■ Sämtliche Zutaten in einer Schüssel vermischen. Vor dem Servieren mindestens 30 Minuten durchziehen lassen.

THAILAND

Champignonsalat

Dieser würzige Salat aus Nordthailand wird gewöhnlich mit Fleisch zubereitet. Ich verwende stattdessen dicke Portobello-Scheiben – eine Champignonart. Der meist recht scharfe Salat wird mit viel rohem Gemüse und gegartem Klebreis serviert.

FÜR 4 PERSONEN

450 g große frische Champignons, Stiele weggeschnitten
3 EL Pflanzenöl
1 große Knoblauchzehe, geschält und fein gehackt
1 TL Salz
2 TL Zucker
1/4 TL Cayennepfeffer
5 Schalotten, geschält und in dünne Streifen geschnitten
1–2 EL frisch gepresster Limettensaft, ersatzweise Zitronensaft
2 EL fein gehackte Minze
2 EL fein gehacktes frisches Koriandergrün

ZUM GARNIEREN
8 Blätter grüner Salat
4 frische Minzezweige
4–8 zarte grüne Bohnen, Enden weggeschnitten
1–2 frische rote Chilis, in Ringe geschnitten (nach Belieben)

■ Die Hüte der Champignons mit feuchtem Küchenpapier abwischen und in 5 mm dicke Scheiben schneiden.
■ Das Öl in einer großen Pfanne bei mittlerer bis hoher Temperatur erhitzen. Den Knoblauch kurz einrühren, die Pilze dazugeben und 3–4 Minuten rühren. Die Pilze absorbieren das Öl. So lange weiterrühren, bis sie glänzen. Die Pilze in eine Schüssel füllen und mit den restlichen Zutaten vermischen. Für ein ausgewogenes scharfes, auch süßsaures Aroma eventuell nachwürzen.
■ Die Pilze auf einer großen Platte so anrichten, dass daneben noch genügend Platz bleibt, um die Zutaten zum Garnieren dekorativ zu verteilen.

TUNESIEN

Paprika-Gurken-Salat

Dieser Salat schmeckt wunderbar erfrischend.

FÜR 4 PERSONEN

1 mittelgroße grüne Paprikaschote, Samen entfernt, in 5 mm große Würfel geschnitten
1 mittelgroße Einlegegurke, geschält und in 5 mm große Würfel geschnitten
1 mittelgroße, sehr reife Tomate, geschält und in 5 mm große Würfel geschnitten

4 TL frisch gepresster Zitronensaft
2 EL Olivenöl
3/4 TL Salz
Frisch gemahlener schwarzer Pfeffer

■ Paprika, Gurke und Tomate in einer Schüssel vermischen. Zitronensaft, Öl, Salz und Pfeffer verrühren und untermischen. Kalt oder mit Raumtemperatur servieren.

❖

MAROKKO

Paprika-Salzzitronen-Salat
Felfla mechouia

Das Besondere an diesem Salat sind die kleinen Stücke marokkanischer Salzzitronen. Sie können diese Zitronen nach den Angaben auf Seite 483 herstellen oder die Schale der einfachen Salzzitronen (siehe Seite 484) verwenden, die sich ebenso gut eignet.

FÜR 2 PERSONEN

2 große grüne Paprikaschoten
1/2 Salzzitrone (siehe Einleitung)
2 EL natives Olivenöl extra

2 EL frisch gepresster Zitronensaft
6 EL fein gehackte frische Petersilie
1 TL Salz

■ Den Backofengrill vorheizen.
■ Die Paprikaschoten vierteln, Samen und Scheidewände entfernen, mit der Haut nach oben nebeneinander auf ein Backblech legen. In den Ofen schieben und so lange grillen, bis die Haut gleichmäßig gebräunt ist. Dabei eventuell ab und zu drehen. Sofort in eine Papiertüte geben und für 10 Minuten beiseite legen. Die Haut mit Küchenpapier abreiben. Das Paprikafleisch in 5 mm große Würfel schneiden, in eine Schüssel füllen.
■ Das Fleisch der Salzzitrone wegwerfen. Die Schale waschen, trockentupfen und sehr klein würfeln.
■ Sämtliche Zutaten vermischen. Den Salat mit Raumtemperatur oder kalt servieren.

TUNESIEN UND MAROKKO

Rot-grüner Paprikasalat

Ich serviere diesen Salat aus aromatischen roten und grünen Paprikaschoten gern als Vorspeise. Mit anderen Salaten eignet er sich aber auch als sommerlicher Imbiss.

FÜR 4 PERSONEN

2 große grüne Paprikaschoten
1 große rote Paprikaschote
2 EL Olivenöl
2 EL fein gehackte Zwiebeln
1 kleine Knoblauchzehe, geschält und fein gehackt
200 g sehr reife Tomaten, enthäutet, Samen entfernt, in 5 mm große Würfel geschnitten
1/2 TL Salz

1 TL gemahlener Kreuzkümmel
1/4 TL Cayennepfeffer

DRESSING FÜR DIE ROTE PAPRIKASCHOTE

1 EL natives Olivenöl extra
1/2 TL Balsamessig
1 Prise Salz
Frisch gemahlener schwarzer Pfeffer

■ Die Paprikaschoten rösten und enthäuten (siehe Seite 118). Die grünen Paprika in 5 mm große Würfel schneiden, die rote Paprika in Vierteln belassen.

■ In einer Antihaft-Pfanne das Öl bei mittlerer bis hoher Temperatur erhitzen. Die Zwiebeln darin 1 Minute rühren, den Knoblauch 30 Sekunden mitrühren. Die grünen Paprika untermischen und bei mittlerer Hitze 5 Minuten ständig rühren. Tomaten, Salz, Kreuzkümmel und Cayennepfeffer unterrühren. 6 Minuten köcheln lassen, bis die Mischung etwas trockener wird. Beiseite stellen.

■ Für das Dressing Öl, Essig, Salz und Pfeffer verrühren.

■ Zum Servieren die roten Paprikaviertel auf Salatteller verteilen. Das Dressing durchrühren und darüber träufeln. Die grüne Paprikamischung in die Viertel füllen. Mit Raumtemperatur oder kalt servieren.

MAROKKO

Rettichsalat mit Orangensaft
Aus dem El Fassi in Fes

Dieser schmackhafte Salat mit Zitrusaroma wird in Marokko zusammen mit anderen Salaten als Vorspeise gereicht.

FÜR 4 PERSONEN

300 g *Daikon* (weißer Rettich, siehe Glossar), geschält und geraspelt
4 EL frisch gepresster Orangensaft

1 EL frisch gepresster Zitronen- oder Limettensaft
3/4–1 TL Salz
Etwa 1/4 TL Cayennepfeffer

■ Sämtliche Zutaten in einer Schüssel vermischen. Mit Raumtemperatur oder kalt servieren.

CHINA

Pikante Radieschen
Hong lowa baw liang tsai • Shiu-Min Block

Diesen Radieschensalat schätze ich ganz besonders. Er kann zu vielen Mahlzeiten gereicht werden. Die Radieschen bleiben ganz, werden aber gut angedrückt, um die Sauce aufnehmen zu können. Ich reiche sie oft zu Getränken.

FÜR 4 PERSONEN

12 größere Radieschen, Enden weggeschnitten
2 EL helle chinesische Sojasauce, plus 1 TL mehr
1 EL Weißweinessig
1 TL Zucker
1/2 Knoblauchzehe, geschält und leicht zerdrückt
3/4 TL Öl aus gerösteten Sesamsamen

■ Die Radieschen mit einem Kartoffelstampfer oder mit der flachen Klinge eines schweren Messers andrücken, aber ganz lassen. Sie sollen nur aufplatzen.

■ Sojasauce, Essig, Zucker, Knoblauch und Sesamöl in einer Schüssel verrühren. Radieschen untermischen. Sofort servieren oder in einem Schraubglas bis zu 2 Wochen kalt stellen.

UKRAINE

Radieschensalat
Salat iz redisky • Felix Oksengorn

Früher hat man in der Ukraine kaum Olivenöl für Salate verwendet. Doch heute wird das traditionelle Sonnenblumenöl schon häufiger durch Olivenöl ersetzt.

FÜR 3–4 PERSONEN

225 g Radieschen, in dünne Scheiben geschnitten
1 Frühlingszwiebel, in sehr dünne Ringe geschnitten
3 EL fein gehackter frischer Dill
1 EL Olivenöl
1/2 TL Salz
1/4 TL Cayennepfeffer
250 ml saure Sahne oder 2 TL Weißweinessig
1/4 TL leuchtend rotes Paprikapulver

■ In einer Schüssel Radieschen, Frühlingszwiebeln, Dill, Olivenöl, Salz und Cayennepfeffer vermischen.

■ Die saure Sahne oder den Essig mit dem Paprikapulver vermischen, über den Salat gießen und unterheben. Gekühlt servieren.

SPANIEN

Tomatensalat
Ensalada de tomate

Nur im Sommer, wenn die wirklich aromatischen Tomaten zu haben sind, sollten Sie diesen Salat zubereiten.

FÜR 4 PERSONEN

350 g Tomaten, in Scheiben geschnitten
Salz
Frisch gemahlener schwarzer Pfeffer

1/2 Rezept Olivenöl mit Knoblauch und Petersilie (siehe Seite 461)

- Die Tomatenscheiben nebeneinander auf einer großen Platte anrichten. Mit Salz und Pfeffer bestreuen. Etwa 8 Esslöffel Öl darüber träufeln. Servieren.

❖

MAROKKO

Tomatensalat mit Harissa

Mit reifen Kirschtomaten schmeckt dieser Salat am besten. Ich habe relativ große Exemplare verwendet (je 30 Gramm) und jeweils geviertelt. Wer nur normale Tomaten bekommt, schneidet sie in kleinere Würfel. Die marokkanische Chili-Knoblauch-Paste sorgt für Schärfe und ein pikantes Knoblaucharoma, man kann aber auch darauf verzichten oder nur wenig verwenden.

Der Salat passt zu vielen Gerichten aus dem Nahen Osten, Nordafrika, Südostasien oder Indien.

FÜR 4 PERSONEN

2 EL frisch gepresster Zitronensaft
1/2–1 TL Chili-Knoblauch-Paste (*Harissa*, siehe Seite 469) oder etwa 1/4 TL Cayennepfeffer
225 g Kirschtomaten, je nach Größe geviertelt oder halbiert

2 EL fein gehackte Zwiebeln
1 EL fein gehacktes frisches Koriandergrün
1/2 TL gerösteter, gemahlener Kreuzkümmel (siehe Glossar)
1/2 TL Salz

- In einer kleinen Schüssel den Zitronensaft mit der Chili-Knoblauch-Paste verrühren. Beiseite stellen.
- In einer zweiten Schüssel die übrigen Zutaten mit dem Dressing vermischen. Sofort servieren oder bei Raumtemperatur 30 Minuten stehen lassen, damit sich die Aromen verbinden. Zugedeckt hält sich der Salat im Kühlschrank 24 Stunden. Raumtemperiert oder kalt servieren.

INDIEN

Tomaten-Gurken-Salat mit Zwiebel
Timatar aur pyaz ka salaad

Ein unkomplizierter alltäglicher Salat, der in vielen nordindischen Familien zum Mittag- und Abendessen gereicht wird.

FÜR 4 PERSONEN

225 g sehr reife Tomaten, grob gewürfelt
1 mittelgroße Salatgurke, grob gewürfelt
1/2 große Zwiebel, grob gewürfelt
3/4–1 TL Salz
1/2 TL Cayennepfeffer

1/2–1 TL gerösteter, gemahlener Kreuzkümmel (siehe Glossar)
2–3 EL frisch gepresster Zitronensaft
4 EL gehacktes frisches Koriandergrün

■ Tomaten-, Gurken- und Zwiebelwürfel in eine Schüssel füllen. Mit Salz, Cayennepfeffer, Kreuzkümmel, Zitronensaft und Koriandergrün vermischen. Falls nötig, nachwürzen.

❖

SYRIEN

Einfacher syrischer Salat
Salata ◆ Sara Abufares

Der Salat passt besonders gut zu jeglichen Bohnen-, Linsen- und Kichererbsengerichten. Die getrocknete Minze steuert einen ganz eigenen Geschmack bei. Nach Belieben können Sie noch 1 Prise Cayennepfeffer hinzufügen.

FÜR 4 PERSONEN

2 kleine Zwiebeln, geschält und in feine Halbringe geschnitten
2 mittelgroße Tomaten, gehackt
125 ml gehackte frische Petersilie

4 EL frisch gepresster Zitronensaft
1 1/2 EL Olivenöl
1 1/2–2 TL Salz
1 TL getrocknete Minze, fein zerkrümelt

■ Sämtliche Zutaten in einer Schüssel vermischen. Mit Raumtemperatur oder kalt servieren.

SALATE UND SALATARTIGE GERICHTE 557

GRIECHENLAND

Zucchini-Feta-Salat
Kolokithi me feta salata

Diesen angenehm erfrischenden Salat habe ich auf einem griechischen Markt in Athen entdeckt. Ich verwende dafür gern junge Zucchini, die nicht mehr als 120 Gramm wiegen. Sie benötigen 6–7 Stück.
Der Salzgehalt von Feta kann variieren, darum vorsichtig salzen.

FÜR 4 PERSONEN

700–750 g junge Zucchini
Salz
2 Frühlingszwiebeln, in dünne Ringe geschnitten
 (nur etwas von den grünen Teilen)
125 g Feta, grob zerkrümelt
2 EL gehackter frischer Dill
4 EL natives Olivenöl extra
4 EL frisch gepresster Zitronensaft

- Die Zucchini von den Enden befreien und längs vierteln. Die Viertel in 3 cm breite Stücke schneiden.
- In einem Topf 1 Liter Wasser aufkochen, 1 Teelöffel Salz einrühren. Die Zucchini im sprudelnd kochenden Wasser etwa 2 Minuten ohne Deckel blanchieren, bis sie gerade weich sind. Abgießen und unter fließendem kaltem Wasser vollständig abkühlen.
- Die Zucchini abtropfen lassen, trockentupfen und in eine Schüssel legen. Falls nötig, leicht salzen. Die übrigen Zutaten untermischen, bei Bedarf nochmals salzen. Bis zur Verwendung zugedeckt kalt stellen.

❖

PALÄSTINA

Einfacher palästinensischer Salat
Aus Victor Matiyas Restaurant Jerusalem in Toronto

Hier ein ganz unkomplizierter Salat aus dem Nahen Osten.

FÜR 4 PERSONEN

1 mittelgroße Salatgurke, geschält und in
 5 mm große Würfel geschnitten
1 mittelgroße Tomate, in 5 mm große Würfel geschnitten
8 EL fein gehackte frische Petersilie
1 TL Salz
Frisch gemahlener schwarzer Pfeffer
3 EL Olivenöl
1–1 1/2 EL frisch gepresster Zitronensaft

- Sämtliche Zutaten in einer Schüssel vermischen. Falls nötig, nachwürzen.

CHINA

Salat aus grüner Kohlrübe
Lieu lowa baw liang tsai ◆ *Shiu-Min Block*

Grüne Kohlrüben bekommt man nur in Asialäden. Sie sehen wie lange weiße Rettiche aus, sind allerdings etwas kürzer und plumper und noch recht grün, vor allem am oberen Ende. Als Ersatz können Sie auch weißen Rettich verwenden.

FÜR 3–4 PERSONEN

300 g grüne Kohlrübe
2 TL Salz
2 TL Zucker

2 TL Weißweinessig
2 TL Öl aus gerösteten Sesamsamen

■ Die Kohlrübe schälen und diagonal in sehr dünne Scheiben schneiden. Jeweils einige Scheiben aufeinander schichten und in feine Streifen (Julienne) schneiden. In einer Schüssel mit dem Salz vermischen. Für 2–3 Stunden Wasser ziehen lassen.

■ Die Rübenstreifen abspülen und möglichst viel Flüssigkeit ausdrücken, nach Belieben leicht trockentupfen. Zucker, Essig und Sesamöl untermischen. Den Salat sofort servieren oder bis zur Verwendung in einem verschlossenen Behälter mehrere Tage kalt stellen.

◆

MAROKKO

Kohlrübensalat
Lift ◆ *Melle Derko Samira*

Dieser Salat wird aus langen Kohlrüben bereitet, aber auch junge weiße Kohlrüben und weißer Rettich (Daikon) eignen sich. Reichen Sie ihn zu Speisen aus dem Nahen Osten und Nordafrika.

FÜR 2 PERSONEN

Salz
200 g Kohlrübe, geschält und in Stücke
    (5 mm × 2 cm) geschnitten
1 EL fein gehackte frische Petersilie
1 kleine Knoblauchzehe, geschält und fein gehackt

1/4 TL frisch gemahlener schwarzer Pfeffer
1/4 TL Paprikapulver
1/4 TL gemahlener Kreuzkümmel
2 EL Olivenöl
2 EL frisch gepresster Zitronensaft

■ In einem kleinen Topf 125 Milliliter Wasser bei mittlerer Temperatur erhitzen. 1/4 Teelöffel Salz und die Kohlrüben hinzugeben und durchrühren. Die Kohlrüben 4–6 Minuten pochieren, bis sie gerade weich sind. Abgießen und in eine Schüssel füllen.

■ Die übrigen Zutaten untermischen, eventuell leicht nachsalzen. Mit Raumtemperatur oder kalt servieren.

GETRÄNKE

In unseren Sommerurlaub auf Martha's Vineyard nehme ich stets mindestens ein halbes Dutzend Flaschen frischer Fruchtsirupe mit, die ich in den Monaten zuvor hergestellt habe. Juni und Juli sind die ideale Zeit für Rhabarber- und Sauerkirschsirup, die sogar unsere Enkelkinder lieben, sowie Limettensirup, meine bevorzugte Erfrischung. Vor Ort müssen wir dann nur noch Eiswürfel und Wasser hinzufügen.

Wir haben aber noch andere Vorlieben. Wenn wir vom Strand zurückkommen, trinken wir gern erfrischende indische *Lassis* und an kühlen Abenden heiße aromatisierte Tees. Haben wir Gäste, gibt es manchmal unseren beliebten Ingwer-Zitrus-Longdrink, den die Erwachsenen mit Gin oder Wodka mixen können. All diese Rezepte und manches mehr finden Sie auf den folgenden Seiten.

❖

IRAN

Sauerkirschsirup
Sherbet-i-albalu ◆ *Shamsi Davis*

Für diesen Sirup habe ich etwa 3 Kilo frische Sauerkirschen verwendet, die vor dem Pürieren natürlich erst entsteint werden müssen. Nach dem Abseihen behielt ich 1 Liter reinen Sauerkirschsaft übrig. Weicht Ihre Menge ab oder sind die Kirschen besonders sauer, müssen Sie die Menge der anderen Zutaten entsprechend anpassen.

Zum Servieren gieße ich den Sirup etwa 1 cm hoch in ein schlankes Glas, gebe reichlich Eiswürfel hinzu und fülle mit Soda- oder Mineralwasser auf. Auch gutes Leitungswasser eignet sich. Im Iran setzt man noch einen frischen Minzezweig und eine Sauerkirsche obenauf.

ERGIBT ETWA 2,5 LITER

3 kg frische Sauerkirschen
2 kg Zucker

175 ml frisch gepresster Limettensaft

■ Die Kirschen waschen, von den Stielen befreien und entsteinen. Portionsweise im Mixer pürieren. Das Püree durch ein Sieb abseihen und dabei möglichst viel Flüssigkeit ausdrücken. Die Kirschen sollten etwa 1 Liter Saft ergeben (siehe Einleitung).
■ Kirschsaft, Zucker, Limettensaft und 1,25 Liter Wasser in einem großen Edelstahltopf mit schwerem Boden aufkochen. Bei mittlerer Hitze 10 Minuten kräftig köcheln lassen, aufsteigenden Schaum mit dem Schaumlöffel entfernen. Bei mittlerer bis schwacher Hitze 1 weitere Stunde ruhig einköcheln lassen, bis ein dickflüssiger Sirup entstanden ist. In ein sterilisiertes Schraubglas oder eine entsprechend vorbereitete Flasche abseihen, abkühlen lassen. Mit einem säurebeständigen Deckel verschließen.

LATEINAMERIKA

Mandelsirup
Orchata

Dieser spanische Sirup geht vermutlich auf die Mauren zurück, denen sowohl Mandeln als auch Zucker zur Verfügung standen. Heute erfreut er sich vor allem in Lateinamerika großer Beliebtheit. Auf ein Glas Wasser kommen etwa 2 Esslöffel Sirup und natürlich etwas Eis.

ERGIBT 600 MILLILITER
125 g Mandelstifte
400 g Zucker
1/2 TL Vanilleessenz

- Die Mandeln in einer Schüssel mit 300 Milliliter Wasser bedecken und über Nacht im Kühlschrank einweichen lassen.
- Die Mischung am nächsten Tag im Mixer pürieren. Ein Sieb auf eine Schüssel setzen und mit 3 Lagen Musselintuch auskleiden. Die Mandelmischung in das Sieb gießen. Die Enden des Tuchs aufnehmen, zusammendrehen und möglichst viel Mandelmilch ausdrücken. Die Milch beiseite stellen.
- Die Mandeln aus dem Tuch wieder in den Mixer geben. Weitere 300 Milliliter Wasser hinzugießen, erneut pürieren. Die Mischung wieder durch das Sieb in eine zweite Schüssel abseihen, das Tuch ausdrücken.
- Die zweite Mandelmilch mit dem Zucker in einem kleinen Topf mit schwerem Boden bei mittlerer bis schwacher Hitze zum Köcheln bringen, ab und zu rühren. Auf schwache Hitze schalten, ohne Deckel 5 Minuten köcheln lassen. Ständig rühren, damit die Milch nicht überkocht.
- Die erste Mandelmilch hinzugießen, bei mittlerer bis schwacher Hitze zum Köcheln bringen. Sobald der Sirup Blasen wirft, auf schwache Hitze schalten, 2 Minuten köcheln lassen. Vom Herd nehmen, die Vanilleessenz einrühren. Abkühlen lassen, etwaige Haut entfernen. Den Sirup in sterilisierte Flaschen füllen, er ist lange haltbar.

MAROKKO

Mandelmilch
Lait d'amande

Dieses erfrischende Getränk können Sie zum Essen reichen (ich bekam es zum Frühstück) oder auch zur Stärkung in der Mittagspause.

FÜR 2 PERSONEN
350 g Vollmilch
2 TL Honig
45 g Mandelstifte

- Sämtliche Zutaten im Mixer fein pürieren. Im Kühlschrank 1–2 Stunden stehen lassen. Durch ein mit Musselin ausgelegtes Sieb abseihen, die Enden des Tuchs zusammendrehen und möglichst viel Mandelmilch ausdrücken. In 2 Weingläsern kalt servieren.

IRAN

Gurken-Minze-»Drink«

Diese sehr erfrischende, leicht gesüßte Spezialität wird zu jeder Tageszeit gereicht und lässt sich kaum als Getränk bezeichnen, obwohl sie sehr flüssig ist. Am besten eignen sich zarte Minzeblätter, gröbere Blätter müssen sehr fein gehackt werden. Ideal ist zudem die knackige Einlegegurke Kirby. Wer sie nicht bekommt, verwendet einfach eine andere feste Gurke mit möglichst kleinen Samen.

FÜR 2 PERSONEN

2 größere Einlegegurken, geschält und sehr fein gehackt
50 junge frische Minzeblätter, sehr fein gehackt
125 ml Zuckersirup (siehe Seite 565)
Etwa 10–12 Eiswürfel

■ Gurken, Minze und Zuckersirup in einer Schüssel verrühren. In 2 Schalen (etwa für Eiscreme) füllen. Die Eiswürfel unterrühren. Sofort servieren. Mit Dessertlöffeln verzehren.

❖

INDIEN

Ingwer-Zitrus-Longdrink
Phal ras

Dieses einfache, aber sehr aromatische Getränk können Sie auch für eine große Party zubereiten, indem Sie einfach die Menge der Zutaten erhöhen.

FÜR 4–6 PERSONEN

20 cm frischer Ingwer (etwa 85 g), geschält und grob gehackt
200 g Zucker
250 ml frisch gepresster Zitronensaft
350 ml frisch gepresster Orangensaft
750 ml Mineralwasser mit Kohlensäure, Sodawasser oder kaltes Leitungswasser
Eiswürfel

■ Ingwer, Zucker und 250 Milliliter Wasser in einem Topf mit schwerem Boden aufkochen. Bei schwacher Hitze ohne Deckel 15 Minuten köcheln lassen, bis ein Sirup entstanden ist. In einen Krug abseihen, abkühlen lassen. Den Ingwer wegwerfen. Zitronen- und Orangensaft hinzugießen, bis zur Verwendung kalt stellen. Kurz vor dem Servieren mit Mineralwasser, Sodawasser oder Wasser aufgießen, reichlich Eiswürfel hinzufügen.

INDIEN

Heißer Ingwer-Kardamom-Trunk
Panaka

Dieses indische Getränk scheint man vor etwa 3000 Jahren sehr geschätzt zu haben. Heute ist es beinahe unbekannt, es existiert auch kein vollständiges Rezept. Vielmehr werden in alten Texten nur die Hauptzutaten erwähnt. Zucker wurde in Indien erfunden, und seine Verwendung ist in Hunderten alter Speisen dokumentiert.

Die Basis bildet Jaggery *(siehe Glossar), der an Palmzucker erinnert, jedoch aus Zuckerrohrsaft hergestellt wird. Im alten Indien war er eine häufige Zutat und ist auch heute noch beliebt, obwohl die Verwendung auf Süßigkeiten und Desserts, Opfergaben und einige süßsaure Gerichte beschränkt ist. In der täglichen Küche wird er meist durch Raffinadezucker ersetzt. Im Westen bekommt man ihn eher selten, ich verwende stattdessen braunen Zucker.*

FÜR 6 PERSONEN

5 cm frischer Ingwer, geschält und grob gehackt
6 EL dunkelbrauner Zucker
10 grüne Kardamomkapseln, leicht zerstoßen

■ Ingwer, Zucker, Kardamom und 1 Liter Wasser in einem Topf bei mittlerer bis starker Hitze aufkochen. Bei mittlerer bis schwacher Hitze ohne Deckel 15–20 Minuten köcheln lassen, bis die Mischung auf 750 Milliliter eingekocht ist. Abseihen. In kleinen Portionen heiß servieren.

VARIANTE

Kalter Ingwer-Kardamom-Trunk mit Zitrone und Minze
Diese Variante wird kalt mit frisch gepresstem Zitronensaft, Eis und Minze getrunken. Das Getränk wie im Hauptrezept herstellen, aber nur mit 475 Milliliter Wasser. Bei mittlerer bis schwacher Hitze in etwa 15 Minuten auf 350 Milliliter einkochen lassen. Abseihen, abkühlen lassen, 6 Esslöffel Zitronensaft untermischen, bis zur Verwendung kalt stellen. In kleinen Portionen mit Eiswürfeln und Minzezweigen servieren.

IRAN

Limettensirup
Sherbet-e-ablimu • Shamsi Davis

Wie fast jeder Fruchtsirup im Iran wird auch dieser mit Eis und Wasser vermischt und das ganze Jahr über viel und gern getrunken. In einem Land, das Alkohol verurteilt, bietet man den Gästen stets verschiedene Sherbets *an.*

Ich habe hier 10 Limetten verwendet, aber kaufen Sie ruhig mehr, da sie nicht immer die gleiche Menge Saft enthalten.

ERGIBT 1,3 LITER

1,25 kg Zucker

350 ml frisch gepresster Limettensaft

■ Den Zucker mit 475 Milliliter Wasser in einem großen Edelstahltopf bei mittlerer Hitze zum Köcheln bringen, ab und zu rühren. Bei schwacher Hitze 15 Minuten köcheln lassen. Den Limettensaft unterrühren und in weiteren 15 Minuten zu einem leichten Sirup einköcheln lassen. In sterilisierte Schraubgläser oder Flaschen füllen und abkühlen lassen. Mit säurebeständigen Deckeln verschließen.
■ Zum Servieren den Sirup etwa 1 cm hoch in ein Glas füllen, 4–5 Eiswürfel hinzufügen. Mit Mineral-, Soda- oder Leitungswasser (Menge nach Geschmack) auffüllen, durchrühren und servieren.

INDIEN

Limetten-Ingwer-Sirup
Neebu aur adrak ka sharbat

In Indien wird Sherbet *etwa ebenso häufig getrunken wie im Iran, nur der Name, der persischen Ursprungs ist, wird etwas anders ausgesprochen –* Sharbat. *Diese Variante schmeckt mir besonders gut; ich mixe sie am liebsten mit Eis und Sodawasser.*

ERGIBT 1,3 LITER

1,25 kg Zucker
7,5 cm frischer Ingwer, geschält und in dünne Scheiben geschnitten

350 ml frisch gepresster Limettensaft

■ Zucker, 475 Milliliter Wasser und Ingwerscheiben in einem großen Edelstahltopf bei mittlerer Hitze zum Köcheln bringen, ab und zu durchrühren. Bei schwacher Hitze 15 Minuten köcheln lassen. Den Limettensaft unterrühren und in weiteren 15 Minuten zu einem leichten Sirup einköcheln lassen. In sterilisierte Schraubgläser oder Flaschen abseihen und abkühlen lassen. Mit säurebeständigen Deckeln verschließen. (Den Ingwer wegwerfen oder leicht gesalzen als Beigabe verzehren.)
■ Zum Servieren den Sirup etwa 1 cm hoch in ein Glas füllen, 4–5 Eiswürfel hinzufügen. Mit Wasser oder Sodawasser (Menge nach Geschmack) auffüllen, durchrühren und servieren.

IRAN

Minzelimonade
Shikanjebeen

Diese Spezialität können Sie auf zweierlei Art servieren. In konzentrierter Form eignet sie sich als Dip für knackige Salatblätter, und mit zusätzlichem Wasser wird daraus eine aromatische Limonade. Da Minze bei uns oft recht grobe Blätter besitzt, sollten Sie die fertige Limonade am besten abseihen.

**FÜR 4 PERSONEN ALS DIP,
FÜR 2 PERSONEN ALS GETRÄNK**

Etwa 50 zarte Minzeblätter, sehr fein gehackt
250 ml heißer Zuckersirup (siehe Seite 565)
4 EL frisch gepresster Zitronensaft
10–12 Eiswürfel für den Dip, 14–16 Eiswürfel für das Getränk
16–20 knackige Salatblätter, etwa Römischer Salat

■ Die Minzeblätter in einer Schüssel mit dem heißen Sirup übergießen, behutsam durchrühren und abkühlen lassen. Den Zitronensaft untermischen.

■ Für den Dip die Mischung in eine Servierschüssel abseihen. Auf eine große Platte stellen, die Salatblätter rundum anrichten. Kurz vor dem Servieren die Eiswürfel dazugeben.

■ Für das Getränk nach dem Zitronensaft zusätzlich 250 Milliliter Wasser dazugießen. In 2 Gläser abseihen. Jeweils etwa 7–8 Eiswürfel hinzufügen, durchrühren und servieren.

INDIEN

Milch-Joghurt-Drink
Charnamrit

Charnamrit bedeutet »himmlischer Nektar von den Füßen Gottes«. In Indien wurde er uns als »geweihtes Wasser« nach unseren Gebeten gereicht.

In beinahe jedem Hindu-Haushalt wird Tulsi vor dem Gebetsraum gezogen. Im Westen bekommen Sie das Gewürzkraut in thailändischen Lebensmittelgeschäften. Nehmen Sie den Drink vor dem Frühstück oder als Snack zu sich.

FÜR 4 PERSONEN

350 ml Vollmilch
4 TL Honig
40 g Mandelstifte
125 g ganz frischer Joghurt
1/2 TL zerstoßene Kardamomsamen
10 frische *Tulsi*-Blätter oder 5 frische Basilikumblätter, zerpflückt
Eiswürfel

■ Sämtliche Zutaten mit Ausnahme von *Tulsi* und Eiswürfeln im Mixer fein pürieren. Mit den *Tulsi*-Blättern in einen Behälter füllen und zugedeckt für 1–2 Stunden kalt stellen.

■ Die Mischung abseihen, dabei möglichst viel Flüssigkeit ausdrücken. In Weingläser füllen. Nach Belieben je 2 Eiswürfel hinzufügen. Servieren.

GETRÄNKE 565

IRAN

Rhabarbersirup
Sherbet-i-rivas ◆ *Shamsi Davis*

Dieser Sherbet oder Sirup wird im Frühjahr auf Vorrat für die heißen Sommermonate hergestellt. Mit etwas Wasser und Eiswürfeln genießt man ihn als herrlich erfrischenden Durstlöscher.

Für dieses Rezept habe ich 1,75 Kilo Rhabarber gekauft und nach dem Vorbereiten 1,4 Kilo übrig behalten. Da Limetten unterschiedlich viel Saft enthalten, sollten Sie zur Sicherheit 16 große, saftige Exemplare kaufen.

ERGIBT ETWA 1,2 LITER

1,4 kg küchenfertiger Rhabarber, in 1 cm breite Stücke geschnitten

1 kg Zucker

Knapp 500 ml frisch gepresster Limettensaft

■ Den Rhabarber in einem großen Edelstahltopf mit 180 Milliliter Wasser bei mittlerer bis starker Hitze aufkochen. Zugedeckt bei schwacher Hitze 30 Minuten köcheln lassen. Den Saft abseihen, wieder in den gereinigten Topf füllen. Mit dem Zucker und Limettensaft verrühren und in weiteren 30 Minuten zu einem leichten Sirup einköcheln lassen. In sterilisierte Schraubgläser oder Flaschen abseihen, abkühlen lassen. Mit säurebeständigen Deckeln verschließen.

■ Zum Servieren den Sirup 1 cm hoch in ein Glas füllen, 4–5 Eiswürfel hinzufügen und mit Wasser (Menge nach Geschmack) auffüllen. Durchrühren und servieren.

❖

Zuckersirup

ERGIBT 300 MILLILITER

8 EL Zucker

■ Den Zucker mit 250 Milliliter Wasser in einem kleinen Topf bei mittlerer bis starker Hitze aufkochen. Sofort auf schwache Hitze schalten, unter Rühren 5 Minuten köcheln lassen. Den Sirup je nach Rezept heiß verwenden oder abkühlen lassen und in einem sterilisierten Schraubglas oder einer Flasche aufbewahren.

Tomaten-Gurken-Drink

Wer einen Entsafter besitzt, kann aus reifen Sommertomaten eigenen Tomatensaft herstellen. Sie können die Tomaten aber auch im Mixer pürieren und durch ein Sieb passieren. Außerhalb der Saison empfehle ich Bio-Tomatensaft aus der Dose oder Flasche. Fertige Säfte sind schon gesalzen und enthalten oft etwas Zucker. Würzen Sie darum nur sparsam.

FÜR 4 PERSONEN

2 kleine (je 12 cm) oder 1 große Gurke, unbehandelt
1 l Tomatensaft
1/2 TL Salz

1/2 TL Zucker
4 EL frisch gepresster Zitronensaft

■ Die Gurken waschen und mit der Schale grob reiben. In einer Schüssel mit dem Tomatensaft, Salz, Zucker und Zitronensaft verrühren. Eventuell nachwürzen. Zugedeckt für mindestens 3 Stunden kalt stellen. Abseihen und mit Eiswürfeln servieren.

VARIANTE
Würziger Tomaten-Gurken-Drink
Wie im Hauptrezept zubereiten. Doch nach dem Zitronensaft 1 Teelöffel gerösteten, gemahlenen Kreuzkümmel (siehe Glossar) und 1 kräftige Prise Cayennepfeffer unterrühren.

❖

Wassermelonensaft

Wassermelonensaft ist wunderbar erfrischend und ganz einfach zubereitet, man muss nur Wassermelone und Zucker im Mixer pürieren. Manchmal friere ich die Melonenstücke (ohne Samen) zuerst ein und püriere sie mit etwas zusätzlichem feinem Zucker.

FÜR 3–4 PERSONEN

900 g Wassermelonenfleisch (ohne Samen), grob gehackt

2 EL extrafeiner Zucker
Eiswürfel

■ Wassermelone und Zucker im Mixer fein pürieren. Mit Eiswürfeln servieren.

INDIEN

Kashmiri-Tee
Kahva

In Kaschmir wird dieser Tee von morgens bis abends getrunken. Wer am Morgen zuerst aufwacht, kümmert sich um den Samowar. Glühende Holzkohle wird in das Rohr in der Mitte gefüllt, dann gießt man Wasser in den »Bauch«. Wenn es kocht, werden grüner Gunpowder-Tee, Kardamom und Mandeln (falls vorhanden) ins Wasser gegeben. Mandeln aus Kaschmir sind von exquisiter Qualität. Sie wachsen in der Region in reicher Fülle und verleihen dem Tee ein geradezu magisches Aroma. Der fertige Tee wird in winzige Metalltassen ohne Henkel gefüllt, die man nur mithilfe eines Tuchs halten kann. Dazu reicht man wunderbares Brot aus Kaschmir.

FÜR 4 PERSONEN

4 TL grüner Tee
12 Kardamomkapseln, leicht zerstoßen

4 TL Mandelstifte
4 TL Zucker

■ Tee, Kardamom, Mandeln, Zucker und 1 Liter Wasser in einem mittelgroßen Topf bei mittlerer bis starker Hitze aufkochen. Den Herd ausschalten, den Tee zugedeckt 5 Minuten stehen lassen. In 4 Tassen abseihen, heiß servieren.

MAROKKO

Minzetee
Melle Derko Samira

In Marokko kann man keinen größeren Einkauf erledigen, ohne süßen Minzetee angeboten zu bekommen. Kleine Gläser mit hübschen Verzierungen stehen auf einem runden Tablett, und der Tee duftet verführerisch. Auf die gleiche Weise wird man in einem privaten Haus empfangen.

Wie man diesen Tee bereitet, hat mir Chefköchin Melle Derko Samira gezeigt. Zuerst hat sie in ihre Teekanne aus Metall Wasser mit kleinen Stücken grünem Gunpowder-Tee, einer Hand voll Minze und einigen Zuckerwürfeln aufgekocht, den Herd ausgeschaltet und den Tee zugedeckt etwa 5 Minuten ziehen lassen. Dann begann das Ritual des Rührens und Eingießens. Sie goss etwas Tee in ein Glas und wieder zurück in die Kanne, rührte um und süßte leicht nach. Schließlich goss sie den Tee aus einiger Höhe in kleine Gläser – so können die zarten Gläser nicht springen.

FÜR 4–8 PERSONEN

4 TL grüner Tee
8 frische Minzezweige

8 TL Zucker

■ Tee, Minze, Zucker und 1 Liter Wasser in einem mittelgroßen Topf bei mittlerer bis starker Hitze aufkochen. Den Herd ausschalten. Zugedeckt 5 Minuten durchziehen lassen. In zarte Gläser oder Tassen abseihen und heiß servieren.

GETRÄNKE

INDIEN

Gewürztee
Masala chai ◆ Niru Row Kavi

Dieser würzige indische Tee wird in ganz Nordindien getrunken. Gewöhnlich werden eine bestimmte Gewürzmischung, Wasser, Teeblätter, Zucker und Milch zusammen gekocht. Für einen schwächeren Tee kochen Sie das Wasser einfach separat, geben pro Tasse Tee 1/4 Teelöffel Gewürzmischung hinein und bereiten mit diesem Wasser den Tee zu. Ich beschreibe im Folgenden die traditionelle indische Zubereitung.

FÜR DIE TEEGEWÜRZMISCHUNG

1 EL gemahlener Ingwer
2 TL Kardamomsamen
1 TL Gewürznelken

1 TL schwarze Pfefferkörner
7,5 cm Zimtstange, in 2,5 cm große Stücke gebrochen

■ Die Gewürze in einer sauberen Kaffeemühle möglichst fein vermahlen.

■ Die Mischung durch ein Sieb »schütteln« und das Pulver in ein Schraubglas füllen.

FÜR 4 TASSEN TEE

5 TL schwarzer Tee, etwa Darjeeling oder Assam
1 TL Teegewürzmischung

4 TL Zucker
125 ml Vollmilch

■ Tee, Gewürzmischung und Zucker mit 1 Liter Wasser in einem Topf aufkochen, bei schwacher Hitze ohne Deckel 10 Minuten köcheln lassen. Die Milch dazugießen und einmal kurz aufkochen lassen. In 4 Tassen abseihen. Heiß servieren.

❖

INDIEN

Süßes Bananen-Lassi
Kelay ki lassi

Dieses nahrhafte Lassi ersetzt schon einmal das Frühstück oder Mittagessen. Ebenso wie bei Mango-Lassi können Sie noch 1/4 Teelöffel gemahlenen Kardamom hinzufügen.

FÜR 2 PERSONEN

250 ml Joghurt
1 reife Banane, geschält und in Scheiben geschnitten

2 EL extrafeiner Zucker
10 Eiswürfel

■ Sämtliche Zutaten im Mixer pürieren (einige Eisstückchen stören nicht). Durch ein Sieb abseihen, möglichst viel Flüssigkeit ausdrücken. In 2 Gläser gießen und servieren.

GETRÄNKE 569

INDIEN

Süßes Mango-Lassi
Aam ki lassi

Die Inder mischen in dieses Getränk gern etwa 1/4 Teelöffel gemahlenen Kardamom. Probieren Sie es ruhig einmal aus, es schmeckt sehr aromatisch. Da die meisten Mangos im Westen sehr faserig sind, das Lassi am besten abseihen.

FÜR 2 PERSONEN

250 ml Joghurt
150 g frisches reifes Mangofleisch, gehackt

2 EL extrafeiner Zucker
10 Eiswürfel

■ Sämtliche Zutaten im Mixer pürieren (einige Eisstückchen stören nicht). Durch ein Sieb abseihen, möglichst viel Flüssigkeit ausdrücken. In 2 Gläser gießen und servieren.

❖

INDIEN

Joghurt-Drink aus dem Punjab
Rich, sweet lassi

Im Punjab besteht das einfache Lassi aus Joghurt, der mit Wasser und Eis verdünnt und mit Salz oder Zucker gewürzt wird. Heute bekommt man auf den Märkten oft eine reichhaltige Variante mit Milch statt Wasser. Für einen Drink mit weniger Kalorien können Sie fettarmen Joghurt und entrahmte Milch verwenden. Reichen Sie das Lassi zum Essen oder zur Stärkung zwischendurch.

FÜR 2 PERSONEN

475 ml Joghurt
250 ml Vollmilch

2 EL Zucker
Etwa 20 Eiswürfel

■ Den Joghurt in einer Schüssel mit dem Schneebesen leicht verschlagen, bis er glatt und cremig ist. Unter ständigem Schlagen nach und nach die Milch dazugießen. Den Zucker gut untermischen. Die Eiswürfel mit einem Rührlöffel so lange unterrühren, bis sie teilweise geschmolzen sind. Das *Lassi* in 2 hohe Gläser füllen und kalt servieren. (Alternativ sämtliche Zutaten im Mixer kurz pürieren und abseihen.)

INDIEN

Würziger Joghurt-Drink nach Madras-Art
Neer mor

Diese Joghurtspezialität können Sie aus einem Glas trinken oder über gegarten Reis gießen und an einem heißen Tag wie Suppe verzehren. Als Getränk reicht die Menge für 2 Personen, über Reis sogar für 4 Personen. In Südindien werden dazu mitunter sehr scharfe Pickles serviert.

FÜR 2–4 PERSONEN

475 ml Joghurt
1/2 TL Salz
2 TL sehr fein geriebener geschälter frischer Ingwer
1 TL sehr fein gehackter grüner Chili
2 EL sehr fein gehacktes Koriandergrün
6–8 frische Curryblätter (siehe Glossar), leicht zerrieben
1 kräftige Prise *Asafoetida* (siehe Glossar)
Einige frische aromatische Rosenblütenblätter (ungespritzt) oder 1 Spritzer Rosenwasser
Etwa 16 Eiswürfel

■ Den Joghurt in einer Schüssel mit einem Schneebesen leicht verschlagen, bis er glatt und cremig ist. Die übrigen Zutaten hinzufügen und so lange rühren, bis die Eiswürfel teilweise geschmolzen sind. Die Curryblätter vor dem Servieren entfernen. In Gläser gießen und kalt servieren. (Nach Belieben den Drink vorher abseihen.)

Spezielle Zutaten, Küchenpraxis und Geräte

SPEZIELLE ZUTATEN

Besondere Gemüsesorten, getrocknete Hülsenfrüchte sowie Getreide, Eier und Milchprodukte sind in den jeweiligen Kapiteln genau beschrieben, meist in alphabetischer Reihenfolge.

A

Ajowan (oder Indischer Kümmel) Diese kleinen Samen schmecken wegen ihres Thymolgehalts wie eine scharfe Version von Thymian und haben eine pfefferähnliche Schärfe. Sie werden sparsam verwendet und in Indien gern über Brote, Fisch, pikantes Gebäck und zahlreiche nudelähnliche, aus Kichererbsenmehl zubereitete Gerichte gestreut. Ihr Aroma passt gut zu Gemüsegerichten mit grünen Bohnen und Kartoffeln.

Amchar masala Rezept und Details siehe Seite **498**

Amchoor (grünes Mangopulver) Zu Pulver zermahlenes saures Fruchtfleisch von unreifen grünen Mangos, die geschält, in Scheiben geschnitten und in der Sonne getrocknet werden. Auch die getrockneten Scheiben kennt man in der indischen Küche. Das beigefarbene, leicht faserige Pulver ist reich an Vitamin C, schmeckt herbsüßlich und kann anstelle von Zitronensaft verwendet werden. Da es leicht verklumpt, sollte es vor der Verwendung gründlich zerbröselt werden. Als Ersatz dient pro Teelöffel Amchoor-Pulver 1/2 Teelöffel Zitronensaft.

Asafoetida (oder Asant, Teufelsdreck) Der Milchsaft, den man durch Anritzen von Stielen und Wurzeln dieser riesigen fenchelähnlichen Pflanze erhält, trocknet zu einer harten, harzartigen Masse, die in Stücken oder gemahlen verkauft wird. In diesem Buch wird ausschließlich das Pulver verwendet, das einen intensiven fauligen Geruch hat. Es wird nur in geringen Mengen eingesetzt, und zwar wegen der legendären verdauungsfördernden Wirkung und des knoblauchähnlichen Aromas, das sich beim Kochen entwickelt. *Asafoetida* passt gut zu getrockneten Bohnen und Gemüse. Es sollte gut verschlossen aufbewahrt werden.

B

Bambussprossen Leider sind im Westen frische Bambussprossen schwer zu bekommen, man muss sich mit Dosenware begnügen. Gute Dosenware sollte knackig, cremig-weiß und von reinem, erfrischendem Geschmack sein. Winterbambussprossen sind zarter und milder als die normale Qualität. Es werden auch die kegelförmigen und sehr zarten Spitzen der Bambussprossen angeboten, üblicherweise in kammförmige Stücke geschnitten.

Dosenware hat einen leicht metallischen Beigeschmack, darum sollte man die Sprossen mit frischem Wasser abspülen und gut abtropfen lassen. Nicht verwendete Bambussprossen können, mit frischem Wasser bedeckt, in einem verschlossenen Behälter im Kühlschrank aufbewahrt werden. Damit sie frisch bleiben, das Wasser täglich wechseln.

Basilikum Für die Rezepte in diesem Buch werden *Tulsi* (*Ocimum sanctum*, in Thailand *Bai kaprow*) und das Süße Thai-Basilikum (*Bai horapah*) verwendet. Als Ersatz für das höchst aromatische südostasiatische Basilikum, das in Asialäden erhältlich ist, eignet sich eine Mischung aus europäischem Basilikum und Minze. Thai-Basilikum ist auch ein wohlschmeckender Ersatz für frische Curryblätter – obwohl diese Kräuter in Geschmack und Textur vollkommen unterschiedlich sind.

Bockshornklee
Bockshornkleeblätter: Die Stängel mit den kleinen Blättern (2 cm) werden im Bund in Asialäden verkauft. Die Blätter von den Stängeln lösen, gut waschen und hacken, ehe man sie an indische Gerichte mit Kartoffeln, Möhren oder Spinat gibt. Sie besitzen ein erdiges, an Gras erinnerndes Aroma, das sehr intensiv ist.
Bockshornkleesamen: Diese eckigen gelblichen Samen, auch für ihre verdauungsfördernden Eigenschaften bekannt, sind in vielen fertigen Currymischungen für das erdige, moschusartige Curry-Aroma verantwortlich. In großen Teilen Nordindiens finden sie besonders in Pickles, Chutneys und vegetarischen Gerichten Verwendung.

Außerdem gehört Bockshornklee zu den fünf Gewürzen der bengalischen Mischung *Panchphoran* (siehe Panchphoran). In der arabischen Welt werden die Samen erst eingeweicht und dann in Drinks und Saucen aufgeschlagen. Sie sind auch zur Anzucht von Sprossen geeignet.

Bohnensauce mit Chili oder schwarze Bohnensauce mit Chili, chinesisch Diese rötlich braune Paste findet man, gelegentlich auch unter der Bezeichnung »Bohnenpaste mit Chili«, in Flaschen abgefüllt in Asialäden. Sie ist relativ scharf und kommt besonders bei der Zubereitung von Gerichten aus Sichuan und Yünnan zum Einsatz.

Bohnensauce, gelbe Wie die oben angeführte Bohnensauce ist auch diese eine industriell gefertigte Sauce aus fermentierten Sojabohnen, die Farbe ist hellbraun, fast gelblich. Sie kann eine feine Konsistenz haben, doch bevorzuge ich die Sorte mit ganzen oder halbierten Bohnen.

Bohnensauce, schwarze Industriell hergestellte Saucen aus fermentierten Sojabohnen werden in ganz Malaysia und anderen Teilen Ost- und Südostasiens verwendet. Sie können sehr dickflüssig sein und Bohnenstückchen enthalten oder eine feine, dünnflüssige Konsistenz haben. Geeignet ist jede im Handel erhältliche Bohnensauce. Die Flasche nach dem Öffnen gut verschlossen kühl aufbewahren.

Bohnensprossen, Mungo- Diese Sprossen werden aus denselben Mungobohnen gezogen, die man als ganze *Moong* in indischen Geschäften bekommt. Sie sind mittlerweile in Supermärkten, Reformhäusern und Geschäften mit asiatischen Spezialitäten erhältlich. Achten Sie beim Kauf auf knackige weiße Sprossen. Frische Bohnensprossen sollten nach dem Einkauf erst abgespült und anschließend in einem Gefäß mit frischem Wasser zugedeckt im Kühlschrank aufbewahrt werden. Verbrauchen Sie die Sprossen nicht bis zum nächsten Tag, muss das Wasser erneuert werden. Allmählich saugen sie sich jedoch voll und verlieren ihre knackige Konsistenz. Zur Reinigung legen Sie die Sprossen in eine Schüssel mit viel Wasser und bewegen sie mit der Hand. So steigen die grünen Hülsen auf und können abgeschöpft werden. Bohnensprossen gibt es auch in Dosen. Ich verwende sie nie, da sie den Biss vermissen lassen, der ihren besonderen Reiz ausmacht.

C

Cashewnüsse Diese Nüsse kamen von Amerika über Afrika und Indien nach China. Auch die »rohen« Cashewnüsse sind bereits behandelt und haben keine Blausäure mehr, die sich im Rohzustand in der äußeren Schalenschicht befindet. Die Nüsse werden in Pilaws, Desserts und sogar für *Bhajis* und Currys verwendet. In Indien spielen sie eine wichtige Rolle in der vegetarischen Ernährung.

Cassiarinde Diese Rinde eines tropischen Zimtbaums ist gröber als Ceylonzimt und besitzt ein kräftigeres Aroma. Sie ist auch als chinesischer Zimt oder »falscher« Zimt bekannt.

Cayennepfeffer Dieses sehr scharfe Gewürz wird aus den getrockneten Schoten verschiedener roter Chilisorten hergestellt. Eigentlich sollte es als Chilipulver bezeichnet werden. Da es jedoch zu Verwechslungen mit dem Chilipulver mexikanischen Stils kommen könnte, das zusätzlich Kreuzkümmel (Cumin), Knoblauch und Oregano enthält, ist es bei der Bezeichnung »Cayennepfeffer« geblieben. Obwohl Chilis aus der Neuen Welt stammen, ist Indien heute das größte Erzeugerland und gehört gleichzeitig zu den wichtigsten Exporteuren und Konsumenten.

Chapati-Mehl Sehr fein vermahlenes Vollkornmehl für die Herstellung von *Chapatis*, *Pooris* und anderen indischen Brotsorten. Manchmal auch unter der Bezeichnung *Ata* im Handel. In jedem indischen Lebensmittelgeschäft erhältlich.

Charolinüsse Die kleinen Nüsse ähneln geschmacklich Haselnüssen. In Indien verwendet man sie in dicken Saucen, Süßigkeiten und Füllungen.

Chayote Dieses hellgrüne Gemüse aus der Neuen Welt sieht wie eine große, gerippte Birne aus. Vor der Verwendung wird es geschält und in Stücke geschnitten. Der Samen hat eine andere Textur als das Fleisch, muss jedoch nicht unbedingt entfernt werden und wird von manchen sogar besonders geschätzt. Zum Verzehr muss man die Chayote 20 Minuten garen, dann erinnert ihr wohlschmeckendes Fleisch an feste Zucchini.

Chhena (oder Chena) Ein indischer Frischkäse, der für viele bengalische Süßigkeiten verwendet wird.

Chiliöl Schärfe und Färbung erhält das orangefarbene Öl von roten Chilis. Beim Garen verleiht eine kleine Menge Öl manchen Gerichten raffinierte Schärfe, und in vielen chinesischen Restaurants stehen kleine Flaschen Chiliöl zum Nachwürzen auf dem Tisch. Kaufen kann man Chiliöl in Asialäden.

Chilipaste mit Knoblauch Eine rötliche Sauce, die aus gerösteten roten Chilischoten, Sojabohnen und Knoblauch besteht. Sie ist in chinesischen Lebensmittelgeschäften in Gläsern erhältlich und wird hauptsächlich in der westchinesischen Küche verwendet, verleiht jedoch auch Suppen und Salatdressings Schärfe.

Chilipaste mit Sojabohnen Die rötlich braune, sehr scharf-würzige Sauce wird aus Sojabohnen, roten Chilis und anderen Würzzutaten hergestellt. Verwendet wird sie in den Küchen Westchinas. Man bekommt sie in Flaschen in Asialäden.

Chilipaste mit Sojabohnen und Knoblauch Diese Paste ähnelt den beiden vorangegangenen, enthält jedoch mehr Sojabohnen als die erste und mehr Knoblauch als die zweite.

Chilipulver Dieses Pulver besteht aus gemahlenen getrockneten scharfen roten Chilischoten und sollte nicht mit dem Chilipulver mexikanischen Stils verwechselt werden, das zusätzlich Kreuzkümmel (Cumin), Knoblauch und Oregano enthält. Auch Cayennepfeffer ist ein Chilipulver. Chilipulver können unterschiedlich scharf sein. Die Menge Chilipulver ist vom persönlichen Geschmack abhängig.
Grobes koreanisches Chilipulver erhält man durch Zerstoßen von getrockneten roten Chilischalen. Es ist nicht übermäßig scharf, leuchtend karminrot, vielseitig einsetzbar und verleiht vielen koreanischen Gerichten die typische kräftig rote Färbung. Auch das hocharomatische *Aleppo-Chilipulver* ist sehr zu empfehlen. Das leuchtend rote, grob vermahlene Pulver stammt aus der Türkei und Syrien und ist in Geschäften mit nahöstlichen Lebensmitteln erhältlich. Sowohl das Aleppo- als auch das grobe koreanische Chilipulver bewahrt man im Kühlschrank auf.

Chilisauce Die süßsaure, scharfe Sauce bekommt man als Fertigprodukt in Flaschen in Asialäden.

Chilischoten, frische grüne und rote Bei den frischen grünen Chilis, die in den asiatischen Küchen so häufig verwendet werden, handelt es sich um die schlanken, etwa 7,5 cm langen Cayenne-Chilis. Sie können mild und feurig schmecken; ihre Schärfe lässt sich nur bestimmen, indem man ein kleines Stück Haut aus der Mitte probiert (zu große Schärfe kann man mit etwas Joghurt lindern). Der obere Teil der Schote enthält mehr Samen und schmeckt stets am schärfsten, die Spitze ist der mildeste Teil. In Asien werden die scharfen Samen nur selten entfernt. Möchte man aber auf die Samen verzichten, den Chili längs halbieren und die Samen mit der Messerspitze herauslösen. Die Samen dabei jedoch nicht berühren. Falls dies doch geschieht, die Hände gründlich waschen und zuvor den Kontakt mit dem Gesicht, insbesondere den Augen, vermeiden.

Im Mittelmeerraum erfreut sich eine sehr viel mildere hellgrüne Chilisorte ebenfalls großer Beliebtheit.

Bei roten Chilis handelt es sich um ausgereifte grüne Exemplare. Sie unterscheiden sich leicht im Geschmack, können aber von ebenso intensiver Schärfe sein.

Chilis enthalten viel Eisen sowie die Vitamine A und C. Zur Aufbewahrung wickelt man frische rote und grüne Schoten zuerst in Zeitungspapier, dann in Plastikfolie und legt sie in den Kühlschrank. So halten sie sich einige Wochen. Weiche Exemplare, die zu verderben beginnen, werden entfernt, da sie die anderen Chilis »infizieren« können.

Beheimatet sind Chilis in Mittel- und Südamerika. Von dort gelangten sie über Afrika und Indien bis nach China und Korea. Heute sind sie aus den Küchen Ostasiens nicht mehr wegzudenken.

Hier noch weitere Chilisorten, die man frisch verwendet:
Cachucha (oder *Ijo dulce*): Eine hocharomatische, kleine, sehr flache grüne Chilisorte, die in der Karibik sowie in Kolumbien und Venezuela verwendet

wird. Die Schoten sind nicht scharf, haben jedoch ein intensives, tropisches Zitrusaroma. Die harten, geschmacksneutralen Samen müssen entfernt werden. Man hackt das Fleisch und schwitzt es für eintopfähnliche Gerichte und Suppen mit Zwiebeln und Knoblauch an.
Habanero: Diese Chilis ähneln den *Scotch-Bonnet*, haben aber ein kleines, spitzes Ende. Die Farben variieren, der Geschmack ist feurig. Ihre Heimat soll das Amazonasgebiet sein.
Jalapeño: In Mexiko und den USA werden diese Chilis gern und viel verwendet. Die leicht abgeflachten, etwa 6 cm langen Chilis haben eine dicke Haut und können sehr scharf sein. Sparsam verwenden.
Poblano: Getrocknet heißen die Chilis *Ancho*. Sie sind etwa 10 cm lang und am Stielansatz relativ breit. Vor der Verwendung werden sie meist geröstet und geschält.
Scotch-Bonnet: Diese kleinen Chilis (2,5–4 cm) haben eine flache, laternenähnliche Form. Sie können orange, gelb, grün oder rot sein, sind feurig scharf und in der Karibik besonders beliebt. Meist gibt man sie im Ganzen an eintopfähnliche Gerichte und Suppen und entfernt sie nach dem Garen, sodass sie nicht zu viel Schärfe abgeben. Wer es jedoch scharf mag, sticht mit einer Nadel ein oder zwei Löcher in die Schoten. Gern werden sie auch zu Chilisauce verarbeitet.
Serrano: Sie sind kleiner und heller als *Jalapeños*, aber ebenfalls sehr scharf. *Serranos* eignen sich für alle Gerichte mit frischen scharfen grünen Chilis.
Vogelaugen-Chilis: Diese roten und grünen Chilis (in Thailand heißen sie *Prik-khi-nu*) sind sehr scharf. Oft gibt man sie im Ganzen in Currys oder, in dünne Ringe geschnitten, als aromatische Garnitur darüber.

Chilischoten, ganz, getrocknet, scharf, rot Wenn in einem meiner Rezepte eine ganze getrocknete Chilischote verlangt wird, meine ich damit einen Cayenne-Chili. Chilis werden häufig nach der *Tarka*-Methode (siehe Tarka, Seite 583) einem Gericht zugefügt. Der kurze Kontakt mit sehr heißem Öl intensiviert ihr Aroma, das vor allem Inder schätzen. In pfannengerührten Sichuan-Gerichten werden Chilis auf ähnliche Weise eingesetzt.
Wenn geballte Chilischärfe gefragt ist, lässt man die Schoten einfach während des gesamten Kochvorgangs im Essen ziehen. Um die Samen aus getrockneten Chilis zu entfernen, bricht man den Stielansatz ab und schüttelt die Samen heraus. Manchmal muss man die Chilis sogar in Stücke brechen, um alle Samen ganz entfernen zu können.
In Mexiko, der Heimat vieler Chilisorten, werden die scharfen Schoten für ein intensiveres Aroma traditionell geröstet. Zahlreiche Chilis, die hier frisch in den Handel kommen, haben einen speziellen Namen. Im Folgenden werden einige der getrockneten Sorten beschrieben, die in diesem Buch Verwendung finden:
Ancho: Hierbei handelt es sich um getrocknete Poblanos. Sie sind etwa 10 cm lang, am Stielansatz dick und von variierender Schärfe. Vor der Verwendung muss man sie einweichen oder kochen. Danach werden sie geschält und gehackt oder püriert. Besonders viel Fleisch haben biegsame dunkelrote, dicke Exemplare.
Chipotle: So nennt man getrocknete Jalapeños, die etwa 6 cm lang sind. Da sie sehr dickfleischig sind, lassen sie sich nur schwer in der Sonne trocknen und werden stattdessen über einem kleinen Feuer mit viel Rauch getrocknet. Dabei bekommen sie ein wunderbar rauchiges Aroma. Chipotle gibt es auch in Dosen in angenehm scharfer »Adobo-Sauce« mit leicht süß-rauchigem Geschmack.
Morita: Ich verweise nur auf diese Chilisorte aus Pueblo, da sie schwer zu bekommen ist. Die dicken dunkelroten Chilis sind mittelgroß und haben einen scharfen, aber wunderbar süßlichen Geschmack.

Chinesischer Brokkoli *(Kailan, Gailan)* Diese feine tiefgrüne Kohlart ähnelt geschmacklich dem Brokkoli. Sie bildet jedoch keinen Kopf, sondern besteht aus Blättern, kräftigen Stängeln und kleinen Blütenköpfen. Man bekommt *Kailan* in chinesischen Lebensmittelläden.

Culantro Die schmalen gezackten Blätter dieses Krauts aus der Familie der Edeldisteln *(Eryngium foetidum)* schmecken ähnlich wie Koriandergrün. In Thailand nennt man es *Pak chee farang*, »ausländisches Korianderkraut«. Culantro wird in der Karibik, in Mittelamerika und in Teilen Südostasiens als Gemüse oder Gewürz verwendet. Man erhält es gelegentlich in asiatischen Geschäften, die auch frisches Gemüse anbieten. Falls das Kraut noch Wurzeln hat, können Sie es einpflanzen. Schneiden Sie die Blätter nur so tief ab, dass das Herz nicht beschädigt wird. Feucht gehalten und durch eine durchsichtige Plastiktüte vor Verdunstung geschützt, treibt es mehrmals neu aus.

Cumin siehe Kreuzkümmel

Curryblätter, frisch und getrocknet Diese hocharomatischen Blätter werden in weiten Teilen Indiens und einigen Teilen Südostasiens frisch zum Kochen verwendet. In Indonesien existiert eine Sorte mit etwas größeren Blättern, *Daun salaam* genannt. Im Westen bekommt man sie nun immer häufiger in den entsprechenden Geschäften angeboten. Die frischen Blätter haften noch an ihren Stängeln und können problemlos abgestreift werden. Die Blätter in einem kleinen Gefrierbeutel im Kühlschrank aufbewahren, wo sie sich einige Tage halten. Da sich die Blätter auch einfrieren lassen, kann man ruhig eine größere Menge kaufen, wenn sie gerade frisch angeboten werden, denn sie besitzen ein intensiveres Aroma als getrocknete Blätter. Probieren Sie frisches Thai-Basilikum anstelle der Curryblätter: Es schmeckt deutlich anders, ist aber ein wohlschmeckender Ersatz.

Currypulver Eine Gewürzmischung, die gewöhnlich Gelbwurz (Kurkuma), Kreuzkümmel (Cumin), Koriander- und Senfsamen, rote Chilischoten und Bockshornklee enthält. Die Mischungen variieren in ihrer Würzkraft und Intensität und werden üblicherweise als milde und scharfe Sorten angeboten. Auf Seite 498 stelle ich Ihnen mein Currypulver vor. (Currypulver aus Sri Lanka, ungeröstet, siehe Seite 499)

D

Daikon siehe Rettich, weißer

Dasheen-Blätter Die großen Blätter der Taro erinnern an Lotosblätter, sie haben allerdings eine längliche Herzform. Angebaut wird Taro in den Tropen. Die glutenhaltigen Knollen (in der Karibik heißen sie *Eddoes*, in Indien *Arvi* und auf Zypern *Colocasi*) werden ebenfalls gegessen. Die Stängel kann man schälen und zu den Blättern geben. Diese werden meist in Streifen geschnitten und in Suppen und Eintöpfen verwendet oder in Teig getaucht und frittiert.

E

Epazote Die leicht gezackten Blätter verwendet man frisch in einigen Gerichten der mexikanischen Küche. Bei uns sind sie nur schwer zu bekommen. Als Ersatz kann man Koriandergrün verwenden, das sich in Aussehen und Geschmack jedoch unterscheidet.

Essig Es existieren unzählige Essigsorten, jede mit ganz individuellem/r Aroma und Intensität. Man muss einfach mit ihnen experimentieren und herausfinden, welche man mag. Essig kann aus Reis, Trauben, Zuckerrohrsaft und Kokosnuss-*Toddy* (aus den Blütenständen von Kokospalmen gewonnene Flüssigkeit) hergestellt werden. Eine der mildesten Essigsorten ist der japanische Reisessig. Einen Ersatz können Sie aus 3 Teilen Weißweinessig, 1 Teil Wasser und 1/4 Teil Zucker herstellen.

Essigbeere (Getrockneter Sauerdorn oder Berberitze) Diese säuerlichen, an Zitrone erinnernden Beeren verwendet man in der iranischen Küche. Meist werden sie in etwas Zuckersirup eingeweicht oder gegart, damit sie schön prall werden.

F

Fenchelsamen Die Samen schmecken und sehen aus wie Anissamen, sie sind lediglich größer und dicker. Zum Mahlen 2–3 Teelöffel Fenchelsamen in eine saubere Kaffee- oder Gewürzmühle oder einen Mörser geben und so fein wie möglich mahlen. In einem luftdichten Behälter aufbewahren.

In Nord- und Westindien werden die ganzen Samen für Pickles, Chutneys und Snacks verwendet. Bei Anwendung der *Tarka*-Methode (siehe Tarka, Seite 583) gibt man sie auch gern an pfannengerührte Gerichte, besonders in Bengalen (Ostindien), wo sie Bestandteil der Fünf-Gewürze-Mischung *Panchphoran* (siehe Panchphoran) sind. Fenchelsamen können trocken geröstet und nach einer Mahlzeit als Verdauungshilfe oder Atemerfrischer gekaut werden.

Fünf-Gewürze-Pulver Diese chinesische Gewürzmischung besteht aus Sternanis, Fenchelsamen, Gewürznelken, Zimt und Sichuanpfeffer. In Asialäden und gut sortierten Supermärkten wird sie bereits gemahlen angeboten. Um das Pulver selbst herzustellen, 2 ganze Sternanis, 1 Teelöffel ganze Fenchelsamen, 1 Teelöffel ganze Gewürznelken, 1 Stück Zimtstange oder Cassiarinde (5 cm lang) und 1 Esslöffel Sichuanpfeffer so fein wie möglich zermahlen. Gut verschlossen im Schraubglas aufbewahren.

G

Galgant (auch Laoswurzel, Siamingwer) In Indonesien als *Laos* und *Lengkuas*, in Malaysia als *Langkuas* und in Thailand als *Kha* bekannt. Dieses ingwerartige Rhizom besitzt ein ganz typisches erdiges Aroma. In südostasiatischen Lebensmittelgeschäften kann man es frisch und tiefgekühlt kaufen. In den Currygerichten, für die Galgant benötigt wird, können auch getrocknete Galgantscheibchen verwendet werden. Zur Herstellung einer Currypaste muss man den Galgant vorher einweichen. Frische Wurzeln in mäßig feuchter Erde aufheben.

Garam masala Jeder Haushalt in Indien hat seine eigene Rezeptur für diese Gewürzmischung. *Garam* bedeutet »heiß«, *masala* »Gewürze«. Die Gewürzmischung enthält also traditionell jene Gewürze, die nach der alten ayurvedischen Heilkunde den Körper »erhitzen«. Eine klassische gemahlene Gewürzmischung wird nach folgendem Rezept hergestellt: 1 Esslöffel Kardamomsamen, 1 Teelöffel ganze Gewürznelken, 1 Teelöffel ganze schwarze Pfefferkörner, 1 Teelöffel schwarze Kreuzkümmelsamen, 1 Zimtstange (5 cm lang), 1/3 Muskatnuss und etwas Muskatblüte (Macis) in einer sauberen Kaffee- oder Gewürzmühle oder einem Mörser zu feinem Pulver vermahlen. Häufig wird diese Mischung noch durch ein Lorbeerblatt ergänzt. In einem gut schließenden Behälter aufbewahren. Bei den meisten Rezepten wird *Garam masala* gegen Ende der Garzeit eingestreut, damit das Aroma erhalten bleibt. Die *Garam-masala*-Gewürze können auch im Ganzen verwendet werden. Wenn zwei oder mehr davon an ein Gericht gegeben werden, bezeichnet man die Würzkombination im weitesten Sinn immer noch als *Garam masala*.

In vielen meiner Rezepte wird gekauftes *Garam masala* benötigt, und zwar dann, wenn die intensiven Aromen meiner recht kardamomhaltigen Mischung zu viel des Guten wären. Die milde Fertigversion enthält gewöhnlich einen größeren Anteil an Koriander und Kreuzkümmel.

Gewürznelken In Indien sind Nelken eine wichtige Würzzutat für Bohnen- und Reisgerichte und für die Gewürzmischung *Garam masala*. Kleinere Mengen Nelken werden für einige wenige Thai-Gewürzmischungen und in den Küchen Nordafrikas und des Nahen Ostens verwendet.

Inder tragen in winzigen Silberdöschen die scharf aromatischen Gewürznelken zusammen mit Kardamomkapseln als Mittel für frischen Atem bei sich. Am Ende einer indischen Mahlzeit bietet man als Digestif traditionell eine Betel-Gewürzmischung an, in der ebenfalls Nelken enthalten sind. In Indonesien werden Gewürznelken sogar zum Aromatisieren von Zigaretten verwendet!

Ghee (geklärte Butter) Zum Braten und sogar zum Frittieren geeignet. Da *Ghee* kein Milcheiweiß mehr enthält, muss es nicht gekühlt werden. Es besitzt ein nussiges, buttriges Aroma. Man bekommt es in allen indischen Lebensmittelgeschäften. Wer *Ghee* jedoch selbst herstellen möchte, verfährt wie folgt: 450 Gramm ungesalzene Butter in einem Topf bei niedriger Temperatur sehr sanft köcheln lassen, bis sich die milchigen Eiweißbestandteile bräunlich verfärben und sich entweder an der Innenseite des Topfes absetzen oder auf den Boden sinken. Vorsicht, damit nichts anbrennt. Das *Ghee* durch drei Lagen Musselin abgießen und im Kühlschrank aufbewahren. Ersatzweise kann man Butterschmalz verwenden.

Goraka (*Garcinia cambogia*) Das säuerliche Trockenobst dient als würzende Zutat für gegarte Speisen. Verwendet wird es in Teilen Sri Lankas (hier heißt es *Goraka*) und in Südindien, wo es als *Kodampali* bekannt ist. Ein guter Ersatz für die schwer erhältliche Würzzutat ist das Fruchtfleisch der Tamarinde (siehe Tamarinde) oder Zitronensaft.

Granatapfelkerne (*Anardana*) Diese getrockneten sauren Samen des roten Granatapfels werden in der nordindischen Küche verwendet, besonders als Füllung für *Parathas* und in manchen Gewürzmischungen.

Grober Zucker Ein Zucker aus großen, klaren Kristallen, der in China wie in Indien (hier heißt er *Misri*) Verwendung findet. Er verleiht Saucen einen schönen Glanz.

H

Hefeextrakt Das gelbe Pulver ist reich an Proteinen (es enthält sämtliche Aminosäuren) und B-Vitaminen und wird in Bioläden und Reformhäusern angeboten. Gegen Ende der Garzeit kann man einige Teelöffel davon unter die Speisen rühren.

Hijiki Ein schwarzes Seegras, das reich an Kalzium und Eisen ist. Vor der Verwendung weicht man die winzigen Fäden in warmem Wasser ein; sie werden anschließend bis etwa 5 cm lang.

Hoisin-Sauce Diese dickflüssige, leicht süße Bohnensauce aus China hat einen feinen Knoblauchgeschmack. Man verwendet sie zum Kochen oder als Dip. Erhältlich ist sie in Asialäden und gut sortierten Supermärkten. Übrige Sauce aus der Dose bewahrt man in einem gut verschlossenen Glas im Kühlschrank auf.

Hülsenfrüchte, getrocknete *(Dal)* (Details siehe im Kapitel »Getrocknete Hülsenfrüchte und Nüsse«). Bohnen, Linsen und Kichererbsen werden in der indischen Alltagsküche für suppen- oder eintopfähnliche Gerichte verwendet, manche außerdem als Gewürz oder Bindemittel.
Chana dal: Eine kleine, kräftig gelbe Kichererbse in halbierter Form. Sie ist zarter als die herkömmliche Kichererbse, muss nicht eingeweicht werden und wird in Indien auch zur Herstellung von Kichererbsenmehl verwendet. In Südindien wird sie zudem als Gewürz eingesetzt.
Masoor dal: Rote Linse. Die geschälten ganzen Linsen haben nur eine kurze Garzeit und verkochen zu einem cremigen Püree, die ungeschälten werden als *Sabut masoor* bezeichnet.
Mungobohne: Aus dieser altindischen Bohne werden die Bohnensprossen gezogen. Sie kann enthülst und halbiert verwendet werden, heißt dann *Moong/Mung dal* und wird für dünnflüssige Eintöpfe, Pfannkuchen und ausgebackene Küchlein verwendet.
Toovar dal: Geschälte, halbierte Straucherbse mit erdig-dunklem Geschmack. In Südindien wird daraus *Sambar*, ein suppenartiger Eintopf, zubereitet. Die nordindische Version davon nennt sich *Arhar*.
Urad dal: Eine kleine, geschälte, blassgelbe altindische Bohne von leicht klebriger Konsistenz, die man grundsätzlich zusammen mit Gewürzen gart. Man kann auch ausgebackene Küchlein daraus zubereiten oder sie als Würzzutat verwenden. Es waren wohl Südinder, die entdeckten, dass sich die getrockneten, gespaltenen Bohnen rot färben und ein nussartiges Aroma entwickeln, wenn man sie in heißes Öl gibt (siehe Tarka, Seite 583). Die anschließend in diesem Öl gegarten Zutaten nehmen das Nussaroma an.

I

Ingwer, frisch Dieses Rhizom besitzt einen intensiv scharfen und frischen Geschmack und hat verdauungsfördernde Eigenschaften. Kaufen Sie nur wirklich frischen Ingwer, den Sie an seiner glatten Haut erkennen. Runzlige Knollen haben einen seifigen Geschmack und können ein Gericht verderben. Ingwer schälen und dünne Scheiben abschneiden.
Für Streifen oder winzige Würfel den Ingwer zuerst in ganz dünne Scheiben schneiden, diese aufeinander stapeln und längs in ganz feine Streifen schneiden.
Soll der Ingwer fein gerieben verwendet werden, muss er zuerst geschält und dann auf einer feinen Reibe zu Mus gerieben werden. Trennen Sie das Stück, das gerieben werden soll, möglichst nicht von der großen Knolle ab. Diese dient dann als eine Art Griff und schont so die Fingerspitzen.
Für Ingwersaft drückt man den gewürfelten Ingwer durch eine Knoblauchpresse.
Ingwer sollte an einem trockenen, kühlen Ort aufbewahrt werden. Mit relativ trockener, sandiger Erde bedeckt, kann man nach Bedarf Stücke abbrechen und hat immer auch kleinere Portionen zur Hand, während der Rest der Knolle weiterwächst.

J

Jaggery So nennt man in Indien rohen Rohrzucker in Klumpenform. Er wird in Stücken angeboten, die von größeren Blöcken abgetrennt wurden. Nehmen Sie eine Sorte, die sich leicht zerbröseln lässt und nicht steinhart ist. *Jaggery* bekommt man in indischen Lebensmittelgeschäften.

Japanisches Sieben-Gewürze-Pulver *(Shichimi-togarashi)* Das würzige Pulver erhält man in japanischen Lebensmittelgeschäften. Es handelt sich um eine grob gemahlene Mischung aus roten *Sansho*-Chilis, geröstetem Sesamsamen, geröstetem weißem Mohn oder Hanf, weißem Pfeffer sowie kleinen Stücken Orangenschale und Algen. Als Ersatz eignet sich die Sesam-Gewürzmischung von Seite 497).

Jicama Diese Knolle erinnert an eine große Rote Bete, besitzt jedoch eine grobe, der Kartoffel ähnliche Schale. Jicama wird stets roh verzehrt und muss zuvor dick geschält werden. Heimisch ist sie vermutlich in Mexiko, doch schätzt man sie heute auch in Ländern wie China. Im Fernen Osten wird sie gern in Scheiben für Salate und ähnliche Gerichte verwendet, denn ihr knackiges, festes weißes Fleisch nimmt Dressings sehr gut auf. Wählen Sie beim Kauf Exemplare mit heller, makelloser Schale. Meist gilt: Je kleiner die *Jicama*, desto seltener ist das Fleisch holzig. In Mexico City verkauft man in den Straßen *Jicama*-Scheiben mit etwas Salz, Chilipulver und Limettensaft darüber.

K

Kaffirlimetten, Blätter und Schale Hierbei handelt es sich um eine dunkelgrüne, knubbelige Zitrusfrucht. Sowohl die Schale als auch die Blätter werden in der Küche Südostasiens verwendet. Sie besitzen ein ausgeprägt duftiges Aroma und können nicht durch andere Zutaten ersetzt werden. Wenn in einem Rezept in dünne Streifchen geschnittene Blätter benötigt werden, zuerst die mittlere Blattader entfernen und dann die Blätter mit einer Haushaltsschere in feine Streifen schneiden.
Frische Blätter können eingefroren oder getrocknet werden. Ganze Limetten eignen sich ebenfalls zum Einfrieren. Getrocknete Schale muss vor ihrer Verwendung in Wasser eingeweicht werden. Wenn die Schale weich geworden ist, das Wasser weggießen (es schmeckt bitter) und alle noch an der Schale befindlichen Reste der weißen Haut entfernen.

Kaki, eingelegte *(Umeboshi)* Die in Salzlake eingelegten unreifen Kaki sind eine japanische Spezialität. Zugegebene rote Shisoblätter verleihen ihnen sowohl Farbe als auch Geschmack. Sie enthalten sehr viel Vitamin C, gelten als verdauungsfördernd und werden oft zum Frühstück gegessen. Aus entkernten *Umeboshi* stellt man die Paste *Bainiku* her. Diese wird als Würzmittel und zum Säuern verwendet. Man bekommt die Paste in Flaschen in japanischen Lebensmittelläden, kann sie aus zerdrückten entkernten Kaki aber auch selbst bereiten. Die angebrochene Paste bewahrt man am besten im Kühlschrank auf.

Kalonji siehe Schwarzkümmel

Kardamom, Kapseln und Samen Die kleinen grünen Kapseln sind die Frucht einer ingwerähnlichen Pflanze. Sie enthalten traubenförmig angeordnete schwarze, hocharomatische Samen, die wie eine Mischung aus

Kampfer, Eukalyptus, Orangenschale und Zitrone duften. Ganze Kapseln werden an Reisgerichte gegeben, die gemahlenen Samen bestimmen das Aroma eines *Garam masala* (siehe Garam masala). Kardamom kommt in den meisten Desserts und Süßigkeiten zum Einsatz. Auch würzt man damit Tee und lutscht die Kapseln für einen frischen Atem. Die Samen werden in indischen Lebensmittelgeschäften auch separat verkauft. Falls sie nicht erhältlich sind, kann man sie den Kapseln auch selbst entnehmen.
Grüne Kapseln besitzen das beste Aroma. Weiße Kapseln, die in Supermärkten angeboten werden, wurden gebleicht und sind deutlich weniger intensiv im Geschmack.

Kardamomsamen, gemahlen: Die den Kardamomkapseln entnommenen Samen werden ganz oder gemahlen angeboten. Als Pulver verwendet man sie in Reisgerichten und Desserts.

Kenarinüsse Große Mengen dieser an Mandeln erinnernden Nüsse findet man auf den Molukken, den Gewürzinseln Indonesiens. Sie wachsen an hohen Bäumen, in deren Schatten die empfindlicheren Muskatbäume gedeihen. Die Nüsse werden vielfältig verwendet, etwa zum Aromatisieren und Binden von Currysaucen (vorher reiben), in Ingwertee, Kuchen oder Salatdressings. Als Ersatz eignen sich Mandeln am besten.

Ketjap manis siehe Sojasaucen

Kochu chang In Korea ist diese würzige Paste aus fermentierten Sojabohnen und roten Chilis ein häufiges Würzmittel. Bei uns bekommt man sie nur in koreanischen Lebensmittelläden und asiatischen Supermärkten.
Eine ganz ähnliche Paste kann man allerdings zu Hause selbst herstellen. Dafür 4–5 Esslöffel braunes oder rotes *Miso* (siehe Miso), 1 1/2 Esslöffel rotes Paprikapulver, 1 Teelöffel Cayennepfeffer und 1 Esslöffel Zucker gründlich vermischen.

Kokosmilch Am besten stellt man sie aus frischer Kokosnuss her, sie ist jedoch auch in Dosen erhältlich oder kann aus Kokosmilchpulver, Kokosraspeln oder Blöcken gehärteter Kokoscreme zubereitet werden. Selbst zubereitete Kokosmilch ist generell nicht lange haltbar, das gilt auch für bereits geöffnete Dosen. Im Kühlschrank hält sich beides nicht länger als 2 Tage.

Kokosmilch aus frischer Kokosnuss: Das Fruchtfleisch auslösen (siehe Kokosnuss). Ob die braune Haut entfernt werden muss, hängt vom jeweiligen Gericht ab. Soll es hell und rein aussehen, muss die Haut abgeschält werden. Falls nicht, kann die Haut am Fruchtfleisch bleiben, das anschließend in der Küchenmaschine oder im Mixer puriert wird (siehe Kokosnuss).
Für etwa 350 Milliliter Kokosmilch einen Messbecher bis zur 450-Milliliter-Marke mit frischen Kokosraspeln füllen. Den Inhalt in einen Mixer oder den Mixaufsatz einer Küchenmaschine geben, 300 Milliliter kochend heißes Wasser hinzufügen und ein paar Sekunden mixen. Ein Sieb mit einem Stück Musselin auslegen und über eine Schüssel hängen. Den Inhalt des Mixers in das Sieb schütten, die Tuchenden über dem Siebinhalt zusammenschlagen und die gesamte Flüssigkeit herauspressen. Im Großteil meiner Rezepte wird auf diese Weise gewonnene Kokosmilch benötigt. Gelegentlich wird sie auch als »dicke Kokosmilch« bezeichnet. Soll in einem Rezept »dünne Kokosmilch« verwendet werden, den gerade beschriebenen Vorgang mit der bereits ausgedrückten Kokosmasse und derselben Menge Wasser wiederholen. Lässt man die dicke Kokosmilch eine Weile ruhen, setzt sich an der Oberfläche *Kokoscreme* ab. Aus diesem Grund empfehle ich, Kokosmilch vor ihrer Weiterverwendung immer umzurühren. Wird nur die Kokoscreme benötigt, diese von der Oberfläche abschöpfen.

Kokosmilch aus getrockneten Kokosraspeln: 120 Gramm getrocknete Kokosraspel in eine Kasserolle füllen, 600 Milliliter Wasser hinzufügen und kurz köcheln lassen. Den Topfinhalt in einen Mixer oder den Mixaufsatz einer Küchenmaschine schütten und 1 Minute mixen. Ein Sieb mit einer doppelten Lage Musselin auslegen, die entstandene Masse hineinfüllen und so viel Flüssigkeit herauspressen wie möglich. Dies sollte etwa 350 Milliliter dicke Kokosmilch ergeben. Wird der Vorgang mit derselben Menge Wasser und der bereits ausgedrückten Kokosmasse wiederholt, erhält man weitere 450 Milliliter dünne Kokosmilch.

Kokosmilch in Dosen: Sie ist in den meisten asiatischen Geschäften erhältlich, doch von unterschiedlicher Qualität. Ich persönlich verwende sehr oft und gern die Marke »Chaokoh«, ein thailändisches Produkt. Die Kokosmilch ist weiß, cremig und wirklich köstlich. Da sich die Kokoscreme in einer Dose häufig an der Oberfläche absetzt, die Kokosmilch vor der Verwendung immer durchrühren. Aufgrund des enthaltenen Fetts kann die Milch auch richtiggehend körnig werden. Dann einige Sekunden im Mixer aufschlagen oder gründlich durchrühren. Ich habe die Erfahrung gemacht, dass man frische Kokosmilch sehr lange mitschmoren lassen kann, während Kokosmilch aus der Dose besser erst gegen Ende des Garvorgangs hinzugefügt werden sollte, da sie sich beim Kochen anders verhält. In Dosen abgefüllte Kokosmilch ist gewöhnlich sehr dickflüssig, da sie Bindemittel enthält. Daher wird in den Rezepten oft verdünnte Kokosmilch verlangt, wenn Kokosnussmilch aus der Dose verwendet wird.

Kokosmilchpulver: Mittlerweile wird in orientalischen Lebensmittelgeschäften oder Supermärkten auch abgepacktes Kokosmilchpulver angeboten, allerdings mit großen Qualitätsunterschieden. Kokosmilchpulver von schlechter Qualität enthält schwer aufzulösende Fettkügelchen. Die malaysische Marke »Emma« bietet eine akzeptable Qualität. Eine Anleitung zur Herstellung der Kokosmilch befindet sich auf der jeweiligen Packung. Gewöhnlich vermischt man dazu Pulver und Wasser zu gleichen Teilen und rührt sehr gründlich. Eventuelle Klümpchen entfernt man durch Abgießen durch ein feinmaschiges Sieb. Auf diese Weise zubereitete Kokosmilch gibt man erst gegen Ende der Garzeit an ein Gericht.

Gehärtete Kokosmilch: In Blöcken erhältlich; kann ebenfalls zur Herstellung von Kokosmilch verwendet werden. Ich empfehle diese Methode jedoch nicht, wenn man größere Mengen Kokosmilch benötigt. Falls lediglich ein paar Esslöffel davon gebraucht werden, kann man beispielsweise 2 Esslöffel gehärtete Kokosmilch mit 2 Esslöffeln heißem Wasser verrühren. Die so gewonnene dicke Kokosmilch sollte erst im letzten Moment unter die Speisen gemischt werden.

Kokosnuss, frische Beim Kauf einer Kokosnuss ist immer darauf zu achten, dass sie keine schimmeligen Stellen oder Risse aufweist. Am besten schüttelt man die Kokosnuss. Wenn sie viel Wasser enthält, erhöht dies die Chance, dass man eine gute Kokosnuss erwischt hat. Üblicherweise wiegt man in jeder Hand jeweils eine Kokosnuss und wählt dann die schwerere.

Im Westen sollte man auf Nummer sicher gehen und gleich zwei Kokosnüsse kaufen.

Zum Öffnen der Kokosnuss mit der stumpfen Seite eines Küchenbeils kräftig am so genannten »Äquator« der Schale entlang schlagen. Dabei die Kokosnuss mit der einen Hand über eine große Schüssel halten und mit der anderen Hand schlagen. Oder die Kokosnuss auf einen Stein stellen, die Schale bearbeiten und, sobald sich der erste Riss zeigt, das Kokoswasser schnell in einer Schüssel auffangen. Kokoswasser ist ein sehr schmackhaftes Getränk. Es wird allerdings nicht zum Kochen verwendet, ist jedoch ein guter Indikator für die Süße und Frische einer Kokosnuss.

Zunächst ein kleines Stückchen Fruchtfleisch herausschneiden und probieren. Es sollte süßlich schmecken. Falls die Süße nicht besonders intensiv ist, ist das kein Problem. Das Innere sollte jedoch auf gar keinen Fall ranzig oder schimmelig sein. Nun die harte äußere Schale entfernen, indem ein Messer zwischen Schale und Fruchtfleisch getrieben und das Fruchtfleisch herausgehebelt wird. Möglicherweise erleichtert es die Prozedur, wenn man dazu die Schale in handliche kleine Stücke bricht.

Das ausgelöste Fruchtfleisch besitzt eine dünne braune Haut. Falls im Rezept frische Kokosraspel verlangt werden, die Haut mit einem Sparschäler oder einem Messer abschälen, das Fruchtfleisch in kleine Würfel schneiden und in der Küchenmaschine oder im Mixer pürieren. Das Ergebnis ist keine Paste, sondern ähnelt Kokosraspeln. Was nicht gebraucht wird, kann eingefroren werden; denn Kokosraspel eignen sich sehr gut zum Einfrieren, und man hat sie schnell küchenfertig zur Hand.

Kokum Hierbei handelt es sich um die weiche, halb getrocknete, säuerliche Haut einer der Mangostane ähnlichen Frucht *(Garcinia indica)*, die an der Küste Indiens wächst. Man verwendet sie wie Tamarinde als säuerliche Würze. Sie kann recht salzig schmecken und sollte sparsam eingesetzt werden. Um das Austrocknen zu vermeiden, bewahrt man sie in einem luftdichten Behälter auf. *Kokum* wird selten mitgegessen, sondern meist im Topf oder der Servierschüssel belassen.

Kombu Der grüne, kalziumreiche Zuckerriementang wird in Japan vor allem zur Herstellung von *Dashi*, der berühmten Brühe, verwendet. Im Handel bekommt man ihn auch als *Dashi-Kombu*. Seine Form erinnert an lange, große Blätter, und er wird entweder gefaltet oder in kleinen Stücken angeboten. *Kombu* darf man nicht waschen, da er sonst sein Aroma verliert. Er wird kurz vor der Verwendung nur mit einem feuchten Tuch abgewischt. Dann lässt man ihn leicht köcheln, niemals stark kochen. Die Qualität erkennt man meist an der Höhe des Preises.

Koriander
Blätter, Wurzeln und Stängel: Dies ist die Petersilie des östlichen und westlichen Asiens. Normalerweise werden nur die zarten, wohlriechenden grünen Blätter verwendet. In Thai-Currys findet die ebenso aromatische Korianderwurzel, gerieben oder gehackt, jedoch ebenfalls Verwendung. Sie sollte gründlich gesäubert werden. Für manche Gerichte benötigt man die Stängel, die gewöhnlich quer in winzige Stückchen geschnitten werden. Nach dem Kauf von frischem Koriander sollte man diesen mit den Blättchen nach oben in einen Gefrierbeutel stecken und mit den Stängelenden in einem Glas mit Wasser in den Kühlschrank stellen. Nach Bedarf Blätter, Stängel und Wurzeln abbrechen, den Rest weiterhin kühl stellen. Das Wasser täglich erneuern, unansehnlich gewordene Blätter entfernen.
Samen, ganz und gemahlen: Die runden beigefarbenen Samen sind im Nahen Osten und Südeuropa beheimatet. Sie werden im Ganzen oder gemahlen angeboten. Man kann sie auch in einer sauberen Kaffee- oder Gewürzmühle oder einem Mörser selbst mahlen und durch ein feinmaschiges Sieb rieseln lassen, um gröbere Teile herauszufiltern. Für gerösteten gemahlenen Koriander einige ganze Samen in einer kleinen gusseisernen Pfanne bei mittlerer Temperatur einige Minuten unter Rühren rösten, bis sie einen dunkleren Farbton angenommen haben und zu duften beginnen. Mahlen und bei Bedarf sieben. In einem dicht schließenden Gefäß aufbewahren. Man kann aus Koriandersamen selber Korianderkraut ziehen. Die Samen (in gut sortierten Samenhandlungen erhältlich) dünn mit Erde bedecken und feucht halten.

Kreuzkümmel (Cumin), ganz und gemahlen Diese Samen ähneln dem Kümmel, sind jedoch etwas größer, dicker und von hellerer Färbung. Auch im Geschmack ähneln sie dem Kümmel, sie schmecken lediglich sanfter und süßlicher. Die Samen werden sowohl ganz als auch gemahlen verwendet. Bei Kreuzkümmel wird sehr häufig die *Tarka*-Methode (siehe Tarka, Seite 583) angewendet, durch die sich das Aroma intensiviert und leicht nussig schmeckt. Das Gewürz – man nimmt an, dass es ursprünglich aus dem Norden Ägyptens oder dem Nahen Osten stammt – hat sich zu einer der wichtigsten Zutaten in den Küchen Indiens und Marokkos entwickelt. Es wird außerdem in Spanien, Mexiko und in weiten Teilen des Nahen Ostens verwendet. Gemahlener Kreuzkümmel ist fester Bestandteil zahlreicher Gewürzmischungen. Wird in einem Rezept gerösteter und gemahlener Kreuzkümmel verlangt, gibt man ein paar Esslöffel ganze Samen in eine kleine gusseiserne Pfanne und röstet sie unter Rühren einige Minuten bei mittlerer Temperatur, bis sie einen dunkleren Farbton angenommen haben und zu duften beginnen. In einer sauberen Kaffee- oder Gewürzmühle oder einem Mörser mahlen. In einem dicht schließenden Gefäß aufbewahren.
Schwarzer Kreuzkümmel: Eine seltene und daher teurere Kreuzkümmelsorte mit süßlicher schmeckenden, kleineren und zarteren Samen. Ihre milde Schärfe harmoniert perfekt mit den anderen Gewürzen der Mischung *Garam masala* (siehe Garam masala). Die Samen können auch ohne Fett in einer Pfanne angeröstet und im Ganzen über Reis-Pilaws gestreut werden.

Kurkuma (Gelbwurz) Das frische Rhizom aus der Familie der Ingwergewächse ist innen leuchtend orangefarben und erhält erst beim Trocknen seinen kräftigen gelben Farbton, der für viele indische Gerichte so typisch ist. Da Gelbwurzpulver preiswert ist und noch dazu antiseptisch wirkt, wird es bei der Zubereitung von Hülsenfrüchten und Gemüse großzügig eingesetzt.

L
Limette, persische, getrocknet Getrocknete persische Limetten sind einzigartig. Man erhält sie in Geschäften mit nahöstlichem Lebensmittelangebot. Sie sind sehr hart und innen hohl. Geöffnet werden sie durch einen gezielten Schlag mit dem Holzhammer, wodurch sie in 3–4 Teile zerbrechen. Verwendet wird das schwarze Innere, das man herausziehen oder -kratzen muss und in einer Schüssel auffängt. Dabei die bitteren Samen entfernen und weg-

werfen. Das »schwarze Gold« wird in einer sauberen Kaffee- oder Gewürzmühle oder einem Mörser gemahlen und in einen luftdichten Behälter gefüllt. Am besten immer 2–3 Limetten auf einmal verarbeiten. So erhält man zwar eine größere Menge als benötigt, weniger Früchte sollten jedoch nicht verarbeitet werden, da das Mahlwerk der Mühle sonst nicht richtig funktioniert. Als Ersatz frisch gepressten Limettensaft verwenden.

M

Mandarinenschale, getrocknet Die getrocknete Schale von Mandarinen wird zum Kochen verwendet. Sie unterscheidet sich von eingelegter gewürzter Mandarinenschale, die man meist als Snack aus der Hand isst.

Melonensamen Geschälte Melonensamen werden in indischen Lebensmittelläden als Zutat für Getränke und weiße Saucen angeboten.

Minari Dieses koreanische Würzkraut bekommt man bei uns nur in Supermärkten mit koreanischen Lebensmitteln. Es sieht wie eine große Varietät der Petersilie aus, hat aber ein ganz eigenes Aroma. Zum Kochen verwendet man meist nur die langen Stängel. Als Ersatz empfehle ich die Stängel der glatten Petersilie.

Mirin Süßer Reiswein (siehe Sake), stammt aus der japanischen Küche. Angeboten wird er in japanischen Lebensmittelläden und gut sortierten Supermärkten, mitunter als *Aji-Mirin*. Wer ihn nicht bekommt, bereitet ihn aus der jeweils gleichen Menge *Sake* und Zucker selbst. Schwach kochen, bis sich der Zucker gelöst hat und die Mischung um die Hälfte reduziert ist.

Miso Die japanische Paste wird aus fermentierten Sojabohnen und zusätzlichem fermentiertem Getreide hergestellt. Bei uns ist unter anderem das rötlich braune *Aka-Miso* gut erhältlich. *Miso* wird in Bioläden und gut sortierten Supermärkten angeboten – mitunter als rotes, braunes, gelbes oder weißes *Miso*. In Japan ist *Miso* in fast jeder Farbe und Konsistenz erhältlich. Man verwendet es für Suppen und eintopfähnliche Gerichte, gibt es vor dem Grillen über Gemüse, etwa Auberginen, oder nimmt es für Pickles und Dressings. Für Suppen muss *Miso* zuvor in Wasser aufgelöst und abgeseiht werden. In Japan lässt man es niemals kräftig kochen, doch in Korea, wo man eine ähnliche Paste *(Toen chang)* verwendet, ist das Kochen durchaus erlaubt.

Mohnsamen, weiße In Indien kommen nur die weißen Mohnsamen zum Einsatz, hauptsächlich zum Binden von Saucen. Zuvor auf kleine Steinchen untersuchen, in kochend heißem Wasser (1 Esslöffel Wasser auf 1 Teelöffel Mohn) 2 Stunden einweichen. Anschließend nach Rezept einsetzen.

Muskatnuss und Muskatblüte (Macis) Die getrockneten Samen einer runden, birnenähnlichen Frucht. Als Muskatblüte bezeichnet man die spitzenstoffähnliche rote Umhüllung der Samen, die sich beim Trocknen gelblich orange färbt. Beide Gewürze sind von warmem, süßlichem und leicht kampferartigem Geschmack, wobei Macis zusätzlich eine leicht bittere Note besitzt. Sowohl Muskatnuss als auch Muskatblüte werden in diesem Buch für die Gewürzmischung *Garam masala* (siehe Garam masala) benötigt. Eine Muskatnuss lässt sich dafür problemlos mit einem Hammer zerbrechen. Sie sollte immer luftdicht aufbewahrt werden, da sich ihr Aroma leicht verflüchtigt.

N

Nori Diese äußerst vitaminreichen Algen werden getrocknet und geröstet, sodass papierdünne Blätter entstehen. Je dunkler die Noriblätter sind, desto besser ist ihre Qualität. Im 17. Jahrhundert wurden sie in der Bucht von Tokio erstmals kultiviert und in den Städten des Distrikts Asakusa verarbeitet. Die Umweltverschmutzung macht dies heute unmöglich, doch die Bezeichnung *Asakusa-Nori* ist immer noch gebräuchlich. In japanischen Lebensmittelläden und gut sortierten Supermärkten bekommt man sie meist als Blätter von 18×20 cm Größe.

Damit sich das Aroma entfaltet, werden die Blätter über einer niedrigen Flamme von einer Seite leicht geröstet. Man verzehrt sie einfach so, gibt sie zerkrümelt über Reis und Nudeln oder verwendet sie für Sushi. Im luftdichten Behälter aufbewahren.

Nudeln Im Folgenden werden einige im Westen weniger bekannte Nudelsorten näher erläutert:
Frische chinesische Eiernudeln: Im chinesischen Lebensmittelgeschäft heißen frische Eiernudeln *Lo-mein*, im japanischen *Ramen*. Für 4–6 Personen benötigt man 450 Gramm. Bei einer kleineren Menge empfiehlt es sich, die frischen Nudeln sofort zu teilen und die nicht benötigten Nudeln verpackt im Kühlschrank aufzubewahren. Den Rest stellt man bis zur Verwendung ebenfalls kalt. Tiefgekühlte Nudeln taut man zügig in kochendem Wasser auf und rührt sie sofort durch. Zum Garen gibt man sie in einen großen Topf mit kochendem Wasser. Sobald das Wasser wieder aufwallt, wird eine Tasse frisches Wasser hinzugegossen. Den Vorgang dreimal wiederholen, bis die Nudeln gerade weich sind. Abgießen und nach Rezeptangaben verwenden.
Getrocknete chinesische Eiernudeln: Wer keine frischen Eiernudeln bekommt, kann auch getrocknete verwenden. Sie sind in den meisten Asialäden erhältlich und werden nach derselben Methode gegart wie die frischen Nudeln. Manche Sorten garen sehr schnell, darum rechtzeitig die Garprobe machen.
Frische Reisnudeln: Diese glatten weißen Nudeln schmecken wirklich köstlich. In Südostasien gibt es sie in den verschiedensten Größen und Formen. Frisch halten sie sich im Allgemeinen nur 1 Tag. Viele Sorten müssen gar nicht erst gekocht, andere nur kurz erwärmt werden. Leider sind frische Reisnudeln bei uns kaum erhältlich.
Getrocknete Reisnudeln: Im Westen muss man sich mit getrockneten Reisnudeln behelfen. Für die meisten Rezepte in diesem Buch kann man *Banh pho* oder andere flache Reisnudeln verwenden. Sie werden etwa 30 Minuten in warmes Wasser gelegt, bis sie weich sind, und anschließend sehr kurz in einem Topf mit kochendem Wasser gegart. Abgießen und vor ihrer Weiterverwendung nach Rezeptangabe mit kaltem Wasser abspülen, um die überschüssige Stärke zu entfernen. Sollen die Nudeln erst später verarbeitet werden, diese mit etwas Öl vermischen, abdecken und beiseite stellen. Zum Aufwärmen für 1–2 Sekunden in kochendes Wasser tauchen oder in die Mikrowelle stellen.
Soba-Nudeln: Hierbei handelt es sich um dünne japanische Buchweizennudeln, die häufig kalt verzehrt werden. Sie werden wie Pasta in reichlich kochendem Wasser gegart. Wenn sie gerade eben gar sind, abgießen und gründlich mit kaltem Wasser abspülen.
Somen-Nudeln: Diese dünnen japanischen Weizennudeln werden üblicherweise in 450-Gramm-Päckchen angeboten. Der Inhalt besteht aus 5 Nudelbündeln. Die Nudeln in kochendes

GLOSSAR

Wasser geben und 1–2 Minuten kochen oder so lange, bis sie gerade gar sind. Abgießen und mit kaltem Wasser abspülen, um einen Teil der Stärke zu entfernen. Diese Nudeln werden in südostasiatischen Rezepten oft als Ersatz für frische Reisnudeln verwendet.
Udon-Nudeln: Leicht abgerundete oder flache japanische Weizennudeln. Bei uns bekommt man sie problemlos in getrockneter Form. Gekocht werden sie wie frische chinesische Eiernudeln. Anschließend mit kaltem Wasser abspülen, um die überschüssige Stärke zu entfernen.

O

Öle Für die meisten Rezepte in diesem Buch empfehle ich die Verwendung von Erdnuss-, Weizenkeim- oder Olivenöl. Nach dem Frittieren kann es ein weiteres Mal verwendet werden. Dazu mit einem Schaumlöffel alle Partikel herausfischen und anschließend ein Stück Ingwer oder Kartoffel in das heiße Öl einlegen, es absorbiert eine ganze Menge unerwünschter Aromen. Wenn das Öl so weit abgekühlt ist, dass man sich nicht mehr daran verbrennen kann, wird es durch eine dreifache Lage Musselin abgegossen. Vollständig abkühlen lassen und zum Aufbewahren in eine Flasche füllen. Bei der Wiederverwendung immer altes Öl zu gleichen Teilen mit frischem Öl mischen.
Olivenöl: Ein Öl von mildem Geschmack mit mindestens 4 Prozent Ölsäure ist die beste Wahl, wenn der Geschmack des Öls nicht hervorstechen soll. Es wird normalerweise unter der Bezeichnung »Olivenöl« angeboten.
Natives Olivenöl extra: Dieses hochwertige Olivenöl wird kalt gepresst, auf eine chemische Behandlung wird dabei verzichtet. Es enthält höchstens 1 Prozent Ölsäure und ist meist recht teuer. Besonders gut schmeckt extra natives Olivenöl in Salaten und als abrundendes Würzmittel, aber man kann damit auch viele unterschiedliche Speisen zubereiten.
Orientalisches Sesamöl (geröstet): Sesamöl kann ebenso geschmacksarm und blass gefärbt sein wie zahlreiche andere universell einsetzbare Ölsorten. In Ostasien stellt man aus zerstoßenen Sesamsamen jedoch auch ein reineres Sesamöl her. Es dient zur letzten Verfeinerung vieler Speisen, wird allerdings nur in kleinen Mengen verwendet. Dieses Öl ist braun gefärbt und hat einen ausgeprägten Sesamgeschmack.

Senföl: Dieses Öl besitzt dieselben Charakteristika wie die Samen, aus denen es hergestellt wird. Roh riecht es scharf und stechend. Wird es erhitzt, verfliegt die Schärfe (deutlich wahrnehmbar in der Küche), und das Öl entwickelt ein süßliches Aroma. Es wird in der indischen Küche verwendet und findet sich in den meisten indischen Pickles, die mit Öl zubereitet werden. Darüber hinaus eignet es sich vorzüglich als Massageöl! Da es jedoch mehr Erucasäure enthält, als dies in der westlichen Ernährung erlaubt ist, empfehle ich in vielen Rezepten in diesem Buch natives Olivenöl extra als Ersatz. Es ist ebenso kraftvoll und aromatisch, doch von ganz anderer Natur.

P

Palmzucker Ein köstlicher honigfarbener Rohzucker, der gern in Süd- und Südostasien verwendet wird. In Asialäden wird er sowohl in Dosen als auch in einfachen Plastikbehältern angeboten. Es gibt ihn in Stücken und in einigermaßen rieselfähiger Qualität. Der bestmögliche Ersatz ist der indische *Jaggery* (beim Kauf darauf achten, dass er nicht zu hart ist) oder brauner Zucker. Luftdicht verschlossen ist er gut haltbar.

Panchphoran (Fünf-Gewürze-Mischung) Diese typisch bengalische Gewürzmischung besteht zu gleichen Teilen aus Fenchelsamen, Senfsamen, Bockshornkleesamen, Kreuzkümmel und *Kalonji* (Schwarzkümmel).

Pandanblätter Die Blätter des Schraubenbaums *(Pandanus odorus)*, einer Palmenart, quasi die Vanille Südostasiens, sind in Thailand als *Daun paandaan* und in Sri Lanka als *Rampe* bekannt. Die frischen Pandanblätter verleihen den Speisen ein süßliches, intensiv tropisches Aroma. In Geschäften mit südostasiatischem Lebensmittelangebot sind die langen, schmalen Blätter manchmal frisch erhältlich. Benötigt man nur um das Aroma, kann man die grüne Essenz verwenden, die in kleinen Fläschchen mit der Aufschrift »Pandan« angeboten wird. In Indien wird aus den Blütenscheiden einer etwas größeren Pandanus-Art *(Pandanus odoratissimus)* eine Flüssigkeit mit deutlich blumigem Aroma hergestellt, die *Kewra* genannt wird. Sowohl pikante als auch süße Gerichte und die verschiedensten Drinks werden damit aromatisiert. Synthetische Essenzen überschwemmen den Markt.

Falls Sie jedoch die Möglichkeit haben, die natürliche Essenz zu bekommen, sollten Sie unbedingt zugreifen.

Pappadam Auch *Papad* genannt. Hierbei handelt es sich um hauchdünne, knusprige Fladen, die aus getrockneten Kichererbsen hergestellt werden. In indischen Lebensmittelgeschäften werden sie entweder ungewürzt oder mit schwarzem Pfeffer, Knoblauch oder roten Chilis angeboten. Sie sollten geröstet oder ein paar Sekunden in heißem Öl frittiert werden. Man serviert sie als Beilage zu den meisten vegetarischen indischen Gerichten oder zu Drinks.

Pekannüsse Diese feinaromatischen Nüsse sind in den südlichen Staaten der USA heimisch, werden inzwischen aber auch in Mexiko verstärkt angebaut. Man bewahrt sie im Tiefkühlfach auf, denn wegen des hohen Fettgehalts werden sie leicht ranzig.

Pflaumensauce Diese süßsaure Sauce aus China bekommt man in Flaschen und Dosen in chinesischen Lebensmittelläden. Nach dem Öffnen im Kühlschrank aufbewahren.

Pilze Es existieren Hunderte verschiedener Pilzarten, angefangen bei winzigen, stecknadelkopfgroßen bis zu kräftigen, fleischigen Exemplaren. Im Folgenden stelle ich die asiatischen und möglicherweise weniger bekannten Sorten vor:
Austernpilze gehören (wie auch *Shiitake*) zu den mittlerweile überall frisch angebotenen Pilzen der östlichen Welt – zart und köstlich in pfannengerührten Gerichten.
Getrocknete chinesische Pilze (Tongu): Sie sind in den meisten Asialäden erhältlich und sind bei uns vor allem unter dem japanischen Namen *Shiitake* bekannt. Generell ist der Preis ein guter Indikator für Qualität. Je dicker und heller die Pilzhüte, desto fleischiger die Konsistenz. Sie müssen vor ihrer Verwendung in viel warmem Wasser eingeweicht werden. Wenn sie weich sind, herausnehmen und die harten Stiele entfernen. Das Einweichwasser durch ein Sieb abgießen und aufbewahren. Man kann es für Fonds verwenden oder Gemüse darin garen.
Mu-err: Die auch als Wolkenohr bekannten Pilze sind eine Spezialität aus der Küche der chinesischen Provinz Sichuan. Im Handel werden sie getrocknet angeboten. Beim Einweichen quellen sie deutlich auf, harte

Stellen werden mit den Fingern entfernt. Die relativ sandigen Pilze müssen gründlich gewaschen werden. Sie besitzen keinen ausgeprägten Geschmack, ihre Textur verleiht Gerichten jedoch einen angenehmen Biss. Es heißt, *Mu-err* sollen vor Herzerkrankungen schützen. In der Regel sollte man die kleinen, zarteren Exemplare verwenden.

Strohpilze: Frisch schmecken die eiförmigen, fleischigen Pilze wirklich köstlich. Leider werden sie bei uns nur selten frisch angeboten. Strohpilze aus der Dose sind dagegen gut erhältlich. Sie werden vor der Verwendung abgegossen, abgespült und längs halbiert.

Pinienkerne Man bekommt sie bei uns mittlerweile in jedem gut sortierten Supermarkt. Sehr gut schmecken sie geröstet. Dafür die Pinienkerne in einer gusseisernen Pfanne unter Rühren erhitzen, bis sie goldbraun sind.

R

Reis, geröstet und gemahlen In weiten Teilen Südostasiens, wie beispielsweise Thailand, Laos und Vietnam, wird Reis ohne Zugabe von Fett in einem Wok geröstet und anschließend zu einer Art Reismehl vermahlen. Dieses nussig schmeckende Pulver wird zum Aromatisieren und zum Binden von Speisen verwendet. Im Allgemeinen nimmt man dafür Klebreis, einfacher Langkornreis ist jedoch eine gute Alternative. Zum Rösten eine kleine gusseiserne Bratpfanne bei mittlerer Temperatur sehr heiß werden lassen. Nun etwa 4 Esslöffel Reis hineingeben und unter Rühren mittelbraun rösten. Es kann passieren, dass einige Reiskörner dabei zischend zu hüpfen beginnen. Den Reis auf einem Teller abkühlen lassen. Anschließend in einer sauberen Kaffee- oder Gewürzmühle oder einem Mörser zu Reismehl vermahlen und in einem gut schließenden Behälter aufbewahren.

Reis-Vermicelli Diese sehr feinen getrockneten Reisnudeln kann man in ein paar Sekunden goldgelb und knusprig frittieren. Man kann sie aber auch mehrere Stunden in warmem Wasser einweichen, abgießen und für 2 Minuten in kochendes Wasser geben. Sie werden in vielen Teilen Ostasiens verwendet.

Rettich, eingelegter Diese langen weißen Rettiche werden in Salz und Zucker eingelegt. Sie sind relativ trocken und haben eine gelblich braune Farbe. Vermutlich stammen sie aus China, finden jedoch in ganz Ostasien Verwendung. Man gibt sie gehackt an Speisen, denen sie ein reiches Aroma verleihen. Angeboten werden sie in Asialäden. Wer jedoch nicht fündig wird, verzichtet am besten darauf, denn es gibt im Grunde keinen Ersatz dafür.

Rettich, weißer *(Daikon/Mooli)* Der »Rettich des Ostens«, der in diesem Buch verwendet wird, ist groß, dick und mild. Sein Durchmesser kann bis zu 7,5 cm betragen. Vor seiner Verwendung sollte er gründlich geschält werden, dazu mit einem Messer dicke Streifen abschälen. Ein Sparschäler ist meiner Erfahrung nach ungeeignet, da dieser lediglich eine dünne Schicht der Schale entfernt. In Japan wird der weiße Rettich *Daikon* genannt, in Indien *Mooli*. Er ist in allen Asialäden erhältlich.

Rosenblütenblätter, getrocknet Weit verbreitet in maurisch und muslimisch beeinflussten Küchen wie Indien, Persien und Marokko. In Geschäften mit nahöstlichem Lebensmittelangebot erhältlich. Wer die Blätter selbst trocknen möchte, sollte stark duftende, ungespritzte Rosen wählen.

Rote Bohnenpaste, süße Im Fernen Osten ist die Paste etwa so beliebt wie bei uns Schokolade. Man stellt sie aus roten Adzukibohnen und Zucker her, was sich als einfach, aber zeitaufwendig erweist. Angeboten wird sie in Dosen in chinesischen Lebensmittelläden. Man verwendet sie in zahllosen Süßspeisen, vor allem als Füllung für Backwaren.

S

Safran Bereits im alten Griechenland, Rom, dem alten Persien und Indien bekannt. Bei diesem hochgeschätzten Gewürz handelt es sich um die ganzen getrockneten Blütennarben einer Herbstkrokusart *(Crocus sativus)*. In diesem Buch verwende ich nur ganze Safranfäden. Da Safran sehr teuer ist, wird er in gemahlener Form häufig mit preiswerteren Gewürzen gestreckt. In Indien wird Safran oft angeröstet, bevor er zur Aktivierung der Färbekraft in ein wenig heißer Milch eingeweicht wird. Mit dieser Milch übergießt man dann den Reis, beispielsweise für Gerichte wie *Biryani*, was ihm die typischen orangefarbenen Akzente verleiht. Im Iran zerstößt man Safran vor seiner Verwendung in Speisen mit einem Zuckerwürfel und weicht ihn in einem butterhaltigen Sirup ein. Auch so wird seine Färbekraft aktiviert. In der europäischen Küche wird gern eine winzige Prise in Brühe aufgelöster Safran für Risotto und Suppen verwendet.

Sake Japanischen Reiswein verwendet man in der Küche wie auch als Getränk. Getrunken wird er entweder gekühlt oder erwärmt. Dafür füllt man eine kleine Menge in eine Keramikflasche und erhitzt sie im Wasserbad auf 54 °C. Die Flaschen werden geleert, solange der Sake noch warm ist.

Sansho Auch als »Japanischer Pfeffer« bekannt. Wie der Sichuanpfeffer gehört er in die Familie der Rautengewächse, unterscheidet sich jedoch deutlich im Aroma. In japanischen Lebensmittelläden bekommt man ihn bereits gemahlen.

Schnittknoblauch (oder China-Lauch) Die grasähnlichen Blätter des Schnittknoblauchs schmecken intensiv nach Knoblauch. Zur Blütezeit werden sie auch mit den Blütenknospen verkauft. Schnittknoblauch passt gut zu pfannengerührten Gerichten. Als Ersatz eignet sich Schnittlauch, den man mit den jungen Knospen verwenden kann.

Schwarze Bohnen, eingesalzen Hierbei handelt es sich um eingesalzene, gewürzte und fermentierte Sojabohnen. In getrockneter Form bekommt man sie in Plastikbeuteln und Gläsern. Vor der Verwendung werden sie leicht abgespült, um überschüssiges Salz zu entfernen, und gehackt. Man bekommt sie aber auch in Dosen als »Schwarze Bohnen in salziger Sauce«. Sie werden einfach abgegossen, gehackt und nach Rezeptangabe verwendet.

Schwarzer Pfeffer Die ganzen Körner des in Indien heimischen Pfeffers gibt man an Reis- und Fleischgerichte, um ihnen ein mildes, pfeffrig-zitroniges Aroma zu verleihen. Bevor der Chili nach 1498 aus der Neuen Welt ins Land kam, verwendeten besonders die Südinder gemahlenen Pfeffer sehr großzügig. Für einige südindische Gerichte werden Pfefferkörner vor ihrer Verwendung leicht angeröstet, denn dies setzt ihr zitronenartiges Aroma frei.

Schwarzkümmel *(Kalonji)* Diese aromatischen schwarzen Samen – sie stammen vermutlich aus dem südlichen Kaukasusgebiet – werden von der Türkei bis nach Indien in großzügigen Mengen zum Aromatisieren von Fladenbroten eingesetzt. In Indien sind sie zudem ein wichtiges Gewürz für Pickles und ein Bestandteil der bengalischen Gewürzmischung *Panchphoran* (siehe Panchphoran). Wegen des intensiven oreganoähnlichen Geschmacks sollte man Schwarzkümmel eher zurückhaltend verwenden.

Senfsamen, braun und gelb Von den drei existierenden Senfsorten weiß (eigentlich gelblich), braun (rötlich braun) und schwarz (etwas größer, bräunlich schwarz) verwende ich in diesem Buch ausschließlich die braune und die gelbe Sorte, die sich auch gegenseitig ergänzen können. Allen Senfsorten gemeinsam ist der beißende Geruch, der scharf in die Nase zieht, wenn sie zerquetscht werden. Gibt man sie jedoch nach der *Tarka*-Methode (siehe Tarka, Seite 583) in heißes Öl und lässt sie bei aufgelegtem Deckel in der Pfanne hüpfen, entwickeln sie ein geradezu nussiges und süßliches Aroma. In Indien kommen beide Methoden zum Einsatz, ge-legentlich sogar in ein und demselben Rezept.

Mit ganzen, in heißem Öl gerösteten Senfsamen würzt man Gemüsegerichte, Hülsenfrüchte, Joghurt-Relishes, Salate und Reisgerichte, mit zerquetschten Samen Saucen und Pickles.
Geschälte Senfsamen: Diese werden, soviel ich weiß, nur in Indien und dort hauptsächlich zum Einlegen und für scharfe Saucen verwendet. Dazu werden die braunen Samen geschält, sodass sie wie winzige Körnchen gelben *Dals* (siehe Hülsenfrüchte) aussehen. Man bekommt sie ausschließlich in indischen Lebensmittelgeschäften als Senf-*Dal*.

Sesampaste Chinesische und japanische Sesampasten werden aus gerösteten Sesamsamen hergestellt und haben eine dunklere Farbe als *Tahin*, die berühmte Sesampaste aus dem Nahen Osten. Diese bereitet man aus ungerösteten Sesam. Auf allen Sesampasten schwimmt eine Schicht Öl. Darum muss man sie vor der Verwendung im Glas oder in der Dose gut durchrühren, bis sie schön cremig ist. Angebrochene Pasten bewahrt man im Kühlschrank auf.

Sesamsamen Ihre Heimat soll zwar Indien sein, man findet sie jedoch auch in Rezepten aus dem alten China, Ägypten, Persien sowie dem Römischen Reich.

Geschälte Sesamsamen sind fast weiß, ungeschälte eher beigefarben. Ich bevorzuge die ungeschälten, für die Rezepte in diesem Buch können jedoch beide Arten verwendet werden. Schwarze Sesamsamen enthalten wesentlich mehr Öl und schmecken äußerst delikat. Im Nahen Osten werden sie zum Dekorieren und Aromatisieren von Broten eingesetzt, in Japan ergänzen sie spezielle Gewürzmischungen.
Sesamsamen rösten: Eine kleine, gusseiserne Bratpfanne bei mittlerer Temperatur erhitzen und 1–3 Esslöffel Sesamsamen hineingeben. Unter Rühren rösten, bis sie einen Farbton dunkler werden und ihr wundervolles Aroma verbreiten. Sesamsamen neigen dazu, beim Rösten aus der Pfanne zu springen. Eine Möglichkeit, das zu verhindern, ist das Reduzieren der Temperatur, sobald sie zu zischen beginnen, oder den Deckel auf die Pfanne zu setzen. Die Samen sofort aus der Pfanne nehmen, wenn sie fertig geröstet sind. Sesamsamen können auf Vorrat geröstet werden. Dazu die gerösteten Samen abkühlen lassen und in einem dicht schließenden Behälter aufbewahren. Frisch geröstete Sesamsamen besitzen jedoch das beste Aroma.
Sesamsamen rösten und zerkleinern: Die gerösteten Samen in einer sauberen Kaffee- oder Gewürzmühle oder in einem Mörser zermahlen, aber nicht pulverisieren.

Shao-Hsing-Wein Dieser whiskyfarbene Reiswein aus China wird zum Kochen verwendet. Man bekommt ihn in chinesischen Lebensmittelgeschäften. Ein guter Ersatz ist trockener Sherry, insbesondere La Ina kommt ihm geschmacklich sehr nah und ist so genanntem »Chinesischem Kochwein« vorzuziehen. Auch japanischer *Sake* eignet sich als Ersatz.

Shiso Die mittelgroßen, herzförmigen Blätter mit gezackten Rändern haben ein intensives Zitronenaroma. In Japan sind die frischen Blätter ein beliebtes Würzkraut und werden auch für Süßigkeiten verwendet.

Sichuanpfeffer Hierbei handelt es sich um die getrockneten rötlich braunen Beeren einer Gelbholzbaumvarietät. Sie sind etwas größer als Pfefferkörner. Man bekommt das aromatische Gewürz in Asialäden und sollte es fest verschlossen in einem Glas aufbewahren. Gemahlener Sichuanpfeffer wird in der chinesischen Küche verwendet.

Sichuanpfeffer rösten: Eine kleine, gusseiserne Pfanne bei mittlerer bis niedriger Temperatur heiß werden lassen. Unter Rühren den Sichuanpfeffer darin ohne Fett rösten, bis er duftet.

Sojasauce In Ostasien existieren viele verschiedene Sojasaucen. Länder, Regionen, Städte und sogar Dörfer produzieren ihre eigenen Versionen. Alle Sojasaucen werden aus fermentierten und gesalzenen Sojabohnen hergestellt. Die Auswahl reicht von salzig bis süß und von hell bis dunkel, und auch die Konsistenz variiert. Helle Sojasaucen sind normalerweise dünnflüssiger und salziger, dunkle im Allgemeinen dickflüssiger. In Teilen Südostasiens werden einige dickflüssige, würzige, leicht süßliche Saucen verwendet. Da es beim Salzgehalt große Unterschiede gibt, sollte man zunächst etwas weniger Sojasauce verwenden als im Rezept angegeben. Nachwürzen kann man später immer noch.
Ketjap manis ist eine dickflüssige, sehr süße, geradezu sirupartige Sojasauce aus Indonesien. Falls sie nicht erhältlich ist, kann man sie auch selbst herstellen. Dafür 15–45 Milliliter dunkle Sojasauce mit 3 Esslöffeln Rübensirup oder Melasse und 3 Esslöffeln braunem Zucker in einen Topf geben und leise köcheln lassen, bis sich der Zucker gelöst hat.
Japanische und chinesische Sojasaucen unterscheiden sich deutlich im Geschmack. Daher empfiehlt es sich, japanische Sojasaucen für japanische und koreanische Gerichte zu verwenden und chinesische Sojasaucen für chinesische Gerichte. Eine gute chinesische Sojasauce ist die Marke »Pearl River«, die in chinesischen Lebensmittelgeschäften erhältlich ist. Verwirrenderweise nennt sich die dunkle Sojasauce »Soy Superior Sauce«, die helle »Superior Soy«. Auch bei den Japanern gibt es dunkle und helle Sojasaucen – sie sind in japanischen Lebensmittelgeschäften erhältlich. Die bekannteste japanische Marke ist »Kikkoman«.
Tamari ist die Sauce, die sich bei der Fermentation der *Miso*-Sojabohnenpaste ansammelt. Schon im alten China verwendet, eroberte sie im 7. Jahrhundert auch Japan. Sojasaucen wurden ab dem 18. Jahrhundert industriell hergestellt. Zur Herstellung von *Miso* verwendete man halb Weizen und halb Sojabohnen. Das *Tamari*, das heute in den meisten Reformhäusern erhältlich ist, wird wieder auf natürliche Weise unter hauptsächlicher Verwendung

von Sojabohnen und nur sehr wenig Weizen gebraut. *Tamari* besitzt ein komplexeres Aroma als industriell gefertigte Sojasauce und enthält 18 Aminosäuren.
Sojasauce mit Pilzen: Diese Sojasauce wird mit Pilzen aromatisiert und ist ausschließlich in chinesischen Supermärkten erhältlich. Als Ersatz kann man helle Sojasauce verwenden.

Sternanis Das bräunlich schwarz gefärbte Gewürz mit ausgeprägtem Anisaroma ist aus mehreren Segmenten sternförmig zusammengesetzt. Es lässt sich in einzelne Samenkapseln zerbrechen. Sternanis wird in Schmorgerichten chinesischen Stils und in einigen Gerichten Westindiens verwendet. In einem dicht schließenden Behälter bewahrt er jahrelang sein Aroma.

Suanmei, eingelegte chinesische Diese säuerlichen Früchte sind mit der Aprikose verwandt. Sie werden in Salzlake eingelegt und vor der Verwendung oft zerdrückt. Im Handel heißen sie »eingelegte Pflaumen«. Japanische *Umeboshi* (siehe Kaki, eingelegte) eignen sich als Ersatz.

Sumach Die säuerlichen roten Beeren des Färberbaums findet man im gesamten Nahen Osten. Sie werden gemahlen und als Säuerungsmittel verwendet. Im Kühlschrank oder Tiefkühlfach aufbewahren.

T

Tamarinde Hierbei handelt es sich um die Frucht eines großen subtropischen Baums, die breiten Bohnenschoten ähnelt. Während der Reifung nimmt das saure grüne Fruchtfleisch eine schokoladenbraune Farbe an. Es bleibt zwar säuerlich, entwickelt jedoch zusätzlich eine süßliche Note. Für kommerzielle Zwecke wird Tamarinde geschält, die Samen werden entfernt, dann wird sie in halb getrocknetem Zustand in rechteckige Blöcke gepresst. Diese Blöcke müssen eingeweicht und durch ein feinmaschiges Sieb gestrichen werden, so erhält man Tamarindenpaste. Wichtig: Nicht in Metallgefäßen verarbeiten, da der Geschmack sich dadurch verändert.
Tamarindenpaste herstellen: Von einem Tamarindenblock ein Stück von 250 Gramm abbrechen und in kleine Teile zerkrümeln. In eine Porzellanschüssel geben, mit 500 Milliliter sehr heißem Wasser bedecken und für mindestens 3 Stunden oder über Nacht einweichen.

Als Alternative das Wasser mit der Tamarinde für 3–5 Minuten in der Mikrowelle erhitzen. Den Inhalt der Schüssel durch ein Plastiksieb geben und die aufgeweichte Tamarinde mit den Fingern oder auf der Rückseite eines hölzernen Kochlöffels ausdrücken. Die im Sieb verbliebenen Tamarindenreste zurück in den Topf geben, mit 125 Milliliter heißem Wasser übergießen und leicht zerstampfen. Erneut ins Sieb geben und das letzte Mark herauspressen. Nicht vergessen, das Mark an der Außenseite des Siebs abzustreifen. Dies ergibt etwa 350 Milliliter dickflüssige Paste.

Für die Rezepte in diesem Buch wird genau diese dickflüssige, chutneyähnliche Paste verwendet, daher bitte nicht zu sehr verdünnen. Reste können 2–3 Wochen im Kühlschrank aufbewahrt oder eingefroren werden.

Tien jing (eingelegtes Gemüse) Das auch als *Dung tsai* bekannte Wurzelgemüse ähnelt der Kohlrübe. Es wird eingelegt und meist in Keramiktöpfen verpackt. *Tien jing* dient als Würze für viele vegetarische Gerichte. Nur in chinesischen Lebensmittelläden erhältlich.

Toen chang Eine mittelbraune koreanische Paste aus fermentierten Sojabohnen. Sie wird mit Wasser verdünnt, abgeseiht und als Basis für Eintopfgerichte verwendet. Bei uns bekommt man sie nur in koreanischen Supermärkten. Der beste Ersatz ist mittelbraunes japanisches *Miso* (siehe Miso) aus dem Bioladen.

Tofu (Sojabohnenquark) Varianten und Details siehe Seite 232.
Fermentierter Tofu: Diese Spezialität wird in Gläsern in chinesischen Lebensmittelläden angeboten. Sie besteht aus fermentiertem Sojabohnenquark, dessen Konsistenz an reifen Brie erinnert. Man bekommt ihn pur, aber auch mit scharfen Chilis und anderen Gewürzen. In der chinesischen Küche werden die kleinen Würfel meist zerdrückt und als Würze an Gemüse gegeben, wie etwa an Spinat. Aus den zerdrückten Würfeln und Limettensaft bereitet man in Thailand Saucen.

Tomaten enthäuten und hacken
Die Tomaten kreuzweise einritzen und für 10–15 Sekunden in kochendes Wasser legen. Herausnehmen und die Haut abziehen. Quer halbieren, die Samen vorsichtig herausdrücken und das Fruchtfleisch hacken.

Tomatillos Hierbei handelt es sich um Beeren, die wie grüne Tomaten in einem papierartigen Kelch aussehen. Vor der Verwendung entfernt man die Kelchblätter und wäscht die oft klebrigen Tomatillos.

Für rohe Salsa die Tomatillos 7–8 Minuten in kochendem Wasser garen und dann hacken oder pürieren. Man kann sie aber auch roh hacken und als Würze an Speisen geben, die gegart werden. Ihr Geschmack erinnert an Tomaten, jedoch mit einer limettenähnlichen Säure. Tomatillos werden auch in Dosen angeboten. Eine Dose mit 370 Gramm enthält etwa 225 Gramm Tomatillos.

Tulsi siehe Basilikum

W

Wakame Die getrocknete Braunalgenart enthält viel Kalzium und Vitamine. Vor der Verwendung in Stücke brechen und 10–15 Minuten einweichen. Dabei wird er grün und weich. Man bekommt ihn in Asia- und Bioläden.

Wasabi Die scharfe grüne *Wasabi*-Wurzel wird oft als »japanischer Meerrettich« bezeichnet. Man bereitet daraus *Wasabi*-Paste, die ähnlich wie unser Senf verwendet wird. Da man *Wasabi* bei uns nur selten frisch erhält, bieten japanische Lebensmittelläden die fertige Paste in Tuben an. Die sehr scharfe Paste nur in geringen Mengen verwenden. Man bekommt auch getrocknetes *Wasabi*-Pulver in der Dose. Ähnlich wie bei Senfpulver vermischt man eine kleine Menge Pulver mit wenig warmem Wasser und lässt es etwa 10 Minuten stehen.

Wasserkastanien Diese Knollen mit dunkler Schale sind so groß wie Kastanien und wachsen in stehendem Gewässer. Frisch bekommt man sie bei uns nur in chinesischen Lebensmittelläden. Ihr Fleisch ist weiß und hat einen wunderbaren Biss. Aus der Dose sind sie weniger aromatisch, eignen sich aber für gegarte Gerichte.

Wassermelonensamen In China sind die Samen ein beliebter Snack. In Indien kauft man sie geschält und getrocknet und gibt sie gemahlen an Saucen und Getränke.

Won-tan-Teigblätter Die sehr dünnen quadratischen Teigblätter (etwa 7,5 cm Kantenlänge) erhält man in chinesischen Lebensmittelläden und Supermärkten, abgepackt zu 30 oder

36 Stück. In Großstädten werden sie in chinesischen Feinkostläden mitunter täglich frisch zubereitet. Sie halten sich mehrere Tage im Kühlschrank und lassen sich leicht einfrieren. Vor der Verwendung müssen sie ganz auftauen. Da sie schnell austrocknen, sollte man sie bei der Zubereitung gut einwickeln.

Z

Zahtar Diese Gewürzmischung enthält geröstete Sesamsamen, Sumach (siehe Sumach) und verschiedene Kräuter, etwa Thymian. (Rezept siehe Seite 497)

Zimt Die innere Rinde eines Baums aus der Familie der Lorbeergewächse. In Indien verleiht Stangenzimt zahlreichen Reisgerichten ein sanftes, süßliches Aroma. Eine wichtige Rolle spielt Zimt in der aromatischen Gewürzmischung *Garam masala* (siehe Garam masala). Auch in der marokkanischen Küche gehört er zu den wichtigsten Zutaten und wird oft verschwenderisch eingesetzt. *Cassia* ist zwar preisgünstiger, hat jedoch kein so feines Aroma wie echter Ceylonzimt.

Zitronengras, frisch und getrocknet In Indonesien heißt dieses aromatische Gras *Seré*, in Thailand *Takrai* und auf den Philippinen *Tanglad*. Die langen, harten graugrünen Stängel sind ein beliebtes Würzmittel der Küchen Südostasiens. Verwendet wird meist nur der untere Teil (etwa 15 cm), den man mit einem Fleischklopfer oder Hammer flach klopfen und im Ganzen mitgaren kann. Die Stängel können aber auch in möglichst dünne Scheiben geschnitten werden. Dafür muss man die harten Enden zuvor wegschneiden. Selbst beim Pürieren im Mixer müssen die Stängel für ein feines Ergebnis zuvor in dünne Scheiben geschnitten werden. Zur Aufbewahrung das Zitronengras am besten in etwas Wasser stellen. Die Stängel lassen sich zudem einfrieren, sie tauen in heißem Wasser schnell auf.

In Südostasien wird Zitronengras stets frisch verwendet. Auch bei uns bekommt man die frischen Stängel in gut sortierten Supermärkten und Asialäden. Getrocknetes, grob geschnittenes Zitronengras muss eingeweicht und abgeseiht werden.

Zitronengras hat ein feines Zitrusaroma, ganz ohne Säure. Der vielleicht beste Ersatz ist unbehandelte Zitronenschale. Für 1 Stängel rechnet man die Schale von 1/4 Zitrone.

KÜCHENPRAXIS

Drei wichtige Methoden werden hier nochmals genauer beschrieben.

Dämpfen Das Dämpfen ist eine schonende Garmethode für vielerlei Gerichte (von Reiskuchen bis zu Eiercremes), die die Aromen bewahrt.

Ideal zum Dämpfen ist ein Wok, denn dank seiner Breite hat etwa eine Kasserolle problemlos darin Platz oder auch ein großer Teller mit Speisen. Am besten verwendet man einen Wok mit flachem Boden oder setzt einen gewölbten Wok auf einen Drahtständer. In den Wok stellt man ein Metall- oder Holzgitter (oder auch eine umgedrehte kleine Blechdose).

Nun etwas Wasser in den Wok gießen, zum Köcheln bringen und die gewünschte Speise auf das Gitter stellen. Das Wasser sollte nur bis etwa 2 cm unter die Speisen reichen. Falls zu viel Wasser verdampft, kochend heißes Wasser nachgießen.

Den Wok mit einem gewölbten Deckel oder einem großen Bogen Alufolie abdecken. Ein gewölbter Deckel ist jedoch vorzuziehen, da der kondensierte Dampf am Rand abläuft und nicht auf die Speisen tropft.

In der Anschaffung wert sind auch die Dämpfeinsätze aus Bambus oder Aluminium, die es in unterschiedlichen Größen in asiatischen Supermärkten und Haushaltsgeschäften gibt.

Gewürze ohne Fett rösten Vor der Verwendung werden Gewürze manchmal geröstet, und zwar am besten in einer gusseisernen Pfanne, die zuvor erhitzt wurde. Ohne Zugabe von Fett lässt man die Gewürze unter Rühren leicht bräunen. Geröstete Gewürze bekommen ein intensives, nussartiges Aroma. Man kann sie mehrere Monate in einem luftdichten Schraubglas aufbewahren, doch frisch geröstet sind sie am besten.

Tarka – Gewürze in heißem Öl Die *Tarka*-Methode – auch unter Namen wie *Bhagaar*, *Chownk* oder »Gewürzmischung in Öl« bekannt – ist typisch indisch und gilt als einzigartig, auch wenn vereinfachte Versionen davon in Italien, Spanien, Zypern und sogar China existieren. Zunächst muss das verwendete Öl sehr heiß sein, dann kommen Gewürze wie Senfsamen oder Kreuzkümmel – oder auch nur scharfe getrocknete Chilischoten – hinein. Sie zischen und hüpfen in der Pfanne. In Sekundenschnelle verändert sich ihr gesamter Charakter, und ihr Aroma wird kräftiger. Dieses aromatisierte Öl mit den Würzzutaten träufelt man über das fertige Gericht oder gart die weiteren Zutaten darin. Da eine *Tarka* aus vier oder fünf Gewürzen bestehen kann, gibt man diese meist in einer bestimmten Reihenfolge ins heiße Öl, wobei Gewürze wie getrocknete Chilis, die schneller verbrennen, erst am Ende hinzugefügt werden. Das Aroma jedes einzelnen Gewürzes geht in das heiße Öl über, und alles, was in diesem Öl gegart wird, nimmt den intensiven Geschmack an.

Die Ausführung der *Tarka*-Methode dauert nur wenige Sekunden, es ist daher wichtig, alle benötigten Gewürze griffbereit zu haben. Eine *Tarka* kann zu Beginn oder am Ende eines Garvorgangs zubereitet werden, manchmal auch zweimal. Hülsenfrüchte zum Beispiel werden üblicherweise nur mit etwas Kurkuma (Gelbwurz) gegart und erst zum Schluss mit einer *Tarka* aus *Asafoetida* (Asant), ganzen Kreuzkümmelsamen und roten Chilis übergossen. Nach einigen Minuten Ruhezeit gehen die Aromen in das Gericht über. Die Gewürzmischung kann auch in das fertige Gericht gerührt werden; sie hebt den Geschmack der Hülsenfrüchte und »erweckt sie zum Leben«.

GERÄTE

Alle Gerichte in diesem Buch lassen sich ohne spezielle Küchengeräte zubereiten. Dennoch sind die folgenden Utensilien ausgesprochen nützlich.

Dämpftopf/Wasserbad Hierbei handelt es sich schlicht um zwei aufeinander gestellte Kochgeschirre. Im unteren (Topf) wird Wasser gekocht, und im darauf gesetzten Aufsatz, der einen gelochten oder geschlossenen Boden hat, werden im aufsteigenden Dampf die Zutaten sanft und schonend gegart. Für die Zubereitung von Getreide und Saucen ideal.

Elektrischer Reiskocher Er sorgt dafür, dass alle Herdplatten für andere Zubereitungen frei sind und man den Reis sich selbst überlassen kann. Ich benutze meinen Reiskocher ausschließlich für einfachen Reis.

Fritteuse Wer das Frittieren im normalen Topf vermeiden möchte, benötigt unbedingt eine Fritteuse. Der fest sitzende Deckel schützt sicher vor Fettspritzern und Gerüchen.

Ingwerreibe In Japan werden spezielle Reiben für Ingwer und *Wasabi* hergestellt, mit denen man besonders fein reiben kann. Als Ersatz verwendet man die feinste Seite der gewöhnlichen Rohkostreibe.

Messer Gute, scharfe Küchenmesser sind zwar teuer, aber unerlässlich. Die Grundausstattung besteht aus drei Messern: Brotmesser (damit kann man auch Tomaten schneiden), Schälmesser und großes Kochmesser.

Mixer, Kaffeemühle, Mörser und Küchenmaschine Früher dienten Stößel und Mahlsteine verschiedener Formen und Größen und aus unterschiedlichem Material zum Zermahlen diverser Zutaten – von Knoblauch bis zu getrockneten roten Chilischoten. Bei feuchten Zutaten erleichtert uns heute ein Mixer die Arbeit, bei trockenen bevorzuge ich eine saubere Kaffeemühle. Werden nur kleine Mengen benötigt, empfiehlt sich ein schwerer Mörser. Küchenmaschinen eignen sich hervorragend zum Zerkleinern und Hacken sowie für manche Pasten und Teige. Für feine Pürees und cremige Suppen sind Mixer besser geeignet.

Tava Diese leicht konkave Backplatte aus Gusseisen ist ideal zum Backen von indischem Brot. Gepflegt wird sie wie eine gusseiserne Pfanne.

Töpfe und Pfannen
Bratpfannen aus Gusseisen: Gusseiserne Pfannen mit einem Durchmesser von etwa 13 cm eignen sich ideal zum Rösten von Gewürzen, in größeren Exemplaren kann man wunderbar pfannengrillen. All diese Pfannen lassen sich ganz ohne Flüssigkeit erhitzen und bewahren eine gleichmäßige Temperatur. Nach einer gründlichen Vorbehandlung (siehe Wok) ist die Reinigung mit einem scharfen Putzmittel überflüssig.
Antihaft-Pfannen: Strapazierfähige antihaftbeschichtete Pfannen sind ein wunderbares Kochgeschirr, ob man nun Kartoffeln braten, Süßkartoffeln garen oder Ingwerpaste bräunen möchte. Auch Pfannkuchen lassen sich ebenso problemlos zubereiten wie Eier.
Große Kochtöpfe: Für Nudeln ist ein großer Kochtopf unerlässlich; auch für die Herstellung von Brühen kann man kaum darauf verzichten.
Töpfe mit schwerem Boden: Einen schweren Topf mit gut schließendem Deckel benötigt man für die Zubereitung von Reis. Die Größe hängt von der jeweiligen Reismenge ab. Ein mittelgroßer Topf ist jedoch ideal.

Wok Der Wok ist ein universelles Kochgeschirr, ideal zum Dämpfen, Pfannenrühren und Frittieren.
Traditionell besitzt der Wok einen gewölbten Boden. So können die Flammen ihn gleichmäßig umschließen, und er wird schnell und effizient erhitzt. Diese Form zahlt sich besonders beim Frittieren aus; denn man kann den Wok relativ hoch mit Öl füllen, benötigt jedoch weniger als bei einem Topf mit geradem Rand. Auch für das Pfannenrühren ist der Wok ideal geeignet, da man die Speisen kräftig durchrühren und schwenken kann. Im gleichmäßig erhitzten Wok garen sie schnell und bleiben saftig.
Einen Wok auswählen: Der traditionelle indische Wok *(Karhai)* besteht meist aus Gusseisen, der chinesische dagegen aus Flussstahl. Doch im Grunde eignet sich fast jeder beliebige Wok. Jedes Jahr kommen neue, verbesserte Formen in den Handel, inzwischen gibt es sogar antihaftbeschichtete Exemplare. Der ideale Wok ist breit und möglichst tief (flache Woks sind nicht zu empfehlen). Woks mit gewölbtem Boden eignen sich gut für Gasherde, während die neuen Woks mit flachem Boden für Elektroherde entwickelt wurden.
Den Wok vorbehandeln: Fabrikneue Woks aus Eisen oder Flussstahl sind mit Maschinenöl behandelt, das erst einmal mit einem sanften Reinigungsmittel entfernt werden muss. Anschließend wird der Wok vorbehandelt. Dafür den Wok mit Wasser abspülen, schwach erhitzen, mit 2 Esslöffeln Öl vollständig bestreichen und 10–15 Minuten erhitzen. Das Öl mit Küchenpapier abwischen und den Wok erneut mit Öl bestreichen. Diesen Vorgang drei- bis viermal wiederholen. Der Wok ist jetzt ausreichend vorbehandelt, er wird nur noch mit heißem Wasser gespült und trockengerieben. Je häufiger man den Wok verwendet, desto größer die Antihaft-Wirkung.
Zusätzliche Geräte: Um einen Wok auf einem Gasherd benutzen zu können, benötigt man einen Wokständer aus Draht, welcher der Stabilisierung dient und dafür sorgt, dass die Luft darunter zirkuliert. Geschlossene Ständer mit Löchern verhindern die Luftzirkulation eher und sind für Gasherde nicht geeignet.
Weiteres nützliches Zubehör sind ein gebogener Holzspatel, ein Dämpfeinsatz und ein gewölbter Deckel.

Bezugsquellen

Gourmondo
Internationale Auswahl an frischen und haltbaren Lebensmitteln: exotisches Obst und Gemüse, Öl, Gewürze, Nudeln, Reis, Hülsenfrüchte und Nüsse.
Tel.: +49-(0)18 05-46 87 66
Fax: +49-(0)89-92 18 51 16
www.gourmondo.de

Öko Insel
Ausgesuchte, rein vegetarische und vegane Produkte, nach nützlichen Rubriken (eifrei, milchfrei, glutenfrei, sojafrei und vegan) sortiert.
Tel.: +43-(0) 53 72-6 11 72 (Österreich)
www.fein-kost.com

Radix
Vegane Produkte, Nüsse, Trockenfrüchte, Saitan- und Tofuprodukte, Quinoa, Amaranth, Wildreis und Dinkel.
Tel.: +49-(0) 89-12 47 78 11
Fax: +49-(0) 89-12 47 78 10
www.radixversand.de

Asiatische Lebensmittel
Diverse Hülsenfrüchte, Obst und Gemüse, Eier, Pilze in getrockneter Form und als Konserve sowie verschiedene Reissorten und Teigwaren, Saucen und Gewürze.
Tel.: +49-(0)1 80-3 98 88 88
Fax: +49-(0)1 80-3 88 88 98
www.lagerverkauf-jl.de/food

Asianbrand
Waren aus Thailand, Vietnam, Japan, China, Philippinen, Korea, Taiwan, Singapur, Indonesien sowie aus Südamerika und Afrika. Versendet auch gekühlte Frischgemüse und Kräuter.
Tel.: +49-(0)2 09-27 45 84
Fax: +49-(0)2 09-27 49 99
www.asianbrand.de

India Food Company
Ein enormes Angebot an grundlegenden (Back-)Zutaten, insbesondere diversen Getreidesorten. Versendet auch pflanzliches *Ghee*.
Tel.: +49-(0) 40-38 90 29 23
Fax: +49-(0) 40-38 90 29 24
www.india-food.de

Trieu Asia Food Versand
Japanische, indonesische und chinesische Zutaten, insbesondere Würzsaucen. Außerdem Kochwerkzeuge und Küchengeräte sowie Geschirr.
Tel.: +49-(0) 71 54-80 26 88
Fax: +49-(0) 71 54-80 26 90
www.asia-eshop.de

Register

Kursiv gesetzte Begriffe und Seitenzahlen beziehen sich auf warenkundliche Beschreibungen. **Halbfett** gedruckte Seitenzahlen verweisen auf ausführliche Informationen zur Küchenpraxis.

A

Adzukibohnen *160*, **160**
  pfannengerührte, aus Yünnan 161
  Süße Adzukibohnensuppe 533
  und Reis mit Sesamsalz 318
  zerdrückte, und ganze Mungobohnen aus dem Wok 162
Aji-Mirin 578
Ajowan 571
Aka-Miso 578
Amchar masala 498
Amchoor 571
Anardana 574
Ancho-Chili 573
Andalusischer Salat 549
Aprikosen
  Möhren mit getrockneten Aprikosen nach persischer Art 111
Arhar dal 244
Arme Ritter
  amerikanische 427
  indische 426
Artischocken *10*, **10**, **11**
  Artischockenherzen mit Wein und Koriandersamen 12
  Ausgebackene Artischockenherzen 15
  mit Erbsen 14
  Penne mit Artischocken und Erbsen 378
  Pochierte Eier auf Artischockenherzen mit weißer Sauce 409
  Salat aus Artischockenherzen und frischen Dicken Bohnen 537
  Toskanischer Artischockenkuchen 425
  Würziger Artischockentopf mit Kartoffeln 13
Arvi 573
Asafoetida 571
Asakusa-Nori 578
Asant 571
Ata 572
Auberginen *16*, **16**, **17**
  Auberginen-Tomaten-Choka 22
  Auberginencurry 27
  Auberginenpüree, cremiges und rauchiges 21
  Auberginensalat 545
  Blumenkohl und Auberginen auf bengalische Art 56
  Butterweich frittierte Auberginenscheiben 24
  frittierte, mit einem Sojasaucen-Dressing 19
  Frittierte Auberginenscheiben mit Tomatensauce, Joghurt und Minze 28
  Joghurt mit Aubergine und Walnüssen 446
  kalte, mit einem Sojasaucen-Dressing 19
  kalte, mit würzigem chinesischem Erdnuss-Dressing 18
  mit würziger Schalotten-Tomaten-Sauce 27
  pfannengerührte, mit Tomate und Parmesan 23
  pochierte, mit feuriger Sauce 20
  Risotto mit Tomaten und Aubergine 321
  scharfwürzige, nach Sichuan-Art 25
  saure, mit Joghurt 30
  süßsaure 29
  und Shiitake in japanischer Sauce 24
  Würziger Aubergineneintopf mit Kartoffeln, Champignons und Kichererbsen 31
Augenbohnen *163*, **163**
  Augenbohnenpfannkuchen 170
  Augenbohnensprossen mit Knoblauch und Thymian 171
  Augenbohnensprossen nach koreanischer Art 172
  Augenbohnensuppe 524
  Cannellini-Augenbohnen-Suppe 524
  Frittierte Augenbohnenplätzchen 169
  mit Brunnenkresse 166
  mit Kräutern 164
  mit Mais und Dill 168
  mit Mangold 164
  nach Goa-Art 167
  pikante 165
  und Reis mit Kürbis 309
Austernpilze 579
Avocado
  Avocado-Tomatillo-Salat (Guacamole) 538
  Kalte Avocado-Buttermilch-Suppe 504

B

Bai horapah 571
Bai kaprow 571
Bainiku 575
Bajra-Mehl 271
Bajray ka ata 271
Bakes *355*, **355**
  Frittiertes Brot 357
  Kartoffelfladen 356
  Kreolisches Chilibrot 355
Balsambirne 32
Bambussprossen 571
Banane
  Joghurt mit Banane südindisch 447
  Süßer Joghurtkäse mit Banane 452
  Süßes Bananen-Lassi 568
Banh pho 297, *578*
Basilikum 571
Berberitze 574
  (siehe auch Essigbeere)
Bhagaar 583
Bittergurken *32*, **32**
  mit einer Füllung aus Zwiebeln und Granatapfelkernen 33

Blattgemüse *34*, **34**
  Gemischtes Blattgemüse 48
  Ungeschälte, halbierte Mungobohnen mit Blattgemüse 210
Blattsenf 36
Bleichsellerie *49*, **49**
  (siehe auch Sellerie)
  gratinierter 50
  pfannengerührter 50
Blumenkohl *51*, **51**
  Blumenkohlkrapfen 53
  in Milchsauce 54
  Mais mit Blumenkohl 107
  mit Ingwer und Koriander 53
  mit Ingwer und Sahne 52
  Parathas mit Blumenkohlfüllung 348
  Risotto mit Mungobohnen, Kartoffeln, Erbsen und Blumenkohl 312
  und Auberginen auf bengalische Art 56
  und Kartoffeln mit Ingwer 52
  und Spargelbohnen mit süßsaurem Chili-Dressing 55
  Vollkorn-Couscous mit Kreuzkümmel und Blumenkohl 393
Bockshornklee 571
Bohnen (siehe Dicke Bohnen, Grüne Bohnen, Schwarze Bohnen, Weiße Bohnen)
Bohnenpaste, rote 580
Bohnensaucen 571
Bohnensprossen 571
Brokkoli *57*, **57**
  mit Kartoffeln 60
  mit Spinat 59
  mit Walnusssauce 60
  pfannengerührter, mit Ingwer und Knoblauch 58
Brokkoli, Chinesischer 35, *573*
Brote (siehe auch Fladenbrote)
  Löffelbrot 283
  Maisbrot mit Sesam 288
  Marokkanisches Brot 360
  Semolina-Kastenbrote 361, 362, 363
  Tandoori-Brote aus Vollkornmehl 340
  Vollkornweizenbrot mit gekeimtem Weizen, Sonnenblumenkernen und Haferflocken 364
Brühen
  Gemüsebrühe 502
  Kombu-Brühe 501
  Pilzbrühe 501
Brunnenkresse
  Augenbohnen mit 166
Buchweizen *263*, **263**
  Buchweizennudeln mit Tempura 265
  Buchweizenpfannkuchen 264
  pfannengerührter 264
Bulgur *333*, **333**, **334**
  Bulgurkekse 337
  Bulgurrisotto mit Kürbis 337
  Bulgursalat mit Rucola 339

Bunter Salat mit Paprika-Dressing 544
Butter
  aromatisch geklärte 455
  geklärte (Ghee) 574
Buttermilch
  Kalte Avocado-Buttermilch-Suppe 504

C

Cachucha-Chili 572
Cannellini-Augenbohnen-Suppe 524
Cashewnüsse *256*, **256**, *572*
  Bhaji aus Cashewnüssen und grünen Erbsen 257
  Cashew-Uppakari 258
  Cashewcurry 258
  geröstete, aus der Mikrowelle 259
  in mediterraner Tomatensauce 257
  Mandel-Cashew-Suppe 506
  Uppama mit Cashewnüssen und grünen Bohnen 384
Cassiarinde 572
Cayennepfeffer 572
Champignons (siehe auch Pilze)
  Champignonsalat 551
  Curry mit Roter Bete und Champignons 132
  Grüne Bohnen mit Champignons 73
  Linsen mit Champignons und Joghurt 195
  mit Koriander und Kreuzkümmel 127
  mit Weißwein und Koriander 123
  pfannengerührte 123
  Quesadillas mit 287
  Tofu mit Champignons 240
  Wildreis mit Mais, Pilzen und Spargel 331
  Würziger Aubergineneintopf mit Kartoffeln, Champignons und Kichererbsen 31
Chana dal *177*, *575*
  Kichererbsen und Chana dal in Minzesauce 185
Chapati-Mehl 572
Chapatis 345
Charolinüsse 572
Chayote 572
  mit südindischer Joghurtsauce 448
Chena, Chhena 572
Chhilke wali masoor dal 193
Chhilke wali moong dal 204
Chicorée *61*, **61**
  gebräunter, im eigenen Saft im Ofen gegart 62
Chili-Knoblauch-Paste 469
Chili-Senf-Sauce, scharfe 471
Chilibrot, kreolisches 355
Chilöl 572
Chilipasten 572
Chilipulver 572
Chilisauce *572*
  scharfe 468

Chilischoten *118*, **118**, *572*, *573*
 pfannengerührte, mit Ingwer
  und Knoblauch 121
China-Lauch *580*
Chinakohl
 Schnelle Kohl-Pickles 479
Chinesische Eiernudeln 578
Chinesische Pilze *579*
 Miso-Suppe mit chinesischen
  Pilzen und Ei 531
 Tofu mit Spargel und chinesi-
  schen Pilzen 233
Chinesischer Brokkoli *35*, *573*
Chipotle-Chili 573
Chips
 Knusprige Zucchini-Chips 151
 Kokos-Chips 456
 Tortilla-Chips 285
Choka *22*
 Tomaten-Choka 143
Chownk 583
Chutneys
 Einfaches Tamarinden-Chutney
  474
 Kokos-Koriander-Chutney 458
 Koriander-Minze-Chutney nach
  Delhi-Art 459
 Mango-Chutney 489
 Mango-Ingwer-Chutney 490
 Pfirsich-Chutney nach Delhi-Art
  494
 Sauerkirsch-Chutney 455
 Sauerkirsch-Walnuss-Chutney
  aus Kaschmir 456
 Süßes Tomaten-Chutney mit
  Mandeln 495
 Süßsaures Zitronen-Chutney 484
 Tamarinden-Chutney mit
  Sultaninen und Walnüssen 474
 Tamarinden-Joghurt-Chutney
  474
Colocasi 573
Couscous *389*, **389**, *390*
 Gerösteter Vollkorn-Couscous
  392
 Instant-Couscous 391
 Israelischer Couscous mit
  Spargel und frischen Pilzen 395
 Kichererbsen, Kürbis und Rosi-
  nen mit Couscous 397
 Kräuter-Couscous mit Kartoffel
  sauce 396
 Marokkanischer Couscous 394
 Vollkorn-Couscous 391
 Vollkorn-Couscous mit Kreuz-
  kümmel und Blumenkohl 393
 Vollkorn-Couscous mit Sesam
  und Rosinen 392
Culantro 573
Cumin 577
Curryblätter 573
Currypulver *573*
 aus Sri Lanka 499
 Madras-Currysuppe 515
 Mein Currypulver 498
Currys
 Auberginencurry 27
 Cashewcurry 258
 Eiercurry nach Goa-Art 405
 Grüne-Bohnen-Kartoffel-Curry
  72
 Karibisches Kichererbsen-
  Kartoffel-Curry 183
 mit Roter Bete und Champig-
  nons 132
 Spargelbohnencurry 74
 Weißes Eiercurry 406

D
Daikon *128*, **128**, *580*
 (siehe auch Rettich, weißer)
 Eingelegter weißer Rettich 495
 Miso-Suppe mit Daikon-Rettich
  und Wakame 530
 Rettichsalat mit Orangensaft
  553
 Rotgekochter weißer Rettich
  129
Dal *575*
 Arhar dal 244
 Chana dal 177
 Chhilke wali masoor dal 193
 Chhilke wali moong dal 204
 Masoor dal 193
 Moong dal 204
 Toovar dal 244
 Urad dal 247
Dämpfen 583
Dasheen-Blätter 573
Dashi-Kombu 577
Daun paandaan 579
Daun salaam 573
Dicke Bohnen *173*, **173**
 Dicke-Bohnen-Püree 174
 frische *63*, **63**
 frische, mit Knoblauch und
  Ingwer 64
 frische, mit Knoblauch und
  Salbei 64
 Pfannengerührte Dicke-Bohnen-
  Sprossen 175
 Pilaw mit Dicken Bohnen 310
 Salat aus Artischockenherzen
  und frischen Dicken Bohnen
  537
Dinkel *333*
 Naturreis mit gekeimtem Dinkel
  299
Dipsaucen
 japanische 472
 koreanische 472
 würzige koreanische 472
Doppeldecker 358
Dressing, Sojasaucen- 472
Dung tsai 582

E
Eddoes 573
Eier *398–400*
 Arme Ritter 426, 427
 Eiercurry nach Goa-Art 405
 Eierkuchen mit Kräutern 422
 Frischeprobe *400*
 Gefülltes französisches Omelett
  417
 in Mulligatawny-Sauce 406
 in Tomatensauce nach indischer
  Art 404
 In Tomatensauce pochierte Eier
  408
 Marmorierte Eier 402, 403
 Masala-Omelett 417
 Mexikanische Spiegeleier 412
 Miso-Suppe mit chinesischen
  Pilzen und Ei 531
 Omelett 416
 Omelett mit Tofu auf Reis 419
 Omelett mit würziger Sichuan-
  Gemüsesauce 418
 pfannengerührte, nach indischer
  Art 415
 pochierte, auf japanischen
  Nudeln 410
 pochierte, auf Artischocken-
  herzen mit weißer Sauce 409

 pochierte, nach koreanischer Art
  410
 pochierte, nach meiner Methode
  407
 Rührei 413
 Rührei mit Frühlingszwiebeln
  und Pilzen 414
 Rührei mit Zwiebel und Tomate
  414
 Rührei nach westlicher Art 413
 Spiegeleier 412
 Weich/hart gekochte Eier 401
 Weißes Eiercurry 406
Eiernudeln, chinesische 578
Einfacher palästinensischer Salat
 557
Einfacher syrischer Salat 556
Endivie, Glatte *35*
Epazote 573
Erbsen *65*, **65** (siehe auch
  Schälerbsen, Straucherbsen,
  Zuckerschoten)
 Artischocken mit Erbsen 14
 Bhaji aus Cashewnüssen und
  grünen Erbsen 257
 Erbsenpüree, gelbes 222, 223
 Kartoffeln mit Erbsen 80
 mit Ingwer und Sesamöl 66
 Möhren mit Kartoffeln und
  Erbsen aus der bäuerlichen
  Küche 113
 Penne mit Artischocken und
  Erbsen 378
 Risotto mit Erbsen 322
 Risotto mit Mungobohnen,
  Kartoffeln, Erbsen und
  Blumenkohl 312
 und Pilze in grüner Currysauce
  67
 Uppama mit Blattkohl und
  Erbsen 385
 würzige, mit Kokosraspeln und
  Koriander 66
 Zuckererbsen mit getrockneter
  Minze 68
Erdnüsse *260*, **260**
 Erdnusssauce 464
 Gebackene Bohnen mit Curry
  und Erdnussbutter 255
 gekochte chinesische 261
 Kalte Auberginen mit würzigem
  chinesischem Erdnuss-
  Dressing 18
 Kidneybohneneintopf mit
  Erdnusssauce 220
 mit fünf Gewürzen gekocht 261
 Süßsaurer Tempeh mit Erd-
  nüssen 243
Essig 574
Essigbeere (Berberitze) *574*
 Persischer Reis mit Essigbeeren
  314

F
Feigen, pikante karamellisierte 536
Fenchel-Orangen-Salat 546
Fenchelsamen 574
Feta *453*
 Aufstrich mit Jalapeño 453
 Geröstete rote Paprika mit Feta-
  Füllung 120
 Joghurtkäse mit Feta 451
 Zucchini-Feta-Salat 557
Feuerwehrmannsuppe 525
Fladenbrote
 Chapatis 345
 Gerilltes Fladenbrot 342

 Maisfladenbrote 289
 mit Hafermehl 270
 mit Hefe 341
 mit Kokosnuss 351
 Naan 342
 Parathas 346, 347, 348
 Sindhi-Fladenbrote 352, 353
 Süße frittierte 354
 Trinidad-Roti 350
Frittata mit Mangold 423
Fritteuse 583
Frühlingskohl *36*
 mit gebratenen Zwiebeln 39
Frühlingszwiebelpfannkuchen
 368
Fünf-Gewürze-Mischung 579
Fünf-Gewürze-Pulver 574

G
Gailan 573
Galgant 574
Garam masala 574
Gelbwurz 577
Gemüse
 Bunte Gemüse-weiße-Bohnen-
  Suppe 509
 Gemischte Hülsenfrüchte und
  Gemüse nach Parsi-Art 202
 Gemischter Gemüsesalat 548
 Gemischtes Grillgemüse auf
  indische Art 156
 Gemüseeintopf 154
 Gemüseeintopf mit Kicher-
  erbsenmehlsauce 191
 Gemüseklößchen in der Teig-
  hülle 380
 Kartoffelpüree-Gemüse-Auflauf
  88
 Obst-Gemüse-Salat mit Kokos-
  milch-Dressing 535
 Obst-Gemüse-Salat mit Soja-
  saucen-Dressing 536
 Persische süßsaure Ratatouille
  152
 Pfannengerührtes Gemüse mit
  weichem Paneer 434
 Püree aus Mischgemüse 152
 Salat aus gegrilltem Gemüse
  155
 Sichuansuppe mit Tofu und
  Gemüse 507
 Tofu-Gemüse-Burger 238
 Tofu-Gemüse-Burger mit Pilz-
  sauce 239
 Weiße-Bohnen-Gemüse-Topf
  252
Gemüsebrühe 502
Gemüsemais *104*, **104**
 (siehe auch Mais, getrockneter)
 Gegrillte Maiskolben 105
 Mais mit Blumenkohl 107
 Mais-Kartoffel-Salat 544
 Maiskörner mit Ingwer und
  Tomaten 105
 Maiskörner mit Sesam und
  Tomaten 108
 Maissuppe 520
 Quinoa mit Gemüsemais 292
 Zuckermais, in Joghurt gegart
  106
Gerste *266*, **266**
Gewürze ohne Fett rösten 583
Gewürzmischung
 Gemischte Gewürze 498
 persische 497
 Sesam- 497
Gewürznelken 574

REGISTER 587

Gewürztee 568
Ghee 574
Glasnudeln 206
   Glasnudelsalat mit Mungobohnensprossen 215
Goraka 574
Granatapfel
   Bittergurken mit einer Füllung aus Zwiebeln und Granatapfelkernen 33
   Granatapfelkerne 312, 574
   Kalte Granatapfelsuppe 502
Granola 269
Graupen **266**
   Graupeneintopf 267
   mit Spinat und Schalotten 267
Grüne Bohnen 69, **69**
   (siehe auch Spargelbohnen)
   auf bengalische Art 75
   aus dem Wok mit eingelegtem Tien-jing-Gemüse 71
   Grüne-Bohnen-Kartoffel-Curry 72
   Grüne-Bohnen-Salat 70
   Hirse mit Kreuzkümmel, Zwiebel und grünen Bohnen 272
   mit angebratenen Schalotten 72
   mit Champignons 73
   mit Knoblauch und Salzzitrone 70
   mit Kreuzkümmel und Fenchel 76
   Pikanter Naturreis mit grünen Bohnen und Kräutern 319
   Pilaw mit Limette und grünen Bohnen 302
   Uppama mit Cashewnüssen und grünen Bohnen 384
Grüner Salat mit Tofu-»Mayonnaise« 550
Grünkohl 35
   Sommergrünkohl mit Lauch 40
Guacamole 538
Gurke
   Gurken-Minze-Drink 561
   Gurken-Raita 444
   Paprika-Gurken-Salat 552
   Syrischer Käse mit Gurke und Sesam 438
   Tomaten-Gurken-Drink 566
   Tomaten-Gurken-Salat mit Zwiebel 556

H
Habanero-Chili 573
Hafer 268
   Haferkekse 269
Haricots verts 69
Harissa 469
   Tomatensalat mit Harissa 555
Hartweizengrieß 334
Hefeextrakt 574
Hijiki 575
Hirse 271, **271**
   mit Kreuzkümmel, Zwiebel und grünen Bohnen 272
   mit Sesam, Möhre und Mangold 272
Hoisin-Sauce 575
Hominy 274
Hülsenfrüchte, getrocknete (Dal) 157, **158, 159**, 575
   Gemischte Hülsenfrüchte und Gemüse nach Parsi-Art 202
   Hummus aus ganzen Kichererbsen 179

I
Ijo dulce 572
Indischer Käse (siehe Paneer)
Ingwer 575
   Heißer Ingwer-Kardamom-Trunk 562
   Ingwer-Chili-Relish, frisches 460
   Ingwer-Zitrus-Longdrink 561
   Ingwerpfannkuchen mit Koriander 327
   Ingwerreibe 584

J
Jaggery 575
Jalapeno-Chili 573
Japanischer Pfeffer 580
Japanisches Sieben-Gewürze-Pulver 575
Jicama 575
Joghurt 439
   Chayoten mit südindischer Joghurtsauce 448
   -Drink aus dem Punjab 569
   -Drink, würziger, nach Madras-Art 570
   »Eingelegter« 441
   Kalte Joghurtsuppe mit Kichererbsen und Sellerie 505
   Milch-Joghurt-Drink 564
   mit Aubergine und Walnüssen 446
   mit Banane südindisch 447
   mit Kräutern 443
   mit Sellerie und Pistazien 446
   mit Tomaten und Basilikum 444
   mit Walnüssen uns Sultaninen 448
   Raitas 442–444
   selbst gemachter 440
   Speiserüben mit Joghurt und Tomaten 138
   Spinatjoghurt mit Kardamom und Nelken 445
   Tamarinden-Joghurt-Chutney 474
   Tsatsiki 451
Joghurtkäse 450
   mit Feta 451
   mit Zahtar und Olivenöl 452
   selbst gemachter 450
   süßer, mit Banane 452

K
Kaffirlimetten 575
Kailan 573
Kaki, eingelegte 575
Kallaloo 508
Kalonji 580
Kardamom 575
   Heißer Ingwer-Kardamom-Trunk 562
Karhai 584
Karibische Würzsauce 470
Kartoffeln 77, **77, 78**
   Bauernkartoffeln aus dem Punjab 81
   Blumenkohl und Kartoffeln mit Ingwer 52
   Braun gebratener Kartoffelfladen 84
   Brokkoli mit Kartoffeln 60
   Grüne-Bohnen-Kartoffel-Curry 72
   Karibisches Kichererbsen-Kartoffel-Curry 183
   Kartoffelfladen 356
   Kartoffelküchlein 87

Kartoffelpüree 86
Kartoffelpüree-Gemüse-Auflauf 88
Kichererbseneintopf mit Kartoffeln 180
Knuspriger Kartoffelkuchen mit Kräutern 85
Mais-Kartoffel-Salat 544
Mais-Tortillas mit Kartoffel-Chili-Füllung 286
mit Erbsen 80
mit Fenchelsamen 82
mit Käsesauce nach Art von Huancayo 79
Möhren mit Kartoffeln und Erbsen aus der bäuerlichen Küche 113
Ofenkartoffeln mit Knoblauch-Kräuter-Öl 83
Okras mit Kartoffeln 116
Parathas 347
Pfannengerührte Kartoffelstifte süßsauer 84
Pilaw mit Kartoffelkruste 304
Pilz-Kartoffel-Topf 124
Quinoa mit Gemüsemais und Kartoffeln 292
Risotto mit Mungobohnen, Kartoffeln, Erbsen und Blumenkohl 312
Scharf-süßsaure Kartoffeln nach Art von Gujarat 80
Scharfe Kartoffelsuppe 511
Weiße-Bohnen-Suppe mit Mangold und Kartoffel 512
Würziger Artischockentopf mit Kartoffeln 13
Würziger Auberginentopf mit Kartoffeln, Champignons und Kichererbsen 31
Würziger Kartoffeleintopf mit Kurkuma 82
Käse
   Geröstete rote Paprika mit Feta-Füllung 120
   Kartoffeln mit Käsesauce nach Art von Huancayo 79
   Käsepizza 344
   Mais-Tortillas mit Käsefüllung 286
   Pizza mit Käse und ofengetrockneten Tomaten 344
   Quesadillas mit Käse 287
   Selbst gemachter indischer Käse (Paneer) 428
   Selbst gemachter Mascarpone 432
   Selbst gemachter syrischer Käse 431, 438
   Selbst gemachter weißer Käse 430
   Weiche Polenta mit Käse und Butter 280
   Weiche Polenta, über Käse angerichtet 279
Kashmiri-Tee 567
Kenarinüsse 576
Ketjap manis 581
Kichererbsen 176, **176–178**
   Hummus aus ganzen Kichererbsen 179
   Kalte Joghurtsuppe mit Kichererbsen und Sellerie 505
   Karibisches Kichererbsen-Kartoffel-Curry 183
   Kichererbsen, Kürbis und Rosinen mit Couscous 397

Kichererbseneintopf mit Kartoffeln 180
Kichererbseneintopf mit sechserlei Gemüse 181
Kichererbseneintopf mit Spinat 180
Kichererbsensuppe 518
Kichererbsensuppe mit Spinat und Rosmarin 519
mit Erbsen 47
mit Tomaten 179
nach Moghlai-Art 184
nach Rawalpindi-Art 182
Spinat mit Kichererbsen 44
und Chana dal in Minzesauce 85
Würziger Auberginentopf mit Kartoffeln, Champignons und Kichererbsen 31
Kichererbsenmehl 177, **178**
   Fritten aus Kichererbsenmehl 188, 189
   Gemüseeintopf mit Kichererbsenmehlsauce 191
   Pfannkuchen aus Kichererbsenmehl 187
   Pfannkuchen aus Kichererbsenmehl mit Tomate und Zwiebel 187
   Pizza aus Kichererbsenmehl 190
Kidneybohnen
   (siehe Rote Kidneybohnen und Weiße Bohnen)
Knoblauchzehen, eingelegte 481
Kochu chang 576
Kodampali 574
Kohl/Kohlgemüse 89, **89**
   Kohl-Orangen-Salat 540
   Kohlsalat mit Oregano 539
   Rotkohl mit Curry und Cranberrysaft 92
   Schichtkohl mit Reis und Korinthen 91
   Sommerweißkohl oder Wirsing mit Knoblauch und Schalotten 90
Kohlrabi 93, **93**
   Kohlrabisalat 547
   Sautierte Kohlrabistifte 94
   Scharfer Kohlrabi-Tomaten-Topf 95
   würziger, mit Mais 94
Kohlrabiblätter 35
   mit Knoblauch gekocht 41
Kohlrübe
   Kohlrübensalat 558
   Salat aus grüner Kohlrübe 558
Kokoscreme 576
Kokosmilch 576
Kokosmilchpulver 576
Kokosmilchsauce 457
   Obst-Gemüse-Salat mit Kokosmilch-Dressing 535
   Rote Linsen mit Kokosmilch 201
   selbst herstellen **576**
   Süße Mungobohnensuppe mit Kokosmilch 532
Kokosnuss 576
   Fladenbrote mit Kokosnuss 351
   Kokos-Koriander-Chutney 458
   Kokos-Sambol 458
   öffnen **577**
   Südindischer Kokosreis 301
   Würzige Erbsen mit Kokosraspeln und Koriander 66

Kokum 577
Kombu 577
  Kombu-Brühe 501
Koriander 577
  Koriander-Minze-Chutney 459
Kräuter
  Eierkuchen mit Kräutern 422
  Frische Kräuter mit Brot 546
  Joghurt mit Kräutern 443
Kreuzkümmel 577
  rösten 577
Kümmel, indischer 571
Kürbis 96, **97**
  Aromatischer Bohnen-Kürbis-Eintopf 254
  auf karibische Art 99
  Augenbohnen und Reis mit Kürbis 309
  Bulgurrisotto mit Kürbis 337
  Kichererbsen, Kürbis und Rosinen mit Couscous 397
  Kürbis-Pita 100
  Kürbisküchlein 101
  Kürbisrisotto aus dem Schnellkochtopf 324
  Kürbissuppe 513
  Miso-Suppe mit Kürbis und Zwiebel 529
  mit Sultaninen 101
  nach Delhi-Art 98
Kurkuma 577

L
Laoswurzel 574
Lassi
  Süßes Bananen-Lassi 568
  Süßes Mango-Lassi 569
Lauch *102*, **102**
  mit Reis 103
Lengkuas 574
Limabohnen
  (siehe Weiße Bohnen)
Limetten
  Limetten-Ingwer-Sirup 563
  Limettensirup 563
  persische, getrocknet 577
Linsen *192*, **192**, *193*
  Gemischte Hülsenfrüchte und Gemüse nach Parsi-Art 202
  in Sauce 195
  Linsensalat mit Senfsamen 548
  mit Champignons und Joghurt 195
  mit Pasta 198
  mit Reis 197
  mit Spinat und Joghurt 194
  mit Zwiebel und Knoblauch 194
  Nudeln in Linsensauce 372
  Pfannengerührte Linsensprossen mit Ingwer 199
  Pfannengerührte Linsensprossen mit Senfsamen und Chili 199
  Pilaw mit grünen Linsen und Sultaninen 308
  Reis mit Linsen und knusprig gebratenen Zwiebeln 317
  Rote Linsen bengalische Art 200
  Rote Linsen mit Kokosmilch 201
  Rote Linsen mit Zucchini 202
  Rote Linsensuppe 520
  Rote Linsensuppe mit Reis 522
  Tex-Mex-Chili vegetarisch 196
  Tomaten mit Linsen-Reis-Füllung 145
  Würzige rote Linsensuppe 521
Löffelbrot 283
Lo-mein 578

M
Macis 578
Madras-Currysuppe 515
Mais (getrockneter) *273*, **274**, **275**
  (siehe auch Gemüsemais)
  Augenbohnen mit Mais und Dill 166
  Mais-Tortillas 284–286
  Maisbrot mit Sesam 288
  Maisfladenbrote 289
  Maisgrütze mit Champignons 282
  Quesadillas 287
  Wildreis mit Mais, Pilzen und Spargel 331
  Würziger Kohlrabi mit Mais 94
Mandarinenschale, getrocknet 578
Mandeln
  Kalte Mandelsuppe 503
  Mandel-Cashew-Suppe 506
  Mandelmilch 560
  Mandelsirup 560
  Süße Mandelsuppe 523
Mango
  einlegen 487
  Mango-Chutney 489
  Mango-Ingwer-Chutney 490
  Mango-Pickles aus Rajasthan 492
  Mango-Pickles aus Südindien 491
  Mango-Pickles nach Bombay-Art 493
  schälen, aufschneiden oder würfeln 487, 488
  Süßes Mango-Lassi 569
Mangold **36**
  Augenbohnen mit Mangold 164
  Frittata mit Mangold 423
  Hirse mit Sesam, Möhre und Mangold 272
  Junger Mangold mit Sesamsamen 46
  mit Ingwer und grünem Chili 46
  mit Tomaten und Kichererbsen 47
  Weiße-Bohnen-Suppe mit Mangold und Kartoffel 512
Mangopulver, grünes 571
Masa harina 275
Mascarpone, selbst gemachter 432
Masoor dal 193, 575
Melonensamen 578
Milch-Joghurt-Drink 564
Milchprodukte 398
Minari 578
Minze
  Gurken-Minze-»Drink« 561
  Minzelimonade 564
  Minzetee 567
Mirin 578
Miso 578, 581
Miso-Suppen 526
  mit chinesischen Pilzen und Ei 531
  mit Daikon-Rettich und Wakame 530
  mit Kürbis und Zwiebel 529
  mit Tofu und Spinat 528
Misri 574
Mixed Pickles
  indische 480
  süßsaure, nach Punjab-Art 482
Mohnsamen, weiße 578
Möhren **109**, **109**
  Geschälte, halbierte Straucherbsen mit Schalotten und Möhre 245
  glasierte, mit Ingwer 112
  Hirse mit Sesam, Möhre und Mangold 272
  mit getrockneten Aprikosen nach persischer Art 111
  mit Kartoffeln und Erbsen aus der bäuerlichen Küche 113
  mit Pilzen und Zwiebeln à la grecque 110
  Möhren-Pickles mit Senfsamen 480
  Möhren-Raita 442
  Möhrensalat mit Koriandergrün 540
  Möhrensalat mit Orangensaft 541
  pfannengerührte, mit Ingwer und Senfsamen 112
  Südindischer Möhren-Ingwer-Salat 541
  Süße Möhren-Julienne mit Kräutern 110
  Würziger Möhrensalat 542
Mooli 128, **128**, 580
Moong 571
Moong dal 204, 575
Morita-Chili 573
Mörser 584
Mu-err-Pilze 579
Muffins, Oliven- 359
Mulligatawny
  Eier in Mulligatawny-Sauce 406
  Vegetarische Mulligatawny-Suppe 516
Mung dal 575
Mungobohnen *204*, **204–206**, 575
  Einfacher Risotto mit Mungobohnen 311
  Frittierte Mungobohnenklößchen 212
  Gemischte Hülsenfrüchte und Gemüse nach Parsi-Art 202
  geschälte, halbierte, mit gebratenem Knoblauch und Zwiebel 209
  geschälte, halbierte, mit gebratener Zwiebel 207
  geschälte, halbierte, mit Knoblauch und Tomaten 208
  geschälte, halbierte, mit Kreuzkümmel und Asafoetida 207
  geschälte, halbierte, mit Spinat 208
  Mungobohnenklößchen in würziger Tomatensauce 212
  Mungobohnenpfannkuchen 211
  Risotto mit Mungobohnen, Kartoffeln, Erbsen und Blumenkohl 312
  Straucherbsen mit Mungobohnen 246
  Süße Mungobohnensuppe 533
  Süße Mungobohnensuppe mit Kokosmilch 532
  ungeschälte, halbierte, mit Blattgemüse 210
  Zerdrückte Adzukibohnen und ganze Mungobohnen aus dem Wok 162
Mungobohnensprossen *205*, **205**, 571
  Glasnudelsalat mit Mungobohnensprossen 215
  pfannengerührte, mit Ingwer 214
  süßsaure 213
Muskatblüte, -nuss 578

N
Naan 342
Nori 578
Nudeln *335*, 578
  (siehe auch Pasta)
  gebratene 379
  gebratene mit Gemüse 382
  in Linsensauce 372
  Java-Nudeln 374
  Pochierte Eier auf japanischen Nudeln 410
  Tampopo-Nudeln 371

O
Obst-Gemüse-Salat
  mit Kokosmilch-Dressing 535
  mit Sojasaucen-Dressing 536
Ofengetrocknete Tomaten 145
Ofenkartoffeln mit Knoblauch-Kräuter-Öl 83
Okra(schoten) *114*, **114**
  ausgebackene, mit frischen Curryblättern 117
  in Ausbackteig 115
  mit Kartoffeln 116
  mit Tomaten 116
  Tomatensuppe mit Okraschoten 514
  würzig gebratene 117
Öle 579
Oliven
  Oliven-Muffins 359
  Selbst gemachter Käse mit Oliven 438
Olivenöl 579
  mit Knoblauch und Petersilie 461
Omelett 416
  Gefülltes französisches Omelett 417
  Masala-Omelett 417
  mit Tofu auf Reis 419
  mit würziger Sichuan-Gemüsesauce 418
Orangen
  Fenchel-Orangen-Salat 546
  Ingwer-Zitrus-Longdrink 561
  Safran-Orangen-Reis 302

P
Pak chee farang 573
Pak-Choi **34**
  Baby-Pak-Choi mit chinesischen Pilzen 37
Palmzucker 579
Panchphoran 579
Pandanblätter 579
Paneer, selbst gemachter 428
  gebraten wie Rührei 436
  knusprig frittiert 437
  mit Salsa 435
  mit Spinat 433
  mit Tomaten 435
  Paneersalat mit Kräuter-Dressing 542
  Paneersalat mit Spargel 543
  Pfannengerührtes Gemüse mit weichem Paneer 434
Papad 579
Papoosas 286
Pappadam 579
Paprika(schoten) *118*, **119**
  geröstete rote, mit Balsamessig 121
  geröstete rote, mit Feta-Füllung 120
  Paprika-Gurken-Salat 552
  Paprika-Salzzitronen-Salat 552

rote, mit Reis-Kräuter-Füllung nach persischer Art 119
Rote Paprikasuppe 510
Rot-grüner Paprikasalat 553
Paprikapaste, rote 470
Parathas 346
　Kartoffel- 347
　mit Blumenkohlfüllung 348
Parmesan
　Pfannengerührte Auberginen mit Tomate und Parmesan 23
　Spargel mit Zitrone und Parmesan 136
Pasole 274
　grüner 276
Pasta (siehe auch Nudeln)
　Fettuccine mit Pilzsauce 376
　Fettuccine mit Ricotta, Spinat und Pinienkernen 375
　Fusilli mit frischen Tomaten 379
　Linsen mit Pasta 198
　Penne mit Artischocken und Erbsen 378
　Penne mit frischen Tomaten 379
　Penne mit Zucchini und Basilikum 377
　Spaghetti mit Knoblauch-Chili-Öl 373
　Spaghetti mit frischen Tomaten und Zitronenschale 373
　Tagliatelle mit Ricotta, Spinat und Pinienkernen 375
Pekannüsse 579
　Pekannuss-Chili-Sauce 463
Pfannen 584
Pfannkuchen
　aus Kichererbsenmehl 187
　aus Kichererbsenmehl mit Tomate und Zwiebel 187
　Frühlingszwiebel- 368
　gefüllte 366
　Mungobohnenpfannkuchen 211
　Reispfannkuchen 325, 326, 327
　südindische, mit Zwiebel und Tomate 370
　weiche, luftige 369
Pfeffer
　japanischer 580
　schwarzer 580
Pfirsich-Chutney nach Delhi-Art 494
Pflaumensauce 579
Pickles
　Indische Mixed Pickles 480
　Mango-Pickles aus Rajasthan 492
　Mango-Pickles aus Südindien 491
　Mango-Pickles nach Bombay-Art 493
　Möhren-Pickles mit Senfsamen 480
　Schnelle Kohl-Pickles 479
　Süße Gujarati-Zitronen-Pickles 485
　Zitronen-Pickles aus Südindien 486
Pilaw
　mit Dicken Bohnen 310
　mit frischen Kräutern 306
　mit grünen Linsen und Sultaninen 308
　mit Kartoffelkruste 304
　mit Limette und grünen Bohnen 302

Pilze 122, **122**, 579
　(siehe auch Champignons, Portobellos, Shiitake)
　Baby-Pak-Choi mit chinesischen Pilzen 37
　Dreierlei Pilze 125
　Erbsen und Pilze in grüner Currysauce 67
　Israelischer Couscous mit Spargel und frischen Pilzen 395
　Misosuppe mit chinesischen Pilzen und Ei 531
　Möhren mit Pilzen und Zwiebeln à la grecque 110
　Pilz-Kartoffel-Topf 124
　Rührei mit Frühlingszwiebeln und Pilzen 414
　Tofu mit Spargel und chinesischen Pilzen 233
Pilzbrühe 501
Pinienkerne 580
　Risotto mit Spinat, Sultaninen und Pinienkernen 323
Pistazien
　Joghurt mit Sellerie und Pistazien 446
Pizza
　aus Kichererbsenmehl 190
　Käsepizza 344
　mit Käse und ofengetrockneten Tomaten 344
Poblano-Chili 305, 573
Pochierte Eier
　auf Artischockenherzen mit weißer Sauce 409
　auf japanischen Nudeln 410
　in Tomatensauce 408
　nach koreanischer Art 410
　nach meiner Methode 407
Polenta 274
　klassische 278
　-Lasagne 281
　mit grünem Spargel 280
　mit Stängelkohl 282
　mit Tex-Mex-Chili 280
　weiche, mit Käse und Butter 280
　weiche, über Käse angerichtet 279
Portobellos (siehe auch Pilze)
　gegrillte 124
　mit Tofufüllung 126
Prik-khi-nu 573
Puy-Linsen 193, **193**

Q
Quesadillas
　mit Champignons 287
　mit Käse 287
Quinoa 290, **290**
　mit Gemüsemais und Kartoffeln 292
　mit Tomaten und Thymian 291

R
Radieschen
　pikante 554
　Radieschensalat 554
Raitas
　Gurken-Raita 444
　Möhren-Raita 442
　Zwiebel-Minze-Raita 443
Ramen 371
Rampe 579
Reis, Reissorten 293–295, **295–297**
　(siehe auch Risotto, Wildreis)

Adzukibohnen und Reis mit Sesamsalz 318
Augenbohnen und Reis mit Kürbis 309
Einfacher Basmatireis 298
Einfacher weißer Langkornreis 298
Gelber Reis 300
geröstet, gemahlen 580
Grüner Reis mit gefüllten Poblano-Chilis 305
Lauch mit Reis 103
Linsen mit Reis 197
mit Joghurt und frischen Granatapfelkernen 312
mit Linsen und knusprig gebratenen Zwiebeln 317
mit Spinat 316
Naturreis mit gekeimtem Dinkel 299
Parsi-Reis mit Gewürznelken und Zimt 300
Persischer Reis mit Essigbeeren 314
Pikanter Naturreis mit grünen Bohnen und Kräutern 319
Rote Linsensuppe mit Reis 522
Rote Paprikaschoten mit Reis-Kräuter-Füllung nach persischer Art 119
Safran-Orangen-Reis 302
Schichtkohl mit Reis und Korinthen 91
Schwarze Bohnen mit Reis 227
Smaragdfarbener gebratener Reis 307
Südindischer Kokosreis 301
Tomaten mit Linsen-Reis-Füllung 145
Würzige Straucherbsen mit Reis 318
Zitronenreis 299
Reismelde 290, **290**
Reisnudeln 297, **297**, 578
Reis-Vermicelli 580
Relishes
　Frisches Ingwer-Chili-Relish 460
　Sichuan-Relish mit Biss 460
Rettich, weißer (Daikon, Mooli) 128, **128**, 580
　eingelegter 495, 580
　Rettichsalat mit Orangensaft 553
　Rotgekochter weißer Rettich 129
Rhabarbersirup 565
Ribollita 509
Ricotta
　Fettuccine/Tagliatelle mit Ricotta, Spinat und Pinienkernen 375
　Risi e bisi 322
Risotto 320, **320**
　Bulgurrisotto mit Kürbis 337
　einfacher, mit Mungobohnen 311
　Kürbisrisotto aus dem Schnellkochtopf 324
　mit Erbsen 322
　mit getrockneten Steinpilzen 322
　mit Mungobohnen, Kartoffeln, Erbsen und Blumenkohl 312
　mit Spinat, Sultaninen und Pinienkernen 323
　mit Tomaten und Aubergine 321
　Semolina-»Risotto« 383

Rollschneiden 17
Romesco-Sauce
　einfache 467
　Grüner Spargel mit Romesco-Sauce 135
　klassische 466
Rosenblütenblätter, getrocknete 580
Rote Bete 130, **130**
　Curry mit Roter Bete und Champignons 132
　geriebene, mit Schalotten 132
　gekochte, mit Meerrettich-Dressing 131
　-Püree 131
Rote Kidneybohnen 216, **216**
　Kidneybohnenauflauf 218
　Kidneybohneneintopf 217
　Kidneybohneneintopf mit Erdnusssauce 220
　für »Bohnen mit Reis« 218
Rotis 350, 351
Rotkohl (siehe Kohl/Kohlgemüse)
Rübstiel 36
Rührei 413
　mit Frühlingszwiebeln und Pilzen 414
　mit Zwiebel und Tomate 414
　nach westlicher Art 413

S
Sabut masoor 193, 575
Sabut urad 247
Safran 580
Sake 580
Salsa
　einfache rote 478
　Gekochte Tomaten- 478
　Selbst gemachter Paneer mit Salsa 434
　verde 475
Salz
　Salz-Sichuanpfeffer-Mischung 496
　Salzmischung meiner Mutter 496
　Sesamsalz 496
Salzzitronen
　einfache indische 484
　Grüne Bohnen mit Knoblauch und Salzzitrone 70
　marokkanische 483
　Paprika-Salzzitronen-Salat 552
Sambal
　aus gegrillten Tomaten, Schalotten und Chilis 477
　Tomaten-Sambal 142
Sambar-Pulver 499
Sansho 580
Saucen (siehe auch Tomatensauce)
　Erdnusssauce 464
　Karibische Würzsauce 470
　Kokosmilchsauce 457
　Pekannuss-Chili-Sauce 463
　Romesco-Sauce 466, 467
　Scharfe Chili-Senf-Sauce 471
　Scharfe Chilisauce 468
　Tscherkessen-Sauce 465
　Walnuss-Brot-Sauce 465
　Walnusssauce 464
Sauerampfer 36
Sauerdorn, getrockneter 574
Sauerkirschen
　Sauerkirsch-Chutney 455
　Sauerkirsch-Walnuss-Chutney aus Kaschmir 456
　Sauerkirschsirup 559

Schälerbsen *221*, **221**
  gelbe, mit Thymian und Kreuzkümmel 224
  Gelbes Erbsenpüree 222, 223
  Schälerbsensuppe 523
Schalotten
  Auberginen mit würziger Schalotten-Tomaten-Sauce 27
  Geriebene Rote Bete mit Schalotten 132
  knusprig frittierte nach persischer Art 463
  Sambal aus gegrillten Tomaten, Schalotten und Chilis 477
  Topinambur mit Kreuzkümmel und Schalotte 147
Schichtkohl mit Reis und Korinthen 91
Schnittknoblauch 580
Schwarze Bohnen *225*, **225**
  eingesalzen 580
  mit Reis 227
  Schwarze-Bohnen-Charros 228
  Schwarze-Bohnen-Suppe 517
  Spargelbohnen mit eingesalzenen schwarzen Bohnen 74
  Zweimal gebratene Bohnen 226
Schwarzer Pfeffer 580
Schwarzkohl **35**
  mit Rosinen 40
Schwarzkümmel 580
Scotch-Bonnet-Chili 573
Seitan 334
Sellerie
  (siehe auch Bleichsellerie)
  Joghurt mit Sellerie und Pistazien 446
  Kalte Joghurtsuppe mit Kichererbsen und Sellerie 505
Semolina-Kastenbrot 363
  mit Kokos und Pistazien 362
  mit Sultaninen und Zimt 361
Semolina-»Risotto« *383*, **383**
  (Rezepte siehe Uppama)
Semolinaküchlein 365
Senfkohl **36**
Senföl 579
Senfsamen 581
Seré 583
Serrano-Chili 573
Sesam-Gewürzmischung 497
Sesamöl 579
Sesampaste 581
Sesamsalz 496
Sesamsamen 581
  rösten **581**
Shao-Hsing-Wein 581
Sherbets (siehe Sirup)
Shichimi-togarashi 575
Shiitake 579
  (siehe auch Pilze)
  Auberginen und Shiitake in japanischer Sauce 24
  pfannengerührte 127
Shiso 581
Siamingwer 574
Sichuan-Relish mit Biss 460
Sichuanpfeffer 581
  rösten **581**
Sichuansuppe mit Tofu und Gemüse 507
Sieben-Gewürze-Pulver, japanisches 575
Sindhi-Fladenbrote
  aus Vollkornmehl 352
  mit schwarzem Pfeffer 352
  süße 353

Sirup
  Limetten-Ingwer-Sirup 563
  Limettensirup 563
  Mandelsirup 560
  Rhabarbersirup 565
  Sauerkirschsirup 559
  Zuckersirup 565
Soba-Nudeln 578
Sofrito-Methode **159**
Sojabohnen *229*, **230–232**
  Sojabohnenküchlein mit Minze 234
Sojabohnenquark 582
Sojabohnensprossen 230, **230**
Sojamilch 230, **230**
Sojasauce 581
  Dressing 472
  Frittierte Auberginen mit einem Sojasaucen-Dressing 19
  Kalte Auberginen mit einem Sojasaucen-Dressing 19
  mit Pilzen 582
Somen-Nudeln 578
Spaghetti (siehe Pasta)
Spargel *133*, **133**
  grüner, mit Romesco-Sauce 135
  Israelischer Couscous mit Spargel und frischen Pilzen 395
  kalter, mit Sesam-Dressing 134
  mit Ingwer und rotem Chili 135
  mit maurischer Sauce 136
  mit Zitrone und Parmesan 136
  nach meiner Methode 134
  Polenta mit grünem Spargel 280
  Tofu mit Spargel und chinesischen Pilzen 233
  Uppama mit Spargel 388
  Wildreis mit Mais, Pilzen und Spargel 331
Spargelbohnen 69
  Blumenkohl und Spargelbohnen mit süßsaurem Chili-Dressing 55
  mit eingesalzenen schwarzen Bohnen 74
  Spargelbohnencurry 74
Speiserüben *137*, **137**
  mit Joghurt und Tomaten 138
  mit Sojasauce 138
Spiegeleier 412
  mexikanische 412
Spinat **36**
  -Bhaji 41
  Brokkoli mit Spinat 59
  Fettuccine/Tagliatelle mit Ricotta, Spinat und Pinienkernen 375
  Geschälte, halbierte Mungobohnen mit Spinat 208
  Graupen mit Spinat und Schalotten 267
  Kichererbseneintopf mit Spinat 180
  Kichererbsensuppe mit Spinat und Rosmarin 519
  Linsen mit Spinat und Joghurt 194
  Miso-Suppe mit Tofu und Spinat 528
  mit Dill und Zwiebeln 42
  mit gebratenen Zwiebeln 45
  mit Kichererbsen 44
  mit Reis und Dill 43
  mit Tomate 45
  Reis mit Spinat 316
  Risotto mit Spinat, Sultaninen und Pinienkernen 323

  Selbst gemachter Paneer mit Spinat 433
  Spinatjoghurt mit Kardamom und Nelken 445
Splittererbsen 221
Stängelkohl **35**
  mit Knoblauch 38
  Polenta mit 282
  sautierter, mit Senfsamen 38
Steinpilze (siehe auch Pilze)
  Risotto mit getrockneten Steinpilzen 322
Sternanis 582
Stielmus **36**
Straucherbsen *244*, **244**
  Gemischte Hülsenfrüchte und Gemüse nach Parsi-Art 202
  geschälte, halbierte, mit Schalotten und Möhre 245
  mit Mungobohnen 246
  süßsaure geschälte, halbierte 246
  würzige, mit Reis 318
Strohpilze 580
Suanmei 582
Sumach 582
Süßkartoffeln *139*, **139**
  mit Kardamom und Chilis 140
  mit Sultaninen und Zimt 140
Syrischer Käse, selbst gemachter 431
  mit Gurke und Sesam 438
  mit Oliven 438

T
Tabouleh 339
Tahin 581
Takrai 583
Tamari 581
Tamarinde 582
  Einfaches Tamarinden-Chutney 474
  Tamarinden-Chutney mit Sultaninen und Walnüssen 474
  Tamarinden-Joghurt-Chutney 474
  Tamarindenpaste 473, **582**
Tanglad 583
Tarka-Methode **159**, *583*
Tava 584
Tee
  Gewürztee 568
  Kashmiri-Tee 567
  Minzetee 567
Tee-Eier 403
Tempeh 232
  frittierter würziger 242
  süßsaurer, mit Erdnüssen 243
Teufelsdreck 571
Tex-Mex-Chili vegetarisch 196
Tien jing 582
  Grüne Bohnen aus dem Wok mit eingelegtem Tien-jing-Gemüse 71
Tiganissi-Methode 159
Toen chang 578, 582
Tofu *232*, **232**, *582*
  gepresster, in aromatischer Sauce 241
  Ingwer-Knoblauch-Tofu 236
  Miso-Suppe mit Tofu und Spinat 528
  mit Champignons 240
  mit scharfer Sauce 236
  mit Schwarze-Bohnen-Sauce 237
  mit Spargel und chinesischen Pilzen 233

  mit Tomaten und Koriandergrün 235
  Omelett mit Tofu auf Reis 419
  Portobellos mit Tofufüllung 126
  Sichuansuppe mit Tofu und Gemüse 507
  Tofu-Gemüse-Burger 238
  Tofu-Gemüse-Burger mit Pilzsauce 239
  Tofusalat 538
Tofuhaut 231, **231**
Tomaten *141*, **141**
  Auberginen-Tomaten-Choka 22
  enthäuten und hacken **582**
  Fusilli/Penne mit frischen Tomaten 379
  Gekochte Tomaten-Salsa 478
  Geschälte, halbierte Mungobohnen mit Knoblauch und Tomaten 208
  Joghurt mit Tomaten und Basilikum 444
  Kichererbsen mit Tomaten 179
  Maiskörner mit Ingwer und Tomaten 105
  Maiskörner mit Sesam und Tomaten 108
  Mangold mit Tomaten und Kichererbsen 47
  mit Linsen-Reis-Füllung 145
  mit Weizenfüllung 337
  ofengetrocknete 145
  Okras mit Tomaten 116
  Pfannengerührte Auberginen mit Tomate und Parmesan 23
  Quinoa mit 291
  Risotto mit Tomaten und Aubergine 321
  Sambal aus gegrillten Tomaten, Schalotten und Chilis 477
  Scharfer Kohlrabi-Tomaten-Topf 95
  Selbst gemachter Paneer mit Tomaten 435
  Spaghetti mit frischen Tomaten und Zitronenschale 373
  Speiserüben mit Joghurt und Tomaten 138
  Spinat mit Tomate 45
  Südindische Pfannkuchen mit Zwiebel und Tomate 370
  Süßes Tomaten-Chutney mit Mandeln 495
  Tomaten-Choka 143
  Tomaten-Gurken-Drink 566
  Tomaten-Gurken-Salat mit Zwiebel 556
  Tomaten-Sambal 142
  Tomatensalat 555
  Tomatensalat mit Harissa 555
  Tomatenscheiben in Tomatensauce 142
  Tofu mit Tomaten und Koriandergrün 235
Tomatensauce
  Auberginen mit würziger Schalotten-Tomaten-Sauce 27
  Cashewnüsse in mediterraner Tomatensauce 257
  Eier in Tomatensauce nach indischer Art 404
  einfache 476
  Frittierte Auberginenscheiben mit Tomatensauce, Joghurt und Minze 28
  In Tomatensauce pochierte Eier 408

REGISTER

mit Champignons 476
Mungobohnenklößchen in
   würziger Tomatensauce 212
rohe 477
Tomatenscheiben in Tomaten-
   sauce 142
Tomatensuppe
   mit Okraschoten 514
   mit Zitronengras 514
Tomatillos 58
   Avocado-Tomatillo-Salat
      (Guacamole) 538
   Grüne Tomatillo-Salsa 475
Tongu-Pilze 579
Toovar dal 244, 575
Töpfe 584
Topinambur 146, 146
   im Ofen gegarte 147
   mit Kreuzkümmel und Schalotte 147
Tortillapresse 284
Tortillas
   knusprig frittierte 285
   Mais-Tortillas 284, 286
   spanische 421
   Tortilla-Chips 285
   Weizen-Tortillas 349
Toskanischer Artischockenkuchen 425
Toskanischer Zucchinikuchen 424
Tostadas 285
Tsatsiki 451
Tscherkessen-Sauce 465
Tulsi 571

U
Udon-Nudeln 579
   Pochierte Eier auf japanischen
      Nudeln 410
Umeboshi 575
Uppama 383
   mit Blattkohl und Erbsen 385
   mit Cashewnüssen und grünen
      Bohnen 384
   mit Erdnüssen und frischem
      Koriandergrün 386
   mit Kartoffel und Rosmarin 387
   mit Spargel 388
Urad dal 247, 575
Urdbohnen 247, 247
   ganze, nach Punjab-Art 249
   geschälte, halbierte, nach Delhi-
      Art 248
   geschälte, halbierte, nach
      Lucknow-Art 248

V
Vogelaugen-Chili 573

W
Wakame 582
   Kalte Wakame-Suppe 504
   Miso-Suppe mit Daikon-Rettich
      und Wakame 530
Walnüsse
   Brokkoli mit Walnusssauce 60
   Joghurt mit Aubergine und
      Walnüssen 446
   Joghurt mit Walnüssen und
      Sultaninen 448
   Sauerkirsch-Walnuss-Chutney
      aus Kaschmir 456
   Tamarinden-Chutney mit
      Sultaninen und Walnüssen 474
   Walnuss-Brot-Sauce 465
   Walnusssauce 464
Wasabi 582

Wasserbad 583
Wasserkastanien 582
Wasserkresse 36
Wassermelonensaft 566
Wassermelonensamen 582
Weiße Bohnen 250, 250
   Aromatischer Bohnen-Kürbis-
      Eintopf 254
   Bunte Gemüse-weiße-Bohnen-
      Suppe 509
   Cannellini-Augenbohnen-Suppe
      524
   Gebackene Bohnen mit Curry
      und Erdnussbutter 255
   Gebackene Bohnen nach maze-
      donischer Art 253
   Gebackene Limabohnen 251
      mit Rosmarin 251
   Weiße-Bohnen-Gemüse-Topf
      252
   Weiße-Bohnen-Suppe mit Man-
      gold und Kartoffel 512
   Weiße Kidneybohnen nach
      spanischer Art 252
Weißer Käse, selbst gemachter 430
Weißkohl
   (siehe Kohl/Kohlgemüse)
Weizen 332, 332–335
   Tomaten mit Weizenfüllung 337
   Weizen-Tortillas 349
Weizengluten 334, 334
Weizennudeln 335, 335
Wildreis 297, 329, 329
   einfacher 329
   mit Mais, Pilzen und Spargel
      331
Wirsing
   (siehe Kohl/Kohlgemüse)
Wok 584
Won-tan-Teigblätter 582

Y
Yuba 231

Z
Zahtar 497, 583
   Joghurtkäse mit Zahtar und
      Olivenöl 452
Zimt 583
Zitronen
   Einfache indische Salzzitronen
      484
   Ingwer-Zitrus-Longdrink 561
   Marokkanische Salzzitronen 483
   Süße Gujarati-Zitronen-Pickles
      485
   Süßsaures Zitronen-Chutney 484
   Zitronen-Pickles aus Südindien
      486
Zitronengras 583
   Tomatensuppe mit Zitronengras
      514
Zucchini 148, 148
   Gebratene Zucchinischeiben
      150
   Gegrillte Zucchinischeiben 149
   Knusprige Zucchini-Chips 151
   Penne mit Zucchini und
      Basilikum 377
   Rote Linsen mit Zucchini 202
   Toskanischer Zucchinikuchen
      424
   Zucchini-Feta-Salat 557
   Zucchinipüree 150
Zucker, grober 574
Zuckermais
   (siehe Gemüsemais)

Zuckerschoten 65, 65
   mit Frühlingszwiebeln 68
Zuckersirup 565
Zwiebeln
   knusprig frittierte nach persi-
      scher Art 463
   Spinat mit gebratenen Zwiebeln
      45
Zwiebelsalat 551

Die Länder und ihre Rezepte

Afghanistan
   Auberginen 28
   Würzige Beigaben 455
Äthiopien
   Salate 548
   Würzige Beigaben 455, 471
Australien
   Okra 117
Brasilien
   Würzige Beigaben 456
China
   Adzukibohnen 161, 162
   Auberginen 25
   Blumenkohl 54
   Brokkoli 58
   Chilischoten 121
   Dicke Bohnen 64, 175
   Eier 403, 418
   Erdnüsse 261
   Grüne Bohnen 71, 74
   Mungobohnen 213, 215
   Pilze 125
   Rettich 129
   Reis 307
   Salate 554, 558
   Sojabohnen 235, 236, 240, 241
   Suppen 533
   Weizen 366, 368, 379–382
   Würzige Beigaben 460, 472,
      495–497
   Zuckerschoten 68
Chinesisch-amerikanisch
   Blattgemüse 37
   Kartoffeln 84
   Salate 548
   Sojabohnen 237
   Suppen 507
Costa Rica
   Schwarze Bohnen 227
   Suppen 517
El Salvador
   Mais 286
   Salate 539
Frankreich
   Eier 416
   Kichererbsen 188, 190
Grenada
   Reis 318
Griechenland
   Blattgemüse 43, 48
   Kartoffeln 83
   Kürbis 100
   Lauch 103
   Milchprodukte 451
   Paprikaschoten 120
   Reis 324
   Rote Bete 131
   Salate 537, 545, 557
   Schälerbsen 222
   Weiße Bohnen 251, 253
   Weizen 361, 365
   Zucchini 151
Griechisch-amerikanisch
   Milchprodukte 453

Hongkong
   Auberginen 18, 19
   Erdnüsse 261
   Sojabohnen 233
   Spargel 135
Indien
   Auberginen 21, 24, 29, 31
   Augenbohnen 166–168, 170, 171
   Bittergurken 33
   Blattgemüse 39, 41, 45, 46
   Blumenkohl 52, 53, 56
   Cashewnüsse 257–259
   Eier 405, 414, 415, 417, 426
   Erbsen 67
   Gemischte Gemüsegerichte 152
   Getränke 561–564, 567–570
   Grüne Bohnen 72, 75, 76
   Hirse 272
   Kartoffeln 80–82, 87
   Kichererbsen 184–187, 189, 191
   Kohlrabi 94, 95
   Kürbis 98
   Linsen 199, 200, 202
   Mais 106–108, 289
   Milchprodukte 428, 433–437,
      441–445, 447, 448, 452
   Möhren 112, 113
   Mungobohnen 207–212
   Okra 116, 117
   Pilze 123, 127
   Reis 298–302, 311, 312, 327, 328
   Rote Bete 132
   Rote Kidneybohnen 217
   Salate 541, 544, 556
   Speiserüben 138
   Straucherbsen 245, 246
   Suppen 502, 506, 514–516, 521, 522
   Urdbohnen 248, 249
   Weizen 340, 342, 345–348,
      352–354, 372, 384–386
   Würzige Beigaben 456,
      458–460, 474, 480–482,
      484–486, 488–494, 496, 499
Indisch-amerikanisch
   Blumenkohl 52
   Brokkoli 59
   Gemischte Gemüsegerichte 156
   Salate 536
   Sojabohnen 234
   Weizen 362, 370
Indisch-ugandisch
   Okra 116
Indonesien
   Auberginen 27
   Blumenkohl 55
   Kohlgemüse 90
   Sojabohnen 242, 243
   Suppen 520, 532
   Weizen 374
   Würzige Beigaben 464, 477
Iran
   Eier 408, 422
   Gemischte Gemüsegerichte 152
   Getränke 559, 561, 563–565
   Milchprodukte 446
   Paprikaschoten 119
   Reis 302, 304, 306, 308, 310, 314
   Salate 546
   Würzige Beigaben 462, 497
   Zucchini 150

Italien
- Artischocken 14, 15
- Blattgemüse 38, 47
- Eier 423–425
- Kichererbsen 190
- Linsen 198
- Mais 278, 281, 282
- Milchprodukte 432
- Reis 322
- Spargel 136
- Suppen 509, 519
- Weizen 373, 375–378
- Würzige Beigaben 476

Italienisch-amerikanisch
- Weizen 378

Japan
- Auberginen 24
- Blattgemüse 46
- Buchweizen 265
- Eier 410, 419
- Reis 318
- Suppen 501, 528–531
- Weizen 371
- Würzige Beigaben 472, 496

Karibik
- Würzige Beigaben 470

Kaukasus
- Würzige Beigaben 464

Korea
- Auberginen 20
- Augenbohnen 172
- Blattgemüse 46
- Eier 410
- Hirse 272
- Mungobohnen 214
- Reis 318, 326
- Spargel 134
- Suppen 504
- Würzige Beigaben 472, 479

Kuba
- Weiße Bohnen 254

Lateinamerika
- Milchprodukte 430

Libanon
- Weizen 339

Malaysia
- Salate 536
- Weizen 374

Marokko
- Artischocken 13
- Augenbohnen 164
- Dicke Bohnen 174
- Gemischte Gemüsegerichte 154
- Getränke 567
- Kartoffeln 82
- Kichererbsen 181
- Kürbis 101
- Linsen 195
- Salate 540, 541, 546, 552, 553, 554, 558
- Schälerbsen 223
- Süßkartoffeln 140
- Weizen 341, 360, 369, 394, 397
- Würzige Beigaben 469, 477, 483, 495

Mexiko
- Eier 412, 421
- Kartoffeln 88
- Mais 276, 284, 285, 287
- Reis 305
- Rote Kidneybohnen 218
- Salate 538
- Schwarze Bohnen 226, 228
- Suppen 511
- Weiße Bohnen 252
- Weizen 349
- Würzige Beigaben 463, 475, 478

Mittelmeerraum
- Dicke Bohnen 64
- Möhren 110
- Suppen 518
- Zucchini 150

Naher Osten
- Kichererbsen 180
- Linsen 194
- Suppen 518
- Weizen 338

Nigeria
- Augenbohnen 169
- Rote Kidneybohnen 220
- Weiße Bohnen 255

Ostasien
- Suppen 532
- Würzige Beigaben 464

Pakistan
- Auberginen 30
- Kichererbsen 182
- Okra 115
- Weizen 352, 353

Palästina
- Reis 317
- Salate 557
- Tomaten 142

Peru
- Kartoffeln 79

Schottland
- Hafer 269

Spanien
- Blattgemüse 44
- Eier 421
- Gemischte Gemüsegerichte 155
- Pilze 124
- Salate 549, 555
- Spargel 135, 136
- Suppen 503, 512
- Würzige Beigaben 461, 466, 467
- Zucchini 149

Sri Lanka
- Auberginen 26
- Cashewnüsse 258
- Eier 406
- Grüne Bohnen 72
- Linsen 201
- Reis 300
- Tomaten 142
- Weizen 351
- Würzige Beigaben 457, 458, 499

Sumatra
- Kohlgemüse 90

Syrien
- Augenbohnen 164
- Kichererbsen 179
- Milchprodukte 431, 438
- Reis 316
- Salate 556
- Würzige Beigaben 497

Thailand
- Salate 535, 542, 547, 551

Trinidad
- Auberginen 22

Augenbohnen 165
- Blattgemüse 41
- Grüne Bohnen 74
- Kichererbsen 183
- Kürbis 99
- Reis 309
- Schälerbsen 224
- Suppen 508, 523, 524
- Tomaten 143
- Weizen 350, 355–358
- Würzige Beigaben 468, 498

Tunesien
- Salate 552, 553
- Weizen 396

Türkei
- Auberginen 21
- Blattgemüse 42
- Grüne Bohnen 70
- Kohlgemüse 91
- Salate 544, 551
- Suppen 520
- Weizen 342
- Würzige Beigaben 465, 470, 497

Ukraine
- Salate 554

USA
- Eier 427
- Kohlrabi 94
- Linsen 196
- Mais 105, 283, 288
- Salate 538
- Sojabohnen 236
- Suppen 524
- Weizen 361

Vietnam
- Reis 325
- Salate 547

Westasien
- Milchprodukte 452

Zypern
- Artischocken 12
- Augenbohnen 164
- Kichererbsen 180
- Linsen 197
- Pilze 123
- Weiße Bohnen 252
- Weizen 337, 359